X.systems.press

X.systems.press ist eine praxisorientierte
Reihe zur Entwicklung und Administration von
Betriebssystemen, Netzwerken und Datenbanken.

Roland Bless · Stefan Mink · Erik-Oliver Blaß
Michael Conrad · Hans-Joachim Hof
Kendy Kutzner · Marcus Schöller

Sichere Netzwerkkommunikation

Grundlagen, Protokolle und Architekturen

Mit 149 Abbildungen und 12 Tabellen

 Springer

Roland Bless
Universität Karlsruhe
Institut für Telematik
Postfach 6980
76128 Karlsruhe
bless@sineko.de

Website zum Buch:
www.sineko.de

Stefan Mink
mink@sineko.de

Michael Conrad
conrad@sineko.de

Kendy Kutzner
kutzner@sineko.de

Erik-Oliver Blaß
blass@sineko.de

Hans-Joachim Hof
hof@sineko.de

Marcus Schöller
schoeller@sineko.de

Bibliografische Information der Deutschen Bibliothek
Die Deutsche Bibliothek verzeichnet diese Publikation in der Deutschen
Nationalbibliografie; detaillierte bibliografische Daten sind im Internet über
http://dnb.ddb.de abrufbar.

ISSN 1611-8618
ISBN-10 3-540-21845-9 Springer-Verlag Berlin Heidelberg New York
ISBN-13 978-3-540-21845-9 Springer-Verlag Berlin Heidelberg New York

Haftungshinweis: Trotz sorgfältiger Prüfung übernehmen weder Springer noch die Autoren eine Haftung für die Inhalte der in diesem Buch zitierten Internet-Seiten. Für den Inhalt der zitierten Seiten und
auch der mit diesen Seiten wieder verlinkten Seiten sind ausschließlich deren Betreiber verantwortlich.
Alle Abbildungen und Texte in diesem Buch sind mit größter Sorgfalt erstellt worden. Trotzdem können Fehler nicht ausgeschlossen werden. Weder Springer noch die Autoren übernehmen irgendeine
Haftung für direkte, indirekte, zufällige Schäden oder Folgeschäden, die sich im Zusammenhang mit
der Anwendung der in diesem Buch gegebenen Sachinformationen ergeben.

Springer ist ein Unternehmen von Springer Science+Business Media
springer.de

© Springer-Verlag Berlin Heidelberg 2005
Printed in Germany

Die Wiedergabe von Gebrauchsnamen, Handelsnamen, Warenbezeichnungen usw. in diesem Werk
berechtigt auch ohne besondere Kennzeichnung nicht zu der Annahme, daß solche Namen im Sinne
der Warenzeichen- und Markenschutzgesetzgebung als frei zu betrachten wären und daher von jedermann benutzt werden dürften.

Umschlaggestaltung: KünkelLopka, Heidelberg
Satzerstellung durch die Autoren
Herstellung: LE-T$_E$X Jelonek, Schmidt & Vöckler GbR, Leipzig
Gedruckt auf säurefreiem Papier   33/3142YL - 5 4 3 2 1 0

Vorwort

Dieses Buch beschäftigt sich mit Sicherheit in Netzwerken und entstand als gemeinsames Werk von sieben Autoren. Als Springer die Idee anregte, ein Buch über Netzwerksicherheit zu schreiben, fand dies schnell meine Zustimmung, da Netzwerksicherheit inzwischen ein sehr wichtiges Thema geworden ist, das viele Nutzer und Administratoren von Netzwerken betrifft. Dies gilt umso mehr, als wir sicher in Zukunft von noch mehr Netzwerkkonnektivität umgeben sein werden, aufkommende Personal Area Networks und Sensor/Aktor-Netze seien hier nur als Beispiel genannt.

Allerdings war auch klar, dass ich dieses Buch – als Freizeitprojekt – aus Zeitgründen nicht alleine würde schreiben können. Andererseits hatten die Kollegen Marcus Schöller und Stefan Mink bereits zweimal erfolgreich die Vorlesung Netzsicherheit am Lehrstuhl von Prof. Dr. Martina Zitterbart am Institut für Telematik der Universität Karlsruhe gestaltet und gehalten. Am Institut fanden sich somit schnell weitere Kollegen, die im Bereich Netzwerksicherheit über exzellentes Wissen verfügen und dieses gerne einbringen wollten. So wurde die Autorengruppe durch Erik-Oliver Blaß, Michael Conrad, Hans-Joachim Hof und Kendy Kutzner vervollständigt. Stefan Mink und ich übernahmen dabei zusätzlich die Editor-Aufgaben, was sicherlich bei einer so großen Autorengruppe und sehr unterschiedlichen Schreibstilen eine besondere Herausforderung ist. Die verbliebenen Unterschiede in den Formulierungen sind uns hoffentlich nachzusehen.

Als Freizeitprojekt hat dieses Buch allen Autoren sowie deren Familien oder Partnerinnen einige Opfer abverlangt. Hierfür möchte ich allen herzlich danken.

Inzwischen ist das Themengebiet der sicheren Netzwerkkommunikation so umfangreich geworden, dass in diesem Buch nicht einmal sämtliche Themen erschöpfend behandelt werden konnten. So wurden beispielsweise Sicherheitsbetrachtungen zu Mobile IP, Multicast, HIP (Host Identity Protocol), Sensornetzen usw. vorerst nicht mit aufgenommen, u. a. weil uns einige Themen weniger praxisrelevant als andere erschienen. Wer gleich einen Blick in das Inhaltsverzeichnis wirft, wird feststellen, dass es vor Abkürzungen nur so wimmelt. Leider konnten wir das Problem nicht umgehen, denn die Verfahren und Protokolle werden in der Praxis häufiger unter ihrer Abkürzung als unter der ausgeschriebenen Bezeichnung genannt. Wir hoffen aber, dies durch ein umfangreiches Abkürzungsverzeichnis einigermaßen kompensiert zu haben.

Bei aller erdenklichen Sorgfalt während der Erstellung des Buches können sich trotzdem einige Fehler eingeschlichen haben. Wir bieten im WWW unter der URL http://www.sineko.de/ eine Seite mit Errata und Neuigkeiten zum Buch an und freuen uns über Rückmeldungen.

Wir wünschen allen Lesern – trotz des ernsten Stoffs – viel Spaß mit diesem Buch!

Karlsruhe,
April 2005   *Roland Bless*

Inhaltsverzeichnis

Teil II Sicherheitsmechanismen für Netzwerke

4 Sicherungsmechanismen und -verfahren

1

Einleitung

Netzwerke sind in der Informationstechnik (IT) ein besonders wichtiges Element geworden. Durch den großen Erfolg des Internets und die damit verbundenen Kommunikationsprotokolle werden in Firmen zahlreiche IT-Prozesse inzwischen über Internet-basierte Netzwerke abgewickelt: teilweise nur intern innerhalb eines Standorts, teilweise aber auch standortverbindend oder sogar zur Kommunikation mit Kunden und Geschäftspartnern. Netzwerke werden somit immer häufiger Bestandteil kritischer Infrastrukturen. Der Ausfall oder der Verlust der Vertraulichkeit, Integrität oder Authentizität der internen Kommunikation kann einen sehr großen Schaden für die jeweilige Institution bedeuten.

1.1 Motivation

Neben der steigenden Vernetzung in der Wirtschaft nimmt der Trend zur Vernetzung aber auch im Privatbereich zu: Heim-PCs werden bereits standardmäßig mit Kommunikationstechniken wie Wireless LAN und Ethernet ausgeliefert und verfügen immer häufiger über eine permanente Verbindung ins Internet (z. B. mittels einer DSL-Flatrate). Die zunehmende Konnektivität von Rechnern bringt zwar zahlreiche Vorteile mit sich, birgt aber auch Gefahren, da ein Angreifer nun keinen direkten physikalischen Zugang zu einem Rechner mehr haben muss. Ein Angreifer versucht so beispielsweise über das Netzwerk in den Rechner einzudringen und ihn unter seine Kontrolle zu bekommen oder seinen Betrieb zu stören bzw. seinen Ausfall herbeizuführen. Inzwischen verfolgen solche Angreifer zunehmend kommerzielle Interessen, so kompromittieren sie z. B. gegen Bezahlung Rechner zu Zwecken des unautorisierten Versendens von unverlangter Werbung per E-Mail, so dass ein stetiger Anstieg solcher Angriffe wenig verwunderlich ist. Die Gefährdung der Sicherheit von Rechnern durch Vernetzung ist daher recht groß und wird vermutlich weiter steigen.

Die Kenntnis über Sicherheit (im Sinne von „Security") in Netzwerken wird dadurch zunehmend wichtiger, wenn nicht inzwischen sogar unentbehrlich. Sicherheitsrelevante Fragen, die auch normale Endanwender betreffen, sind beispielsweise: „Ist der Online-Banking-Server tatsächlich derjenige von meiner Bank oder gibt sich der Rechner eines Angreifers als mein Bankserver aus?" oder „Liest jemand den Inhalt meiner E-Mails bei der Übertragung?" sowie „Ist mein Wireless LAN vor unbefugtem Zugriff sicher?". Netzwerkadministratoren beschäftigen unter anderem Fragen wie: „Wie können unberechtigte Zugriffe von außen auf das Netzwerk verhindert werden?" oder „Ist die Kopplung der Netzwerke zwischen unseren Standorten wirklich sicher vor Angreifern, die Kommunikationsdaten abhören oder manipulieren wollen?".

Der Einsatz und die Wahl geeigneter Sicherheitsmechanismen hängt von vielen Aspekten ab, weshalb es durchaus gefährlich sein kann, blindlings vermeintlichen „Patentrezepten" zu folgen. Sicherheit ist komplex und facettenreich. Neben der Festlegung des individuellen Schutzbedarfs ist es daher wichtig, über das notwendige Hintergrundwissen zu verfügen und umsichtig bei der Wahl von Sicherheitsmechanismen vorzugehen. Die Vielzahl von Möglichkeiten zur Sicherung von Netzwerken stellt Netzwerkadministratoren und Endanwender gleichermaßen vor das Problem, die sinnvollste Kombination von Sicherheitstechniken für den jeweiligen Einsatzzweck auszuwählen. Dieses Buch konzentriert sich auf *Netzwerksicherheit*, vor allem im Bereich der Internet-Protokollwelt. Es beschreibt sowohl Sicherheitsrisiken und Gefährdungen, die bei der Benutzung ungesicherter Kommunikationsprotokolle bestehen, als auch Protokolle und Architekturen, die eine sichere Netzwerkkommunikation ermöglichen.

Wie bei vielen anderen Bereichen in der Informatik gilt es auch und insbesondere beim Thema Sicherheit, sich ständig über neue Entwicklungen zu informieren. Werden beispielsweise Schwächen in grundlegenden Sicherheitsalgorithmen – wie z. B. erst kürzlich im Hash-Algorithmus SHA-1 – entdeckt, so hat dies meistens weitreichende Konsequenzen auf bereits vorhandene Sicherheitslösungen. Vorher als sicher geltende Verfahren sind durch neu gewonnene Erkenntnisse unter Umständen nicht mehr ausreichend sicher. Daher ist anzunehmen, dass einige der in diesem Buch beschriebenen – und vom heutigen Standpunkt aus als sicher geltende – Sicherheitsverfahren im Laufe der Zeit unsicher werden können.

1.2 Sicherheit im Internet

Heutige Internet-basierte Netzwerke sind in vielerlei Hinsicht in hohem Maße unsicher, sofern keine weiteren Sicherungsmaßnahmen getroffen werden. Die Ursachen hierfür liegen hauptsächlich darin begründet, dass in der Zeit der Spezifikation dieser Protokolle noch ein anderes Vertrauensmodell existierte und Sicherheitsmechanismen immer einen gewissen Mehraufwand bedeuten, der ohne wohlbegründeten Schutzbedarf meistens nicht in Kauf genommen wird. In den Anfängen des Internets wurde es hauptsächlich von einer kleineren Gemeinde technisch versierter Teilnehmer genutzt, die einander vertrauten und beispielsweise Angriffe auf die Verfügbarkeit von Kommunikationsdiensten als unlogisch und schädigend betrachteten.

Im Unterschied zur damaligen Situation dient das Internet heutzutage weitgehend dazu, um Organisationen und Personen miteinander zu verbinden, die sich gegenseitig zunächst nicht vertrauen, aber z. B. dennoch Geschäftsvorgänge, u. a. Warenbestellungen und Bezahlvorgänge, über das Internet abwickeln wollen. Inzwischen hat sich also auch die Teilnehmerstruktur weitgehend geändert, so dass sich durch die früher entworfenen und flexiblen Mechanismen heutzutage Probleme wie das massenhafte Versenden unerwünschter Werbe-E-Mails („SPAM") ergeben, was von den ursprünglichen Entwicklern des E-Mail-Transportsystems zum damaligen Zeitpunkt nicht vorausgesehen wurde.

Auch wenn das Thema dieses Buches vornehmlich die sichere Netzwerkkommunikation darstellt, gibt es einige weitere Aspekte, die für das Verständnis und die Betrachtung der Gesamtsicherheit wichtig sind, so dass diese im Folgenden zumindest angesprochen werden, wenngleich sie aus Platzgründen nicht ausführlich behandelt werden können.

1.3 Abgrenzung

Einbrüche in Rechner oder Netzwerkelemente wie Router durch Ausnutzung von Sicherheitslücken in Betriebssystemimplementierungen sind nicht Gegenstand dieses Buches, obwohl diese praktisch eine sehr wichtige Rolle spielen und in einem Sicherheitskonzept unbedingt berücksichtigt werden müssen. Solche Lücken entstehen durch fehlerhafte und damit wenig robuste Implementierungen, so dass diese Schwächen gezielt für Angriffe ausgenutzt werden, um in Rechner einzudringen. Es ist davon auszugehen, dass solche Fehler immer in Teilen der Betriebssysteme (also auch in Implementierungen von Netzwerkprotokollen) oder in Anwendungen vorhanden sein werden, insbesondere vor dem Hintergrund der zunehmend komplexer werdenden Softwaresysteme. Solche implementierungsbedingten Sicherheitslücken lassen sich aber im Gegensatz zu protokoll-inhärenten Sicherheitsproblemen beheben, meist durch Einspielen von so genannten *Patches*, welche gezielt die bekannt gewordenen Sicherheitsprobleme beseitigen. Andererseits macht keine noch so sichere Implementierung ein Protokoll sicher, das von der Konzeption her Schwächen aufweist.

Dem Leser sollte überdies immer bewusst sein, dass es absolute Sicherheit praktisch nicht gibt, weil jeder Sicherheitsmechanismus überwindbar ist, denn meistens ist es nur eine Frage des Aufwands, um den Schutz zu überwinden. Der konkrete Aufwand bezieht sich in den meisten Fällen auf den für Rechenoperationen zu leistenden Zeitaufwand. Außerdem sind vermeintlich sichere kryptographische Verfahren nur so lange als sicher anzusehen, wie keine Schwächen oder Sicherheitslücken aufgezeigt und nachgewiesen wurden. Eine Offenlegung und Prüfung solcher Verfahren durch ausgewiesene Sicherheitsexperten – so genannte Kryptoanalytiker – ist daher unerlässlich.

1.4 Faktor Mensch

Gefährdungen der Sicherheit drohen aber auch für bislang ungebrochene Verfahren von anderer Seite: Der Faktor Mensch trägt häufig durch die Wahl schwacher, d. h. leicht zu erratender Passwörter dazu bei, dass der Schutz unzureichend wird. Eine andere Methode, das Passwort „zu brechen", ist, den Benutzer dazu zu überreden, es unwissentlich zu verraten. So werden in letzter Zeit von Angreifern verstärkt Methoden eingesetzt, die unachtsame oder leichtgläubige Benutzer zur Herausgabe ihrer Zugangskennungen und Passwörter anhand nachgeahmter Web-Seiten oder E-Mails bewegen (so genanntes *Password Fishing*, kurz *Phishing*). Nicht selten führt auch menschliche Bequemlichkeit dazu, dass sich Benutzer nicht an geltende Sicherheitsvorgaben halten, weil Sicherheitsmaßnahmen oft als lästig empfunden werden. Es ist daher auch immer abzuwägen, was man durch den Einsatz von Sicherheitsmaßnahmen aufgibt im Vergleich zum Gewinn an Sicherheit, wie Bruce Schneier ausführlich in seinem Buch „Beyond Fear" darlegt [335]. Schließlich werden zivile Personen auch keine schusssichere Weste ohne weitere Veranlassung tragen, nur weil es grundsätzlich sicherer ist.

Manchmal werden auch Sicherheitsmechanismen eingeführt, die zwar für ihren Einsatzzweck als absolut sicher gelten, jedoch an anderer Stelle umgangen werden können. Fehlplatzierte Sicherungsmaßnahmen sind daher ähnlich unnütz wie teure, gegen Einbruch gesicherte Fenster wenn die Eingangstür weit offen steht. Es lassen sich zahlreiche Beispiele hierfür anführen: Untergeschobene und bösartig modifizierte Programme (so genannte *Trojaner*), welche Tastatureingaben mitprotokollieren, können sogar auch gut gewählte Passwörter für sichere Verfahren abhören, um z. B. private Schlüssel auszuspionieren. Weitere Beispiele sind Funktastaturen deren Signal abgehört werden kann oder der Gebrauch eines Notebooks im Zug oder Flugzeug, das von in der Nähe sitzenden Personen eingesehen werden kann und ggf. mit Digital-Kameras abfotografiert werden kann. Firewalls bieten oftmals nur einen Schutz eines Netzwerks gegen Angriffe von außen, sind jedoch recht wirkungslos, wenn ein Mitarbeiter ein mit Würmern infiziertes Notebook von einer Konferenz anschließend wieder mit dem Intranet verbindet und so das Netzwerk von innen heraus infiziert. Zudem darf nicht vernachlässigt werden, dass Sicherheit manchmal als Behinderung empfunden wird, so dass dann oftmals Wege gesucht werden, um die Sicherheitsmechanismen zu umgehen. Als Beispiel sei ein Bankmitarbeiter genannt, der eine ISDN-Karte in seinen Arbeitsplatzrechner eingebaut hat, um auch vom Arbeitsplatz aus das Internet nutzen zu können, wodurch eine nicht vorgesehene Verbindung des Intranets mit dem Internet entstand.

Ein wichtiger Prozess ist daher, die Sicherheitsziele zu definieren und die Nutzung dazu passende Sicherheitsmechanismen festzulegen. Dies ist durchaus auch die Aufgabe der Leitungsebene eines Unternehmens. Prinzipiell muss die Festlegung des Schutzbedarfs für jeden Einzelfall geschehen, was sehr aufwändig werden kann. Andererseits gibt es aber auch allgemeine Empfehlungen wie z. B. das IT-Grundschutzhandbuch des Bundesamts für Sicherheit in der Informationstechnik (BSI) [53], das als sinnvolle Basis dienen kann.

Zu guter Letzt sei noch darauf hingewiesen, dass ein nicht unbeträchtlicher Teil von Sicherheitsvorfällen durch „Innentäter" verursacht werden, weshalb auch ein Schutz besonders kritischer Infrastrukturen vor dem Zugriff durch eigene Mitarbeiter berücksichtigt werden muss. Des Weiteren sind in einer Planung auch Notfallpläne zu definieren und ggf. zu proben.

1.5 Gliederung des Buches

Dieses Buch ist in mehrere Teile untergliedert. In Teil I werden Grundlagen zur Sicherheit vorgestellt. In Kapitel 2 wird zunächst mit Erläuterungen zur allgemeinen Systemsicherheit fortgefahren und Kapitel 3 beschreibt kryptographische Mechanismen, die als Grundlage für die meisten Sicherheitsmechanismen dienen, die in Teil II vorgestellt werden. Dieser Teil beginnt mit einer Beschreibung allgemeiner Sicherheitsmechanismen in Kapitel 4. Anschließend werden konkrete Sicherheitsmechanismen für Protokolle sowie Sicherheitsprotokolle und -architekturen in Reihenfolge der unterschiedlichen funktionalen Protokollschichten vorgestellt, d. h. Netzzugangsschicht, Netzwerkschicht, Transportprotokollschicht und Anwendungsschicht. Eine gewisse Ausnahme bildet Kapitel 8, das sich mit der Sicherheit der Netzwerkinfrastruktur beschäftigt, mit deren Verwaltung Kommunikationsteilnehmer normalerweise nicht unmittelbar konfrontiert werden. Teil III erläutert den Einsatz und das Zusammenspiel einiger der in Teil II vorgestellten Sicherheitsmechanismen anhand einiger typischer Szenarien.

Teil I

Grundlagen

2

Systemsicherheit

Auch wenn dieses Buch sich vornehmlich mit Netzwerksicherheit beschäftigt, müssen weitere Sicherheitsaspekte immer zusätzlich beachtet werden, denn Sicherheit in Netzwerken kann praktisch nicht isoliert, z. B. unabhängig von Endsystemsicherheit oder der gesamten Sicherheitsstrategie einer Institution, betrachtet werden. Netzwerksicherheit wird in der Praxis nur einen Teil eines ganzheitlichen Sicherheitskonzepts darstellen. Bevor sich dieses Buch also näher mit Sicherheit in Kommunikationsnetzen befasst, müssen der Vollständigkeit halber noch einige Begriffe und Sachverhalte aus dem Bereich Sicherheit und Netzwerke im Allgemeinen vorgestellt und erwähnt werden, die allerdings im Rahmen des Buchs nicht erschöpfend behandelt werden können. Daher befasst sich dieses Kapitel mit den eher allgemeinen Aspekten der *Systemsicherheit*.

Zunächst wird motiviert, weshalb Sicherheit eine wichtige Managementaufgabe darstellt, was Sicherheitsrichtlinien beinhalten und in welchem Verhältnis sich Sicherheit zu verwandten Aspekten wie Robustheit und Fehlertoleranz befindet. Anschließend werden allgemeine Bedrohungen und Sicherheitsziele beschrieben, wonach dann speziell Sicherheitsziele in Netzwerken erläutert werden. Das für die Einordnung von Sicherheitsmechanismen wichtige Schichtenmodell für Kommunikationssysteme wird in Abschnitt 2.7 beschrieben, wonach noch kurz Endsystemsicherheit im Allgemeinen und einige Details zu Denial-of-Service-Angriffen betrachtet werden.

2.1 Sicherheit als Managementaufgabe

Der Begriff *Sicherheit* hat für verschiedene Betrachter sehr unterschiedliche Bedeutungen. Sicherheit kann beispielsweise bedeuten:

- Daten nur für eine begrenzte und wohldefinierte Menge von Personen zugänglich zu machen

- die Vertraulichkeit von Daten zu schützen

- Anonym zu kommunizieren

- Daten vor Verfälschung zu sichern

- Kommunikationsvorgänge abzuhören, um Terroristen zu fangen

Manche Vorstellungen oder Ziele von Sicherheit sind offensichtlich widersprüchlich: Während die meisten Kommunikationsteilnehmer einen vertraulichen Datenaustausch wünschen, möchten einige Staatsorgane Zugang zu beliebigen Kommunikationsvorgängen erhalten, z. B. zum Zwecke der Verbrechensbekämpfung. Es gilt also bei der Behandlung des Themas immer genau zu definieren, was unter Sicherheit verstanden wird und welche Sicherheitsziele verfolgt werden. Diese Punkte sind daher wesentlicher Gegenstand von Abschnitt 2.4.

Folgende Aspekte sind grundsätzlich zu berücksichtigen und zu entscheiden:

- Welche Sicherheitsziele sollen überhaupt verfolgt werden?

- Wer legt die Sicherheitsziele fest?

- Wer setzt sie um?

- Wer kontrolliert die Einhaltung der Sicherungsmaßnahmen?

Die Feststellung des Schutzbedarfs und des Sicherheitsniveaus sowie die Festlegung der Sicherheitsmaßnahmen sind insbesondere Aufgaben der obersten Leitungsebene von Unternehmen oder Einrichtungen. Schließlich können Sicherheitsdefizite weitreichende (letztlich vor allem finanzielle) Konsequenzen haben, derer sich das Management bewusst sein muss. Fehlende Sicherheit kann bei sicherheitsrelevanten Vorfällen beispielsweise zu Produktionsausfall, Imageverlusten, Vertrauensverlust bei Kunden oder Geschäftspartnern und somit schließlich zu einem Umsatzrückgang oder Einnahmeausfall führen. Das „Gesetz zur Kontrolle und Transparenz im Unternehmensbereich" (KonTraG) in Deutschland verlangt daher, dass eine Analyse für solche Risiken und deren Auswirkungen auf die anderen Geschäftsbereiche erfolgen muss. Manchmal wird dennoch erst über Sicherheitskonzepte und -vorkehrungen nachgedacht, wenn ein Schaden durch einen Sicherheitsvorfall eingetreten ist. Angesichts des eingetretenen Schadens und des damit unmittelbar sichtbar gewordenen Risikos, ist es andererseits dann relativ einfach, die Bereitstellung der erforderlichen Mittel für entsprechende Sicherheitsmaßnahmen zu motivieren. Der Totalausfall des Standorts eines Telefonmehrwertdienstes (z. B. 0900er-Sondernummern) über mehrere Stunden oder gar Tage dürfte dem Betreiber der Plattform einen so großen Einnahmeausfall bescheren, dass beispielsweise die Kosten für den Aufbau und Unterhalt eines weiteren zusätzlichen und örtlich getrennten Standorts relativ gering erscheinen. Zusätzliche Systeme als

Redundanz zur Steigerung der Ausfallsicherheit bedeuten aber auch weitere Angriffspunkte, die wie die Primärsysteme gleichermaßen gesichert werden müssen.

Schließlich erfordert die Durchsetzung und Kontrolle der Sicherheitskonzepte und -maßnahmen einen nicht unerheblichen zeitlichen, personellen und materiellen Aufwand. Die Sensibilisierung der Vorgesetzten und insbesondere der Leitungsebene für Sicherheitsmaßnahmen ist für die technischen Verantwortlichen im Vorfeld manchmal ein mühsames Unterfangen. Das liegt zum einen daran, dass die Beurteilung der Bedrohungen, Risiken und damit des Schutzbedarfs in Abhängigkeit des Betrachters sehr unterschiedlich ausfallen kann. Zum anderen mögen Sicherheitsmaßnahmen nutzlos erscheinen oder gar als Behinderung empfunden werden, wenn keine Sicherheitsvorfälle eintreten.

Weitere zu berücksichtigende Aspekte sind u. a. das Benutzerverhalten (z. B. in Bezug auf Bequemlichkeit, Gewohnheiten und Vorlieben), die Akzeptanz und Durchsetzung der Sicherheitsmaßnahmen sowie physikalische Maßnahmen wie Schließsysteme und Zugangskontrollen. In Zusammenhang mit letzteren sollte man auch daran denken, dass Personen wie Reinigungspersonal oder Hausmeister meistens unbeschränkten Zugang zu Räumlichkeiten haben, so dass eine Absicherung der Systeme an sich vor Ort nach wie vor notwendig ist.

Wie zuvor motiviert, sollten aufgrund der weitreichenden Konsequenzen so wichtige Entscheidungen wie das Festlegen der Sicherheitsziele und das Definieren der Sicherheitsrichtlinien Managementaufgaben sein. Sicherheitsrichtlinien sind Gegenstand des folgenden Abschnitts.

2.2 Sicherheitsrichtlinien

Sicherheitsrichtlinien definieren Regeln, die in Bezug auf bestimmte Sicherheitsaspekte befolgt werden müssen. Da diese Vorgaben größtenteils auf politischen Entscheidungen (d. h. oftmals nicht-technischer Argumente) basieren, ist auch der Begriff *Sicherheitspolitik* (engl. *Security Policy*) gebräuchlich. Das Festlegen von Verantwortlichkeiten gehört genau so dazu wie eine Konsolidierung der Sicherheitsrichtlinien. Die Umsetzung der Sicherheitskonzepte muss durch regelmäßige Sicherheitsaudits ebenso überprüft werden wie die Einhaltung der Sicherheitsrichtlinien. Dementsprechend müssen sie auch Maßnahmen enthalten, die einen Verstoß gegen die Sicherheitsrichtlinien ahnden. Werden beispielsweise unerlaubte Datenverbindungen (z. B. unter Nutzung eines Mobiltelefons zur Datenübertragung) aus einem geschützten Netzwerk heraus initiiert, kann das die Sicherheit des gesamten Netzwerks gefährden, da plötzlich ein nicht-kontrollierter Übergang in ein anderes, öffentliches Netzwerk entsteht.

Die Festlegung von Verantwortlichkeiten, die Vergabe von Zutritts-, Zugangsberechtigungen und Zugriffsrechten sowie die Regelung des Passwortgebrauchs sind ebenfalls Gegenstand von Sicherheitsrichtlinien (vgl. auch Maßnahmenkataloge im BSI-Grundschutzhandbuch [53]), die durch das IT-Sicherheitsmanagement getroffen werden müssen. Darüberhinaus gibt es auch entsprechende technische Umsetzungen einiger Sicherheitsrichtlinien, z. B. als so genannte *Security Policy Database* in IPsec-Implementierungen (vgl. Abschnitt 6.2.6, S. 223) oder als Paketfilterregeln in einer Firewall (vgl. Abschnitt 6.6, S. 253).

Weitere allgemeine und speziellere Überlegungen zum Vorgehen bei Festlegung von Security Policies in Bezug auf Netzwerke liefern beispielweise [128, 142].

2.3 Robustheit und Fehlertoleranz

Zuverlässigkeit und Robustheit der Systeme sind weitere Gesichtspunkte, die im Kontext der Sicherheit ebenfalls eine besondere Rolle spielen. Schließlich drohen Gefahren für die Sicherheit eines Systems nicht nur durch vorsätzliche Beeinträchtigung durch Angreifer sondern auch durch unabsichtliche Beeinträchtigung, beispielsweise durch menschliches Versagen bei der Bedienung oder Konfiguration von Geräten. Der Schwerpunkt des Buches liegt jedoch deutlich auf vorsätzlichen Handlungen, welche die Sicherheit gefährden.

Für die Feststellung des Schutzbedarfs ist es ist also hilfreich, Überlegungen für den Fall anzustellen, dass bestimmte Teile der Infrastruktur oder von ihr erbrachte Dienste für längere Zeit nicht verfügbar sind. Welche Konsequenzen hat der stunden- oder tagelange Ausfall einzelner Systeme? Ist die Produktion gefährdet oder müssen Mitarbeiter in Zwangsurlaub entlassen werden, weil sie für ihre Arbeit auf die Infrastruktur angewiesen sind?

Oftmals findet man durch eine entsprechende Analyse der Infrastruktur eine inadäquate Sicherung bestimmter Systeme: einige Systeme sind möglicherweise gegen Ausfall abgesichert, obwohl deren Absicherung alleine aber nicht hinreichend ist, falls bereits davorliegende Systeme ausgefallen sind. So kann beispielsweise ein redundant ausgelegter Server nicht abhelfen, falls davorliegende Netzkomponenten wie Switches oder Router ausfallen, die nicht entsprechend redundant ausgelegt wurden. Zusätzlich gilt es auch die Stromversorgung, Klimatisierung und Leitungsführung miteinzubeziehen. Redundante Anlagen innerhalb des gleichen Gebäudes sind möglicherweise ebenso von einem Ausfall betroffen, falls nur eine Zuleitung für das Netz existiert und diese durch den oft zitierten „Bagger" bei Bauarbeiten zerstört wird. Es ist daher durchaus wichtig, diese Abhängigkeiten zu identifizieren und die Unternehmensführung in Entscheidungen einzubinden, um entsprechende präventive Sicherheitsmaßnahmen einzuleiten. Andererseits kann auch eine Sicherung eines Teilsystems unnötig sein und nicht zur Steigerung der Sicherheit eines

Gesamtsystems beitragen, weil möglicherweise nur wenig sicherheitsrelevante Teile des Gesamtsystems durch das Teilsystem erbracht werden, wodurch sich der Schutzbedarf des Teilsystems relativiert.

2.4 Allgemeine Bedrohungen und Sicherheitsziele

Zur Beurteilung, Herstellung oder Verbesserung der Sicherheit eines Kommunikationssystems muss zunächst der *Schutzbedarf* ermittelt werden. Dazu ist es notwendig, *Sicherheitsziele* zu definieren und *Bedrohungen* derselben zu betrachten. Unter Bedrohung versteht man die Gefährdung eines oder mehrerer Sicherheitsziele durch mögliche Angriffe. Ein Angriff stellt daher die konkrete Realisierung einer Bedrohung dar. So kann beispielsweise die *Vertraulichkeit* der Kommunikation zwischen zwei Kommunikationspartnern *A* und *B*, in den folgenden Beispielen – wie in der Kryptographie üblich – meist stellvertretend mit *Alice* und *Bob* bezeichnet, durch einen Angreifer – mit *Eve* (aus dem Englischen *Eavesdropper*) bezeichnet – bedroht werden, wenn es ihm gelingt, Zugriff auf das Kommunikationsmedium zu bekommen (vgl. Abbildung 2.1). Hierbei wird bereits deutlich, dass die Bedrohung in Abhängigkeit der Kommunikationsform bzw. des Kommunikationskanals unterschiedlich ausfallen kann: Kommunizieren Alice und Bob per Telefon, könnte der Angreifer beispielsweise den technischen Kommunikationsweg angreifen; eine Installation von Mikrofonen am Aufenthaltsort von Alice und Bob wäre eine weitere Möglichkeit. Kommunizieren die beiden per ungesicherter E-Mail, könnte ein Angreifer z. B. auch einen auf dem Kommunikationspfad liegenden kompromittierten Mail-Server zum Mitlesen verwenden.

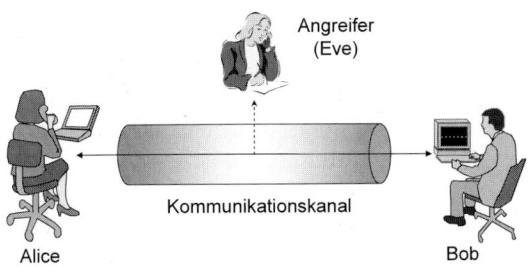

Abbildung 2.1. Kommunikationskanal zwischen Alice und Bob, bedroht durch Angreifer

Wie bereits eingangs erwähnt, ergeben sich oftmals auch widersprüchliche Sicherheitsziele: Während man sich selbst die Bewahrung der Vertraulichkeit und Privatsphäre während einer Kommunikation wünscht, möchten Unternehmen oder Regierungen im Gegensatz dazu häufig kontrollieren oder erfahren, welche Informationen ausgetauscht werden. Ein weiteres Beispiel ist die Anfertigung und Verteilung von Schlüsselkopien, um sich vor eventuellem Datenverlust zu schützen. Wer hat im wirklichen Leben nicht selbst schon Nachbarn eine Kopie des eigenen Wohnungsschlüssels anvertraut, weil er das Risiko eines Missbrauchs durch dieselben im Vergleich zum Verlust oder Vergessen des Schlüssels als relativ gering einschätzte?

2.5 Bedrohungsszenarien und Angriffe

Für eine Kommunikationsbeziehung zwischen zwei *Instanzen* (z. B. Personen, Anwendungen oder Rechnern) existieren im Allgemeinen verschiedene Bedrohungen, die in den folgenden Abschnitten beschrieben werden.

2.5.1 Abhören

Ein Angreifer hört einen Kommunikationsvorgang anderer Instanzen ab, wobei er Kommunikationsdaten mitliest, die nicht für ihn bestimmt sind. Je nach Art des eingesetzten physikalischen Mediums variieren Schwierigkeitsgrad und Aufwand für diesen *passiven*, d. h. nicht aktiv in die Kommunikation eingreifenden, Angriff. Drahtlose Medien wie Funkübertragungsstrecken sind in der Regel einfach, optische Medien wie Glasfasern sind dagegen deutlich aufwändiger abzuhören. Neben dem Verlust der Vertraulichkeit der Daten können sich hierdurch weitere Angriffsmöglichkeiten ergeben. Beispielsweise können u. U. durch Abhören Zugangsberechtigungsdaten wie Passwörter in Erfahrung gebracht werden, die für weitere Angriffe wie das Eindringen in Systeme, benutzt werden können.

Selbst wenn der Nutzdateninhalt verschlüsselt sein sollte, können die in Protokollköpfen vorhandenen Adressinformationen ausreichen, um eine *Verkehrsanalyse* (manchmal auch als Verkehrsflussanalyse bezeichnet) zu erstellen, die untersucht, wer mit welchen Kommunikationspartnern zu welchen Zeitpunkten wie lange kommuniziert. Diese Kenntnis reicht häufig schon aus, um recht genau auf Beziehungen und das Umfeld der beobachteten Kommunikationsteilnehmer schließen zu lassen. Aus den Zeitpunkten und der Reihenfolge der Kommunikationsvorgänge lassen sich häufig bereits bestimmte Sachverhalte erschließen.

Das Abhören ist normalerweise ein passiver Angriff, da die übermittelten Daten nicht verändert werden. Dies gilt allerdings nicht für neuartige Übertragungskanäle, die auf *Quantenkryptographie* aufbauen. Diese Kanäle gelten derzeit als abhörsicher, da ein Abhören in diesem Fall eine Veränderung der übertragenen Daten bewirkt, so dass der Abhörvorgang bemerkt werden kann. Diese Techniken besitzen momentan noch eine relativ geringe Bitrate, so dass dieser abhörsichere Kanal vorerst nur für einen sicheren Schlüsselaustausch eingesetzt wird, bei dem kleinere Datenmengen fließen.

2.5.2 Einfügen, Löschen oder Verändern von Daten

Ein Angreifer erzeugt neue Daten, fängt Daten ab, vernichtet oder verändert sie. Im Unterschied zum passiven Abhören greift hier der Angreifer aktiv in die Kommunikation ein, d. h. er benötigt auch einen schreibenden Zugriff auf das Kommunikationsmedium. Typischerweise hat ein Angreifer, der sich zwischen die Kommunikationsteilnehmer schaltet (ein so genannter *Man-in-the-Middle*), weitreichende Möglichkeiten auf den Kommunikationsvorgang Einfluss zu nehmen. Beispielsweise kann ein solcher Angreifer den Kommunikationsteilnehmern die Identität des jeweils anderen Teilnehmers vorspielen (vgl. Maskerade) und Daten beliebig abfangen, zerstören, verändern oder wiedereinspielen (vgl. Abbildung 2.2).

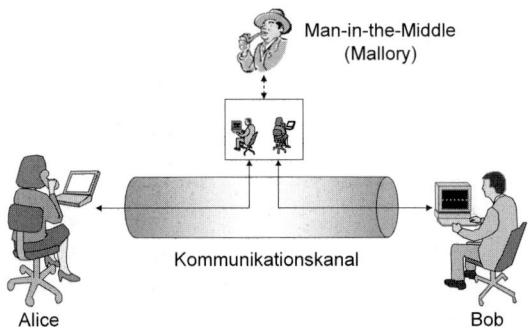

Abbildung 2.2. Man-in-the-Middle-Angriff auf den Kommunikationskanal zwischen Alice und Bob

Im Unterschied zur Modifikation von existierenden Daten werden beim Fälschen bzw. Einfügen von Daten *neue* Daten von einer Instanz unter Vorspiegelung der Identität einer anderen Instanz erzeugt.

2.5.3 Verzögern und Wiedereinspielen von Daten

Eine angreifende Instanz verzögert Daten, indem sie zunächst die Daten abfängt und erst zu einem späteren Zeitpunkt weiterleitet. Kommunikationsvorgänge, die zeitlichen Abhängigkeiten unterworfen sind, können hierdurch gezielt gestört werden. Beispielsweise könnten Angebote eines Konkurrenten so lange aufgehalten werden, bis die entsprechende Frist abgelaufen ist oder Aktienverkäufe bei fallendem Kurs unnötig verzögert werden.

Ein *Wiedereinspielungsangriff* (auch als *Replay-Attacke* bezeichnet) besteht darin, Daten abzuhören und später erneut einzuspielen. Im Gegensatz zum Verzögerungsangriff bleibt ein Wiedereinspielungsangriff zunächst ohne Einfluss auf den eigentlichen Kommunikationsvorgang. Das Wiedereinspielen kann zu einem u. U. sehr viel später gelegenen Zeitpunkt erfolgen. Die Auswirkungen eines solchen Angriffs können in Abhängigkeit des Kommunikationsvorgangs sehr unterschiedlich sein, je nachdem ob Zugangsberechtigungen oder bestimmte Anwendungsaktionen davon betroffen und nicht gegen Wiedereinspielen geschützt sind.

2.5.4 Maskerade

Eine Instanz gibt vor, die Identität einer anderen Instanz zu besitzen. Eine Maskerade kann zur Vorbereitung weiterer Angriffe eingesetzt werden, beispielweise zur Beschaffung von Zugangsberechtigungen, um anschließend in Systeme einzudringen oder Dienste unautorisiert zu nutzen. Ein prominentes Beispiel für einen Maskerade-Angriff ist das in jüngster Zeit populär gewordene so genannte *Phishing* (von *Password Fishing*), welches unter Verwendung von echten Logos, Schriftzügen usw. durch eine nahezu authentisch wirkende E-Mail den Empfänger dazu verleitet, Zugangsberechtigungsdaten (z. B. Kontonummer, PIN und TAN für Bankverbindungen) preiszugeben.

Ein weiteres Beispiel für eine Maskerade ist die Fälschung der Absendeadresse in IP-Datenpaketen, um die Rückverfolgung des Angreifers zu erschweren. Maskerade wird aber auch von Programmen eingesetzt, deren Gattung als *Trojanische Pferde* (oder kurz *Trojaner*) bezeichnet wird (vgl. Abschnitt 10.12, S. 484). Diese Programme enthalten neben ihrer eigentlichen und offensichtlichen Funktion weitere schädliche Funktionen, die im Hintergrund arbeiten und durch das eigentliche Programm getarnt werden. Solche schädlichen Funktionen können z. B. gedrückte Tasten protokollieren, um Passwörter auszuspionieren.

2.5.5 Autorisierungsverletzung

Dienste oder Ressourcen werden von einer Instanz genutzt, die dazu nicht berechtigt ist. Dies ist beispielsweise der Fall, wenn sich ein Benutzer eines Mehrbenutzersystems unberechtigterweise Systemadministratorprivilegien beschafft, um auf sämtliche Daten und Dienste des Systems zugreifen zu können.

2.5.6 Abstreiten von Ereignissen

Eine Instanz gibt fälschlicherweise vor, dass sie an bestimmten Ereignissen oder Kommunikationsvorgängen nicht beteiligt war. So kommt es manchmal vor, dass Kommunikationsteilnehmer fälschlicherweise bestreiten, dass sie bestimmte Dienstleistungen in Anspruch genommen haben, um den Zahlungsverpflichtungen zu entgehen.

2.5.7 Sabotage

Die korrekte Funktion oder Verfügbarkeit von Systemen oder Diensten wird durch Sabotage vermindert, möglicherweise bis zum vollständigen Systemausfall. Hierzu zählen insbesondere *Denial-of-Service*-Angriffe (DoS). Unter Denial-of-Service-Angriffen versteht man Angriffe auf die Verfügbarkeit von Systemen oder Diensten. Da sich der englische Begriff im Sprachgebrauch weitgehend durchgesetzt hat, wird Denial-of-Service so auch im Buch anstatt weniger gebräuchlichen Übersetzungen wie etwa „Dienstverweigerung" weiterverwendet.

Es gibt verschiedene Ausprägungen von DoS-Angriffen, die grob in vier Klassen eingeteilt werden können:

- *Physikalischer Angriff* — hierbei wird beispielsweise eine Übertragungsleitung durch physische Zerstörung, z.B. Durchschneiden eines Kabels, sabotiert. Eine weiteres Beispiel in drahtlosen Netzwerken wäre der Einsatz eines so genannten *Jammers*, der gezielt bestimmte Übertragungsfrequenzen mit einem Störsignal überlagert, so dass keine Datensignale mehr ausgetauscht werden können. Neben der Übertragungsleitung können natürlich auch die Endsysteme oder Übertragungseinrichtungen Ziel eines physischen Angriffs sein. Diese Form von DoS-Angriffen ist praktisch immer möglich, sofern physischer Zugang zum Opfersystem oder Medium besteht.

- *Ausnutzung von Implementierungsschwächen* — Das Außerkraftsetzen eines Dienstes kann auch durch das Ausnutzen von Fehlern der Implementierung geschehen. So gab es in der Vergangenheit immer wieder Angriffe, die selbst durch das Versenden lediglich eines einzigen Pakets (z.B. *Ping of Death*) entweder die Systemleistung deutlich herabsetzten oder das System zum Absturz brachten. Da Implementierungsfehler nahezu immer vorhanden sein werden und durch entsprechende Patches behoben werden können, setzt sich dieses Buch nicht weiter damit auseinander. Paketfilter bzw. Firewalls (s. Abschnitt 6.6, S. 253) können allerdings helfen, gezielt Angriffspakete mit entsprechenden Effekten aus dem eigenen Netz fernzuhalten.

- *Ausnutzung von Protokollschwächen* — Problematischer bezüglich einer Abwehr ist das Ausnutzen von Schwächen einer Protokollspezifikation. Ist ein Protokoll bereits vom Entwurf her empfindlich gegenüber DoS-Angriffen, gibt es oft nur wenig Möglichkeiten das Problem zu beheben. Zudem sind sämtliche Implementierungen, also auch solche die korrekt und robust funktionieren, gleichermaßen betroffen. Neuere Protokolle werden daher üblicherweise mit entsprechenden Sicherheitsanforderungen versehen.

- *Erzeugung eines Ressourcenmangels* — Diese Angriffsart ist besonders schwer zu erkennen und abzuwehren, insbesondere wenn es sich zudem um einen verteilten Angriff aus mehreren Quellen handelt, einen so genannten *Distributed Denial-of-Service* (DDoS) Angriff. Im Wesentlichen lassen sich Angriffe in der Netzwerkebene und Angriffe in der Anwendungsebene unterscheiden. Angriffe in Netzwerkebene zielen auf Überlastung einer Netzwerkanbindung (vgl. Abbildung 8.14, S. 343). Damit sind ganze Netzwerke oder Netzwerkteile praktisch ohne Konnektivität. Angriffe in der Anwendungsebene zielen hingegen auf die Überlastung eines Opfersystems, beispielsweise durch Erzielen einer höheren Anfragerate als das System bewerkstelligen kann. Die Abarbeitung einer Anfrage dauert dann länger als die Zeitspanne zwischen zwei Anfragen. Problematisch ist die Erkennung eines solchen Angriffs, da ähnliche Überlasteffekte auch regulär auftreten können, beispielsweise durch ein bestimmtes Ereignis, das starkes öffentliches Interesse erweckt. Man nennt diesen Effekt auch *Flash-Crowd-* oder *Slashdot*-Effekt, weil ein solcher Ansturm oftmals durch die Bekanntgabe einer Neuigkeit auf einer bestimmten Web-Site hervorgerufen wird.

Da insbesondere die letzte Form verteilter DoS-Angriffe in der Praxis eine wesentliche Rolle spielt, werden hierzu noch einige weitergehende Aspekte in Abschnitt 8.7 (S. 339) erläutert.

2.5.8 Kombination von Angriffen

Die vorgestellten Angriffsmöglichkeiten werden häufig miteinander kombiniert, um die in Abschnitt 2.6 beschriebenen Sicherheitsziele zu gefährden. So könnte beispielsweise ein DNS-Server durch einen Denial-of-Service-Angriff sabotiert werden, um anschließend durch Maskerade einen Man-in-the-Middle-Angriff durchführen zu können, der zum Abfangen, Wiedereinspielen und zur Veränderung von Daten genutzt werden kann. Ein solch komplexer Angriff könnte beispielsweise durchaus die gängigen Online-Banking-Systeme unterlaufen, wenn es dem Angreifer gelingt, den Bank-Webserver nachzuahmen und unbemerkt zu bleiben. Leider überprüfen nur wenige Nutzer das Zertifikat, mit dem sich eine Bank authentifiziert. Das abgefangene Passwort und eine abgefangene Transaktionsnummer, die beispielweise vom Angreifer zunächst als

falsch eingegeben zurückgewiesen wird, können vom Angreifer später eingesetzt werden, um eine Überweisung zu tätigen.

2.6 Sicherheitsziele in Netzwerken

Um den in Abschnitt 2.5 beschriebenen Bedrohungen und Angriffen entgegen
zu wirken, lassen sich die folgenden technischen Sicherheitsziele definieren:

- *Vertraulichkeit* — Übertragene Daten sollen nur berechtigten Instanzen
  zugänglich sein, d. h. keine unbefugte dritte Partei soll an den Inhalt von
  übertragenen Nachrichten gelangen können. Erstreckt sich der Schutz nur
  auf die übertragenen Nutzdaten, ist möglicherweise die Geheimhaltung
  der Kommunikationsbeziehung als solche gefährdet. Manchmal reicht es
  einem Angreifer, herauszufinden welche Parteien miteinander kommunizieren, um gewinnbringende Rückschlüsse zu ziehen.

- *Datenintegrität* — Für den Empfänger muss eindeutig erkennbar sein, ob
  Daten während ihrer Übertragung unbefugt geändert wurden, beispielsweise durch Ersetzen, Einfügen oder Löschen von Teilen. Dazu muss sinn-
  vollerweise auch diejenige Instanz identifiziert werden, welche die Daten
  generiert und gesendet hat.

- *Authentizität* — Dieses Ziel besteht aus zwei Teilzielen:

  – Eine Instanz soll einer anderen ihre Identität zweifelsfrei nachweisen
    können (Identitätsnachweis bzw. Authentifizierung der Instanz).

  – Es soll überprüft werden können, ob eine Nachricht von einer bestimm-
    ten Instanz stammt (Authentizität der Daten) und ob sie unverändert
    zum Empfänger gelangt ist, d. h. nicht unterwegs verändert wurde. Dies
    ist die enge Bindung zu der zuvor besprochenen Datenintegrität.

  Wichtig ist, dass die Bindung an die Identität auch *nach* erfolgreicher
  Authentifikation überprüfbar bleibt. Ansonsten kann ein Angreifer nach
  der Authentifizierungsphase versuchen, die Kommunikation zu übernehmen (*Connection Hijacking*), in etwa vergleichbar mit der Situation, dass
  man nach erfolgreicher Eingabe der PIN am Geldautomaten durch einen
  Angreifer bewusstlos gemacht wird und anschließend der Angreifer dann
  Geld abhebt.

- *Verfügbarkeit/Verlässlichkeit* — Die Kommunikationsdienste sollen möglichst im vorgesehenen Rahmen ihres Einsatzes permanent verfügbar sein.
  Der Ausfall wichtiger und essentieller Infrastrukturdienste (z. B. Notruf)
  kann weitreichende Konsequenzen haben.

- *Nichtabstreitbarkeit (Verbindlichkeit)* — Das Stattfinden eines Kommunikationsvorgangs oder die Inanspruchnahme einer Dienstleistung soll nicht nachträglich durch eine der beteiligten Instanzen gegenüber Dritten abgestritten werden können (engl.: *Non-Repudiation*). Es soll also weder möglich sein, dass eine Instanz das Abschicken einer Nachricht bestreitet (Nichtabstreitbarkeit der Herkunft), noch dass eine Instanz den Erhalt einer Nachricht nachträglich abstreitet (Nichtabstreitbarkeit des Erhalts).

  Dieses Sicherheitsziel ist vor allem für Diensterbringer interessant, die Probleme mit zahlungsunwilligen Kunden haben, welche sich darauf berufen, dass sie die Dienstleistung nicht in Anspruch genommen haben. Bei einem Streitfall ist hier auch der Nachweis einem Gericht gegenüber – als dritter Partei – wichtig.

- *Zurechenbarkeit (Accountability)* — Soll eine Dienstnutzung abgerechnet werden, so muss sie einem Nutzer eindeutig und zweifelsfrei zugeordnet werden können (auch gegenüber Dritten). Dieses Ziel ist daher mit dem vorhergehenden der Nichtabstreitbarkeit eng verbunden.

- *Zugangs- und Zugriffskontrolle* — Es sollen lediglich autorisierte Instanzen Zugriff auf bestimmte Dienste oder Daten erhalten. Zudem können bestimmte Zugriffsarten (z. B. lesen, schreiben, ausführen) je nach Zugriffsprofil eingeschränkt sein.

- *Privatsphäre* — Eine Instanz möchte sämtliche oder bestimmte Kommunikationsvorgänge geheim halten. Trotzdem sind zumindest die Kommunikationsteilnehmer meistens noch bekannt (z. B. durch DNS-Anfragen selbst bei Einsatz von Ende-zu-Ende-Verschlüsselung), wodurch mittels einer Verkehrsanalyse leicht Nutzerprofile angelegt werden können, die bereits häufig Rückschlüsse auf die (sozialen) Kontakte und das Verhalten sowie das Umfeld der Teilnehmer erlauben. Hier hilft der gebündelte Schutz von Kommunikationsbeziehungen, z. B. durch ein VPN (s. Abschnitt 4.10, S. 126).

  Ein Teilziel ist die Gewährleistung der *Anonymität*. Hierbei wird die wahre Identität einer Instanz nicht offengelegt. Um dennoch verschiedene oder gleiche wiederkehrende Instanzen unterscheiden zu können, kann das Prinzip der *Pseudonymität* eingesetzt werden. Hierbei sind Instanzen zwar – meist auch eindeutig – identifizierbar, jedoch bleibt die wahre Identität der Instanz verborgen.

  Diesem Sicherheitsziel steht häufig das Interesse von Kommunikationsdienstbetreibern entgegen, die zumindest aus Abrechnungszwecken eine Zuordnung zur wahren Identität benötigen.

Zur Erreichung der zuvor beschriebenen Sicherheitsziele gibt es verschiedene technische Maßnahmen, die in Kapitel 4 genauer vorgestellt werden. Da diese Maßnahmen größtenteils auf kryptographischen Verfahren beruhen, werden diese zunächst in Kapitel 3 vorgestellt.

2.7 Schichtenmodell für Kommunikationssysteme

Dienste und Funktionen von Kommunikationssystemen lassen sich in einer mehrschichtigen Struktur anordnen, wodurch die Einordnung von Protokollmechanismen und -funktionen erleichtert wird. Da dies gleichermaßen für die zugehörigen Sicherheitsmechanismen gilt, wird nachfolgend ein Schichtenmodell vorgestellt, anhand dessen die Abfolge der Erläuterung der Sicherheitsmechanismen in Teil II grob ausgerichtet ist.

Nach dem ISO/OSI-Basisreferenzmodell [176] lassen sich die Kommunikationsfunktionen in sieben funktionale Schichten einteilen. In der Praxis konnte sich das Modell aufgrund seiner relativ starren Aufteilung und der hohen Komplexität, insbesondere in den drei oberen Schichten, nicht durchsetzen. Zur Erläuterung der Einordnung von Kommunikationsfunktionen leistet es als logisches Modell dennoch gute Dienste. Abbildung 2.3 illustriert die Nutzung von Diensten der unteren Schicht durch die darüberliegende Schicht an einem vereinfachten Modell, welches die Schichten 5–7 zusammenfasst.

Überträgt man das Basisreferenzmodell auf die früher und davon unabhängig im Internet entstandene Strukturierung der Kommunikationssysteme [24], lässt sich die in Abbildung 2.3 illustrierte Zuordnung der logischen Schichtung der Funktionalität eines Kommunikationssystems angeben: Die Funktionalität der physikalischen Schicht und der Sicherungsschicht werden durch die jeweilige *Netzzugangstechnik* festgelegt und realisiert. Hierbei handelt es sich üblicherweise um die Technik lokaler Netzwerke, wie Ethernet (IEEE 802.3) oder Wireless LAN (IEEE 802.11). Im Rahmen dieser Techniken sind Aspekte wie das physikalische Medium, die Übertragungsgeschwindigkeit sowie Übertragungs-, Sicherungs- und Medienzugriffsmechanismen festgelegt. Diese Mechanismen sind meistens vollständig in dem *Netzwerkadapter*, welcher den Zugang zum Netzwerk ermöglicht, integriert. Obwohl Medienzugriff nur eine Teilfunktion der Sicherungsschicht darstellt, wird der Begriff *Medium Access Control (MAC)* häufig synonym für die gesamte Schicht verwendet. Hierbei ist diese Abkürzung im jeweiligen Kontext sorgsam von der ebenfalls gebräuchlichen Abkürzung MAC für einen *Message Authentication Code* zu unterscheiden (vgl. Abschnitt 4.2, S. 103).

Auf die Dienste der Netzzugangsschicht greift die *Vermittlungsschicht* zu, welche im Internet durch das *Internet Protocol (IP)* [294] realisiert wird. Auf der Vermittlungsschicht basieren wiederum diverse Transportprotokolle wie TCP oder UDP, deren Dienste wiederum von verschiedensten Anwendungen in der *anwendungsorientierten Schicht* genutzt werden können.

Grundsätzlich wird in den nachfolgenden Betrachtungen davon ausgegangen, dass die Elemente eines Netzwerks in *Endsysteme* (manchmal auch als *Hosts* bezeichnet) und *Zwischensysteme* sowie physikalische Verbindungen eingeteilt werden kann. Die Kommunikation zwischen Anwendungen in den Endsyste-

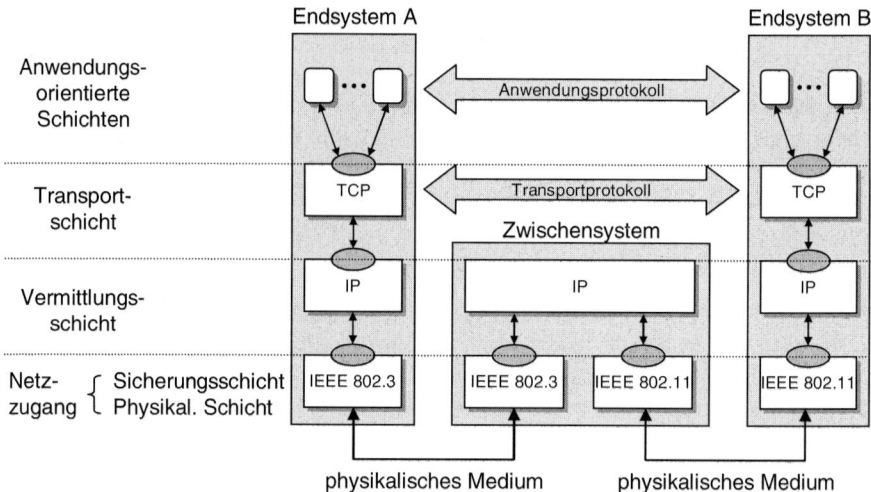

Abbildung 2.3. Das zugrundegelegte Schichtenmodell am Beispiel von TCP/IP

men findet über einen Verbund von *Netzwerken* statt, wobei die Weiterleitung der auszutauschenden Daten von den Zwischensystemen übernommen wird. Endsysteme sind üblicherweise mit einem Netzwerkanschluss ausgestattete Rechner (z. B. handelsübliche Personalcomputer, Arbeitsplatzrechner oder Server) und Zwischensysteme spezielle, dedizierte Rechner mit mehreren Netzwerkanschlüssen, deren Hauptaufgabe darin besteht, Pakete zwischen den verschiedenen Netzwerken weiterzuleiten. Traditionell benötigen daher *Zwischensysteme (Router)* zur reinen Weiterleitung der Daten nur die Funktionalität der unteren beiden Schichten aus Abbildung 2.3, jedoch verfügen sie zu Verwaltungs- und Steuerungszwecken ebenfalls über höhere Schichten und entsprechende Anwendungsprozesse. In der Praxis werden zwar auch Zwischensysteme eingesetzt, die eine Kopplung von Netzwerken oberhalb der Netzwerkschicht realisieren (*Gateways*), für die weiteren Betrachtungen wird jedoch – sofern nicht anders erwähnt – davon ausgegangen, dass die Kopplung durch die Vermittlungsschicht bewerkstelligt wird.

Teil II des Buchs ist größtenteils anhand des logischen Schichtenmodells strukturiert, so dass die Sicherheitsmerkmale der einzelnen Schichten sukzessive besprochen werden. Ein wichtiger aber durchaus auch komplexer Aspekt ist das Zusammenwirken verschiedener Sicherungsmechanismen in unterschiedlichen Schichten. So kann u. U. eine Sicherungsmaßnahme einer höheren Schicht ineffektiv werden, falls eine Angreifbarkeit in einer darunter liegenden Schicht existiert (für IP ist das meistens die Gefährdung durch ARP, vgl. Abschnitt 6.1.1, S. 201).

2.8 Endsystemsicherheit

Neben der Sicherheit der eingesetzten Netzwerkprotokolle spielt vor allem auch die Sicherheit der beteiligten Komponenten wie Endsysteme und Netzwerkkomponenten (z. B. Router oder Mail-Server) eine wichtige Rolle, weil die übertragenen Daten üblicherweise in Endsystemen abgelegt und weiterverarbeitet werden. Zur Sicherung der Endsysteme müssen daher ebenfalls Konzepte berücksichtigt und erarbeitet werden. Werden beispielsweise Kreditkarteninformationen zur Zahlungsabwicklung zu einem internen Server verschlüsselt übertragen, so muss Sorge getragen werden, dass die Daten dort entsprechend sicher verwahrt werden. Gleiches gilt für das Speichern von wichtigem Schlüsselmaterial auf Servern oder für Server mit sicherheitskritischen Aufgaben, wie z. B. Authentisierungsserver.

Wie in der Einleitung in Kapitel 1 bereits erwähnt wurde, sind implementierungsbedingte Sicherheitsschwachstellen zwar nicht explizit Gegenstand des Buchs, dennoch müssen Endsysteme und Router bei Bekanntwerden von Sicherheitslücken entsprechend schnell aktualisiert werden, um die Sicherheit des Gesamtsystems nicht zu gefährden. Abschnitt 10.12 (S. 484) geht deshalb etwas genauer auf eine Gefährdung durch Viren, Würmer und andere schädliche Programme (*Malware*) ein. Kompromittierte Endsysteme oder Router stellen ein großes Sicherheitsrisiko dar, weil nicht nur dort gespeicherte Daten gefährdet sind, sondern auch die sonst dem System entgegengebrachte Vertrauensbasis fehlt. Wichtig ist hier auch zu unterscheiden, welche Gefährdungen durch Ausnutzung von Sicherheitslücken von außen oder von innen existieren, d. h. in wie weit kann das System von außen oder von Nutzern mit lokaler Zugangsberechtigung (Innentäterproblematik) angegriffen werden.

2.9 Zusammenfassung

Sicherheit in Netzwerken kann nicht isoliert betrachtet werden und es gilt zahlreiche weitere Aspekte zur Systemsicherheit ebenfalls zu berücksichtigen. Unter anderem muss das Management in wichtige Sicherheitsaufgaben wie das Festlegen von Sicherheitszielen und der Sicherheitsrichtlinien eingebunden sein. Primäre technische Sicherheitsziele stellen die Wahrung der Vertraulichkeit einer Kommunikation, die Sicherung der Integrität übertragener Daten sowie die Authentifikation der Kommunikationspartner dar. Zur Durchsetzung der Sicherheitsziele lassen sich Sicherheitsmechanismen, die in Teil II besprochen werden, in unterschiedlichen funktionalen Schichten einsetzen. Schließlich sollten auch Notfallpläne für den Fall eines DDoS-Angriffs existieren, da in einigen Situationen nur noch der ISP (Internet Service Provider) helfen kann, ihn abzuwehren.

3

Grundlagen zur Kryptographie

Für das weitere Verständnis – vor allem der in Kapitel 4 vorgestellten Sicherheitsmechanismen – sind grundlegende Kenntnisse über kryptographische Verfahren notwendig. Aufgrund des mathematischen Hintergrunds dieser Verfahren ist dieses Kapitel theoretischer als alle weiteren.

Bevor einige wichtige Begriffe eingeführt werden, sei an dieser Stelle bereits davor gewarnt, kryptographische Mechanismen aufs Geratewohl zu verwenden, z. B. ohne ihre Randbedingungen und ihre grobe Funktionsweise verstanden zu haben. Beispiele wie das zur WLAN-Sicherung eingesetzte WEP zeigen, dass die unbedachte Konfiguration oder Anwendung von Sicherheitsmechanismen die Sicherheit eines Gesamtsystems gefährden kann.

Kryptologie bezeichnet die Wissenschaft von der sicheren und vertraulichen Kommunikation. Prinzipiell umfasst diese Disziplin zwei Hauptthemen: *Kryptographie* und *Kryptoanalyse*. Die Kryptographie (aus dem Griechischen von *Kryptós* = verborgen und *gráphein* = schreiben) beschäftigt sich mit Verfahren, die einen *Klartext* (engl. *Plaintext*) in einen möglichst unlesbaren *Schlüsseltext* (auch als *Chiffretext* oder *Chiffrat*, engl. *Ciphertext* bezeichnet) überführen. Da aus dem Klartext zusammen mit einem Schlüssel der Chiffretext erstellt wird, bezeichnet man diesen Vorgang auch als *Verschlüsseln*. Dementsprechend benötigt man zum *Entschlüsseln* (Dechiffrieren) ebenfalls einen bestimmten Schlüssel. Inzwischen werden zur Kryptographie jedoch nicht nur ausschließlich Verfahren zur Herstellung der Vertraulichkeit gezählt, sondern beispielsweise auch solche zur Integritätssicherung.

Die *Kryptoanalyse* hingegen beschäftigt sich damit, aus einem Schlüsseltext den Klartext ohne Kenntnis des Schlüssels wieder zu gewinnen. Um gute kryptographische Verfahren entwickeln zu können, muss ein Kryptograph auch immer zugleich ein guter Kryptoanalytiker sein, damit er Verfahren im Hinblick auf Resistenz gegen verschiedene bekannte Angriffe prüfen kann. Die Kryptoanalyse ist somit eine wesentliche und notwendige Ergänzung zur Kryptographie, denn schließlich erfüllen die entwickelten Verfahren nur dann ihren Zweck, wenn sie nicht gebrochen werden können.

Im Folgenden wird zuerst ein sehr kurzer Abriss der Geschichte der Kryptographie gegeben, anschließend werden einige für die Kryptoanalyse typische Angriffsarten aufgeführt. Danach wird auf die Problematik von Zufallszahlen eingegangen, da ihnen eine wichtige Bedeutung in der Kryptographie zukommt, z. B. bei der Generierung von Schlüsseln. Nachfolgend werden dann symmetrische Chiffrierverfahren mit ihren unterschiedlichen Betriebsarten vorgestellt. Einweg- und Hash-Funktionen werden im Anschluss behandelt, da sie eine wichtige Grundlage zur Integritätssicherung darstellen. Schließlich werden noch asymmetrische Chriffrierverfahren vorgestellt, welchen ebenfalls eine große Bedeutung zukommt.

3.1 Geschichte

Der Drang nach der Vertraulichkeit von Informationen ist tief in der Menschheitsgeschichte verwurzelt [353]. Die erste Anwendung einfacher, aus heutiger Sicht geradezu primitiver Verfahren, erfolgte schon ca. 2000 Jahre vor Beginn der heutigen Zeitrechnung. Dabei handelte es sich zumeist um Verfahren, die beispielsweise zur Darstellung von Nachrichten unübliche Hieroglyphen verwendeten. Auch war es zu dieser Zeit verbreitet, Nachrichten in Form einer Tätowierung auf der Kopfhaut von Sklaven zu transportieren.

Einen wichtigen Beitrag in der Geschichte der Kryptographie lieferte *Julius Caesar* (100 bis 44 v. Chr.) mit dem später nach ihm benannten Verschlüsselungsverfahren. Das Verfahren arbeitet nach der so genannten *monoalphabetischen Verschlüsselung*, das jedem Buchstaben der Klartextnachricht immer einen festen Buchstaben im Chiffratalphabet zuordnet.

Nach und nach wurden eine Vielzahl solcher Verfahren entwickelt, die jedoch durch einfache Häufigkeitsanalysen gebrochen werden konnten. Erst im 16. Jahrhundert wurde eine neue Verfahrensklasse, die *polyalphabetische Verschlüsselung* entdeckt. Das bekannteste Verfahren dieser Kategorie ist zweifellos die *Vigenère-Chiffre*. Diese verwendet mehrere Geheimalphabete und ordnet somit einem Buchstaben der Klartextnachricht unterschiedliche Buchstaben der verschiedenen Chiffratalphabete zu und erschwert damit die Häufigkeitsanalyse. Im Jahre 1863 stellte Friedrich Wilhelm Kasiski einen Angriff auf die Vigenère-Chiffre vor. Nachdem auch 1925 William Frederick Friedman einen Angriff auf diese Chiffre vorstellte, verloren auch polyalphabetische Verfahren ihre Bedeutung.

Mit aufkommender Industrialisierung zu Beginn des letzten Jahrhunderts spielten mechanische bzw. elektro-mechanische Verschlüsselungsmaschinen eine immer größere Rolle. Diese basierten meist auf einer Konstruktion mit

Chiffrierzylindern, -rotoren oder -walzen. Der berühmteste Vertreter solcher Chiffriersysteme ist sicherlich die im zweiten Weltkrieg eingesetzte *Enigma*, die erfolgreich von den Briten durch Einsatz von Rechenmaschinen und Kenntnis bestimmter Klartextinhalte gebrochen werden konnte.

Erst mit dem Aufkommen von programmierbaren Rechenmaschinen – später Computer genannt – wurden in der letzten Hälfte des vorigen Jahrhunderts eine Vielzahl von Verschlüsselungsverfahren entwickelt.

Zur Vertiefung der Geschichte der Kryptologie ist für Einsteiger [352] und für Fortgeschrittene [192] empfehlenswert.

3.2 Kryptoanalyse

In der Vergangenheit hat sich gezeigt, dass die Stärke eines kryptographischen Verfahrens allein auf der Geheimhaltung des Schlüssels beruhen sollte und *nicht* auf der Geheimhaltung des Algorithmus (*Kerckhoffsches Prinzip*, benannt nach dem flämischen Kryptographen Auguste Kerckhoff [206]). Es existieren zahlreiche Beispiele nicht veröffentlichter Algorithmen, die so eklatante Schwächen aufwiesen, dass sie leicht gebrochen werden konnten. Dennoch gibt es einige Verfahren, z.B. im militärischen oder nachrichtendienstlichen Umfeld, die bewusst geheim gehalten werden, um die Hürde für Angreifer noch etwas zu erhöhen. So wurde z.B. die Funktionsweise des vom BSI entwickelten Blockchiffrier-Verfahren LIBELLE nicht veröffentlicht.

Andererseits gibt es auch immer wieder erstaunliche Behauptungen über die Fähigkeiten selbst entwickelter Verfahren, die angeblich sehr viel besser und sicherer – nicht selten „unknackbar" – sein sollen als alle anderen Verfahren oder Produkte auf dem Markt. Solche Behauptungen werden gerne als *Snakeoil* (Schlangenöl) bezeichnet, in Anlehnung an spezielle Wunderelixiere, die um die Jahrhundertwende in Nordamerika durch reisende Quacksalber auf entsprechenden Shows präsentiert wurden und angeblich sämtliche nur vorstellbaren Krankheiten heilen konnten. In [333] sind typische Anzeichen für „Krypto-Snakeoil-Produkte" aufgelistet.

Daher ist es sicherer, den Algorithmus durch möglichst viele erfahrene Kryptoanalytiker auf Schwächen und Angreifbarkeit untersuchen zu lassen, um eine Aussage über dessen Sicherheit zu erhalten. Da die meisten eingesetzten Verschlüsselungsalgorithmen veröffentlicht und wohlbekannt sind, ist es das Ziel der Kryptoanalytiker, Rückschlüsse auf den verwendeten Schlüssel zu erlangen. *Perfekte Sicherheit* bieten Algorithmen, die einem Kryptoanalytiker bei Kenntnis des Chiffretextes, z.B. durch Abhören, keine Information über den Klartext freigeben.

Die folgenden Angriffsformen lassen sich in der Kryptoanalyse grundsätzlich unterscheiden:

- *Vollständige Suche des Schlüsselraumes (Brute-Force-Attacke)* — Bei bekanntem Chiffrieralgorithmus werden nacheinander alle Schlüssel zur Entschlüsselung eines Chiffretextes durchprobiert. Hierzu muss auch beurteilt werden können, ob ein *sinnvoller* Klartext vorliegt, was oftmals durch Tests auf vermutlich häufig vorkommende Buchstaben oder Wörter automatisiert werden kann. Diese Methode ist – bei Kenntnis des Algorithmus – einfach durchzuführen, allerdings auch sehr aufwändig, denn im Mittel muss der halbe Schlüsselraum durchsucht werden. Der Aufwand ist üblicherweise so groß, dass diese Methode nicht praktikabel, d. h. zu rechenaufwändig ist. Trotzdem wurde beispielsweise der DES-Algorithmus mit einer Schlüssellänge von 56 Bit bereits erfolgreich durch einen solchen Angriff gebrochen [123].

- *Bekannter Chiffretext (Ciphertext-Only)* — Hierbei stehen dem Kryptoanalytiker lediglich verschiedene Chiffretexte zur Analyse zur Verfügung, die alle mit demselben Schlüssel erzeugt wurden. Einfachere Chiffrieralgorithmen bewahren beispielsweise die relative Häufigkeit von Buchstaben oder deren Kombinationen, wodurch Rückschlüsse auf den Klartext oder gar den Schlüssel möglich werden.

- *Bekannte Klartext-/Chiffretextpaare (Known-Plaintext)* — Dem Kryptoanalytiker sind einige Klartexte mit den dazugehörigen Chiffretexten bekannt. Ziel ist es, den zugehörigen Schlüssel bzw. den Chriffieralgorithmus herauszufinden, um weitere Chiffrate entschlüsseln zu können. Einen besonderen Fall der Known-Plaintext-Attacke stellt die *lineare Kryptoanalyse* dar. Hier bemüht sich ein Angreifer lineare Abhängigkeiten zwischen Klartext- und Chiffretext- und Schlüsselbits zu finden; dies sind Gleichungen, die bestimmte Bits von Klartexten, Chiffretexten, Schlüsseln oder auch Chiffreinterna in lineare Beziehung zueinander setzen. Vorgestellt wurde diese Art der Analyse zuerst von Matsui in [237]. Ein Beispiel für den DES-Algorithmus ist im Abschnitt 3.4.4 auf Seite 49 erwähnt.

- *Gewählte Klartexte (Chosen-Plaintext)* — Diese Analyse basiert auf Klartext-/Chiffretextpaaren, wobei im Unterschied zum vorigen Angriff, die Klartexte vom Angreifer gewählt werden können. Dies ermöglicht auch die *differentielle Kryptoanalyse* [99], welche zu zwei gewählten Klartexten, die einen bestimmten Unterschied aufweisen, die zugehörigen Chiffrate auf dadurch hervorgerufene deterministische Muster untersucht, um hieraus Rückschlüsse auf den gewählten Schlüssel bzw. Teile desselben zu ziehen.

- *Gewählte Chiffretexte (Chosen-Ciphertext)* — Dieser Angriff ist dem vorigen Angriff ähnlich, nur dass hier die Chiffretexte anstatt der Klartexte vorgegeben und die Klartexte zu den Chiffretexten beschafft werden.

Einige Systeme verwenden Passwörter, um Schlüssel zu generieren. Die gute Wahl des Passworts ist daher wichtig für die Sicherheit. Abgesehen davon, dass das Passwort noch zu merken sein sollte, kann eine schlechte Wahl des

Passwortes eklatante Sicherheitslücken bedeuten. Als *Social Engineering* bezeichnet man üblicherweise Methoden, um durch Kenntnis des persönlichen Umfelds des jeweiligen Opfers genügend Informationen zu erhalten, dessen Geheimnisse zu erraten oder sogar sicher in Erfahrung zu bringen. Durch Social Engineering lassen sich oftmals sehr einfach Passwörter erraten, da viele Nutzer häufig ihnen vertraute Daten oder Begriffe als Passwort wählen (wie z. B. Geburtsdaten, Namen der Freundin, Ehefrau oder Kinder usw.), die deshalb keine ausreichende Sicherheit bieten. Im weiteren Sinne können zum Social Engineering auch Angriffe gezählt werden, welche die Person veranlassen, Geheimnisse preiszugeben; ein Beispiel hierfür sind Phishing-Angriffe (vgl. Abschnitt 2.5.4, S. 16).

Bei der Passwortwahl sollte man sich außerdem bewusst sein, dass so genannte *Wörterbuchangriffe* (*Dictionary-Attacken*) existieren, die Wörterbücher nutzen, um Brute-Force-Angriffe auf die Passwörter durchzuführen, inklusive üblicher Variationen wie das Anhängen von Zahlen oder rückwärts schreiben von Wörtern. Daher sind auch normale Wörter aus Mutter- oder Fremdsprachen unbrauchbar. Können ganze Sätze als so genannte „Passphrase" verwendet werden, relativiert sich diese Gefahr allerdings wieder ein wenig. Sicherer werden Passwörter allerdings durch das Hinzufügen von Sonderzeichen.

3.3 Zufallszahlen

Zufallszahlen spielen in der Kryptographie eine wichtige Rolle. Sie liegen beispielsweise der Konstruktion von Geheimnissen (z. B. Schlüsseln) zu Grunde. Kann ein Angreifer auf die verwendeten Zufallszahlen schließen, dann ist es ihm bei bekanntem Algorithmus auch möglich, das Geheimnis zu rekonstruieren. Ein Angreifer muss dazu nicht unbedingt die Zufallszahlen selbst kennen. Eine Einschränkung auf einen (kleinen) Bereich ist meistens schon ausreichend, da der Angreifer in diesem Fall verschiedene Kombinationen auf Plausibilität testen kann. Zufallszahlenwerte werden manchmal auch als Nonce eingesetzt, um Wiedereinspielungsangriffe zu verhindern (vgl. Abschnitt 4.3.2, S. 110).

Um gute Zufallszahlen zu erhalten, kann man geeignete *physikalische Prozesse* zu Hilfe nehmen, z. B. den radioaktiven Zerfallvorgang oder das Werfen einer Münze. Einen Zufallszahlengenerator, der auf einem physikalischen Prozess beruht, bezeichnet man als *echten* Zufallszahlengenerator. Intel nutzt beispielsweise zur Erzeugung von Zufallszahlen das thermische Rauschen eines Widerstands im Pentium-III-Prozessor aus [173]. Maxtor erzeugt Zufallszahlen durch Nutzung von Rauschquellen in IDE-Festplatten wie die Amplitude des gelesenen magnetischen Signals oder die Qualität des Datenstroms aus der Sicht des Dekoders, der das physikalische magnetische Signal wieder in Daten umwandelt [110]. Andere Systeme (z. B. PGP) versuchen, die Qualität der Zufallszahlenerzeugung durch Benutzerinteraktionen zu verbessern. Zum Beispiel wird der Benutzer dazu aufgefordert, eine beliebige Folge von Ziffern und Buchstaben einzugeben, wobei nicht die Folge selbst sondern der zeitliche Abstand zwischen dem Niederdrücken der Tasten verwendet wird. Eine andere Möglichkeit besteht darin, den Benutzer zu zufälligen Mausbewegungen aufzufordern.

Die Verwendung von physikalischen Prozessen ist jedoch schwierig, weshalb oft so genannte *Pseudozufallszahlengeneratoren* zum Einsatz kommen, welche Zahlenfolgen erzeugen, die echten zufälligen Folgen gleichen, jedoch deterministisch erzeugbar und daher reproduzierbar sind.

3.3.1 Qualität von Zufallszahlen

Die Qualität von Pseudozufallszahlengeneratoren muss an den Eigenschaften der von einem echten Zufallszahlengenerator gewonnenen Zahlen gemessen werden. Insbesondere sollen Zufallszahlen folgende Eigenschaften besitzen:

- *Unvorhersagbarkeit* — Die Folge darf nicht vorhersagbar sein.

- *Uniformität* — An jeder Stelle in einer Folge von Zufallszahlen soll das Vorkommen jeder Zufallszahl gleich wahrscheinlich sein (keine Korrelation zwischen den Zufallszahlen).

- *Skalierbarkeit* — Auch Teilsequenzen von Zufallszahlensequenzen sollen zufällig sein.

- *Konsistenz* — Die Zufälligkeit soll nicht abhängig von einem Startwert (engl. Seed) sein.

- *Gleichmäßige Häufigkeitsverteilung*

Es existieren einige Werkzeuge wie z. B. Diehard oder die Test-Suite des *National Institute of Standards and Technology* (NIST), um die Qualität von Zufallszahlengeneratoren und damit auch die Qualität der erzeugten Zufallszahlen zu testen. Diese führen eine ganze Reihe von statistischen Tests durch, anhand derer die Qualität der erzeugten Zufallszahlen bewertet wird. Einige dieser Tests werden in [236] beschrieben.

3.3.2 Aufbau eines Pseudozufallszahlengenerators

Einen Zufallszahlengenerator, der in Software implementiert werden kann und keinen physikalischen Prozess zur Erzeugung von Zufallszahlen benötigt, nennt man *Pseudozufallszahlengenerator*. Da Computer allerdings nur deterministische Programme ausführen können, besteht die einzige Möglichkeit Zufall zu erzeugen darin, einen Anfangswert als Parameter zu wählen, der von einem Angreifer nicht einfach erraten werden kann, und von diesem dann ein Folge von Zahlen abzuleiten, deren Eigenschaften denen echter Zufallszahlen möglichst nahe kommen. Die Sicherheit hängt also hier von der Wahl eines möglichst guten *Anfangswerts* ab. Deshalb wird der Anfangswert meist von Variablen des Computers abgeleitet, die sich ständig ändern, z. B. Systemzeit in Millisekunden, Zeit seit Systemstart, Mausposition (am besten nach Aufforderung an den Benutzer, die Maus ein paar Sekunden lang zu bewegen), Abstand zwischen Tastendrücken, Speicherbereiche, eventuell auch die Position des Bildschirm-Rasterstrahls. Allerdings darf in die Zufälligkeit dieser Werte kein zu großes Vertrauen gesetzt werden. So gelingt es z. B. einem geübten Anwender, mit einer konstanten Geschwindigkeit zu tippen. Außerdem legt die Scan-Rate einer Tastatur die Auflösung der Zeit zwischen zwei Tastendrücken fest. Diese Zeit ist also nicht ganz so zufällig, wie man intuitiv annehmen würde. Ist ein Anfangswert gewählt, so wird er durch eine *Transformationsfunktion* in den nächsten Zufallswert geändert. Der transformierte Wert stellt dann für die nächste Runde den Eingabewert dar. Abbildung 3.1 zeigt den allgemeinen Aufbau.

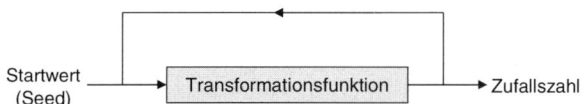

Abbildung 3.1. Allgemeines Funktionsprinzip Pseudozufallszahlengenerator

Die Transformationsfunktion muss so entworfen werden, dass möglichst lange *Zufallszahlenfolgen* erzeugt und alle möglichen Werte eingenommen werden. Da nur eine endliche Menge an Werten eingenommen werden kann, wiederholt sich die Zufallszahlenfolge zwangsläufig irgendwann. Die Länge der Folge ohne Wiederholung wird als *Periode* bezeichnet. Außerdem muss die Transformationsfunktion so gewählt sein, dass ein Angreifer ohne Kenntnis des Startwerts keine Rückschlüsse auf die Zufallszahlenfolge ziehen kann.

Im Folgenden werden nun drei Varianten vorgestellt, wie Transformationsfunktionen gebildet werden können.

Kryptographische Hash-Funktion als Transformationsfunktion

In der Transformationsfunktion kann eine kryptographische Hash-Funktion (vgl. Abschnitt 3.5, S. 56) zum Einsatz kommen. [270] konstruiert z. B. mit Hilfe von SHA-1 (s. Abschnitt 3.5.3, S. 59) einen Pseudozufallszahlengenerator.

Linear Rückgekoppelte Schieberegister

Eine klassische Methode zur Konstruktion von Pseudozufallszahlengeneratoren basiert auf *linear rückgekoppelten Schieberegistern* (*Linear Feedback Shift Register* – LFSR). LFSRs kamen schon sehr früh zum Einsatz, weil sie einfach und damit kostengünstig in Hardware implementierbar sind. Allerdings erfüllen sie den Anspruch an kryptographische Zufallsfunktionen nicht, da die Zufallszahlenfolge bereits nach $2n$ Ausgaben des Schieberegisters vorhersagbar ist, wobei n die Breite des Schieberegisters bezeichnet. Deshalb sollten LFSRs für sicherheitsrelevante Anwendungen *nicht* eingesetzt werden. Dennoch werden sie hier kurz beschrieben, da sie häufig in Systemen für andere Zwecke eingesetzt werden, was u. U. wiederum negative Auswirkungen auf die Sicherheit des Gesamtsystems haben kann.

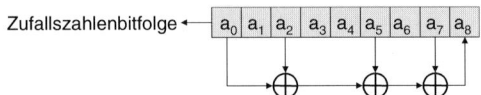

Abbildung 3.2. Linear rückgekoppeltes Schieberegister

Abbildung 3.2 zeigt das allgemeine Funktionsprinzip von LFSRs. Ein LFSR besteht aus n Variablen $a_0, a_1, \ldots, a_{n-1}$, die jeweils die Werte 0 oder 1 einnehmen können. Zufallszahlen entstehen nun in Form einer Bitfolge, indem a_0 als nächstes Bit der Zufallszahlenbitfolge aufgefasst wird und danach eine Verschiebung nach links (Richtung a_0) erfolgt. Das bedeutet, dass der Wert von a_1 nach a_0 übertragen wird, a_2 nach a_1 usw. Der neue Wert für a_{n-1} wird mit einer Rückkopplungsfunktion (Feedback Function) aus der bisherigen Belegung der n Variablen $a_0, a_1, \ldots, a_{n-1}$ berechnet. Für LFSRs kann nachgewiesen werden, welche Rückkopplungsfunktionen bei welcher Variablenanzahl maximale Perioden erzeugen.

Weitere Zufallszahlengeneratoren

Neben den oben angesprochenen Möglichkeiten einen Pseudozufallszahlengenerator zu erzeugen, gibt es noch einige andere: So kann zum Beispiel ein nichtlineares Schieberegister zum Einsatz kommen. Eine weitere Klasse von Pseudozufallszahlengeneratoren bilden die arithmetischen Zufallszahlengeneratoren, z. B. lineare Kongruenzgeneratoren, Fibonacci-Generatoren oder inverse Kongruenzgeneratoren. Die NIST hat einige solcher Pseudozufallszahlengeneratoren standardisiert (u. a. in [270]).

3.3.3 Zusammenfassung

Zufallszahlen spielen in der Kryptographie eine wichtige Rolle. Sie werden beispielsweise bei der Erzeugung von Schlüsseln verwendet. Echte Zufallszahlen werden durch physikalische Prozesse (z. B. radioaktiver Zerfall) erzeugt. An den Eigenschaften so erzeugter Zufallszahlen müssen sich alle anderen Zufallszahlengeneratoren messen. In Computern ist es ohne zusätzliche Hardware nicht einfach möglich, physikalische Prozesse auszunutzen, deshalb kommen hier sogenannte Pseudozufallszahlengeneratoren zum Einsatz. Diese berechnen auf Grundlage eines Startwerts (Seed) eine fortlaufende Reihe von Zufallswerten, die deterministisch und damit reproduzierbar ist.

3.4 Symmetrische Kryptographie

Bei *symmetrischen kryptographischen Verfahren* verwenden Sender und Empfänger den gleichen *Schlüssel*, um Nachrichten zu ver- und entschlüsseln. Die *Verschlüsselung* ist eine Funktion f mit zwei Parametern: dem Schlüssel k und dem Klartext p. Diese Funktion liefert als Ergebnis einen *Chiffretext* c mit $f(k,p) = c$. Die Verschlüsselung muss in dem Sinn umkehrbar sein, dass eine Funktion f^* existiert, die unter Eingabe von Schlüssel k und Chiffretext c den Klartext p zurückliefert. Es gilt also $f^*(k, f(k,p)) = p$. Wie bereits eingangs in Abschnitt 3.2 (S. 27) erläutert wurde, sollte man nach dem Kerckhoffschen Prinzip [206] bei der Betrachtung von Algorithmen üblicherweise davon ausgehen, dass sowohl die Ver- als auch die Entschlüsselungsfunktionen bekannt sind.

Es gibt zwei Klassen von symmetrischen Chiffren, die sich durch ihre Eingabe unterscheiden: *Blockchiffren* und *Stromchiffren*: Blockchiffren verschlüsseln ganze Blöcke fester Länge in einem Durchgang, während Stromchiffren in jedem Arbeitsschritt ein einzelnes Zeichen verschlüsseln. Diese beiden Klassen werden im Folgenden vorgestellt; zusätzlich werden noch verschiedene Betriebsmodi für symmetrische Chiffren vorgestellt. Das Kapitel schließt mit Beispielen zu symmetrischen Verschlüsselungsalgorithmen.

3.4.1 Blockchiffren

Symmetrische Verschlüsselungsalgorithmen sind meist Blockchiffren. Sie teilen die zu verschlüsselnden Daten in gleichgroße Blöcke auf, die anschließend unabhängig voneinander verschlüsselt werden; erst der Einsatz in einem der angesprochenen Betriebsmodi erzeugt unter Umständen eine Abhängigkeit zwischen verschiedenen Blöcken, z. B. zum Integritätsschutz. Da die Länge des zu verschlüsselnden Textes meistens kein Vielfaches der Blockgröße ist,

wird üblicherweise der letzte Block auf die fest vorgegebene Blockgröße aufgefüllt (sogenanntes *Padding*). Wichtige Größen einer Blockchiffre sind die
Blocklänge n und die verwendete Schlüssellänge l (jeweils in Bit angegeben).

Abbildung 3.3 zeigt die Grundlage vieler gebräuchlicher Blockchiffren: das
Feistel-Netzwerk [113], benannt nach seinem Erfinder Horst Feistel. Feistel-
Netzwerke beschreiben ein Grundprinzip zur Verschlüsselung von Blöcken,
denn die hierbei für Teilblöcke verwendete Transformationsfunktion ist prinzipiell austauschbar und unterscheidet sich je nach Wahl des Verschlüsselungsalgorithmus. Jeder Block wird in zwei gleichgroße Hälften L_0 (linke Hälfte)
und R_0 (rechte Hälfte) geteilt und in mehreren *Runden* mit einer Funktion f
bearbeitet, die pro Runde verschiedene Schlüssel verwendet. Nach jeder einzelnen Runde werden die linke Seite (L_i) und die rechte Seite (R_i) vertauscht.
Am Ende werden die Hälften wieder zu einem Block zusammengesetzt.

Sei i die Nummer der Runde (zwischen 1 und r). Ein Feistel-Netzwerk kann
dann mit folgenden Formeln beschrieben werden:

$$L_i = R_{i-1}$$

$$R_i = L_{i-1} \oplus f(R_{i-1}, k_i)$$

Dabei ist f die so genannte *Runden-* oder *Transformationsfunktion* und k_i
der im i-ten Schritt verwendete Schlüssel. Meistens leitet sich der in einer
Runde verwendete Schlüssel aus einem *Gesamtschlüssel* ab. Der Operator $\oplus$
bezeichnet hierbei die XOR-Verknüpfung (Exklusives Oder), siehe auch Tabelle 3.1. Feistel-Netzwerke werden eingesetzt, weil für die Entschlüsselung die
Umkehrfunktion von f nicht benötigt wird, denn zur Entschlüsselung kann
man folgende Formel verwenden:

$$R_{i-1} = L_i$$

$$L_{i-1} = R_i \oplus f(R_{i-1}, k_i)$$

Allerdings ist es zur Entschlüsselung notwendig, die *Rundenschlüssel* k_i in
umgekehrter Reihenfolge wie bei der Verschlüsselung zu verwenden. Feistel-
Netzwerke sind also relativ effizient in Hardware zu implementieren. Ein weiterer Vorteil ist, dass bereits wenige Runden ausreichend sind, um sicherzustellen, dass jedes Bit des Chiffrats von jedem Bit des Schlüssels abhängt.
Dadurch kann kein Bit des Klartextes oder des Schlüssels ohne gravierende
Änderungen des Chiffrats verändert werden. Feistel-Netzwerke kommen z. B.
bei den Verschlüsselungsverfahren DES, Blowfish, CAST und Twofish zum
Einsatz.

Die heuzutage am häufigsten eingesetzten symmetrischen Blockchiffren sind:
AES/Rijndael (s. Abschnitt 3.4.5, S. 51), Blowfish [330], und DES/3DES

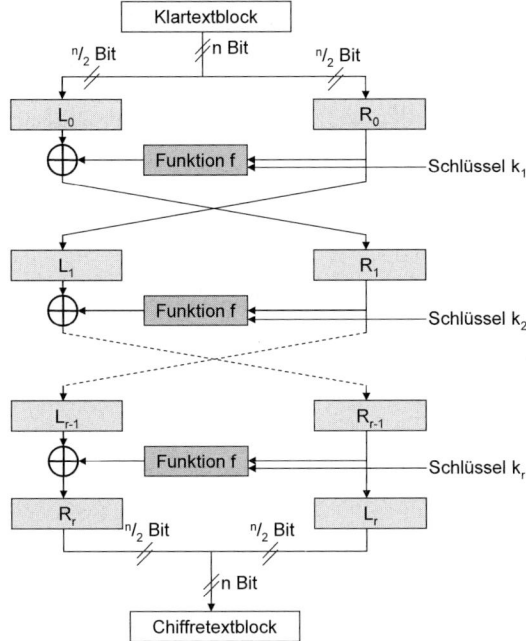

Abbildung 3.3. Feistel-Netzwerk

Tabelle 3.1. Bitweises Exklusives Oder (XOR, $\oplus$)

a	b	$a \oplus b$
0	0	0
0	1	1
1	0	1
1	1	0

(s. Abschnitt 3.4.4, S. 46). Weitere Algorithmen sind CAST [7], IDEA [216], MARS [55], MISTY1 [277], Serpent [13], Skipjack [92] und Twofish [332].

Im Laufe des Kapitels werden sowohl AES als auch DES und dessen Erweiterung 3DES („Triple-DES") vorgestellt, da sie als standardisierte Chiffren eine besondere Rolle einnehmen.

3.4.2 Stromchiffren

Stromchiffren wandeln Klartext im Gegensatz zu Blockchiffren bitweise (bzw. zeichenweise) in Chiffretext um. Dadurch wird es möglich, Informationseinheiten sofort verschlüsseln zu können, noch bevor ein kompletter Block vorliegt.

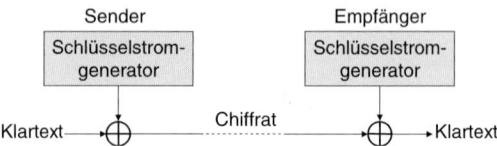

Abbildung 3.4. Verknüpfung eines Schlüsselstroms mittels XOR mit der Klartext-nachricht

Informationseinheiten können z. B. ASCII-Zeichen (8 Bit lang) oder Unicode Zeichen (16 Bit lang) sein. Bei Stromchiffren kommt ein *Schlüsselstromgenerator* zum Einsatz, der zu jedem Klartextbit ein Schlüsselbit erzeugt. Das Schlüsselbit wird dann mit dem jeweiligen Klartextbit mittels XOR verknüpft. Dies wird in Abbildung 3.4 gezeigt.

Ein zweifaches XOR mit dem gleichen Bitwert stellt den ursprünglichen Wert wieder her, d. h. $a \oplus b \oplus a = b$. Wird XOR auf längere Einheiten, z. B. ein Zeichen, angewandt, so wird die Operation jeweils bitweise ausgeführt. Da es keinen Übertrag irgendeiner Art gibt, ist diese Operation sehr gut parallelisierbar.

Verwendet der Empfänger denselben Schlüsselstromgenerator wie der Sender, so wird durch die wiederholte XOR-Verknüpfung der Klartext wieder rekonstruiert. Der Vorgang wird in Abbildung 3.4 noch einmal veranschaulicht und lässt sich mathematisch folgendermaßen formulieren: Es seien p_i die Bits der Nachricht und k_i die vom Schlüsselstromgenerator erzeugten Schlüsselbits. Dabei steht der Index i für die Position des Bits. Die jeweiligen Bezeichungen der Variablen leiten sich aus dem Englischen ab: p steht als Abkürzung für Plaintext (Klartext), c steht als Abkürzung für Chiffretext (Chiffrat bzw. Ciphertext) und k steht als Abkürzung für Key (Schlüssel).

Dann ist das entsprechende Chiffretextbit c_i:

$$c_i = p_i \oplus k_i$$

Die Formel zum Entschlüsseln beim Empfänger lautet:

$$p_i = c_i \oplus k_i$$

Die Sicherheit einer Stromchiffre hängt von der Qualität des Schlüsselstromgenerators ab, da bei bekanntem oder leicht zu erratendem Schlüsselstrom ohne Problem der Klartext wieder hergestellt werden kann. Höchste Sicherheit ist daher nur durch einen Schlüsselstromgenerator zu realisieren, der *echte* Zufallszahlen erzeugt (keine Pseudozufallszahlen). Ist die Folge der Zufallszahlen genauso lange wie die Nutzdatenfolge, so spricht man von einem *One-Time-Pad*. Die Verknüpfung eines One-Time-Pads mit den Nutzdaten via XOR ist die einzig beweisbar sichere Verschlüsselungsmethode, da für den Krypto-analytiker alle Klartextfolgen gleich wahrscheinlich sind. Jeder One-Time-Pad darf nur ein einziges Mal verwendet werden.

Echte Zufallszahlen lassen sich in Rechnern jedoch nur schwer erzeugen (vgl. Abschnitt 3.3, S. 29). Deshalb kommen in symmetrischen Chiffren Pseu-dozufallszahlengeneratoren – hier Schlüsselstromgeneratoren genannt – zum Einsatz, die deterministische Schlüsselströme erzeugen, welche beim Empfän-ger zur Entschlüsselung reproduziert werden können.

Ein Schlüsselstromgenerator besteht im Allgemeinen aus einem *internen Zu-stand*, einer *Ausgabefunktion* und einer *Zustandüberführungsfunktion*. Der in-terne Zustand stellt den aktuellen Zustand des Schlüsselstromgenerators dar. Befinden sich zwei Generatoren bei gleichem Schlüssel im gleichen internen Zustand, dann werden sie bei gleicher Ausgabefunktion auch eine identische Ausgabe erzeugen. Die Ausgabefunktion erzeugt aus dem aktuellen internen Zustand eine Ausgabe (=Schlüsselstrom), während die Zustandüberführungs-funktion einen Schlüsselstromgenerator von einem internen Zustand in den nächsten überführt.

Folgende Probleme bestehen beim Einsatz von Stromchiffren:

- Hat Eve eine Klartextnachricht und die zugehörige Chiffretextnachricht, dann kann sie den Schlüsselstrom rekonstruieren, da $\forall i : p_i \oplus c_i = p_i \oplus p_i \oplus k_i = k_i$. Wird eine weitere Nachricht mit diesem Schlüssel-strom verschlüsselt, so kann Eve diese zumindest solange entschlüsseln, wie Schlüsselbits aus vorigem Schritt vorliegen. Genau diese Sicherheits-schwäche tritt z. B. bei drahtlosen Netzen nach 802.11 bei Verwendung von WEP auf (s. Abschnitt 5.3.3, S. 158).

- Verfügt Eve über zwei Chiffretexte, die mit demselben Schlüsselstrom ver-schlüsselt wurden, so kann sie durch XOR-Verknüpfung der beiden Chif-fretexte eine XOR-Verknüpfung der entsprechenden Klartexte erreichen. Seien C' und C'' die Chiffretexte mit $C' = P' \oplus K$ und $C'' = P'' \oplus K$. Dann ergibt sich damit mit den Eigenschaften der XOR-Operation, insbesondere der Kommutativität: $\forall i : c' \oplus c'' = (p'_i \oplus k_i) \oplus (p''_i \oplus k_i) = p'_i \oplus k_i \oplus k_i \oplus p''_i = p'_i \oplus p''_i$. Dieses Ergebnis kann mit statistischen Verfahren analysiert werden, z. B. anhand der Häufigkeitsverteilung einzelner Buchstaben in natürlich-sprachlichem Text. Gelingt es, einen der beiden Klartexte herauszufinden, so kann nicht nur der zweite Klartext entschlüsselt werden, sondern es ist auch möglich, den verwendeten Schlüsselstrom zu rekonstruieren. Alle weiteren Nachrichten, welche mit dem gleichen Schlüsselstrom verschlüs-selt wurden, können dann ebenfalls entschlüsselt werden.

Anhand der Art der Erzeugung des Schlüsselstroms kann man Stromchiffren in selbstsynchronisierende und synchrone Stromchiffren unterteilen. Diese wer-den im Folgenden beschrieben.

Selbstsynchronisierende Stromchiffren

Bei *selbstsynchronisierenden Stromchiffren* ist der interne Zustand des Schlüsselstromgenerators das Ergebnis einer Funktion, die eine feste Anzahl n von Chiffretextbits miteinbezieht. Die Ausgabefunktion ist mit dem Schlüssel parametrisiert und verwandelt den internen Zustand in ein Bit des Schlüsselstroms. Damit hängt jedes Bit des Schlüsselstroms von den n vorigen Bit ab. Da der interne Zustand nur von den n vorhergehenden Chiffretextbits abhängt, kann ein Empfänger mit gleichem Schlüssel nach n empfangenen Chiffretextbits den richtigen internen Zustand herleiten und damit die Nachricht entschlüsseln. Eine mögliche Implementierung könnte am Beginn jeder Nachricht n zufällige Bit übertragen, danach ist der Empfänger synchronisiert und die eigentliche Übertragung kann beginnen.

Ein großer Nachteil von selbstsynchronisierenden Stromchiffren ist die *Fehlerfortpflanzung*: Da der interne Zustand von n Bit des empfangenen Chiffretexts abhängt, bedeutet ein fehlerhaft übertragendes Chiffretextbit, dass Sender und Empfänger für n Bit nicht synchronisiert sind und folglich diese n Bit der Nachricht unbrauchbar werden. Selbstsynchronisierende Stromchiffren sind aus dem gleichen Grund anfällig gegen das Wiedereinspielen von Nachrichten (so genannte Replay-Attacken, s. Abschnitt 2.5.3, S. 15)

Synchrone Stromchiffren

Bei *synchronen Stromchiffren* wird der Schlüsselbitstrom unabhängig von den Klartextzeichen erzeugt, d. h. der Schlüssel ist die einzige Eingabe des Schlüsselstromgenerators. Auf der Empfängerseite kommt ein Schlüsselstromgenerator zum Einsatz, der dieselbe Folge von Bits liefert, falls der gleiche Schüssel verwendet wird. Da sich die Folge der Schlüsselbits irgendwann wiederholt, muss die Periode der Schlüsselbitfolge ein Bit länger als die Klartextfolge sein; danach muss ein Schlüsseltausch stattfinden. Die Entschlüsselung funktioniert, solange beide Generatoren synchron laufen. Geht bei der Übertragung ein Bit verloren, ist es im Weiteren nicht möglich, den Klartext wiederherzustellen. Nachteil dieses Verfahrens ist somit die nötige Synchronisation im Falle eines verlorenen Bits. Im Gegensatz zu selbstsynchronisierenden Stromchiffren gibt es allerdings bei synchronen Stromchiffren keine Fehlerfortpflanzung, da der Schlüsselstrom nicht von den zuvor verschlüsselten Zeichen abhängt. Außerdem schützt eine synchrone Stromchiffre gegen das Einfügen oder Löschen von Bits im Chiffretext, weil dadurch die Synchronisation verloren geht und die Attacke sofort erkannt wird. Dazu ist es allerdings nötig, dass ein korrekt entschlüsselter Chiffretext von einem falsch entschlüsselten unterschieden werden kann, also eine gewisse Semantik der Daten vorhanden und bekannt ist. Werden z. B. von einem Sensor Rohdaten mit einem sehr großen Wertebereich und ohne Datenstrukturierung übertragen, so ist es im Allgemeinen nicht möglich zu beurteilen, ob eine Entschlüsselung erfolgreich war.

Synchrone Stromchiffren sind anfällig gegen Angriffe, die ein Bit im Klartext hinzufügen [30]: wurde zuvor eine Chiffretextfolge aufgenommen und wird der veränderte Klartext mit derselben Schlüsselbitfolge verschlüsselt, so kann ein Angreifer daraus den gesamten Klartext rekonstruieren, der nach dem eingefügten Bit folgt. Deshalb sollte nie der gleiche Schlüsselbitstrom verwendet werden, um verschiedene Nachrichten zu verschlüsseln!

Beispiele

Eingesetzte Stromchiffren sind A5/1 und A5/2, RC4 (bzw. dessen Ausprägung WEP) und SEAL. RC4 wird am Ende dieses Kapitels vorgestellt. Auf dessen Nutzung bei WEP wird in Abschnitt 5.3.3 (S. 158) genauer eingegangen.

3.4.3 Betriebsmodi von symmetrischen Blockchiffren

In Netzwerken kommen oft Blockchiffren zum Einsatz, um die Übertragung von Nachrichten zu sichern. Da Blockchiffren nur Datenblöcke einer gewissen Länge verarbeiten können, wird die zu übertragende Nachricht in mehrere Blöcke aufgeteilt, falls die Länge der Nachricht größer als die maximale Blocklänge ist. Andernfalls muss mittels Padding auf die Blocklänge ergänzt werden. Blockchiffren weisen allerdings ein grundsätzliches Problem auf: Da Blockchiffren bei gleichem Schlüssel und gleichem Klartext auch immer denselben Chiffretext erzeugen, kann ein aktiver Angreifer Replay-Angriffe durchführen, indem er chiffrierte Nachrichtenblöcke aufzeichnet und diese später in eine andere Übertragung einspielt. Ein passiver Angreifer kann Wiederholungen von Blöcken erkennen und daraus eventuell Schlussfolgerungen ziehen, ohne den Chiffretext direkt entschlüsseln zu können.

Um die angesprochenen und andere Schwächen zu beseitigen und um symmetrische Chiffren zu verschiedenen Zwecken einsetzen zu können (z. B. zur Integritätssicherung), gibt es verschiedene *Betriebsmodi*, in denen die entsprechende Chiffre betrieben werden kann. Insbesondere gibt es Betriebsmodi, über die mit Hilfe einer Blockchiffre eine Stromchiffre konstruiert werden kann.

Die bekanntesten Betriebsmodi werden im Folgenden vorgestellt. Einen guten Überblick über Betriebsmodi für symmetrische Chiffren gibt [104].

Electronic Codebook Mode

Beim *Electronic Codebook Mode* (ECB) wird jeder Block einzeln verschlüsselt und die einzelnen Blöcke werden nicht miteinander verknüpft. Der Name rührt daher, dass für diesen Betriebsmodus ein Codebuch angelegt werden kann, d. h. eine Tabelle, die zu jedem Block den entsprechenden verschlüsselten Block enthält. Gleiche Klartextblöcke werden auch immer auf gleiche Chiffratblöcke abgebildet, was einem Angreifer bereits weitreichende Rückschlüsse auf die Klartextstruktur aus dem Chiffrat erlaubt.

Abbildung 3.5 aus [364] illustriert recht anschaulich, dass in diesem Fall die Struktur des Chiffretexts noch relativ stark mit derjenigen des Klartextes korreliert ist. Eine Bitmap des linken Bildes wurde mit einer symmetrischen Blockchiffre im ECB-Modus verschlüsselt. Das Bild auf der rechten Seite stellt das chiffrierte Resultat dar. Wiederholungen sind deutlich zu erkennen und es ist möglich, Rückschlüsse auf das ursprüngliche Bild zu ziehen.

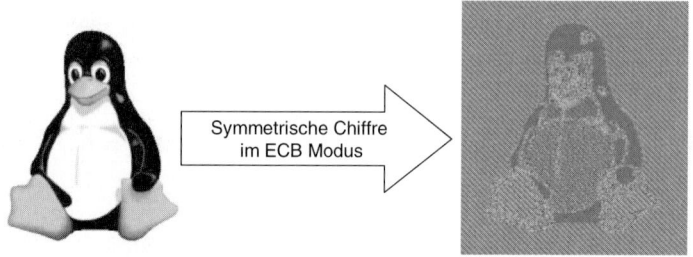

Abbildung 3.5. Mustererkennung bei ECB

Cipher Block Chaining Mode

Um das Problem von ECB zu beheben, nutzt der *Cipher Block Chaining Mode* (CBC) eine Rückkopplung, d. h. das Chiffrat des vorigen Blocks wird in die Verschlüsselung des aktuellen Blocks miteinbezogen (siehe Abbildung 3.6). Damit hängt jeder Chiffretextblock von den vorigen Chiffretextblöcken ab. Nun können Wiederholungen desselben Blocks nicht mehr erkannt werden und Replay-Attacken sind nicht mehr wirksam. Die Verknüpfung der Chiffretextblöcke miteinander wird dadurch erreicht, dass das Ergebnis des vorigen Chiffretextblocks durch XOR mit dem aktuell zu verschlüsselnden Block verknüpft wird. Bei der Entschlüsselung wird zunächst ein Chiffretextblock entschlüsselt. Anschließend wird der nächste Block entschlüsselt und mit dem Ergebnis der vorigen Entschlüsselung mittels XOR verknüpft.

Die folgenden Formeln formulieren die Berechnungsvorschriften des CBC-Modus mathematisch. Dabei steht E_k für die Verschlüsselung und D_k für die Entschlüsselung unter Verwendung des Schlüssels k. Die Bezeichner E bzw. D leiten sich aus den englischen Wörtern *Encryption* (Verschlüsselung) und

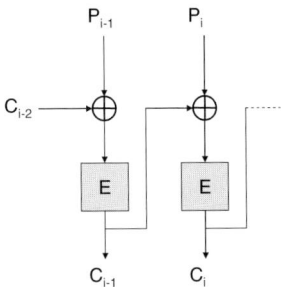

Abbildung 3.6. Funktionsweise des Cipher Block Chaining Modus

Decryption (Entschlüsselung) her. P_i steht für den i-ten Klartextblock und C_i für den i-ten Chiffretextblock. Die Berechnungsvorschriften lauten dann:

$$C_i = E_k(P_i \oplus C_{i-1})$$

für die Verschlüsselung und

$$P_i = C_{i-1} \oplus D_k(C_i)$$

für die Entschlüsselung.

Im CBC-Modus werden unter Umständen gleiche Nachrichten immer noch auf gleiche Chiffretextblockfolgen abgebildet. Dies kann durch die Verwendung eines zufälligen *Initialisierungsvektors* vermieden werden, der mit dem ersten Block wie oben beschrieben verknüpft wird. Nun muss allerdings zusammen mit dem ersten Block auch der Initialisierungsvektor übermittelt werden, damit es dem Empfänger möglich ist, die Nachricht zu entschlüsseln. Wird ein Initialisierungsvektor verwendet, so ist darauf zu achten, dass für jede Übertragung ein anderer Initialisierungsvektor verwendet wird, um bei jeder Verschlüsselung eine andere Blockverschlüsselung zu erreichen.

Ein Nachteil des CBC ist seine Fehleranfälligkeit: bereits ein 1-Bit-Fehler in einem Chiffretextblock macht die Entschlüsselung aller weiteren Blöcke unmöglich. Ein weiterer Nachteil ist die Verschlüsselung des letzten Blocks. In diesem können beliebige Bits manipuliert werden, da er nicht mehr in die weitere Verschlüsselung eingeht. Stehen im letzten Block noch wichtige Daten, sind diese somit anfällig für Angriffe. Es muss also auf Datenebene geprüft werden, ob eine Manipulation oder ein Fehler stattfand.

Cipher Feedback Mode

Eine Blockchiffre kann durch den *Cipher Feedback Modus* (CFB) auch als selbstsynchronisierende Stromchiffre verwendet werden. Um die Verschlüsselung einzelner Informationseinheiten unter Verwendung einer Blockchiffre zu

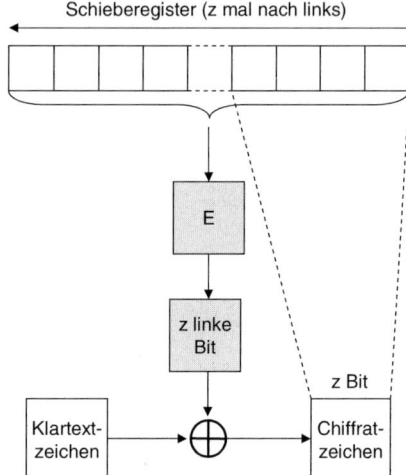

Abbildung 3.7. Funktionsweise des Cipher Feedback Modus

ermöglichen, kommt ein Puffer zum Einsatz, der die gleiche Größe wie ein Block der Blockchiffre hat. Dieser Puffer wird in jedem Schritt verschlüsselt, allerdings wird zur Verschlüsselung der Klartextzeichen nur ein Teil des Puffers verwendet, der die Größe eines einzelnen Zeichens hat.

Der genaue Ablauf ist wie folgt: Es sei eine Blockchiffre mit einer Blockgröße von b Bit gegeben, die im CFB-Modus verwendet wird, um Informationseinheiten mit einer Länge von z Bit $z \leq b$ zu verschlüsseln (für ASCII-Zeichen ist z. B. $z = 8$). Abbildung 3.7 verdeutlicht die Funktionsweise des CFB-Modus. Im CFB-Modus wird ein Puffer der Länge b Bit verwendet. Zu Beginn ist dieser mit einem Initialisierungsvektor belegt. Der Puffer wird nun en bloc verschlüsselt und die am weitesten links stehenden z Bit des Blockchiffre-Chiffrats werden mit den ersten z Bit des Klartextes per XOR verknüpft und ergeben den eigentlichen Chiffretext. Diese z Bit Chiffretext werden übermittelt, der Puffer daraufhin z Bit nach links verschoben. Dabei werden die z am weitesten links stehenden Zeichen verworfen. Anschließend wird der Puffer von rechts mit den z Bit Chiffretext aufgefüllt und mit den nächsten z Bit entsprechend verfahren. Zur Entschlüsselung wird umgekehrt vorgegangen.

Ebenso wie der CBC-Modus verknüpft der CFB-Modus Klartextzeichen, so dass der Chiffretext vom vorhergehenden Klartext abhängt. Der oben angesprochene Initialisierungsvektor ist nicht geheim; er muss jedoch für jede Nachricht geändert werden, z. B. könnte eine Seriennummer zum Einsatz kommen, die mit jeder Nachricht erhöht wird.

Ein fehlerhaftes Zeichen (z Bit) im Chiffretext bewirkt, dass $b/z + 1$ Zeichen der Länge z Bit falsch entschlüsselt werden. Danach ist die Entschlüsselung

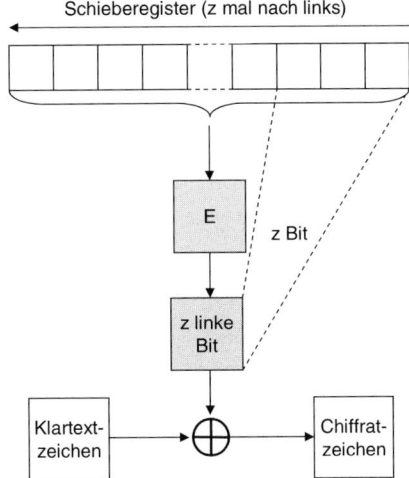

Abbildung 3.8. Funktionsweise des Output Feedback Modus

wieder erfolgreich. Dies rührt daher, dass das fehlerhafte Zeichen falsch entschlüsselt wird und da das fehlerhafte Zeichen in den Puffer eingereiht wird, werden auch die nächsten b/z Zeichen fehlerhaft entschlüsselt. Danach ist der Puffer wieder frei von Einflüssen durch das falsche Chiffretext-Zeichen.

Output Feedback Mode

Durch den *Output Feedback Mode* (OFB) kann eine Blockchiffre als synchrone Stromchiffre eingesetzt werden. Abbildung 3.8 verdeutlicht die Funktionsweise des OFB-Modus. Der OFB-Modus ist ähnlich zum CFB-Modus, allerdings werden im OFB-Modus nicht z Bit des Klartexts in den Puffer eingefügt, sondern die am weitesten links stehenden z Bit der Ausgabe des Schlüsselstromgenerators der letzten Runde. Für den Initialisierungsvektor gilt das beim CFB-Modus Beschriebene. Da im OFB-Modus der übertragene Chiffretext nicht in den Puffer mit einbezogen wird, gibt es dementsprechend auch keine Fehlerfortpflanzung, d. h. ein Bitfehler im Chiffretext führt bei der Entschlüsselung zu genau einem Bitfehler im Klartext. Allerdings besteht im OFB-Modus das bereits angesprochene Synchronisationsproblem. Wird der OFB-Modus eingesetzt, so muss auf jeden Fall ein Mechanismus vorhanden sein, um eine fehlende Synchronisation zu erkennen und Sender und Empfänger zu resynchronisieren.

Im OFB-Modus ist es dringend zu empfehlen, $z = b$ als identisch zur Blockgröße zu wählen. Damit wird eine möglichst lange Periode des Schlüsselbitstroms erzeugt. Analysen zu diesem Problem und dem OFB-Modus im Allgemeinen finden sich in [134], [87] und [120]. Auch Stromchiffren können im OFB-Modus eingesetzt werden. Dazu wird der Schlüssel als Parameter für die Zustandsüberführungsfunktion des Schlüsselstromgenerators verwendet. Es gibt jedoch auch Varianten, in denen der Schlüssel nur den initialen internen Zustand des Generators festlegt und danach nicht mehr benutzt wird.

Counter Mode

Der *Counter Mode* (CTR) ähnelt dem OFB-Modus. Allerdings wird nicht die Ausgabe der Verschlüsselungsfunktion in den Puffer eingefügt, sondern ein Zähler (engl. *Counter*). Nach jeder Verschlüsselung des Puffers wird der Zähler um eine Konstante erhöht. Die konkrete Implementierung des Zählers spielt keine Rolle, solange sichergestellt ist, dass sich der Zählerwert nicht wiederholt. So kann z. B. auch ein Pseudozufallszahlengenerator zum Einsatz kommen.

Es treten die gleichen Synchronisationsprobleme auf wie bei OFB und folglich gibt es keine Fehlerfortpflanzung. Allerdings erzeugt der Schlüsselstromgenerator im Counter Modus auch dann lange Perioden des Schlüsselbitstroms, wenn $z < b$. Blockchiffren im Counter Modus eignen sich gut zum Schutz von Dateien mit wahlfreiem Zugriff, da der interne Zustand des Schlüsselstromgenerators (d. h. des Puffers) im Schritt j ohne Kenntnis der vorherigen Schritte berechnet werden kann, falls bekannt ist, wie der Zähler gebildet wird. Wird der Zähler z. B. bei jedem Schritt um 2 erhöht, so hat der Zähler im Schritt j den Wert *initialerWert* $+ 2 \cdot j$. Verschlüsseln mehrere Sender mit dem gleichen Schlüssel (z. B. Gruppenkommunikation), so muss sichergestellt werden, dass sich die Zählerwerte der einzelnen Sender jeweils unterscheiden. Dies kann beispielsweise durch Einbeziehen einer Sender-ID geschehen.

Propagating Cipher Block Chaining Mode

Der *Propagating Cipher Block Chaining Mode* (PCBC) ist dem CBC-Modus ähnlich, allerdings werden beim PCBC sowohl der vorherige Klartextblock als auch der vorherige Chiffretextblock mittels XOR mit dem aktuellen Klartextblock vor der Verschlüsselung verknüpft. Abbildung 3.9 verdeutlicht die Funktionsweise des PCBC-Modus. Die Berechnungsvorschriften zum Ver- und Entschlüsseln lauten:

$$C_i = E_k(P_i \oplus C_{i-1} \oplus P_{i-1})$$
$$P_i = C_{i-1} \oplus P_{i-1} \oplus D_k(C_i)$$

Der PCBC-Modus kam bei Kerberos Version 4 (s. Abschnitt 10.3, S. 416) zum Einsatz, um Verschlüsselung und Integritätsüberprüfung in einem Durchgang

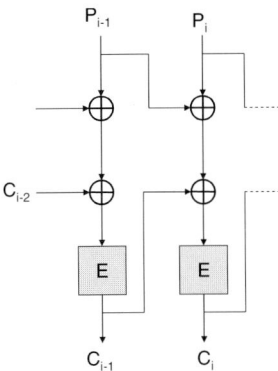

Abbildung 3.9. Funktionsweise des Propagating Cipher Block Chaining Modus

zu erledigen. Im PCBC-Modus bewirkt ein Fehler im Chiffretext die falsche Entschlüsselung aller folgenden Blöcke. Durch die Überprüfung eines Standardblocks ganz am Ende einer Nachricht kann also die Integrität der Nachricht überprüft werden. Da allerdings die XOR-Verknüpfung kommutativ ist, können zwei Chiffretextblöcke vertauscht werden und die Überprüfung des letzten Blocks ergäbe keinen Fehler, obwohl die Nachricht stellenweise nicht richtig entschlüsselt wurde.

Counter Mode mit CBC-MAC

Counter Mode mit CBC-MAC (CCM) ist ein generischer Betriebsmodus zur Authentifizierung und Verschlüsselung zum Einsatz mit 128-Bit-Blockchiffren wie z. B. dem AES (s. Abschnitt 3.4.5, S. 51). CCM ist – wie der Name schon vermuten lässt – eine Kombination aus Counter Mode und *Counter Block Chaining Message Authentication Code* (CBC-MAC). Der Counter-Mode-Anteil ist für die Geheimhaltung der verschlüsselten Daten zuständig, während der CBC-MAC den Anteil Integrität und Authentifizierung realisiert. Er bildet hierfür einen *Message Authentication Block*, indem CBC auf die Blöcke der Nachricht angewendet wird. Durch den Message Authentication Block kann die Integrität der übertragenen Nachricht überprüft werden, da bei CBC jeder Block von den vorherigen Blöcken abhängt. Um auch die Authentizität einer Nachricht überprüfen zu können, kommt in CCM dem ersten Block bei der Bildung des Message Authentication Blocks eine besondere Bedeutung zu. Den Blöcken der Nachricht wird ein spezieller Block vorangestellt, der unter anderem eine Nonce enthält. Eine Nonce ist eine sich nicht wiederholende Zufallszahl. Der Wert der Nonce geht also in den Message Authentication Block ein. Für die Sicherheit des Verfahrens wichtig ist, dass jede Nonce nur ein einziges Mal mit einem bestimmten Schlüssel verwendet wird. Die eigentliche

Nachricht wird dann im Counter Mode verschlüsselt. Dazu wird eine Reihe von Schlüsselblöcken erstellt:

$$S_i = E(K, A_i)$$

Dabei schließt A_i unter anderem den verwendeten Zähler und die Nonce ein. Die jeweiligen Blöcke der Nachricht werden dann wie beim Counter Mode üblich mit den Schlüsselblöcken $S_1, S_2, \ldots$ per XOR verknüpft. Eine spezielle Bedeutung kommt dem Schlüsselblock S_0 zu: Er wird mit dem Message Authentication Block per XOR verknüpft und an die verschlüsselten Daten angehängt.

Bewertung

Die gebräulichsten Modi für Blockchiffren sind CBC-, CFB-, OFB- und der CTR-Modus. Daneben existiert eine Vielzahl an weiteren Modi. Hier ist jeweils im Einzelfall zu prüfen, welche Stärken und Schwächen die einzelnen Modi bieten.

3.4.4 DES

Der *Data Encryption Standard (DES)* wurde 1981 vom American National Standard Institute (ANSI) als offener Standard für Privat- und Business-Anwendungen veröffentlicht [4].

DES ist eine symmetrische Blockchiffre mit einer Blockgröße von 64 Bit, die sowohl zur Ver- als auch Entschlüsselung den gleichen Algorithmus und den gleichen Schlüssel (mit 56 Bit Länge) verwendet. Lediglich die Reihenfolge der einzelnen Teilschlüssel unterscheidet sich beim Ver- und Entschlüsseln. Die Sicherheit basiert auf den Prinzipien *Confusion* und *Diffusion*. Ein Baustein des DES realisiert diese Prinzipien durch eine Substition – d.h. Ersetzung – gefolgt von einer Permutation – d.h. einer Funktion, die keine zwei Werte auf das gleiche Ergebnis abbildet. Man bezeichnet diesen Baustein im DES als *Runde*; der DES-Algorithmus verwendet insgesamt 16 Runden pro Verschlüsselung beziehungsweise Entschlüsselung eines Blocks. Abbildung 3.10 zeigt die Struktur des DES-Algorithmus im Detail.

Zu Beginn nimmt der DES-Algorithmus eine *initiale Permutation* vor und der Block wird in eine linke und rechte Hälfte mit jeweils 32 Bit aufgeteilt. Anschließend finden 16 gleiche Runden statt. Nach der sechzehnten Runde werden die beiden Teilblöcke wieder vereint und zum Abschluss wird noch die inverse initiale Permutation angewendet. In jeder Runde werden die Schlüsselbits verschoben und anschließend 48 der 56 Bit genutzt. Die rechte Hälfte der Daten wird mittels einer *Expansionspermutation* auf 48 Bit vergrößert, die anschließend mit den 48 ausgewählten Schlüsselbits mittels XOR verknüpft und in 8 so genannte *Substitutions-Boxen (S-Box)* gegeben werden, die zusammen wieder 32 Bit Ausgabe erzeugen. Jede S-Box verwendet eine Eingabe von 6 Bit um eine 4 Bit Ausgabe zu erzeugen. Die S-Boxen sind nichtlinear und bewirken die Sicherheit des DES-Verschlüsselungsverfahrens; alle anderen Operationen des DES sind linear. Tabelle 3.2 zeigt beispielhaft die sechste S-Box des DES; die 6 Bit Eingabe $b_1b_2b_3b_4b_5b_6$ wird dabei folgendermaßen verwendet: Die Bits b_1 und b_6 bilden eine 2-Bit-Zahl (also von 0 bis 3) und wählen die Zeile aus, die für die Substitution verwendet wird. Die restlichen Bits werden als 4-Bit-Zahl interpretiert (0 bis 15) und wählen die Spalte der S-Box in der entsprechenden Zeile. Dort steht der Ausgabewert der S-Box. Beispiel: Ist die Eingabe der Wert 51, so ist $b_1b_2b_3b_4b_5b_6 = 110011$. Es wird also die dritte Zeile verwendet (da $b_1b_6 = 11$ in dezimaler Schreibweise 3 ist) und die Spalte 9 (da $b_2b_3b_4b_5 = 1001$ in dezimaler Schreibweise 9 ist). Dort steht der Wert 14. Dieser wird ausgegeben.

Tabelle 3.2. Die sechste S-Box des DES

	0	1	2	3	4	5	6	7	8	9	10	11	12	13	14	15
0	12	1	10	15	9	2	6	8	0	13	3	4	14	7	5	11
1	10	15	4	2	7	12	9	5	6	1	13	14	0	11	3	8
2	9	14	15	5	2	8	12	3	7	0	4	10	1	13	11	6
3	4	3	2	12	9	5	15	10	11	14	1	7	6	0	8	13

Abschließend findet eine weitere Permutation statt. Im Folgenden wird eine Runde als Funktion f bezeichnet. Die Ausgabe von f wird mit der linken Hälfte der Daten aus der letzten Runde mittels XOR verknüpft. Das Ergebnis dieser Operation wird anschließend die neue rechte Datenhälfte, die ehemalige rechte Hälfte wird zur linken Hälfte. Mathematisch lässt sich eine Runde des DES folgendermaßen darstellen:

Sei B_i das Ergebnis der i-ten Runde, L_i und R_i seien jeweils die linke und rechte Hälfte von B_i. Sei K_i der 48-Bit-Rundenschlüssel für Runde i und sei f die oben angesprochene Rundenfunktion. Dann lautet die mathematische Formulierung des DES:

$$L_i = R_{i-1}$$

$$R_i = L_{i-1} \oplus f(R_{i-1}, K_i)$$

Der DES verwendet also ein Feistel-Netzwerk (siehe Abschnitt 3.4.1). Die Entschlüsselung verwendet den gleichen Algorithmus. Lediglich die Rundenschlüssel müssen in umgekehrter Reihenfolge verwendet werden. Weitere De-

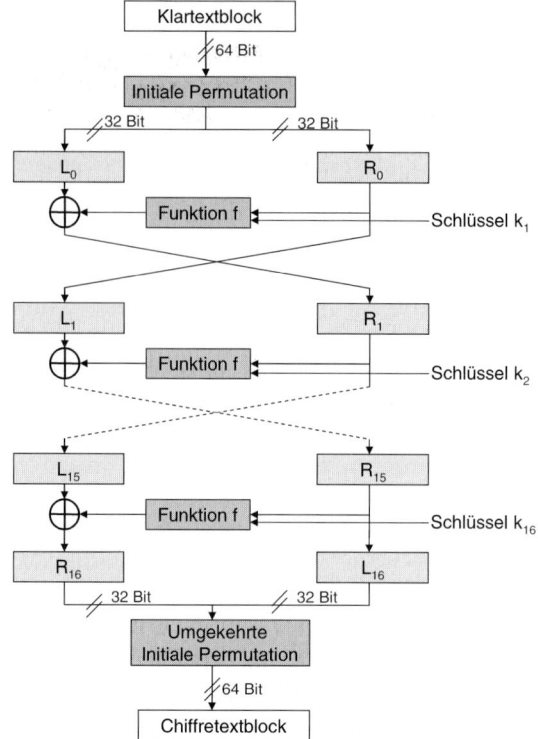

Abbildung 3.10. Struktur des DES-Algorithmus

tails zur Funktionsweise und den Eigenschaften des DES können u. a. in [331] nachgelesen werden.

Sicherheit des DES

Da der DES sehr häufig praktisch eingesetzt wird, existieren viele Arbeiten, die sich mit seiner Sicherheit auseinandersetzen. Im Folgenden werden einige wichtige Aspekte detaillierter beschrieben [331]:

- *Schwache Schlüssel* — Gewisse Schlüssel können bewirken, dass alle Runden des DES denselben Rundenschlüssel verwenden und daher vermieden werden müssen. Es handelt sich u. a. um die Schlüssel (Hexadezimale Schreibweise) 0000000 0000000, 0000000 FFFFFFF, FFFFFFF 0000000 und FFFFFFF FFFFFFF.

- *Komplementärschlüssel* — In einem Komplementärschlüssel werden alle Nullen des Originalschlüssels durch Einsen ersetzt und umgekehrt. Sei

A' das Komplement von A, dann gilt für den DES: $E_K(P) = C$ und $E_{K'}(P') = C'$. Mit dieser Eigenschaft müssen Chosen-Plaintext Angriffe (siehe Abschnitt 3.2, S. 28) nur die Hälfte der möglichen Schlüssel überprüfen d. h. der Aufwand sinkt von 2^{56} auf 2^{55}.

- *Schlüssellänge* — Die Schlüssellänge von 56 Bit gewährleistet aufgrund der gestiegenen Leistungsfähigkeit der Rechner für heutige Anwendungen keine ausreichende Sicherheit mehr. Dies zeigen die drei „DES Contests" [323] von 1997, 1998 und 1999. Bei allen drei Wettbewerben wurde der Schlüssel durch einen Brute-Force-Angriff (vgl. Abschnitt 3.2, S. 28) gebrochen. 1997 wurden dafür 96 Tage benötigt, 1998 41 Tage und 1999 22 Stunden.

  Um DES trotzdem weiterhin einsetzen zu können, muss eine der im nächsten Abschnitt angesprochenen Erweiterungen des DES genutzt werden.

- *Design der S-Boxen* — Die S-Boxen des DES wurden von der NSA im endgültigen Entwurf noch geändert, die Design-Kriterien jedoch nicht offengelegt. Deshalb besteht die Gefahr, dass die NSA eine Hintertür installiert hat. Allerdings wurde bis heute kein Beweis für diese These gefunden.

- *Differentielle Kryptoanalyse* — Bei der differentiellen Kryptoanalyse (vergleiche hierzu auch Abschnitt 3.2, S. 27) handelt es sich um ein Verfahren zum Angriff auf Algorithmen mit festen S-Boxen. Die Struktur der S-Boxen ist dabei entscheidend. Der DES erweist sich sehr widerstandsfähig gegen differentielle Kryptoanalyse. In der Praxis hat der Angriff beim DES keine Bedeutung, da zu viele Chiffretexte benötigt werden und der Speicherbedarf enorm ist.

- *Lineare Kryptoanalyse* — Lineare Kryptoanalyse beruht auf einer linearen Approximation, die das Verhalten einer Blockchiffre beschreibt. Gesucht wird im konkreten Fall eine XOR-Verknüpfung von Klartextbits und eine XOR-Verknüpfung von Chiffretextbits, deren XOR-Verknüpfung mit einer gewissen Wahrscheinlichkeit p die XOR-Verknüpfung einer Anzahl von bestimmten Schlüsselbits ist. Gelingt es, eine solche Beziehung herzustellen, deren Wahrscheinlichkeit $p \neq \frac{1}{2}$ ist, dann kann diese Beziehung für einen Angriff ausgenutzt werden. Die Erfolgsaussichten sind umso besser, je weiter p von $\frac{1}{2}$ abweicht. Dieser Angriff kann gegen DES (16 Runden) verwendet werden, wobei im Durchschnitt 2^{43} bekannte Klartexte benötigt werden. Es handelt sich somit um einen der besten bekannten Angriffe gegen DES.

Erweiterungen des DES

Um DES weiterhin nutzen zu können, wurden folgende Erweiterungen entwickelt:

- *3DES, Multiple DES, Triple-DES* — 3DES führt hintereinander drei DES-Operationen aus. Da DES keine Gruppe ist, steigt der Aufwand zum Brechen durch Brute-Force von 2^{56} auf 2^{168} (bzw. 2^{112}), da zur Ver- bzw. Entschlüsselung drei (bzw. nur zwei) verschiedene Schlüssel verwendet werden. Die Formel hierzu lautet:

$$C = E_{k_1}(D_{k_2}(E_{k_3}(P))))$$

  zum Verschlüsseln und

$$P = D_{k_1}(E_{k_2}(D_{k_3}(C))))$$

  zum Entschlüsseln.

  Diese Verbesserung wurde in den Standards X9.17 [5] und ISO 8732 [174] festgelegt. Triple-DES hat jedoch gegenüber dem DES den dreifachen Aufwand. Bis jetzt sind keine Schwächen von Triple-DES bekannt.

- *DES mit unabhängigen Rundenschlüsseln* – Eine andere Variante des DES verwendet verschiedene Rundenschlüssel, statt die Rundenschlüssel aus dem 56-Bit-DES-Schlüssel zu erzeugen. Damit ist die Schlüselläge bei dieser DES-Variante 768 Bit. Allerdings ist DES mit unabhängigen Rundenschlüsseln anfällig gegen differenzielle Kryptoanalyse und kann mit 2^{61} gewählten Klartexten gebrochen werden.

- *DESX* — DESX benutzt eine Technik mit dem Namen *Whitening*, um Eingabe und Ausgabe des DES zu verschleiern. Dazu verwendet DESX zusätzlich zum 56-Bit-DES-Schlüssel einen 64-Bit-Whitening-Schlüssel. Der Whitening-Schlüssel wird per XOR mit dem jeweiligen Klartextblock verknüpft. Der Chiffretext wird per XOR mit weiteren 64 Bit verknüpft, die durch eine Einwegfunktion (siehe Abschnitt 3.5, S. 56) gewonnen werden. Ziel des Whitening ist es, zu verhindern, dass Klartext/Chiffretext-Paare gewonnen werden können, die Eingabe und Ausgabe des DES darstellen. Dadurch werden Brute-Force-Angriffe deutlich erschwert. Die Formeln zur Berechnung lauten:

$$C = K_3 \oplus E_{K_2}(P \oplus K_1)$$

  zum Verschlüsseln und

$$P = K_1 \oplus D_{K_2}(C \oplus K_3)$$

  zur Entschlüsselung.

  Allerdings ergibt DESX nur wenige Bits mehr Sicherheit im Bezug auf lineare und differenzielle Kryptoanalyse.

3.4.5 AES

Lange Zeit war der DES der am meisten eingesetzte symmetrische Algorithmus. Allerdings wurde er nicht in einem offenen Prozess entwickelt, so dass es von Benutzerseite immer wieder den Verdacht gab, dass durch die NSA eine Hintertür eingebaut wurde, die eine Entschlüsselung durch die NSA ermöglicht. Ebenso ist DES wegen der kurzen Schlüssellänge (56 Bit) für heutige Anwendungen nicht mehr sicher genug, da er durch Brute-Force-Angriffe mit heutiger Rechenleistung gebrochen werden kann. 3DES bot eine vorübergehende Lösung, ist aber wegen seines hohen Aufwands nicht optimal.

Zur Suche nach einem neuen Algoritmus wurde Anfang 1997 ein offener Wettbewerb ausgeschrieben, dessen Sieger als *Advanced Encryption Standard* (AES) festgelegt wurde. Die Kriterien, die dabei zu berücksichtigen waren, sind:

- AES soll eine symmetrische Blockchiffre sein.

- Die Blocklänge soll mindestens 128 Bit betragen.

- Schlüssel der Länge 128 Bit, 192 Bit und 256 Bit sollen möglich sein.

- Die Implementierung von AES soll in Hardware und Software leistungsfähig sein.

- Resistenz gegen alle bekannten Methoden der Kryptoanalyse.

- Geringer Ressourcen-Verbrauch, um AES z. B. auch auf Smartcards einsetzen zu können.

- Der Algorithmus soll von jedermann unentgeltlich genutzt werden können und insbesondere frei von patentrechtlichen Ansprüchen sein.

15 Algorithmen wurden vorgeschlagen. In die engere Wahl und damit in die nächste Runde kamen die Algorithmen MARS, RC6, Rijndael, Serpent und Twofish. Diese erfüllten alle Kriterien, so dass folgende weitere Kriterien hinzugezogen wurden:

- Untersuchung auf theoretische Schwachstellen, die den Algorithmus in der Zukunft möglicherweise unsicher machen könnten.

- Rangfolge nach Ressourcenverbrauch und Leistung.

Ende 2002 stand dann schließlich der Algorithmus *Rijndael* [84], benannt nach den Erfindern Vincent Rijmen und Joan Daemen, als Gewinner fest. Rijndael konnte insbesondere überzeugen, da bezüglich der Leistungsfähigkeit Hardware- und Softwareimplementierungen effizient realisiert werden können und der geringe Aufbereitungsaufwand für Schlüssel schnelle Schlüsselwechsel erlaubt, was beispielsweise für Server-Implementierungen wichtig ist, die viele verschlüsselte Kommunikationsverbindungen unterhalten. Im Folgenden wird Rijndael nur noch als AES bezeichnet.

Arbeitsweise

Die verwendete Blocklänge und Schlüssellänge bei Rijndael können unabhängig voneinander auf 128, 192 oder 256 Bit eingestellt werden. Für AES ist im Standard [273] eine Blocklänge b von 128 vorgeschrieben. Dies ist der einzige Unterschied zwischen Rijndael und AES. Die Schlüssellänge kann auch bei AES 128, 192 oder 256 Bit betragen. AES basiert im Gegensatz zu seinem Vorgänger DES nicht auf einem Feistel-Netzwerk, sondern hat einen geschichteten Aufbau, bei dem sich jede Schicht auf einen kompletten Block auswirkt und ein Block sämtliche Schichten durchlaufen muss. Ähnlich wie DES verwendet AES verschiedene Runden zur Verschlüsselung. Die Anzahl der Runden r ist von der Schlüssellänge k und der Blockgröße b abhängig wie aus Tabelle 3.3 hervorgeht. Abbildung 3.11 zeigt den Schichtenaufbau einer Runde. Pro Runde müssen vier Schichten durchlaufen werden.

Tabelle 3.3. Rundenanzahl r des AES bei verschiedenen Block- und Schlüssellängen

	$b = 128$	$b = 192$	$b = 256$
$k = 128$	$r = 10$	$r = 12$	$r = 14$
$k = 192$	$r = 12$	$r = 12$	$r = 14$
$k = 256$	$r = 14$	$r = 14$	$r = 14$

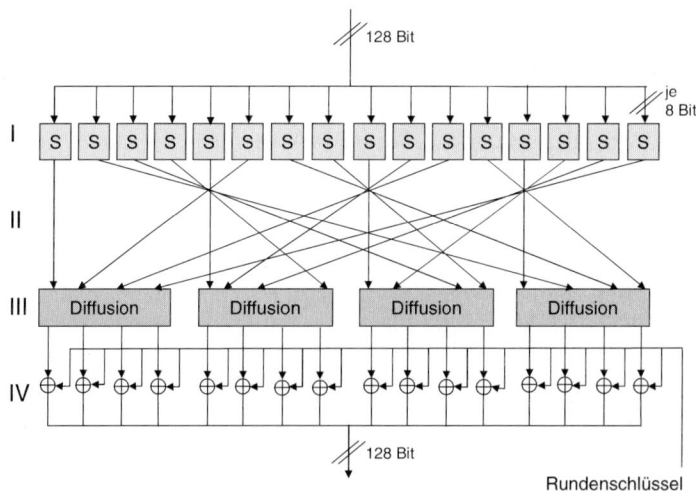

Abbildung 3.11. Schichtenarchitektur einer Runde des AES

Schicht 1 (Zeile I in Abbildung 3.11) besteht aus 16 *Substitutions-Boxen (S-Boxen)*. Die S-Boxen sind der nichtlineare Bestandteil des AES, die jeweils 8 Bit Eingabe verwenden, um aus einer statischen Tabelle 8 Bit Ausgabe auszuwählen. Die S-Boxen wurden so konstruiert, dass sie Schutz gegen verschiedene Methoden der Kryptoanalyse bieten. AES wurde so entwickelt, dass er insbesondere gegen lineare und differenzielle Kryptoanalyse (vgl. Abschnitt 3.2, S. 27) resistent ist.

Schicht 2 (Zeile II in Abbildung 3.11) permutiert die Ausgaben der S-Boxen. Ziel ist es, charakteristische Häufigkeitsverteilungen eines Textes bzw. ganze Phrasen zu beseitigen, um lineare Angriffe durch Häufigkeitsanalysen zu verhindern. Die Permutation wird bei AES auch als *ShiftRows* bezeichnet. Der Name rührt daher, dass bei AES der Eingabeblock als Matrix interpretiert wird und alle Operationen auf dieser so genannten *Zustandsmatrix* ausgeführt werden. Die Permutation wird in dieser vierzeiligen Tabelle durch zyklisches Verschieben der letzten drei Reihen erreicht. Abbildung 3.12 zeigt die Zustandsmatrix vor und nach der Permutation.

$$
\begin{array}{llll}
a_0 & a_4 & a_8 & a_{12} \\
a_1 & a_5 & a_9 & a_{13} \\
a_2 & a_6 & a_{10} & a_{14} \\
a_3 & a_7 & a_{11} & a_{15}
\end{array}
\longrightarrow \text{Shiftrow()} \longrightarrow
\begin{array}{llll}
a_0 & a_4 & a_8 & a_{12} \\
a_5 & a_9 & a_{13} & a_1 \\
a_6 & a_{10} & a_{14} & a_2 \\
a_7 & a_{11} & a_{15} & a_3
\end{array}
$$

Abbildung 3.12. Übergang der Zustandsmatrix durch ShiftRow()

Schicht 3 (Zeile III in Abbildung 3.11) vermischt die Daten innerhalb der Spalten eines Zustands (Diffusion). Ebenso wie die Permutation dient Diffusion dazu, charakteristische Häufigkeitsverteilungen zu verbergen. Diffusion in AES wird auch als *MixColumns* bezeichnet. Wie in Schicht 2 rührt auch dieser Name von der Zustandsmatrix her. Diffusion vermischt die Daten innerhalb der einzelnen Spalten in der Zustandsmatrix.

Schicht 4 (Zeile IV in Abbildung 3.11) verknüpft den aktuellen Rundenschlüssel mit der Ausgabe des dritten Schritts. Die Rundenschlüssel werden nach einem *Key Schedule* durch Rekursion aus dem *Anwenderschlüssel* abgeleitet. Offensichtlich muss jeder Rundenschlüssel die Länge eines Blocks haben. Sei im Folgenden $N_k = 4$ bei Verwendung eines Schlüssels der Länge 128 Bit, $N_k = 6$ bei 192 Bit und $N_k = 8$ für Schlüssel der Länge 256 Bit. AES unterteilt den Schlüssel zunächst in N_k 4-Byte-Wörter $k_0, \ldots, k_{N_k-1}$. Weitere Wörter werden jeweils durch XOR-Verknüpfung des vorhergehenden Wortes k_{i-1} mit k_{i-N_k} erzeugt. Sollte gelten $i \equiv 0 \bmod N_k$, so wird vor der XOR-Verknüpfung eine Funktion $F_{N_k}(k, i)$ auf k_{i-1} angewandt. Wird ein Schlüssel der Länge 256 Bit verwendet (also $N_k = 8$), so gibt es noch eine Besonderheit:

falls $i \equiv 4 \bmod N_k$ gilt, so wird k_{i-1} noch mit einer S-Box vorbehandelt, also $S(k_{i-1})$.

Zur Verschlüsselung eines Blocks mit AES wird nun folgendermaßen vorgegangen:

- Zu Beginn wird die Schlüsselexpansion nach oben beschriebenem Key Schedule durchgeführt.

- Anschließend wird eine Anzahl von Runden (abhängig von der Schlüssellänge, siehe Tabelle 3.3) durchlaufen.

- Die Verschlüsselung endet mit einer finalen Runde, die nur Schicht 1, 2 und 4 ausführt, aber auf Diffusion verzichtet.

Entschlüsselung ist mit dem gleichen Algorithmus möglich. Es müssen lediglich die Runden in umgekehrter Reihenfolge mit den jeweils inversen Transformationen durchlaufen werden.

Eine genauere Ausführung zu Rijndael findet sich unter [84], Informationen über AES liefert [273]. Bis jetzt sind keine praktisch umsetzbaren Angriffe auf AES bekannt. In [230] gelingt es, einen AES mit verminderter Rundenzahl zu brechen. XSL [82] ist eine allgemeine Angriffsmethode auf symmetrische Chiffren mit S-Boxen. Dabei wird versucht, den gesamten Algorithmus als multivariante quadratische Polynome zu betrachten. Dann wird eine neuartige Technik verwendet, um diese Polynomterme als Variablen zu betrachten. Dadurch entsteht ein System von linearen Gleichungen, das gelöst werden muss. Es existieren einige Optimierungen, um die Berechnungen zu beschleunigen. Trotzdem ist die Lösung dieses Gleichungssystems für AES heute noch praktisch unmöglich. Die Komplexität ist allerdings niedriger als bei einem Brute-Force-Angriff.

3.4.6 RC4

Eine der bekanntesten Stromchiffren ist *Rivest Cipher Nr. 4* (RC4). RC4 ist für den Einsatz in Software optimiert. Der Kern des Schlüsselzeichenstromgenerators von RC4 ist eine Folge von 256 Variablen, in der jede Zahl zwischen 0 und 255 genau einmal vorkommt. Im Folgenden werden diese Variablen als s_0, s_1, ..., s_{255} bezeichnet. Der Schlüsselzeichenstrom wird dann nach folgendem Code berechnet:

```
i=i+1 (mod 256)
j=j+s_i (mod 256)
Vertausche s_i und s_j
k=s_i+s_j (mod 256)
```

Als Schlüsselzeichen wird nun s_k ausgegeben. Dieses wird zur Verschlüsselung mit einem Klartextbyte per XOR verknüpft.

RC4 verwendet Schlüssellängen zwischen einem und 2048 Bit. Aus dem Schlüssel wird die Anfangsbelegung (Seed) der s_i berechnet. Außerdem wird der Schüssel byteweise in eine weitere Zahlenfolge k_0, k_1,...,k_{255} geschrieben, wobei bei Schlüsseln mit Längen kleiner 2048 Bit der Schlüssel mehrfach wiederholt wird. Die Initialisierung der s_i geschieht dann folgenderweise:

```
for(i=0;i<256;i++){
j=j+sᵢ + kᵢ (mod 256)
Vertausche sᵢund sⱼ
}
```

RC4 ist ein besonders schnelles und einfaches Verfahren. Die Verschlüsselungsgeschwindigkeit ist fünf- bis zehnmal höher als bei DES. Die Sicherheit von RC4 ist bei richtiger Anwendung hoch, es sind aber Angriffspunkte bekannt [119]: So existieren viele schwache Schlüssel, bei denen wenige Schlüsselbits einen großen Teil der initalen Permutation bestimmen. Dadurch werden die ersten Bits der Ausgabe sehr stark von diesen Schlüsseln beeinflusst. Dadurch können Rückschlüsse auf Teile des Schlüssels gezogen werden. Eine weitere Schwäche ermöglicht es dem Angreifer, den gesamten Schlüssel durch Kenntnis einzelner Teile zu bestimmen. Die Sicherheitsmängel von WEP (siehe Abschnitt 5.3.3, S. 158) sind das Ergebnis eines falsch angewendeten RC4. Insbesondere wird bei WEP ein zu kurzer Schlüssel und ein zu kleiner Initialisierungsvektor eingesetzt.

3.4.7 Zusammenfassung

Bei symmetrischer Verschlüsselung wird zum Ver- und Entschlüsseln der gleiche Schlüssel verwendet. Es gibt zwei Arten von symmetrischen Chiffren, die sich durch ihre Eingabe unterscheiden: Blockchiffren und Stromchiffren. Blockchiffren operieren auf Blöcken. Viele der gebräuchlichsten Blockchiffren basieren auf einem Feistel-Netzwerk. Der bekannteste Algorithmus, der ein Feistel-Netzwerk verwendet, ist DES.

Stromchiffren arbeiten nicht auf Blöcken sondern auf einem Strom aus Zeichen. Sie verschlüsseln jedes Zeichen einzeln. Zur Verschlüsselung erzeugt eine Stromchiffre meist einen Schlüsselstrom, der mit dem jeweiligen Zeichen per XOR verknüpft wird. Gelingt es einem Empfänger, den gleichen Schlüsselstrom zu reproduzieren, so kann er durch nochmalige XOR-Verknüpfung den Klartextstrom wiederherstellen. In einer Stromchiffre wird der Schlüsselstrom durch einen Schlüsselstromgenerator erzeugt. Dieser besteht im Allgemeinen aus einem internen Zustand, einer Ausgabefunktion und einer Zustandsüberführungsfunktion. RC4 ist ein Beispiel für eine häufig eingesetzte Stromchiffre. Verschiedene Betriebsarten ermöglichen es, Angriffe durch Wiedereinspielen bei symmetrischen Chiffren zu verhindern. Betriebsarten können auch benutzt werden, um andere sicherheitsrelevante Eigenschaften zu erzeugen, z. B. Schutz vor Mustererkennung oder Integritätsschutz.

Lange Zeit war DES der am häufigsten eingesetzte Algorithmus. Wegen Sicherheitsbedenken und der zu kurzen Schlüssellänge ist vom Einsatz von DES in aktuellen Implementierungen allerdings abzuraten. 3DES gilt zwar derzeit noch als sicher, ist aber im Vergleich zu AES weniger leistungsfähig. Mit AES wurde ein Nachfolger des DES geschaffen, der für die nächsten Jahre eine ausreichende Sicherheit bieten sollte.

3.5 Einwegfunktionen

Eine spezielle Art von Funktionen, die so genannten *Einwegfunktionen*, spielen in der Kryptographie eine wichtige Rolle, insbesondere bei digitalen Signaturen.

Einwegfunktionen sind Funktionen, die leicht zu berechnen, aber sehr schwer umzukehren sind. Mathematisch genauer formuliert ist eine Einwegfunktion eine Abbildung f einer Menge A in eine Menge B, so dass $f(x)$ für jedes Element aus A leicht zu berechnen ist, während es für (fast) jedes Element der Menge B extrem schwer ist, ein Urbild zu finden, d. h. zu $b \in B$ ist die Erfolgswahrscheinlichkeit vernachlässigbar gering, mit polynomialem Aufwand ein $a \in A$ zu finden, so dass $f(a) = b$. Eine Einwegfunktion heißt *kollisionsfrei*, wenn es unmöglich ist, zwei verschiedene Werte a und $\bar{a}$ in der Urbildmenge A zu finden, so dass $f(a) = f(\bar{a})$. Ein Beispiel für eine Einwegfunktion aus dem Alltag ist ein Telefonbuch: Es sei die Funktion $f =$ „suche zu einem Namen die zugehörige Telefonnummer". Ist der Name bekannt, kann sehr einfach nach der Telefonnummer gesucht werden. Die Invertierung der Funktion, d. h. die Funktion, die zu einer Telefonnummer den entsprechenden Namen sucht, ist ungleich schwieriger auszuführen, da in einem Telefonbuch die Telefonnummern nicht sortiert vorliegen.

Obwohl die Einwegfunktionen in der Kryptographie eine sehr wichtige Rolle spielen, ist nicht bekannt, ob sie im streng mathematischen Sinn eigentlich existieren. Nach dem heutigen Stand der Wissenschaft ist Exponentieren in einem endlichen Körper eine Einwegfunktion (d. h. die Berechnung von $a^b \bmod (q)$ ist einfach, aber $\log(a^b) \bmod (q)$ ist schwer zu berechnen). Auch die diskrete Exponentialfunktion modulo n ist eine Einwegfunktion. Des Weiteren können Einwegfunktionen auch aus symmetrischen Verschlüsselungsverfahren konstruiert werden. Es sei $f(Schl\ddot{u}ssel, Nachricht)$ eine symmetrische Verschlüsselungsfunktion. Wählt man nun eine feste Nachricht n, so erhält man die Einwegfunktion $F(x) := f(x, n)$. Dass F eine Einwegfunktion ist, leitet sich aus der Eigenschaft der symmetrischen Verschlüsselungsfunktion ab.

Bei dieser darf es nämlich auch bei Kenntnis von Klar- und Chiffretext (also bei einer „Known-Plaintext-Attacke") nicht möglich sein, auf den Schlüssel zu schließen. Hier ist zu beachten, dass $f(n, x)$ keine Einwegfunktion ist!

3.5.1 Kryptographische Hash-Funktionen

Kryptographische Hash-Funktionen sind eine spezielle Klasse von Einwegfunktionen. Eine kryptographische Hash-Funktion ist eine kollisionsfreie Einwegfunktion, die Nachrichten beliebiger Länge auf einen Hash-Wert fester Länge (z. B. 160 Bit bei SHA-1) abbildet. Kryptographische Hash-Funktionen sollen zwei wesentliche Eigenschaften aufweisen:

1. Es ist schwierig, eine Nachricht zu finden, die zu einem gegebenen Hash-Wert passt (Urbildresistenz).

2. Es ist schwierig, zwei Nachrichten zu finden, die denselben Hash-Wert besitzen (Kollisionsresistenz).

In der Kryptographie dienen kryptographische Hash-Funktionen meist dazu, einen *Fingerabdruck* von Nachrichten zu erstellen. Von Prüfsummen unterscheiden sich kryptographische Hash-Funktionen unter anderem durch die beiden zuvor genannten Eigenschaften der Urbildresistenz und Kollisionsresistenz: Während es bei Prüfsummen wie z. B. einer Quersumme einfach ist, bei konstanter Prüfsumme die Nachricht so zu verändern, dass die Prüfsumme wieder korrekt ist, gelingt dies bei einer kryptographischen Hash-Funktion nicht so einfach.

Im Kontext kryptographischer Hash-Funktionen ist das so genannte *Geburtstagsparadoxon* noch von Interesse. Zieht man aus einer Urne, in der sich insgesamt n Elemente befinden, mehr als $\sqrt{n}$ Elemente mit Zurücklegen, so kann man beweisen, dass die Wahrscheinlichkeit zweimal das gleiche Element zu ziehen schon höher als 50% ist [246]. Anschaulich: In einem Klassenraum mit nur 23 Schülern liegt die Wahrscheinlichkeit, dass mindestens 2 Schüler am selben Tag Geburtstag haben, erstaunlicher Weise schon bei mehr als 50%. Sucht man jedoch jemanden, der am gleichen Tag Geburtstag hat wie man selbst, muss man für eine Trefferwahrscheinlichkeit von 50% bereits 253 Personen befragen (die geometrische Verteilungsfunktion $F(n) = 1 - (1-p)^n$ gibt die Trefferwahrscheinlichkeit nach n Versuchen mit Erfolgswahrscheinlichkeit p an; in diesem Fall ist $p = 1/365$).

Dementsprechend lässt sich für Hash-Funktionen mit einem Wertebereich von 2^n verschiedenen Hash-Werten, z. B. SHA-1 mit 2^{160} verschiedenen Hash-Werten, zeigen, dass beim zufälligen Ausprobieren von $2^{n/2}$ Paaren von verschiedenen Urbildern x und x', die Wahrscheinlichkeit eines gleichen Hash-Wertes $H(x) = H(x')$ schon größer als 50% ist.

Obwohl das Finden irgendwelcher Kollisionen, und keiner bestimmten, auf den ersten Blick nicht beunruhigen mag, lässt sich dies für einen Angriff ausnutzen, der nach $2^{n/2} = \sqrt{2^n}$ als Yuvals *Square-Root Attack* [246] benannt ist:

1. Ein Angreifer möchte, dass Alice eine bestimmte Nachricht x digital unterschreibt. Dazu ist das Erstellen des Hash-Wertes von x notwendig, Details dazu in Abschnitt 3.7. Der Angreifer weiß, dass Alice x niemals freiwillig unterschreiben würde, die dazu deutlich unterschiedliche Nachricht y jedoch sicherlich.

2. Der Angreifer berechnet nun vorab Paare x' und y', die sich in nur wenigen Bits von x bzw. y so unterscheiden, dass Alice den Unterschied wahrscheinlich nicht bemerken würde. Er modifiziert solange minimal x' und y', bis für deren Hash-Werte gilt $H(x') = H(y')$.

3. Er lässt schließlich Alice y' unterschreiben, da sie den Unterschied zu y nicht erkennen kann.

Damit besitzt der Angreifer mit einem Aufwand von $2^{n/2}$ eine Kollision für die Unterschrift unter y': x'. Da sich x' nur unwesentlich von x unterscheidet, kann er nun behaupten, Alice hätte x unterzeichnet.

In der Praxis werden die Hash-Funktionen MD5, RIPEMD und SHA-1 eingesetzt. Vom Einsatz von MD4 ist abzuraten, da hier Kollisionen erzeugt werden können [101]. MD5 ist inzwischen ebenfalls als unsicher einzustufen und sollte daher nicht mehr verwendet werden [382].

3.5.2 Hash-Ketten

Hash-Funktionen können verwendet werden, um eine Kette von Werten zu erzeugen, die z. B. zur Authentifizierung verwendet werden kann. Abbildung 3.13 zeigt eine Hash-Kette. Zur Erzeugung einer Hash-Kette wird ein Zufallswert *rand* gewählt. Es sei $f(x)$ eine kryptographische Hash-Funktion. Es wird eine ausreichend große Zahl n gewählt und die Werte h_1 bis h_n nach folgender Formel berechnet: $h_0 = rand$, $h_{i+1} = f(h_i)$. Das letzte Element h_n wird über einen sicheren Kanal verbreitet. Nun kann ein Knoten durch Kenntnis von h_{n-1} beweisen, dass er die Werte der Hash-Kette kennt. Errechnen lässt sich h_{n-1} nicht aufgrund der Eigenschaften von kryptographischen Hash-Funktionen; allerdings kann ein Wert h_{n-1} sehr einfach auf seine Echtheit geprüft werden, indem die Gültigkeit von $f(h_{n-1}) = h_n$ überprüft wird. Nach Bekanntgabe von h_{n-1} kann der Knoten den Wert h_{n-2} für den nächsten Beweis verwenden etc.

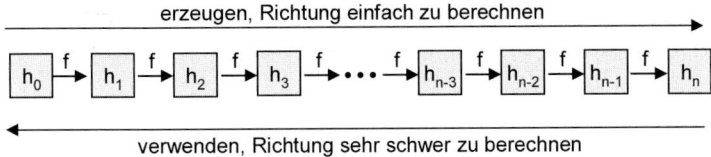

verwenden, Richtung sehr schwer zu berechnen

Abbildung 3.13. Prinzip einer Hash-Kette

3.5.3 SHA-1

Der *Secure Hash Algorithm 1 (SHA-1)* ist eine Weiterentwicklung der Hash-Funktion MD4. SHA-1 arbeitet blockweise mit einer Blockgröße von 512 Bit. Der erzeugte Hash-Wert hat eine Länge von 160 Bit.

SHA-1 geht zur Bildung des Hash-Werts folgendermaßen vor: Um den Hash-Wert einer Nachricht zu berechnen, wird diese in die 512 Bit großen Blöcke $m_0, m_1, \ldots, m_n$ aufgeteilt. Der letzte Block wird nach bestimmten Regeln aufgefüllt. Anschließend werden fünf 32 Bit lange so genannte Kettenvariablen (a_j, b_j, c_j, d_j und e_j, wobei j für die entsprechende Runde steht) auf vordefinierte Werte gesetzt ($a_0 = 67452301$, $b_0 = \text{EFCDAB89}$, $c_0 = \text{98BADCFE}$, $d_0 = 10325476$, $e_0 = \text{C3D2E1F0}$). Damit ist die Initialisierung abgeschlossen.

Anschließend werden die 512-Bit-Blöcke der Nachricht mittels der so genannten Kompressionsfunktion nacheinander verarbeitet. Die Kompressionsfunktion nimmt jeweils die Kettenvariablen und den aktuellen Block als Eingabe. Ihre Ausgabe wird den Kettenvariablen zugewiesen. Sind alle Blöcke verarbeitet, dann steht das Ergebnis in den Kettenvariablen, was einen Hash-Wert von 160 Bit Länge ergibt.

Im Folgenden wird die Kompressionsfunktion f genauer beschrieben, da sie das Herzstück des SHA-1 darstellt. Die Kompressionsfunktion f bildet aus fünf 32-Bit-Werten und einem 512-Bit-Wert fünf 32-Bit-Werte. Sie läuft in 4 Runden ab. Jede Runde besteht aus 20 identischen Operationen. Abbildung 3.14 gibt einen Überblick. Dabei bedeutet $\boxplus$ Addition und rol_i eine Linksrotation um i Bit. Die fünf Eingangswerte werden mit A_{ijk}, B_{ijk}, C_{ijk}, D_{ijk} und E_{ijk} bezeichnet, wobei i die Nummer des Blocks, j die Nummer der Runde und k die Nummer der Operation darstellt (also $j = 0, 1, 2, 3$ oder 4, $k = 0, \ldots, 20$). Für die initiale Belegung werden die Kettenvariablen herangezogen: $(A_{i00}, B_{i00}, C_{i00}, D_{i00}, E_{i00}) = (a_i, b_i, c_i, d_i, ei)$. Die Funktion g_j ist in den jeweiligen Runden verschieden:

$$g_1 = (B_{i-1} \wedge C_{i-1}) \vee ((\neg B_{i-1}) \wedge D_{i-1})$$
$$g_2 = B_{i-1} \oplus C_{-1} \oplus D_{i-1}$$
$$g_3 = (B_{i-1} \wedge C_{i-1}) \vee (B_{i-1} \wedge D_{i-1})$$
$$g_4 = g_2$$

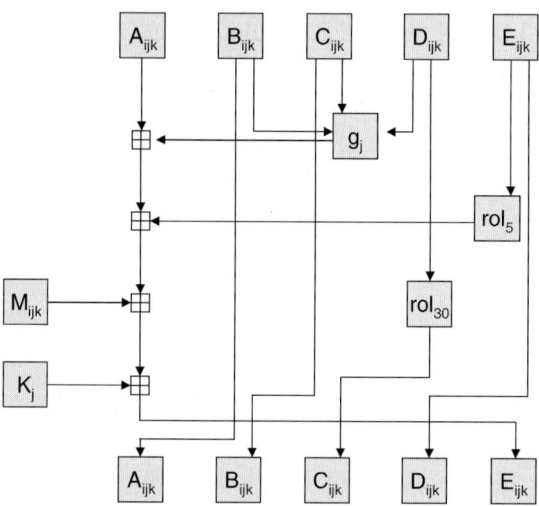

Abbildung 3.14. Diese Operation von SHA-1 wird in jeder Runde 20 mal durchlaufen

K_j aus Abbildung 3.14 ist schließlich eine Konstante, die ebenfalls in jeder Runde verschieden ist und in die Berechnung eingeht. Die Werte sind in der Spezifikation festgelegt [272].

SHA-1 ist die zurzeit am häufigsten eingesetzte Hash-Funktion. Ihre Sicherheit ist jedoch durch eine Ankündigung in [336] gefährdet. Für einen 160 Bit langen SHA-1-Hash-Wert besagt das Geburtstagsparadoxon einen mittleren Aufwand von $2^{160/2} = 2^{80}$ Hash-Operationen zum Finden *irgendeiner* Kollision. Die in [336] angekündigte Methode ermöglicht es wahrscheinlich, irgendeine Kollision mit nur 2^{69} Hash-Operationen zu erzeugen, was den Aufwand zum Berechnen einer Kollision immerhin um den Faktor $2^{11} = 2048$ reduziert. Dies macht jedoch vermutlich noch keinen gezielten Angriff auf einen bestimmten Hash-Wert bzw. dessen Nachricht als Urbild möglich, denn die Schwäche in der Kollisionsresistenz besagt lediglich, dass ein Angreifer zwei unterschiedliche Nachrichten als Urbilderpaar generieren kann, die denselben SHA-1-Hash-Wert besitzen.

Solange daher keine Schwäche der Urbildresistenz von SHA-1 gefunden wird, dürfte es für einen Angreifer mit einem gegebenen Hash-Wert und passendem Urbild immer noch sehr schwer sein, ein zweites Urbild zu finden, das zu diesem Hash-Wert passt. Damit sind Nachrichten, die bereits mit einem zugehörigen Hash-Wert versehen sind, trotz der gefundenen Schwäche nicht zwangsläufig gefährdet. Ob durch das Vorgehen auch die Urbildresistenz von SHA-1 geschwächt wird, lässt sich noch nicht beurteilen, denn die detaillierte Vorgehensweise ist von den Autoren Xiaoyun Wang, Yiqun Lisa Yin und Hongbo Yu jedoch zum Zeitpunkt der Drucklegung dieses Buches noch nicht veröffentlicht worden. Entsprechende Ankündigungen gibt es auch für andere bekannte Hash-Funktionen (unter anderem MD5 und SHA-0) [381, 382]. Ob diese Entwicklungen einen dringenden Handlungsbedarf für den Entwurf und Einsatz neuer Hash-Funktionen nach sich ziehen, kann vermutlich erst beurteilt werden, wenn die angekündigten Ergebnisse detailliert veröffentlicht wurden.

3.5.4 MD5

MD5 [313] ist eine Hash-Funktion, die einen 128 Bit langen Hash-Wert erzeugt. MD5 ist eine Verbesserung von MD4 [312], wobei MD4 geringfügig schneller arbeitet. MD5 führt zur Berechnung eines MD5-Hash-Werts nacheinander die folgenden fünf Schritte durch:

- Auffüllen der Eingabedaten (Padding)
- Anhängen der Länge
- Initialisierung des MD-Puffers
- Bearbeitung der Eingabedaten (aufgeteilt in 16 32-Bit-Blöcke)
- Erzeugen und Ausgeben des Ergebnisses

Im ersten Schritt werden die Eingabedaten so aufgefüllt, dass die Länge dem nächsten Vielfachen von 512 Bit minus 64 Bit entspricht. Im nächsten Schritt wird die Länge der Eingabedaten an das Ergebnis des vorherigen Schritts angehängt. Die Länge wird als 64-Bit-Zahl dargestellt. Als Ergebnis des zweiten Schritts ist ein Datenblock erstellt worden, der aus einem Vielfachen von 512 Bit besteht, am Ende aufgefüllt ist und die Länge der ursprünglichen Daten beinhaltet. Im dritten Schritt wird der so genannte MD-Puffer initialisiert. Dieser Puffer besteht aus vier 32-Bit-Registern A, B, C und D. Die Register werden mit den Werten aus Tabelle 3.4 vorbelegt.

Abbildung 3.15 zeigt, wie ein 512-Bit-Block in MD5 verarbeitet wird. Um den gesamten Datenblock zu bearbeiten, wird dieser in einzelne 512-Bit-Blöcke zerlegt. Diese werden jeweils sequentiell verarbeitet.

Bei der Verarbeitung kommen vier Hilfsfunktionen zum Einsatz:

- $F(X, Y, Z) = X \wedge Y \vee \neg X \wedge Z$
  Die Funktion F wirkt bitweise wie „if X then Y else Z". Falls X, Y und Z bitweise unabhängig voneinander sind, dann sind auch alle Bits von $F(X, Y, Z)$ unabhängig voneinander.

Tabelle 3.4. Vorbelegung der Register A bis D

Registername	Vorbelegt mit
A	01 23 45 67
B	89 ab cd ef
C	fe dc ba 98
D	76 54 32 10

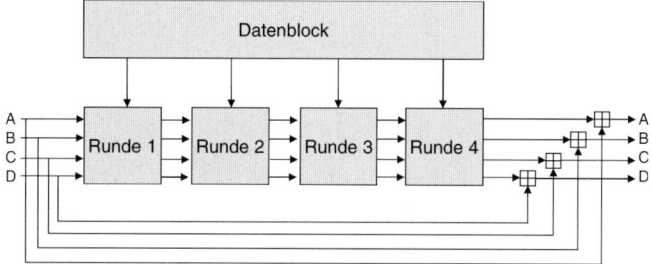

Abbildung 3.15. Verarbeitung eines 512-Bit-Blocks im vierten Schritt von MD5

- $G(X, Y, Z) = X \land Z \lor Y \land \neg Z$
  Falls X, Y und Z bitweise unabhängig voneinander sind, dann sind auch alle Bits von $G(X, Y, Z)$ unabhängig voneinander.

- $H(X, Y, Z) = X \otimes Y \otimes Z$
  Die Funktion $H(X, Y, Z)$ berechnet das bitweise XOR von X,Y und Z, ist also die so genannte *Paritätsfunktion*. Falls X, Y und Z bitweise unabhängig voneinander sind, dann sind auch alle Bits von $H(X, Y, Z)$ unabhängig voneinander.

- $I(X, Y, Z) = Y \otimes (X \lor \neg Z)$
  Falls X, Y und Z bitweise unabhängig voneinander sind, dann sind auch alle Bits von $I(X, Y, Z)$ unabhängig voneinander.

Neben den Funktionen F, G, H und I kommt noch eine Tabelle mit 64 Zeilen zum Einsatz. $T[i]$ bezeichnet das i-te Element der Tabelle. Dieses wird berechnet als: $T[i] = 4294967296 \cdot |\sin(i)|$. Der 512-Bit-Block wird in 16 Einheiten aufgeteilt, die je 32 Bit lang sind. Diese Einheiten werden in eine Tabelle $X[0..15]$ kopiert.

Wie aus Abbildung 3.15 deutlich wird, werden pro 512-Bit-Block vier Runden durchgeführt. In jeder Runde werden 16 Operationen durchgeführt, die sich ganz allgemein durch die folgende Formel darstellen lassen:

$$a = b + ((a + Z(b, c, d) + X[k] + T[i]) <<< s)$$

Dabei steht Z für eine der Funktionen F, G, H und I. Die Variablen a, b, c und d stehen jeweils für die Register A, B, C und D, wobei sich die Belegung innerhalb einer Runde mehrfach ändert (siehe [313]). In Runde 1 kommt für Z die Funktion F zum Einsatz, in Runde 2 G, in Runde 3 H und in Runde 4 I. Nach der vierten Runde werden zu den aktuellen Werten der Register A, B, C und D noch jeweils die Werte addiert, welche die Register vor der ersten Runde hatten.

Im fünften Schritt wird die Ausgabe der Hash-Funktion zusammengesetzt. Dazu werden die Inhalte der Register A, B, C und D nach Schritt vier aneinander gehängt, beginnend mit dem niederwertigsten Bit von A und endend mit dem höchstwertigen Bit von D.

Im August 2004 fanden chinesische Wissenschaftler die erste Kollision in der vollständigen MD5-Funktion [381]. Der Angriff benötigt auf einem IBM P690 Rechner ca. 1 Stunde. Davon ausgehend lassen sich weitere Kollisionen innerhalb von 15 Sekunden bis 5 Minuten finden. Das genaue Vorgehen wird allerdings noch veröffentlicht [382]. Weil die Erzeugung von Kollisionen inzwischen sehr effizient möglich ist, sollte möglichst auf MD5-basierte Verfahren verzichtet werden.

Verschiedene Java-Skripte bietet [186], mit denen zu einer gegebenen Zeichenkette jeweils die MD4-, MD5- und SHA-1-Hash-Werte berechnet werden können.

3.5.5 Zusammenfassung

Kryptographische Hash-Funktionen spielen in der Kryptographie eine wichtige Rolle. Eine solche Funktion bildet eine Eingabe beliebiger Länge auf eine Ausgabe fester Länge ab. So kann z. B. ein „Fingerabdruck" eines Dokuments erstellt werden, wie er bei der Erstellung von Digitalen Signaturen benötigt wird. Kryptographische Hash-Funktionen können auch zur Erstellung von Hash-Ketten verwendet werden. MD5 und SHA-1 werden häufig als Hash-Funktionen eingesetzt.

3.6 Asymmetrische Kryptographie

Symmetrische Kryptographie hat einen entscheidenden Nachteil: den gemeinsamen symmetrischen Schlüssel, der sicher und geheim ausgetauscht werden muss. Sobald sich zwei Kommunikationspartner Alice und Bob auf einen gemeinsamen symmetrischen Schlüssel K_{AB} einigen, ist es zwingend notwendig, dass dieser geheim bleibt. Nur Alice und Bob dürfen K_{AB} kennen und mit ihm ihre Daten schützen. Jeder dritte, dem es gelingt, in den Besitz dieses symmetrischen Schlüssels zu gelangen, ist automatisch in der Lage, sowohl von Alice oder Bob empfangene Daten zu entschlüsseln als sich auch als einer der beiden Teilnehmer auszugeben, Daten eigenhändig zu verschlüsseln und in dessen Namen zu versenden. Dies bedeutet als Konsequenz zunächst, dass je zwei Kommunikationspartner einen eigenen symmetrischen Schlüssel verwenden müssen. Bei einem Netzwerk mit n Teilnehmern muss sich jeder Teilnehmer $n-1$ Schlüssel für seine Gegenüber merken – insgesamt existieren im Netz $n(n-1)$ Schlüssel. Bei einer großen Anzahl von Teilnehmern skaliert die Anzahl der symmetrischen Schlüssel daher schlecht. Ein weiteres Problem ist der Austausch des geheimen Schlüssels: Alice und Bob können sich nicht auf einen geheimen symmetrischen Schlüssel einigen, ohne dafür einen vorweg installierten, sicheren Kanal zu verwenden, der den Schlüssel schützt.

Die asymmetrische Kryptographie, auch *Public-Key-Kryptographie* genannt, verfolgt einen anderen Ansatz: Anstatt eines einzelnen gemeinsamen geheimen Schlüssels K_{AB} zwischen Alice und Bob und den Funktionen bzw. Mechanismen E und D zum Ver- und Entschlüsseln eines Klartextes kommen bei asymmetrischer Kryptographie *zwei verschiedene* Schlüssel e und d zum Einsatz. Dabei parametrisiert e die Verschlüsselungsfunktion E, und d parametrisiert die Entschlüsselungsfunktion D. Die Folge ist, dass bei asymmetrischer Kryptographie für alle möglichen Klartexte P gilt:

$$D_d(E_e(P)) = P$$

Ein mit e verschlüsselter Klartext P muss mit einem zu d passenden e wieder zu P entschlüsselt werden können.

Üblicherweise wird hierbei e der *öffentliche* Schlüssel und d der *private* Schlüssel genannt. Der öffentliche Schlüssel heißt deshalb öffentlich, weil er im Gegensatz zu beispielsweise symmetrischen Schlüsseln nicht geheim bleiben muss und an jede beliebige Person oder jedes System weitergegeben werden darf. Der private Schlüssel hingegen muss geheim bleiben und darf nur dem Eigentümer bekannt sein. Aus einem gegebenen Chiffretext $C = E_e(P)$ eines Klartextes P soll es unmöglich bzw. sehr aufwändig sein, entweder P oder gar den geheimen Schlüssel d zu rekonstruieren, mit dem gilt $P = D_d(C)$. Nur der Besitzer des geheimen Schlüssels d darf in der Lage sein, P aus C errechnen zu können. Häufig werden solche Verschlüsselungsfunktionen auch als *Falltür-Hash-Funktionen* (*Trapdoor One-Way Functions*, siehe [246]) bezeichnet, da es für ein gegebenes C schwierig ist, ein P zu finden, für das die Eigenschaft $C = E_e(P)$ gilt. Nur die Kenntnis einer weiteren Information ermöglicht es, aus C wieder P zu berechnen: d, die *Falltürinformation*.

3.6.1 Ablauf einer Verschlüsselung

Im Folgenden wird der generelle Ablauf einer asymmetrischen Verschlüsselung beschrieben. Es sei angenommen, Bob möchte Alice eine Nachricht verschlüsselt zuschicken. Im Vorfeld haben sich sowohl Alice als auch Bob auf ein gemeinsames Verschlüsselungssystem, d. h. auf die Mechanismen E und D zum Ver- und Entschlüsseln geeinigt. Dann ist der Ablauf wie folgt:

1. Alice generiert sich ein *Schlüsselpaar* bestehend aus einem öffentlichen Schlüssel e und einem dazu passenden geheimen Schlüssel d.

2. Alice veröffentlicht e geeignet, so dass Bob ihn abrufen kann. So könnte Alice den Schlüssel z. B. per E-Mail an Bob schicken, ihn auf Diskette speichern und diese an Bob schicken, den Schlüssel in ein weltweit einsehbares Verzeichnis mit öffentlichen Schlüsseln ablegen usw. Es gibt eine Reihe einfacher Möglichkeiten, einen Schlüssel so zu veröffentlichen, dass praktisch jeder und insbesondere Bob in dessen Besitz kommt. Der Nachweis, dass der Schlüssel auch wirklich zu Alice gehört, ist allgemein jedoch problematisch; er wird in Kapitel 9 etwas detaillierter beschrieben.

3. Bob ist nun im Besitz von e und kann damit und mit Hilfe der Verschlüsselungsfunktion E das Chiffrat $C = E_e(P)$ seines Klartextes P bestimmen.

4. Bob schickt dieses Chiffrat C an Alice.

5. Da Alice ein zu e passendes d gehört, kann sie erfolgreich den Klartext $P = D_d(C)$ aus C berechnen.

Ein Angreifer kann neben den Algorithmen E und D theoretisch in Schritt 2 in Besitz von e und in Schritt 4 in Besitz von C gelangen. Die weiter oben genannten Eigenschaften erlauben es ihm nicht, daraus auf P und d zu schließen.

Ein großer Vorteil asymmetrischer Kryptographie gegenüber symmetrischer liegt nun in der Wiederverwendbarkeit des öffentlichen Schlüssels. Die Generierung eines Schlüsselpaars in Schritt 1 muss von Alice nur ein einziges mal durchgeführt werden. Bei weiteren Kommunikationsvorgängen – auch mit anderen Kommunikationspartnern – entfällt die erneute Generierung. Wenn beispielsweise Charlie ebenso Informationen chiffriert an Alice schicken möchte, so kann Charlie dafür den gleichen öffentlichen Schlüssel e verwenden, den auch Bob verwendet hat. Die Generierung neuer asymmetrischer Schlüssel je Kommunikationsteilnehmer entfällt. Die gesamte Anzahl an Schlüsseln im Netz skaliert daher besser als bei einfachen symmetrischen Schlüsseln.

Die ersten Public-Key-Verfahren stellten Diffie und Hellmann 1976 (s. Abschnitt 3.6.3, S. 69) bzw. Merkle 1978 (siehe [247]) vor. In den folgenden Abschnitten werden die heute geläufigsten Public-Key-Algorithmen vorgestellt, ihre prinzipielle Funktionsweise sowie ihre Vor- und mögliche Nachteile.

Die meisten der nachfolgend vorgestellten asymmetrischen Algorithmen basieren auf teilweise recht komplizierten mathematischen Zusammenhängen. Das Ziel dieses Buches ist jedoch nicht, eine Einführung in die Grundlagen der Algebra zu geben, so dass diese Beziehungen nur grob zusammenfassend und rein übersichtlich dargestellt werden. Zum grundsätzlichen Begreifen der Algorithmen sollte dies ausreichen; der interessierte Leser mag zum besseren Verständnis der auftretenden Begriffe wie beispielsweise *endliche Körper*, *Galois-Feld* oder *diskreter Logarithmus* die betreffenden Literaturstellen zur Hilfe nehmen.

3.6.2 RSA

Das bekannteste und am weitesten verbreitete Public-Key-Verfahren RSA ist nach seinen Erfindern Ron Rivest, Adi Shamir und Leonard Adleman benannt [315]. Es gilt als das erste Verfahren, mit dem nicht nur asymmetrische Kryptographie, sondern auch digitale Signaturen (s. Abschnitt 3.7, S. 77) durchgeführt werden können.

Vorbereitung

Zunächst wird ein öffentlicher Schlüssel generiert: Dazu erzeugt Alice zwei unterschiedliche, sehr große Primzahlen p und q. Beide Primzahlen sollten in etwa von der gleichen Größenordnung sein. Das Auffinden großer Primzahlen stellt an sich ein schwieriges Problem dar, da die Komplexität der Untersuchung einer zufälligen Zahl auf die Primeigenschaft mit zunehmender Bitkomplexität exponentiell steigt. Aus diesem Grund kommen üblicherweise effiziente probabilistische Primtests wie etwa der von Rabin-Miller [80] zum Einsatz. Diese können zwar keine absolut genaue Aussage treffen, ob eine Zahl prim ist oder nicht, aber eine richtige Beurteilung mit einer sehr hohen Wahrscheinlichkeit erzielen.

Aus p und q kann Alice n berechnen:

$$n = pq.$$

Alice wählt nun eine Zahl e zufällig, mit den Eigenschaften

$$2 < e < (p-1)(q-1)$$

und

$$\mathrm{ggT}(e, (p-1)(q-1)) = 1.$$

Die letzte Eigenschaft besagt, dass e und $(p-1)(q-1)$ keinen gemeinsamen Teiler haben, also zueinander prim sind. Alice kann nun schon den öffentlichen Teil ihres Schlüsselpaars publizieren: (n, e).

Der geheime Teil d des Schlüsselpaars berechnet sich nun durch den erweiterten Euklidischen Algorithmus [80] eggT$(e, (p-1)(q-1))$. Dieser liefert effizient (in diesem Fall mit Aufwand $O(\log n)$) ein d, den geheimen Schlüssel, mit der Eigenschaft

$$ed \equiv 1 \mod (p-1)(q-1).$$

Ablauf einer Verschlüsselung

Alice hat ihren öffentlichen Schlüssel (n, e) für Bob zugänglich gemacht. Dieser kann nun den Klartext einer Nachricht P, den er an Alice übertragen möchte, verschlüsseln:

1. Bob berechnet das Chiffrat

$$C \equiv P^e \mod n.$$

2. Bob sendet C an Alice.

3. Alice kann C zu P dechiffrieren mittels

$$P \equiv C^d \mod n.$$

Zur Begründung der Dechiffrierung, d. h. von $P \equiv (P^e)^d \mod n$, benötigt man zunächst den Satz von Fermat [80]:

$$P^{p-1} \equiv 1 \mod p$$
$$P^{(p-1)(q-1)} \equiv 1 \mod p$$
$$P^{k(p-1)(q-1)} \equiv 1 \mod p$$
$$P^{1+k(p-1)(q-1)} \equiv P \mod p.$$

Und da $ed \equiv 1 \mod (p-1)(q-1)$, folgt

$$P^{ed} \equiv P \mod p.$$

Dementsprechend gilt ebenso

$$P^{ed} \equiv P \mod q.$$

Da p und q prim zueinander sind, folgt aus dem Chinesischen Restesatz [80] $P^{ed} \equiv P \mod n$. Dies beweist, dass Dechiffrieren eines aus einem Klartext P erzeugten Chiffrats C wieder zu P führt – eine intuitive, aber notwendige Voraussetzung, auf die bereits zu Anfang von Abschnitt 3.6 eingegangen worden ist.

Sicherheit

Die Sicherheit dieses Verfahrens basiert auf der Schwierigkeit, das so genannte RSA-Problem [314] zu lösen. Ein Angreifer *Eve*, der im Besitz des öffentlichen Schlüssels (n, e), sowie des Chiffrats C ist, steht vor der Aufgabe, daraus P zu rekonstruieren. Umgangsprachlich entspricht dies dem Ziehen der e-ten

Wurzel von C. Der Beweis zur Sicherheit dieses Problems, d. h. der Beweis, ob dieses Problem effizient oder nicht effizient zu lösen ist, steht noch aus.

Eine prinzipielle Möglichkeit, das RSA-Problem zu lösen, verwendet (ineffiziente) Faktorisierung: Kann ein Angreifer die zusammengesetzte Zahl n in ihre Primteiler p und q faktorisieren, so ist er ebenso wie Alice in der Lage mit Hilfe des erweiterten Euklidischen Algorithmus den geheimen Schlüssel d und damit auch P zu bestimmen. Das Problem, eine zusammengesetzte Zahl n in ihre Primfaktoren zu zerlegen, ist in der Mathematik als *Faktorisierungsproblem* bekannt und für große Zahlen n nicht effizient durchführbar. Der Aufwand zur Faktorisierung steigt in Abhängigkeit der Bit-Breite bzw. Bit-Komplexität von n in etwa exponentiell an. Die Bit-Breite von $n = pq$ entspricht hierbei der Summe der Bit-Breiten der beiden gewählten Primzahlen p und q: Da beide Primzahlen gleich groß sein sollten, wählt man für einen 1024-Bit-Schlüssel etwa zwei jeweils $\frac{1024}{2} = 512$ Bit große Primzahlen.

Die Faktorisierung von n ist zur Zeit das einzige Beispiel zur Lösung des RSA-Problems. Es mag jedoch weitere u. U. effizientere Verfahren geben, um das RSA-Problem zu lösen und damit die Sicherheit des Verfahrens zu brechen. Dennoch wird die Sicherheit von RSA, d. h. die Lösbarkeit des RSA-Problems, häufig mit der Schwierigkeit n zu faktorisieren gleichgesetzt.

Die Firma RSA Security veranstaltet einen Wettbewerb, die so genannte *RSA Challenge*, der die Sicherheit von RSA gegenüber Faktorisierung demonstrieren soll. Der Erste, der zu einer von RSA Security veröffentlichten Zahl n deren Primfaktoren p und q angeben kann, gewinnt einen Geldpreis. Am 3. Dezember 2003 ist die bisher größte Zahl n in ihre beiden Primfaktoren zerlegt worden. Dabei hatte n eine Größe von 576 Bit; insgesamt zwei Jahre Arbeit ist für das Faktorisieren notwendig gewesen – für ein Preisgeld von 10.000 US Dollar [324].

Mit der Zeit werden Algorithmen zur Faktorisierung erfahrungsgemäß immer effizienter und schneller. Zurzeit wird intensiv an dem Entwurf spezieller Hardware zur Unterstützung von Faktorisierungsalgorithmen gearbeitet, siehe beispielsweise [344, 345, 138]. Daher ist es notwendig, mit der fortschreitenden Geschwindigkeit von Faktorisierungs-Hard- und Software, immer längere Schlüssel, d. h. größere $n = pq$ zu verwenden. Ende 2003 ist eine theoretische Arbeit [346] veröffentlicht worden, die den Entwurf einer Spezialhardware präsentiert, mit der ein 1024-Bit-Schlüssel innerhalb eines Jahres gebrochen werden kann – für *nur* 10 Millionen US-Dollar. Obwohl diese Arbeit zunächst nur eine theoretische Ausarbeitung darstellt, ist dennoch deren Resümee, dass in Zukunft zur Sicherheit größere RSA-Schlüssellängen (z. B. ab 1536 Bit) verwendet werden sollten. Eine Schlüssellänge von 2048 Bit wird auch für recht lange Zeit noch sicher sein, sofern keine wissenschaftlichen Durchbrüche erzielt werden.

3.6.3 Diffie-Hellman

Das erste auf der Public-Key-Idee basierende kryptographische Protokoll ist das 1976 von Whitfield Diffie und Martin Hellman vorgeschlagene Verfahren [97]. Durch dieses Verfahren können jedoch, anders als z. B. mit RSA aus Abschnitt 3.6.2 oder El-Gamal aus Abschnitt 3.6.4, nicht direkt Daten mit dem öffentlichen Schlüssel chiffriert und versendet werden. Ebenso ist es nicht möglich, eine in Abschnitt 3.7 vorgestellte digitale Signatur zu erzeugen.

Bei Diffie-Hellman wird mit Hilfe der öffentlichen Schlüssel zweier Protokollteilnehmer Alice und Bob ein gemeinsamer geheimer Schlüssel sicher ausgetauscht, den dann beide im Anschluss an das Diffie-Hellman-Protokoll verwenden können, um ihre Daten zu chiffrieren. Diese Art von Technik, mit einem Public-Key-Verfahren einen (symmetrischen) Schlüssel zur Kommunikation auszutauschen, wird in Abschnitt 3.8 noch detaillierter beschrieben.

Vorbereitung

Bevor ein gemeinsamer geheimer Schlüssel zwischen Alice und Bob ausgetauscht werden kann, sind folgende Schritte zur Initialisierung notwendig.

1. Alice und Bob einigen sich auf eine große Primzahl p, mit welcher der endliche Körper $\mathbb{Z}_p$ der ganzen Zahlen Modulo p bestimmt wird.

2. Zusätzlich bestimmen Sie ein erzeugendes Element g für die multiplikative Gruppe $\mathbb{Z}_p^*$ von $\mathbb{Z}_p$. Die Gruppe $\mathbb{Z}_p^*$ wird später auch Diffie-Hellman-Gruppe, kurz DH-Gruppe, genannt. Ein solches Element g mit $2 \leq g \leq p-2$ hat die Eigenschaft, dass all seine möglichen Potenzen g^k mod p die Elemente von $\mathbb{Z}_p^*$ erzeugen. Einen probabilistischen Algorithmus zum effizienten Bestimmen eines erzeugenden Elements g beschreibt [246].

   Sowohl p als auch g sind öffentlich bekannt und keine Geheimnisse von Alice oder Bob.

Diese Vorberechnungen sind nur ein einziges Mal durchzuführen. Danach können Alice und Bob beliebig viele Schlüssel durch nachstehende Aktionen austauschen.

Ablauf eines Schlüsselaustauschs

1. Alice wählt sich eine Zufallszahl a mit $2 \leq a \leq p-2$ und berechnet

$$A = g^a \mod p.$$

Bob wählt sich eine Zufallszahl b mit $2 \leq b \leq p - 2$ und berechnet

$$B = g^b \mod p.$$

Die öffentlichen Schlüssel von Alice und Bob sind jetzt A von Alice bzw. B von Bob – zusammen mit p und g.

2. Alice sendet A an Bob, Bob schickt umgekehrt B an Alice.

3. Alice berechnet den Schlüssel

$$K = B^a \mod p = (g^b)^a \mod p = g^{ab} \mod p.$$

Auf der anderen Seite berechnet Bob dem entsprechend

$$K = A^b \mod p = (g^a)^b \mod p = g^{ab} \mod p.$$

Sowohl Alice als auch Bob sind nun im Besitz eines gemeinsamen geheimen Schlüssels $K = g^{ab} \mod p$, mit dessen Hilfe sie sicher kommunizieren können.

Sicherheit

Die Sicherheit dieses Verfahrens basiert auf dem so genannten *Diffie-Hellman-Problem*, welches auch als die *Diffie-Hellman-Annahme* bekannt ist [239]. Ein Angreifer, der in den Besitz von sowohl g und p als auch g^a und g^b gelangt, soll selbst nicht effizient das Geheimnis $K = g^{ab}$ bestimmen können. Der Beweis, ob dieses Problem für einen Angreifer effizient zu lösen ist oder nicht, steht ähnlich wie beim RSA-Problem aus Abschnitt 3.6.2 noch aus.

Eine Möglichkeit für einen Angreifer, $K = g^{ab}$ auszurechnen, führt über das Berechnen des *diskreten Logarithmus* von g^a und g^b in $\mathbb{Z}_p^*$. Der Angreifer gewinnt so a oder b und berechnet im Anschluss $K = g^{ab}$. Die Berechnung eines solchen diskreten Logarithmus (DLOG) ist jedoch äußerst schwierig. In Abhängigkeit der Bitkomplexität der gewählten Primzahl p steigt der Aufwand des Findens eines diskreten Logarithmus in etwa exponentiell an.

Der diskrete Logarithmus ist ein Beispiel für eine ineffiziente Möglichkeit, das Diffie-Hellman-Problem zu lösen. Bis heute ist jedoch nicht bekannt, ob es auch eine effiziente Möglichkeit gibt, d. h. eine Möglichkeit mit geringerem als exponentiell steigendem Aufwand. Obwohl es strenggenommen nicht ganz korrekt ist, wird die Sicherheit von Diffie-Hellman üblicherweise mit dem Problem des Findens eines diskreten Logarithmus gleichgesetzt.

Wird ein Schlüsselaustausch mit dem beschriebenen Diffie-Hellman-Verfahren durchgeführt, ist sehr leicht eine *Man-in-the-Middle*-Attacke, siehe dazu auch Abschnitt 2.5.2 (S. 15), durchführbar. Um sich dagegen zu schützen, gibt es Erweiterungen von Diffie-Hellman wie z. B. das später vorgestellte *Station-To-Station-Protokoll*.

Mathematische Varianten von Diffie-Hellman

Vom ursprünglichen Diffie-Hellman-Verfahren existieren noch einige Varianten, die hier nur der Vollständigkeit halber erwähnt werden: Prinzipiell arbeitet das Diffie-Hellman-Verfahren gut in denjenigen mathematischen Gruppen, in denen Exponentiationen wie z. B. g^a effizient, jedoch die Umkehroperationen, die (diskreten) Logarithmen, schwer durchführbar sind. Beispiele für solche mathematischen Gruppen sind die bereits oben vorgestellte Struktur $\mathbb{Z}_p^*$, aber auch die Galois Felder $GF(2^m)$ mit $m \in \mathbb{N}$ und auch die in Abschnitt 3.6.4 (S. 74) behandelten *Elliptischen Kurven*, Punktemengen über endlichen Körpern.

Station-To-Station-Protokoll

Der folgende Algorithmus verwendet Techniken wie *Digitale Signaturen* und *Zertifikate*, deren Prinzipien erst in späteren Abschnitten erklärt werden. Der Leser möge zum besseren Verständnis ggf. zunächst Abschnitt 3.7 lesen.

In [98] schlagen Diffie, Van Oorschot und Wiener eine Erweiterung des klassischen Diffie-Hellman-Verfahrens vor, die resistent gegen Man-in-the-Middle-Angriffe ist. Hierbei besitzen Alice und Bob jeweils ein eigenes asymmetrisches Schlüsselpaar. Zudem existieren Zertifikate, die jeweils die öffentlichen Schlüssel von Alice bzw. Bob enthalten. Signiert sind die Zertifikate von einer Instanz, der sowohl Alice als auch Bob vertrauen.

Vor dem eigentlichen Protokollablauf haben Alice und Bob gegenseitig ihre Zertifikate ausgetauscht. Auf folgende Weise bestimmen die beiden Protokollteilnehmer nun einen gemeinsamen geheimen Schlüssel K [331]:

1. Wie beim einfachen Diffie-Hellman-Protokoll haben sich Alice und Bob auf ein p und g geeinigt.

2. Nun wählt Alice wiederum eine Zufallszahl a und schickt an Bob wiederum g^a.

3. Bob wählt genauso zufällig ein b und berechnet

$$K = g^{ab}.$$

Außerdem erzeugt er mit seinem geheimen Schlüssel B eine Signatur von g^a und g^b

$$S = S_B(g^a, g^b).$$

Diese Signatur S verschlüsselt Bob mit dem neuen gemeinsamen geheimen Schlüssel K

$$C = E_K(S).$$

Zusammen mit g^b schickt Bob das resultierende C an Alice.

4. Aus g^b erhält Alice nun

$$K = g^{ab}$$

und ist damit in der Lage, C zu dechiffrieren. Da Alice sowohl g^a als auch g^b kennt, überprüft sie schließlich Bobs Signatur S anhand des im Vorfeld ausgetauschten Zertifikates bzw. des öffentlichen Schlüssels von Bob. Stimmt die Signatur, so kann Alice sicher sein, dass sie mit Bob einen gemeinsamen geheimen Schlüssel K kennt.

5. Zu guter Letzt muss Alice noch Bob davon überzeugen, dass es sich bei K um den gemeinsamen geheimen Schlüssel handelt. Hierzu generiert Alice eine Signatur

$$S' = S_A(g^a, g^b)$$

mit Hilfe ihres geheimen Schlüssels A. Diese Signatur verschlüsselt sie mit K und schickt das Chiffrat

$$C' = E_K(S')$$

an Bob.

6. Bob kann C' entschlüsseln und die angebliche Unterschrift von Alice verifizieren. Ist diese gültig, so geht auch Bob davon aus, dass es sich bei K um den gemeinsamen Schlüssel zwischen Alice und Bob handelt.

Im Gegensatz zum einfachen Diffie-Hellman-Schlüsselaustausch kommen beim Station-To-Station-Protokoll zusätzlich Zertifikate und digitale Unterschriften zum Einsatz. Da sowohl Alice als auch Bob jeweils g^a und g^b mit ihren geheimen Schlüsseln signieren und durch die Zertifikate auch in der Lage sind, diese Unterschriften gegenseitig zu überprüfen, wird ein Man-in-the-Middle-Angriff verhindert. Da ein Angreifer nicht über die zu den Zertifikaten passenden geheimen Schlüssel verfügt, ist er nicht in der Lage, eine bzw. beide Signaturen zu fälschen.

3.6.4 El-Gamal

Taher El Gamal hat 1984 ein nach ihm benanntes Public-Key-Schema vorgestellt [136], das in der Lage ist, nicht nur Verschlüsselungen, sondern auch digitale Signaturen durchführen zu können. Die Methodik hinter El-Gamal kann als eine Weiterentwicklung des Diffie-Hellman-Schlüsselaustausches betrachtet werden.

Vorbereitung

Wie üblich möchte Bob eine geheime Nachricht an Alice schicken. Alice benötigt dazu ein asymmetrisches Schlüsselpaar aus öffentlichem und privatem Schlüssel. Alice kann dieses Paar auf folgende Art erzeugen [246, 331]:

1. Ähnlich wie bei Diffie-Hellman wählt Alice zunächst eine große Primzahl p zur Erzeugung des Körpers $\mathbb{Z}_p$ der ganzen Zahlen modulo p sowie ein erzeugendes Element g der multiplikativen Gruppe $\mathbb{Z}_p^*$.

2. Alice wählt nun noch eine Zufallszahl a mit der Eigenschaft $1 \leq a \leq p-2$ und berechnet

$$e \equiv g^a \mod p.$$

Der öffentliche Schlüssel von Alice, den sie an Bob weitergeben kann, besteht jetzt aus (p, g, e). Der private Schlüssel, den Alice geheimhalten muss, ist a.

Ablauf einer Verschlüsselung

Hat Alice ihren öffentlichen Schlüssel (p, g, e) für Bob öffentlich zugänglich gemacht, kann dieser eine Nachricht P damit chiffrieren und an sie verschicken. Der Ablauf ist wie folgt:

1. Bob wählt sich eine Zufallszahl r mit $1 \leq r \leq p-2$, die keinen gemeinsamen Teiler mit $p-1$ enthält. Dann berechnet er

$$s \equiv g^r \mod p$$

und

$$t \equiv Pe^r \mod p.$$

2. Das Chiffrat C besteht aus $C = (s, t)$. Dieses C sendet Bob an Alice. Es sei hier am Rande bemerkt, dass das Chiffrat etwa doppelt so viel Speicherplatz braucht wie der Klartext P alleine.

3. Um aus $C = (s, t)$ wieder den Klartext P zu restaurieren, berechnet Alice

$$P \equiv ts^{-a} \mod p.$$

Hier ist $-a$ das Inverse zu a und z. B. mit dem erweiterten Euklidischen Algorithmus aus [80] zu berechnen.

Diese letzte Operation ist gültig, da folgende Gleichungen gelten:

$$
\begin{aligned}
ts^{-a} &\equiv Pe^r (g^r)^{-a} \mod p \\
&\equiv P(g^a)^r (g^r)^{-a} \mod p \\
&\equiv Pg^{ra} g^{-ra} \mod p \\
&\equiv P \mod p
\end{aligned}
$$

Sicherheit

Die Sicherheit des El-Gamal-Verfahrens ist ähnlich zu beurteilen, wie die des Diffie-Hellman-Verfahrens. Ein Angreifer, der durch reines Abhören des Nachrichtenverkehrs in den Besitz von s, t, p, g, e gelangt, möchte P ausrechnen. Der Klartext P ist nur durch eine einfache Multiplikation mit $e^r = g^{ar}$ verschlüsselt, so dass die Sicherheit der Verschlüsselung in der Unkenntnis der Zufallszahl r liegt; – g^a ist Teil des öffentlichen Schlüssels und damit jedem bekannt. Dies ist ähnlich zum Diffie-Hellman-Problem aus Abschnitt 3.6.3: Ein Angreifer beobachtet quasi einen Schlüsselaustausch von g^a als Teil Alices öffentlichen Schlüssels sowie im Chiffrat g^r und will daraus g^{ra} gewinnen. Bisher ist noch kein effizientes Verfahren bekannt, mit dem dieses Diffie-Hellman-Problem gelöst werden kann. Alle bekannten Algorithmen haben einen exponentiell steigenden Aufwand. Könnte ein Angreifer diskrete Logarithmen effizient berechnen, könnte er damit auch effizient ein El-Gamal-Chiffrat entschlüsseln. Genau wie bei Diffie-Hellman wird (obwohl nicht ganz korrekt) die Sicherheit des El-Gamal-Verfahrens mit dem Problem des Findens eines diskreten Logarithmus gleichgesetzt.

Mit dem El-Gamal-Verfahren ist allerdings noch ein weiteres Problem verbunden: Zufallszahlen. Üblicherweise werden bei der Erzeugung neuer Schlüssel Zufallszahlen bzw. Pseudozufallszahlen benötigt – so auch bei El-Gamal. Wie im vorigen Abschnitt allerdings zu erkennen ist, muss Bob zum Chiffrieren des Klartextes P eine Zufallszahl r produzieren können, um g^r und e^r zu kalkulieren. Für jeden Klartext P, den Bob an Alice schicken möchte, muss er demnach eine (Pseudo-)Zufallszahl erzeugen können. Eine gute Pseudozufallszahl zu erzeugen, ist jedoch alles andere als einfach, wie bereits in Abschnitt 3.3 beschrieben wurde. Problematisch ist die Erzeugung insbesondere auf Kleinstgeräten, mobilen Endgeräten wie z. B. Handys oder PDAs, da diese keinerlei Möglichkeit zum Zugriff auf *echte* Zufallsereignisse besitzen, so dass hier häufig nur die Systemzeit als initialer Zufallswert Verwendung findet.

Ein weiterer Nachteil des Verfahrens ist darüberhinaus die im Vergleich zum Klartext P doppelt so große Länge des Chiffrats C.

Diffie-Hellman und El-Gamal basierend auf elliptischen Kurven

Zum Abschluss der Übersicht über die wichtigsten asymmetrischen Verfahren sei hier noch auf eine relativ neue Technik hingewiesen: Elliptische Kurven. Die ersten wissenschaftlichen Veröffentlichungen über den Einsatz von elliptischen Kurven in der Kryptographie gehen auf Victor Miller [250] in 1986 und Neal Koblitz [207, 208] in 1987 zurück.

Elliptische Kurven stellen Punktemengen über (endlichen) Körpern dar, die bestimmten Eigenschaften genügen. Ist eine solche Kurve über einem Körper

$\mathbb{F}$ definiert, so müssen die Punkte (x, y) mit $x, y \in \mathbb{F}$ der Kurve die Weierstraß-Bedingung erfüllen:

$$y^2 + a_1 xy + a_3 y \equiv x^3 + a_2 x^2 + a_4 x + a_5, \quad a_1, a_2, a_3, a_4, a_5 \in \mathbb{F}$$

Die Parameter a_i sind für eine Kurve fest.

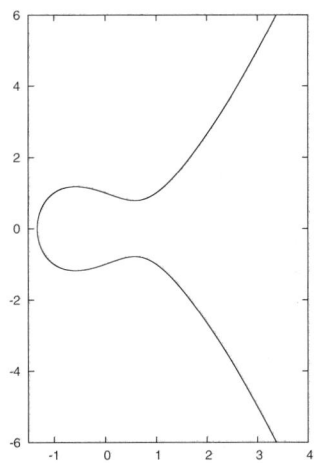

Abbildung 3.16. Elliptische Kurve $y^2 = x^3 - x + 1$ über den reellen Zahlen $\mathbb{R}$

In Abbildung 3.16 ist eine elliptische Kurve über dem Körper der reellen Zahlen $\mathbb{R}$ dargestellt. Hierbei nehmen die einzelnen Parameter die Werte $a_1 = 0$, $a_2 = 0$, $a_3 = 0$, $a_4 = -1$ und $a_5 = 1$ ein.

An dieser Stelle sollen die mathematischen Details nicht zu sehr vertieft, sondern gleich die für die Kryptographie wichtigen Eigenschaften elliptischer Kurven vorgestellt werden. Auf elliptischen Kurven über endlichen Körpern $\mathbb{F}_q$ mit $q = p^r$, p prim und $r \in \mathbb{N}$ kann man eine Addition zweier beliebiger Punkte P und Q einführen, die zusammen mit einem Punkt im *Unendlichen* und der Inversen-Bestimmung eines Punktes $-P$ eine so genannte *additive Gruppe* bilden. Für diese Gruppe gelten exakt die gleichen Rechenregeln, die wir intuitiv auch von z. B. den natürlichen Zahlen $\mathbb{N}$ her kennen. Eine Multiplikation nP eines Punktes P funktioniert sinngemäß wie eine n-fache Addition $P + \ldots + P$ von P. Ist die elliptische Kurve nun über einem endlichen Körper $\mathbb{F}_q$ definiert, so ist die Multiplikation von $Q = nP$ einfach und effizient durchzuführen. Der Aufwand beträgt in Abhängigkeit der Bit-Komplexität der natürlichen Zahl $n \in \mathbb{N}$ mit $1 \le n \le q - 1$ und q jeweils $O(\log n \log^3 q)$ Schritte [208]. Umgekehrt benötigt es jedoch exponentiellen Aufwand, bei einer gegebenen elliptischen Kurve über dem endlichen Körper $\mathbb{F}_q$ sowie dem Produkt $Q = nP$, die Zahl n zu bestimmen – wiederum in Abhängigkeit der

Bit-Komplexität von n bzw. q. Dieses Problem, aus Q wieder n zu bestimmen, wird mit *Elliptic-Curve-Discrete-Logarithm* (ECDL) bezeichnet. Obwohl es sich hierbei um keinerlei Exponentieren noch um Logarithmieren im herkömmlichen Sinne handelt, ist der Name an das Problem des diskreten Logarithmus aus Abschnitt 3.6.3 angelehnt.

Ein Diffie-Hellman-Verfahren basierend auf elliptischen Kurven (*Elliptic-Curve-Diffie-Hellman* – ECDH) hat demnach die im Folgenden beschriebene Form: Öffentliche Information ist neben einer Kurve über einem Körper $\mathbb{F}$ ein Punkt P. Alice wählt zufällig eine Zahl $a \in \mathbb{N}$ mit $1 \leq a \leq q - 1$ und berechnet damit

$$A = aP$$

und sendet A an Bob. Bob berechnet zunächst

$$B = bP$$

mit einer von ihm gewählten zufälligen Zahl $b \in \mathbb{N}$, $1 \leq b \leq q - 1$. Bob verschickt B an Alice. Beide sind nun in der Lage, das gemeinsame Geheimnis K zu errechnen. Alice berechnet dafür

$$K = aB = abP$$

und Bob

$$K = bA = baP.$$

Auf ähnliche Weise kann auch eine El-Gamal-Verschlüsselung mittels elliptischer Kurven durchgeführt werden.

Elliptische Kurven werden in der Kryptographie zunehmend deshalb eingesetzt, weil sie die gleichen Eigenschaften wie altbewährte Strukturen bieten, jedoch zu wesentlich geringeren (Rechen-)Kosten. Um die gleiche Sicherheit wie z. B. RSA mit einer bestimmten Schlüssellänge oder El-Gamal mit einer bestimmten Schlüssellänge zu erreichen, ist bei einem El-Gamal-Verfahren basierend auf elliptischen Kurven ein viel kleinerer Schlüssel notwendig. Dies liegt darin begründet, dass zum DLOG-Problem in endlichen Körpern sowie auch zum Faktorisieren großer zusammengesetzter Zahlen sehr effiziente Algorithmen existieren [222]. Für das ECDL-Problem existieren *noch* keinerlei effiziente Verfahren, nicht zuletzt deshalb weil diese Techniken noch relativ neu sind. In wieweit zukünftig effiziente Methoden zum Lösen des ECDL entwickelt werden, bleibt abzuwarten.

Ein Vergleich verschiedener Schlüssellängen unter Betrachtung der daraus resultierenden Sicherheit der vorgestellten Verfahren wird detaillierter in Abschnitt 3.8.1 betrachtet.

3.7 Digitale Signaturen

Eine von Hand geschriebene Unterschrift unter einem Dokument oder einem Kauf- bzw. Geschäftsvertrag wird im allgemeinen Rechtsgebrauch als Willenserklärung des Unterzeichners aufgefasst [54]. Der Unterzeichner erklärt sich seinem Vertragspartner gegenüber mit dem Inhalt des Dokuments durch seine Unterschrift, auch als *Signatur* bezeichnet, einverstanden. Einem Dritten gegenüber, z. B. einem Richter vor Gericht, kann zu einem späteren Zeitpunkt so durch Überprüfen der Unterschrift bewiesen werden, dass zum früheren Zeitpunkt der Unterzeichner mit dem Vertrag einverstanden war. Diese spätere *Nichtabstreitbarkeit* einer Signatur ist eine wichtige Eigenschaft, die bereits in Abschnitt 2.6 (S. 19) allgemeiner erläutert wurde; siehe hierzu auch Abschnitt 4.8 (S. 122).

Andererseits dient eine Unterschrift auch der *Echtheit* oder *Authentizität* eines Dokumentes. Der Empfänger eines Briefes kann beispielsweise anhand der beigefügten Unterschrift erkennen, von wem das Dokument ursprünglich verschickt worden ist. Eine Unterschrift unter einem Dokument stellt demnach einen Beweis dar, sie ist intuitiv etwas Zusätzliches zu einem Dokument, das aber doch untrennbar mit dem Dokument verbunden ist.

Auch elektronische Dokumente können signiert werden. Mit Hilfe technischer Verfahren kann z. B. eine E-Mail, eine Textdatei oder eine Überweisungstransaktion einer Bank elektronisch unterzeichnet werden. Bevor eine Übersicht über die Umsetzungsdetails solcher elektronischer *digitaler* Signaturen gegeben wird, folgen zunächst einige Eigenschaften, die im Allgemeinen von solchen Unterschriften gefordert werden. Da die Wesensmerkmale von Unterschriften einigen Interpretationsspielraum übrig lassen, existieren dazu einige Veröffentlichungen, welche sich um eine etwas formalere Definition der Anforderungen bemühen, siehe z. B. [12, 116, 139, 246]. Die Anforderungen sind:

1. Eine Unterschrift muss überprüfbar sein, d. h. eindeutig dem Autor der Unterschrift zugeordnet werden können. Eine Signatur ist damit *authentisch*.

2. Es sollte dabei für den *Verifizierer* einer Unterschrift einfach sein, deren Authentizität zu überprüfen, jedoch schwierig oder sogar unmöglich für jemanden anderen als den rechtmäßigen Unterzeichner, eine vermeintlich authentische Unterschrift zu fälschen.

3. Die Unterschrift ist eindeutig mit dem zu unterzeichnenden Dokument verbunden und kann nicht davon getrennt werden. Bei Papierdokumenten ist dies dadurch gewährleistet, dass die Unterschriften unmittelbar dem Inhalt der Dokumente folgen. So unterzeichnen meist die beiden Partner eines Vertrages dicht unterhalb der letzten inhaltlichen Zeilen des Vertrages meist noch auf derselben Papierseite mit Angabe des Datums. Dies beweist

einem Verifizierer später die eindeutige Willenserklärung zum Zeitpunkt der Unterschrift. Diese Eigenschaft muss auch für elektronische Signaturen gelten. Eine Unterschrift darf nur Sinn in Bezug auf ein unterzeichnetes Dokument machen, sie darf nicht austauschbar oder übertragbar auf ein anderes Dokument sein.

Diese Forderung beinhaltet auch die Unveränderbarkeit des Dokumentes nach Unterzeichnung. Die Signatur *passt* nur zu einem bestimmten Dokument – nachträglich durchgeführte Änderungen am Dokument lassen die Signatur ungültig werden.

4. Der Unterzeichner als Urheber einer Unterschrift darf nicht in der Lage sein, seine Signatur nach deren Erstellung abzustreiten. Ein Verifizierer soll jederzeit – auch beispielsweise einem Richter – beweisen können, dass eine bestimmte Unterschrift von einem bestimmten Urheber stammt. Dies dient zur Vorbeugung des klassischen Betrugsfalls: Der Unterzeichner eines Vertrages will zu einem späteren Zeitpunkt die damit verbundenen Verbindlichkeiten nicht einhalten und bestreitet die Rechtmäßigkeit seiner Unterschrift.

3.7.1 Elektronische Signaturen

Es existieren eine Reihe von Verfahren zur Erzeugung digitaler Unterschriften für elektronische Dokumente. Prinzipiell kann man z. B. symmetrische Kryptographie dafür verwenden. Besitzen beispielsweise Alice und Bob einen gemeinsamen geheimen Schlüssel K, so kann Alice bei Empfang eines mit K verschlüsselten Chiffrats $C = E_K(P)$ davon ausgehen, dass P von Bob chiffriert worden ist. Alice könnte daraus folgern, dass Bob beim Versand von C mit dem Inhalt von P einverstanden gewesen ist bzw. zumindest den Inhalt gekannt hat. Dieses Verfahren arbeitet natürlich nur dann korrekt, wenn der Schlüssel K geheim bleibt und Bob diesen nicht weitergibt. Alice kann jedoch nicht ohne weiteres einem Dritten gegenüber, z. B. einem Richter vor Gericht, beweisen, dass C von Bob stammt, er also P unterschrieben hat. Alice müsste dafür K veröffentlichen, woraufhin Bob abstreiten könnte, je im Besitz von K gewesen zu sein.

Problematisch ist auch, dass immer zwei Parteien den Schlüssel K kennen, denn so könnte Alice Dokumente erzeugen, im Namen von Bob unterzeichnen und behaupten, dass er diese Dokumente erzeugt und unterschrieben hat. Es wird schnell klar, dass sich symmetrische Verfahren ohne einigen Mehraufwand (wie z. B. in [331]) nicht zum Erstellen von digitalen Signaturen eignen, wenn die im vorigen Abschnitt beschriebenen notwendigen Eigenschaften digitaler Signaturen eingehalten werden sollen. Selbiges gilt für Signaturen, die auf den in Abschnitt 3.5.2 beschriebenen Hash-Ketten basieren, wie beispielsweise [12]. Auch hier ist einiges an zusätzlichem Aufwand zu betreiben und dennoch ist

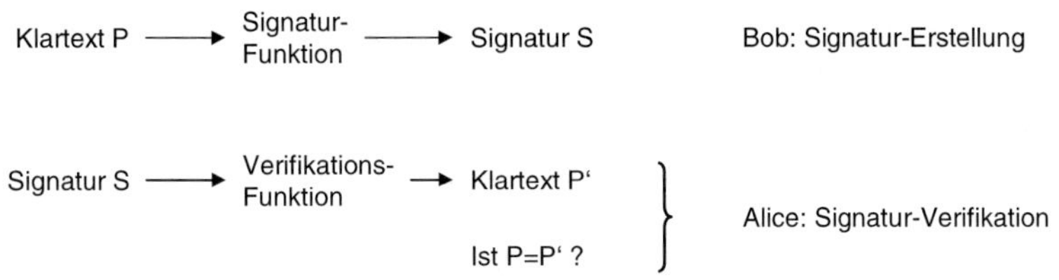

Klartext P $\longrightarrow$ Signatur-Funktion $\longrightarrow$ Signatur S   Bob: Signatur-Erstellung

Signatur S $\longrightarrow$ Verifikations-Funktion $\longrightarrow$ Klartext P'

Ist P=P' ?

Alice: Signatur-Verifikation

Abbildung 3.17. Schema einer Signaturerzeugung bzw. Verifikation

die Erfüllung der geforderten Eigenschaften an solche Signaturen weiterhin problematisch – weshalb an dieser Stelle auf symmetrisch basierte Verfahren nicht weiter eingegangen wird.

Allgemein durchgesetzt haben sich hingegen Verfahren, die auf asymmetrischer Kryptographie basieren. Da hier die Operationen E und D zueinander invers arbeiten, kann Bob, sobald er eine Signatur für das elektronische Dokument P generieren möchte, wie folgt vorgehen:

- Er wendet die Funktion D einfach auf P an, d. h. er berechnet die Signatur S mit

$$S = D_d(P)$$

  mit Hilfe seines geheimen privaten Schlüssels d. Bob verschickt sowohl P als auch S an Alice.

- Da Bob zuvor – wie üblich – seinen öffentlichen Schlüssel e allgemein bekannt und zugänglich gemacht hat, kann nun jeder überprüfen, ob die Signatur S von Bob stammt und zum Dokument P passt. Alice berechnet

$$P' = E_e(S).$$

  Anschließend vergleicht sie, ob $P = P'$ ist, also ob Bob tatsächlich P signiert hat.

Das beschriebene Vorgehen ist in Abbildung 3.17 dargestellt. Als Signaturfunktion kommt in unserem Fall der asymmetrischen Kryptographie D_d zum Einsatz, zur Verifikation wird E_e verwendet.

Verfahren, die nach diesem Schema funktionieren, also asymmetrische Kryptographie E und D verwenden, erfüllen die weiter oben in 3.7 genannten Eigenschaften:

1. Mit Hilfe der Kombination von d und dem allgemein bekannten e kann jeder nachvollziehen, dass tatsächlich derjenige, der im Besitz von d ist, die Signatur angefertigt haben muss. Niemand anderes kann ohne Kenntnis von d die Berechnung $S = D_d(P)$ angefertigt haben. Die Signatur ist damit authentisch.

2. Für einen Verifizierer ist die Überprüfung einer Signatur einfach, da er durch das öffentlich bekannte e die Operation $P' = E_e(S)$ sehr effizient durchführen kann. Auf der anderen Seite ist es für einen Angreifer schwierig, eine gültige Signatur zu fälschen: Da der notwendige Schlüssel d geheim und vor ihm verborgen bleibt, kann er nicht ohne Weiteres $S = D_d(P)$ erzeugen. Diese Aufgabe ist äquivalent zum Entschlüsseln $D_d(C)$ eines mittels $E_e(P)$ chiffrierten Klartextes P. Ein Dritter ohne Besitz von d muss für das Fälschen einer Signatur demnach das hinter E und D liegende asymmetrische Kryptoverfahren brechen.

3. Die asymmetrische Signatur $S = D_d(P)$ eines zu unterzeichnenden Dokumentes P ist untrennbar mit P selbst verbunden. Schickt Bob sowohl das Dokument P als auch S an Alice, so kann diese die Signatur überprüfen. Nachträglich durchgeführte Änderungen am Dokument sind daher nicht möglich.

4. Hat Bob einmal eine elektronische Unterschrift $S = D_d(P)$ angefertigt, so kann er diese zu einem späteren Zeitpunkt nicht mehr zurücknehmen. Er kann nicht behaupten, das Dokument P *nicht* signiert zu haben. Gelangt Alice in den Besitz von S, kann sie feststellen, dass S von Bob stammt. Niemand anderes kann je in der Lage gewesen sein, S zu erzeugen, da dafür Bobs geheimer Schlüssel d notwendig gewesen wäre, den außer Bob niemand besitzt. Im Allgemeinen geht man davon aus, dass Bob seinen geheimen Schlüssel nicht weitergibt. Andererseits könnte dieser später kompromittiert worden sein, weshalb es wichtig ist, dass ebenfalls ein Datum mit signiert wird.

Asymmetrische Verfahren haben noch einen weiteren entscheidenden Vorteil: Die Beweisbarkeit gegenüber dritten Parteien. Der öffentliche Schlüssel von Bob, der für Alice etwas unterschreiben möchte, ist jedem *bekannt*, entsprechend auch einer dritten Partei wie einem Richter. Alice kann der dritten Partei S und P zeigen und diese ist in der Lage, die Zusammengehörigkeit von S und P und dem öffentlichen e zu überprüfen.

Asymmetrische Kryptographie verursacht in Hinsicht auf Rechenkomplexität einen enormen Aufwand, so dass die Signatur eines kompletten Dokumentes P auf die soeben beschriebene Weise ein zeitintensives Problem darstellt. Aus diesem Grund bildet man in der Praxis meist zunächst einmal den wesentlich kürzeren Hash-Wert $H(P)$ (s. Abschnitt 3.5, S. 56) von P und signiert schließlich nur diesen:

$$S = D_d(H(P)).$$

Dies zeigt Abbildung 3.18. Alice erzeugt zur Verifikation ebenso $H(P)$ und überprüft dann die empfangene Signatur S. Sie berechnet $E_e(S) = H(P')$ und prüft, ob $H(P') = H(P)$ gilt.

Asymmetrische Verschlüsselungsverfahren eignen sich demnach zur Erzeugung von digitalen Unterschriften; beispielsweise RSA oder leicht abgewandelt auch

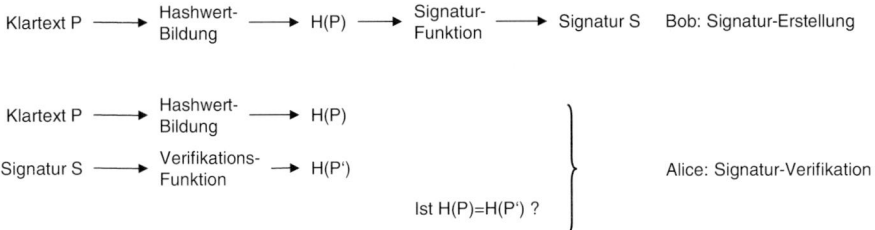

Abbildung 3.18. Signaturerzeugung und Verifikation mit Hash-Funktion

El-Gamal und andere. Bei gleichzeitiger Verwendung von asymmetrischen Verfahren zur Verschlüsselung sei jedoch darauf hingewiesen, dass für das Signieren ein anderer Schlüssel verwendet werden sollte als zur Verschlüsselung, da die Unabhängigkeit der beiden Schlüssel deutliche Vorteile bietet. Beispielsweise kann der Signaturschlüssel eine deutlich längere Gültigkeitsdauer besitzen und der Schlüssel zum Chiffrieren häufiger gewechselt oder sogar offengelegt werden, ohne dass der Signaturschlüssel dadurch seine Gültigkeit verliert.

Zertifikate

Vor der Beschreibung des Standards für digitale Signaturen DSS (siehe nächster Abschnitt) erläutert dieser Abschnitt noch kurz digitale Zertifikate. Es ist allerdings in keiner Weise ein Ersatz für Kapitel 9, sondern lediglich eine zum weiteren Verständnis notwendige Einführung in die technischen Grundlagen.

Ein digitales Zertifikat ist praktisch ein beglaubigter Public-Key. Es enthält neben anderen Informationen zumindest:

1. den Namen N_A des Zertifikatinhabers,

2. seinen öffentlichen Schlüssel e_A sowie

3. eine Signatur der ausstellenden Instanz über Namen und den zugehörigen beglaubigten Schlüssel $S(N_A, e_A)$.

Solche digitalen Zertifikate stellen eine Art digitalen Ausweis dar. Alice kann sich damit gegenüber Bob ausweisen, d. h. sie kann es Bob ermöglichen, sie zu identifizieren. Alice veröffentlicht ihr Zertifikat und gibt es jedem weiter. Bob kann dieses Zertifikat speichern und kennt somit die Zuordnung zwischen dem Namen seiner Kommunikationspartnerin und deren öffentlichem Schlüssel.

Ohne die Signatur der ausstellenden Instanz bliebe jedoch ein Problem bestehen: Ein Angreifer könnte Alices Zertifikat, das sie veröffentlicht hat, fälschen, noch bevor Bob es speichert. Dies wäre möglich, in dem er Alices darin enthaltenen öffentlichen Schlüssel e_A durch seinen eigenen $e_{A'}$ ersetzt. Bob würde weiterhin den Namen N_A sehen und an die Gültigkeit der Zuordnung zum vom Angreifer ausgetauschten Schlüssel $e_{A'}$ glauben. Bob hat so ohne Weiteres keine Möglichkeit, die Zuordnung zwischen Name und öffentlichem Schlüssel sicher zu überprüfen.

Mit Hilfe der im Zertifikat enthaltenen Unterschrift S können jedoch solche *Man-in-the-Middle*-Attacken (s. Abschnitt 2.5.2, S. 15) erfolgreich verhindert werden. Wenn alle Kommunikationspartner vorab einer gemeinsamen Instanz vertrauen, z. B. einem Notar oder einer *CA* (*Certification Authority*, Zertifikate ausstellende Instanz, siehe Abschnitt 9, S. 349) und dessen öffentlichen Schlüssel e_{CA} besitzen, kann der Notar mit Hilfe einer digitalen Signatur die Zertifikate, d. h. die Zuordnung des Namen zum öffentlichen Schlüssel, gegen Betrug schützen: Jeder Teilnehmer lässt sich über einen sicheren Kanal (siehe hierzu Abschnitt 2.4, S. 13) seinen öffentlichen Schlüssel e zusammen mit seinem Namen von dem Notar signieren und fügt die daraus resultierende Unterschrift S seinem Zertifikat mit bei. Es ist dem Notar hierbei selbst überlassen, auf welche Art auch immer, die Zuordnung zwischen öffentlichem Schlüssel und Name des Besitzers zu verifizieren. Das daraus erzeugte Zertifikat, bestehend aus N_A, e_A und $S(N_A, e_A)$, kann nun veröffentlicht werden. Will Bob schließlich Alices Identität überprüfen, beispielsweise mit Hilfe eines Challenge-Response-Verfahrens, siehe Abschnitt 4.1.2, oder will Bob lediglich Alices öffentlichen Schlüssel sicher in Erfahrung bringen, so kann er mit Hilfe der vom Notar generierten Signatur S und e_{CA} die Konsistenz von $S(N_A, e_A)$, und e_{CA} mit dem oben beschriebenen Algorithmus überprüfen. Sofern Bob also der ausstellenden Instanz CA vertraut, dass sie die Identitätsprüfung und Zertifikatausstellung korrekt durchführt, vertraut Bob auf die Authentizität des Schlüssels.

In der Praxis wird meistens nur der Hash-Wert bestimmter Felder des Zertifikats unterschrieben. Dies bringt möglicherweise Probleme mit sich, sofern die Hash-Funktion Schwächen aufweist. So haben Lenstra, Wang und Weger [221] kürzlich zwei Zertifikate nach X.509-Standard erzeugt, die aufgrund einer konstruierten MD5-Hash-Kollision den gleichen Hash-Wert besitzen. Da CAs normalerweise nur die Hash-Werte signieren, lassen sich so Zertifikate austauschen, indem die CA zunächst das korrekte Zertifikat unterschreibt und dieses anschließend durch das Falsifikat ersetzt wird. Dadurch dass der Hash-Wert identisch ist, ändert sich die Signatur nicht und der Angreifer kann der CA ein falsches Zertifikat mit gültiger Unterschrift vorlegen. Voraussetzung ist, dass der Angreifer das Original-Zertifikat und das gefälschte Zertifikat von vorneherein erstellt. Eine Kollision für ein bereits ausgestelltes Zertifikat zu finden ist ungleich schwieriger, da bisher noch keine Schwäche der Urbildresistenz der Hash-Algorithmen gefunden wurde. Zudem hat der Angreifer nicht die vollständige Kontrolle über den Inhalt des Zertifikats, d. h. bestimmte Felder wie etwa der Name des Zertifikatinhabers, sind nicht frei wählbar. Eine CA muss daher sorgfältig prüfen, dass sie sinnvolle Zertifikatinhalte signiert.

Im Folgenden wird noch ein wichtiger Standard für digitale Signaturen, der *Digital Signature Standard*, beschrieben.

3.7.2 DSS und DSA

In Anlehnung zu den Standards für symmetrische Algorithmen wie DES oder AES existiert auch ein Standard für digitale Signaturen, der *Digital Signature Standard* (DSS). Die amerikanische Standardisierungsbehörde NIST stellte 1994 in FIPS PUB 186 [271] ein Verfahren zur Generierung digitaler Unterschriften vor. Dieses Verfahren verwendet als Algorithmus den *Digital Signature Algorithm* (*DSA*) und benötigt darüber hinaus eine sichere Hash-Funktion. Zum Einsatz kommt der *Secure Hash Standard* SHA-1, siehe dazu auch Abschnitt 3.5.3. Die Signaturerzeugung und Verifikation mit Signaturalgorithmus und Hash-Funktion läuft nach dem Schema aus Abbildung 3.18 (S. 81) ab.

Eine neue Revision des DSS, FIPS 186-2 vom Oktober 2001, enthält inzwischen Varianten, die anstatt des DSA zur Signatur als Alternative RSA bzw. das auf elliptische Kurven basierende *ECDSA* verwenden. Nachfolgend wird zunächst der DSA-Algorithmus beschrieben, die dafür notwendige Erzeugung von Schlüsseln, das Verfahren zum Generieren einer Signatur sowie zum Überprüfen einer Signatur. Anschließend folgt eine kurze Vorstellung der im Standard erwähnten Varianten, die auf RSA und ECDSA basieren.

DSA-Schlüsselerzeugung

Grundsätzlich weist DSA Ähnlichkeiten zum El-Gamal-Verfahren auf [246]. Wenn Alice ein Dokument von Bob erwartet, so benötigt sie zunächst dessen öffentlichen Schlüssel. Bob erzeugt seinen öffentlichen Schlüssel:

1. Bob wählt eine große Primzahl p mit
$$2^{L-1} < p < 2^L,\ 512 \leq L \leq 1024,\ L \bmod 64 \equiv 0,$$
   sowie eine Primzahl q mit
$$2^{159} < q < 2^{160},\ p \bmod q \equiv 0$$
   und die Zufallszahl a mit
$$0 < a < q.$$

2. Er erhält ein erzeugendes Element g der Gruppe $\mathbb{Z}_p^*$ mit der Ordnung q, indem er ein beliebiges Element $e \in \mathbb{Z}_p^*$ wählt, für das bei der Berechnung $g = e^{\frac{p-1}{q}} \bmod p$ gilt, so dass $g \neq 1$.

3. Schließlich berechnet er $y = g^a \bmod p$. Sein öffentlicher Schlüssel, den er an jeden, inklusive Alice, weitergeben kann, ist nun $e = (p, q, g, y)$. Bobs geheimer privater Schlüssel ist $d = a$.

Signaturerzeugung

Bob möchte nun ein elektronisches Dokument P signieren und zusammen mit der Signatur an Alice schicken. Folgende Schritte sind dafür notwendig [271, 246]:

1. Bob sucht eine zufällige Zahl k, $0 < k < q$ und berechnet

$$r = (g^k \bmod p) \bmod q$$

   sowie

$$s = k^{-1}(H(P) + ar) \bmod q.$$

   Hier ist k^{-1} das Inverse zu $k \bmod q$, berechnet z. B. mit erweitertem Euklidischem Algorithmus (siehe [80]) und H die erwähnte Hash-Funktion SHA-1. Hier wird nicht das gesamte Dokument P signiert, sondern nur dessen Hash-Wert $H(P)$.

2. Bob schickt nun an Alice das Dokument P und die dazugehörige Signatur $S = (r, s)$.

Signaturverifikation

Nach Empfang von P und S versucht Alice mit Hilfe von Bobs öffentlichem Schlüssel $e = (p, q, g, y)$ nun die Signatur zu überprüfen:

1. Alice erzeugt den Hash-Wert des empfangenen Dokuments $H(P)$.

2. Sie berechnet neben

$$w = s^{-1} \bmod q$$

   sowohl

$$u_1 = wH(P) \bmod q$$

   als auch

$$u_2 = rw \bmod q$$

   und schließlich

$$v = (g^{u_1} y^{u_2} \bmod p) \bmod q.$$

3. Alice akzeptiert die empfangene Unterschrift S nur dann als authentisch von Bob, wenn weder $0 < r < q$ noch $0 < s < q$ gilt und $v = r$.

Die Begründung, warum mit $v = r$ Alice sicher davon ausgehen kann, dass diese Signatur tatsächlich von Bob stammt, ist nicht ganz einfach einzusehen. Wenn es sich um Bobs Unterschrift handelt, dann muss gelten:

$$H(P) = -ar + ks \; mod \; q$$

Denn:

$$-ar + ks \equiv -ar + kk^{-1}(H(P) + ar) \mod q$$
$$\equiv -ar + H(P) + ar \mod q$$
$$\equiv H(P) \mod q$$

Um nun daraus $v = r$ zu folgern, sind noch folgende Umformungen notwendig:

$$H(P) \equiv -ar + ks \mod q$$
$$wH(P) \equiv w(-ar + ks) \mod q$$
$$wH(P) + war \equiv wks \mod q$$
$$\equiv s^{-1}ks \mod q$$
$$\equiv k \mod q$$
$$u_1 + au_2 \equiv k \mod q$$
$$(g^{u_1} + g^{au_2} \mod p) \equiv (g^k \mod p) \mod q$$
$$(g^{u_1} + y^{u_2} \mod p) \equiv (g^k \mod p) \mod q$$
$$v = r$$

Variante von DSA: RSA

Nachfolgend werden nun noch kurz zwei Varianten von DSA vorgestellt, DSA basierend auf RSA sowie DSA basierend auf elliptischen Kurven (ECDSA).

Die RSA-basierte Variante geht wie in Abschnitt 3.7.1 besprochen vor. Bob, der Alice ein Dokument unterzeichnen will, generiert sich ein RSA-Schlüsselpaar bestehend aus öffentlichem Schlüssel e, n und privatem Schlüssel d (s. Abschnitt 3.6.2, S. 66). Er schickt neben dem Dokument P die Signatur

$$S = H^d(P) \mod n$$

des Hash-Wertes $H(P)$ an Alice. Diese überprüft mit Hilfe von Bobs öffentlichem Schlüssel, ob für den Hash-Wert $H(P)$ des von ihr empfangenen Dokumentes P gilt

$$H(P) \equiv S^e \mod n$$
$$\equiv (H^d(P))^e \mod n$$
$$\equiv H^{ed}(P) \mod n$$
$$\equiv H(P) \mod n.$$

Variante von DSA: ECDSA

Bei der Variante des DSA, die auf elliptischen Kurven basiert [6], einigen sich alle Protokollteilnehmer zunächst auf eine gemeinsame Kurve K über $\mathbb{F}_q$ und einen darauf liegenden Basispunkt B.

Zur Erzeugung seines Schlüsselpaares muss Bob folgende Schritte erledigen:

1. Er wählt eine zufällige Zahl d, $1 \le d \le n-1$, wobei n hier für die Ordnung des Punktes B steht. d ist Bobs privater Schlüssel.

2. Er berechnet den Punkt $Q = dB$. Q ist sein öffentlicher Schlüssel, den er an Alice weitergibt.

Damit kann Bob nun den Hash-Wert $H(P)$ eines Dokumentes P unterschreiben:

1. Dazu wählt er wiederum eine zufällige Zahl k mit $1 \le k \le n-1$ und berechnet damit den Punkt $R = kB$ mit den Koordinaten (x_1, y_1).

2. Die Signatur S besteht aus (r, s) wie folgt:

$$r = x_1^{-1} \mod n$$

und

$$s = k^{-1}(H(P) + dr) \mod n.$$

Bob schickt neben dem Dokument P auch die Signatur $S = (r, s)$ an Alice.

Es kann bei ungünstig gewähltem k vorkommen, dass r oder s den Wert 0 annehmen. In diesem Fall soll eine andere Zufallszahl k ausgewählt werden.

Alice bildet vorab vom empfangenen P den Hash-Wert $H(P)$ und überprüft die Signatur wie folgt:

1. Sie berechnet

$$w = s^{-1} \mod n,$$

$$u_1 = H(P)w \mod n$$

und

$$u_2 = rw \mod n.$$

2. Damit ergibt sich der Punkt (x_2, y_2) auf K durch $(x_2, y_2) = u_1 B + u_2 Q$. Es sei $v = x_2$.

3. Die Signatur ist dann authentisch von Bob, wenn gilt:

$$v = x_1^{-1} \mod n.$$

Sicherheit

Die Sicherheit von DSA ähnelt der von El-Gamal (Abschnitt 3.6.4) oder Diffie-Hellman (Abschnitt 3.6.3). Ist ein Angreifer in der Lage, diskrete Logarithmen (DLOG) in endlichen Körpern zu berechnen, so kann er bei Abhören der Signatur $S = (r, s)$ aus $r = (g^k \bmod p) \bmod q$ die Zufallszahl k berechnen und diese im nächsten Schritt dazu verwenden, den geheimen Schlüssel a zu finden, um so Signaturen zu fälschen. Derzeit benötigt das Finden eines diskreten Logarithmus jedoch exponentiellen Aufwand in Bezug auf die Bit-Komplexität des endlichen Körpers. Wie schon erwähnt, mag es allerdings noch andere bisher unbekannte Verfahren geben, die das Berechnen des DLOG effizient ermöglichen. Darüberhinaus mag es weitere u. U. effizientere Alternativen geben, bei DSA den geheimen Schlüssel von Bob aufzudecken. Die Sicherheit von RSA und von elliptischen Kurven ist in den Abschnitten 3.6.2 und 3.6.4 genauer beschrieben.

Ähnlich wie bei El-Gamal aus Abschnitt 3.6.4 benötigt DSA für jede neue Signatur eine Zufallszahl k, um r und s berechnen zu können. Dies ist kein einfaches Problem und besonders bei Kleinstgeräten äußerst schwierig, da *echter* Zufall zur Generierung von Zufallszahlen dort nur schwer messbar ist. Meistens gibt es bis auf die eingeschränkt nutzbare, für Angreifer zum Teil vorhersehbare, aktuelle Systemzeit keine weitere Quelle für Zufall.

Unmittelbar nach seiner ersten Veröffentlichung ist der DSS von einigen namhaften Kryptographen kritisiert worden. Im Vordergrund der Kritik stand allerdings die Tatsache, dass DSA und nicht der zu dem Zeitpunkt etablierte RSA als Signaturstandard festgelegt wurde. Es handelt sich hierbei um eher wirtschaftliche Kritik als um Kritik am DSA-Algorithmus selbst, da viele Firmen RSA bereits lizenziert hatten und für einen weiteren Algorithmus nicht zusätzliche Patentgebühren zahlen wollten [331].

3.8 Hybride Verschlüsselungssysteme

Im Allgemeinen kommen zur Verschlüsselung größerer Nutzdatenmengen keine asymmetrische Verfahren zum Einsatz. Der Aufwand, d. h. die Rechenzeit, die zur Chiffrierung der Daten notwendig ist, unterscheidet sich bei symmetrischen und asymmetrischen Algorithmen enorm. Asymmetrische Verfahren sind bei Schlüssellängen, die ein vergleichbares Sicherheitsniveau – dazu später mehr – bieten, um ein Vielfaches langsamer als symmetrische.

Ebenso ist bei gleicher Sicherheit der Speicherbedarf zum Ablegen einzelner Schlüssel bei asymmetrischen Verfahren wesentlich höher im Gegensatz zu symmetrischen Verfahren.

Sichere Kommunikation mit einem bisher unbekannten Partner ist jedoch ohne asymmetrische Kryptographie und öffentliche bzw. private Schlüssel nur schwer möglich, da keine gemeinsamen symmetrischen Schlüssel mit dem unbekannten Gegenüber im Vorfeld ausgetauscht werden konnten. In diesen Situationen hilft die Lösung mit frei herausgebbaren öffentlichen Schlüsseln sehr elegant. In der Praxis werden daher zur Datenverschlüsselung meist so genannte *Hybrid*-Verfahren eingesetzt, eine Mischung aus asymmetrischen und symmetrischen Verfahren. Die Idee solcher Verfahren lässt sich wie folgt beschreiben:

1. Bob möchte an Alice Daten schicken. Seine erste Aufgabe besteht darin, an den öffentlichen Schlüssel e_A von Alice zu gelangen. Dies ist z. B. über ein Zertifikat oder ein Verzeichnis möglich.

2. Bob generiert zufällig einen so genannten *Sitzungsschlüssel* k_{AB} für ein symmetrisches Verfahren. Dies wird der Schlüssel sein, mit dem später die Nutzdaten zwischen Alice und Bob ausgetauscht werden.

3. Bob verschlüsselt $C = E_{e_A}(k_{AB})$ und schickt C an Alice. Alice kann C jetzt mit ihrem geheimen privaten Schlüssel d_A entschlüsseln, $k_{AB} = D_{d_A}(C)$, und erhält so k_{AB}.

4. Sowohl Bob als auch Alice befinden sich nun im Besitz eines gemeinsamen geheimen Schlüssels k_{AB}, mit dem sie Daten chiffrieren und austauschen können.

Dieses Vorgehen kann und sollte bei länger andauernder Kommunikation zwischen Alice und Bob wiederholt werden, d. h. der Sitzungsschlüssel sollte häufiger gewechselt werden.

Zu klären bleibt noch die Frage, welche Verfahren – ob symmetrisch oder asymmetrisch – bei welcher Schlüssellänge ein vergleichbares Maß an Sicherheit bieten, d. h. inwieweit sie es einem potentiellen Angreifer in etwa gleich schwer machen, aus den chiffrierten Daten den Klartext zu gewinnen. Mit der Beantwortung dieser Frage beschäftigt sich der nachfolgende Abschnitt.

3.8.1 Schlüssellängen

Tabelle 3.5 vergleicht die Sicherheit von symmetrischen Verfahren mit der Sicherheit der behandelten asymmetrischen Verfahren bei verschiedenen Schlüssellängen. Diese Werte sind geschätzt und in der Literatur teilweise leicht unterschiedlich angegeben [222, 184, 373, 281].

Gegen einige der heute gebräuchlichen symmetrischen Algorithmen wie AES oder 3DES, jeweils vorgestellt in Abschnitt 3.4, existieren noch keine wirklich effizienten Angriffe. Das Wort *effizient* meint in diesem Kontext, dass der Angriff weniger Rechenaufwand für einen Angreifer bedeutet als der Aufwand, der für einen *Brute-Force*-Angriff, das simple Durchprobieren aller möglichen Schlüsselkombinationen, notwendig ist (vgl. Abschnitt 3.2). Derzeit gibt es für einen Angreifer kein Verfahren, das die in diesem Buch vorgestellten symmetrischen Algorithmen *schneller* bricht, als das einfache Durchprobieren aller möglichen Schlüssel. Bei einem sicheren symmetrischen Verfahren, bei dem die Schlüssellänge von beispielsweise 64 Bit zum Einsatz kommt, muss ein Angreifer demnach $2^{64} \approx 10^{19}$ bzw. im Durchschnitt 2^{63} Schlüssel durchprobieren, um den richtigen Schlüssel zu berechnen bzw. zu erraten. Die erste Spalte in Tabelle 3.5 ist entsprechend mit *Symmetrisch* und *Brute-Force* überschrieben: Der Aufwand zum Brechen der symmetrischen Chiffren ist in etwa genauso hoch wie der Aufwand einer entsprechenden Brute-Force-Attacke, der in der letzten Spalte als maximale Anzahl der durchzuprobierenden Schlüssel zur Basis 10 angegeben ist.

Tabelle 3.5. Vergleich verschiedener Schlüssellängen in Bit

Symmetrisch, Brute-Force	RSA, El-Gamal	ECC	Aufwand
56	622	105	10^{17}
64	777	120	10^{19}
74	1024	139	10^{22}
103	2054	194	10^{31}
128	3214	256	10^{39}
192	7680	384	10^{58}
256	15360	512	10^{77}

Zum Vergleich dazu stehen in Tabelle 3.5 neben dem Aufwand für symmetrische Verfahren die äquivalenten Schlüssellängen der asymmetrischen Verfahren, bei denen in etwa derselbe Aufwand und die gleiche Zeit zum Berechnen des geheimen Schlüssels d notwendig ist.

Die Schlüssel der asymmetrischen Verfahren sind deshalb um einiges größer als die ihrer symmetrischen Verwandten, weil effiziente Algorithmen existieren, die das Brechen dieser Chiffren etwas erleichtern – so z. B. die in Abschnitt 3.6.2 (S. 67) besprochene Faktorisierung des öffentlichen Modulus n. Die Chiffre DES mit einer Schlüssellänge von 56 Bit und einem notwendigen Angriffsaufwand von $2^{56} \approx 10^{17}$ Schritten kann man deshalb in etwa mit dem RSA-Verfahren bei einer Schlüssellänge von 622 Bit vergleichen. Ein Angreifer braucht zum Durchprobieren aller möglichen 2^{56} DES-Schlüsselkombinationen in etwa genausoviel Zeit wie für das Faktorisieren eines RSA-Modulus n der Größenordnung 622 Bit. Effiziente Algorithmen zum Faktorisieren basieren auf dem so genannten *Zahlkörpersieb* und benötigen einen Aufwand in Abhängigkeit von n von etwa

$$L(n) = e^{(1,9229+o(1)) \ln (n)^{1/3} \ln (\ln (n))^{2/3}}$$

Operationen zum Faktorisieren von n in p und q. Ein Angriff auf RSA mit 622 bit Schlüssellänge ist demnach in nur $2^{56} \approx 10^{17}$ Schritten wesentlich effizienter durchführbar als ein Brute-Force-Angriff, für den $2^{622} \approx 10^{188}$ Schritte notwendig sind.

Das Berechnen eines diskreten Logarithmus ist mit dem Aufwand für einen Angriff auf RSA vergleichbar und kostet in Abhängigkeit von p in etwa $L(p)$ Operationen. Die schnellsten Verfahren gegen elliptische Kurven basieren auf Pollards Rho-Methode und berechnen den geheimen Exponenten a abhängig von q in ungefähr $0,88\sqrt{q}$ Schritten [222].

Zu Beachten ist nun schließlich noch beim Einsatz von hybriden Verfahren, dass die Schlüssellängen des symmetrischen bzw. asymmetrischen Verfahrens aufeinander abgestimmt sind. Es macht wenig Sinn, einen 256-Bit-AES-Sitzungsschlüssel durch RSA mit einer Schlüssellänge von nur 622 bit zu schützen. Ein kluger Angreifer würde wahrscheinlich nicht versuchen, den AES-Schlüssel durch eine Brute-Force-Attacke in $2^{256} \approx 10^{77}$ zu berechnen, sondern schon im Vorfeld der Kommunikation, d. h. vor dem Austausch irgendwelcher Nutzdaten, den wesentlich einfacher zu brechenden RSA-Schlüsselaustausch angreifen. Er kann hierbei schon in $2^{56} \approx 10^{17}$ Schritten an den Klartext des 256-Bit-Sitzungsschlüssels gelangen. Auf der anderen Seite macht es hingegen wenig Sinn, einen einfachen 56-Bit-Schlüssel durch RSA mit 2048 bit Schlüssellänge zu sichern. Der Mehraufwand zum RSA-Verschlüsseln mit einem derart breiten Schlüssel lohnt sich für den viel schwächeren DES-Schlüssel nicht. Die Schlüssel der zum Einsatz kommenden symmetrischen und asymmetrischen Verfahren sollten daher – wie in Tabelle 3.5 angegeben – von vergleichbarer Länge sein.

3.8.2 Empfohlene Schlüssellängen

Es ist keinesfalls einfach, eine Empfehlung für *sichere* Schlüssellängen zu geben, denn das Problem liegt auf der Hand: die Definition des Wortes *sicher* in diesem Zusammenhang. Die Sicherheit eines Schlüssels bzw. einer Chiffre, die einen Schlüssel bestimmter Länge verwendet, kann man als genauso hoch bewerten, wie umgekehrt die Schwierigkeit für einen Angreifer, diesen Schlüssel zu brechen.

Da die Computer-Hardware jedoch mit der Zeit immer schneller wird, siehe hierzu auch das berühmte Moorsche Gesetz [260], kann ein Angreifer daher immer mehr Schlüssel pro Sekunde durchprobieren oder beispielsweise immer größere Zahlen pro Zeiteinheit faktorisieren. Schlüssel, die im Jahr 2005 als sicher betrachtet wurden, sind u. U. bereits in wenigen Jahren als unsicher zu betrachten, d. h. mit der dann zur Verfügung stehenden Hardware in akzeptabler Zeit berechenbar. Ferner verfügen starke Angreifer, wie große Firmen oder Behörden, über ganz andere Möglichkeiten als ein einzelner Angreifer, der die private E-Mail seines Nachbarn abhören möchte. Sie besitzen wesentlich mehr Geld und Know-how um Angriffe schneller, effizienter und zielgerichteter durchzuführen.

Da gute kryptographische Algorithmen normalerweise einen exponentiellen Aufwand für einen Brute-Force-Angriff besitzen, hingegen einen linearen oder polynomiellen Aufwand für die Nutzer, die legitimerweise das zugehörigen Schlüsselmaterial besitzen, arbeiten andererseits schnellere Rechner normalerweise erstmal für die „gute Seite".

Abgesehen davon kann die wissenschaftliche Forschung gerade im Bereich der Faktorisierung oder beim Problem des diskreten Logarithmus durchaus noch zu neuen Ergebnissen kommen, die durch noch effizientere Algorithmen noch größere Schlüssellängen notwendig machen würden. Außerdem können Fortschritte beim *Quanten Computing* (oder *Quantum Computing*) die Sicherheit heutiger Algorithmen gefährden: In [349] beschreibt Peter Schor die Möglichkeit mit Quantenrechnern in polynomieller Zeit zu faktorisieren, wodurch z. B. das RSA-Problem lösbar wäre.

Der größte bisher gebrochene Schlüssel einer symmetrischen Chiffre war 64 Bit lang. Im Rahmen eines von der Firma RSA Labs veranstalteten Wettbewerbs hat *distributed.net* die Rechenkapazität von über das Internet verbundenen Computern ausgenutzt und den 64 Bit-RC5-Schlüssel am 14. Juli 2002 nach 1757 Tagen Rechenzeit gebrochen [100]. Zur Verfügung stand distributed.net hierzu permanent eine Rechenkapazität äquivalent zu der von 160 000 Pentium II 266 MHz Rechnern. Seit 2002 wird versucht, einen 72-Bit-Schlüssel zu brechen. Der größte bisher faktorisierte RSA-Modulus n hatte eine Länge von 576 Bit. Er wurde am 3. Dezember 2003 von Wissenschaftlern der Universität Bonn in seine Primfaktoren zerlegt. Adi Shamir, einer der drei Erfinder des RSA-Algorithmus, behauptet in [346], dass es mit spezieller Hardware und einem Einsatz von 10 Millionen US-Dollar innerhalb eines Jahres möglich ist, einen 1024-Bit-Modulus zu faktorisieren.

Diese Zahlen sollen den Leser ein wenig sensibilisieren, welche Schlüssellängen welche Sicherheit bieten. Verbindliche Aussagen können aufgrund der stetigen und dynamischen Entwicklung nicht getroffen werden. Schlüssellängen wie symmetrische 128 Bit, beispielsweise bei AES, benötigen etwa um den Faktor 10^{19}-mal soviel Aufwand wie das Brechen des 64-Bit-Schlüssels. Einen ähnlichen Mehraufwand bringen RSA-Module der Längen 2048 Bit oder gar 4096 Bit mit sich. Es ist äußerst fraglich, ob je ein Unternehmen oder eine der berühmten „Drei-Buchstaben-Organisationen" (siehe ausführliche Diskussion dazu bei [331]) in der Lage sein wird, solch einen Aufwand in akzeptabler Zeit aufbringen zu können. Derzeit können ein symmetrischer Schlüssel der Länge

128 Bit und ein asymmetrischer Schlüssel der Länge 2048 Bit für die nächste Zeit als sicher angesehen werden.

Teil II

Sicherheitsmechanismen für Netzwerke

4

Sicherungsmechanismen und -verfahren

Die in Abschnitt 2.6 (S. 19) erläuterten Sicherheitsziele müssen durch technische Sicherheitsmechanismen erreicht werden. Dieses Kapitel beschreibt entsprechende Verfahren zunächst relativ allgemein, später werden konkretere Ausprägungen und Varianten anhand bestimmter Protokolle vorgestellt. Für einige existierende Protokolle werden vorhandene Sicherheitsmängel aufgezeigt, die in vielen Fällen durch Einsatz anderer Protokolle behoben werden können.

Die weitere Gliederung orientiert sich grob nach den in Abschnitt 2.7 (S. 21) vorgestellten Schichten in Netzzugangsschicht, Netzwerkschicht, Transportschicht und Anwendungsschicht. Weitere Kapitel behandeln Infrastrukturbezogene Themen wie Netzwerkinfrastruktursicherheit sowie Digitale Zertifikate, Public-Key- und Privilege-Management-Infrastrukturen. Das Kapitel zur Netzwerkinfrastruktursicherheit beschreibt im Wesentlichen Maßnahmen, die vornehmlich einen Netzbetreiber betreffen, Endsystemnutzer kommen mit solchen Diensten meistens nicht unmittelbar in Berührung.

4.1 Authentizität/Authentifizierung

Vor Beginn einer Kommunikation ist möglichst zu klären, ob der Kommunikationspartner tatsächlich derjenige ist, mit dem man sich unterhalten möchte. *Authentifizierung* ist also ein klassisches und fundamentales Problem: Alice möchte Bob davon überzeugen, dass sie Alice ist. Bob möchte ebenfalls prüfen, ob Alice wirklich Alice ist und nicht Eve, die nur behauptet, Alice zu sein – wie bei einer Maskerade durch einen Man-in-the-Middle-Angriff (s. Abschnitt 2.5.2, S. 15). Bei einer zwischenmenschlichen Netzwerk-basierten Kommunikation wie einem Chat ist dies beispielsweise durchaus nicht so einfach, weil eine unmittelbare Identifikation über die Stimme oder das Aussehen des

Kommunikationspartners, anders als bei einem persönlichen direkten Kontakt, nicht möglich ist.

Zusätzlich ist zu berücksichtigen, ob der Identitätsnachweis zwischen Kommunikationspartnern nur einseitig oder gegenseitig erfolgt: Weist Alice sich nur gegenüber Bob aus oder weist Bob sich auch gegenüber Alice aus? In manchen Situationen ist es wichtig, dass auch Alice sicher ist, dass sie die Authentifizierung gegenüber Bob durchführt und nicht gegenüber irgendeinem Dritten.

Ebenfalls eine häufige Anwendung ist die Authentifikation des Benutzers beim Zugang zu Rechnern: Im Rechner ist bekannt, welche Benutzer eine Zugangserlaubnis haben, d. h. welche Benutzer für welche Nutzung autorisiert sind. Die Identifikation der Nutzer geschieht häufig durch einen Namen, den der Benutzer eingibt. Offen bleibt die Sicherstellung der Authentizität des eingegeben Nutzernamens, insbesondere der Nachweis der Bindung der Identifikation an die tatsächliche Nutzeridentität. Die Eingabe der Identifikation alleine reicht also nicht aus, insbesondere wären Maskerade-Angriffe ohne Weiteres möglich. Üblicherweise ist daher noch die Eingabe eines Geheimnisses in Form eines Passwortes notwendig, das nur der zugehörige Benutzer kennt.

Es ist zu beachten, dass in vielen Fällen jedoch eine nachhaltige und dauerhafte Authentifizierung notwendig ist, beispielsweise durch Nutzung von Integritätssicherungs- oder Verschlüsselungsmechanismen für die jeweiligen Kommunikationsdateneinheiten. Das Problem besteht in einem Man-in-the-Middle-Angriff, der die Verbindung nach erfolgreicher Authentifikation der Kommunikationspartner übernimmt (so genanntes Connection-Hijacking, siehe dazu Abschnitt 2.6 auf S. 19 bzw. Hijacking von TCP-Verbindungen in Abschnitt 7.2.1, S. 272). Übertragen auf das Beispiel der Benutzerauthentisierung an einem Rechner wäre dies der Fall, wenn der Benutzer nach erfolgreicher Anmeldung den Rechnerarbeitsplatz kurz und unbeaufsichtigt verlässt, ohne sich abzumelden oder den Rechner gegen weitere Benutzung zu sperren. Ein anderer Nutzer könnte in dieser Zeit der Abwesenheit Aktionen im Namen des angemeldeten Benutzers ausführen (Maskeradeangriff).

Ob die Bedrohung durch Connection-Hijacking relevant ist, hängt vornehmlich davon ab, ob die der Kommunikation zugrunde liegende Transportverbindung als „sicher" angesehen werden kann. Ist dies der Fall, reicht es aus, die Authentifizierung zu Beginn einer Kommunikationsbeziehung durchzuführen. Erfolgt beispielsweise die Authentifizierung innerhalb einer Anwendung, die über eine durch IPsec oder TLS/SSL gesicherte Transportverbindung kommuniziert, so ist eine initiale Authentifikation ausreichend, da die darunter liegende Kommunikation gegen Connection Hijacking geschützt ist.

Im nachfolgenden Abschnitt wird zuerst die einfachste Authentifizierungsvariante mittels Klartext-Passwörtern erklärt und die Nachteile beschrieben. Danach werden sicherere Alternativen vorgestellt.

4.1.1 Klartext-Passwörter

Üblicherweise geschieht die Authentifizierung durch den Nachweis der Kenntnis eines – möglicherweise gemeinsamen – Geheimnisses, beispielsweise im einfachsten Fall durch Übermittlung eines Passwortes oder einer Parole im Klartext – im Englischen als *Plaintext Password* bezeichnet – und anschließender Prüfung auf Korrektheit.

Hierzu könnte im Rechner, der die Authentizität prüft, eine Liste von Passwörtern gespeichert sein, eines für jeden gültigen Benutzer. Ist das vom Benutzer eingegebene Passwort mit dem gespeicherten identisch, wird der Zugang gewährt.

Dieses einfache Verfahren hat gleich mehrere Nachteile. Zum Ersten muss eine Liste von allen Passwörtern im Rechner gespeichert sein. Eine solche Liste wird dadurch zu einem wichtigen und ausgezeichneten Ziel für Angreifer. Zum zweiten muss das Passwort von Alice zum Rechner befördert werden und ist auf dem Weg dahin gefährdet, abgehört zu werden. Dadurch sind Man-in-the-Middle- und Wiedereinspielungsangriffe möglich.

Verwendet wird diese Art der Authentifizierung z. B. bei Telnet (s. Abschnitt 10.2.1, S. 400) oder PPP/PAP (s. Abschnitt 5.1.1, S. 133).

Es ist allerdings im Allgemeinen davon abzuraten, Verfahren einzusetzen, die Klartextpassworte übermitteln, selbst wenn dies über eine kryptographisch gut gesicherte Kommunikationsverbindung (z. B. TLS oder SSH, vgl. Abschnitte 7.3, S. 276, und 10.2, S. 400) geschieht. Der Grund hierfür ist, dass ein Angreifer unter Umständen mit Hilfe einer kompromittierten Gegenseite (z. B. Trojanisches Pferd in Form eines ausgetauschten SSH-Servers) das Klartextpasswort in Erfahrung bringen und es anschließend problemlos zur Authentisierung mit weiteren Systemen abermals verwenden kann. Dies ist bei der Authentisierung mittels der nachfolgend beschriebenen Verfahren wie Challenge-Response- oder Public-Key-Authentisierung nicht mehr möglich, da das Geheimnis als solches selbst nicht übertragen wird.

4.1.2 Passwort-Hashes

Statt eine Liste aller Passwörter im Klartext zu speichern, kann auch der Hash-Wert eines jeden Passworts gespeichert werden. Eine solche Liste ist allerdings – ebenso wie die direkte Übertragung eines Passwort-Hash-Werts – immer noch anfällig gegen Wörterbuchangriffe (vgl. Abschnitt 3.2, S. 29). Letztere sind beispielsweise eine gängige Methode, um Passwörter in Unix-Systemen herauszufinden, falls die Hash-Werte der Passwörter zugänglich sind. Dies ist der Grund, weshalb in einigen Systemen diese Werte nur noch in der Datei `/etc/shadow` abgelegt sind, die lediglich für den Superuser `root` lesbar ist –

anstatt in der für alle Nutzer lesbaren Datei /etc/passwd. Um solche Angriffe zu erschweren, kann vor dem Hashen dem Passwort noch „Salz" (Engl.: *Salt*) hinzugefügt werden. Es handelt sich dabei um einen Zufallswert, der sowohl mit in die Hash-Funktion eingeht als auch mit dem Hash-Wert abgespeichert wird. Die Überprüfung eines Passwortes wird praktisch nicht erschwert, aber es ist jetzt möglich, dass ein Passwort verschiedene Hashergebnisse liefert. Wenn genügend Salz hinzugefügt wird, werden Wörterbuchangriffe gegen eine solche Hashliste stark erschwert. Die POSIX crypt()-Funktion, die standardmäßig zum Hashen der (Unix-)Passwörter benutzt wird, erlaubt das Hinzufügen von 12 Bit Salz. Der Wörterbuchangriff wird dadurch nur um den Faktor 4096 schwieriger, was angesichts der heute verfügbaren Rechenleistung nicht mehr ausreichend ist.

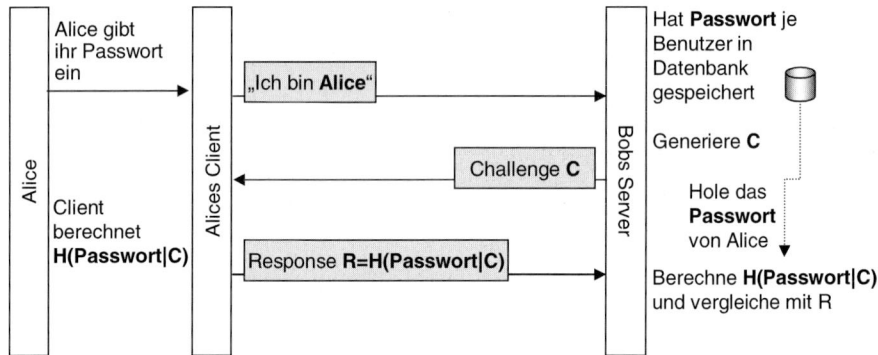

Abbildung 4.1. Challenge-Response-Verfahren zur Authentifizierung von Alice gegenüber Bob

Durch Eingabe des Passworts als Geheimnis ist eine *Frage-Antwort-Authentifizierung* (Challenge-Response Authentication) möglich, ohne das Passwort selbst zu übermitteln (vgl. Abbildung 4.1): Alice möchte sich gegenüber Bob authentifizieren. Alice gibt ihr Passwort ein und schickt ihren Benutzernamen an Bob. Bob schickt einen Zufallswert C (Challenge) an Alice. Alice berechnet $H(\text{Passwort}|C)$, d. h. einen Hash-Wert über Passwort und C und schickt das Ergebnis R an Bob. Bob kann die Berechnung $H(\text{Passwort}|C)$ ebenfalls ausführen und Alice ist bei Gleichheit der Ergebnisse gegenüber Bob authentifiziert. Wenn Bob die Challenges niemals mehrfach verwendet, sind Wiedereinspielungsangriffe (vgl. Abschnitt 2.5.3, S. 15) nicht möglich. Nachteilig bei obiger Vorgehensweise ist das Vorliegen des Passwortes auf Seiten des Servers im Klartext, was in der Praxis, z. B. bei der Authentisierung mittels CHAP (vgl. Abschnitt 5.1.1, S. 134) durchaus noch üblich ist. Problematisch ist hierbei aber, dass somit das Geheimnis offenliegt, falls der Server kompromittiert wird.

Alternativ kann man statt des Klartextpassworts dessen Hash-Wert als gemeinsames Geheimnis verwenden, so dass der Server nur den Passwort-Hash speichern muss und somit ohne Kenntnis des Klartextpasswortes auskommt. Damit geht der Passwort-Hash in die Berechnung des übertragenen Hash-Werts ein und ist als gemeinsames Geheimnis natürlich gleichermaßen gefährdet wie das Klartextpasswort. Die Sicherheit gegenüber einem Angreifer auf der Übertragungsleitung wird dadurch nicht erhöht. Diese Variante kommt bei MS-CHAP (s. Abschnitt 5.1.1, S. 135) zum Einsatz.

Da das Passwort beim Challenge-Response-Verfahren in die Berechnung einfließt, hat dieses Vorgehen allerdings den schwerwiegenden Nachteil, dass einem Angreifer so genannte *Offline-Attacken* ermöglicht werden, bei der nach Abhören und Speichern eines Challenge-Response-Paars gängige Passwörter oder ganze Wörterbücher von einem Angreifer über einen längeren Zeitraum ausprobiert werden, ohne dass der Angreifer die Kommunikation weiter abhören müsste, d. h. er kann „off-line" bleiben. Dies wird dadurch ermöglicht, dass ein Angreifer nach Abhören der Challenge C und einem aus einem Wörterbuch gewählten Passwort, problemlos $H(\text{Passwort})$ und damit auch $H(\text{Passwort}|C)$ berechnen kann und das mit der von Alice generierten Response vergleichen kann. Daher ist es auch bei diesem Verfahren wichtig, dass die Passwörter entsprechend umsichtig gewählt werden, also in keinem Wörterbuch verzeichnet sind.

Zusätzlich ist ein Schutz gegen Man-in-the-Middle-Angriffe nötig, falls die darunter liegende Verbindung nicht bereits gesichert ist. Es ist sonst folgender Angriff möglich: Eve hat sich beim Verbindungsaufbau zwischen Alice und Bob eingeschlichen. Bob schickt die Challenge (über Eve) an Alice, Alice berechnet die korrekte Response und schickt diese (über Eve) an Bob zurück. Die Verbindung ist damit bei Bob authentifiziert, Eve trennt die Verbindung zu Alice und kann die Verbindung zu Bob nach Belieben nutzen (Connection Hijacking).

Insgesamt lässt sich also festhalten, dass Challenge-Response-Verfahren zwar sicherer sind, allerdings folgende Nachteile immer noch bestehen:

- Wenn das gemeinsame Geheimnis ein Passwort ist, muss es wie üblich gut gewählt sein, d. h. resistent gegenüber Wörterbuchangriffen.

- Das Geheimnis muss beiden Kommunikationspartnern im Klartext vorliegen.

- Man-in-the-Middle-Angriffe sind möglich, ein zusätzlicher Schutz ist vorzusehen.

4.1.3 S/KEY und OTP

Um Wiedereinspielungsangriffe grundsätzlich auszuschliessen, wurde die Idee der *Einmalpasswörter* geboren. Gleichzeitig sollte die Notwendigkeit, bei Bob ein Geheimnis zu speichern, umgangen werden.

Der Mechanismus S/KEY benutzt die Einweigenschaft von kryptographischen Hash-Funktionen h bzw. Hash-Ketten (s. Abschnitt 3.5.2, S. 58) zur Sicherstellung der Authentizität. Zu Beginn des Verfahrens wird eine Zufallszahl r (oder z. B. eine geheime Passphrase) sowie die Liste $x_1 = h(r), x_2 = h(x_1), x_3 = h(x_2), \ldots, x_n = h(x_{n-1})$ erzeugt. Bob speichert $x_{n+1} = h(x_n)$, Alice speichert die gesamte erzeugte Liste. Will Alice sich gegenüber Bob authentifizieren, sendet sie den Wert x_n an ihn. Bob berechnet $h(x_n)$, vergleicht mit x_{n+1} und authentifiziert Alice bei Gleichheit. Nach jeder erfolgreichen Authentifikation löscht Alice den letzten Wert ihrer Liste und Bob ersetzt x_{n+1} durch den gerade empfangenen Wert x_n. Eve lernt durch das Abhören der Verbindung nichts, da jeder Wert nur einmal benutzt wird. Auch das Stehlen der Werte von Bob erzielt das gleiche Ergebnis. Die Einweigenschaft garantiert, dass Eve aus x_{n+1} nicht x_n berechnen kann.

Dieses Verfahren hat jedoch auch Nachteile:

- Alice muss eine Liste mit bis zu n Werten mitführen.

- Das Verfahren muss nach n Authentifizierungen neu initialisiert werden.

- Ein Schutz gegen Man-in-the-Middle-Angriffe ist immer noch nötig.

In [145] ist ein sehr ähnliches Verfahren als OTP (*One Time Password*, nicht zu verwechseln mit One Time Pad, s. Abschnitt 3.4.2, S. 36) standardisiert. Zusätzlich gibt es hier noch einen Startwert S, der vom Server gestellt wird. Die Berechnung von x_1 ändert sich zu $x_1 = h(S|r)$, die Berechnung aller anderen x_i bleiben gleich. Dieser Startwert muss nicht geheim sein, erlaubt es aber die gleiche Passphrase ohne Gefahr bei mehreren Servern einzusetzen. Die Funktion des Startwertes ist mit Salz bei Passwort-Hashes vergleichbar.

4.1.4 Asymmetrische Kryptographie

Auch die Verfahren der asymmetrischen Kryptographie sind zur Authentifizierung einsetzbar. Voraussetzung ist, dass Alice im Besitz eines geheimen Schlüssels ist und Bob den dazugehörigen öffentlichen Schlüssel kennt. Hierbei ist wichtig, dass Bob die Zugehörigkeit des öffentlichen Schlüssels zu Alices Identität nachprüfen kann, beispielsweise durch Zertifikate (vgl. Kapitel 9, S. 349). Grundsätzlich sendet Bob zur Authentifizierung eine zufällige Zahl (Challenge) an Alice. Alice führt mit dieser Zahl einige weitere Berechnungen durch (die weiter unten beschrieben werden), unterschreibt das Ergebnis mit ihrem geheimen Schlüsselteil und sendet das so signierte Ergebnis (Response) an Bob. Bob prüft mit dem öffentlichen Schlüsselteil die Unterschrift um sicher zu sein, dass die Unterschrift nur von Alice stammen kann. Wichtig für Alice ist, dass sie auf keinen Fall direkt irgendeine beliebige Zahl von Bob unterschreibt, denn dies käme einer „blinden Signatur" gleich.

Das Problem bei einer blinden Signatur ist, dass Alice nicht weiß, ob es sich bei der „Zahl" nicht um einen kurzen Text wie z.B. *„Ich schulde Bob noch 10.000 EUR"* handelt: Eve will, dass Alice eine Nachricht m_3 unterschreibt. Sie generiert dazu zwei Nachrichten m_1 und m_2 so das

$$m_3 \equiv m_1 m_2 (\bmod n)$$

Falls jetzt Alice beide Nachrichten als Teil von Authentifizierungen unterschreibt, dann kann Eve eine Unterschrift von m_3 berechnen:

$$m_3^d = (m_1^d \bmod n)(m_2^d \bmod n)$$

Daher sollte also vereinbart werden, dass nur durch weitere Berechnungen mit kryptographischen Einwegfunktionen modifizierte Challenges oder kryptographische Hash-Werte von Dokumenten unterschrieben werden und der Inhalt des Dokuments vorher bekannt ist. Aufgrund der Einwegeigenschaft von Hash-Funktionen lassen sich keine Dokumente zu einem gegebenen Hash-Wert erzeugen oder ändern. Nachdem die Authentifizierung in einer Richtung abgeschlossen ist, sollte sie gegebenenfalls in der Gegenrichtung ebenfalls durchgeführt werden. Um Wiedereinspielungsangriffe weiter zu erschweren ist es nützlich, einen Zeitstempel mit in die unterschriebenen Werte aufzunehmen.

Eine andere Variante der Authentifizierung mit asymmetrischer Kryptographie stammt von Feige, Fiat und Shamir [331]. Dabei wählt eine allgemein vertrauenswürdige dritte Partei für Alice

- eine Zahl n, die das Produkt zweier großer Primzahlen sein muss,

- einen öffentlichen Schlüssel v so, dass $x^2 \equiv v \bmod n$ (x ist beliebig, d.h. v ist ein quadratischer Rest, d.h. Rest einer Quadrierung $\bmod n$) und

- einen geheimen Schlüssel $s = \sqrt{v^{-1}} \bmod n$.

Die Authentifizierung läuft dann folgendermaßen ab:

1. Alice würfelt eine Zufallszahl $r < n$ und schickt $x = r^2 \bmod n$ an Bob.

2. Bob antwortet zufällig mit 0 oder 1.

3. Falls Bob mit 0 antwortet, schickt Alice r zurück. Andernfalls schickt Alice $y = r \cdot s \bmod n$.

4. Bob prüft, falls er 0 schickte, ob $x = r^2 \bmod n$, andernfalls ob $x = y^2 \cdot v \bmod n$.

Dieser Ablauf (auch *Akkreditierung* oder *Akkreditierungsrunde* genannt), sichert mit der Wahrscheinlichkeit $\frac{1}{2}$ ab, dass Alice in Besitz von s ist (d. h. aber auch, dass Alice mit 50% richtig liegen kann, ohne s zu kennen. Dies ist möglich, wenn Alice r nicht zufällig wählt, sondern genau wie Bob berechnet). Deshalb wird der Vorgang auch t-mal wiederholt; danach ist die Wahrscheinlichkeit für Alice, in allen Runden richtig zu liegen, ohne s zu kennen, auf $\left(\frac{1}{2}\right)^t$ gesunken. Wichtig bei diesem Protokoll ist für Alice, niemals den gleichen Wert r mehrfach zu verwenden. Andernfalls könnte Bob oder jeder andere, der den Autentifizierungsvorgang abhört, den geheimen Schlüssel von Alice berechnen, da aus der Kenntnis von einem Paar r, y der Parameter s leicht zu bestimmen ist.

4.1.5 Bewertung

Authentifizierung ist ein grundlegender Bestandteil vieler Netzwerkprotokolle, damit die Identität der Kommunikationspartner überprüft werden kann. Mit asymmetrischer Kryptographie ist eine sichere Authentifizierung möglich. Allerdings ist die Authentizität zunächst nur in einer Richtung gesichert. Für die Gegenrichtung muss das Verfahren erneut durchgeführt werden. Zudem ist es wichtig, dass die Zugehörigkeit des öffentlichen Schlüssels durch ein Zertifikat nachprüfbar ist.

Beim praktischen Einsatz müssen diese Verfahren allerdings noch mit einer Sicherung gegen Wiedereinspielungsangriffe versehen werden (s. Abschnitt 4.3, S. 107). Bei der Challenge-Response-Authentifikation ist dieser Schutz sehr einfach implementierbar, indem sichergestellt wird, dass niemals zwei gleiche Challenges herausgegeben werden. Allerdings müssen hierbei Passwörter sehr umsichtig gewählt werden, denn Challenge-Response-Verfahren sind grundsätzlich anfällig gegenüber Wörterbuchangriffen.

In vielen Fällen ist zudem ein Schutz gegen Man-in-the-Middle-Angriffe wichtig, sonst können Verbindungen nach erfolgreicher Authentifikation von einem Angreifer übernommen werden (*Connection Hijacking*). Wie Authentifizerung mit dem Schutz gegen solche Angriffe kombiniert werden kann zeigt z. B. das SSH-Protokoll (s. Abschnitt 10.2, S. 400).

Die in diesem Kapitel beschriebenen Verfahren sichern weder die Vertraulichkeit noch die Integrität der Daten; falls deren Absicherung notwendig ist, werden zusätzliche Maßnahmen benötigt. Andererseits ist es gefährlich, nur zu Beginn einer Verbindung eine Authentifizierung durchzuführen, da in der anschließenden Datenaustauschphase die Verbindung dann möglicherweise entführt werden könnte. Eine Integritätssicherung der Daten nach einer Authentifizierung ist daher praktisch unerlässlich, es sei denn, dass in einigen Fällen eine zugrunde liegende gesicherte Verbindung als ausreichend betrachtet wird.

4.2 Integritätssicherung

Wie bereits bei der Beschreibung des Sicherheitsziels Datenintegrität in Abschnitt 2.6 hingewiesen wurde, wünscht der Absender einer Nachricht, dass seine Nachricht genau wie abgesendet beim Empfänger ankommt. Letzterer wiederum möchte eine authentische Nachricht erhalten und Manipulationen eindeutig erkennen können; allerdings können Veränderungen grundsätzlich nicht verhindert werden.

Dieses Problem ist nicht auf Datennetze beschränkt, sondern von alters her bekannt. Im Briefverkehr setzt man entweder auf vertrauenswürdige Boten oder man sichert den Brief mit einem Siegel. Der Empfänger der Nachricht kennt den Boten oder kann das Siegel auf Unversehrtheit sowie auf Echtheit prüfen. Beide Methoden sind auch miteinander kombinierbar.

Dieser Abschnitt beschreibt, wie man auch in digitalen Datennetzen Nachrichten mit Siegeln versehen kann. Ziel ist es, dass der Empfänger prüfen kann, ob eine Nachricht authentisch ist, d. h. ob sie vom vorgeblichen Absender stammt und während der Übertragung nicht verändert wurde. Dabei kommt ein so genannter *Message Authentication Code* (MAC) oder auch *Message Integrity Check* (MIC) zum Einsatz.

4.2.1 Lineare Verfahren

Zunächst ist zu unterscheiden, welche Ursachen es für die Verfälschung einer Nachricht auf dem Weg vom Sender zum Empfänger geben kann. Sind keine aktiven und böswilligen Angreifer vorhanden, können die Bits einer Nachricht immer noch durch physikalische Effekte (Rauschen auf Leitungen, Fehler auf Festplattensektoren usw.) gestört werden. Zur Erkennung solcher Veränderungen gibt es verschiedene Verfahren:

- *Paritätsbits* — Ein solches Bit wird nach jedem Zeichen eingefügt und so gesetzt, dass die Anzahl der Bits mit dem Wert 1 insgesamt gerade (bzw. ungerade bei ungerader Parität) ist. Mit diesem Verfahren kann eine ungerade Anzahl an Bitfehlern pro Zeichen erkannt werden.

- *Prüfsummen* — Prüfsummen werden zum Beispiel in den Paketköpfen von TCP und UDP verwendet. Alle zu prüfenden Worte werden addiert, wobei eventuell auftretende Überträge ignoriert werden. Die Prüfsumme ist daher das Einerkomplement der Summe. Zur Berechnung der Prüfsumme wird das Prüfsummenfeld als Null angenommen. Daraus folgt, dass der Empfänger den Algorithmus auf den gesamten Protokollkopf anwenden kann, und 0 als Ergebnis erhält, wenn kein Fehler aufgetreten ist.

- *CRC (Cyclic Redundancy Check)* — Alle Bits der Nachricht werden hier als Koeffizienten eines Polynoms aufgefasst. Dieses Polynom wird durch ein Generatorpolynom dividiert und der Rest als Prüfsumme der Nachricht angehängt. Bemerkenswert ist, dass diese Berechnung von CRCs effizient mit Schieberegistern implementierbar ist. Der Empfänger wendet das Verfahren ebenfalls auf die gesamte empfangene Nachricht an und erhält bei aufgetretenen Bitfehlern ein Ergebnis ungleich 0.

Allen Verfahren ist gemeinsam, dass sie zwar mehr oder weniger gut gegen Übertragungsfehler schützen, aber keinerlei Schutz gegenüber aktiven Angreifern bieten, die böswillig Daten verfälschen wollen. Da keine geheimen Informationen in die Berechnung eingehen, können Angreifer gezielt Bits in der Nachricht ändern und danach die zugehörige korrekte Prüfsumme neu berechnen. Dazu kommt, dass alle oben beschriebenen Verfahren *linear* sind, d. h. wenn sie mit einem linearen Verschlüsselungsalgorithmus wie zum Beispiel RC4 (s. Abschnitt 3.4.6, S. 54) eingesetzt werden, dann kann ein Angreifer u. U. selbst dann die Prüfsumme anpassen, wenn die Daten verschlüsselt sind.

Als nichtlineare Alternative bieten sich die in Abschnitt 3.5 eingeführten Hash-Funktionen an. Bei entsprechender Konstruktion sind die Hash-Werte innerhalb einer Verschlüsselung nicht mehr durch einen Angreifer änderbar. Ohne diese zusätzliche Verschlüsselungsebene bieten allerdings auch kryptographische Hash-Funktionen keine Sicherheit der Integrität gegen Angreifer: Ein potentieller Angreifer kann auch hier die Daten nach seinem Willen ändern und danach den Hash-Wert neu berechnen.

4.2.2 HMAC

Die Lösung liegt im Einsatz von Hash-Funktionen zusammen mit einem geheimen Schlüssel (*Keyed Hash Function*). Die Hash-Funktion wird nicht nur über die zu sichernden Daten berechnet, sondern auch über einen geheimen Schlüssel. Dadurch soll ein Angreifer nach Veränderung der Daten den Hash-Wert nicht neu berechnen können. Möglich ist dies jedoch bei einfachem Voranstellen des Schlüssels vor die Nachricht: In diesem Fall können weitere Datenblöcke an die Nachricht angefügt werden und die Prüfsumme kann weiterberechnet werden. Auch ein Hintenanstellen des Schlüssels gilt als nicht sicher [331]. Die Nutzung eines Passwortes allein ist also noch kein Garant für Sicherheit.

RFC 2104 [211] gibt eine praktische Anleitung für ein sicheres Verfahren: Sei H eine kryptographische Hash-Funktion (SHA-1 und MD5 sind hier Beispiele),

L die Länge der Ausgabe der Hash-Funktion in Oktetts (20 bzw. 16 für SHA-1 und MD5). Des Weiteren sei B die Länge des Eingangsblocks der Hash-Funktion, ebenfalls in Oktetts. Zunächst definiert [211] zwei Zeichenketten, *ipad* und *opad*, wobei beide B Oktetts lang sind und nur aus den Zeichen `0x36` bzw. `0x5C` bestehen. Der benutzte Schlüssel wird als K bezeichnet. Dann kann der gesicherte Hash-Wert *HMAC* wie folgt berechnet werden:

$$HMAC(\text{Nachricht}) = H(K \oplus opad | H(K \oplus ipad | \text{Nachricht}))$$

Zunächst wird also der Schlüssel und *ipad* mittels der XOR-Operation verknüpft. Dazu wird der Schlüssel an der rechten Seite so lange mit `0x00` ergänzt, bis er ebenfalls die Länge B erreicht hat. An diesen Wert wird der Nachrichtentext angehängt und darüber die Hash-Funktion berechnet. Vor das Ergebnis wird die XOR-Verknüpfung von Schlüssel und *opad* gestellt und die Hash-Funktion erneut berechnet. Für das Verfahren sollte K mindestens L und maximal B Oktetts lang sein. Falls K länger ist, wird als Schlüssel $H(K)$ benutzt. Da *HMAC* nur L Oktetts lang ist, erhöhen längere Schlüssel die Sicherheit nicht mehr. Sollte K kürzer als B sein, wird das Zeichen `0x00` so lange an den Schlüssel angehängt, bis B erreicht ist. Offensichtlich reduziert sich die Sicherheit des Verfahrens, wenn K zu kurz gewählt ist.

Das HMAC-Verfahren hat folgende Eigenschaften:

- Es ist unabhängig von der jeweils konkret verwendeten Hash-Funktion. Sollte sich also herausstellen, dass die verwendete Hash-Funktion zu unsicher ist (hier spielt insbesondere die Schwierigkeit Kollisionen zu finden eine Rolle), kann sie durch eine andere blockbasierte Hash-Funktion ersetzt werden.

- Nur wer den geheimen Schlüssel K kennt, kann authentische Nachrichten erzeugen.

- Nur wer den geheimen Schlüssel K kennt, kann die Authentizität der Nachrichten prüfen.

- Durch die doppelte Anwendung der Hash-Funktion mit Schlüssel ist ein normaler Angriff, der auf dem Geburtstagsparadoxon beruht, nicht parallelisierbar (siehe [211]). Für eine Hash-Funktion mit $L = 16$ bedeutet das, dass 2^{64} Nachrichten (die jeweils mindestens die Länge L haben) abgefangen werden müssten, die mit dem gleichen Schlüssel K verschlüsselt wurden. Erst danach ist eine Kollision wahrscheinlich. Dies wiederum bedeutet, dass der Schlüssel vorher gewechselt werden muss.

- Als Bausteine sind XOR-Operationen und die Hash-Funktion nötig, weswegen eine HMAC-Implementierung recht effizient und schnell ist.

In [211] ist auch der Quelltext einer Beispielimplementierung von HMAC in Kombination mit MD5 enthalten.

4.2.3 CBC-MAC

Eine weitere Variante ist es, die Nachricht mit einer beliebigen Blockchiffre im CBC- oder oder CFB-Modus (s. Abschnitt 3.4.1, S. 33) zu verschlüsseln. Der letzte Block der Verschlüsselung wird an die Nachricht als MAC angehängt.

Das Verfahren hat den Nachteil, dass die Blockchiffren umkehrbar sind. Damit ist es möglich, die Kenntnis des Schlüssels vorausgesetzt, weitere Nachrichten zu erzeugen, die den gleichen MAC besitzen.

4.2.4 Digitale Signaturen

Ebenso ist es auch möglich, dass der Absender die Nachricht (bzw. den Hash der Nachricht) mit seinem geheimen Schlüssel unterschreibt. Der Empfänger kann mit Hilfe des öffentlichen Schlüssels prüfen, ob genau diese Nachricht wirklich vom Absender stammt. Nachteil hierbei ist, dass das Erzeugen und Prüfen digitaler Signaturen mit den heute bekannten Methoden – im Vergleich z. B. zur Berechnung von Hash-Werten – relativ aufwändig ist. Damit werden digitale Signaturen unpraktisch, wenn die Anzahl der Nachrichten pro Zeiteinheit steigt. Des Weiteren ist zu beachten, dass bei der Nutzung digitaler Signaturen jeder, der im Besitz des öffentlichen Schlüssels ist, die Authentizität der Nachricht prüfen kann. In einigen Einsatzszenarien kann dies ungewollt sein, wie in folgendem Beispiel: Alice will Ihren Seitensprung Bob zum Essen einladen und diese Nachricht mit Integritätsschutz versehen, ohne dass ihr Angetrauter Dave ihre Signatur unter der Nachricht findet und prüfen kann.

4.2.5 Bewertung

Um die Integrität von nicht verschlüsselten Nachrichten sicherzustellen, sollte ein Verfahren wie HMAC eingesetzt werden. Der hierfür benötigte gemeinsame geheime Schlüssel muss jedoch zuvor sicher ausgehandelt werden, möglichst im Zuge einer Authentisierung. Digitale Signaturen sind nur praktikabel, wenn die Datenrate niedrig und die CPU-Leistung bei Sender und Empfänger groß ist. Auch die Prüfbarkeit der Authentizität durch Dritte ist zu beachten. Sollten die Nachrichten verschlüsselt übertragen werden, ist u. U. ein kryptographischer Hash-Wert innerhalb der Verschlüsselung ausreichend. Auf jeden Fall zu vermeiden ist die Kombination einer linearen Prüfsumme wie CRC mit einer Stromchiffre, wie bei WEP (s. Abschnitt 5.3.3, S. 158) geschehen.

4.3 Schutz gegen Wiedereinspielungsangriffe

Während beim Entwurf von sicheren Kommunikationsprotokollen Mechanismen zum Schutz von Authentizität und Integrität mittlerweile häufiger berücksichtigt werden, ist die Integration von Verfahren zum Schutz vor Wiedereinspielungsangriffen (*Replay Protection*) noch nicht selbstverständlich. Im Allgemeinen wird dabei nicht bedacht, dass ein fehlender Schutz gegen Wiedereinspielungsangriffe hier ein nicht zu unterschätzendes Sicherheitsproblem darstellen kann.

Ein klassisches Beispiel für die Notwendigkeit des Schutzes gegen solche Angriffe ist eine Situation aus dem täglichen Leben. Alice weist ihre Bank an, einen bestimmten Geldbetrag an Bob zu überweisen. Diese Überweisung wird zwischen Alice und der Bank beispielsweise symmetrisch mit einem gemeinsamen Geheimnis verschlüsselt übertragen, so dass kein Außenstehender den Inhalt dieser Nachricht im Klartext mitlesen kann.

Wurde die verschlüsselte Nachrichtenübertragung jedoch beispielsweise durch Eve mitgelesen und gespeichert, kann Eve trotzdem Alice Schaden zufügen, wenn Eve zusätzlich über das Wissen verfügt, dass die verschlüsselte Kommunikation zwischen Alice und der Bank nicht gegen Wiedereinspielungsangriffe gesichert ist. Eve kann jetzt den aufgezeichneten Datenaustausch wiederholen und der Bank eine korrekt verschlüsselte Nachricht vorweisen. Die Bank würde daraufhin die Anweisung ein zweites Mal durchführen, ohne dass Alice später beweisen kann, dass sie diese zweite Nachricht nicht erzeugt hat.

Würde bei der Nachrichtenübertragung ein Verfahren zum Schutz vor Wiedereinspielungsangriffen eingesetzt, könnte die Bank bei der Verarbeitung der Überweisung feststellen, dass diese schon einmal empfangen und verarbeitet worden ist. Die Bank würde somit die gewünschte Überweisung kein zweites Mal ausführen.

Ein anderes Beispiel wäre ein einfaches Authentifizierungsverfahren, welches zwar gegen Abhören und Veränderungen der ausgetauschten Daten, nicht aber gegen Wiedereinspielungsangriffe gesichert ist. In diesem Beispiel möchte Alice einen Dienst von Bob nutzen, für den eine vorherige Authentifizierung notwendig ist. Für die Authentifizierung verlangt das Protokoll jedoch nur, dass das Passwort nicht im Klartext, sondern nur der Hash-Wert des Passwortes übertragen wird. Obwohl für die angreifende Eve nicht ersichtlich ist, welches Passwort Alice genau hat, kann Eve im Nachhinein ebenfalls den Dienst von Bob nutzen. Dazu liest Eve den Datenaustausch bei einer erfolgreichen Authentifizierung von Alice passiv mit und speichert diesen. Später wiederholt Eve den entsprechenden Datenaustausch und kann sich damit erfolgreich bei Bob als Alice authentifizieren und den Dienst nutzen.

Auch in diesem Beispiel ist leicht zu erkennen, dass es dabei für den Angreifer überhaupt nicht notwendig ist, den genauen Inhalt der Daten zu kennen.

Allein die Kenntnis, dass mit diesen Daten beispielsweise eine erfolgreiche Authentifizierung ermöglicht wird, reicht dem Angreifer vollkommen aus.

Um ein Kommunikationsprotokoll hinreichend gegen Wiedereinspielungsangriffe zu schützen, existieren derzeit zwei einfache und wirkungsvolle Ansätze: *Zeitstempel* und *Sequenznummern*.

Die nachfolgenden Abschnitte stellen die beiden Ansätze genauer vor und erläutern die jeweiligen Vor- und Nachteile und die sich daraus ergebende Anforderungen an das entsprechende Kommunikationsprotokoll und die umgebende Infrastruktur.

4.3.1 Zeitstempel

Beim Einsatz von Zeitstempeln zum Schutz vor Wiedereinspielungsangriffen wird jeder Nachricht eine aktuelle Zeitinformation, der so genannte *Zeitstempel* beigefügt. Dieser Zeitstempel enthält die Angabe des Zeitpunktes, an dem die Nachricht vom Sender abgeschickt wurde. Der Zeitstempel ist dabei so gestaltet, dass keine zwei identischen Zeitstempel erzeugt werden können.

Der Empfänger der Nachricht wertet nach der Integritätsprüfung der Nachricht den Zeitstempel des Senders aus und vergleicht die Zeitangabe mit seiner aktuellen Zeit. Der Empfänger akzeptiert die empfangene Nachricht nur dann, wenn der angegebene Absendezeitpunkt des Senders in einem bestimmten Zeitfenster vor und eventuell nach dem aktuellen Zeitpunkt liegt. Liegt der Absendezeitpunkt zu weit in der Vergangenheit oder Zukunft, wird die Nachricht vom Empfänger nicht akzeptiert, da er nicht sicher feststellen kann, ob es sich bei dieser Nachricht um einen Wiedereinspielungsangriff handelt.

Die Notwendigkeit eines Zeitfensters beim Empfänger besteht deshalb, weil einerseits die Übertragung der Nachricht nicht zeitlos erfolgt, andererseits auch nicht sichergestellt werden kann, dass die Uhren von Sender und Empfänger vollkommen synchron laufen. Aus diesem Grund ist auch ein Zeitfenster in die Zukunft notwendig, da die eigene Uhr im Vergleich zur Senderuhr nachgehen könnte. Die Abbildung 4.2 zeigt die Darstellung eines Zeitfensters und den Empfang verschiedener Nachrichten. Unter den empfangenen Nachrichten sind einige außerhalb des aktuell gültigen Zeitfensters, eine Nachricht enthält einen bereits benutzen Zeitstempel. In diesem Fall liegt eine Sendewiederholung oder ein Wiedereinspielungsangriff vor.

Um Übertragungswiederholungen einer Nachricht beispielsweise nach einem Ausfall des Senders zu erkennen, sollte der Empfänger den Zeitstempel jeder empfangenen gültigen Nachricht solange speichern, bis das entsprechende Zeitfenster für diese Nachricht abgelaufen ist. Dadurch kann der Empfänger Duplikate erkennen und eine erneute Verarbeitung der schon empfangenen Nachricht vermeiden.

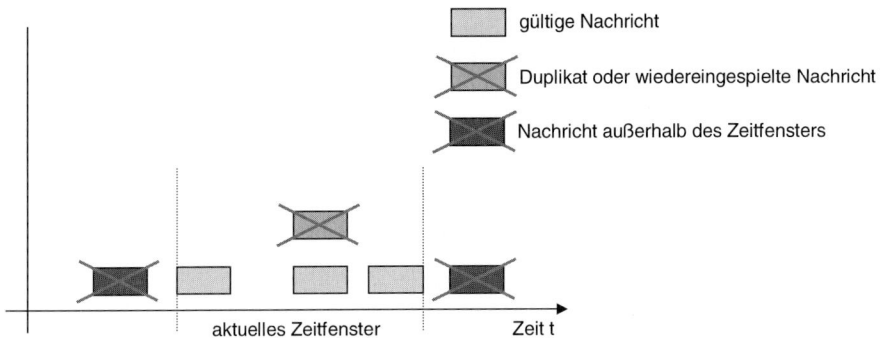

gültige Nachricht

Duplikat oder wiedereingespielte Nachricht

Nachricht außerhalb des Zeitfensters

aktuelles Zeitfenster   Zeit t

Abbildung 4.2. Visualisierung Zeitfenster

Beim Entwurf eines Protokolls ist die Anforderung wichtig, dass der Zeitstempel bei der Übertragung gegen Veränderung geschützt ist. Die Integritätssicherung muss also auch den Zeitstempel umfassen. Ansonsten kann ein Angreifer nach wie vor den Datenaustausch mitlesen und beim Wiedereinspielen die Zeitstempel entsprechend anpassen.

Abschließend kann man sagen, dass das Zeitstempel-Verfahren ein relativ einfach umzusetzendes Verfahren ist. Neben einer möglichst exakten Zeitquelle sind keine zusätzlichen Hilfsmittel notwendig. Nachteilig für das Verfahren ist jedoch, dass jede Nachricht für ihren Gültigkeitszeitraum beim Empfänger gespeichert werden muss, um so eine Duplikaterkennung gewährleisten zu können. Daher muss beim Empfänger vieler Nachrichten entsprechender Speicherplatz vorgehalten und verwaltet werden. Eventuell kann dies für Angriffe auf die Ressourcen eines Systems ausgenutzt werden.

Damit ein Angreifer keine abgefangene Nachricht mit modifiziertem Zeitstempel innerhalb des Zeitfensters wieder einspielen kann, sollte der Schutzmechanismus gegen Wiedereinspielungsangriffe durch Zeitstempel immer auch mit einer Authentitäts- und Integritätsprüfung kombiniert werden.

Üblicherweise wird zuerst überprüft, ob der Zeitstempel im aktuellen Zeitfenster liegt. Erst danach wird die Echtheit und die Authentizität der Nachricht und des Zeitstempels verifiziert. Nur im positiven Fall wird die Nachricht angenommen und weiterverarbeitet. Zusätzlich muss der Zeitstempel der Nachricht bis zum Ablauf des entsprechenden Zeitfensters gespeichert werden.

Ein Vorteil der Zeitstempel-basierten Methode ist, dass zwischen den Kommunikationspartnern vorab kein Kontext etabliert werden muss, so dass eine Überprüfung ohne vorherige Vereinbarung von Sequenznummern bzw. ohne Etablierung eines Zustands durchgeführt werden kann.

4.3.2 Sequenznummern

Eine andere Schutzmöglichkeit gegen Wiedereinspielungsangriffe ist die Verwendung von Sequenznummern. Dabei wird jeder Nachricht eine eindeutige streng monoton aufsteigende Nummer, die *Sequenznummer*, zugeteilt, welche jeweils nur einmal pro Verbindung oder Verbindungskontext verwendet werden darf.

Allgemein bezeichnet man eine Nummer, die nur ein einziges Mal innerhalb einer Kommunikationsverbindung genutzt wird, als *Nonce*. Sequenznummern stellen einen Spezialfall von Nonces dar, denn Nonces können auch durch Zufallszahlenwerte (vgl. Abschnitt 3.3) generiert werden. Nonce-Werte können beispielsweise vom Kommunikationspartner in Antwortnachrichten zurück übermittelt werden, wodurch die Aktualität dieser Nachrichten gewährleistet ist. In der Mobile-IPv6-Spezifikation [185] wird anstatt des Nonce-Wertes nur ein so genannter Nonce-Index übermittelt, so dass der Nonce-Wert selbst nicht preisgegeben wird. Der Nonce-Wert geht in diesem speziellen Fall in eine Schlüsselerzeugung ein und sollte eine Länge von mindestens 64 Bit besitzen.

Beim Empfang der Nachricht kontrolliert der Empfänger zuerst, ob er bereits eine Nachricht mit der angegebenen Sequenznummer bzw. dem mitgeteilten Nonce-Wert empfangen hat. Ist dies der Fall, wurde die Nachricht wiederholt oder von einem Angreifer wieder eingespielt. Wurde noch keine Nachricht mit der angegebenen Sequenznummer empfangen, muss anschließend die Integritätsprüfung der Nachricht erfolgen. Erst wenn sichergestellt ist, dass die Nachricht unverfälscht übertragen wurde und eine gültige Sequenznummer aufweist, wird die Nachricht weiterverarbeitet. Gleichzeitig wird die Sequenznummer als ungültig gekennzeichnet, weswegen der Empfänger ab sofort keine Nachricht mit dieser Sequenznummer über diese Verbindung akzeptiert.

Ähnlich wie beim Einsatz von Zeitstempeln kann auch bei der Verwendung von Sequenznummern ein Empfangsfenster für übertragene Nachrichten vorgesehen werden. Dies wird beispielsweise durch die Möglichkeit von Übertragungsverlusten notwendig, da ein Nachrichtenaustausch auch beim Verlust einzelner Nachrichten gewährleistet werden soll, falls ein darunter liegender unzuverlässiger Transport genutzt werden soll.

Normalerweise hat das Sequenznummernfenster eine feste Größe und verschiebt sich beim Empfang gültiger Nachrichten. Dabei werden Nachrichten als gültig akzeptiert, wenn sich die Sequenznummer im Sequenznummernfenster der größten letzten gültigen Sequenznummer befindet. Wird eine Nachricht mit einer Sequenznummer empfangen, welche größer als die größte bisher empfangene Sequenznummer ist und im zugehörigen Fenster liegt, so verschiebt sich das Sequenznummernfenster entsprechend. Das um die letzte akzeptierte Sequenznummer positionierte Fenster erstreckt sich dabei nicht nur über größere Sequenznummern, sondern auch über niedrigere Sequenznummern von Nachrichten, die bisher nicht empfangen worden sind. Dadurch, dass nicht nur

Nachrichten mit einer größeren als der bisher verarbeiteten Sequenznummern akzeptiert werden können, ist es auch möglich, eventuell verzögerte Nachrichten doch noch zu verarbeiten, solange sich diese Nachrichten im aktuellen Sequenznummernfenster befinden. Sinngemäß gilt das gleiche für Nonce-Werte. Für eine gewisse Lebenszeit von Nachrichten werden Nachrichten mit älteren Nonce-Werten u. U. noch akzeptiert. Nach Ablauf dieser Zeit können die alten Nonce-Werte vergessen werden, da dann angenommen wird, dass gültige Nachrichten mit alten Nonces nicht mehr unterwegs sind.

Der größte Vorteil dieses Ansatzes ist die Unabhängigkeit von externer Infrastruktur, wie sie beispielsweise zeitsynchrone Uhren oder *Network Time Protocol* Server (NTP) [251] darstellen. Dafür muss für jede Kommunikationsverbindung zusätzliche Zustandsinformation gehalten werden. Der benötigte Zustand enthält die aktuell gültige Sequenznummer, die Größe des Sequenznummernfensters und Angaben über bereits empfangene und im derzeit gültigen Sequenznummernraum liegende Nachrichten. In einigen Situationen ist es u. U. nachteilig, dass die Kommunikationspartner sich über einige dieser Zustandsparameter vorab einigen müssen, z. B. das gültige Sequenznummernfenster.

Problematisch ist, dass der verwendete Sequenznummernraum endlich ist. Dies hat zur Folge, dass nur eine endliche Anzahl von Nachrichten übertragen werden kann, bis der Sequenznummernraum erschöpft ist und es zu einem Überlauf der Sequenznummer kommt. Wird dieser Überlauf der Sequenznummer nicht berücksichtigt, so hat dies zur Folge, dass der Sequenznummernraum wieder von vorne an benutzt wird. Ein möglicher Angreifer könnte Nachrichten passiv mitlesen und zwischenspeichern. Nach einem Überlauf der Sequenznummer der abgehörten Verbindung ist der Angreifer in der Lage Nachrichten, die mit einer bereits schon einmal verwendeten Sequenznummer gesichert werden, mit der vorher abgehörten und aufgezeichneten Nachricht zu ersetzen. Der Angreifer wäre sogar in der Lage, aufgezeichnete korrekte Nachrichten mit einer aktuell gültigen Sequenznummer einzuspielen und damit zu verhindern, dass der Sender neue Nachrichten an den Empfänger sendet, da die verwendeten Sequenznummern bereits eingesetzt und damit ungültig wurden.

Ein Lösungsansatz zur Vermeidung dieses Problems ist, kurz vor Überlauf der Sequenznummer die bestehende Verbindung zu terminieren und parallel eine neue Verbindung aufzubauen. Bei der Aushandlung der neuen Verbindung wird auch gleichzeitig eine neue initiale Sequenznummer ausgehandelt. Die Kombination aus neuen Verbindungsparametern, wie beispielsweise Sitzungsschlüssel zur Integritätssicherung oder Verschlüsselung, und der neuen initialen Sequenznummer ist eindeutig und verhindert den oben beschriebenen Angriff.

4.3.3 Bewertung

Im direkten Vergleich zwischen Zeitstempeln und Sequenznummern zur Vermeidung von Wiedereinspielungsangriffen zeigt sich, dass die Umsetzung von Zeitstempeln einfacher ist, zumal die Kommunikationspartner sich nicht vorab über einen gültigen Sequenznummernbereich einigen müssen. Somit können Zeitstempel auch eingesetzt werden, wenn noch keinerlei Kontext durch einen Verbindungsaufbau zwischen den Kommunikationspartnern etabliert wurde. Dafür werden jedoch höhere Anforderungen, wie beispielsweise zeitsynchrone Uhren, gestellt. Wird beim Einsatz von Sequenznummern das Problem des Überlaufs des Sequenznummernraumes entsprechend behandelt, ist das Verfahren sicherer und benötigt keinerlei externe Infrastruktur. Die Erkennung von Wiedereinspielungsangriffen mittels Sequenznummern ist außerdem weniger ressourcenintensiv als der Einsatz von Zeitstempeln.

Ein gleichzeitiger Einsatz beider Verfahren bringt keine großen Vorteile, da jedes der Verfahren bereits alleine einen wirksamen Schutz vor Wiedereinspielungsangriffen darstellt. Sinnvoll ist aber möglicherweise eine Kombination der Verfahren, bei der entweder der Zeitstempel oder die Sequenznummer im entsprechenden Fenster liegen muss. Damit können einerseits längere Übertragungsverluste, bei denen dann eine Sendewiederholung mit einer beim Empfänger ungültigen Sequenznummer, aber einem gültigen Zeitstempel erfolgt, überwunden werden. Andererseits können mit der Kombination besonders stark schwankende Uhren ausgeglichen werden, d. h. eine Nachricht kann dann zwar einen ungültigen Zeitstempel beinhalten, die Sequenznummer liegt jedoch im aktuellen Sequenznummernfenster. Weiterhin können Zeitstempelbasierte Verfahren schon eingesetzt werden, bevor ein Kontext zwischen den Kommunikationspartnern vereinbart wurde; nach Etablierung einer Verbindung können dann Sequenznummern verwendet werden.

4.4 Vertraulichkeit

Zur Realisierung von Vertraulichkeit werden derzeit im Wesentlichen zwei unterschiedliche kryptographische Ansätze verwendet, die sich hinsichtlich der Ver- und Entschlüsselung unterscheiden:

- *Symmetrische Verschlüsselung*
- *Asymmetrische Verschlüsselung*

4.4.1 Symmetrische Verschlüsselung

Symmetrische Verfahren (siehe Abschnitt 3.4, S. 33) basieren allgemein auf dem Prinzip, dass sowohl für die Ver- als auch für die Entschlüsselung das gleiche Geheimnis k benötigt wird. Diese Klasse von Verfahren zeichnet sich im Allgemeinen dadurch aus, dass diese Verfahren äußerst effizient umgesetzt werden können und im Vergleich zu asymmetrischen Verfahren um ein Vielfaches schneller bei der Ver- und Entschlüsselung von Daten sind.

Leider besitzen symmetrische Verfahren prinzipbedingt auch einen gravierenden Nachteil. Dadurch dass das gleiche Geheimnis bzw. der Schlüssel für die Ver- und Entschlüsselung verwendet wird, müssen sowohl Sender als auch Empfänger Kenntnis über das Geheimnis haben. Dies macht vor der Übertragung der verschlüsselten Daten einen Austausch des Geheimnisses notwendig. Dabei kann das Geheimnis nicht sicher über den gleichen Übertragungsweg wie die späteren Daten übertragen werden, da dafür wiederum ein weiteres Geheimnis zur Verfügung stehen müsste. Daher können für einen sicheren Schlüsselaustausch nur alternative Übertragungswege genutzt werden, wie beispielsweise das Telefon oder das Überbringen des Schlüsselmaterials per Bote.

Zusätzlich existiert ein weiteres schwerwiegendes Problem beim Einsatz symmetrischer Kryptographie: Das vereinbarte Schlüsselmaterial kann nicht beliebig lang verwendet werden, d. h. in Abhängigkeit von der Anzahl der übertragenen Daten muss ein erneuter Schlüsselaustausch erfolgen. Dies wird deshalb notwendig, weil mit wachsender Anzahl der mit dem Schlüssel verschlüsselten Daten immer mehr Material für eine kryptographische Analyse zum Ermitteln des verwendeten Schlüssels zur Verfügung steht. Ein potentieller Angreifer, der eine große Menge an Ausgangsmaterial abgehört hat, kann danach u. U. den Aufwand zum Brechen des Schlüssel erheblich senken.

Insbesondere bei sehr schnellen Übertragunskanälen im Gigabit-Bereich wird daher ein häufiger Schlüsselaustausch zum rechtzeitigen Ersetzen des Schlüsselmaterials notwendig. Etwas abmildern kann man das Problem mit dem Einsatz längerer Schlüssel, dies zieht jedoch im Allgemeinen auch eine niedrigere Geschwindigkeit beim Ver- und Entschlüsseln nach sich. Als Faustregel bei symmetrischen Verfahren gilt, dass bei einem Schlüssel der Länge $2n$ Bit höchstens 2^n Bytes mit dem gleichen Schlüsselmaterial verschlüsselt werden sollten.

Ein kleineres Problem stellt die Schwierigkeit dar, dass es bei symmetrischer Verschlüsselung zu Problemen kommt, wenn im Nachhinein der Ursprung bestimmter Nachrichten bewiesen werden soll. Dies folgt aus der Tatsache, dass nicht sichergestellt werden kann, ob der Sender oder der Empfänger die Nachricht erzeugt hat. Beide sind im Besitz des Geheimnisses, welches notwendig ist, die entsprechende Nachricht zu erzeugen.

4.4.2 Asymmetrische Verschlüsselung

Der Hauptunterschied von asymmetrischer zu symmetrischer Verschlüsselung liegt darin, dass zur Ver- und Entschlüsselung zwei unterschiedliche Schlüssel zum Einsatz kommen (vgl. Abschnitt 3.6, S. 63). Diese sind zwar voneinander abhängig, jedoch nicht ohne Weiteres voneinander ableitbar.

Im Gegensatz zu symmetrischen Verfahren benötigen asymmetrische Verfahren deutlich mehr Rechenzeit und führen so zu einem geringeren Durchsatz. Aus diesem Grund werden heutzutage nicht nur asymmetrische Verfahren, sondern meist auch symmetrische Verfahren eingesetzt.

Durch die Aufteilung in zwei unterschiedliche Schlüssel, den privaten und den öffentlichen Schlüssel haben asymmetrischer Verfahren nicht das Problem der geheimen Schlüsselverteilung vor Beginn einer sicheren Kommunikation. Der Empfänger kann dem Sender gefahrlos seinen öffentlichen Schlüssel mitteilen, er muss dabei nur sicherstellen, dass der Sender auch wirklich den öffentlichen Schlüssel des Empfängers verwendet und nicht untergeschobene oder ersetzte Schlüssel eines Angreifers zum Einsatz kommen.

Auch lassen sich asymmetrische Verfahren sehr gut zum Nachweis des Ursprungs von Nachrichten einsetzen. Dies geschieht durch die Verwendung von digitalen Signaturen und wird im Abschnitt 4.8 ausführlicher behandelt.

4.4.3 Hybride Krypto-Systeme

Wie in den letzten beiden Abschnitten beschrieben, haben sowohl symmetrische als auch asymmetrische Verfahren einige Punkte, die den Einsatz erschweren. Bei symmetrischen Verfahren ist die gesicherte Schlüsselverteilung, bei asymmetrischen Verfahren hingegen die geringe Geschwindigkeit problematisch.

Um trotzdem sicher und effizient Daten austauschen zu können, kann man die beiden verschiedenen Verschlüsselungsansätze miteinander kombinieren. Dabei werden die Vorteile beider Verfahren genutzt, ohne die jeweiligen Nachteile in Kauf nehmen zu müssen.

Von den symmetrischen Verfahren wird die hohe Verarbeitungsgeschwindigkeit genutzt und die zu übertragenden Daten werden symmetrisch mit einem vom Sender gewählten Schlüssel, dem *Sitzungsschlüssel*, verschlüsselt. Der dafür verwendete Schlüssel kann z. B. vom Sender mit dem öffentlichen Schlüssel des Empfängers verschlüsselt werden; zum Austausch des Sitzungsschlüssels wird also das asymmetrische Verfahren benutzt. Da der symmetrische Sitzungsschlüssel normalerweise deutlich kleiner als die zu übertragende Nachricht ist, spielt die Geschwindigkeit des verwendeten asymmetrischen Verfahrens keine große Rolle. Wie im vorherigen Abschnitt bereits motiviert wurde, sollte der Sitzungsschlüssel periodisch bzw. nach einer bestimmten Menge an verschlüsselten Daten gewechselt werden.

Durch die asymmetrische Verschlüsselung des symmetrischen Sitzungsschlüssels ist der Empfänger in der Lage, die übertragenen Daten zu dechiffrieren.

Dazu entschlüsselt er zuerst mit Hilfe des asymmetrischen Verfahrens den Sitzungsschlüssel. Danach kann er die eigentlichen Daten unter Zuhilfenahme des extrahierten symmetrischen Schlüssels entschlüsseln.

Abschließend ist noch zu erwähnen, dass ein reiner Schutz der Vertraulichkeit durch Verschlüsselung keine Integritätssicherung beinhaltet, d. h. ein Angreifer kann verschlüsselte Daten manipulieren und bleibt meist unbemerkt. Diese Manipulationen an einem verschlüsselten Datenstrom pflanzen sich je nach verwendetem Verfahren fort und ziehen auch Änderungen in den entschlüsselten Daten nach sich. Werden auf Empfängerseite keine weiteren Prüfungen zur Integrität durchgeführt, wird der durch die Manipulation erzeugte Fehler u. U. nicht erkannt.

4.4.4 Steganographie

Steganographie ist die Kunst und Wissenschaft, Daten *verborgen* zu übermitteln, d. h. über einen Weg zu kommunizieren, der die *Existenz* der eigentlichen Nachricht verbirgt. Für nicht eingeweihte Betrachter des Kommunikationsvorgangs soll also nicht erkennbar sein, dass überhaupt eine versteckte Nachricht vorhanden ist.

Steganographie ist von Kryptographie zu unterscheiden, weil das primäre Ziel der Steganographie ist, die Existenz einer Botschaft vor einem Angreifer zu verbergen und nicht in erster Linie die Botschaft selbst geheimzuhalten bzw. zu verschlüsseln. Zudem lassen sich beide Techniken miteinander kombinieren, indem die versteckte Botschaft zusätzlich verschlüsselt wird. Falls beispielsweise bestimmte Gesetze eines Staates den Einsatz von starker Kryptographie verbieten, könnte Steganographie beispielsweise genutzt werden, um trotzdem – möglichst unentdeckt – kryptographisch gesichert zu kommunizieren.

Prinzipiell eignen sich sehr unterschiedliche Medien als Träger der versteckten Information, allerdings sind Bilddaten häufig sehr beliebt, da Bilder eine relativ große Datenmenge umfassen, welche zahlreiche Möglichkeiten zur Einbettung der versteckten Nachricht bieten. In diesem Zusammenhang wird Steganographie auch eingesetzt, um digitale Wasserzeichen zu realisieren.

4.5 Dynamische Schlüsselerzeugung

Möchte sich eine Instanz gegenüber einer anderen authentifizieren, können dafür, wie in Abschnitt 4.1 (S. 95) gezeigt wurde, verschiedene Verfahren eingesetzt werden. Alle diese Verfahren basieren auf der Annahme, dass jede Instanz über ein langlebiges Geheimnis verfügt und mittels dieses Geheimnisses ein Datum erzeugt werden kann, dass von jeder anderen Instanz überprüfbar ist. Das Geheimnis wird als langlebig bezeichnet, weil es über einen langen

Zeitraum hinweg für die Authentifizierung gegenüber vielen Instanzen verwendet wird. Die Verschlüsselung von Daten und deren Integritätschutz wird in modernen Sicherheitsprotokollen durch dynamisch erzeugte Sitzungsschlüssel erbracht. Solche Sitzungsschlüssel werden entweder durch eigens dafür entworfene Protokolle, wie IKE (siehe Abschnitt 6.3, S. 226) oder Photuris (siehe Abschnitt 6.4, S. 243) ausgehandelt oder die Erzeugung wurde in das Sicherheitsprotokoll selbst integriert, wie z. B. bei TLS (siehe Abschnitt 7.3, S. 276) oder PGP bzw. S/MIME (siehe Abschnitt 10.9, S. 459).

Bei der Erzeugung und Aushandlung der Sitzungsschlüssel sind einige wichtige Aspekte zu beachten, die im Folgenden erläutert werden.

4.5.1 Unabhängigkeit von Schlüsseln

Ein entscheidender Aspekt bei der Erzeugung eines Sitzungsschlüssels ist, ob ein Angreifer nach erfolgreicher Offenlegung des langlebigen Geheimnisses auch gleichzeitig den Sitzungsschlüssel ermitteln kann. Dies ist zum Beispiel dann der Fall, wenn einer der beiden Kommunikationspartner den Sitzungsschlüssel generiert und mit dem öffentlichen Schlüssel des Partners verschlüsselt an diesen übertragen hat. Erlangt ein Angreifer Zugriff zum privaten Schlüssel des Partners, dann kann er damit den Sitzungsschlüssel entschlüsseln und somit die gesamte Kommunikation offenlegen oder manipulieren. Die Offenlegung der Kommunikation ist sogar nach Beendigung dieser möglich, wenn der Angreifer alle Nachrichten abgespeichert hat und nachträglich in Besitz des privaten Schlüssels gelangt.

Um dies zu verhindern, wurde das Konzept der *Unabhängigkeit von Schlüsseln* vorgeschlagen, welches auch als *Perfect Forward Secrecy* (PFS) bezeichnet wird. Dabei wird das langlebige Geheimnis zwar zur Authentifikation der Instanz nicht aber zum Verschlüsseln des Sitzungsschlüssels verwendet. Die Erzeugung des Sitzungsschlüssels muss dafür mit einem sicheren Verfahren realisiert werden, das verhindert, dass ein Angreifer den Sitzungsschlüssel erhalten kann. Ein Beispiel für so ein Verfahren ist Diffie-Hellman (s. Abschnitt 3.6.3, S. 69).

Viele moderne Protokolle können den Sitzungsschlüssel mit einem Diffie-Hellman-Austausch erzeugen und diesen Austausch mit dem langlebigen Geheimnis authentifizieren. Ein Angreifer, der nach einer bereits vollzogenen Kommunikation in den Besitz des privaten Schlüssels kommt, kann ab diesem Zeitpunkt zwar die Identität des Opfers annehmen, nicht aber abgespeicherte Kommunikationsnachrichten offenlegen.

Neben dem Schutz vor Offenlegung des langlebigen Geheimnisses realisiert die Unabhängigkeit von Schlüsseln auch noch den Schutz vor „vertrauenswürdigen" Institutionen, bei denen man seinen privaten Schlüssel hinterlegen muss. Eine solche Institution kann zwar, wie der Angreifer, die Identität des Opfers annehmen, aber nicht die Kommunikation des Opfers offenlegen, da es den Sitzungsschlüssel nicht durch Abhören der Kommunikation ermitteln kann.

4.5.2 Erneuerung von Schlüsseln

Neben der Unabhängigkeit der Schlüssel muss auch die Lebenszeit von Schlüsseln beachtet werden. Mit einem Geheimnis dürfen nur begrenzt viele Daten verarbeitet werden, um die Vertraulichkeit des Geheimnisses gewährleisten zu können. Daher ist die Festlegung einer Lebenszeit für jeden Schlüssel notwendig. Eine solche Lebenszeit wird entweder in Zeiteinheiten (Minuten, Stunden, Tage), wie lange der Schlüssel gültig ist, oder in Dateneinheiten (Byte), wieviele Daten mit dem Schlüssel verarbeitet werden dürfen, angegeben. Manche Protokolle erlauben es, auch beide Lebenszeiten gleichzeitig zu verwenden. In diesem Fall wird der Schlüssel ungültig, sobald eine der beiden Lebenszeitgrenzen erreicht wird. Sobald das Lebensende eines Schlüssels erreicht wird, muss der Schlüssel als ungültig gekennzeichnet werden und es dürfen keine weiteren Daten mit diesem Schlüssel verarbeitet werden. Um den Abbruch der Verbindung zu verhindern, muss ein neuer Schlüssel für die Verbindung ausgehandelt werden, der ab dem Lebensende des alten Schlüssels verwendet wird.

Neben der Lebenszeit des Schlüssels kann auch der Überlauf der Sequenznummer (s. Abschnitt 4.3, S. 107) zu einem Ende der Schlüsselnutzung führen. Neben der dort erwähnten Möglichkeit, die Verbindung vollständig neu auszuhandeln, erlaubt die Erneuerung von Schlüsseln die Beibehaltung der Verbindung und die weitere Nutzung des Nummernraums mit dem neuen Schlüssel.

Wie schon bei der dynamischen Erzeugung des Sitzungsschlüssels kann auch bei der Erneuerung eines Schlüssels auf die Unabhängigkeit zwischen altem und neuem Schlüssel geachtet werden. Dazu werden dieselben Mechanismen, wie oben beschrieben, eingesetzt.

4.5.3 Schutz der Identitäten

In einigen Szenarien möchten die Kommunikationspartner ihre Identität vor Dritten verbergen. Ein Angreifer soll lediglich in der Lage sein zu sehen, welche zwei Systeme an der Kommunikation beteiligt sind, nicht aber welche Benutzer. Das Problem dabei ist aber, dass der jeweilige Partner die Identität des anderen erfahren muss, um sicher sein zu können, dass er auch mit der gewünschten Instanz kommuniziert.

Eine Möglichkeit dies zu erreichen, ist der Aufbau eines sicheren Kanals mit Hilfe von Identitäten, die jeweils nur das System identifizieren. Der Austausch der Benutzeridentitäten erfolgt dann erst in einem zweiten Schritt, geschützt durch den gesicherten Kanal. Dieses Verfahren schützt zwar die Identitäten der beiden Benutzer vollständig vor einem Angreifer, allerdings ist es sehr aufwändig, da erst nach Abschluss der zweiten Phase die eigentliche Kommunikation beginnen kann. Das bedeutet eine erhebliche Verzögerung zwischen Verbindungswunsch und dem tatsächlichen Beginn der Kommunikation. IKE (siehe Abschnitt 6.3) implementiert genau ein solch zwei-phasiges Verfahren. Die Verzögerung bei IKE bis zum Beginn der Kommunikation beträgt dabei die 4,5-fache Umlaufzeit zwischen den beiden Kommunikationspartnern.

Eine andere Alternative ist es, die Identitäten erst nach der Erzeugung eines Sitzungsschlüssels auszutauschen und sie dann mit diesem zu verschlüsseln. Eine Möglichkeit dies zu erreichen ist: Zunächst wird ein anonymer Diffie-Hellman-Austausch ausgeführt und erst dann werden die jeweiligen Identitäten verschlüsselt ausgetauscht. Dieses Verfahren schützt die Identitäten der beiden Kommunikationspartner vor einem Angreifer, der die Kommunikation lediglich abhört. Einem Angreifer, der aber aktiv in den Verbindungsaufbau eingreifen kann, ist es möglich, zumindest eine der beiden Identitäten offenzulegen. Dabei führt er einen Man-in-the-Middle-Angriff auf den anonymen Diffie-Hellman-Austausch aus und kann dann die erste übertragene Identität entschlüsseln. Es ist dem Angreifer allerdings nicht möglich, die Identität dieses Benutzers anzunehmen, da er keinen Zugriff auf das langlebige Geheimnis erlangt. Daher wird der Kommunikationspartner feststellen, dass der Diffie-Hellman-Austausch angegriffen wurde und die Aushandlung abbrechen. Somit erfährt der Angreifer die Identität des zweiten Benutzers nicht.

4.6 Aushandlung der Sicherungsverfahren

Die feste Integration bestimmter Algorithmen zur Verschlüsselung, Authentifikation und Integritätsicherung in ein Protokoll birgt den großen Nachteil, dass das Protokoll unsicher wird, sobald einer der integrierten Algorithmen gebrochen oder als nicht mehr sicher angesehen wird. Nach Änderung des im Protokoll eingesetzten Algorithmus müsste die neue Version auf alle Systeme verteilt und zudem sicher gestellt werden, dass die alte Version nicht weiter verwendet wird. Dies ist in stark verteilten Systemen ein durchaus sehr aufwändiger und langwieriger Prozess.

Deshalb empfiehlt es sich, Protokolle grundsätzlich so zu konzipieren, dass die Algorithmen zum Schutz der Kommunikation dynamisch ausgehandelt werden. Dadurch können gebrochene Verfahren leicht aus dem Protokoll entfernt werden und andererseits neu entwickelte Verfahren sehr einfach in das Protokoll integriert werden. Auch aus Sicht von Standardisierungsgremien ist eine dynamische Aushandlung von Algorithmen empfehlenswert, da diese Organisationen lediglich einen Basissatz an Algorithmen zur Wahrung der Interoperabilität vorgeben müssen, der Protokollentwickler aber auch zusätzlich weitere Algorithmen einsetzen kann.

Das Prinzip der dynamischen Aushandlung ist vergleichsweise einfach: Einer der beiden Kommunikationspartner sendet als Initiator der Kommunikationsverbindung eine Liste der von ihm unterstützten Algorithmen. Die Liste gibt zugleich die Prioritäten der einzelnen Algorithmen an, so dass die vom Initiator bevorzugten Verfahren in der Liste zuerst genannt werden. Aus dieser Liste wählt der Empfänger den ersten für ihn akzeptablen Vorschlag aus und sendet seine Wahl an den Initiator zurück, damit dieser darüber informiert ist, welches Verfahren eingesetzt werden soll.

Ein wesentlicher Nachteil der dynamischen Aushandlung ist die deutlich höhere Komplexität des Protokolls. Zum einen müssen die einzelnen Algorithmen beschrieben werden, zum anderen muss festgelegt werden, welche Kombinationen verschiedener Algorithmen zulässig sind. Des Weiteren wird durch die dynamische Aushandlung auch eine neue Angriffsform auf ein Protokoll möglich: der so genannte *Downgrade-Angriff*.

Mittels des so genannten Downgrade-Angriffs löscht der Angreifer (beispielsweise als Man-in-the-Middle) alle starken Algorithmen aus der Vorschlagliste und lässt nur solche bestehen, die er brechen kann. Damit hat der Angreifer die gesamte Sicherheit des Protokolls so herabgesetzt, dass es von ihm gebrochen werden kann. Die Auswahl eines schwachen Algorithmus ist oftmals möglich, weil unsichere Algorithmen aus Interoperabilitätsgründen oftmals noch eine Weile in Implementierungen verfügbar sind.

Zur Abwehr dieses Angriffs muss nach Abschluss der Verhandlung eine Authentizitätsprüfung des gesamten Austauschs durchgeführt werden. Dazu berechnen beide Kommunikationspartner einen MAC (vgl. Abschnitt 4.2, S. 103) über alle gesendeten und empfangenen Nachrichten bis zu diesem Zeitpunkt. Sollte bei einem der beiden Kommunikationspartner der MAC nicht erfolgreich verifiziert worden sein, so muss die Aushandlung als angegriffen betrachtet und abgebrochen werden. Bis zu diesem Zeitpunkt dürfen noch keine sensitiven Daten mit den ausgehandelten Schlüsseln und Algorithmen verarbeitet worden sein.

4.7 Erhöhung der Resistenz gegen DoS-Angriffe

Neben den bisher genannten Sicherheitsfunktionen sollte ein Protokoll auch eine möglichst hohe Resistenz gegen DoS-Angriffe (vgl. Abschnitt 2.5.7, S. 17) aufweisen. Besonders die Phase des Verbindungsaufbaus, und damit verbunden in den meisten Fällen die Phase der Schlüsselaushandlung, ist durch solche Angriffe verwundbar, da zu diesem Zeitpunkt noch keine Sicherheitsbeziehung zwischen den beiden Instanzen besteht. Das Fehlen einer solchen Beziehung kann ein Angreifer dahingehend ausnützen, dass er versucht, einzelne Ressourcen des Systems zu erschöpfen. Dazu kann er beispielsweise sehr viele Anfragen an einen Server stellen, der bei einem schlechten Protokolldesign einen temporären Zustand für jede dieser Anfragen aufbaut. Dadurch kann der Angreifer nach und nach den Speicher des Opfersystems füllen, bis dieses nicht mehr in der Lage ist, neue und damit auch legitime und reguläre Anfragen anzunehmen (vgl. auch Abschnitt 7.2.1, S. 273). Dies ist zudem noch kritischer, wenn der Angreifer gefälschte Absendeadressen verwendet, um eine Rückverfolgung zu erschweren.

Eine andere Alternative für den Angreifer besteht darin, dass er den Server veranlasst, rechenintensive Operationen (z. B. solche der asymmetrischen Kryptographie) auszuführen, ohne selbst entsprechende Arbeit verrichten zu müssen. Dies ist zum Beispiel dann der Fall, wenn der Server das gemeinsame Geheimnis vor dem Client berechnet. Ein Angreifer kann dieses Verhalten wiederum dahingehend ausnützen, dass er sehr viele Verbindungen zu dem Opfersystem initiiert, ohne selbst Ressourcen aufwenden zu müssen; das Opfer hingegen wird durch die Masse von Anfragen CPU-seitig überlastet und kann keine weiteren Verbindungsanforderungen annehmen.

Bis heute sind im Wesentlichen zwei Techniken entwickelt worden, um Sicherheitsprotokolle resistenter gegen DoS-Angriffe zu machen: die Verwendung von Cookies sowie die umsichtige Planung von Operationen während des Verbindungsaufbaus. Einen vollständigen Schutz vor DoS-Angriffen, insbesondere in der Anwendungsebene durch Missbrauch einer zeitaufwändigen Anfragebearbeitung, gibt es bis heute nicht.

4.7.1 Cookies und Puzzles

Um entscheiden zu können, ob eine Anfrage von einem System kommt, das tatsächlich eine Verbindung aufbauen möchte, oder von einem Angreifer, der gefälschte Adressen für seinen Angriff verwendet, können *Cookies* oder *Puzzles* eingesetzt werden. Das grundsätzliche Prinzip ist bei beiden Ansätzen ähnlich: Bevor der Server beginnt, Operationen auszuführen oder einen Zustand aufzubauen, soll zunächst überprüft werden, ob der Anfragende wirklich unter der Adresse erreichbar ist, die in der Anfrage enthalten war. Ein Angriff ist zwar durch den Anfragenden dann auch noch möglich, allerdings kann dieser zur Quelle zurückverfolgt werden.

Ein Cookie ist für den Client eine einfache Zahl (bzw. Zahlenfolge), die er in weiteren Nachrichten an den Server verwenden muss. Der Server wählt diese Zahl so, dass er den temporären Kontext für diese Verbindung in dem Cookie codiert und damit sozusagen in der Nachricht zwischenspeichert. Die Integrität des Cookies ist dann mit einer kryptographischen Prüfsumme zu sichern, damit ein Angreifer keine gültigen Cookies erstellen oder abändern kann. Der

Server sendet das Cookie an die Adresse, von der aus die Anfrage abgesendet wurde. Ist unter dieser Adresse ein Client zu erreichen, der tatsächlich eine Verbindung aufbauen möchte, nimmt er das Cookie in die weiteren Anfragen mit auf. Der Server muss dann jeweils überprüfen, ob es sich bei dem Cookie um einen authentischen und gültigen Wert handelt. Erhält der Server eine weitere Nachricht von diesem Client mit einem gültigen Cookie, kann der Server den vollständigen Kontext einrichten, sofern er die Kommunikation nicht aus anderen Gründen abbrechen möchte, wie zum Beispiel einer fehlgeschlagene Authentifizierung aufgrund ungültiger Authentifizierungsdaten oder einer Abweisung nicht-autorisierter Benutzer.

Wichtig dabei ist, dass das Cookie so erzeugt wird, dass dafür wiederum kein Zustand erzeugt werden muss. Beispiele für zustandslose Cookies sind beim Transportprotokoll SCTP (vgl. Abschnitt 7.4) oder im Photuris-Standard (siehe Abschnitt 6.4) zu finden. Das Cookie wird bei letzerem aus bestimmten Daten der Anfrage und einem temporären Geheimnis mittels einer Hash-Funktion erzeugt. Die Überprüfung des Cookies in späteren Nachrichten ist zu jedem Zeitpunkt sehr leicht möglich, da einfach wieder dieser Hash-Wert berechnet und mit dem Cookie-Wert der Nachricht verglichen werden muss. Die Verwendung eines Geheimnisses bei der Berechnung des Hash-Wertes verhindert, dass ein Angreifer Cookies erzeugen kann, die vom System als gültig angenommen würden. Für Clients, die tatsächlich an einem Verbindungsaufbau interessiert sind, ist es nicht weiter schwierig, den Cookie in jede weitere Nachricht zu kopieren. Systeme, die Anfragen von gefälschten Absendeadressen schicken, werden aber keine weiteren Nachrichten mit passendem Cookie an das System senden können und, da die Erzeugung des Cookies ohne Etablierung eines Zustands erfolgte, führen solche Anfragen nicht zu einer Überlast des Systemspeichers.

In [384] wurde das über Cookies hinausgehende Verfahren der Puzzles vorgestellt. Dabei stellt das angefragte System dem anfragenden System ein Rätsel oder Puzzle, welches dieses lösen muss, bevor es weitere Anfragen stellen kann. Die Idee eines solchen Puzzles ist die, dass der Anfragende mehr Ressourcen in die Lösung des Puzzles investieren muss, als das angefragte System für die Überprüfung der Nachricht. Auch hier gilt, dass ein System, das an einem Verbindungsaufbau tatsächlich interessiert ist, die Ressourcen aufbringen wird, um kommunizieren zu können. Ein Angreifer dagegen wird nicht bereit sein, dies zu tun und kann somit keine weiteren Protokollschritte ausführen.

4.7.2 Reihenfolge von Operationen

Beim Aufbau einer gesicherten Verbindung und damit beim Aufbau der Sicherheitsbeziehung müssen üblicherweise einige rechenintensive Operationen ausgeführt werden. Dazu gehören z. B. asymmetrische Ver- und Entschlüsselungen, das Prüfen digitaler Signaturen oder die Erzeugung des Sitzungsschlüssels. Um eine möglichst hohe Resistenz gegen DoS-Angriffe zu erreichen,

kann man die Abfolge von Operationen während des Protokollablaufs so festlegen, dass der Client immer zuerst Ressourcen investieren muss, bevor der
Server dies tut. Hier sollen zwei Beispiele dieses Prinzip verdeutlichen:

- Bei der dynamischen Aushandlung der Algorithmen (s. Abschnitt 4.6,
  S. 118) sendet ein System (Client) eine Liste von diesem System unter-
  stützter Algorithmen und das andere System (Server) wählt einen Algorithmus aus. Lässt man den Client den Vorschlag machen, muss der Server
  die Arbeit des Aussuchens übernehmen und eine passende Antwort an den
  Client zurücksenden. Sendet der Server dagegen diese Liste, muss der Client diese Aufgaben übernehmen. Des Weiteren kann der Server für seine
  Nachricht eine Schablone mit den unterstützten Algorithmen anfertigen
  und muss lediglich die für diese Verbindung spezifischen Daten eintragen.

- Müssen sich die Kommunikationspartner gegenseitig authentifizieren, so
  kann man die Client-Authentifizierung vor der Server-Authentifizierung
  durchführen. Stellt der Server nämlich während der Überprüfung der Authentizität des Clients fest, dass diese ungültig ist, so muss er selbst keine
  Daten für seine Authentifizierung gegenüber dem Client berechnen.

  Diese Reihenfolge lässt sich natürlich leicht auf andere Schritte übertragen:
  Der Client muss zuerst den Sitzungsschlüssel erzeugen, den MAC für den
  Schlüsselaustausch berechnen oder zuerst Daten mit dem Sitzungsschlüssel korrekt verarbeiten. Ziel ist jedesmal, dass der Client vor dem Server
  zeitaufwändige Operationen durchführen muss.

4.8 Nachweisbarkeit/Nichtabstreitbarkeit

Geschäfte oder Transaktionen, die wir im täglichen Leben durchführen, werden im Allgemeinen entweder direkt abgewickelt (wie beim Kauf eines Buches
im Buchladen) oder durch einen Vertrag schriftlich dokumentiert (z. B. Miet-
vertrag).

Mit dem Abschluss eines Vertrages, von dem im Regelfall Käufer und Verkäufer jeweils ein Exemplar erhalten, welches von beiden Vertragspartnern
unterzeichnet wurde, erhalten Käufer und Verkäufer getrennt voneinander die
Möglichkeit, gegenüber einem Dritten den Beweis über die vereinbarte Transaktion erbringen zu können.

4.8.1 Problemanalyse

Beim Abschließen von Verträgen im Internet (z. B. bei der Bestellung eines
Buches) stellt sich die Lage im Allgemeinen nicht so klar dar. Im günstigsten

Fall erhält der Käufer eine Bestätigungsnachricht, die jedoch meist keinerlei Merkmale enthält, die für die Nachweisbarkeit verwendet werden können.

Kommt es zwischen Käufer und Verkäufer zum Streit, haben beide kaum Chancen, den eigentlichen Vertragsschluss sicher nachzuweisen. Bezahlt beispielsweise der Käufer die vereinbarte Leistung nicht, ist es für den Verkäufer schwierig nachzuweisen, dass genau dieser Käufer die Bestellung abgegeben hat. Anderseits ist es für den Käufer kaum beweisbar, dass eine Bestellung aufgegeben wurde, wenn der Verkäufer die Lieferung des Vertragsgegenstandes verweigert. Je nach Situation ergeben sich also für beide Vertragsparteien erhebliche Nachteile, da der sichere Nachweis über eine Transaktion zwischen beiden Parteien nicht erbracht werden kann.

Nicht nur Transaktionen, die Menschen über das Internet abschließen, sondern auch Kommunikationsprotokolle benötigen unter Umständen Mechanismen, die eine spätere Beweisbarkeit durchgeführter Aktionen ermöglichen. Derzeit enthalten jedoch nur wenige Kommunikationsprotokolle solche Mechanismen. Dies liegt einerseits an der Tatsache, dass heutige Kommunikation meist dem *Client/Server*-Prinzip unterliegt und die beiden Kommunikationspartner direkt und synchron miteinander kommunizieren können. Bei dieser Art von Kommunikation kann der jeweils andere Kommunikationspartner das Durchführen einer gewissen Aktion sofort kontrollieren und benötigt dafür kein separates Nachweismerkmal. Andererseits wurde es erst mit der Kommerzialisierung des Internets überhaupt notwendig, Aktionen oder Transaktionen beweisbar gegenüber Dritten zu machen. In den Anfängen des Internets waren solche Anforderungen nicht gegeben und wurden dementsprechend beim Entwurf von Kommunikationsprotokollen bewusst nicht berücksichtigt.

Erst beim Einsatz von verteilten Anwendungen, bei dem zwei Kommunikationspartner eventuell nicht mehr direkt miteinander kommunizieren und Transaktionen von verschiedenen Kommunikationspartnern zu verschiedenen Zeitpunkten erbracht werden, ist es äußerst wichtig, nachweisen zu können, dass ein Teilnehmer bestimmte Aktionen erbracht hat.

4.8.2 Einsatz digitaler Signaturen

Eine Möglichkeit, um diese Anforderung der Nachweisbarkeit zu erreichen, ist der Einsatz von digitalen Signaturen, welche schon in Abschnitt 3.7 (S. 77) erläutert wurden. Aus diesem Abschnitt geht hervor, dass heutzutage vornehmlich asymmetrische Verfahren für die Erbringung der Nachweisbarkeit eingesetzt werden.

Symmetrische oder alternative Einschlüssel-Verfahren

Symmetrische oder alternative Verfahren wie die Verwendung von Hashketten eignen sich nur schlecht zur Erbringung der Nachweisbarkeit. So kann beispielsweise der Empfänger durch Kenntnis des gemeinsamen Geheimnisses Nachrichten generieren und behaupten, diese vom Sender erhalten zu haben. Diese Verfahren haben den Nachteil, dass zum Nachweis gegenüber einem Dritten das eigentliche Geheimnis, welches zur Erzeugung des Nachweismerkmals verwendet wurde, offengelegt werden muss. Somit ist es nach dem ersten Beweis nicht mehr vertrauenswürdig, da nun auch der Dritte über das Geheimnis verfügt und selbst behaupten könnte, die Nachricht signiert zu haben.

Asymmetrische Verfahren

Asymmetrische Verfahren verfügen über einen zweigeteilten Schlüssel und besitzen dadurch den großen Vorteil, dass für die Verifikation des Nachweismerkmals ein anderer als der zur Erzeugung des Merkmals notwendige geheime Schlüssel verwendet werden muss. Zwar sind Dritte damit in der Lage das Nachweismerkmal zu verifizieren, jedoch können sie kein passendes Nachweismerkmal damit erzeugen. Auch ist es bei der Verwendung gängiger asymmetrischer Verfahren nicht möglich, aus dem bekannten öffentlichen Schlüssel, den privaten geheimen Schlüssel zu errechnen.

Um Nachweisbarkeit mit Hilfe digitaler Signaturen zu realisieren, werden alle im Streitfall relevanten Nachrichten vor dem Senden vom Erzeuger der Nachricht mit einer digitalen Signatur versehen. Dies reicht jedoch nicht immer aus: Oft muss der Empfänger der Nachricht dem Sender in irgendeiner Art und Weise bestätigen, dass er diese Nachricht empfangen hat.

Als Beispiel für den Einsatz von Nachweismerkmalen soll das folgende imaginäre Kommunikationsprotokoll dienen. Der Protokollablauf sieht vor, dass beim Senden einer neuen Nachricht inklusive der aktuellen Signatur zusätzlich eine Signatur über einen Zeitstempel des Empfangszeitpunkts und den Hash-Wert der letzten empfangenen Nachricht übertragen wird. Durch diese Vorgehensweise ermöglichen beide Kommunikationspartner dem jeweils anderen den Nachweis des Nachrichtenaustauschs. Dadurch dass ein Kommunikationspartner den Zeitpunkt und den Hash-Wert einer vom anderen Kommunikationspartner stammenden Nachricht signiert, kann dieser später nachweisen, dass die zugehörige Nachricht wirklich verschickt und empfangen worden ist.

Wird die Signatur im obigen Protokoll durch asymmetrische Verfahren erstellt, so ist sogar für Dritte nachvollziehbar, welcher der Kommunikationspartner welche Nachricht an den jeweils anderen geschickt hat. Somit kann jeder der Kommunikationspartner beweisen, dass die Kommunikation stattgefunden hat, im Gegenzug ist keiner der Teilnehmer in der Lage die Kommunikation abzustreiten.

4.9 Anonymität/Abstreitbarkeit

Ein gegenteiliges Ziel zur Nachweisbarkeit stellt die Anonymität dar. Hierbei geht es darum, einen Dienst in Anspruch nehmen zu können, ohne die eigene Identität preiszugeben. Im realen Leben gibt es einige solcher Dienste: Eine Postkarte wird beispielsweise transportiert und zugestellt, ohne dass ein Absender angegeben ist; der Einkauf mit Bargeld ist ohne Identitätsnachweis möglich.

Ein Mittelweg zwischen Nachweisbarkeit und Anonymität ist mit Pseudonymen möglich. Die Fakten (Absender einer Nachricht zu sein, Dienstnehmer zu sein, usw.) sind eindeutig dem Pseudonym zugeordnet, eine Assoziation zwischen Pseudonym und echter Identität ist aber schwierig. Auch hier gibt es Entsprechungen in der realen Welt: Mit Postfächern als Empfänger können Briefe sicher zugestellt werden, der wahre Empfänger muss dem Absender aber nicht bekannt sein.

4.9.1 Pseudonymität

Wenn die Erzeugung von neuen Identitäten einfach ist, kann *Pseudonymität* schnell hergestellt werden. Beispiele für Pseudonyme sind Decknamen von Geheimagenten oder auch die nicht verifizierten Nutzernamen in Internet-Foren. Pseudonymität bedeutet, dass zwar jeder Aktion eine Identität zugeordnet ist, aber einem Subjekt (z. B. einer Person) mehrere Identitäten zugeordnet sein können. Echte Anonymität ist damit nicht gegeben, sobald die Zuordnung eines Pseudonyms zur wahren Indentät einmal aufgedeckt ist. Dann sind alle Nachrichten, die von diesem Pseudonym stammen, auch der wahren Identität zugeordnet.

4.9.2 Verstecken in der Masse

Systeme wie *Freenet* [77] oder *Crowds* [304] basieren als Peer-to-Peer Netze darauf, dass jeder Teilnehmer Anfragen für andere weiterleitet. Am Zielsystem der Anfrage ist danach der ursprüngliche Absender nicht mehr erkennbar.

Der maximale Abstand (Abstand ist die minimale Entfernung) zwischen zwei Knoten wird als Durchmesser des Netzes bezeichnet und ist in solchen Netzen überraschend klein, oft in der Größenordnung $\log N$, wobei N die Anzahl der Rechner im Netz ist. Dieser Effekt wird als *Small World Effect* bezeichnet. Ist die Anzahl der Weiterleitungen größer als der Durchmesser des Netzes, kann eine Anfrage, die ihr Ziel erreicht, potentiell von jedem Teilnehmer des Netzes stammen und ist dadurch praktisch anonym. Diese Variante der Anonymität setzt voraus, dass (fast) alle Teilnehmer des Netzes sich korrekt verhalten

(z. B. nicht abgehört werden, nicht selbst abhören, keine Verbindungsdaten aufzeichnen bzw. veröffentlichen). Da die Anfragen bei den weiterleitenden Knoten aber im Klartext vorliegen, ist eine Verkehrsanalyse leicht möglich und führt zu einer Verringerung der Anonymität.

4.9.3 Chaum-Mixes

Chaum zeigt in [72], wie man mit asymmetrischer Kryptographie Anonymität erzeugen kann. Die Voraussetzung ist, dass es eine Menge an so genannten *Mixes* gibt. Ein Mix ist ein Rechner, der Nachrichten weiterleitet, dies aber nach einer zufälligen Wartezeit tut (er „mixt" die Reihenfolge der Nachrichten). Jeder Mix besitzt ein asymmetrisches Schlüsselpaar und jeder Teilnehmer kennt von allen Mixes den öffentlichen Schlüsselteil. Wenn ein Teilnehmer eine anonyme Nachricht verschicken möchte, wählt er zuerst eine Teilmenge aller Mixes aus und ordnet sie in beliebiger Reihenfolge an. Um eine Nachricht N an ein Ziel Z (im Folgenden als Z, N bezeichnet) über drei Mixe anonym zu verschicken, konstruiert der Teilnehmer die Nachricht:

$$M_1, E_{M_1}(M_2, E_{M_2}(M_3, E_{M_3}(Z, E_Z(N)))).$$

Dabei bezeichnet $E_x()$ die Verschlüsselung mit dem öffentlichen Schlüssel von x. Der erste Mix M_1 kennt nur den Sender, den zweiten Mix M_2 und eine Nachricht $(E_{M_2}(M_3, E_{M_3}(Z, E_Z(N))))$, die an den zweiten Mix verschlüsselt ist. Die Nachricht selbst kann er nicht lesen. Der zweite Mix kennt nur den ersten und den dritten. Auch der dritte Mix kann, obwohl er das Ziel kennt, die Nachricht selbst nicht lesen. Der Empfänger kennt nur den letzten Mix. Um die Identität des Senders aufzudecken, ist es nötig, dass *alle* beteiligten Mixe kooperieren (bzw. kompromittiert sind). Deshalb sind zur Erreichung einer guten Sicherheit die Mixe möglichst geeignet zu wählen (große Zahl, verschiedene Jurisdiktionen, verschiedene Administrationen usw.).

4.10 VPN

Der Begriff *virtuelles Netz* bezeichnet den Zusammenschluss eigener Netze oder Netzteilnehmer über ein fremdes Weitverkehrsnetz. Ein wesentliches Ziel von virtuellen Netzen ist es, firmeninterne private und somit nicht global bekannte Adressen erreichen zu können. Wurden früher leitungsvermittelte Netze, wie das öffentliche Telefonnetz oder ein SDH-Netz bzw. später auch Frame-Relay und ATM eingesetzt, so hat in den letzten Jahren die Nutzung des Internets als Plattform für virtuelle Netze stark zugenommen. Mögliche Techniken sind hier die IP-in-IP-Einkapselung [286] und die Nutzung von *Generic Routing Encapsulation* (GRE) [148]; alternative Bezeichnungen sind *IP-IP-Tunnel* oder *GRE-Tunnel*. Beide haben gemeinsam, dass dem IP-Header weitere *äußere* IP- bwz. IP- und UDP-Header vorangestellt werden, die für eine gewisse Zeit in Bezug auf den Transport des Paketes relevant sind. Das Zielsystem löscht diese Header wieder und sendet das Paket gemäß dem inneren Header weiter.

In Bezug auf Sicherheit ist wesentlich, dass die Daten über eine fremde Netzwerkinfrastruktur übertragen werden, deren Schutz bzw. Schutzmaßnahmen unklar sind. Es gibt hier im Wesentlichen zwei Bedrohungsszenarien:

1. *Angriff durch andere Nutzer des Netzes* — Andere Benutzer haben die Möglichkeit, z. B. dank einer globalen Adressierung im fremden Netz, das eigene Netz anzugreifen.

2. *Angriff durch den Netzbetreiber* — Da die Daten durch fremde Geräte transportiert werden, besteht eine größere Gefahr des Belauschens bzw. der Manipulation der Daten.

Zum Schutz vor diesen Gefahren wurde das Konzept des virtuellen Netzes zum Konzept des *virtuellen privaten Netzes* (*Virtual Private Network* – VPN) erweitert.

4.10.1 MPLS-VPNs

VPNs, die gegen die Gefahr des Angriffs durch andere Netzbenutzer schützen, wurden in der Vergangenheit oft durch den Asynchronen Transfermodus ATM realisiert, der auf virtuellen Verbindungen basiert. Seit der Entwicklung von MPLS (vgl. Abschnitt 8.5, S. 326) sind jedoch MPLS-basierte Netze sehr beliebt geworden, weil sie auf der gleichen Infrastruktur umsetzbar sind wie IP-basierte Dienste. Zur Sicherheit von MPLS siehe auch Abschnitt 8.5.

Bei einem MPLS-VPN werden die durch den Netzbetreiber bereitgestellten Verbindungen abgegrenzt, so dass kein Kunde Zugriff auf Adressen oder Verbindungen anderer Kunden hat. Somit ist das „privat" von VPN hier nicht auf den Schutz von Vertraulichkeit gerichtet, sondern auf die Abgrenzung der Netzteilnehmer. Funktional gesehen unterscheidet man bei MPLS-VPNs zwischen *Layer-2-VPNs* (L2VPN) und *Layer-3-VPNs* (L3VPN). Bei L2VPNs werden Schicht-2-Verbindungen für bestimmte Protokolle aufgebaut, z. B. eine Verbindung zwischen Ethernet-Schnittstellen oder eine Verbindung zwischen ATM-Schnittstellen. Unabhängig von dem Protokoll des Kunden werden auf Netzbetreiberseite alle Dienste auf MPLS-Basis bereitgestellt. Multipunkt-Verbindungen können per *Virtual Private Lan Service* (VPLS) bereitgestellt werden, das sich zwar noch in der Standardisierung befindet, jedoch bereits technisch umgesetzt wird. L2VPNs haben die Eigenschaft, dass der Netzbetreiber nicht am Routing seiner Kunden beteiligt ist, sondern nur virtuelle Drähte, so genannte *Pseudowires*, zur Verfügung stellt. Bei Layer-3-VPNs hingegen stellt der Provider nicht nur Schicht-2-Verbindungen (oder bei VPLS

Schicht-2-Netzstrukturen) zur Verfügung, sondern nimmt aktiv am Routing teil. Somit stellt der Netzbetreiber für jeden Kunden auf seinem eigenen Netz ein privates IP-Netz zur Verfügung, auf das von anderen Kunden nicht zugegriffen werden kann.

4.10.2 VPNs mit kryptographischen Schutzmechanismen

MPLS-VPNs schützen offensichtlich nicht vor Angriffen durch den Netzbetreiber selbst, da dieser in jedem Fall auf die transportierten Daten zugreifen kann. Diese Anforderung steigt weiter, wenn nicht ein MPLS-VPN genutzt wird, wo lediglich ein einziger Netzbetreiber Zugriff hat, sondern das Internet benutzt wird, in dem die Daten potentiell durch mehrere Netze fließen. Zum Schutz der Daten vor dieser Art von Angriffen ist der Einsatz von kryptographischen Mechanismen notwendig.

Im weiteren Verlauf des Buches werden Schutzmechanismen und Protokolle eingeführt, die einen sicheren Transport von Daten über das Internet gewährleisten können. Im Internet wird auch nicht die Schutzeigenschaft von MPLS-VPNs gewährleistet, dass die Schnittstellen des Kunden zum Netzbetreiber hin von anderen Kunden nicht angreifbar sind. Dies muss durch vom Kunden implementierte Schutzmaßnahmen, z. B. mit Hilfe von Firewalling (vgl. Abschnitt 6.6, S. 253), erreicht werden.

Folgende Mechanismen oder Verfahren können unter anderem zur Bildung eines kryptographisch gesicherten, virtuellen privaten Netzes eingesetzt werden:

- *IPsec-VPN* (s. Abschnitt 6.2, S. 210) — Die IP-Erweiterung IPsec ermöglicht den Aufbau privater virtueller Netze in der Vermittlungsschicht.

- *TLS-VPN* (s. Abschnitt 7.3.12, S. 289) — TLS kann zum Aufbau eines virtuellen privaten Netzes verwendet werden, indem PPP-Rahmen über eine TLS-Verbindung transportiert werden. Somit wird auf Basis einer gesicherten Schicht-4-Verbindung eine sichere Schicht-2-Verbindung bereitgestellt, die wiederum beliebigen Schicht-3-Verkehr transportieren kann.

- *OpenVPN* (s. Abschnitt 7.3.13, S. 290)— OpenVPN nutzt TLS und Teile von IPsec, um als Hybrid-System die Vorteile von beiden Welten zu vereinen bzw. Nachteile zu vermeiden.

- *L2TP-VPN mit IPsec* (s. Abschnitt 5.1.3, S. 138) — Neben der nativen IPsec-VPN-Variante ist eine weitere Möglichkeit, die Kombination von L2TP und IPsec einzusetzen. Dabei können von PPP bereitgestellte Mechanismen, wie beispielsweise eine flexible Adressenvergabe, mit den durch IPsec bereitgestellten Schutzmechanismen kombiniert werden. Diese Variante ist daher für mobile Mitarbeiter geeignet.

- *PPTP* (s. Abschnitt 5.1.3, S. 138) — Ein Vorgänger von L2TP ist PPTP, das eigene Sicherheitsmechanismen mitbringt, dessen Einsatz jedoch aufgrund der besseren Alternative L2TP+IPsec nicht empfehlenswert ist. Bei älteren Betriebssystemen kann es jedoch die einzige unterstützte VPN-Variante sein.

- *SSH-VPN* (s. Abschnitt 10.2.7, S. 415) — Auf Basis einer sicheren Verbindung mit SSH können ebenfalls PPP-Rahmen transportiert werden und somit eine sichere Schicht-2-Verbindung bereitgestellt werden.

Wie aus den Verweisen auf weitere Teile im Buch ersichtlich wird, finden weitere Erläuterungen jeweils dort statt.

5

Netzzugangsschicht

Wie bereits in Abschnitt 2.7 erläutert wurde, umfasst die Netzzugangsschicht im Internet-Referenzmodell die Funktionen der physikalischen Schicht und der Sicherungsschicht. Sicherungsmechanismen, die nur in der physikalischen Schicht wirksam sind, werden in diesem Buch nicht weiter betrachtet, da ihr Wirkungsbereich sehr begrenzt ist, denn es können lediglich physikalische Übertragungsabschnitte gesichert werden. Die Verschlüsselung eines Bitstroms mag für Einzelfälle sinnvoll sein, jedoch wird ein Schutz in der Sicherungsschicht oder in höheren Schichten meist besser geeignet sein, da längere Übertragungsstrecken gesichert werden.

Dagegen ist die Sicherung des Zugangs zu einem Netz von hoher Relevanz für den Netzbetreiber. Das zur Verfügung gestellte Netz soll nur den Benutzern zugänglich sein, die dazu autorisiert sind. Erst nach einer erfolgreichen Überprüfung wird der volle Zugang zum Netz für einen Benutzer freigeschaltet. Dabei ist unter verschiedenen Arten von Netzzugängen zu unterscheiden: Zugang über Einwahlsysteme und Zugang zu lokalen Netzen (LAN oder WLAN).

Bei Einwahlsystemen ist der Netzbetreiber an einer zuverlässigen Authentifikation interessiert, weil davon zum Beispiel die Weiterverrechnung der entstandenen Kosten abhängt. Sollte es möglich sein, dass ein Benutzer das Netz ohne vorherige Überprüfung nutzt, können keine Informationen für die Abrechnung erzeugt werden. Des Weiteren muss die missbräuchliche Nutzung des Netzes auf den Benutzer zurückverfolgbar sein. Ansonsten sind Entwicklungen wie *Drive-by-Spam* möglich, wo WLAN-Netze ohne Autorisierungsprüfung für den Versand von SPAM (vgl. Abschnitt 10.10, S. 474) missbraucht werden, ohne dass der Verursacher identifizierbar ist.

In einem lokalen Netz, wie zum Beispiel einem Firmennetz, soll unterbunden werden, dass fremde Systeme unautorisiert Zugang zum Netz erlangen. Dies verhindert einerseits, dass fremde Systeme die interne Kommunikation abhören oder manipulieren können, dient jedoch auch zur Einschränkung der

Angriffsmöglichkeiten auf fremde Systeme aus dem Inneren des eigenen Netzes. Da bei einer strikten Zugangskontrolle nur autorisierte Nutzer Zugang zum internen Netz haben, können Angriffe wesentlich einfacher zurückverfolgt werden als in dem Fall, dass externe Rechner das Netz temporär mitnutzen können.

Im ersten Abschnitt geht es zunächst um die Zugangskontrolle bei Punkt-zu-Punkt-Verbindungen. Die Bereiche lokale Netze und drahtlose Netze werden in den nachfolgenden Abschnitten erläutert. Schließlich werden auch noch Sicherungsmechanismen für Bluetooth vorgestellt.

5.1 Punkt-zu-Punkt-Verbindungen

Eines der ersten Protokolle zum Transport von Daten über eine serielle Punkt-zu-Punkt-Verbindung, z. B. einer Einwahlverbindung in das Internet, war das *Serial Line IP Protocol* (SLIP) [317]. SLIP arbeitet in der Sicherungsschicht und nutzt eine bestehende physikalische Verbindung zwischen den beiden beteiligten System. SLIP definierte lediglich das Paketformat für die Übertragungsrahmen und das Byte-Stopfen für Kontrollzeichen in Nutzdaten, erlaubte aber keine dynamische Aushandlung von Optionen oder Parametern und auch keine Authentifikation durch das Protokoll selbst. Eine Authentifikation der Kommunikationspartner musste durch ein vorgeschaltetes Terminal erfolgen. Heute ist das *Point to Point Protocol (PPP)* [351] das am häufigsten eingesetzte Protokoll zum Verbindungsaufbau der Sicherungsschicht in Einwahlsystemen und hat auch die wesentlichen Versäumnisse von SLIP ausgeräumt.

5.1.1 PPP

PPP ist ein Protokoll zur Übertragung von Daten über eine serielle Verbindung und spezifiziert das Paketformat, den Aufbau der Schicht-2-Verbindung sowie die Konfiguration von Schicht-3-Verbindungen. Im Gegensatz zu dem auf ein Protokoll beschränkten SLIP ermöglicht PPP das Multiplexen mehrerer Protokolle auf eine PPP-Verbindung. Dadurch ist PPP sowohl für IPv4 als auch IPv6 einsetzbar. PPP selbst kann über Schicht-2-Protokolle wie z. B. HDLC, Frame-Relay, AAL2, AAL5 oder Ethernet übertragen werden. Das Format des PPP-Rahmens ist in Abbildung 5.1 dargestellt.

Das Feld *Protocol* ist gemäß ISO-Standard 3309 für erweiterbare Adressfelder 8 oder 16 Bit lang. Der Empfänger kann anhand des niederwertigsten Bit im ersten Oktett unterscheiden, ob es sich um ein 8-Bit- oder 16-Bit-Feld handelt. Ist das niederwertigste Bit des ersten Oktetts auf Eins gesetzt, so handelt es

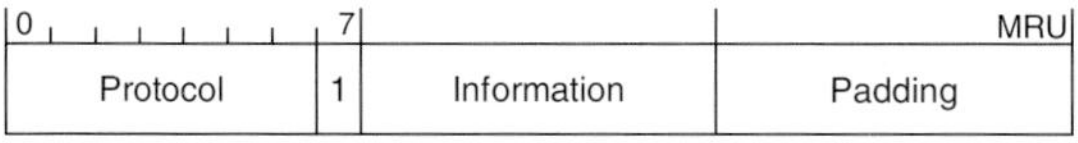

0 7			MRU
Protocol	1	Information	Padding

Abbildung 5.1. PPP-Protokollrahmen mit 8 Bit Protokoll-Feld

sich um ein 8-Bit-Feld. Ist dieses Bit dagegen eine Null, ergibt sich ein 16-Bit-Feld, bei dem das niedrigste Bit des zweiten Oktetts auf Eins gesetzt sein muss. 8-Bit-Protokoll-IDs sind daher alle ungerade. Über das Protokoll-Feld realisiert PPP das Multiplexen verschiedener Protokolle, wie zum Beispiel das *Link Control Protocol (LCP)* oder das *Network Control Protocol (NCP)*, deren Daten in PPP-Rahmen übertragen werden. Das Feld *Information* enthält Daten, die gemäß dem angegebenen Protokoll strukturiert sind. Das Feld *Padding* ist optional und kann die Dateneinheit bis zur maximalen Empfangseinheit auffüllen.

NCP ist für die Aushandlung von Schicht-3-Parametern beider Kommunikationspartner zuständig, z. B. für die Aushandlung von IP-Adressen. Hier kommen jedoch keine Sicherheitsfunktionen zum Einsatz.

Den Auf- und Abbau der Schicht-2-Verbindung übernimmt LCP. Während der Aufbauphase werden unter anderem Protokolle für Authentifikation, Link-Überwachung und Kompression ausgehandelt. Im Rahmen der Zugangskontrolle sind insbesondere diese Protokolle, die für die Authentifizierung verwendet werden, von Interesse:

- *Password Authentication Protocol (PAP)*

- *Challenge Handshake Authentication Protocol (CHAP)* und

- *Extensible Authentication Protocol (EAP)*

- *Protocol for Carrying Authentication for Network Access (PANA)*

Diese Protokolle werden in den nachfolgenden Abschnitten vorgestellt.

PAP

Das *Password Authentication Protocol* (PAP) ist ein sehr einfacher Mechanismus zur Authentifikation. Der Client schickt seine Nutzerkennung zusammen mit dem Passwort im Klartext an den Server (vgl. Abbildung 5.2). Dieser bestätigt oder beendet die Verbindung, je nachdem ob das Passwort für die Nutzerkennung gültig war.

Die Nachteile des Protokolls sind offensichtlich: Das Passwort kann leicht abgehört werden, da es im Klartext versendet wird. Des Weiteren muss das

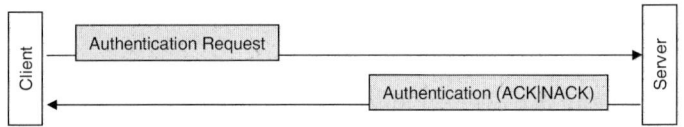

Abbildung 5.2. Nachrichten des PAP-Austauschs

Passwort auf dem die Authentifikation durchführenden System auch im Klartext vorhanden sein, was bei einem Einbruch in das Systeme alle gespeicherten Passwörter offenlegt.

Neben diesem Problem ist der Server auch DoS-Angriffen ausgeliefert, da der Client die Anfrage-Frequenz festlegt. Ein Angreifer kann so viele Authentifizierungsanfragen stellen, dass der Server überlastet wird und keine weiteren echten Anfragen bearbeiten kann.

PAP kann aus den genannten Gründen nur als Notlösung für den Fall angesehen werden, wenn kein anderes Protokoll eingesetzt werden kann.

CHAP

Das *Challenge Handshake Authentication Protocol* (CHAP) dagegen wurde so entworfen, dass das Passwort nicht im Klartext übertragen wird und die oben skizzierten Angriffe – Wiederholung des Passworts und DoS – nicht erfolgreich eingesetzt werden können. Dazu sendet der Server eine Zufallszahl (Challenge) an den Client (siehe Abbildung 5.3). Der Client berechnet den Hash-Wert – es kann zwischen den Verfahren MD5, SHA-1 und MS-CHAP gewählt werden – über diese Zufallszahl und sein Passwort und überträgt diesen Wert an den Server. Der Server überprüft diese Antwort (Response) und bestätigt oder beendet die Verbindung. Für den negativen Fall sieht CHAP eine Wiederholung des Protokollablaufs nach einer zufälligen Verzögerung vor.

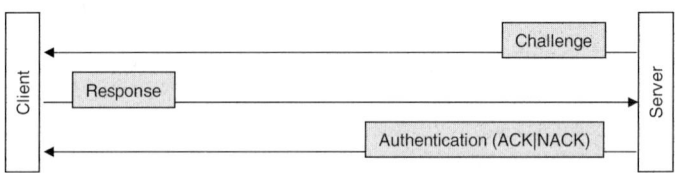

Abbildung 5.3. Nachrichten des CHAP-Austauschs

CHAP besitzt einige wesentliche Verbesserungen gegenüber PAP: So wird das Passwort nicht im Klartext übertragen und Wiedereinspielungsangriffe

(s. Abschnitt 2.5.3, S. 15) sind nicht möglich, solange sich die Zufallszahl nicht wiederholt. Der Server gibt außerdem die Frequenz der Anfragen vor, indem dieser den Zeitpunkt des Sendens der Zufallszahl bestimmt. Dies schränkt die Angreifbarkeit des Server durch DoS-Angriffe ein. Nachteilig bleibt, dass das Passwort im Klartext auf dem Server hinterlegt sein muss.

MS-CHAP

Microsoft-CHAP (MS-CHAP) [396] ist eine Variante von CHAP, die mit Windows NT eingeführt wurde und in vielen Windows-Produkten noch heute eingesetzt wird. Wie bei CHAP sendet der Server eine Challenge-Nachricht an den Client, die eine Zufallszahl enthält. Der Client berechnet aus seinem Passwort zwei Schlüssel: den LAN-Manager-Hash und den Windows NT-Hash. Mit beiden verschlüsselt er die Challenge und sendet die Ergebnisse in der Response-Nachricht an den Server. Der Server entnimmt den Passwort-Hash aus seiner Datenbank und überprüft eines der beiden Ergebnisse, abhängig von einem Bit-Feld in der Response-Nachricht des Clients.

In [338] werden einige sicherheitskritische Schwachpunkte des Protokolls dargelegt. So kann ein Angreifer beispielsweise den wesentlich schwächeren LAN-Manager-Hash angreifen, um das Passwort des Benutzers zu erhalten. Um den LAN-Manager-Hash zu berechnen, werden Passwörter entweder nach 14 Zeichen abgeschnitten oder kürzere Passwörter mit Nullen aufgefüllt. Danach werden alle Zeichen in Großbuchstaben umgewandelt und die Zeichenkette in zwei 7-Byte-Zeichenketten aufgespalten. Diese beiden Zeichenketten werden als Schlüssel für eine DES-Verschlüsselung einer fest definierten Konstanten verwendet. Das Ergebnis – zwei 8-Byte-Zeichenketten – werden zu einem 16-Byte-Hash – dem LAN-Manager-Hash – zusammengefügt. Mit diesem Hash und fünf angehängten Nullen wird während des MS-CHAP-Protokolls die Challenge verschlüsselt. Problematisch dabei sind vor allem das Fehlen eines Salz-Wertes (siehe Abschnitt 4.1.2, S. 97) bei der Hash-Generierung und die Halbierung des Passwort-Raums durch die Umwandlung der Zeichen in Großbuchstaben. Einfache Wörterbuch-Angriffe auf das Passwort können so zu einer Offenlegung des Benutzer-Passworts führen. In Werkzeugen wie L0phtcrack 2.0 wurde der Angriff auf das MS-CHAP-Protokoll automatisiert.

Ein weiteres Problem ergibt sich aus dem Fehlen einer Server-Authentifizierung. Dies ist für den klassischen PPP-Fall meist unproblematisch, wird aber z. B. bei Verwendung von MS-CHAP mit PPTP über das Internet zum Sicherheitsrisiko. Der Client hat keine Möglichkeit festzustellen, ob er tatsächlich mit dem gewünschten Server kommuniziert oder mit dem System eines Angreifers.

MS-CHAPv2

Die oben genannten Schwachstellen wurde zumindest teilweise in der zweiten Version des Protokolls behoben. So verzichtet MS-CHAPv2 [395] vollständig auf den LAN-Manager-Hash und benutzt lediglich den Windows NT-Hash. Außerdem wurde das Protokoll um einen Mechanismus zur Server-Authentifizierung erweitert. Allerdings sind – wie bei allen Challenge-Response-Verfahren – weiterhin Wörterbuch-Angriffe auf das Protokoll möglich.

EAP

Ein weiteres Authentifizierunsprotokoll, das von LCP ausgehandelt werden kann, ist das *Extensible Authentication Protocol* (EAP) [1]. Dabei handelt es sich um ein generisches Protokoll zur Authentifizierung, das ein Rahmenwerk für verschiedene Authentifizierungsmechanismen bereitstellt. Welcher dieser Mechanismen für die Authentifizierung gewählt wird, wird nicht von LCP, sondern direkt innerhalb von EAP ausgehandelt. Einige dieser Mechanismen sind:

- *Identität* — Ermittlung der Identität des Clients

- *Mitteilung* — Nachricht an den Client, wie z. B. „Erneuerung des Passworts bald notwendig", die dieser bestätigen muss

- *NAK* — Ablehnung einer Anfrage mit einem Gegenvorschlag

- *MD5-Challenge* — Authentifizierung wie bei CHAP

- *One-Time Password* — Einmal-Passwort zur Authentifizierung

- *Generic Token Card* — Hardware-basierte Authentifizierung

Die verschiedenen Mechanismen werden in einen einheitlichen EAP-Rahmen eingebettet, der in Abbildung 5.4 dargestellt ist. Die Daten des jeweiligen Mechanismus sind im *Daten*-Feld enthalten und der Mechanismus selbst ist im *Typ*-Feld codiert. Das *Länge*-Feld gibt an, wie lang das Daten-Feld zusammen mit dem Typ-Feld ist. Das *ID*-Feld wird für die Zuordnung ankommender Antworten zu Anfragen und zur Duplikaterkennung verwendet. Das *Code*-Feld gibt die Nachrichtenart an, von denen bei EAP folgende vier definiert sind: Anfragen, Antworten, Bestätigungen und Fehlermeldungen.

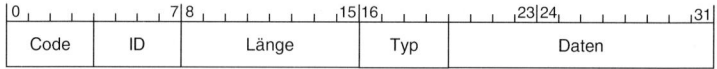

Abbildung 5.4. EAP-Protokollrahmen

Der Ablauf des Protokolls ist prinzipiell ähnlich zu dem von CHAP, nur dass durch die Möglichkeit, Mechanismen abzulehnen und Gegenvorschläge zu unterbreiten, der mittlere Teil mehrmals wiederholt werden kann. Der Ablauf des Protokolls ist in Abbildung 5.5 dargestellt. Die Authentifizierung geht wiederum vom Server aus, der den Client auffordert, sich zu authentifizieren. Dazu sendet er beispielsweise eine Identitätsanfrage zusammen mit einer MD5-Challenge an den Client. Ist der Client mit der Authentifizierungsmethode einverstanden, so sendet er die angeforderten Daten in der Antwort. Im Fall der Ablehnung wird ein Gegenvorschlag an den Server übermittelt. Nachdem eine für Client und Server akzeptable Methode zur Authentifizierung gefunden und die dafür notwendigen Daten ausgetauscht wurden, bestätigt der Server die Authentifikation *(Authentication ACK)* oder beendet die Verbindung *(Authentication NACK)*.

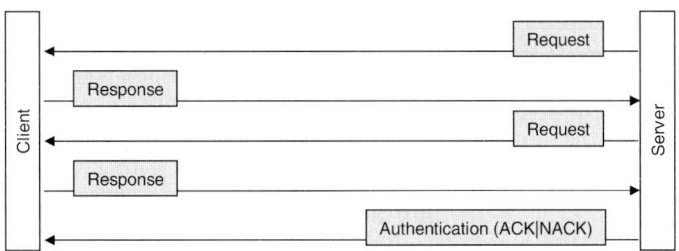

Abbildung 5.5. Nachrichten des EAP-Austauschs

Da beim Entwurf von EAP dessen direkter Einsatz über unzuverlässige Schicht-2-Medien angenommen wurde, besitzt EAP einfache Mechanismen, um Datenverlusten und Duplikaten vorzubeugen. Es ist als einfaches Frage-Antwort-Protokoll nicht für den Transport größerer Datenmengen geeignet. Fragmentierung wird durch EAP nicht unterstützt, so dass eine Größenbeschränkung durch die MTU der darunter liegenden Schicht besteht, was für größere Zertifikate durchaus ein Hindernis darstellen kann. Es wird vorausgesetzt, dass die darunter liegende Sicherungsschicht über Fehlererkennungsmechanismen verfügt, da EAP selbst keinerlei Prüfsummen bereitstellt. Zudem wird empfohlen, dass die zugrunde liegende Schicht Reihenfolgevertauschungen verhindert, so dass es möglichst nicht zu zahlreichen gescheiterten Authentifizierungsversuchen aufgrund von Protokollfehlern kommt. Die Verwendung von EAP über UDP oder IP wird daher nicht empfohlen.

EAP und Radius

In kleinen Einwahlsystemen können die für die Authentifikation notwendigen Daten selbst gehalten werden. Für große Systeme skaliert dies jedoch nicht, da die Daten in alle Einwahlsysteme kopiert und auch dort aktuell gehalten werden müssten. Deshalb wird die Authentifikation von der Gegenstelle in einen dedizierten Authentifizierungsserver verlagert, mit dem jede Gegenstelle kommunizieren kann. Dies ist in Abbildung 5.6 skizziert.

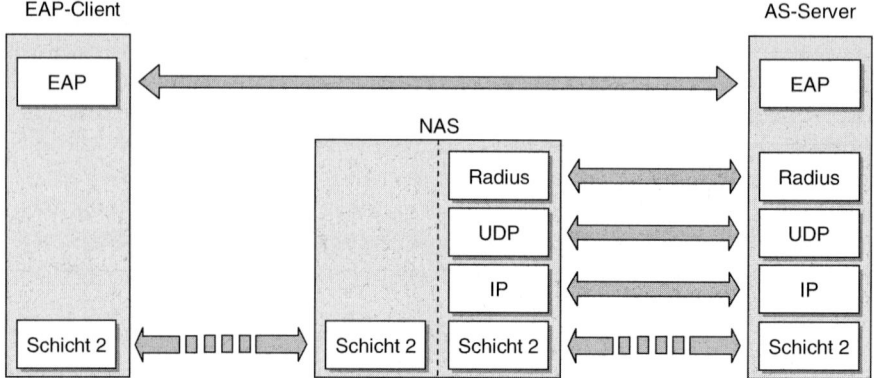

Abbildung 5.6. Weiterleitung der EAP-Nachrichten über Radius

Die Kommunikation zwischen Gegenstelle und Server wird heute meist durch das RADIUS-Protokoll (siehe Abschnitt 8.3.1) realisiert. Dadurch wird das Einwahlsystem wesentlich einfacher, da nun lediglich EAP mit dem Client und RADIUS mit dem Server gesprochen werden muss. Allerdings würde dieser einfache Ansatz das Kopieren der Daten aus den EAP-Rahmen in RADIUS-Rahmen und umgekehrt erfordern.

Um dies zu vermeiden, wurde in [310] eine Erweiterung zu RADIUS definiert, die es erlaubt, EAP-Pakete direkt über RADIUS zu senden. Dadurch muss das Zugangssystem nicht Daten zwischen den beiden Formaten hin und her konvertieren, sondern muss lediglich die EAP-Rahmen in RADIUS-Nachrichten einbetten und in der anderen Richtung wieder entnehmen.

5.1.2 Bewertung

PPP ist ein Protokoll zum Aufbau von Punkt-zu-Punkt-Verbindungen. Dabei können neben der Konfiguration der Verbindung auch Mechanismen zur Authentifikation des Clients ausgehandelt und ausgeführt werden. PAP und CHAP gehören zu den Mechanismen, die nur eingesetzt werden sollten, wenn die Punkt-zu-Punkt-Verbindung selbst gesichert ist. Neuere Mechanismen wie die EAP-Module EAP-TLS, PEAP und EAP-TTLS, die später in diesem Kapitel vorgestellt werden und die primär für das WLAN-Umfeld entwickelt wurden, gehen von dieser Annahme nicht mehr aus und sind auch vor aktiven Angreifern sicher.

5.1.3 PPTP und L2TP

Das *Point-to-Point Tunneling Protocol* (PPTP) [146] und das *Layer-2 Tunneling Protocol* (L2TP) [370] sind Protokolle, die es ermöglichen, PPP-

Verbindungen auch über ein IP-basiertes Netz zu transportieren. PPTP ist das ursprünglich von Microsoft entwickelte proprietäre Protokoll und L2TP das von der IETF entwickelte herstellerunabhängige Protokoll.

Üblicherweise wird PPP mit einem darunter liegenden Schicht-2-Protokoll wie z. B. HDLC benutzt und fügt diesem Multiplexing- und Management-Funktionen hinzu. In Internet-Zugangsszenarien verbindet sich ein Benutzer per Telefon/DSL mit einem *Network Access Server* (NAS), der die Schicht-2-Verbindung terminiert. Soll nun die PPP-Verbindung nicht ebenfalls im NAS, sondern in einem anderen Gerät terminiert werden, so kann nun L2TP verwendet werden, um die PPP-Verbindung über ein IP-Netz zu diesem Gerät zu „tunneln“. Der NAS agiert dann als *L2TP Access Concentrator* (LAC) und tunnelt die PPP-Verbindung zu einem so genannten *L2TP Network Server* (LNS), wie in Abbildung 5.7 gezeigt. Die Begriffe heißen bei PPTP entsprechend *PPTP Access Concentrator* (PAC) und *PPTP Network Server* (PNS). Prinzipiell kann über L2TP auch vom LNS beim LAC eine Auswahl, d. h. abgehende Verbindung, über das Telefonnetz ausgelöst werden. Diese Anwendung ist jedoch deutlich seltener.

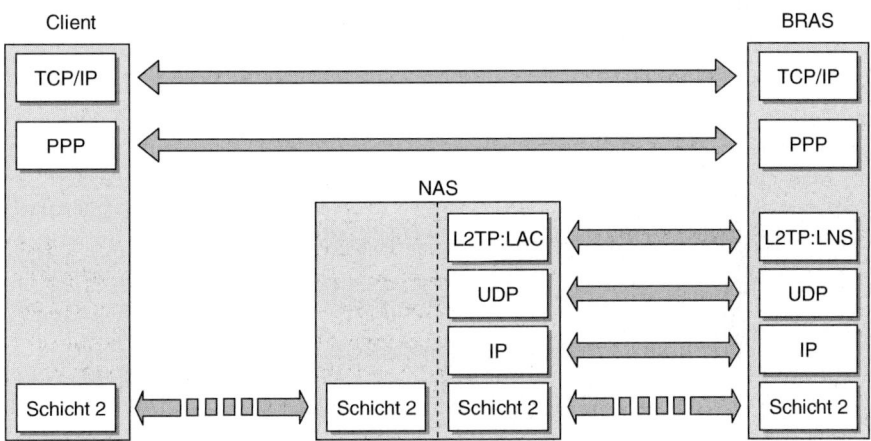

Abbildung 5.7. Transport einer PPP-Sitzung über L2TP

Die über L2TP verbundene Trennung auf Geräteseite führt auch zu einer möglichen Trennung von Funktionalitäten, was folgende Vorteile mit sich bringt:

* *Flexibles Management der IP-Adressen* — Einem Benutzer kann immer dieselbe IP-Adresse zugewiesen werden, unabhängig davon über welches Einwahlsystem er Zugang zum Netz bekommt. Vorraussetzung ist lediglich, dass das IP-Zugangssystem, z. B. ein *Broadband Remote Access System* (BRAS), statisch ist.

- *Unterstützung anderer Protokolle* — Neben IP können auch Protokolle wie IPX oder AppleTalk unterstützt werden, auch dann wenn das Einwahlsystem nur IP unterstützt, da die PPP-Rahmen durch dieses IP-Netz hindurch getunnelt werden.

- *Einfache Kanalbündelung* — Durch die Trennung ist die Terminierung der B-Kanäle unabhängig von der Bündelung. Ansonsten müssten alle B-Kanäle auf einem Einwahlsystem bedient werden.

- *Aggregation* — Der Netzbetreiber kann mehrere NAS regional zu einem IP-Zugangspunkt für Kunden zusammenfassen.

Der Extremfall des L2TP-Einsatzes ist, dass der Client selbst als LAC agiert, wenn er schon IP-Zugang hat. Somit kann er z. B. zu einem LNS im Firmennetz eine L2TP-Verbindung und darin eine PPP-Verbindung aufbauen. Auf diesem Weg kann er eine Schicht-2-Verbindung und somit ein virtuelles Netz aufbauen. Wird L2TP noch um Schutzmechanismen erweitert, so kann der Client somit eine VPN-Verbindung in das zugehörige Firmennetz aufbauen. Daraus ergibt sich der Aufbau wie in Abbildung 5.8 gezeigt, wobei Client und LAC eine Einheit sind.

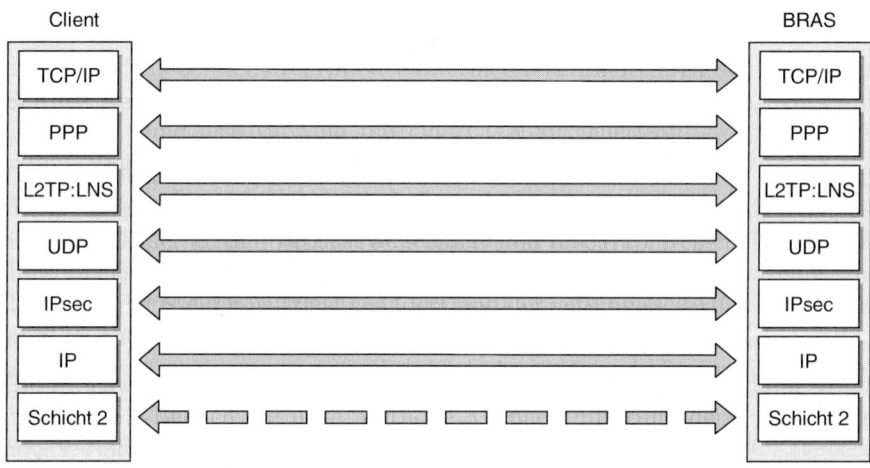

Abbildung 5.8. Aufbau eines VPNs mittels L2TP

Protokollseitig wird zunächst zwischen LAC und LNS eine Kontrollverbindung aufgebaut, über die dann die Etablierung von PPP-Verbindungen signalisiert wird. Nach erfolgreicher Signalisierung werden dann die PPP-Rahmen bei L2TP über einen UDP-Tunnel und bei PPTP über einen GRE-Tunnel transportiert.

Sicherheit von L2TP

Bei Aufbau der Kontrollverbindung authentifizieren sich LAC/PAC und LNS/ PNS über ein Challenge-Response-Verfahren ähnlich dem CHAP-Protokoll mit Hilfe eines vorher ausgetauschten Schlüssels. Die nachfolgenden Daten sind jedoch nicht mehr geschützt, so dass ohne Verwendung weiterer Schutzmechanismen wie IPsec die nachfolgend ausgetauschten Nutzdaten angreifbar sind.

In Bezug auf die Sicherheit der getunnelten Daten hat PPTP eine unrühmliche Vergangenheit. Die von Microsoft für den VPN-Zugang entwickelten Protokolle MS-CHAPv1 und MS-CHAPv2 zur Authentifikation des Clients (siehe Abschnitt 5.1.1, S. 134) und das *Microsoft Point-To-Point Encryption* Protokoll (MPPE) [61] zur Verschlüsselung der übertragenen PPP-Rahmen wurden stark kritisiert, da die Schutzmechanismen konzeptionelle Mängel besaßen und zudem die Implementierungen sehr anfällig für Angriffe waren [338]. Die aktuelle Version 3 des PPTP/MS-CHAP/MPPE-Trios ist scheinbar sicher, auch wenn ungeklärt ist, warum etliche Punkte recht kompliziert gelöst wurden.

Stattdessen wird als VPN-Mechanismus L2TP mit IPsec [283] (zu IPsec s. Abschnitt 6.2, S. 210) empfohlen. Hier wird eine gesicherte Verbindung in der IP-Schicht zwischen dem LAC und LNS aufgebaut, die sowohl die Kontrollverbindung als auch die getunnelten Pakete schützt.

Bewertung

Da inzwischen mit L2TP ein herstellerunabhängiges Protokoll existiert, wird grundsätzlich zur Verwendung von L2TP statt PPTP geraten. VPN-seitig gibt es zwar bei PPTPv3 keine bekannten Sicherheitsmängel mehr, jedoch existiert mit der Kombination von L2TP und IPsec eine sichere Lösung, die dank der Implementierung auf allen gängigen Windows-Betriebssystemen zunehmende Verbreitung findet.

5.2 LAN

Neben den Einwahl-Netzen sind lokale Netzwerke (Local Area Networks – LANs) wie Ethernet die am weitesten verbreiteten, drahtgebundenen Netze. Auch für diese wünscht man sich eine Sicherung des Zugangs, da es nur autorisierten Nutzern erlaubt sein soll, das Medium zu nutzen. Allerdings bietet Ethernet selbst keinerlei Mechanismen zur Authentifikation des Clients an. Die grundsätzlichen Sicherheitseigenschaften von Ethernet werden zunächst in Abschnitt 5.2.1 genauer erläutert. In den nachfolgenden beiden Abschnitten werden zwei Mechanismen zur Zugangskontrolle in lokalen Netzen vorgestellt: *PPP over Ethernet* und *EAP over LAN*, welches ein Teil des 802.1x-Standards ist.

5.2.1 Ethernet

Ethernet wurde 1973 von Robert Metcalfe als günstige Technik zur lokalen Vernetzung von Rechnern entwickelt. Beim ursprünglichen Standard 10Base5 (Thick-Ethernet) konnte eine Station an das Netzwerk einfach angeschlossen werden, indem man das Buskabel mit einem Dorn anzapfte. Durch den direkten Zugriff auf das Medium und das verteilte Medienzugriffskontrollverfahren CSMA/CD konnte die Station sofort am Netzwerk teilnehmen. Ein grundlegendes Merkmal des Systems war, dass jede Station sämtlichen Datenverkehr auch der anderen Stationen im gleichen Segment mithören konnte. Auch bei der Cheapernet-Variante 10Base2 können Stationen einfach mit einem entsprechenden T-Verbindungsstück in das Ethernet integriert werden. Während 10Base5 und 10Base2 Koaxialkabel verwendeten, hat sich heutzutage weitgehend eine strukturierte Vernetzung mit Twisted-Pair-Kabeln 10BaseT bzw. 100BaseT (Fast-Ethernet) oder 1000BaseT (Gigabit-Ethernet) durchgesetzt. Strukturiert heißt dabei, dass entsprechende Verteiler (Hubs oder Switches) zur Verbindung der Anschlusskabel eingesetzt werden, wobei die Netztopologie meistens Baum-artig organisiert ist.

Funktional stellt Ethernet den unzuverlässigen Transport eines Ethernet-Rahmens (vgl. Abbildung 5.9) bereit. Dieser Rahmen beginnt mit einer Präambel *(Preambel)* zur Synchronisation des Empfängers auf das Signal. Der *Start Delimiter* kennzeichnet den eigentlichen Beginn des Rahmen, der mit zwei MAC-Adressen (Ziel und Quelle, also *Destination* bzw. *Source Address*) beginnt. Es folgen eine Typangabe (die im Feld *Length* durch Werte > 1500 kodiert ist), die Nutzdaten sowie eine Rahmenprüfsumme. Die Typangabe kennzeichnet das nächsthöhere Protokoll, für das die Nutzdaten bestimmt sind, z. B. ARP oder IP. Die Nutzdaten werden ggf. mittels eines *Padding*-Felds am Ende des Datenfelds auf eine Mindestgröße aufgefüllt. Die Rahmenprüfsumme *(Frame Check Sequence)* wird nach dem CRC-32-Verfahren berechnet.

Sämtliche Angaben können gefälscht werden, sofern die Prüfsumme entsprechend mit angepasst wird, was allerdings bei Verwendung eines CRC kein Problem darstellt (vgl. Abschnitt 4.2, S. 103).

Switches

Um Systeme an ein Ethernet-LAN anzuschließen, sind heutzutage überwiegend Multiport-Bridges – meist als *Switches* bezeichnet – im Einsatz. Diese Geräte haben die Eigenschaft, dass normalerweise nur der Verkehr an einen Anschluss (Port) weitergeleitet wird, der an Stationen adressiert ist, die an diesen Port angeschlossen sind. Dadurch sind die an unterschiedliche Ports angeschlossenen Stationen empfangstechnisch gesehen praktisch voneinander isoliert, abgesehen vom Broadcast- und Multicastverkehr.

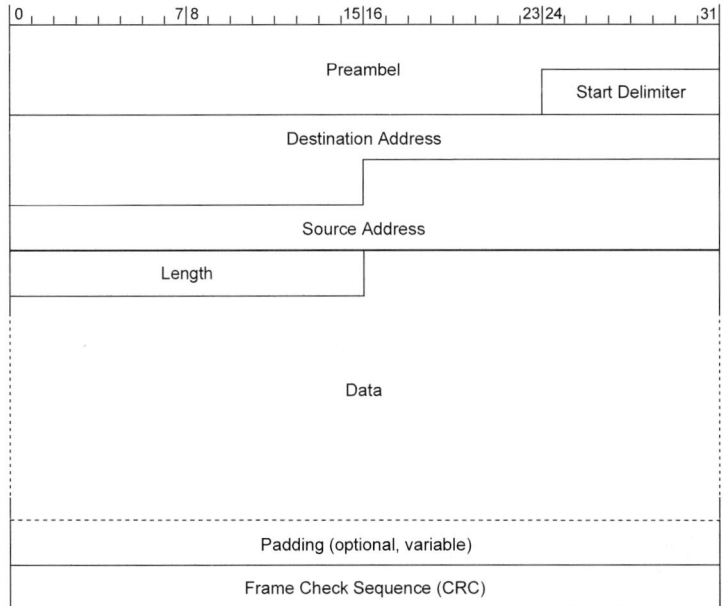

Abbildung 5.9. Aufbau eines Ethernet-Rahmens

Moderne Switches können Ethernet-Rahmen gemäß IEEE-Standard 802.3D [172] während ihrer Weiterleitung unterschiedlich behandeln, beispielsweise mit verschiedener Priorität. Unterschiedliche Verkehrsklassen werden hierfür statisch auf Prioritäten abgebildet. Anhand des Prioritätswertes *User Priority* entscheidet ein Switch über die Behandlung des Rahmens während der Weiterleitung, d. h. er benutzt u. U. verschiedene Warteschlangen. Somit können bestimmte Rahmen z. B. bevorzugt weitergeleitet werden. Als mögliche Verkehrsklassen führt Anhang G von 802.3D auf:

- *Network Control* — Steuerverkehr zum Management des Netzwerks

- *Voice* — Sprachverkehr (Anforderung für Pakete, die weniger als 10 ms Verzögerung erfahren sollen innerhalb derselben LAN-Infrastruktur)

- *Video* — Videoverkehr (erfordert typischerweise weniger als 100 ms Verzögerung)

- *Controlled Load* — Verkehrsklasse mit Zugangskontrolle und Bandbreitengarantie

- *Excellent Effort* — Höher priorisierter Datenverkehr, wichtiger im Vergleich zu normalem Verkehr

- *Best Effort* — Normaler Verkehr

- *Background* — Für Massendatentransfer, um den normalen Verkehr zu schützen

Wie weiter unten beschrieben, kann die unautorisierte Nutzung dieser Verkehrsklassen ein attraktives Ziel für einen Angreifer darstellen.

VLANs

Switches sind oft in der Lage, ihre LAN-Ports zu verschiedenen Gruppen zusammenzufassen. Damit lassen sich die dort angeschlossenen Geräte in so genannte *Virtuelle LANs (VLANs)* gruppieren, was im Rahmen des IEEE-Standards 802.1Q [171] festgelegt wurde. Der Datenverkehr unterschiedlicher virtueller LANs ist somit voneinander getrennt. VLANs sind daher ein probates Mittel, um ohne Änderungen an der Verkabelung und somit flexibel die Abgrenzung verschiedener Bereiche in Form von separaten Subnetzen zueinander vorzunehmen. Eine solche Trennung in Subnetze kann beispielsweise dazu dienen, um Broadcast-Bereiche zwecks Leistungssteigerung zu begrenzen, um Arbeitsgruppen voneinander zu trennen oder um ein isoliertes Management-LAN einzurichten, mit dem der Switch selbst administriert werden kann.

Die Zuordnung mehrerer VLANs zu einem Port gelingt nur, wenn die Ethernet-Rahmen zusätzlich mit so genannten VLAN-Tags nach [171] gekennzeichnet werden, um die Zuordnung des Rahmens zu einem bestimmten VLAN zu erlauben. Abbildung 5.10 zeigt den zusätzlichen Kopf, der u. a. das VLAN-Tag enthält. Dort ist gut zu erkennen, dass die 12 Bit umfassende VLAN-Kennung (VLAN-ID – VID) ohne jeglichen Schutz einsehbar und manipulierbar ist. Ist die VID Null, so wird lediglich das Feld *User Priority* verwendet. Der Wert dieses 3 Bit breiten Feldes wird zur Differenzierung der Weiterleitung von Ethernet-Rahmen eingesetzt. Der Canonical Format Indicator (CFI) wird verwendet, um die Bitreihenfolge von in gekapselten Rahmen enthaltenen Adressen anzugeben, die bei heterogenem Bridging zur Anwendung kommen. Der CFI spielt daher aus sicherheitstechnischer Sicht keine Rolle.

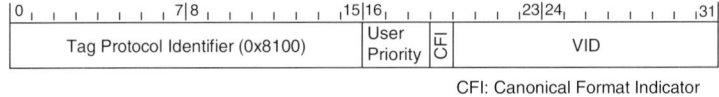

CFI: Canonical Format Indicator
VID: VLAN Identifier

Abbildung 5.10. Aufbau eines VLAN-Tag-Headers für Ethernet-Rahmen

Sicherheit

Traditionelles Ethernet, das die teilnehmenden Stationen über ein Bussystem miteinander verbindet, bietet – prinzipbedingt – allen Stationen die Möglichkeit, sämtlichen Verkehr mitzuhören. Dazu muss eine Netzwerkkarte lediglich in den so genannten *Promiscuous Mode* geschaltet werden, so dass sie sämtliche Rahmen empfängt, also auch insbesondere solche, die nicht direkt an sie adressiert sind. Broadcast- und Multicast-Rahmen werden sowieso von mehreren Karten empfangen.

Das klassische Ethernet selbst bietet keinerlei Sicherheitsmechanismen, daher sind sämtliche Bedrohungen für die Sicherheit wie Abhören, Einspielen, Modifizieren usw. zu berücksichtigen.

Heutige Ethernet-LANs, die Switches als Verbindungselemente einsetzen, bieten allerdings einen gewissen Schutz gegen Abhören, da normalerweise nur Pakete – abgesehen von Broadcast- oder Multicast-Paketen – an einen Port weitergeleitet werden, die für die an einem Port angeschlossene Station bestimmt sind. Eine Station kann damit nicht ohne Weiteres sämtlichen Verkehr anderer Stationen abhören. Da die Switches aber selbstständig lernen, welche Stationen an welchen Ports angeschlossen sind, müssen diese gelegentlich ein Datenpaket an alle Ports weiterleiten, d. h. fluten. Somit ist auch in geswitchten Umgebungen nicht ausgeschlossen, dass Ethernet-Rahmen bei Systemen ankommen, an die sie nicht adressiert sind. Beinhaltet ein solcher Rahmen sensible Daten im Klartext, können diese problemlos abgehört und mitgeschnitten werden. Hinzu kommt noch, dass sich das ständige Fluten von Paketen bei einigen Switches auch erzwingen lässt, indem ihre Zuordnungstabellen zum Überlaufen gebracht werden. Hierzu muss ein Angreifer nur Ethernet-Rahmen mit sehr vielen verschiedenen MAC-Adressen generieren, wozu beispielsweise freie Angriffswerkzeuge wie `ettercap` [282] existieren.

Viele Switches verfügen über die Möglichkeit (u. a. zu Diagnosezwecken), den Verkehr eines Ports oder von allen Ports an einem bestimmten anderen Port zu replizieren (so genanntes Port-Mirroring). Damit besteht technisch eine einfache Möglichkeit, den Verkehr abzuhören, die sich auch ein Angreifer zu nutze machen kann, wenn er Kontrolle über den Switch erlangt. Darüberhinaus besteht auch die Möglichkeit, dass ein Angreifer mit Zugang zum physikalischen Anschluss einfach einen passiven Verteiler anschließt, um den Verkehr abzuhören.

In Summe kann daher bei Ethernet-gestützter Kommunikation nicht davon ausgegangen werden, dass die Daten vertraulich behandelt werden, und es sind Schutzmechanismen in höheren Schichten notwendig.

Auch in Bezug auf Authentifikation besitzt Ethernet keine echten Sicherheitsmechanismen: Die meisten Switches bieten üblicherweise die Möglichkeit, die zulässigen Schicht-2-Adressen (MAC-Adressen) an einem Port einzuschränken. Somit dürfen nur Stationen mit dem Port zugeordneten MAC-Adressen angeschlossen werden. Die Zuordnung kann entweder manuell oder automatisch erfolgen. Bei einer automatischen Zuordnung wird eine gewisse Anzahl an MAC-Adressen automatisch zur Nutzung autorisiert, z. B. kann die erste aktive Adresse eines Ports automatisch als einzige berechtigte MAC-Adresse konfiguriert werden. Ein Zugriff mit einer anderen MAC-Adresse, beispielsweise durch ein anderes Gerät, soll dadurch unterbunden werden. Dieser Ansatz weist jedoch gleich mehrere Probleme auf: Zum einen wird die automatisch eingetragene MAC-Adresse nicht auf Zulässigkeit geprüft, so dass eine beliebige MAC-Adresse Zugang erhält, zum anderen vergessen die Switches die Zuordnung wieder sobald die Verbindung unterbrochen wird, z. B. das Kabel ausgesteckt oder der Rechner neu gestartet wird. Daher kann die MAC-Adresse trotzdem geändert werden.

Ein manuelles Eintragen der autorisierten MAC-Adresse ist daher zwar sicherer, andererseits erlauben die meisten Netzwerktreiber eine Änderung der MAC-Adresse, so dass diese Art der Zugangskontrolle auch nicht wirklich effektiv ist, da ein Angreifer problemlos die autorisierte MAC-Adresse einstellen kann, falls diese in Erfahrung gebracht werden kann. Das explizite Eintragen bedeutet allerdings einen zusätzlichen Administrationsaufwand bei der manuellen Zuweisung, insbesondere wenn das Gerät bzw. dessen Netzwerkkarte getauscht werden muss. Zudem werden Geräte und nicht die Benutzer anhand der MAC-Adressen „authentisiert". Eine sinnvollere Art der Zugangskontrolle bieten daher Verfahren wie 802.1x (vgl. Abschnitt 5.2.3).

Des Weiteren ist darauf zu achten, dass Trunk-Ports, die Switches miteinander verbinden, möglichst statisch konfiguriert werden. Andernfalls besteht die Möglichkeit, dass der Switch Protokolldateneinheiten des *Spanning-Tree-Protokolls* (STP) an Ports entgegennimmt und interpretiert, die dafür nicht autorisiert sind. Durch gefälschte STP-Dateneinheiten lassen sich zahlreiche Angriffe durchführen, die als DoS- oder Man-in-the-Middle-Attacke sowie zum Abhören initiiert werden können. Die gleiche Gefahr geht beispielsweise auch von ungesicherten dynamischen Trunking-Protokollen aus, z. B. dem Dynamic Trunking Protocol DTP von Cisco, wofür inzwischen Angriffswerkzeuge [278] existieren. Durch fehlende Authentifikation kann sich das Endsystem eines Angreifers als Switch ausgeben und damit sämtlichen Verkehr aller VLANs abhören.

Darüberhinaus existiert aber für einen internen Angreifer (Innentäter) eine recht einfache Möglichkeit, mittels des später in Abschnitt 6.1.1 (S. 201) beschriebenen ARP-Spoofings den IP-Verkehr anderer Stationen über den eigenen Rechner umzuleiten. Damit wird trotz vermeintlicher Isolation der LAN-Teilnehmer durch einen Switch ein weitreichender Man-in-the-Middle-Angriff möglich.

Der Einsatz von VLANs ermöglicht eine Isolation der Rechner, die dadurch unterschiedlichen virtuellen LANs zugeordnet sind. Allerdings hängt die Güte der Separation größtenteils von den Fähigkeiten des Switches ab. Manche Switches sehen vor, dass ein Port genau einem VLAN zugeordnet wird, andere erlauben es, einem Port ganz bestimmte VLANs zuzuordnen oder den

Verkehr sämtlicher VLANs an diesen Port weiterzuleiten bzw. von diesem entgegenzunehmen.

Dies ist insbesondere für Ports so genannter Trunk-Links notwendig, welche zwei Switches miteinander verbinden. Reine Zugangs-Links benötigen solche Tags normalerweise nicht, d. h. sämtliche Ethernet-Rahmen tragen dann keine zusätzliche VLAN-Kennung. Dort sind üblicherweise normale Endsysteme angeschlossen, die VLAN-Tags nicht unterstützen. Hybrid-Links tragen in Abhängigkeit der jeweiligen VLANs sowohl Rahmen mit und ohne VLAN-Tags. Es existieren auch Endsysteme, die VLAN-Tagging beherrschen und somit in der Lage sind, diese VLAN-Tags zu nutzen, so dass solche Systeme wieder Zugriff auf sämtliche an dem Port befindlichen VLANs haben. Daher muss sorgfältig darauf geachtet werden, welche Ports als Trunk-Ports und Hybrid-Ports konfiguriert sind. Manche Switches stellen den Port-Typ automatisch auf Trunk-Port um, sobald sie dort Rahmen mit VLAN-Tags empfangen.

Zu guter Letzt sei noch darauf hingewiesen, dass bei Einsatz der zuvor beschriebenen Benutzerprioritäten, ein so genannter Dienstdiebstahl möglich wird, wenn die Markierung im zusätzlichen Tag-Feld des Ethernet-Rahmens durch Endsysteme gesetzt wird und nicht durch einen vertrauenswürdigen Switch kontrolliert wird. Ein Angreifer, der allerdings direkten Zugang zum LAN haben muss, stiehlt in diesem Fall legitimen Benutzern durch das unautorisierte Setzen der Markierungen in Rahmen die entsprechenden Ressourcen eines Dienstes. Die Kontrolle kann durch einen Switch meistens anhand der MAC-Quelladresse oder des Switch-Ports bzw. der VLAN-ID erfolgen. Andererseits wissen die Anwendungen bzw. Benutzer am besten, wann welche Verkehrsklasse eingesetzt werden sollte, so dass die Markierung möglichst im Endsystem vorgenommen werden sollte. Weitergehende Kontrollmöglichkeiten können nur oberhalb der Sicherungsschicht ausgeübt werden, was über die reine Switch-Funktionalität hinausgeht.

Bewertung

Ein normales Ethernet bietet keinen Schutz der Vertraulichkeit oder Integritätssicherung der übertragenen Daten. Bei der Switch-Konfiguration ist darauf zu achten, dass Zugangs-Ports von Trunk-Ports sorgfältig getrennt werden, da Trunk-Ports mehr Angriffsmöglichkeiten bieten. Können letztere nicht durch Techniken wie 802.1x gesichert werden, so muss ein physikalischer Zugangsschutz die Sicherung der Ports gewährleisten.

Der Zugang zu einem Ethernet-LAN kann ohne Einsatz von Authentifizierungsmechanismen nicht sinnvoll gesichert werden, da auf MAC-Adressen basierende Filtermechanismen keinen effektiven Zugriffsschutz bieten. Obwohl sie die Schwelle für einen einfachen Angreifer zunächst erhöhen können, ist der Einsatz von solchen Zugangsbeschränkungen aufgrund des zusätzlichen administrativen Aufwands und des Verlusts an Flexibilität der anschließbaren Netzwerkkarten und aufgrund von Skalierbarkeitsproblemen sorgfältig abzuwägen. Während es also für kritische Infrastrukturelemente wie Router oder Firewalls durchaus noch praktikabel sein kann, ist dieses Verfahren bei einer hohen Anzahl von angeschlossenen Endgeräten kaum noch effizient wartbar. Eine Switch-basierte Infrastruktur ist jedoch kein Garant für ein abhörsicheres LAN, da die scheinbare Trennung der angeschlossenen Komponenten durch Angriffe wie ARP-Spoofing unterlaufen werden kann.

Der Einsatz von VLANs zur Trennung des Datenverkehrs ist durchaus sinnvoll und effektiv. Im Extremfall kann jeder Rechner einem eigenen VLAN zugeordnet werden, so dass er nicht mehr direkt mit anderen Rechnern außer dem zuständigen Router kommunizieren kann. Dies verhindert insbesondere die zuvor erwähnten Man-in-the-Middle-Angriffe durch ARP-Spoofing. Hierbei ist allerdings die Hardware-seitige Beschränkung für die maximale Anzahl der gleichzeitig unterstützten VLANs der jeweiligen Switches zu beachten.

Größtmöglicher Schutz mit diesen einfachen Mitteln lässt sich also durch folgende Maßnahmen erreichen:

- Zuordnung eines Rechners zu genau einem VLAN

- Manuelles Eintragen einer statischen MAC-Adresse

- Manuelles Eintragen eines ARP-Eintrags (vgl. Abschnitt 6.1.1, S. 201)

Obwohl die zuvor beschriebenen Maßnahmen die Schwelle für Angreifer erhöhen können, bringt erst eine Sicherung in höheren Schichten, z. B. durch IPsec oder TLS, richtige Sicherheit. Als weiterer schwerwiegender Nachteil muss erwähnt werden, dass durch MAC-basierte Zugangskontrollen keine Nutzer, sondern Geräte authentifiziert werden. Solche Zugangssicherungen sind aber leider nicht mal sehr effektiv, da MAC-Adressen gefälscht werden können. Eine sinnvollere Methode zum Zugangsschutz wird mit 802.1x bereitgestellt, die in Abschnitt 5.2.3 beschrieben wird.

5.2.2 PPPoE

Da PPP schon über Authentifikationsmechanismen verfügt, ist ein naheliegender Ansatz, diese auch für Ethernet zu benutzen. Allerdings setzt PPP eine Punkt-zu-Punkt-Verbindung voraus, wohingegen Ethernet eine Punkt-zu-Mehrpunkt-Kommunikation bereitstellt.

PPP over Ethernet (PPPoE) [235] ermöglicht den Transport von PPP-Rahmen über Ethernet und somit auch die Nutzung der Authentifikationsmechanismen von PPP. In der ersten Phase von PPPoE wird ein geeigneter

PPPoE-Server ermittelt, um dann in der zweiten Phase eine Punkt-zu-Punkt-Kommunikation zu diesem Server aufzubauen und Nachrichten zur Authentifizierung auszutauschen. Voraussetzung hierfür ist, dass der Client zumindest schon Schicht-2-Zugang zum Netz hat. Nach einer erfolgreichen Authentifikation gibt der Authentifikationsserver den Zugriff auf Netze außerhalb dieses lokalen Netzes frei. Die zweite Phase ist eine PPP-Sitzung, die Ethernet auf Ebene der Sicherungsschicht verwendet. Der Ablauf der ersten Phase zum Auffinden des PPPoE-Netzzugangsservers ist in Abbildung 5.11 dargestellt.

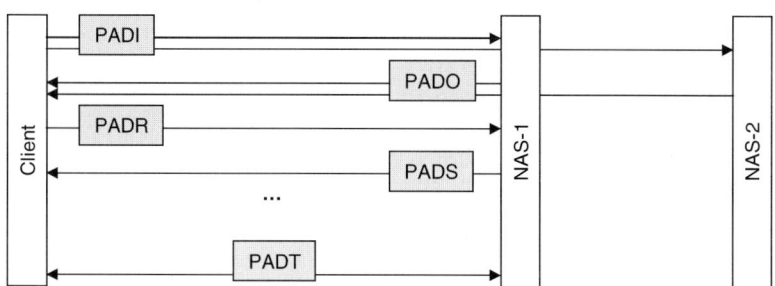

Abbildung 5.11. Nachrichten des PPPoE-Austauschs zum Finden des Servers sowie Sitzungsauf- und -abbau

Der Client beginnt in der Initialisierung mit einem Broadcast der *PPPoE Active Discovery Initialization (PADI)*-Nachricht, um mögliche Netzzugangsserver zu finden. In der Nachricht können weitere Angaben wie zum Beispiel ISP-Name, Dienstgüte und Ähnliches angegeben werden, die vom Server erwartet werden. Netzzugangsserver antworten mit der *PAD Offer (PADO)*-Nachricht, wenn sie den geforderten Dienst anbieten können. In der Nachricht enthalten ist eine ID für diese Sitzung und eventuell ein Cookie (siehe Abschnitt 4.7), welches DoS-Angriffe auf den Server erschwert (vgl. Abschnitt 4.7, S. 119).

Der Client wählt aus den Angeboten eines aus und kontaktiert den entsprechenden Server. Die MAC-Adresse dieses Servers hat der Client durch die *PADO*-Nachricht erhalten. Mittels der *PAD Request (PADR)*-Nachricht fragt der Client eine Sitzung von dem Server an. Der Server bestätigt die Sitzung mit einer ID, die in der *PAD Session-Confirmation (PADS)*-Nachricht übertragen wird. Dadurch endet die erste Phase des PPPoE-Protokolls. Danach können Client und Server eine PPP-Sitzung aufbauen und Daten übertragen. Die PPP-Sitzung endet, sobald Client oder Server dies der Gegenseite mit einer *PAD Termination (PADT)*-Nachricht signalisieren.

Der PPPoE-Rahmen besteht aus fünf Feldern plus dem eingebetteten PPP-Rahmen als Nutzdaten.

Die *Version* ist derzeit 1 und auch das *Typ*-Feld muss zurzeit auf eins gesetzt werden. Das *Code*-Feld gibt an, um welche Nachricht es sich handelt: *PADI*

Version	Typ	Code	ID
Länge		Daten	

Abbildung 5.12. PPPoE-Protokollrahmen

(0x09), *PADO* (0x07), *PADR* (0x19), *PADS* (0x65) oder *PADT* (0xA7). Der Code 0x00 wird in der zweiten Phase verwendet, wenn PPP-Daten übertragen werden. Während einer PPP-Sitzung wird immer derselbe Wert im *ID*-Feld verwendet. Zusammen mit der MAC-Quell- und MAC-Zieladresse definiert die ID eine eindeutige Zuordnung zu der PPP-Sitzung. Das *Länge*-Feld gibt an, wie viele *Daten* ohne PPP- und PPPoE-Protokollkopf übertragen werden. Für die Codierung der Daten wird, wie inzwischen größtenteils üblich, TLV (Type-Length-Value) verwendet und es können mehrere solcher Datensätze im Daten-Feld enthalten sein. So wird in der Regel der Cookie-Datensatz zusammen mit dem PAD-Angebot übertragen.

Ein heute typisches Einsatzszenario für PPPoE ist die Einwahl mittels DSL. Abbildung 5.13 zeigt, wie die einzelnen Protokolle übereinander angeordnet sind und zwischen welchen Instanzen diese betrieben werden. Das DSL-Modem agiert hier praktisch nur als Bridge zwischen Ethernet und DSL/ATM. PPPoE ermöglicht die Authentifizierung durch die darüberliegende PPP-Sitzung.

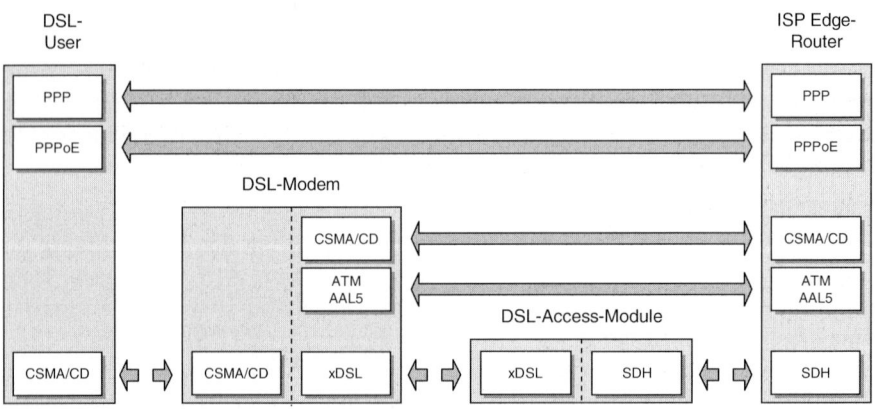

Abbildung 5.13. Protokollstapel beim Einsatz von PPPoE für DSL

Probleme

Der PPPoE-Standard lässt einige mögliche Angriffspunkte offen. So kann beispielsweise ein Angreifer selbst *PADO*-Nachrichten versenden, um einen Client dazu zu bringen, sich gegenüber ihm zu authentifizieren. Dadurch erhält der Angreifer die Authentifikationsdaten des Clients. Es gibt PPPoE-Implementierungen, die eine digitale Signatur in die *PADO*-Nachricht mit aufnehmen, um diesen Angriff abzuwehren. Dies ist allerdings nicht in den Standard übernommen worden.

Des Weiteren kann der Angreifer durch das Versenden gefälschter *PADO*-Nachrichten erreichen, dass der Client sich mit hoher Wahrscheinlichkeit für einen nicht-existenten Server entscheidet und sich somit nicht erfolgreich authentifizieren kann. Dies stellt einen wirkungsvollen DoS-Angriff auf den Client dar.

5.2.3 802.1x

Dieser Abschnitt behandelt im Gegensatz zum vorhergehenden Abschnitt die Zugangskontrolle zu Ethernet-basierten Netzen. Nutzer sollen Zugang zum lokalen Netz nur nach erfolgreicher Autorisierungsprüfung bekommen bzw. sie sollen sich nach einer gewissen Zeitspanne oder nach Deaktivierung ihres Ports neu authentifizieren müssen.

An der Authentifizierung sind, wie in Abbildung 5.14 dargestellt, drei Netzkomponenten beteiligt: das Endgerät (Client), der Authentifizierungsserver (AS) und der Switch, an dem das Kabel vom Endgerät endet. Letzterer wird hier entsprechend den Einwahlplattformen als *Network Access Server* (NAS) bezeichnet. Dabei soll in diesem Szenario der Client keinerlei Zugriff auf das lokale Netz bekommen außer für die Kommunikation mit dem Authentifizierungsserver. Erst nach einer erfolgreichen Authentifikation soll es dem Client möglich sein, mit anderen Geräten im gleichen lokalen Netz zu kommunizieren und somit über einen Router auch in andere Netze. Wichtig ist hier, dass von Punkt-zu-Punkt-Verbindungen zwischen Client und NAS ausgegangen wird, z. B. dem direkten Anschluss von Rechnern an einen Switch.

Technisch wird die Zugangskontrolle dadurch realisiert, dass die Ports eines Switches zwei logische Ausgänge haben: einen zum Authentifizierungsserver und einen zum lokalen Netz. Standardmäßig ist nur der Ausgang zum Authentifizierungsserver freigeschaltet und der Client kann nur mit diesem Nachrichten austauschen. Erst nachdem der Authentifizierungsserver den Client authentifiziert hat, wird der Ausgang des Switch-Ports zum lokalen Netz freigeschaltet. Der Client kann jedoch jederzeit während der Port-Nutzung vom Authentifizierungsserver zu einer erneuten Authentifizierung aufgefordert werden. Sollte die erneute Authentifizierung nicht gelingen, wird der Ausgang zum lokalen Netz wieder deaktiviert. Eine solche Deaktivierung wird auch immer dann ausgelöst, wenn der Stecker des Kabels entfernt wurde. So ist es für einen Angreifer nicht möglich, einen authentifizierten und freigeschalteten Port anschließend durch Umstecken auf ein anderes Gerät zu entführen.

802.1x geht dabei von einer Endgerät-Anschaltung an den Switch aus. Das bedeutet, dass das Verfahren unterlaufen werden kann, wenn das Endgerät über einen weiteren Switch an den 802.1x-fähigen Switch angeschlossen wird und sich dieses dann authentifiziert. Danach können auch alle weiteren Endgeräte, die an diesem neuen Switch angeschlossen sind Zugriff auf das lokale Netz nehmen. Dieser Angriff setzt allerdings vorraus, dass ein Benutzer mit Zugangsberechtigung den Angreifer wissentlich mit in das Netz lässt (Unterlaufen der Sicherheitsbestimmungen) oder dass der Angreifer Zugriff auf die Infrastruktur-Hardware hat.

Für die Authentifizierung des Clients wird das EAP-Protokoll verwendet. Die EAP-Nachrichten werden dabei allerdings direkt in die Ethernet-Rahmen eingebettet, woher auch der Name *EAP over LAN* (EAPoL) für dieses Verfahren kommt. Um die Funktionalität des Switches so einfach wie möglich zu halten, prüft der Switch die Authentizität des Clients nicht selbst, sondern kann als Proxy zwischen Client und Authentifizierungsserver fungieren. Er muss dabei lediglich die EAP-Nachrichten des Clients in RADIUS-Nachrichten zum Server einkapseln und in umgekehrter Richtung die EAP-Nachrichten aus den RADIUS-Nachrichten entnehmen und an den Client senden. Die während der Authentifizierung ausgetauschten Nachrichten und deren Reihenfolge sind in Abbildung 5.14 zu sehen und entsprechen weitestgehend dem bereits bekannten Ablauf von EAP. Neu ist nur, dass ein Client den NAS mit einer *EAPoL-Start*-Nachricht zur Authentifikation auffordern kann und dass der Client dem NAS über die *EAPoL-Logoff*-Nachricht das Ende der Nutzung des Ports signalisieren kann, auch wenn dieser elektrisch gesehen aktiv bleibt.

5.2.4 PANA

EAP wurde als Authentifikationsprotokoll der Netzzugangsschicht spezifiziert. Dabei fungiert EAP jedoch nicht als eigenständiges Protokoll, sondern wird in ein weiteres Protokoll, z. B. PPP oder Ethernet, eingekapselt. Eine andere Möglichkeit, die Einsatzmöglichkeiten von EAP flexibler zu machen, ist die Einbettung der EAP-Mechanismen in ein Anwendungsprotokoll, welches seinerseits wieder IP-basiert ist. Das *Protocol for Carrying Authentication for Network Access* (PANA) [122] verfolgt genau dieses Ziel und wird zurzeit in der PANA Working Group der IETF standardisiert. Der Vorteil des Protokolls besteht in seiner Unabhängigkeit von der Netzzugangsschicht und kann somit in allen IP-basierten Netzen eingesetzt werden.

Ziel des Protokolls ist die Kontrolle des Zugriffs auf den IP-Dienst. Das heißt, zu entscheiden, ob ein Benutzer berechtigt ist über das lokale Netz hinaus mit-

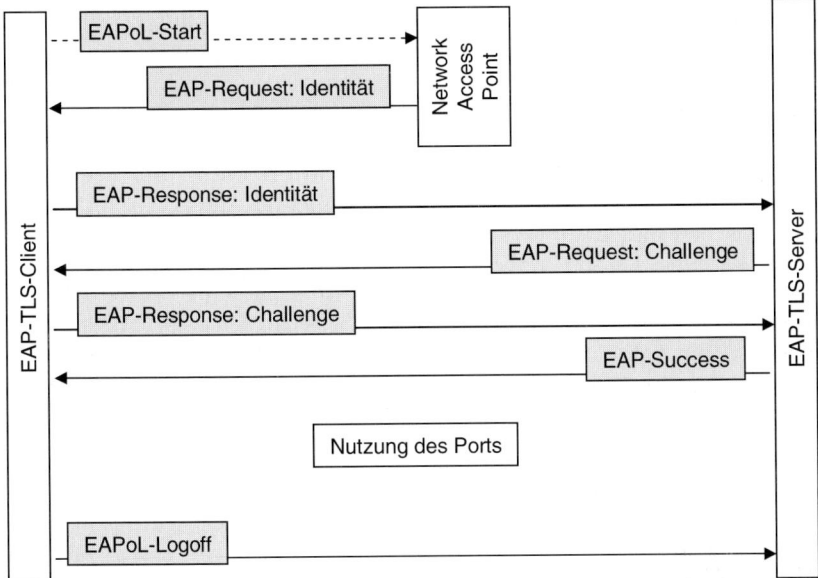

Abbildung 5.14. Nachrichtenaustausch von EAP over LAN (EAPoL)

tels IP zu kommunizieren. Da das Protokoll IP-basiert ist, muss der Benutzer für das PANA-Protokoll selbst bereits über einen IP-Zugang im *lokalen* Netz verfügen.

Das Protokoll PANA besteht aus drei Phasen:

1. Initialisierung
2. Authentifikation
3. Terminierung

Während der Initialisierung sucht der *PANA-Client* (PaC) nach einem Authentifikationsserver (*PANA Authentication Agent* – PAA). Kennt der PaC die IP-Adresse des PAA, so ist eine Suche nicht notwendig. Ansonsten sendet er die Anfrage an eine spezielle lokale Multicast-Gruppe, in der sich alle lokalen PAAs eintragen. Von allen PAAs, die auf die Suche geantwortet haben, wählt der PaC einen aus.

Die Schritte im Einzelnen sind:

• Der PaC sendet die *PAA-Discover*-Nachricht (Unicast oder Multicast).

• Die PAAs antworten darauf mit einer *Start-Request*-Nachricht, um den PANA-Austausch zu beginnen. Diese Nachricht enthält ein für den Server zustandsloses Cookie (s. Abschnitt 4.7, S. 119).

- Die *Start-Request*-Nachricht sendet der PaC dem von ihm gewählten PAA und verwendet das Cookie des Servers.

In der Authentifikationsphase tauscht der PAC EAP-Nachrichten mit PAA aus, um sich zu authentifizieren. Dabei werden die EAP-Nachrichten einfach in PANA-Nachrichten eingebettet (*PANA-Auth-Request* und *PANA-Auth-Answer*). Das bedeutet gleichzeitig auch, dass mehrere dieser Request/Answer-Paare zwischen PaC und Server ausgetauscht werden, da EAP selbst mehrere Schritt benötigen kann. Um die Authentifizierungsdaten zu überprüfen, muss der PAA unter Umständen in der Lage sein, einen AAA-Server (siehe Abschnitt 8.3, S. 299) zu kontaktieren. Diese Fähigkeit ist allerdings optional. Kann sich der PaC erfolgreich authentifizieren, gibt der PAA die Nutzung des Netzes frei. Das Ergebnis der Authentifizierung schließt die Authentikationsphase ab. Dabei wird das Ergebnis der Authentifikation (EAP-Success) in einer *Bind-Request*-Nachricht dem Client mitgeteilt. Neben dem Ergebnis wird auch eine Gültigkeitsdauer für diese Authentifikation übertragen. Der PaC bestätigt die Nachricht mit einer *Bind-Answer*-Nachricht.

Um die Netznutzung zu beenden, gibt es entweder eine explizite Terminierung der Nutzung (*PANA-Termination*-Nachricht) oder eine Terminierung nach Ablauf eines Timeouts (so genannter *Soft-State-Ansatz*).

Im Draft [122] werden folgende drei Einsatz-Szenarien für PANA aufgezählt:

- *Physikalisch gesicherte Netze* — Der Client muss vor der Nutzung des IP-Zugangs authentifiziert und autorisiert werden, obwohl die Daten über ein physikalisch gesichertes Netz transportiert werden, wie zum Beispiel ein DSL-Netz.

- *Kryptographisch gesicherte Schicht-1/2 Netze* — Der Client hat sich zwar bereits authentifiziert, um die Schicht-1/2-Verbindung zu sichern, muss aber erneut authentifiziert und autorisiert werden, um IP-Zugang zu bekommen. Ein Beispiel hierfür sind CDMA2000-Netze [366].

- *Netze ohne Sicherung* — Der Client verwendet PANA, um Schlüsselmaterial mit dem Zugangspunkt auszutauschen und damit eine Sicherung der Daten zu erreichen.

5.2.5 Bewertung

Im Bereich der Zugangskontrolle sind heute im Wesentlichen die beiden Protokolle PPPoE und 802.1x im Einsatz. Beide bieten für ihren Einsatzbereich eine sichere Zugangskontrolle zum lokalen Netz. PANA ist zurzeit noch in der Entwicklung und umfasst ein breiteres Einsatzspektrum als PPPoE. Sowohl PPPoE als auch PANA gehen davon aus, dass der Benutzer bereits über IP-Konnektivität im lokalen Netz verfügt, wohingegen 802.1x diese erst nach erfolgreicher Authentifikation bereitstellt.

5.3 WLAN

Drahtlose lokale Netzwerke nach dem IEEE 802.11-Standard erfreuen sich immer größerer Beliebtheit. Diese so genannten *Wireless LANs* (WLAN) bieten große Vorteile, z. B. entfallen lästige Verkabelungen und die Benutzer sind in ihrer Bewegung nicht eingeschränkt. Instanzen in einem WLAN sind *mobile Knoten* und *Access Points*. Als mobile Knoten werden allgemein mobile Endgeräte wie z. B. ein Laptop oder ein Handheld mit WLAN-Karte bezeichnet. Access Points stellen für die mobile Knoten den drahtlosen Zugangspunkt zur – meistens traditionell drahtgebundenen – Infrastruktur dar.

Den Vorteilen der drahtlosen Kommunikation stehen aus Sicherheitssicht einige gravierende Nachteile gegenüber, die sorgfältig berücksichtigt werden müssen, falls die Errichtung eines drahtlosen Netzes erwogen wird. Kommt bei einem WLAN eine durchdachte Sicherheitsarchitektur zum Einsatz, so können die Nachteile abgemildert werden. Fehlt diese jedoch, so ist die Sicherheit des gesamten internen Netzes, nicht nur des drahtlosen Teils, gefährdet. Die folgenden Abschnitte beschäftigen sich mit der Sicherheit von Netzen nach dem Standard 802.11.

5.3.1 Übertragungsreichweite und Sicherheit

Beim Einsatz drahtloser Übertragungsverfahren muss beachtet werden, dass sich die Übertragungsreichweite nur sehr schwer begrenzen lässt, da elektromagnetische Wellen Wände und Türen durchdringen, auch wenn sie von diesen jedoch abgeschwächt werden. Im Gegensatz zu drahtgebundenen Übermittlungsverfahren ist eine räumliche Eingrenzung des drahtlosen Netzwerks deshalb wesentlich schwieriger. Die Hersteller von Hardware für 802.11-Netzwerke geben typischerweise Übertragungsreichweiten in der Größenordnung von 500 Metern an. Erfahrungen zeigen, dass Kommunikation normalerweise in Gebäuden in einer Entfernung von 80–100 Metern noch möglich ist. Dass ein Laptop in gewisser Entfernung nicht mehr mit dem drahtlosen Netzwerk kommunizieren kann, bedeutet aber noch nicht, dass die tatsächliche Grenze der Übertragung erreicht ist. Mit speziellen Antennen können WLANs auch aus wesentlich größerer Entfernung abgehört werden. Peter Shipley gelang es beispielsweise von den Hügeln von Berkeley aus 802.11-Netzwerke abzuhören, die sich in der Innenstadt von San Francisco befanden. Die Entfernung zwischen beiden Punkten betrug mehr als 32 Kilometer[1].

Abbildung 5.15 veranschaulicht die unterschiedlichen Übertragungsbereiche: Im aktiven Übertragungsbereich, wo Kommunikation in zwei Richtungen möglich ist, können die im Folgenden aufgeführten Angriffe ausgeführt werden. Im

---

[1] Die dabei erzeugten Karten mit eingezeichneten WLANs sind unter [348] verfügbar.

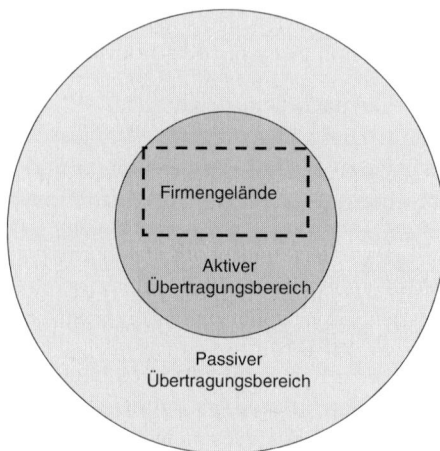

Abbildung 5.15. Reichweite von WLANs

passiven Übertragungsbereich, wo Kommunikation lediglich empfangen werden kann, kann nur abgehört werden.

Der Bereich, in dem noch Kommunikation möglich ist und in dem demnach auch aktive Attacken stattfinden können, ist nicht einfach zu bestimmen. In der Theorie wird meist von einem kreisförmigen Kommunikationsradius ausgegangen, in der Realität dürfte der Kommunikationsbereich aber eher unregelmäßig ausgeprägt sein. Zudem hängt die Übertragungsreichweite auch von Umweltfaktoren ab wie z. B. der Geländeform und sogar dem Wetter (Wassermoleküle in der Luft wie z. B. bei Regen oder Nebel verringern die Reichweite von WLANs).

Als *War Driving* bezeichnet man den Vorgang mit WLAN-Ausrüstung herum zu fahren und nach verfügbaren WLANs Ausschau zu halten. Meist wird mittels angeschlossenem GPS-Empfänger auch noch die genaue Position protokolliert sowie Signalstärken etc. Hacker tauschen sich beispielsweise über einschlägige Internetseiten wie z. B. http://www.netstumbler.com über aufgefundene WLANs aus. Besonders interessant sind hier so genannte offene WLANs, d. h. drahtlose Netze, die keine Verschlüsselung einsetzen. Neuerdings kommen (zumindest in den USA) spezielle Kreide-Symbole zum Einsatz, um vorhandene WLANs anzuzeigen (*War Chalking*). Spätestens wenn ein solches Symbol vor der eigenen Firma auftaucht, sollte der verantwortliche Systemadministrator seine Sicherheitsstrategie überprüfen. Die gebräuchlichsten Symbole sind in Abbildung 5.16 dargestellt.

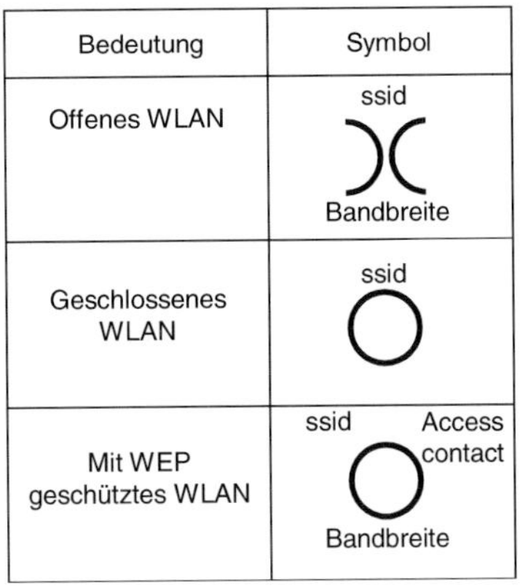

Bedeutung	Symbol
Offenes WLAN	ssid)(Bandbreite
Geschlossenes WLAN	ssid O
Mit WEP geschütztes WLAN	ssid Access O contact Bandbreite

Abbildung 5.16. Gebräuchliche War-Chalking-Symbole

5.3.2 Mögliche Angriffe auf WLANs

Die gebräuchlichsten Angriffe auf drahtlose Netze nach 802.11 lassen sich in folgende Gruppen einteilen:

- *Abhören (Sniffen)* — Diese Angriffsform wurde bereits allgemein in Abschnitt 2.5.1 (S. 14) beschrieben. Drahtlose Übertragung vereinfacht den Angriff, da das Übertragungsmedium leicht zugänglich ist. Kommt keine Verschlüsselung zum Einsatz, so kann der Angreifer die übertragenen Dokumente direkt mitlesen. Aber selbst bei verschlüsseltem Datenverkehr kann ein Angreifer mithören und Informationen sammeln, um bei Verschlüsselungsalgorithmen mit Schwächen (wie z. B. das für 802.11 definierte WEP) Informationen über die verwendeten geheimen Daten (Schlüssel, Zufallszahlenfolge) oder die übermittelten Daten zu gewinnen. Außerdem kann ein Angreifer in speziellen Szenarien allein durch das Verkehrsmuster Rückschlüsse auf Vorgänge in der realen Welt ziehen (Verkehrsanalyse). Dies zu verhindern ist grundsätzlich schwer, eine davon ausgehende Gefährdung sollte aber trotzdem nicht außer Acht gelassen werden.

- *Maskerade (Spoofing)* — Bei diesem Angriff wird eine andere Identität vorgetäuscht (siehe auch Abschnitt 2.5.4, S. 16). Dadurch ist es in drahtlosen Netzen u. U. möglich, Zugriff auf Ressourcen oder Daten zu erhalten, die Zugangsbeschränkungen unterliegen. Auch dieser Angriff wird durch den einfachen Zugang zum Übertragungsmedium begünstigt. Bei 802.11 ist es z. B. möglich, Adressen der Sicherungsschicht (MAC-Adressen) zu fälschen und damit Sicherheitsmechanismen (z. B. Access Control Listen zur Zugangskontrolle) zu unterlaufen, die nur anhand der MAC-Adresse den Zugriff gestatten oder verweigern.

- *Man-in-the-Middle-Angriffe, auch Hijacking* — Beim Hijacking besteht das Ziel darin, sich in eine laufende Kommunikation einzuklinken, Daten abzufangen, zu manipulieren und dann an das eigentliche Ziel weiterzuleiten, ohne dass der Empfänger die Datenmanipulation bemerkt.

- *Brute-Force-Angriffe* — Mit Brute-Force bezeichnet man Angriffe, bei denen alle Möglichkeiten eines Geheimnisses (z. B. alle möglichen Schlüssel) durchprobiert werden. Die bei 802.11 eingesetzte Verschlüsselung bietet hier durch fehlendes Schlüsselmanagement und kurze Schlüssel bzw. schwache Initialisierungsvektoren mehrere Angriffsmöglichkeiten.

- *Sabotage, z. B. Denial-of-Service-Angriffe (DoS)* — DoS-Angriffe (siehe auch Abschnitt 2.5.7, S. 17) zielen darauf, vorhandene Ressourcen zu überlasten, damit sie den Anwendern nicht mehr zur Verfügung stehen. Ein sehr einfacher aber effektiver DoS-Angriff lässt sich durch Aussenden eines starken Störsignals im Band um 2.4 GHz erreichen (Jamming). DoS kann aber auch unbeabsichtigt verursacht werden. So stören z. B. Bluetooth-Geräte WLAN-Karten, die sich im Empfangsbereich befinden. Bluetooth verwendet ebenso wie WLAN das 2.4-GHz-Band, wechselt jedoch mit hoher Geschwindigkeit (1600 mal pro Sekunde) die verwendete Frequenz und stört somit u. U. die WLAN-Übertragung. Glücklicherweise ist die Sendeleistung von handelsüblichen Bluetooth-Geräten sehr begrenzt, weswegen die Störungen nur in einem kleinem Bereich rund um das Bluetooth-Gerät auftreten. DoS-Angriffe auf physikalischer Ebene (also z. B. ein breitbandiges Jamming-Signal) lassen sich grundsätzlich nicht verhindern. Bei Anwendungen mit Echtzeitanforderungen ist dies zu beachten.

Im Folgenden werden die Sicherheitsmechanismen von 802.11 und Angriffe darauf vorgestellt.

5.3.3 WEP

Um sicherheitstechnische Nachteile der drahtlosen Datenübertragung zu beseitigen wurde im 802.11-Standard zunächst das *Wired Equivalent Privacy* (WEP) Protokoll spezifiziert. Ziel dieses Protokolls ist es, WLAN-Kommunikation genauso sicher zu machen wie Kommunikation in einem LAN. Dazu soll WEP die Bereiche Abhörsicherheit, Zugangskontrolle und Datenintegrität abdecken. WEP stellt in der Sicherungsschicht zwei Dienste zur Verfügung, um diese Ziele zu erreichen: Authentifizierung und Verschlüsselung. WEP verwendet dazu einen vorverteilten Schlüssel und den symmetrischen Verschlüsselungsalgorithmus RC4 (siehe Abschnitt 3.4.6, S. 54). Access Point und mobiler Knoten müssen zur Authentifizierung und Verschlüsselung denselben Schlüssel verwenden. Der IEEE 802.11-Standard spezifiziert einen 40 Bit langen Schlüssel (auch WEP40 genannt); in den heute gebräuchlichen Produkten wird jedoch ein 104 Bit langer Schlüssel (WEP128) verwendet, um

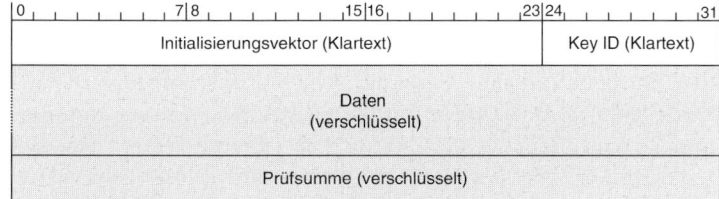

Abbildung 5.17. Mit WEP verschlüsseltes Datenpaket

ein höheres Sicherheitsniveau zu erreichen. Die Angaben zur Schlüssellänge sind bei manchen Produkten uneinheitlich: 64 Bit bzw. 128 Bit Schlüssellänge statt 40 bzw. 104 Bit. Diese Angaben sind irreführend, da die Anbieter zur eigentlichen Schlüssellänge noch die Länge eines Initialisierungsvektors hinzurechnen. Aus technischer Sicht wird der Initialisierungsvektor tatsächlich als Teil des Schlüssels in RC4 verwendet. Da der Initialisierungsvektor allerdings im Klartext übertragen wird und damit von einem Angreifer als bekannt vorausgesetzt werden kann, erhöht er nicht das Sicherheitsniveau.

Sicherheitsmechanismen in WEP

- *Verschlüsselung* — Die Verschlüsselungsfunktion von WEP nutzt eine symmetrische Stromchiffre. WEP berechnet zuerst aus dem zu übertragenden Datenpaket (P) eine Checksumme (C) und hängt diese an die Daten an. Die Checksumme soll zur Integritätssicherung dienen. P und C bilden zusammen die Nutzlast. Das sendende Gerät erzeugt einen zufälligen, 24 Bit langen Initialisierungsvektor IV, der zusammen mit dem gemeinsamen Schlüssel K verwendet wird, um die Daten zu verschlüsseln ($E_{K,IV}(P,C)$). Dabei ist E die Verschlüsselungsfunktion des RC4-Algorithmus. Schlüssel und Initialisierungsvektor werden als Eingabe für einen Pseudozufallszahlengenerator verwendet, der einen pseudo-zufälligen Strom von Schlüsselbits erzeugt. Dieser wird beim Verschlüsseln mittels XOR mit dem Klartext verknüpft. Dieses Verfahren wurde bereits allgemein in Abschnitt 3.4 (S. 33) vorgestellt. Anschließend übermittelt das sendende Gerät den Initialisierungsvektor im Klartext und das zugehörige verschlüsselte Datenpaket ($E_{K,IV}(P,C)$). Abbildung 5.17 zeigt die Struktur des Datenpakets, welches übertragen wird. Das empfangende Gerät verwendet den übertragenen Initialisierungsvektor und den gemeinsamen Schlüssel zur Entschlüsselung des Datenpakets. Anschließend wird die Integrität des Datenpakets mittels der Checksumme überprüft.

- *Authentifizierung* — Wenn sich ein mobiler Knoten einem Access Point zuordnet, muss er sich dem Access Point gegenüber authentifizieren. Dazu tauschen Access Point und mobiler Knoten sich darüber aus, welche

Authentifizierungsmethoden akzeptiert werden. Wird „Open" angegeben, dann findet keine Authentifizierung statt. Diese Authentifizierungsmethode sollte verwendet werden, wenn der Access Point eine andere Authentifizierung einsetzt (z. B. wenn er mit einem RADIUS-Server kommuniziert). Eine andere Authentifizierungsmethode ist „Shared Secret". Bei dieser Methode sendet der Access Point eine Zufallszahl (Nonce) an den mobilen Knoten. Dieser verschlüsselt die Zufallszahl und sendet sie zurück. Der Access Point entschlüsselt den empfangenen Ciphertext und vergleicht die Zahl. Ist die empfangene Zahl gleich der Zufallszahl, die der Access Point zuvor gesendet hat, dann wird die Authentifizierung erfolgreich abgeschlossen. Der Einsatz einer Zufallszahl verhindert Replay-Attacken (siehe Abschnitt 2.5.3).

- *Integritätssicherung* — Die Integritätssicherung bei WEP geschieht durch die oben angesprochene Checksumme. Als Algorithmus kommt ein lineares CRC-Verfahren zum Einsatz.

Sicherheitsprobleme beim Einsatz von WEP

Leider bietet Wired Equivalent Privacy nicht die Sicherheit, welche sein Name verspricht. Es gibt einige Probleme, die das ursprünglich beabsichtigte Sicherheitsniveau von WEP deutlich senken. Die Probleme werden im Folgenden aufgeführt.

- *Gruppenschlüssel* — Es werden wenige *gemeinsame* Schlüssel für alle Nutzer ausgegeben. Damit liegt die Kommunikation allen Teilnehmern offen, welche im Besitz der gültigen Schlüssel sind; die Kommunikation eines einzelnen Teilnehmers ist daher nicht vor dem Zugriff anderer Teilnehmer dieser Gruppe geschützt. WEP mag daher zwar einen gewissen Schutz gegenüber externen Angreifern darstellen, bietet aber keinen Schutz gegenüber internen Angreifern, die im Besitz der Gruppenschlüssel sind.

- *Schlüsselverwaltung* — Der WEP-Standard macht keine Angaben zur Schlüsselverwaltung und geht von vorverteilten gemeinsamen Schlüsseln aus. Mit wachsender Benutzeranzahl wird es immer schwieriger, gemeinsame Schlüssel zu verteilen. Außerdem bedeutet ein vorverteilter Schlüssel, dass dem Benutzer völlig vertraut wird, mit dem Schlüsselmaterial vernünftig umzugehen und ihn insbesondere geheim zu halten. Jedoch genügen Benutzersysteme in vielen Fällen auch nicht hohen Sicherheitsstandards und schon ein einziges infiltriertes Benutzersystem (z. B. durch ein Trojanisches Pferd oder durch einen Virus, vgl. Abschnitt 10.12, S. 484) kompromittiert die Sicherheit des Gesamtsystems. In Zeiten grassierender Würmer- und Virenseuchen kann die Sicherheit eines ganzen Netzes nicht guten Gewissens darauf basieren, dass alle Benutzersysteme vor Angriffen ausreichend geschützt sind.

Das Vertrauen in die Sicherheit eines gemeinsamen Schlüssels nimmt mit der Zeit ab, da zum einen die Verbreitung des Schlüssels zunimmt und ggf. auch nicht mehr berechtigte Nutzer noch in dessen Besitz sind; zum anderen wird mehr und mehr Chiffretext für Angreifer zugänglich. Deshalb müssen die Schlüssel in einem regelmäßigen Abstand ausgetauscht werden, um das Netzwerk wieder in einen initialen Vertrauenszustand zurückzusetzen. WEP bietet den Benutzern und dem Administrator des Access Points die Möglichkeit, durch eine geringe Anzahl (vier) von vorverteilten Schlüsseln zu rotieren. Dies erhöht die Sicherheit des Gesamtsystems jedoch nur gegen Angreifer, die durch Abhören einen Schlüssel herausfinden konnten. Da nach wie vor alle Schlüssel auf jedem Benutzersystem vorhanden sind und es sich um symmetrische Schlüssel handelt, besteht das oben angesprochene Problem weiterhin.

Für die Sicherheit der WEP-Schlüssel ist auch nicht unerheblich, wie diese erzeugt werden. Drei Verfahren sind gängig:

– Eingabe mit hexadezimalen Ziffern

– ASCII-Mapping

– Funktionsbasierte Schlüsselgenerierung

Bei der direkten hexadezimalen Eingabe müssen bei WEP40 10 hexadezimale Ziffern (=40 Bit) und bei WEP128 26 hexadezimale Ziffern (=104 Bit) eingegeben werden. Dieses Verfahren sollte zum Einsatz kommen, da der ganze Schlüsselraum ausgenutzt wird, es also 2^{40} bzw. 2^{104} mögliche Schlüssel gibt. Allerdings sind hexadezimale Zahlen schwer zu merken, weshalb ASCII-Mapping und funktionsbasierte Schlüsselgenerierung zum Einsatz kommen, die beide jedoch gravierende Nachteile haben. Sowohl beim ASCII-Mapping als auch bei der funktionsbasierten Schlüsselgenerierung kommen mit ASCII-Zeichen darstellbare Zeichenketten (Strings) zum Einsatz. Da es sich meistens um sinnvolle Wörter handelt (weil diese einfacher zu merken sind) können diese mittels Durchprobieren aller Wörter eines Wörterbuchs sehr einfach herausgefunden werden (vgl. Abschnitt 3.2, S. 29). Bei der ASCII-Mapping-Methode werden die einzelnen Zeichen des Passworts in hexadezimale Werte gewandelt. Bei WEP40 sind 5 alphanumerische Zeichen notwendig, bei WEP128 über 13 Zeichen. Bei ASCII-Mapping wird der Raum möglicher Schlüssel unnötig eingeschränkt, da nur druckbare ASCII-Zeichen verwendet werden. Bei Brute-Force-Angriffen auf WEP40 ergibt sich dadurch eine Geschwindigkeitssteigerung um den Faktor 150. Die Probleme von ASCII-Mapping versucht die funktionsbasierte Schlüsselgenerierung zu umgehen. Hierbei wird aus einem Passwort über eine Funktion einen WEP-Schlüssel generiert. Der ganze Schlüsselraum wird dabei ausgenutzt, allerdings sind nach wie vor Dictionary-Attacken auf das Passwort möglich falls die Funktion zur Abbildung des Passworts auf den Schlüssel bekannt ist.

- *Mangelnde Länge des Schlüssels* — Die im IEEE 802.11-Standard festgelegte Schlüssellänge von 40 Bit ist für ein sinnvolles Sicherheitsniveau
  nicht ausreichend. Ein handelsüblicher PC kann einen 40-Bit-Schlüssel innerhalb ein bis zwei Stunden mittels Brute-Force brechen. Zudem können
  Brute-Force-Angriffe optimiert werden: Wird TCP/IP verwendet (was in
  den meisten WLANs der Fall sein dürfte), so steht im verschlüsselten Da-
  tenteil immer zuerst der SNAP-Header. Dessen Anfangswert ist bekannt
  und konstant: 0xAAAA030000. Dies vereinfacht die Überprüfung von WEP-
  Schlüsseln und beschleunigt deshalb Brute-Force-Angriffe. Um den angesprochenen Schwachstellen zu begegnen, implementieren die meisten Hersteller von 802.11-Geräten Schlüssel mit einer größeren Länge.

- *Schlechte Initialisierungsvektoren* — Die so genannte *Weak-Attacke* versucht schwache Initialisierungsvektoren ausfindig zu machen. Bei Verwendung schwacher Initialisierungsvektoren können durch die verschlüsselten
  Daten Rückschlüsse auf den benutzten WEP-Schlüssel gezogen werden
  [119]. Für den Angriff sind nur die ersten beiden Bytes des Chiffretextes sowie der (öffentliche) Initialisierungsvektor nötig. Bei diesem Angriff
  wächst zudem die Zeit, welche zum Finden eines Schlüssels mittels Brute-
  Force benötigt wird, nicht exponentiell mit der Schlüssellänge (wie es wünschenswert wäre) sondern nur linear. Dies bedeutet, dass ein 104 Bit langer
  WEP-Schlüssel keine wesentlich höhere Sicherheit gegen Weak-Attacken
  bietet als ein 40 Bit WEP-Schlüssel. Gängige Hacker-Tools wie z. B. Airsnort und WEPCrack benötigen ungefähr 5–10 Millionen verschlüsselte
  Datenrahmen, um einen 40 Bit langen WEP-Schlüssel zu brechen.

  Die Schwäche von WEP zeigt einmal mehr, dass es nicht reicht, einen
  etablierten Algorithmus (z. B. der bei WEP verwendete RC4) ohne tieferes
  Verständnis zu verwenden. Dies wäre vermeidbar gewesen.

  Einige Hersteller von WLAN-Zubehör haben Implementierungen von WEP
  erstellt, die schwache Initialisierungsvektoren verwerfen. Diese sind kompatibel mit anderem WLAN-Zubehör. Kommt nur modifizierte Hardware
  zum Einsatz, dann ist eine Weak-Attacke nicht möglich. Das Verfahren
  wird manchmal auch als WEPplus bezeichnet.

- *Mangelnde Länge des Initialisierungsvektors* — Der bei WEP verwendete Initialisierungsvektor ist 24 Bit lang. Es gibt also maximal $2^{24} =$
  16.777.216 solche Vektoren. Da der verwendete Pseudozufallszahlengenerator bei gleichem Intialisierungsvektor und gleichem geheimen Schlüssel
  immer dieselbe Ausgabe erzeugt, darf ein Initialisierungsvektor nur ein einziges Mal verwendet werden. Bei größeren WLANs mit viel Verkehr kann
  jedoch bereits nach einigen Stunden eine Kollision vorkommen. Noch kritischer ist es, wenn der Initialisierungsvektor nicht zufällig gewählt wird.
  Viele WLAN-Komponenten setzen nach der Initialisierung des mobilen
  Knotens den Intialisierungsvektor auf Null und erhöhen ihn bei jeder Verschlüsselung um eins. Somit ist in der Initialisierungsphase (z. B. morgens

bei Arbeitsbeginn) die Wahrscheinlichkeit sehr groß, viele verschlüsselte Pakete aufzufangen, die den gleichen Initialisierungsvektor verwenden. Da in diesem Fall auch die Pseudozufallszahlenfolge die gleiche ist und der Klartext mit der Pseudozufallszahlenfolge durch XOR verknüpft wird, kann ein Angreifer durch XOR-Verknüpfung von zwei Paketen, die beide denselben Initialisierungsvektor verwenden, als Ergebnis ein XOR der beiden Klartextpakete erhalten. Der Angreifer kennt damit zwar nicht unmittelbar die Klartexte, jedoch kann er die Klartexte durch stochastische Verfahren herausfinden. Ist erst einmal ein Klartext bekannt, so kann der entsprechende Schlüsselstrom berechnet werden. Da die sendende Station den Initialisierungsvektor bestimmt, kann nun mit dem Schlüsselstrom eine Nachricht an einen Access Point geschickt werden.

- *Angriffe auf Authentisierungsverfahren* — Wie bereits oben erwähnt, verwendet WEP ein Challenge-Response-Verfahren zur Authentifizierung. Gelingt es jedoch einem Angreifer sowohl Challenge als auch Response mitzuhören, so kann er durch simples Verknüpfen der Challenge mit der Response den Schlüsselbitstrom rekonstruieren und mittels desselben Initialisierungsvektors ohne Kenntnis des WEP-Schlüssels eine erfolgreiche Authentifizierung durchführen. Darüber hinaus kann ein Angreifer durch Abhören von Authentifizierungsvorgängen Schlüsselströme zu den jeweils verwendeten Initialisierungsvektoren erhalten, die er auch zu anderen Zwecken als der Authentifizierung verwenden kann. Ein weiterer Nachteil des Authentifizierungsverfahrens besteht darin, dass nicht Benutzer, sondern WLAN-Adapter identifiziert werden.

- *Keine Integritätssicherung* — Die Integritätssicherung bei WEP geschieht durch eine CRC-Checksumme. Da sowohl der CRC-Algorithmus als auch RC4 linear sind, kann bei Änderung der verschlüsselten Nachricht auch die CRC-Checksumme angepasst werden, so dass die Veränderung nicht auffällt. Dazu benötigt der Angreifer keine Kenntnis über den geheimen WEP-Schlüssel. Besonders dramatisch wird dies, wenn bekannt ist, welches Protokoll zur Übertragung von Datenpaketen verwendet wird (z. B. IP). In diesem Fall ist z. B. die Position der Zieladresse meist bekannt. Ist auch das Ziel bekannt, so kann die Zieladresse geändert werden und der Verkehr wird somit umgeleitet. Dies ist ohne Kenntnis des WEP-Schlüssels möglich.

5.3.4 Werkzeuge zur Sicherheitsüberprüfung

Es existieren verschiedene Werkzeuge, um drahtlose Netze auf deren Sicherheit zu prüfen. Meist sind dies die gleichen Programme, die auch Hacker einsetzen, um Zugang zu drahtlosen Netzen zu bekommen. Verantwortungsvolle Administratoren sollten in regelmäßigen Abständen das drahtlose Netz mit den zur Verfügung stehenden Werkzeugen testen. Wird keine Einbruchsmöglichkeit gefunden, so bedeutet dies aber nicht, dass keine vorhanden ist. Die verfügbaren Werkzeuge werden ständig weiterentwickelt, sind komfortabel und ermöglichen es auch technisch nicht ganz so versierten Anwendern, in drahtlose Netze einzubrechen:

- *Netstumbler* [252] — Komfortables Werkzeug unter Windows zum Auffinden von WLANs. Zu den gefundenen WLANs werden verschiedene Informationen angezeigt wie z. B. das Signal/Rausch-Verhältnis etc. Netstumbler kann in Verbindung mit einem GPS-Modul verwendet werden, um aufgefundene WLANs automatisch in Karten einzeichnen zu lassen. Netstumbler ist das meist benutzte Werkzeug zum War Driving. Programme mit ähnlichen Funktionen sind *PrismStumbler* [47] und Wavemon [263].

- *Wellenreiter* [339] — Dieses Programm dient ebenso wie Netstumbler zum Auffinden von WLANs. Allerdings wurde es für Linux programmiert und kann DHCP- und ARP-Nachrichten anzeigen, um mehr Informationen über ein Netzwerk herauszufinden. Wellenreiter ist auch für PDAs verfügbar, z. B. IPaq.

- *Airsnort* [356] — Airsnort ist wohl das bekannteste Werkzeug zum Brechen von WEP-Schlüsseln. Das Werkzeug hört solange Verkehr ab, bis genügend Pakete abgefangen wurden, um den Schlüssel zu berechnen. Airsnort benötigt ca. 5–10 Millionen Pakete, um den WEP-Schlüssel zu brechen. Wurden genug Pakete gesammelt, dauert die Berechnung des Schlüssels nur wenige Sekunden.

- *AirCrack* [95] — Dieses Programm nutzt schwache Initialisierungsvektoren aus und benötigt lediglich 500.000 bis 1.000.000 eindeutige Initialisierungsvektoren, um einen 104-Bit-WEP-Schlüssel herauszufinden.

- *WEPAttack* [45] — WEPAttack bricht WEP-Schlüssel durch eine Dictionary-Attacke. Es genügt ein einziges abgehörtes Paket.

- *WEPCrack* [302] — Open-Source-Werkzeug zum Brechen von WEP-Schlüsseln unter Linux. WEPCrack war der erste öffentlich verfügbare Code zum Brechen von WEP-Schlüsseln.

Der Berechnungsaufwand für den Algorithmus zum Herausfinden des Schlüssels aufgrund der inhärenten WEP-Schwächen ist inzwischen bemerkenswert gering und liegt überlicherweise unterhalb einer Minute, d. h. im Sekundenbereich. Den größten Zeitaufwand für einen Angriff auf WEP stellt das Sammeln einer genügend großen Anzahl von verschlüsselten Paketen dar.

Ein Angreifer kann zwei Verfahren anwenden, falls nicht genügend Verkehr im WLAN vorhanden ist, um als Angriffsgrundlage zu dienen. Zum einen kann er – falls möglich – ein Flood-Ping zu einer im WLAN befindlichen Station starten. Andernfalls ist es möglich, einen Wiedereinspielungsangriff mit ARP-Anfragen (vgl. Abschnitt 6.1.1, S. 201) zu starten, die trotz Verschlüsselung aufgrund ihrer charakteristischen Größe leicht zu identifizieren sind. Die Antwortpakete zu den erneut eingespielten ARP-Anfragen enthalten dann höchstwahrscheinlich neue und möglicherweise schwache Initialisierungsvektoren. Weil die meisten WLAN-Karten derzeit nicht in der Lage sind, gleichzeitig abzuhören und zu senden, benötigt der Angreifer lediglich zwei WLAN-Karten, da eine Karte für das Wiedereinspielen eingesetzt wird, die andere zum Abhören der Antwortpakete notwendig ist. Der Angriff ist ein reales Beispiel, das zeigt, wie wichtig ein Schutz vor Wiedereinspielen ist, um weitere Angriffe zu verhindern.

5.3.5 Steigerung der Sicherheit eines WLANs

In den vorigen Kapiteln wurden einige Sicherheitsschwächen von drahtlosen Netzen in der Sicherungsschicht angesprochen. Insbesondere auf WEP ist kein Verlass. Neben den bereits angesprochenen Methoden dienen die folgenden Maßnahmen zur Erhöhung der Sicherheit eines drahtlosen Netzes. Der Vollständigkeit halber werden auch Verfahren aus anderen Schichten aufgeführt:

- *Begrenzung der Übertragungsreichweite* — Es sollte angestrebt werden, möglichst nur die vorgesehene Nutzfläche mit dem aktiven Sendebereich des WLANs auszuleuchten. Dazu kann die Sendeleistung verringert werden oder es kommen spezielle Richtantennen zum Einsatz, die z. B. in einem Gebäude nur nach innen strahlen. Letztendlich kann aber nicht davon ausgegangen werden, dass garantiert ist, dass kein Zugang außerhalb der Nutzfläche möglich ist. Weiterhin muss bei drahtlosen Netzen im Freien die Auswirkung von Umwelteinflüssen wie Nebel und Regen bedacht werden.

- *Durchdachte Integration des drahtlosen Netzes ins interne Netz* — Zwischen das vorhandene interne Netz und das drahtlose Netz sollte eine Firewall geschaltet werden, die Angriffe auf das Netz verhindert. Die interne Firewall muss im selben Maße überwacht und gesichert werden, wie die Firewalls am Zugangspunkt zu einem öffentlichen Netz.

- *Schlüsselmanagement* — WEP-Schlüssel müssen regelmäßig ausgetauscht werden, um die maximale Gültigkeit eines gebrochenen Schlüssels einzugrenzen.

- *SSID* — Die Aussendung der SSID (Service Set Identifier) in Beacon-Frames sollte deaktiviert werden. Das erhöht die Sicherheit allerdings nicht sehr wirkungsvoll, da die SSID in einigen Rahmen (z. B. Probe Response) trotzdem enthalten sein muss und somit immer in Erfahrung gebracht werden kann. Die SSID sollte allerdings so gewählt werden, dass aus ihr nicht auf die betreibende Einrichtung (z. B. Firma) oder die Hardware (z. B. Access Points) des WLANs geschlossen werden kann. Andernfalls kann ein Angreifer eventuell direkt beurteilen, ob es sich um ein lohnendes Angriffsziel handelt, was die Attraktivität für einen Angriff u. U. steigert.

- *DHCP* — In WLANs sollten IP-Adressen nicht per DHCP vergeben werden. Jedem mobilen Knoten sollte eine feste IP-Adresse in einem möglichst kleinen IP-Adressraum gegeben werden. Ein Hacker muss dann nach einem erfolgreichen Einbruch erst den verwendeten IP-Adressraum in Erfahrung bringen und eine unbenutzte Adresse finden.

- *IDS* — Im Netzwerk sollte ein IDS (Intrusion Detection System) und ausführliche Protokollierung vorhanden sein.

- *VPN* — Der Schutz von WEP ist aufgrund der oben angesprochenen Probleme bei Weitem nicht ausreichend. Deshalb sollte für erhöhte Sicherheit eine VPN-Verbindung in das interne Netz verwendet werden.

Bewertung

WEP leidet unter Problemen wie einer fehlenden Schlüsselverwaltung, einer fehlerhaften Anwendung des RC4 und allgemeinen Schwächen des Verschlüsselungsmechanismus. Damit erhöht der Einsatz von WEP die Hürde für einen externen Angreifer zwar geringfügig, hält ihn aber nicht vom eigenen Netzwerk fern, insbesondere da einige automatisierte Werkzeuge zum Brechen von WEP frei verfügbar sind, die auch von unerfahrenen Benutzern problemlos verwendet werden können. WLANs mit WEP sollte in keiner Weise das gleiche Vertrauen wie drahtgebundenen Netzen entgegengebracht werden. Da die Sicherheit von WEP praktisch auf das Niveau unverschlüsselter WLANs herabgesunken ist, sollte WEP nicht ohne weitere Sicherungsmaßnahmen wie IPsec (s. Abschnitt 6.2, S. 210), SSH (s. Abschnitt 10.2, S. 400) oder TLS (s. Abschnitt 7.3, S. 276) eingesetzt werden. Zudem ist trotz Verwendung von WEP die Kommunikation einer einzelnen Station für alle anderen Stationen, die im Besitz des Gruppenschlüssels sind, abhörbar, d. h. durch die Verwendung der Schlüssel für eine Gruppe von Nutzern sind interne Angreifer immer noch ein Problem. Die Probleme von WEP legen nahe, WLAN beim Netzwerkdesign gegenüber anderen internen Netzen abzugrenzen. Eine gut durchdachte Sicherheitsstrategie und der Einsatz der in den nachfolgenden Abschnitten beschriebenen Mechanismen kann die durch WEP entstehenden Nachteile begrenzen und trotzdem die Vorteile von WLAN bieten.

5.3.6 WPA, RSN und 802.11i

Die angesprochenen Schwachstellen von WEP haben schon früh zu der Erkenntnis geführt, dass weitergehende Sicherheitsmaßnahmen in drahtlosen Netzen notwendig sind. Die IEEE gründete daher in der Working Group

802.11 die Task Group „i", die das Sicherheitsproblem lösen sollte. Dazu definierte sie den Begriff *Robust Security Network* (RSN), welcher ein WLAN bezeichnet, das gewisse Anforderungen der Task Group in Bezug auf Sicherheit erfüllt. Alle herkömmlichen Komponenten werden als *Pre-RSN*-Komponenten bezeichnet.

Prinzipiell gab es zwei Probleme zu lösen: Zum einen musste eine sehr sichere Lösung gefunden werden, welche die sichersten und aktuellsten Algorithmen und Protokolle einsetzt; zum anderen sollte aber auch eine Lösung standardisiert werden, die es erlaubt, die weit verbreitete 802.11-Hardware via Software-Upgrade so aufzuwerten, dass sie deutlich mehr Sicherheit als WEP bietet.

Die Wi-Fi-Allianz – Wi-Fi steht hier für *Wireless Fidelity*, der amerikanischen Bezeichnung für 802.11 – ist eine Organisation von Herstellern, die Test-Profile definiert, um die Interoperabilität von 802.11-Geräten sicherzustellen. Als WEP vollständig gebrochen war, galt es schnell zu handeln, weswegen die Wi-Fi-Allianz nicht den langwierigen Standardisierungsprozess der IEEE abwartete, sondern den Teil aus 802.11i (Draft Version 3.0), der eine Verbesserung der Sicherheit bei Verwendung existierender Hardware betraf, individuell unter dem Namen *Wi-Fi Protected Access* (WPA) standardisierte. Damit sollten schnellstmöglich die größten Sicherheitsprobleme gelöst werden, ohne dass ein Austausch der Hardware notwendig wurde. Inzwischen ist der 802.11i-Standard verabschiedet und die Wi-Fi-Allianz hat dem auch durch die Verabschiedung von WPA2 Rechnung getragen, der Test-Prozeduren für den vollständigen 802.11i-Standard enthält.

Die wesentlichen Probleme, die für einen WEP-Nachfolger gelöst werden mussten, waren:

- Verwendung desselben Schlüssels zur Authentifikation und Verschlüsselung
- Verwendung des gleichen Schlüssels bei allen mobilen Knoten
- Existenz schwacher Schlüssel
- Mangelhafte Integritätssicherung

Die ersten beiden Probleme löst 802.11i dadurch, dass der Client sich durch einen individuellen Schlüssel gegenüber dem Access Point authentifiziert und nachfolgend eine Menge von temporären Schlüsseln erzeugt werden, die für den eigentlichen Schutz der Pakete genutzt werden.

Dem Problem schwacher Schlüssel wird mit der Verlängerung des IVs und dem Einsatz eines neuen Verfahrens zur Schlüsselerzeugung begegnet, dem Problem der mangelhaften Integritätssicherung durch Einsatz der neuen Algorithmen Michael bzw. AES-CCM.

Um die Integration von 802.11i in bestehende Systeme zu vereinfachen, besteht die Möglichkeit, dass ein Access Point sowohl WEP- als auch WPA-/RSN-Knoten gleichzeitig unterstützt. Hier ist zu beachten, dass in diesem Fall wieder die Probleme von WEP zum Tragen kommen. WPA-/RSN-Knoten profitieren aber zumindest vom verbesserten Integritätsschutz. Abbildung 5.19 (S. 171) gibt einen Überblick über das Zusammenspiel der einzelnen Komponenten am Beispiel von WPA.

WPA vs. RSN

802.11i definiert eine Grundarchitektur für Schlüsselaustausch, Schlüsselgenerierung, Erneuerung des Schlüsselmaterials und Schutz der ausgetauschten Pakete. Die hierbei definierten Abläufe sind für WPA und 802.11i gleich, wohingegen sich die Standards darin unterscheiden, welche Algorithmen unterstützt werden müssen. Während in Zukunft der recht neue und moderne Betriebsmodus CCM (vgl. Abschnitt 3.4.3, S. 45) basierend auf AES verwendet werden soll, der sowohl den Schutz von Vertraulichkeit als auch eine Integritätsprüfung gewährleistet, so wurden für die aktuell installierte Hardware zunächst neue Algorithmen entwickelt: Zur Verschlüsselung auf Basis des RC4-Algorithmus wurde das Verfahren *Temporal Key Integrity Protocol* (TKIP) entwickelt, für den Integritätsschutz das Verfahren *Michael*. In Bezug auf die Authentifikation soll in Zukunft 802.1x mit EAPoL auch im 802.11-Bereich eingesetzt werden.

RSN-Teilnehmer müssen laut 802.11i AES-CCM und 802.1x unterstützen, wobei die Unterstützung von TKIP und Michael zur Integration von Pre-RSN-Geräten optional ist. WPA definiert zwei Modi: Der *WPA-PSK-Modus* nutzt benutzerspezifische, jedoch wie bei WEP im Voraus ausgetauschte Schlüssel zur Authentifikation sowie die Algorithmen TKIP und Michael zum Schutz von Vertraulichkeit und Integrität. Der *WPA-Modus* hingegen fordert die Authentifikation mit 802.1x. Auch WPA2 definiert wiederum zwei Modi, entspricht jedoch jetzt im Wesentlichen den Anforderungen von 802.11i: Der *Personal Mode* ist in Bezug auf Authentifikation identisch mit dem WPA-PSK-Modus, fordert jedoch auch die Nutzung von AES-CCM. Der *Enterprise Mode* hingegen fordert die Nutzung von 802.1x und AES-CCM.

802.11i schreibt nicht vor, welcher EAP-Mechanismus zur Authentifikation genutzt werden soll, sondern lediglich, dass eine *gegenseitige* Authentifikation erforderlich ist. Dies erfordert die Nutzung einer komplexeren Klasse von EAP-Mechanismen wie *EAP-TLS*, *PEAP* oder *EAP-TTLS*, die nach diesem Abschnitt über 802.11i vorgestellt werden.

Im Folgenden wird bis auf die Nutzung von PSK bei der Authentifikation auf den Unterschied zwischen WPA und 802.11i nicht mehr eingegangen.

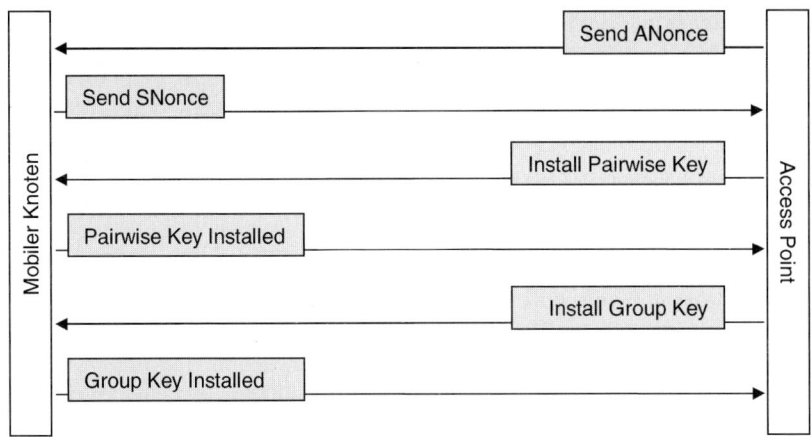

Abbildung 5.18. Handshake bei 802.11i

Authentifikation und Schlüsselerzeugung

Im Gegensatz zu WEP nutzt 802.11i nicht einen Schlüssel zur Authentifikation, sondern baut auf zwei Hierarchien von Schlüsseln auf: Die eine Hierarchie wird zum Schutz von Unicast-Rahmen zwischen dem mobilen Knoten und dem Access Point verwendet; die andere Hierarchie ermöglicht den Versand von Multicast-Rahmen (Gruppenkommunikation), die durch Schlüssel der zweiten Hierarchie geschützt werden.

Die Spitze der Unicast-Schlüssel-Hierarchie ist der *Pairwise Master Key* (PMK), mit dem sich der mobile Knoten und der Access Point gegenseitig authentifizieren. Der PMK ist entweder ein konstanter und im Voraus verteilter Schlüssel, ein Passwort (mit einer Länge von 8 bis 32 Zeichen) oder das Ergebnis eines Schlüsselaustauschprotokolls, z. B. EAP-TLS im Zusammenspiel mit 802.1x. Wie aus dem Namen schon entnehmbar ist, verfügt im Gegensatz zu WEP bei 802.11i/WPA jeder Client über einen eigenen Schlüssel mit dem Access Point.

802.11i verwendet nun einen neuen 4-Wege-Handshake, um mit Hilfe des PMKs einen individuellen Unicast-Schlüssel zu erzeugen und einen Multicast-Schlüssel zu verteilen. Dies ist in Abbildung 5.18 dargestellt.

Der erste Austauch dient dazu, Nonces zwischen Access Point und mobilem Knoten auszutauschen. Der auf beiden Seiten bekannte PMK wird dann mit den Nonces und den MAC-Adressen der Teilnehmer zum so genannten *Pairwise Transient Key* (PTK) verknüpft. Bei Einsatz von TKIP wird dieser in vier Teilschlüssel unterteilt:

- *Data Encryption Key* (Verschlüsselung der Daten)

- *Data MIC Key* (Integritätssicherung der Daten)

- *EAPOL Encryption Key* (Verschlüsselung von neuen Schlüsseln)

- *EAPOL MIC Key* (Integritätssicherung von neuen Schlüsseln)

Beim Einsatz von AES-CCM reduziert sich die Anzahl auf drei Schlüssel, weil hier ein Schlüssel zum Schutz von Vertraulichkeit und Integrität der Daten ausreicht.

Die nächsten zwei Nachrichten des Protokolls weisen den mobilen Knoten an, die gerade berechneten Schlüssel zu installieren. Sobald der mobile Knoten den Vorgang bestätigt hat, installiert auch der Access Point den entsprechenden Schlüssel. Ab diesem Zeitpunkt können beide Teilnehmer sicher miteinander kommunizieren.

Im zweiten Teil des Protokolls werden nun Schlüssel für Gruppenkommunikation verteilt. Hier gilt es zu berücksichtigen, dass bei 802.11 Pakete an die ganze Gruppe – genau wie Unicast-Pakete – zunächst zum Access Point verschickt werden und erst dieser das Paket dann an alle Teilnehmer verschickt. In Bezug auf den Schutz des letzten Versands werden also Schlüssel eingesetzt, die gruppenweit gleich sind und vom Access Point erzeugt werden. Verlässt ein Teilnehmer die Gruppe, so muss der Access Point neue Gruppenschlüssel erzeugen und verteilen.

Wie im Unicast-Fall gibt es bei Multicast einen Hauptschlüssel, den so genannten *Group Master Key* (GMK). Dieser wird bei Initialisierung des Access Points von diesem zufällig erzeugt und ist Grundlage für alle weiteren Schlüssel. Aus dem GMK erzeugt der Access Point dann sukzessiv so genannte *Group Transient Keys* (GTKs), die sich wiederum in zwei Teilschlüssel unterteilen:

- *Group Encryption Key* (Verschlüsselung der Gruppenkommunikation)

- *Group Integrity Key* (Integritätssicherung der Gruppenkommunikation)

Im dritten Austausch übermittelt der Access Point dem mobilen Knoten den aktuell gültigen GTK. Die Kommunikation zwischen Access Point und mobilem Knoten ist in diesem Moment bereits geschützt, da der entsprechende paarweise Schlüssel bereits installiert ist. Der Access Point übermittelt also den Gruppenschlüssel verschlüsselt und der mobile Knoten bestätigt den Empfang. Nach erfolgreicher Übermittlung des Gruppenschlüssels kann der Access Point den mobilen Knoten für normalen Datenverkehr freischalten. Sollte ein Teilnehmer die Gruppe verlassen, so erzeugt der Access Point einen neuen GTK und verteilt diesen an alle verbliebenen Teilnehmer. Erst wenn alle Teilnehmer den neuen Schlüssel erhalten haben, beginnt der Access Point, diesen auch zu nutzen. Diese Parallel-Existenz von Schlüsseln wird durch das Feld *Key-ID* im 802.11-Header ermöglicht.

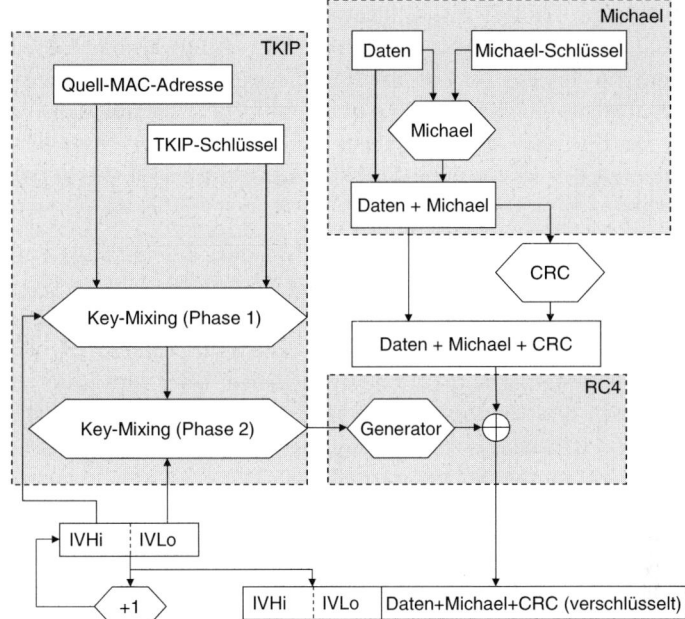

Abbildung 5.19. Überblick über das Zusammenspiel der neuen Mechanismen

Schutz der Vertraulichkeit

Zur Datenverschlüsselung können AES (siehe Absatz 3.4.5) und TKIP (Temporal Key Integrity Protocol) eingesetzt werden. Bei 802.11i kommt ein im Vergleich zu WEP deutlich längerer Initialisierungsvektor von 48 Bit Länge zum Einsatz. Darüber hinaus sieht 802.11i die regelmäßige Neuaushandlung der Schlüssel vor, um einer Wiederholung eines Initialisierungsvektors vorzugreifen.

TKIP basiert wie WEP auf RC4, hat jedoch nicht die Problematik der schwachen Schlüssel. Um diese Schwächen des RC4-Algorithmus zu umgehen, erzeugt TKIP für jedes Paket einen anderen Schlüssel, der dann von dem RC4-Algorithmus verwendet wird. Im Gegensatz zu WEP wird der eigentliche Schlüssel und der im Paket enthaltene Initialisierungsvektor nie direkt als RC4-Schlüssel verwendet. Vielmehr durchlaufen Schlüssel und IV das so genannte *Key Mixing*. Damit wird das Problem der schwachen Initialisierungsvektoren von WEP gelöst.

Des Weiteren ist der Initialisierungsvektor bei TKIP doppelt so lang wie bei WEP (48 Bit statt 24 Bit) und ist aus Effizienzgründen in zwei Teile geteilt: Ein 16 Bit Lo-Teil und ein 32 Bit Hi-Teil. Bedingt wird diese Teilung durch die zwei Phasen des Key Mixings: Die erste Phase ist rechenintensiv. Hier kommt der längere Hi-Teil zum Einsatz, so dass diese Phase nur alle 65535 Pakete durchlaufen werden muss (immer dann, wenn es durch Addition einen Überlauf vom Lo- in den Hi-Teil des Initialisierungsvektors gibt). Die zweite Phase ist weniger rechenintensiv. Sie verwendet die Ausgabe der ersten Phase und den Lo-Teil, der sich bei jedem Paket ändert. Als Ergebnis wird ein Schlüssel erzeugt, der als Eingabe des RC4-Algorithmus für das aktuelle Paket verwendet wird.

Im Gegensatz zu WEP ist bei TKIP festgelegt, dass der Initialisierungsvektor mit jedem Paket streng monoton steigen muss. Der Entschlüsselungsteil von TKIP verwendet die Monotonität, um festzustellen, ob ein empfangenes Paket durch einen Angriff mittels Wiedereinspielen entstanden ist. TKIP lässt in die Schlüsselerzeugung neben dem eigentlichen TKIP-Schlüssel auch noch die MAC-Adresse des Senders einfließen. Dadurch wird verhindert, dass bei Verwendung des gleichen Initialisierungsvektors von verschiedenen Sendern identische RC4-Schlüssel erzeugt werden.

Um es Access Point und mobilem Knoten zu ermöglichen, sich über das zu verwendende Authentifizierungs- und Verschlüsselungsverfahren zu einigen, stellt 802.11i ein so genanntes Info-Element zur Verfügung. Der Access Point versendet Info-Elemente mit seinem Beacon, so dass sich mobile Knoten informieren können, ob sie das entsprechende Netz verwenden können.

Schutz der Integrität

Die Integritätsprüfung bei WEP und 802.11 wird durch einen 32 Bit langen Integritätsprüfwert (*Integrity Check Value* – ICV), berechnet durch CRC, sichergestellt, der an die Nutzlast angehängt und mit WEP verschlüsselt wird. Obwohl dieser ICV verschlüsselt ist, können durch Kryptoanalyse einzelne Bits in der verschlüsselten Nutzlast geändert und der verschlüsselte ICV angepasst werden, ohne dass der Empfänger dies bemerkt.

Diese Schwachstelle musste in 802.11i beseitigt werden. Sorge dafür trägt im Pre-RSN-Bereich die neue Methode Michael, mit Hilfe derer ein 8 Byte langer Nachrichtenintegritätscode (*Message Integrity Code* – MIC) berechnet wird. Michael ist ein spezieller Hash-Algorithmus, der auch auf älterer WLAN-Hardware mit vertretbarem Aufwand berechnet werden kann. In die Berechnung des Michael-MICs geht ein eigener Schlüssel ein, der so genannte *Michael-Key*. Damit lässt sich der MIC ohne Kenntnis des Schlüssels nicht ohne Weiteres fälschen. Da der Michael-Hash-Algorithmus allerdings auch auf älterer Hardware zufriedenstellend laufen soll, bietet er effektiv nur 40 Bit Sicherheit, obwohl der verwendete Michael-Key 64 Bit lang ist. Der MIC wird zwischen dem eigentlichen Datenblock des 802.11-Frame und dem 4 Byte langen ICV eingefügt. Das MIC-Feld wird zusammen mit den Framedaten und dem ICV verschlüsselt. Darüber hinaus bietet Michael Schutz gegen Angriffe durch Wiedereinspielen. Ein in 802.11i neu hinzugekommener Framezähler dient der Erkennung und Abwehr von Angriffen durch Wiedereinspielen.

Ist die Hardware AES-fähig, so wird über das Verfahren AES-CCM sowohl die Vertraulichkeit als auch die Integrität der Daten geschützt. Dies ist im Vergleich zu TKIP und Michael die sichere Variante, die auch von allen neuentwickelten 802.11-Komponenten unterstützt werden wird.

Bewertung

In Bezug auf Sicherheit stellen WPA und 802.11i einen großen Schritt nach vorne dar, weil durch sie alle bekannten Sicherheitsprobleme – so gut es mit der jeweiligen technischen Grundlage geht – beseitigt wurden. Dennoch gibt es bzw. bleiben mehr oder weniger gravierende Schwachstellen:

Moen beschreibt in [257] eine Schwachstelle im Key Scheduling von TKIP. Sind einige RC4-Paketschlüssel bekannt, dann ist es möglich, den Temporal Key und den Message Integrity Check Key herauszufinden. Es handelt sich bei dem beschriebenen Angriff um einen theoretischen Angriff, der die Komplexität von $O(2^{128})$ auf $O(2^{105})$ senkt.

Eine potentielle Schwachstelle von 802.11i ist die Möglichkeit, ein Passwort zur Authentifizierung zu verwenden. Offline-Dictionary-Attacken sind dadurch einfach möglich. Je kürzer oder einfacher zu erraten dieses Passwort ist, desto schneller ist es möglich, Zugriff auf das Netzwerk zu bekommen. Bei einem gut gewählten Passwort stellt eine Offline-Dictionary-Attacke allerdings kein Problem dar.

5.3.7 EAP-TLS

Nachdem einige schwerwiegende Schwachstellen in WEP gefunden wurden, begann man Alternativen für eine sichere Authentifikation in drahtlosen Netzen zu entwickeln. Die Verwendung der Mechanismen von EAPoL (s. Abschnitt 5.2.3, S. 151) wurde bei einigen WEP-Nachfolgern verfolgt, musste allerdings auf die geänderten Randbedingungen, wie einfaches Abhören der Kommunikation, Man-in-the-Middle-Angriffe oder Spoofing-Angriffe, angepasst werden. Eine weitere Anforderung, die mobile Endgeräte mit sich bringen, ist der häufige Wechsel des Netzzugangs. Dies erfordert einen Mechanismus der eine schnelle Re-Authentifikation des Clients an dem neuen Netzzugang ermöglicht.

Eines der ersten Verfahren, die EAP um Authentifikation des Authentifikationsservers, Verschlüsselung der Daten und die dynamische Erzeugung von

Schlüsselmaterial erweitert haben, ist EAP-TLS [3]. Dabei werden die TLS (s. Abschnitt 7.3, S. 276) inhärenten Mechanismen verwendet: gegenseitige Authentifikation der beiden Kommunikationspartner, dynamische Aushandlung der Verschlüsselungsverfahren und Wiederaufnahme einer früheren Sitzung. TLS wird normalerweise über ein zuverlässiges Transportprotokoll betrieben. Die für TLS notwendige Zuverlässigkeit wird in diesem Fall durch EAP erbracht (beispielsweise durch Übertragungswiederholung oder Fragmentierung).

Im EAP-TLS-Standard wird davon ausgegangen, dass der Authentifikationsserver (AS-Server) und der Netzzugangsserver (NAS) nicht in einem Gerät vereinigt sind. Dies bringt vor allem den Vorteil mit sich, dass eine bereits erfolgte Authentifikation des Clients über mehrere Netzzugänge, die alle denselben Authentifikationsserver verwenden, beibehalten werden kann. Wären beide System in einem Gerät vereinigt, müsste der Client sich gegenüber jedem Netzzugang neu authentifizieren, da die vorherigen Authentifikationsdaten nicht transportiert werden könnten. Daraus ergibt sich der in Abbildung 5.20 dargestellte Protokollstapel.

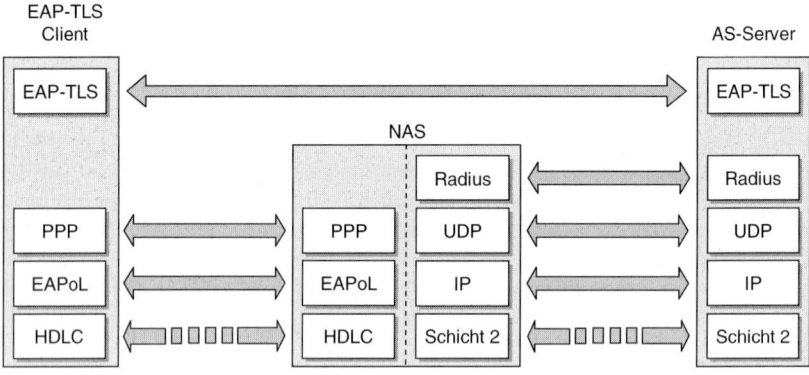

Abbildung 5.20. Der EAP-TLS-Protokollstapel

Wie bei EAPoL agiert der Netzzugangsserver, nachdem er sich mit dem Client auf die Authentifizierung mittels EAP geeinigt hat, als Proxy für die Kommunikation zwischen Client und Authentifikationsserver. Dabei packt der NAS die EAP-TLS-Nachrichten des Clients in Radius-Nachrichten für den Server ein und entpackt die Nachrichten wiederum in umgekehrter Richtung. Der Ablauf des Nachrichtenaustauschs ist in Abbildung 5.21 dargestellt.

Nachdem der Client vom NAS aufgefordert wurde, sich zu authentifizieren, und die entsprechende *EAP-Identity*-Nachricht an den NAS gesendet hat, leitet dieser die Nachricht zur Überprüfung an den Authentifikationsserver weiter. Dieser beginnt die Authentifizierung nach EAP-TLS mit einer *EAP-*

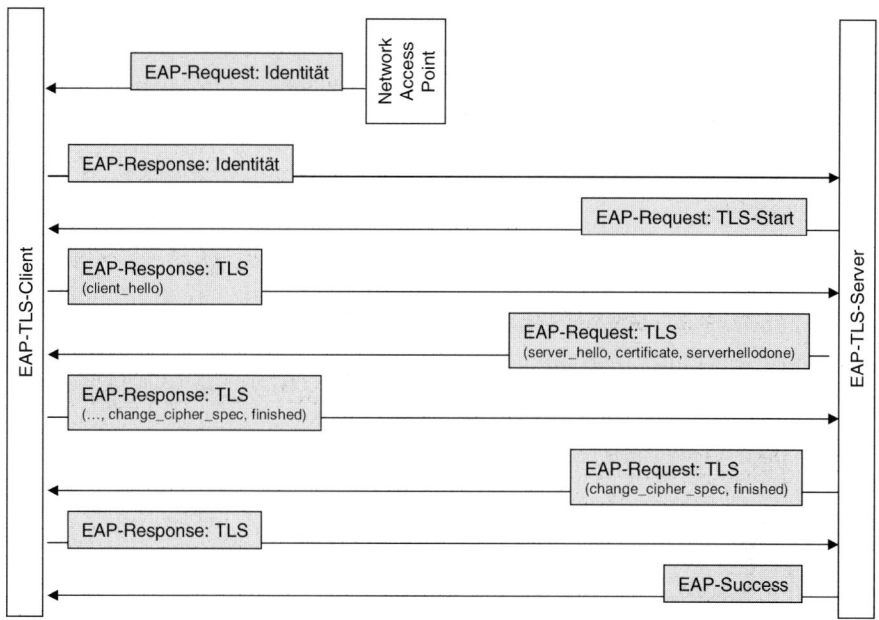

Abbildung 5.21. Nachrichtenaustausch bei EAP-TLS

Request-Nachricht vom Typ *EAP-TLS*, die lediglich die *TLS-Start*-Aufforderung trägt. Nach der *TLS-Start*-Nachricht beginnt der TLS-Schlüsselaustausch. Dabei werden die TLS-Nachrichten in die EAP-Nachrichten eingebettet, daher auch der Name EAP-TLS. Die genaue Abfolge und Bedeutung der einzelnen TLS-Nachrichten ist in Abschnitt 7.3 (S. 276) beschrieben. Nachdem der TLS-Austausch erfolgreich abgeschlossen wurde, gibt der Authentifikationsserver die Nutzung des Netzes frei.

Bewertung

EAP-TLS baut auf einem bewährten und geprüften Protokoll auf, das die notwendigen Randbedingungen erfüllt. Allerdings werden durch EAP-TLS die Identitäten des Clients und des Authentifikationsservers im Klartext übertragen und werden so nicht vor einem einfachen Abhören geschützt. Des Weiteren gilt zu beachten, dass die Authentifikation des Clients mittels eines X.509-Zertifikats nicht immer vorausgesetzt werden kann. Dennoch bietet EAP-TLS eine sichere Methode zur Zugangskontrolle in drahtlosen Netzen.

5.3.8 PEAP

In [190] wurde ein Ansatz vorgestellt, der die beiden Nachteile des EAP-TLS-Ansatzes löst: Identifikation des Clients nur mittels Zertifikat und den fehlenden Schutz der ausgetauschten Identitäten gegen Abhören. Das Verfahren wurde *Protected EAP* (PEAP) genannt, da der Austausch der EAP-Nachrichten verschlüsselt und authentifiziert erfolgt.

Dazu wird das Protokoll in zwei Phasen geteilt, wobei zuerst ein mit TLS gesicherter Kanal zwischen Client und PEAP-Server aufgebaut und anschließend über diesen die Client-Authentifizierung mittels EAP realisiert wird. Der NAS spielt, wie in Abbildung 5.22 gezeigt, wiederum die Rolle eines Proxies, der die PEAP-Daten des Clients in Radius-Nachrichten einkapselt und an den Server sendet und in umgekehrter Richtung die in Radius gekapselten EAP-Nachrichten des Servers auspackt und an den Client weiterleitet.

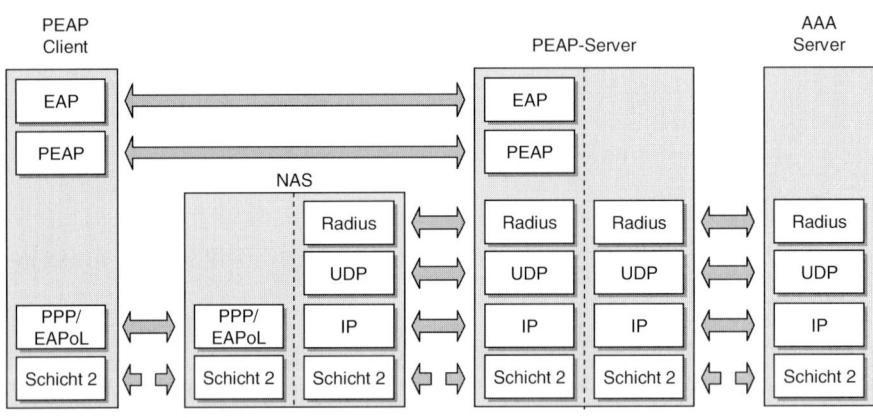

Abbildung 5.22. PEAP-Protokollstapel

Der Ablauf der ersten Phase entspricht genau dem Ablauf von EAP-TLS. Der einzige funktionale Unterschied besteht darin, dass die Client-Authentifizierung in dieser Phase optional ist und somit die Authentifizierung nicht von Client-Zertifikaten abhängt. Um eine PEAP-Aushandlung von einer EAP-TLS-Aushandlung unterscheiden zu können, wird anstelle des *EAP-TLS*-Typs eine Nachricht vom Typ *PEAP* mit dem Wert *PEAP-Start* in der *EAP-Request*-Nachricht übertragen

Nachdem der TLS-Kanal zwischen Client und PEAP-Server erfolgreich aufgebaut wurde, beginnt die zweite Phase des Protokolls. In dieser werden EAP-Nachrichten durch den TLS-Kanal verschlüsselt und authentifiziert. Damit ist es einem Angreifer durch Abhören der Kommunikation nicht möglich, die Identität des Benutzers zu ermitteln, der sich gerade authentifiziert.

Bei der Wiederaufnahme einer Sitzung entfällt die zweite Runde. Das Wissen des TLS-Schlüssels reicht aus, um sich erneut zu authentifizieren. Das impliziert allerdings auch, dass nach einer gescheiterten zweiten Phase auch der TLS-Kanal zwischen Client und PEAP-Server gelöscht werden muss, um ungerechtfertigte Wiederaufnahmen zu verhindern.

Bewertung

PEAP unterstützt die Authentifizierung der Clients ohne Zertifikate und schützt den Austausch der Identitäten vor dem Zugriff durch Dritte. Allerdings benötigt PEAP dafür ein zwei-phasiges Protokoll, in dem TLS und EAP eingesetzt werden. Dies führt zu einer erhöhten Komplexität und einer höheren Verzögerung während der Anmeldung. Des Weiteren ist anzumerken, dass PEAP zurzeit nicht vorsieht, dass Parameter für die Sicherungsschicht ausgehandelt werden, und dass somit kein Schutz der Sicherungsschicht ermöglicht werden kann. Als dritte Schwachstelle des PEAP-Drafts muss die Tatsache genannt werden, dass der PEAP-Server im Roaming-Fall die Authentifizierungsdaten aus den EAP-Nachrichten in Radius-Nachrichten kopieren muss. Außerdem wurde PEAP lange Zeit nur von einem Hersteller unterstützt.

5.3.9 EAP-TTLS

Eine Alternative zu PEAP ist das *EAP Tunneled TLS Authentication Protocol* (EAP-TTLS) [133], das die Probleme von EAP-TLS löst, allerdings noch weiter geht und auch einige der Probleme von PEAP löst.

Wie PEAP ist EAP-TTLS ebenfalls in zwei Phasen geteilt. In der ersten Phase wird wiederum eine TLS-Verbindung zwischen Client und TTLS-Server aufgebaut, wobei der NAS wieder als Proxy fungiert. Wie bei PEAP auch ist die Authentifizierung des Clients optional, so dass der Client nicht über ein eigenes Zertifikat verfügen muss.

Die sich anschließende zweite Phase dient wieder der Client-Authentifizierung. Dabei können neben EAP auch PAP, CHAP oder MS-CHAP als Authentifizierungsverfahren verwendet werden. Darüber hinaus sieht EAP-TTLS vor, dass in dieser Phase zusätzlich die Parameter zum Schutz der Sicherungsschicht ausgehandelt werden (z. B. WPA-Schlüssel) und das dazu benötigte Schlüsselmaterial verteilt wird. Abbildung 5.23 zeigt die zweite Phase einer solchen Aushandlung mit CHAP-Authentifizierung.

Eine Besonderheit bei EAP-TTLS stellt die Verwendung von Authentifizierungsverfahren dar, die auf dem Challenge-Response-Mechanismus basieren, denn anders als üblich erzeugt der Client selbst die Challenge für das Verfahren. Könnte er allerdings die Challenge völlig frei wählen, wären Wiedereinspielungsangriffe denkbar. Deshalb wird in EAP-TTLS vorgeschrieben, durch

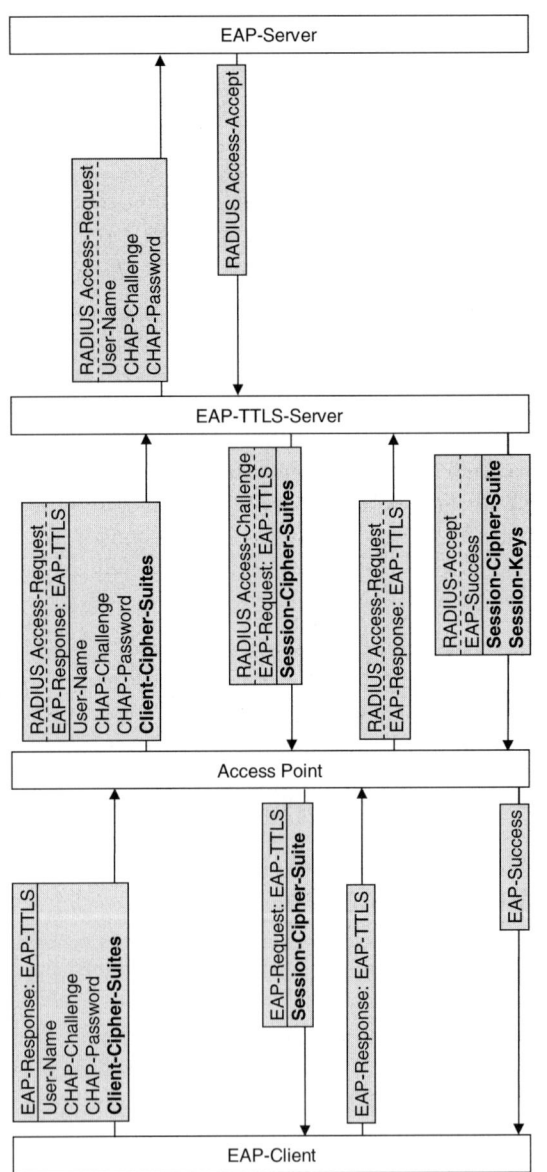

Abbildung 5.23. Zweite Authentifikationsrunde bei EAP-TTLS

welche Funktion der Client die Challenge generieren muss. Diese Funktion ist eine Pseudozufallszahlen-Funktion, die als Eingabe den TLS-Schlüssel und die TLS-Zufallszahlen bekommt. Dadurch ist es möglich, dass der Client die Phase zwei direkt mit der Authentifizierung basierend auf Challenge-Response beginnen kann.

Die optionale Aushandlung von Parametern zum Schutz der Sicherungsschicht erfolgt ähnlich wie bei TLS. Der Client und der NAS schlagen beide eine Menge von Cipher-Suites vor, die von ihnen unterstützt werden. Der TTLS-Server wählt eine gemeinsame Cipher-Suite aus und kommuniziert dies zuerst an den Client und anschließend den NAS. Der Client leitet das notwendige Schlüsselmaterial aus dem TLS-Schlüssel der ersten Phase ab und muss somit das Schlüsselmaterial nicht vom TTLS-Server erhalten. Dem NAS dagegen muss das Schlüsselmaterial explizit vom TTLS-Server übergeben werden. Dies geschieht durch die Nachricht *Client-AP-Keys*.

Um das Roaming des Clients besser unterstützen zu können, kodiert EAP-TTLS die Authentifizierungsdaten direkt in Diameter-Nachrichten [56]. Dies verhindert, dass der TTLS-Server die Daten der EAP-Nachrichten in Diameter-Nachrichten umsetzen muss, wenn der Client sich in einer Fremddomäne befindet und der TTLS-Server den AAA-Home-Server (siehe Abschnitt 8.3, S. 299) kontaktieren muss. Daraus ergibt sich der in Abbildung 5.24 dargestellte Protokollstapel.

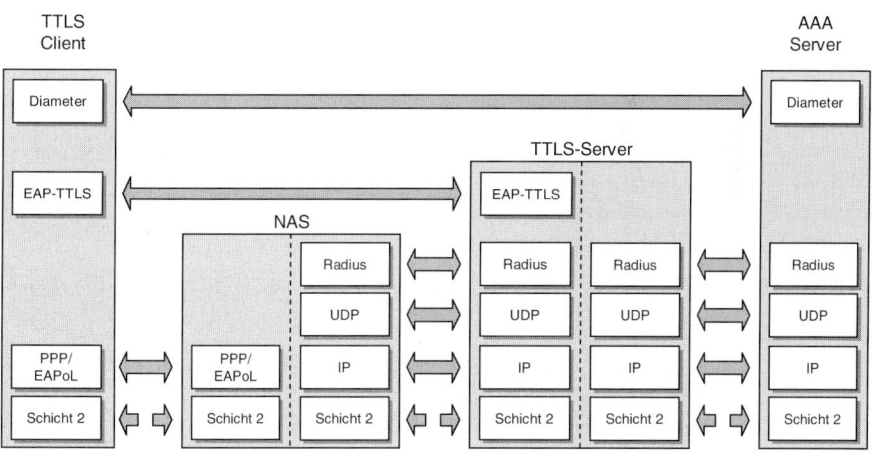

Abbildung 5.24. Der EAP-TTLS-Protokollstapel

Bewertung

EAP-TTLS ermöglicht die Authentifizierung des Clients, ohne dabei auf Zertifikate zurückgreifen zu müssen. Da der Austausch der Authentifikationsdaten
durch den vorher aufgebauten TLS-Tunnel geschützt ist, wird auch die Identität des Benutzers geschützt. Dies entspricht genau der Funktionalität von
PEAP. Darüber hinaus wird durch EAP-TTLS die Aushandlung von Sicherungsmechanismen und der Austausch des dazu nötigen Schlüsselmaterials
zum Schutz der Sicherungsschicht unterstützt. Auch das Roaming der Benutzer wird durch die Kodierung der Authentifizierungsdaten in Diameter-
Nachrichten im Vergleich zu PEAP erleichtert.

5.3.10 Bewertung

WEP war ein erster Versuch, Sicherheit in 802.11-Netze einzuführen. Da nach
kurzer Zeit schon wesentliche Schwächen des Protokolls aufgedeckt wurden,
muss heute von einer Nutzung des Protokolls definitiv abgeraten werden. WPA
ist ein pragmatischer Ersatz, der bereits heute ohne Änderungen an der bestehenden Hardware eingesetzt werden kann und eine Verschlüsselung und
Integritätssicherung pro Paket bietet. Der relativ schwache RC4-Algorithmus
bleibt allerdings als Nachteil gegenüber WPA2 oder 802.11i erhalten, obwohl
bislang keine Schwächen von WPA bekannt geworden sind. Für eine gesicherte
Zugangskontrolle stellen Ansätze wie PEAP oder EAP-TTLS eine Alternative dar. Als neuester Standard wurde 802.11i verabschiedet und bietet nach
heutigem Wissen den besten Schutz. Allerdings muss beachtet werden, dass
dazu die Hardware entsprechend aktuell sein bzw. erneuert werden muss, was
einen schnellen Einsatz dieser Technik verhindert.

5.4 Bluetooth

Bluetooth ist ein inzwischen weit verbreiteter Standard zur drahtlosen Datenübertragung. Vorgestellt von der *Bluetooth Special Interest Group (Bluetooth
SIG)* im Jahre 1998 ermöglicht Bluetooth die Kommunikation insbesondere
zwischen Kleinstgeräten wie Mobiltelefonen, PDAs oder Laptops sowie Pe-
ripheriegeräten wie Headsets, Mäusen und Tastaturen. Der Standard liegt
derzeit in Version 1.2 vor und wird von der Bluetooth SIG weiter gepflegt, zu
der mittlerweile mehr als 2.000 Mitglieder gehören (siehe [42]). Unter den Mit-
gliedern befinden sich namhafte Firmen wie Ericsson, IBM, Intel, Microsoft,
Toshiba, Motorola oder Nokia [43].

Piconetze

Jedes Netzwerk von Bluetooth-Geräten wird von bis zu sieben so genannten *Slaves* und einem *Master* gebildet. Solch ein Netz wird als *Piconetz* bezeichnet. Master und Slave bezeichnen hierbei die unterschiedlichen Rollen, welche die Geräte einnehmen können, und sind von der sonst bekannten Client/Server-Rollenverteilung zu unterscheiden. Wollen zwei Bluetooth-Geräte miteinander Daten austauschen, so wird das die Kommunikation initiierende Gerät zum Master, das andere zum Slave; im gegenseitigen Einverständnis beider Geräte kann das initiierende Gerät jedoch auch die Rolle des Slave übernehmen. Die Rolle des Masters bedeutet für ein Bluetooth-Gerät einige besondere Aufgaben bzw. Eigenschaften, auf die im weiteren Verlauf dieses Abschnittes noch eingegangen wird. Nach dem Verbindungsaufbau ist der Master in der Lage, noch von bis zu sechs weiteren Slaves Verbindungen zur Kommunikation anzunehmen. Wollen zwei Slaves miteinander kommunizieren, so muss dies über eine mittelbare Weiterleitung des Masters geschehen. Eine direkte Kommunikationsverbindung zwischen mehreren Slaves kann es nicht geben.

5.4.1 Sicherheit

Bluetooth ermöglicht auf Link-Ebene zwischen einem Master und einem Slave neben komplett ungeschützten Verbindungen im *Non-Secure Mode* (Modus 1) optional Authentifizierung und Verschlüsselung. Hierbei wird zwischen *Service-Level Enforced Security Mode* (Modus 2) und *Link-Level Enforced Security Mode* (Modus 3) unterschieden: Bei Modus 2 bleibt es Aufgabe der Anwendung, die beiden Sicherheitsmechanismen zu verwenden. Der Modus 3 erfordert zwingend Authentifizierung, Verschlüsselung bleibt jedoch weiterhin optional.

Im Folgenden werden die Authentifizierungs- und Verschlüsselungsmechanismen beschrieben. Grundlage jeder sicheren Kommunikation zwischen den zwei Geräten sind *Link Keys* und die daraus berechneten *Encryption Keys*, wobei Link Keys der Authentifizierung und Encryption Keys der Verschlüsselung der Verbindung dienen. Link Keys haben eine Länge von 128 Bit und Encryption Keys wahlweise zwischen 8 und 128 Bit. Der Grund für die variierende Bit-Breite der Encryption Keys sind mögliche Exportbeschränkungen für eine starke Verschlüsselung in einigen Staaten, die allerdings nicht für Authentifizierungsmechanismen gelten.

5.4.2 Link Keys

Sind zwei Bluetooth-Geräte einander unbekannt, d. h. besitzen sie noch keinen gemeinsamen Link Key, so müssen sie sich zunächst mittels des *Pairing* genannten Vorgangs *paaren*, um einen initialen und temporären Link Key K_{init} zu erzeugen.

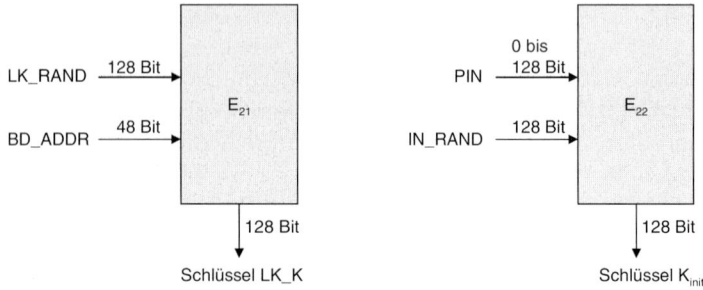

Abbildung 5.25. Schema der beiden Algorithmen E_{21} und E_{22} aus [42].

Initialer Schlüssel K_{init}

Der Vorgang des Paarens stellt in Bluetooth nichts anderes als den Austausch eines Geheimnisses dar. Dieser Austausch muss über einen zweiten (sicheren) Übertragungskanal geschehen. Meist ist dies der Benutzer, der per Hand eine als gemeinsames Geheimnis dienende PIN in beide Geräte eingibt, die zwischen einem und 16 Bytes lang sein kann. Zudem schickt der Master an den Slave eine Zufallszahl IN_RAND. Aus der PIN, der Länge der PIN sowie der Zufallszahl generiert jedes der beiden Geräte einen 128-Bit-Schlüssel K_{init} mittels des Algorithmus E_{22} (vgl. Abbildung 5.25). Ist die eingegebene PIN weniger als 16 Bytes lang, so wird sie mit der Bluetooth-Adresse BD_ADDR des Slaves auf insgesamt 16 Bytes aufgefüllt. Nach diesem Vorgang sind beide Geräte im Besitz des gleichen initialen Schlüssels K_{init}, mit dem nun ein Link Key gebildet werden kann. Es existieren drei unterschiedliche Arten von Link Keys [42]:

1. Combination Keys

2. Unit Keys

3. Temporary Keys

Combination Keys

Dies sind Schlüssel, die aus Informationen von beiden Kommunikationspartnern A und B generiert werden. Beide Geräte A und B generieren zunächst je eine 128-Bit-Zufallszahl LK_RAND, die zusammen mit der eigenen Bluetooth-Adresse den Algorithmus E_{21} parametrisiert. Dazu berechnet A

$$LK\_K_A = E_{21}(LK\_RAND_A, BD\_ADDR_A)$$

und B berechnet

$$LK\_K_B = E_{21}(LK\_RAND_B, BD\_ADDR_B).$$

Nun sendet A das mit XOR von K_{init} verschlüsselte LK_RAND_A an B (d. h. $K_{init} \oplus LK\_RAND_A$) und B schickt an A umgekehrt $K_{init} \oplus LK\_RAND_B$. Da nur A und B K_{init} kennen und dieser Wert genau wie die Zufallszahlen 128 Bit lang ist, sichert die XOR-Verschlüsselung gegen unbefugtes Mithören. Sowohl A als auch B kennen die Bluetooth-Adressen ihres jeweiligen Gegenübers. Auf diese Art kann jetzt A auch

$$LK\_K_B = E_{21}(LK\_RAND_B, BD\_ADDR_B)$$

und B ebenso

$$LK\_K_A = E_{21}(LK\_RAND_A, BD\_ADDR_A)$$

ausrechnen. Beide Geräte können demnach den Combination Link Key

$$K_{AB} = LK\_K_A \oplus LK\_K_B$$

bestimmen und das alte K_{init} löschen. Auf die gleiche Weise, mit der gerade aus dem initialen Key ein Link Key gebildet worden ist, können im weiteren Verlauf der Kommunikation grundsätzlich immer aus alten Link Keys neue Combination Link Keys erzeugt werden.

Unit Keys

Einige Bluetooth-Geräte können keine neuen Link Keys generieren, da sie z. B. nicht den dafür benötigten Speicherplatz zur Verfügung haben. In diesem Fall wird ein so genannter *Unit Key* beim ersten Einsatz des Gerätes gebildet. Zum Einsatz kommt hier wiederum die Chiffre E_{21}, die aus einer 128 Bit breiten Zufallszahl und der 48-Bit-Bluetooth-Adresse einen Unit Key errechnet. Ist ein Gerät A nur in der Lage, seinen Unit Key K_A zu verwenden und keine Combination Keys, so wird K_A zum Link Key K_{AB} mit dem Gerät B. Der gleiche Schlüssel K_A wird aber auch als gemeinsamer Link Key K_{AX} mit einem weiteren Gerät X verwendet. Der Unit Key K_A wird ähnlich wie ein Combination Key mit Hilfe des initialen Schlüssels K_{init} übertragen, indem A das Chiffrat

$$C = K_{init} \oplus K_A$$

an den Kommunikationspartner B schickt.

Temporary Keys

Es ist durchaus denkbar, dass ein Master die gleiche Information an verschiedene Slaves versenden möchte. Möglich ist dies grundsätzlich, in dem er die

Daten mit Hilfe der verschiedenen Link Keys bzw. den daraus abgeleiteten Encryption Keys separat für jeden Slave verschlüsselt und abschickt. Eine technisch wesentlich effizientere Lösung ist hierfür jedoch der zeitweise Einsatz eines für alle Slaves gemeinsamen Link Keys, des *Temporary Keys* K_{master}, zusammen mit dem Versand der Daten per Broadcast-Mechanismus. Der Algorithmus E_{22} aus Abbildung 5.25 erzeugt den 128-Bit-Master-Key K_{master} aus zwei Zufallszahlen *RAND1* und *RAND2*. E_{22} benötigt als weiteren Parameter die Bit-Breite der Eingabe, in diesem Beispiel 128 Bit = 16 Byte.

$$K_{master} = E_{22}(RAND1, RAND2, 16)$$

Eine dritte Zufallszahl *RAND* wird schließlich vom Master an jeden Slave gesendet. Die Slaves können genauso wie der Master mit Hilfe der Berechnung

$$K_{OVL} = E_{22}(K_{MS}, RAND, 16)$$

einen so genannten *Overlay-Schlüssel* berechnen, wobei K_{MS} den aktuellen Link Key zwischen Master und jeweiligem Slave darstellt. Nun wird der für alle Slaves gültige Temporary Key K_{master} separat an die Slaves übermittelt:

$$C = K_{OVL} \oplus K_{master}$$

Die Slaves können jeweils zurückrechnen:

$$K_{master} = C \oplus K_{OVL}.$$

Der 128 Bit breite K_{master} stellt ab jetzt den neuen Link Key dar. Zur Bestätigung, dass der Schlüssel richtig angenommen worden ist, müssen alle Slaves mit dem neuen K_{master} eine wechselseitige Authentifizierung gegenüber dem Master durchführen, die in Abschnitt 5.4.3 noch genauer erläutert wird. Nun ist der Master in der Lage per Broadcast einmalig verschlüsselte Daten an die Slaves zu übertragen. Den dafür verwendeten Encryption Key können alle Slaves aus dem gemeinsamen Link Key K_{master} ableiten.

Da so jeder einzelne Slave sämtliche Daten für die Gruppe mit dem selben K_{master} entschlüsseln kann, ist diese Art der Kommunikation nur zeitweise sinnvoll. Der Master kann bei Bedarf ein Fallback-Kommando an einzelne Slaves senden, aufgrund dessen die Slaves zurück auf ihre individuellen Link Keys umschalten, die vor Einsatz des Temporary Keys in Verwendung waren. Dieses Fallback-Kommando wird dediziert vom Master an die Slaves verschickt. Dies sorgt dafür, dass keinerlei Informationen über Link-Key-Zustände zwischen Master und Slaves den jeweils anderen Slaves bekannt sind.

Re-Keying der Link Keys

Zu jedem Zeitpunkt der Kommunikation kann ein neuer Combination Link Key berechnet werden. Dies wird als *Re-Keying* bezeichnet. Die Spezifikation

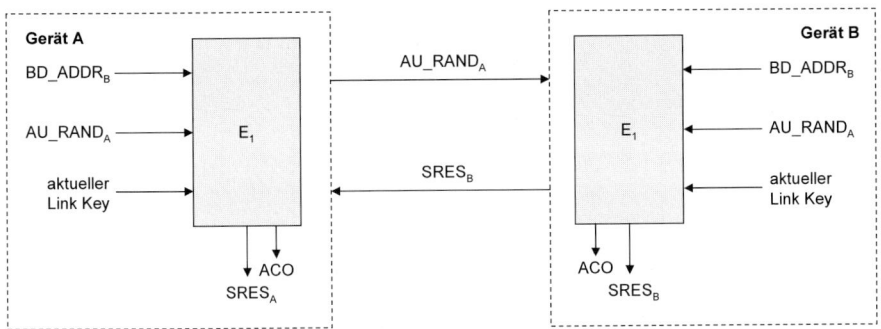

Abbildung 5.26. Challenge-Response-Verfahren

schlägt zumindest die Aktualisierung des Link Keys zu Beginn einer neuen Session vor. Dies ist allerdings nicht bindend sondern abhängig von der Anwendung. Falls diese z. B. der Auffassung ist, dass der aktuelle Link Key für den weiteren Verlauf der Kommunikation nicht mehr sicher ist, so kann sie ein Re-Keying anstoßen.

Das für das Re-Keying notwendige Verfahren ist exakt gleich dem eingangs beschriebenen Verfahren zur Erzeugung des Combination Keys, wobei K_{init} nur durch den aktuellen Link Key zu ersetzen ist. Prinzipiell können auch Unit Keys geändert werden, falls die Hardware dies zulässt.

5.4.3 Authentifizierung

Direkt im Anschluss an den Austausch eines Link Keys muss in Bluetooth eine gegenseitige Authentifizierung stattfinden [42]. Zum Einsatz kommt hierbei ein klassisches Challenge-Response-Verfahren, das im Folgenden beschrieben wird (vgl. Abbildung 5.26): Im ersten Schritt soll sich B gegenüber A authentifizieren. A erzeugt zunächst eine Zufallszahl AU_RAND_A (*Challenge*), die er an B versendet. Sowohl A als auch B berechnen jetzt aus AU_RAND_A, dem aktuellen Link Key K_{AB} und der Bluetooth-Adresse BD_ADDR_B von B

$$SRES = E_1(AU\_RAND_A, BD\_ADDR_B, K_{AB}).$$

mit Hilfe des Algorithmus E_1.

Neben $SRES$ ist ACO eine weitere Ausgabe von E_1, die jedoch erst im späteren Verlauf für die Erzeugung von Encryption Keys benötigt wird – dazu mehr im nächsten Abschnitt. B schickt sein $SRES_B$ (*Response*) zurück an A. Wenn A sein ausgerechnetes $SRES_A$ mit dem empfangenen $SRES_B$ von B vergleicht und beide übereinstimmen, ist B gegenüber A authentifiziert. Das gleiche Verfahren erlaubt es umgekehrt A, sich B gegenüber zu authentifizieren.

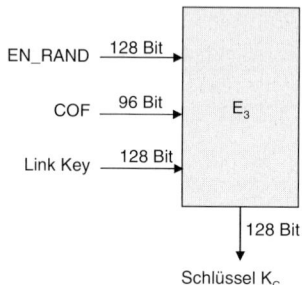

Abbildung 5.27. Erzeugung eines Encryption Keys

5.4.4 Encryption Keys

Link Keys dienen nur der Authentifizierung der Bluetooth-Geräte. Verschlüsselt werden die transportierten Daten tatsächlich über daraus abgeleitete Encryption Keys K_C. Der Master schickt im ersten Schritt eine 128 Bit lange Zufallszahl EN_RAND an den Slave. Zu diesem Zeitpunkt sind beide Geräte im Besitz eines gemeinsamen Link Keys, sowie eines 96 Bit breiten *Ciphering Offsets* (COF):

1. Handelt es sich bei dem aktuellen Link Key um einen Temporary Key K_{master}, dann ist *COF* gleich der 48-Bit-Bluetooth-Adresse BD_ADDR des Masters, zweimal hintereinander geschrieben: $COF = BD\_ADDR|BD\_ADDR$.

2. Im Falle eines Combination Keys oder Unit Keys ist COF gleich dem 96 Bit langen Ausgabewert ACO der letzten Authentifizierung.

Schließlich bildet sich mit Hilfe des Algorithmus E_3 der Schlüssel K_C aus einer Verknüpfung von COF, EN_RAND sowie dem aktuellen Link Key. Dies stellt Abbildung 5.27 dar.

5.4.5 Verschlüsselung

Bluetooth verwendet zur Verschlüsselung von Daten die Stromchiffre E_0, eine Variante des Summengenerators von Massey und Rüppel [125]. Die Initialisierung der Verschlüsselung geschieht folgendermaßen: Im ersten Schritt sendet der Master wiederum eine Zufallszahl EN_RAND_A an den Slave. Zusammen mit dem Encryption Key K_C, der Bluetooth-Adresse BD_ADDR_A sowie der 26 Bit breiten Uhrzeit CLK des Masters kann das Verfahren E_0 sowohl auf Master- als auch auf Slave-Seite einen Schlüsselstrom K_{cipher} erzeugen. Die Uhrzeit CLK des Masters ist dabei dem Slave bekannt, da er sie beim anfänglichen Aufbau der Bluetooth-Verbindung durch ein Synchronisieren auf dessen so genannte *Sprungfrequenz* errechnen kann. Die dann zu transportierenden Nutzdaten werden letztlich durch ein XOR mit den von E_0 erzeugten Schlüsselbits K_{cipher} chiffriert und versendet.

5.4.6 Bewertung

Die Sicherheit von Bluetooth beruht sehr stark auf der Güte der verwendeten geheimen PINs. Sämtliche zuvor beschriebenen Verfahren zur Authentifizierung oder Verschlüsselung von Daten basieren auf geheimen Schlüsseln, zu deren Entstehung neben der hoffentlich geheimen PIN ausschließlich öffentlich bekannte Informationen wie Geräteadressen oder aber im Klartext übertragene Zufallszahlen verwendet werden. Errät ein Angreifer die PIN, so kann er damit ohne größere Probleme auch sämtliche Schlüssel errechnen.

Kurze PINs stellen ein Sicherheitsproblem dar: Es sind zwar PINs mit maximal 16 Bytes = 128 Bit Länge vorgesehen, doch verwenden viele Mobiltelefone bzw. deren Benutzer nur einen Bruchteil dieser Länge; üblich sind 4 Dezimalzahlen. Da Bluetooth bei einer PIN mit weniger als 16 Bytes Länge diese nur mit der öffentlich bekannten Geräte-Adresse des Slaves auffüllt, reduziert sich die Anzahl der Möglichkeiten für ein einfaches Erraten einer PIN von maximal 2^{128} auf nur ca. $2^{13} = 10.000$. Aus Erfahrung werden darüber hinaus häufig Lieblingszahlen oder leicht zu merkende Zahlenkombinationen verwendet, was das Erraten weiter erleichtert. Gleichermaßen gefährlich ist die Verwendung von voreingestellten Werten wie 0000.

Ein anderes Problem äußert sich in der Tatsache, dass einige Geräte nicht in der Lage sind, die Eingabe neuer PINs anzunehmen bzw. alte zu verändern. Einigen Geräten fehlt ganz einfach das dafür notwendige physikalische Eingabemedium wie eine Tastatur oder ein Keypad. Diese Geräte haben eine fest eingebaute PIN, die bei ungewollter Offenlegung gegenüber Dritten vom Benutzer niemals mehr geändert werden kann. Vor einem ähnlichen Problem steht der Benutzer bei solchen Geräten, wenn er seine PIN ganz einfach vergisst.

Sicherheitsmodi

Bluetooth kennt neben der komplett unverschlüsselten, ungesicherten Verbindung (Non-Secure Mode) zwei weitere Arten von Sicherheitsmodi, von denen die Bluetooth-Software zur Kommunikation jeweils einen auswählen kann [125]: den Service-Level Enforced Security Mode (Modus 2), bei dem die Anwendung die zum Einsatz kommenden Sicherheitsmechanismen selbst auswählen muss, sowie den Sicherheitsmodus Link-Level Enforced Security (Modus 3), bei dem prinzipiell immer eine Authentifizierung zum Verbindungsaufbau notwendig ist, die anschließende Verschlüsselung allerdings optional bleibt. Grundsätzlich forciert Bluetooth den Einsatz von Sicherheit nicht auf Link-Ebene. Der Sicherheitsmodus 3 muss demnach also erst explizit von der Bluetooth-Software aktiviert werden.

Unit Keys

Unit Keys stellen prinzipiell ein Sicherheitsrisiko dar: Verwendet ein Gerät einen Unit Key, so sind all seine Kommunikationsverbindungen zu anderen Geräten mit diesem einen Schlüssel gesichert. Gegenseitiges Abhören der Daten ist damit einfach denkbar. Aus diesem Grund empfiehlt selbst die Bluetooth SIG in [41], auf den Einsatz von Unit Keys zu verzichten; falls möglich sollten Combination Keys verwendet werden.

Die Chiffre E_0

Die bei Bluetooth verwendete Stromchiffre E_0 zur Verschlüsselung der Daten ist gebrochen worden [121]. Selbst wenn der Benutzer eine zufällige 16 Byte = 128 Bit lange PIN und den daraus resultierenden Schlüssel verwendet, muss ein Angreifer zum Erraten dieses Schlüssels anstatt der 2^{128} nur 2^{84} Möglichkeiten durchprobieren, falls er es schafft, in den Besitz von 132 Bit des internen Schlüsselstroms zu gelangen. Er muss sogar nur 2^{73} Möglichkeiten probieren, wenn er 2^{43} Bit = 1 Terabyte Schlüsselstrom besitzt. In wie weit diese Angriffe praktikabel sind, d. h. ein Angreifer an den internen Schlüsselstrom gelangt, ist jedoch fraglich. Ferner sind selbst 2^{73} durchzuprobierende Schlüssel-Möglichkeiten derzeit immer noch ein großes Hindernis.

Schlüsselgenerierung

Die Generierung neuer Kommunikationsschlüssel in Bluetooth erfüllt nicht die Eigenschaft Perfect Forward Secrecy (siehe Abschnitt 4.5.1). Beim Re-Keying wird die Schlüsselerzeugung nur durch entweder den alten initialen Schlüssel oder den aktuellen Link Key geschützt. Betrachtet man den initialen Schlüssel der Verbindung als Long-Term-Key, so kann ein Angreifer, dem es gelingt in dessen Besitz zu kommen, alle folgenden Link Keys sukzessive zu berechnen.

Zufallszahlen

Bluetooth verwendet an einigen Stellen Zufallszahlen, beispielsweise um neue Link Keys zu erzeugen. Daher ist es notwendig, dass die Geräte in der Lage sind, (Pseudo-)Zufallszahlen zu erzeugen; sie benötigen daher einen Zufallszahlengenerator. Die Bluetooth-Spezifikation [42] stellt keinerlei Vorgaben an einen solchen Generator und verlangt dementsprechend keinerlei Güte der Zufallssequenz. Die meisten modernen Bluetooth-Geräte sind wahrscheinlich nicht in der Lage, qualitativ gute (Pseudo-)Zufallszahlen zu erzeugen, da ihnen als „Zufall" wahrscheinlich nur die aktuelle Uhrzeit zur Verfügung steht. Dementsprechend können die von Master bzw. Slave ausgetauschten Zufallszahlen, die auch zur Generierung neuer Schlüssel in Anspruch genommen werden, wahrscheinlich mit etwas Aufwand vorhergesagt werden. Bis heute stehen praktische Untersuchungen an Geräten dazu allerdings noch aus.

Abstrahlung

Die Bluetooth Spezifikation unterscheidet zwischen drei verschiedenen Geräteklassen [52]:

1. *Klasse 1* — Dabei handelt es sich um Geräte mit einer Sendeleistung von 1 mW bis 100 mW. Dies dürfte in etwa einer Reichweite von bis zu 100 m entsprechen.

2. *Klasse 2* — Geräte mit einer Sendeleistung zwischen 0,25 mW und 2,5 mW, Reichweite 10 m.

3. *Klasse 3* — Sendeleistung bis 1 mW (bis 0 dBm, Reichweite ca. 0,1–10 m).

Die Spezifikation beschreibt keinerlei Mindestsendereichweiten, sondern nur die maximale bzw. minimale Abstrahlungsenergie. Die oben angegebenen Distanzen haben sich durch verschiedene Messungen in der Praxis als allgemein gültig erwiesen und werden in dieser Form häufig von den Herstellern verschiedener Bluetooth-Geräte so angegeben. Es ist jedoch sehr wahrscheinlich, dass mit spezieller Hardware auch noch in weitaus größeren Abständen von Bluetooth-Geräten ausgesendete Funkwellen wahrgenommen werden können. Erste Versuche wurden in [157] beschrieben, bei denen sogar ein Klasse-2-Gerät noch in 1,78 km Entfernung ansprechbar ist. Die limitierte Sendeenergie bietet demnach keinen guten Schutz gegen unbefugtes Mithören.

Genauere Untersuchungen, mit welcher Gerätschaft in welcher Distanz noch Bluetooth-Funkwellen abgehört werden können, stehen allerdings noch aus. Da es sich bei Bluetooth um eine Funktechnologie handelt, sollte man sich der grundsätzlichen Problematik des unbemerkten Abhörens elektromagnetischer Wellen durch Unbefugte bewusst sein.

Man-in-the-Middle-Angriff

Die Arbeit [214] stellt einen denkbaren Man-in-the-Middle-Angriff auf Bluetooth vor. Der Angreifer kann sich zwischen Master und Slave positionieren und so die Kommunikation zwischen beiden abhören sowie u. U. auch verändern. Die dazu nötige Hardware muss dafür jedoch in der Lage sein, parallel mehrere Frequenzen abzuhören, mit Störsignalen zu überlagern und gegebenenfalls schneller auf Anfragen des Masters zu antworten als der Slave. Auch hier gibt es keinerlei praktische Erfahrungen was die Durchführbarkeit oder gar Hardware-Kosten betrifft.

Fehlerhafte Implementierungen

Sehr populär sind in letzter Zeit einige Angriffe geworden, die auf eine fehlerhafte Implementierung von Bluetooth-Software in Mobiltelefonen zielen. Die unter [152, 156, 155] gemeldeten Attacken mit den Namen *Chaos*, *BlueJacking* oder *BlueSnarf* ermöglichen beispielsweise Angreifern das Einsehen und Verändern der Adressbücher von Mobiltelefonen, des SMS-Speichers und erlauben sogar das ferngesteuerte Initiieren von Telefongesprächen. Betroffen waren bzw. sind Mobiltelefone namhafter Hersteller. Es ist allerdings sehr wichtig, darauf hinzuweisen, dass solche Attacken nur deshalb möglich sind, weil die Implementierungen der Bluetooth-Software in den Mobiltelefonen falsch bzw. fehlerhaft vom Hersteller angefertigt worden sind. Es handelt sich hierbei nicht um prinzipielle Schwächen des Bluetooth-Konzepts. Dementsprechend sollten einfache Updates der Telefon-Firmware solche Sicherheitslücken schließen. Um die Sicherheit durch Verringerung der Angriffsmöglichkeiten zu erhöhen, sollte die Bluetooth-Schnittstelle nur dann aktiviert werden, wenn sie tatsächlich benötigt wird.

5.5 Ausblick: ZigBee

Speziell für eine drahtlose Vernetzung im industriellen Bereich und für den Einsatz in so genannten Sensornetzen wird momentan der Kommunikationsstandard *ZigBee* entwickelt. Die beiden Funkstandards 802.11 (WLAN) und Bluetooth genügen in den Anwendungsszenarien für Sensor-/Aktornetze nicht den gesteigerten Anforderungen. So ist z. B. der Energieverbrauch bei Bluetooth und WLAN zu hoch, der Verbindungsaufbau bei Bluetooth dauert zu lange, Bluetooth Scatternetze sind noch nicht befriedigend implementiert worden und WLAN ist zu komplex. Die erste Spezifikation des ZigBee-Standards wurde im Dezember 2004 verabschiedet. ZigBee beruht auf dem Standard IEEE 802.15.4.

Der Sicherheit in ZigBee liegen drei Prinzipien zugrunde:

• Ein Großteil der Sicherheit basiert auf Ende-zu-Ende-Sicherheit.

- Eine Schicht des Kommunikationsstacks ist für die Sicherheit derjenigen Rahmen verantwortlich, die sie verfasst. Dadurch wird verhindert, dass mehrere Schichten den gleichen Rahmen absichern.

- Es wird lediglich ein einziger Schlüssel zwischen zwei Geräten ausgetauscht, unabhängig davon, welche Schicht jeweils Rahmen erzeugt. Der so genannte *Security Service Provider* (SSP) stellt den Schichten jeweils den benötigten Schlüssel zur Verfügung.

Als Hauptverschlüsslungsalgorithmus setzt ZigBee AES (s. Abschnitt 3.4.5, S. 51) ein. In der MAC-Schicht wird AES je nach Sicherheitsziel in folgenden Betriebsmodi verwendet:

- Verschlüsselung: Counter Mode

- Integrität: CBC-MAC

- Verschlüsselung und Integrität: CCM

Integrität wird über einen 4, 8 oder 16 Byte umfassenden MIC gewährleistet. Wird Vertraulichkeit gewünscht, so wird ein Nonce verwendet, der unter anderem Angriffe durch Wiedereinspielen verhindert. Die Netzwerkschicht verwendet ebenfalls AES, allerdings wird AES dort nur im CCM-Modus eingesetzt.

ZigBee bietet verschiedene Möglichkeiten zum Management von Schlüsseln, unter anderem Schlüsselaushandlung, Backup von Schlüsseln, Wiedereinrichtung von Schlüsseln und Schlüsselerneuerung. Zur Schlüsselaushandlung wird ein Verfahren eingesetzt, das auf elliptischen Kurven nach Menezes, Qu und Vanstone (MQV) basiert. Deren Algorithmus ermöglicht in einem Rechenvorgang sowohl Authentifizierung als auch Schlüsselerzeugung. Dies ist ein Vorteil gegenüber dem bekannten Diffie-Hellman-Verfahren, das zur Einrichtung eines sicheren Kanals zwei Rechen- und Kommunikationsschritte benötigt (jeweils einen für Schlüsselvereinbarung und für Authentifizierung).

6

Netzwerkschicht

Die Netzwerkschicht stellt die Klasse der *Netzwerkdienste* bereit, deren wesentliche Aufgabe es ist, Kommunikation zwischen Endsystemen in einem nicht vollvermaschten Netz zu realisieren, d. h. in einem Netz, in dem nicht alle Endsysteme direkt miteinander kommunizieren können. Dies impliziert die Existenz von Zwischensystemen, so genannten *Routern*, die an mehrere Teilnetze angebunden sind und Pakete zwischen diesen vermitteln. Für diese Vermittlungsfunktion ist eine Wegewahl notwendig, d. h. das Zwischensystem muss für jedes zu vermittelnde Paket feststellen, in welches der angeschlossenen Teilnetze und evtl. zu welchem weiteren Zwischensystem es weitergesendet werden muss. Im Englischen wird Vermittlung als *Forwarding* und Wegewahl als *Routing* bezeichnet.

Das heute verbreitetste Schicht-3-Protokoll ist das *Internet Protocol*, auch kurz IP genannt, bzw. IPv4 für Version 4 und IPv6 für Version 6 des Protokolls. Zur Verbreitung wesentlich beigetragen hat das immense Wachstum des Internets, welches auf IP basiert, durch das World-Wide-Web als Anwendung. Neben IP gibt es jedoch noch weitere Schicht-3-Protokolle, z. B. IPX von Novell, AppleTalk von Apple und DECNet von DEC. Aufgrund der Dominanz von IP in diesem Bereich wird jedoch im Folgenden ausschließlich auf IP eingegangen.

6.1 IP

Das Internet Protokoll IP stellt als wesentliche Funktionen die Adressierung von Systemen in der Netzwerkschicht, einen unzuverlässigen Datentransport sowie Mechanismen zur Fragmentierung und Reassemblierung bereit. Als Kernprotokoll des Internets kommt ihm eine besondere Bedeutung zu. Wie bereits in Kapitel 1 erwähnt wurde, stammt die Protokollspezifikation von IP aus einer Zeit, in der keine besonderen Sicherheitsvorkehrungen vorgesehen wurden, da keine Bedrohungen von den Teilnehmern ausgingen und Konnektivität das vorrangige Ziel darstellte. Beim Protokollentwurf spielte mehr die Robustheit des Protokolls gegenüber unabsichtlichen Fehlern eine Rolle als die Sicherheit gegenüber absichtlichen Manipulationen.

In diesem Abschnitt werden im Wesentlichen die fehlende Sicherheit und die Schwachstellen der beiden IP-Versionen aufgezeigt. Darüber hinaus werden auch Sicherheitsimplikationen von ARP und DHCP diskutiert. Danach wird das IPsec-Rahmenwerk vorgestellt, das IP um viele wichtige Sicherheitsmechanismen erweitert.

6.1.1 IP Version 4

IPv4 enthält selbst keinerlei Mechanismen, um Sicherheit in irgendeiner Form zu gewährleisten, d. h. Vertraulichkeit, Integrität und Authentizität der übertragenen Daten sind nicht geschützt. So können sämtliche Felder des Protokollkopfes (s. Abbildung 6.1) verändert und beeinflusst werden. Dies bringt es mit sich, dass Quelladressen zur Verschleierung von Angriffen gefälscht werden können (so genanntes IP-Spoofing), um eine Rückverfolgung der Angriffsquellen zu erschweren oder um Reflektorangriffe (vgl. Abschnitt 2.5.7, S. 17) durchzuführen. Durch Paketfiltermaßnahmen lassen sich allerdings IP-Pakete mit gefälschten Adressen mit wenig Aufwand erkennen und eliminieren (vgl. Ingress-Filtering in Abschnitt 6.6.3, S. 256), weshalb hier nicht weiter auf die Problematik gefälschter Adressen eingegangen wird. Es ist jedem Netzbetreiber anzuraten, dass er konsequent Ingress-Filtering für sämtliche seiner Kunden-Netzzugänge implementiert und dies gegebenenfalls auch vertraglich von seinen (Peering-)Partnern verlangt.

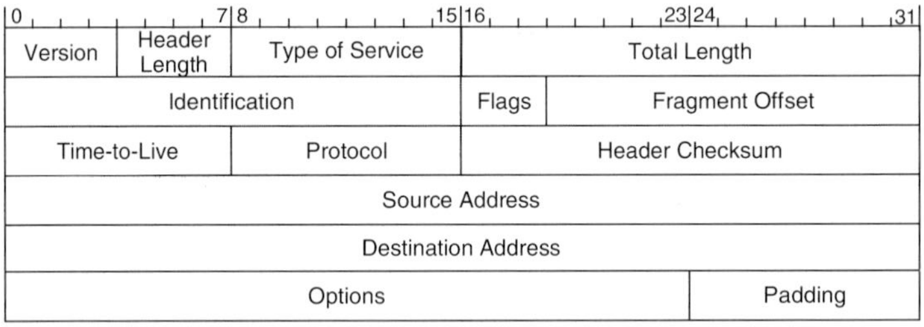

0	7 8	15 16	23 24	31
Version	Header Length	Type of Service	Total Length	
Identification		Flags	Fragment Offset	
Time-to-Live	Protocol	Header Checksum		
Source Address				
Destination Address				
Options			Padding	

Abbildung 6.1. IPv4-Kopf mit ToS-Feld nach [294]

Kopffelder

Der IP-Kopf beinhaltet alle Kontrolldaten des IP-Protokolls und ist somit für eine Sicherheitsbetrachtung essentiell. Im Folgenden werden für jedes Feld Sicherheitsaspekte diskutiert.

Das *Type-of-Service*-Feld (ToS-Feld) wurde ursprünglich in der IP-Spezifikation [294] vorgesehen, um eine unterschiedliche Behandlung von Paketen während ihrer Weiterleitung zu erreichen. Verwendet wurden hauptsächlich die drei *IP-Precedence*-Bits innerhalb des Feldes, um eine relative Priorität der Pakete zueinander anzugeben. Die Funktion des ToS-Feldes wurde inzwischen durch die Differentiated-Services-Arbeitsgruppe der IETF umdefiniert.

Der so genannte *Differentiated-Services-Codepoint* (DSCP) [276] ist der Wert, der durch die oberen sechs Bits im ehemaligen *ToS*-Feld angegeben wird. Er dient gemäß der Differentiated-Services-Architektur (DiffServ) [38] zur Differenzierung der Behandlung von IP-Paketen während ihrer Weiterleitung, d. h. Pakete können beispielsweise über eine hochpriore Warteschlange in einem Router weitergeleitet und gegenüber normalen Paketen somit bevorzugt behandelt werden. Üblicherweise muss der erste DiffServ-fähige Router sicherstellen, dass vormarkierte Pakete nicht unautorisiert ihre Markierung behalten. Eine Möglichkeit ist auch, dass der erste Router grundsätzlich alle Markierungen zurücksetzt und nur Pakete mit einer Markierung versieht, für die er über ein entsprechendes Verkehrsprofil verfügt. Um das Profil für einen Datenstrom zu finden, wird normalerweise die Adressinformation aus den Kopffeldern herangezogen, also potentiell das gesamte 5-Tupel aus Quell- und Zieladresse sowie Quell- und Zielport und Protokollnummer.

Damit die Skalierbarkeit des DiffServ-Ansatzes gewährleistet ist, verlassen sich nachfolgende und vor allem interne Router üblicherweise darauf, dass Paketmarkierungen autorisiert sind. Dies lässt sich zuverlässig jedoch nur erreichen, wenn eine Authentifizierung und Integritätssicherung der Kopfdaten erfolgt, z. B. mittels IPsec-AH, das in Abschnitt 6.2.3 erläutert wird. Ansonsten könnte ein Angreifer „Dienstdiebstahl" begehen, indem er unberechtigterweise gefälschte Pakete mit der Absendeadresse des berechtigten Dienstnutzers schickt und eine entsprechende Markierung setzt. Damit kann er die für den legitimen Dienstnutzer nutzbaren Ressourcen vermindern.

Die zwei niederwertigsten Bits des ToS-Feldes werden für die *Explicit Congestion Notification* (ECN) [31] verwendet. Ein als Man-in-the-Middle platzierter Angreifer kann diese Bits missbrauchen, um einen Stau zu signalisieren, indem er die zugehörige Bitkombination setzt. Daraufhin wird normalerweise die Senderate des Datenstroms gedrosselt, die Übertragungsleistung also gesenkt, möglicherweise nahezu bis zum Stillstand der Verbindung. Da ECN zwei verschiedene Bitkombinationen zum Testen der ECN-Funktionalität vorsieht, kann dort praktisch auch eine Information von 1 Bit je IP-Paketkopf versteckt übermittelt werden, d. h. für Zwecke der Steganographie (s. Abschnitt 4.4.4, S. 115) genutzt werden.

Gleichermaßen kann das ID-Feld im IP-Kopf prinzipiell für den schmalbandigen Austausch von Daten verwendet werden, da sein Wert frei wählbar ist. Dies lässt sich also ebenfalls für Steganographie verwenden [153]. Ist der im ID-Feld enthaltene Nutzdateninhalt verschlüsselt, ist eine Steganographie-Erkennung praktisch unmöglich.

Fragmentierung und Reassemblierung

Als *Fragmentierung* bezeichnet man bei IPv4 den Vorgang der Aufteilung eines IP-Paketes in mehrere Pakete, wenn das ursprüngliche Paket die maximale Nutzdatengröße (*Maximum Transmission Unit* – MTU) der Schicht-2-Übertragungsrahmen überschritten hat. Möchte beispielsweise ein Endsystem oder Router ein IP-Paket der Größe 1500 Byte übertragen, das nächste darunter liegende Schicht-2-Medium überträgt aber maximal 1280 Byte in einem Rahmen, dann muss das System entweder das IP-Paket in mehrere Fragmente aufteilen und weiterleiten oder eine Fehlermeldung zurückschicken, dass eine Weiterleitung gescheitert ist (z. B. weil eine weitere Fragmentierung aufgrund des *DontFragment*-Flags nicht erlaubt ist). Aufgrund der Fehlermeldungen kann das sendende Endsystem eine Path-MTU-Discovery [258] durchführen, so dass es baldmöglichst IP-Pakete in der maximalen auf dem gesamten Pfad ohne Fragmentierung transportierbaren Größe verschicken kann.

Als *Reassemblierung* bezeichnet man im Gegenzug den Vorgang des Wiederzusammensetztens eines fragmentierten IP-Paketes, der meist von dem empfangenden Endsystem durchgeführt wird; dazwischen liegende Router können bei IPv4 zwar eine Fragmentierung vornehmen, setzen die Fragmente jedoch nicht wieder zusammen. IP-Fragmente, die dem allerersten Fragment eines IP-Pakets nachfolgen, bereiten häufig Firewalls und NAT-Gateways Schwierigkeiten, da in ihnen keine Portnummer mehr ausgelesen werden kann, weil diese nur im UDP- oder TCP-Kopf vorhanden ist. Außerdem funktionieren auch keine Filter für TCP, die *SYN/ACK*-Flags testen, wenn weniger als 14 Bytes des TCP-Kopfs im Fragment enthalten sind. Daher gibt es Angriffe, die auf winzigen Fragmenten basieren und die sich zudem teilweise überlappen können [248, 393].

Problematisch wird es unter Umständen auch, wenn nur Fragmentanfänge verschickt werden, aber keine weiteren Fragmente folgen oder mindestens eines fehlt, um das Paket wieder vollständig zusammenzusetzen. Eine einfache Implementierung [76] reserviert zunächst den Platz für das vollständige Datagramm und schreibt eingetroffene Fragmente direkt in dieses temporäre Datagramm. In einer Kontrollstruktur wird vermerkt, welche Fragmente des Datagramms noch fehlen. Erst nach einem *Reassembly-Timeout* (60–120 s nach RFC 1122 [48]) wird ein noch unvollständiges Datagramm verworfen. Ein Angreifer könnte daher versuchen, den für das Reassemblieren zur Verfügung stehenden Speicherplatz zu erschöpfen, indem er nur einige Fragmente eines Pakets verschickt, aber niemals alle, so dass ein erfolgreiches Reassemblieren des vollständigen IP-Pakets nicht möglich wäre. Der Speicherplatz für das Reassemblieren von IP-Datagrammen sollte daher begrenzt werden können; das Gleiche gilt für die maximale Anzahl der Fragmente. Das gilt sowohl für Endsysteme als auch für Firewall-Implementierungen.

Prinzipiell sollten Implementierungen des IP-Stacks in der Lage sein, unvollständige IP-Pakete eher zu verwerfen, wenn Speicherplatzmangel herrscht. Schließlich ist IP ein unzuverlässiges Protokoll, weswegen das „frühzeitige" Verwerfen von Fragmenten keine fatalen Auswirkungen für Transportprotokolle hat. IP-Implementierungen dürfen auf keinen Fall gegen einen Angriff, der auf dem Versenden vieler Fragmente beruht, anfällig sein.

IP-Optionen

IP-Optionen bieten zusätzliche Funktionen und werden normalerweise nur selten eingesetzt oder in einem begrenzten Maß unterstützt. Die Verarbeitung von IP-Optionen erfolgt üblicherweise nicht im so genannten *Fast-Path*, d. h. mit Hardwareunterstützung, und somit sind teilweise starke Leistungseinbußen aufgrund der Bearbeitung durch den zentralen Kontrollprozessor eines Routers zu erwarten. Da die wenigsten Pakete IP-Optionen verwenden, sind die Weiterleitungmechanismen in einem Router für diesen Fall üblicherweise nicht optimiert. Zudem muss bei Fragmentierung die Source-Route-Option in jedem Fragment enthalten sein. Im Folgenden wird kurz auf die wichtigsten drei IP-Optionen eingegangen:

- *Source Routing* — Hierbei kann eine Liste von IP-Adressen vorgegeben werden, über die das IP-Paket geleitet werden soll. Diese Option gibt es in den Ausprägungen *Strict* oder *Loose Source Routing*, wobei in der Strict-Variante das Paket exakt die Folge der angegebenen Router besuchen muss. Die Source-Routing-Option wird aus mehreren Gründen derzeit von den meisten Betreibern nicht unterstützt. Zum einen aus Sicherheitsgründen, da die mittels Routing-Policies vorgegebenen Wege damit umgangen werden können, zum anderen weil die Paketverarbeitungszeit in einem Router damit deutlich ansteigt.

- *Record Route* — Die Record-Route-Option ist von Endsystemen optional zu implementieren. Sie soll Zwischensysteme aufnehmen, die an der Weiterleitung des IP-Pakets beteiligt waren, wodurch man dessen tatsächlich genommenen Weg erfährt. Aufgrund der Längenbeschränkung des IP-Kopfes auf 60 Byte finden dort maximal neun IP-Adressen Platz. Diese

Option wird allerdings nicht immer unterstützt. Da aufgrund der Einschränkung auf neun Hops bzw. mangelnder Unterstützung dieser Option nur ein unvollständiges Bild der Route gewonnen werden kann, eignet sie sich für den ursprünglichen Zweck nicht mehr besonders gut. Um eine Route herauszufinden, wird in vielen Fällen eher der `traceroute`-Mechanismus eingesetzt, der sukzessive den TTL-Wert erhöht und von den Routern erzeugte ICMP-*Time-Exceeded*-Nachrichten auswertet. Andererseits hat dies gegenüber der Verwendung der Route-Record-Option den Nachteil, dass der Weg nur in einer Richtung ermittelt wird. Bei Verwendung der Route-Record-Option wird hingegen Hin- und Rückweg aufgenommen, sofern genügend Platz im IP-Kopf ist.

- *Timestamp Option* — Durch diese IP-Option wird ein Zeitstempel übermittelt, der die Anzahl der Millisekunden seit Mitternacht (UTC) angibt. Sie dient einer genaueren Messung der Paketlaufzeiten. Diese Option muss von Endsystemen nicht zwingend implementiert werden. Wird sie aber unterstützt, können Systemzeitstempel (welche die Anzahl der Millisekunden seit Mitternacht wiedergeben) ausgetauscht werden, die einem Angreifer Kenntnis über die interne Zeitbasis seiner Opfersysteme liefern können. Das kann sich beim Einsatz von Zufallsgeneratoren, welche sich stark an der Systemzeit orientieren, nachteilig auswirken, weil zukünftige Werte dadurch u. U. vorhersagbar werden.

ICMP

In Verbindung mit IP steht auch das *Internet Message Control Protocol* (ICMP), welches unter IPv4 zur Fehleranzeige und -diagnose dient. Transportiert werden ICMP-Nachrichten selbst in IP-Paketen mit Protokollnummer 1. Bei IPv6 wurden weitere Funktionen in ICMPv6 integriert, auf die erst in Abschnitt 6.1.2 eingegangen wird.

Einige ICMP-Nachrichten haben Auswirkungen auf das Verhalten von Endsystemen oder Routern. Im Folgenden werden einige dieser Auswirkungen besprochen, da sie Sicherheitsimplikationen haben können. Es ist daher beispielsweise nicht immer einfach zu entscheiden, ob bestimmte ICMP-Nachrichtentypen besser von einer Firewall gefiltert werden sollten oder ob die Fehler- und Diagnosemöglichkeiten in der Regel wichtiger sind. Da auch Path-MTU-Discovery [258] auf ICMP-Nachrichten basiert, sollten bestimmte ICMP-Typen für ein sinnvolles Fragmentieren nicht gefiltert werden. Die meisten Systeme verfügen über eine Ratenbegrenzung für von ihnen erzeugte ICMP-Nachrichten, so dass ICMP-Pakete als Reaktion auf von einem Angreifer versendete Pakete nicht mit einer beliebigen Rate erzeugt werden können. ICMP-Nachrichten werden in den meisten Fällen nicht durch den Fast-Path für normale IP-Datenpakete, sondern durch den zentralen Kontrollprozessor verarbeitet, d. h. ihre Verarbeitung ist in einigen Fällen aufwändiger.

Es folgt nun eine Auflistung unterschiedlicher ICMP-Nachrichtentypen, deren Funktion jeweils kurz beschrieben wird:

- *Destination Unreachable* — Diese ICMP-Nachrichten zeigen die Unerreichbarkeit des Systems mit der Zieladresse des ursprünglich gesendeten IP-Pakets an. Der Empfang einer ICMP-Nachricht dieses Typs kann ein System dazu veranlassen, Timeouts abzukürzen und Verbindungen abzubrechen. Damit sind prinzipiell auch DoS-Angriffe auf bestehende Kommunikationsbeziehungen möglich, indem ein Angreifer beispielsweise gefälschte ICMP-Destination-Unreachable-Nachrichten erzeugt und an die Quelladresse eines Kommunikationsteilnehmers schickt. Als mögliche Ursachen für die Nicht-Erreichbarkeit des Zielsystems können in einer solchen Nachricht angegeben werden: *Net Unreachable, Host Unreachable, Protocol Unreachable, Port Unreachable, Fragmentation Needed and DF Set, Source Route Failed, Destination Network Unknown, Destination Host Unknown, Source Host Isolated, Communication with Destination Network Administratively Prohibited, Communication with Destination Host Administratively Prohibited, Network Unreachable for Type of Service, Host Unreachable for Type of Service.* Protocol Unreachable und Port Unreachable werden üblicherweise von Endsystemen erzeugt, die anderen Nachrichtentypen von Routern. Die Meldung *Fragmentation Needed and DF Set* ist wichtig, damit Path-MTU-Discovery [258] korrekt funktionieren kann. Die Hinweise *Communication with Destination Network/Host Administratively Prohibited* sind meist Nachrichten einer „freundlichen" Firewall, die immerhin mitteilt, dass ein Paket aus administrativen Gründen verworfen wurde; dies vermeidet in den meisten Fällen längere Wartezeiten, da das vollständige Abwarten eines Timeouts vermieden werden kann. Andererseits ist jeweils konkret zu prüfen, ob das Versenden vieler solcher Nachrichten einen negativen Einfluss auf die Stabilität oder Leistung der Firewall hat.

- *Echo Request/Echo Reply* — Diese Nachrichtenkombination wird beispielsweise vom sehr weit verbreiteten Diagnoseprogramm `ping` verwendet, um die Erreichbarkeit anderer Systeme zu prüfen. Zu Zwecken der Fehlerdiagnose ist dies wohl das am häufigsten benutzte Werkzeug, um die IP-Konnektivität zu prüfen. Solche Nachrichten lassen sich natürlich auch von einem Angreifer einsetzen, um aktive Systeme aufzuspüren oder um Last – sowohl im Netzwerk als auch im Endsystem – zu generieren. Andererseits dürfte in den meisten Fällen ein Verzicht auf die Diagnosemöglichkeiten schwerer wiegen als ein potenzieller Angriff mittels ICMP-Echo-Nachrichten. Ein *Echo Request* kann auch an Broadcast- oder Multicast-Adressen geschickt werden, wobei die empfangenden Endsysteme in diesem Fall nicht zwangsweise antworten müssen. Zwar ist ein Broadcast-`ping` auch ein einfaches Mittel, um die On-Link-Systeme herauszufinden, andererseits kann es leicht eingesetzt werden, um Paketstürme zu erzeugen bzw. um einen Verstärkungseffekt zu erzielen. Inzwischen sollten Router unter anderm aus diesem Grund keine Pakete mehr an die Broadcast-Adresse eines IP-Netzes ausliefern.

- *Redirect* — Diese Nachrichten werden normalerweise nur von Routern geschickt, um Endsysteme auf eine bessere Route hinzuweisen. Sind beispielsweise zwei Router in einem Subnetz vorhanden und benutzt das Endsystem den ungünstigeren Router, so kann dieser Router ein *Redirect* an das Endsystem senden, um es auf die günstigere Route hinzuweisen. Gleiches gilt für den Fall, dass ein Endsystem fälschlicherweise ein Paket für ein Zielsystem im gleichen Subnetz an den lokalen Router schickt. Der Router kann mit einem *Redirect* das Endsystem darauf hinweisen, dass das Zielsystem direkt erreichbar ist. Ein Angreifer kann die ICMP-*Redirect*-Nachrichten einsetzen, um Verkehr umzuleiten. Dies ermöglicht Maskeraden und Man-in-the-Middle-Attacken sowie Denial-of-Service-Angriffe. Endsysteme sollten allerdings Nachrichten ignorieren, die Router angeben, welche nicht zum lokalen Subnetz des Endsystems gehören. Ein Angreifer muss also Zugang zum lokalen Subnetz haben.

- *Source Quench* — Diese ICMP-Nachricht wird üblicherweise als Indikator verwendet, um den Sender anzuweisen, seine Übertragungsrate zu vermindern. Dies wird über das Weiterreichen des Ereignisses an das Transportprotokoll oder die Anwendung realisiert. Source Quench darf vom Zielendsystem oder von einem Router entlang des Weges generiert werden. Da Source Quench leicht für DoS-Angriffe missbraucht werden kann und ECN einen universelleren Mechanismus darstellt, um Staukontrolle durchzuführen, wird Source Quench meistens ignoriert.

- *Time Exceeded* — Diese Nachricht weist entweder auf Routingschleifen hin oder darauf, dass der initiale TTL-Wert zu klein gewählt wurde. Handelt es sich um einen *Reassembly Timeout*, weist dies auf verlorengegangene Fragmente hin.

- *Parameter Problem* — Diese Nachricht wird generiert, falls ein notwendiger Parameter bzw. eine notwendige Option in einer PDU fehlt.

- *Timestamp/Timestamp Reply* — Diese Nachrichttypen dienen der Messung von Laufzeiten und müssen von Endsystemen nicht zwingend implementiert werden. Sinngemäß gilt das gleiche wie bei der zuvor beschriebenen Timestamp-Option von IP.

- *Information Request/Information Reply* — Diese Nachrichten sollten nicht implementiert sein, da ihr ursprünglicher Zweck, die Autokonfiguration von Endsystemen, von BOOTP bzw. DHCP inzwischen besser unterstützt wird.

Sämtliche ICMP-Fehlernachrichten (*Destination Unreachable, Redirect, Source Quench, Time Exceeded, Parameter Problem*) müssen den IP-Kopf sowie mindestens die ersten acht Nutzdatenbytes mit sich führen. Dadurch kann für TCP- und UDP-Pakete anhand der darin enthaltenen Portnummern noch bestimmt werden, welche Anwendungsverbindung von dem Fehler betroffen ist.

Weiterhin ist empfehlenswert, dass von einem Router erzeugte ICMP-Nachrichten ratenlimitiert sind [24], d. h. dass die Anzahl der von ihm erzeugten ICMP-Nachrichten innerhalb eines Zeitintervalls beschränkt ist. Zur Realisierung der Beschränkung sind mehrere Mechanismen denkbar, beispielsweise Zähler-basierte, Timer-basierte oder Bandbreiten-basierte Beschränkungen. Insofern relativiert sich die Gefahr, die von ICMP-Nachrichten ausgehen kann, weshalb sie nicht leichtfertig gefiltert werden sollten.

ARP

Bei der Weiterleitung oder Zustellung von IP-Paketen ist bei Broadcast-Medien wie z. B. Ethernet noch das *Address Resolution Protocol* (ARP) [292] beteiligt, welches für die Umsetzung von IP-Adressen auf Ethernet-Adressen zuständig ist. So kann beispielsweise trotz richtiger Routing-Entscheidung durch einen Angriff auf dieses Protokoll erreicht werden, dass das Paket zwar laut Vermittlungsschicht an das zuständige Gateway gesendet wird, in Schicht 2 jedoch zu einem falschen System, z. B. einem vom Angreifer kontrollierten System, geschickt wird. Diese Maskerade ist für jeden Angreifer möglich, der Zugang zum lokalen Netzwerk des Opfersystems hat. Damit wird es insbesondere möglich, Man-in-the-Middle-Angriffe auch in geswitchten LANs durchzuführen, die normalerweise den Datenverkehr der Systeme voneinander weitgehend isolieren.

ARP besitzt keinerlei Schutzmechanismen. Ein anfragendes System schickt eine ARP-Anfrage per Broadcast und gibt seine eigene MAC-Adresse und IP-Adresse mit an. Das antwortende Zielsystem schickt die ARP-Antwort normalerweise direkt per Unicast in Schicht 2 zurück. Der ARP-Standard sieht auch vor, dass die Daten des anfragenden Systems in der ARP-Anfrage genutzt werden, um einen existenten Eintrag in der sogenannten *ARP-Tabelle* (auch als *ARP-Cache* bezeichnet) anzupassen. Ist ein System auch inhaltliches Ziel des ARP-Paketes, so fügt es die Daten des Senders auch in die ARP-Tabelle ein, wenn sie dort noch nicht vorhanden sind. Dies wird aus dem Grund gemacht, weil davon ausgegangen wird, dass Kommunikation meist bidirektional ist und man auf diesem Wege eine genau gegengesetzte ARP-Auflösung unnötig macht.

Da ARP als zustandsloses Protokoll spezifiziert wurde, erleichtert es zudem einen Angriff dadurch, dass Systemen eine IP-/MAC-Adressen-Zuordnung einfach untergeschoben werden kann (so genanntes *ARP-Cache-Poisoning*). ARP-Antworten werden üblicherweise einfach direkt in die ARP-Tabelle übernommen, auch wenn der Antwort gar keine ARP-Anfrage vorausging. Das bedeutet, dass ein angreifendes System z. B. eine ARP-Antwort für eine bestimmte IP-Adresse mit seiner eigenen Schicht-2-Adresse an alle Systeme senden kann, obwohl diese IP-Adresse lokal gar nicht konfiguriert ist. Dies wird als *ARP-Spoofing* bezeichnet. Gleichermaßen können Anfragen für das ARP-Cache-Poisoning verwendet werden, weil die dort enthaltenen Angaben ebenfalls verwendet werden, um den ARP-Cache zu aktualisieren. Da sich Systeme nicht merken, welche ARP-Anfragen zurzeit noch offen sind, wird die Antwort ausgewertet und die Information ohne weitere Prüfung in die ARP-Tabelle aufgenommen; es können allerdings auch existierende Einträge überschrieben werden. Pakete für diese IP-Zieladresse werden somit ohne weitere ARP-Anfrage an die angegebene Schicht-2-Adresse gesendet.

Wer sich gegen diesen Fall schützen will, muss entweder auf ARP verzichten und statische Einträge in die ARP-Tabelle einfügen oder schützenswerte Systeme von nicht vertrauenswürdigen Systemen isolieren, z. B. über VLANs. Ein Extremfall ist die Verwendung von *privaten VLANs* der Firma Cisco Systems (Pendants anderer Hersteller existieren), worüber sich erreichen lässt, dass Endsysteme nur noch mit speziellen anderen Systemen, z. B. Routern, kommunizieren können, nicht jedoch mit anderen Endsystemen. Somit muss zwar auch jegliche Kommunikation zwischen Endsystemen über den Router geschehen, allerdings kann ein System andere Systeme über ARP nicht mehr angreifen.

Zu den bisher beschriebenen Problemen mit ARP kommt erschwerend dazu, dass Ethernet-Switches ihre Switching-Tabelle (d. h. welche Schicht-2-Adressen an welchem Port angeschlossen sind) dynamisch aufbauen und anhand von empfangenen Schicht-2-Rahmen erlernen (vgl. Abschnitt 5.2.1, S. 142). Somit kann einem Switch durch Versenden eines Schicht-2-Rahmens mit einer gefälschten Ethernet-Absendeadresse beigebracht werden, dass Rahmen für diese Adresse in Zukunft auf diesen Port gesendet werden sollen. Somit kann durch Versenden eines Rahmens mit der Absende-Ethernet-Adresse des Default-Gateways erreicht werden, dass jegliche Pakete für jenes auf den Port des Angreifers gesendet werden. Eine Schutzmaßnahme gegen diesen Angriff ist die Einschränkung der zu lernenden MAC-Adressen auf eine bestimmte pro Endsystem-Port. Dies ist jedoch mit erhöhtem Wartungsaufwand verbunden, da bei Tausch einer Netzwerkkarte in einem Endgerät auch der Filter auf dem Switch angepasst werden muss.

6.1.2 IP Version 6

Wesentliche Änderungen von IPv6 gegenüber IPv4 sind die Vereinfachung des IP-Paketkopfes von Standardpaketen (vgl. Abbildung 6.2) sowie die Erweiterung des Adressraums auf 128 Bit. Letzteres hat durchaus erste Konsequenzen bezüglich Sicherheit, da ein einfaches und erschöpfendes Durchprobieren von Adressen wie bei IPv4 praktisch nicht mehr möglich ist. Das Durchprobieren von Adressen ist üblicherweise ein erster Schritt eines Angreifers, um aktive Endsysteme zu finden, die im nächsten Schritt angegriffen werden können. Eine weitere Änderung ist die Integration der ARP-Funktionalität in ICMPv6 unter der Bezeichnung *Neighbor Discovery*. Im Neighbor Discovery Protocol [269], das für Endsysteme und Router gleichermaßen verwendet wird, sind außerdem noch *Router Discovery*, Autokonfiguration von Adressen, *Neighbor Unreachability Detection* (NUD), *Duplicate Address Detection* (DAD) und *Redirection* implementiert. Die Sicherheit dieser Mechanismen wird noch später diskutiert.

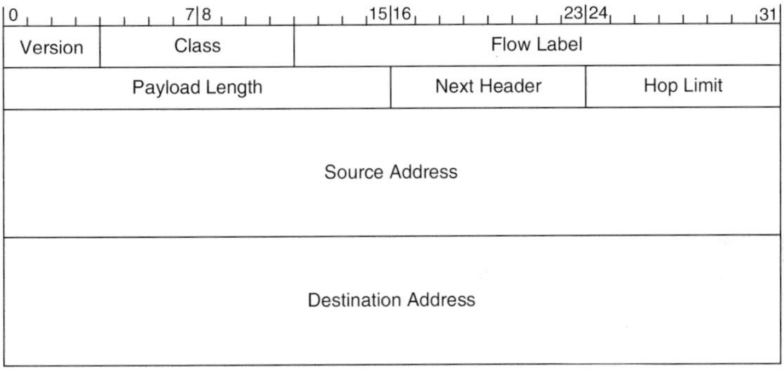

Abbildung 6.2. IPv6-Kopf

Ein wichtiger Schritt in Richtung IP-Sicherheit ist die Forderung, dass jede standardkonforme IPv6-Implementierung auch IPsec (s. Abschnitt 6.2, S. 210) unterstützen muss, so dass man davon ausgehen kann, dass jedes IPv6-fähige Endsystem über entsprechende IPsec-Implementierungen verfügt. Im Unterschied zu IPv4 gibt es jedoch passende Erweiterungsköpfe für AH und ESP, die in IPv6 integriert wurden.

Das *Flow-Label* im IPv6-Kopf ermöglicht die einfache Klassifikation von Datenpaketen, d. h. die Zuordnung zu Datenströmen, um bestimmte Operationen auf diesen Paketen auszuführen, wie beispielsweise die bevorzugte Behandlung während der Weiterleitung. Dies ist erwähnenswert, weil dies auch problemlos funktioniert, wenn der Nutzdateninhalt mit IPsec verschlüsselt wird und damit die Portnummern der Transportschicht unzugänglich sind.

Die Autokonfiguration unter IPv6 [367] ist ein Mechanismus, der das Anschließen von IPv6-Systemen deutlich vereinfachen soll. Leider ist damit folgender Nachteil verbunden: Systeme, die sich als IPv6-Router ausgeben, können den Verkehr der anderen im gleichen Subnetz vorhandenen Hosts auf sich ziehen oder als DoS-Angriff auf eine nicht existente Adresse umleiten. Hier liegt also eine Möglichkeit zur Autorisierungsverletzung vor. Ursprünglich wurde vorgeschlagen, IPsec-AH (s. Abschnitt 6.2.3) zur Sicherung einzusetzen. Leider gibt es mit dieser Lösung praktische Probleme, da Schlüssel manuell konfiguriert werden müssten, denn ein automatischer Schlüsselaustausch scheidet aufgrund der noch nicht konfigurierten IP-Adressen aus (auch als „Bootstrap-Problem" bezeichnet). Manuelle Schlüsselverteilung ist aber nicht praktikabel, da die Anzahl der benötigten Sicherheitsassoziationen in den meisten Fällen zu groß ist.

Secure Neighbor Discovery

Die Sicherung des Neighbor-Discovery-Protokolls wurde kürzlich in der IETF behandelt, denn prinzipiell besteht die gleiche Anfälligkeit gegenüber Manipulationen wie beim klassischen ARP. Es wurde ein Konzept entwickelt, das allerdings ohne IPsec und vorkonfigurierte Adressen sowie ohne Public-Key-Infrastruktur oder vertrauenswürdige Server auskommt. Kryptographisch generierte Adressen bilden bei *Secure Neighbor Discovery* (SEND) [19] den Kernmechanismus. Eine so genannte *Cryptographically Generated Address* (CGA) [21] dient als erste Sicherungsmaßnahme. Der Interface Identifier (Interface-ID), der die niederwertigen 64 Bit einer IPv6-Adresse umfasst, wird mittels einer kryptographischen Hash-Funktion (SHA-1) aus dem öffentlichen Schlüssel sowie weiteren Hilfsparametern, wie einer Zufallszahl und einem Sicherheitsparameter *Sec*, gebildet. Dieser Sicherheitsparameter *Sec* ist eine 3-Bit-Zahl und ist in den obersten drei Bits der Interface-ID enthalten. Dieser Parameter beschreibt die Stärke einer CGA gegenüber Brute-Force-Angriffen (Aufwand $O(2^{16 \cdot Sec})$), und der Aufwand um eine CGA zu generieren steigt ebenfalls exponentiell mit dem Wert dieses Parameters.

Die Zugehörigkeit einer kryptographisch generierten Adresse zu einem öffentlichen Schlüssel kann durch Berechnung des kryptographischen Hash-Werts über den öffentlichen Schlüssel und die Hilfsparameter eines Systems sowie durch Vergleich mit dem Interface-Identifier einer Adresse geprüft werden. Es ist auch dafür gesorgt, dass Adressen, die mittels desselben öffentlichen Schlüssels generiert werden, unterschiedlich sind. Anschließend können Nachrichten mit Hilfe des privaten Schlüssels signiert werden.

Der Vorteil, dass keine Zertifikatinfrastruktur benötigt wird, bedeutet aber auch, dass die Zugehörigkeit des öffentlichen Schlüssels zu einem Endsystem nicht geprüft werden kann. Somit kann ein Angreifer problemlos ein eigenes Private/Public-Key-Paar erzeugen und damit gültige CGAs und Signaturen erzeugen, d. h. eine Zugriffskontrolle kann mit CGAs nicht realisiert werden. Die weitaus größere Bedrohung durch Maskerade-Angriffe ist allerdings beseitigt, da ein Angreifer keine korrekt signierten Nachrichten zu CGAs *anderer* Endsysteme erzeugen kann. CGAs stellen somit sicher, dass dem Absender einer Neighbor-Discovery-Nachricht auch die zugehörige IPv6-Adresse gehört.

Damit andererseits – wie oben bereits erwähnt wurde – Endsysteme keine Router-Advertisements von nicht-autorisierten Routern akzeptieren, gibt es auch die Möglichkeit, die Identität von Routern anhand von so genannten Zertifizierungspfaden zu überprüfen. Dazu muss ein Vertrauensanker existieren, zu dem der Zertifizierungspfad des Routers führt. Der Zertifizierungspfad kann durch spezielle Neighbor-Discovery-Nachrichten herausgefunden werden.

Sämtliche Neighbor- oder Router-Discovery-Nachrichten können mittels einer RSA-Signatur integritätsgesichert werden. Die Prüfung des öffentlichen Schlüssels kann entweder mittels Zertifikaten geprüft werden oder durch Nachweis der Adresszuordnung mittels CGAs; der Einsatz beider Verfahren ist ebenfalls möglich. Als Schutz gegen Wiedereinspielen können Zeitstempel und Nonces verwendet werden. Letztere werden verwendet, falls es sich um ein Solication/Advertisement-Nachrichtenpaar handelt. Zeitstempel kommen zum Einsatz, wenn noch kein Zustand etabliert wurde. Sowohl die RSA-Signatur als auch die Zeitstempel oder Nonces werden als Optionen von Neighbor- oder Router-Discovery-Nachrichten dargestellt.

Private Adressen

Aufgrund zahlreicher Probleme und Erfahrungen mit privaten Adressen unter IPv4 (vgl. Abschnitt 6.5.1) wurde das zunächst vorgesehene Konzept der so genannten *Site-Local-Adressen* aufgegeben [166], u. a. auch um deutlich zu machen, dass man keine NAT-basierten Lösungen mehr für IPv6 benötigt. Diese Site-Local-Adressen sollten nur innerhalb eines bestimmten Bereichs gelten, beispielsweise innerhalb einer Organisation oder sogar nur innerhalb von Abteilungen derselben. Die zwei Hauptgründe sind Nicht-Eindeutigkeit der Site-Local-Adressen und die unscharfe Definition einer „Site". Letzteres zieht zahlreiche Konsequenzen, bis hinauf in Anwendungen, nach sich, die z. B. über eine Logik verfügen müssten, die passenden Site-Local-Adressen auszuwählen. Inzwischen wurde als Alternative ein Entwurf für so genannte *Unique Local IPv6 Unicast Addresses* ausgearbeitet, der verschiedene Möglichkeiten beschreibt, lokal gültige Adressen einzusetzen, die zwar nicht global geroutet werden, aber dennoch global eindeutig sind, wodurch zahlreiche Probleme verhindert werden.

Privatsphäre

Da die Adressautokonfiguration als Teil der 64 Bit umfassenden Interface-ID die 48 Bit der MAC-Adresse verwendet, gibt es teilweise Bedenken, wenn ein Gerät sich an unterschiedlichen Netzzugangspunkten mit dem Netz verbindet, weil dann aufgrund des gleichbleibenden Interface-Identifiers leichter Bewegungsprofile des Geräts bzw. des damit verbundenen Benutzers erstellt werden können. Daher ist in [268] beschrieben, wie temporär gültige Interface-IDs zufällig erzeugt werden können. Zur Erzeugung der zufälligen Interface-IDs wird ein auf MD5 basierendes Verfahren vorgeschlagen. Durch die DAD wird sichergestellt, dass der Interface-ID-Teil wirklich eindeutig ist.

Leider haben die wechselnden Adressen auch Nachteile. Anwendungen und Transportprotokolle kommen üblicherweise während einer bestehenden Verbindung nicht gut mit einem Adressenwechsel zurecht. Zudem würden manche Prüfungen von Servern, die durch eine inverse DNS-Anfrage versuchen, einen gültigen DNS-Namen zu einer IP-Adresse zu erhalten, fehlschlagen, falls nicht die Möglichkeit besteht, die temporären Adressen dynamisch im DNS zu registrieren (s. Abschnitt 10.6.1). Diese Art der Prüfung ist jedoch nur ein sehr schwaches Sicherheitskriterium und ihre Bedeutung sollte deshalb auch nicht überbewertet werden, zumal es mit IPv6 häufiger vorkommen wird, dass kein DNS-Eintrag zu einer IP-Adresse vorhanden ist.

Migration nach IPv6

Während einer Übergangsphase werden üblicherweise IPv4 und IPv6 parallel betrieben. Es ist hierbei zu beachten, dass die gleichen Firewall-Regeln, die für IPv4 definiert wurden, ebenso für IPv6 umgesetzt werden. Andernfalls ist zwar ein Netzwerk bezüglich IPv4 gegen Zugriffe von außen gesichert, aber bezogen auf IPv6 völlig ohne Schutz.

Automatische Tunnelmechanismen, die den Transport von IPv6-Paketen über IPv4-Netze ermöglichen, sind eine weitere Möglichkeit, Löcher in der Sicherheitsstruktur auszunutzen. Andererseits lassen sich getunnelte IPv6-Pakete relativ gut anhand des Protokollwerts 41 eines IPv4-Pakets erkennen und damit auch filtern. Übergangsmechanismen wie 6to4 [63] sind daher nur mit Bedacht einzusetzen, da diese ihre eigenen Sicherheitsprobleme mit sich bringen [328], wie u. a. neue Bedrohungen durch DoS-Reflektorangriffe (vgl. Abschnitt 2.5.7, S. 17).

6.1.3 Bewertung

IPv4 und IPv6 bieten ohne Erweiterungen keinerlei Schutz gegenüber den üblichen Bedrohungen wie z. B. Abhören, Modifizieren, Verfälschen oder Wiedereinspielen. Zum Schutz vor solchen Bedrohungen müssen Erweiterungen wie IPsec eingesetzt werden. IPv6 bietet leichte Sicherheitsvorteile gegenüber IPv4, da beispielsweise IPv6-Implementierungen zugleich immer über eine IPsec-Implementierung verfügen müssen. Mit der kürzlich definierten Absicherung der Neighbor-Discovery-Mechanismen durch SEND besteht theoretisch ein echter Sicherheitsvorteil gegenüber IPv4, da letzteres durch die schlechte Sicherheit von ARP stark gefährdet ist. Ob sich SEND auch praktisch durchsetzt, bleibt allerdings abzuwarten.

6.1.4 DHCP

Das *Dynamic Host Configuration Protocol* (DHCP) [102] ermöglicht es, Endsystemen automatisch IP-Adressen zuzuweisen sowie ihnen u. a. Router- und DNS-Server-Adressen mitzuteilen. Heutzutage ist die Konfiguration von Endsystemen per DHCP weit verbreitet, da eine statische Zuweisung solcher Parameter sehr unflexibel und mühsam ist.

Beschreibung des Protokolls

Damit ein Rechner in einem IP-basierten Netzwerk kommunizieren kann, benötigt er eine IP-Adresse aus dem zugehörigen Adressbereich des Netzwerks. Wird diese nicht statisch im Endsystem konfiguriert, gibt es die Möglichkeit, eine automatische Zuweisung der Adresse per DHCP durch einen DHCP-Server vornehmen zu lassen. Der DHCP-Server vergibt also eine IP-Adresse an ein anfragendes Endsystem (DHCP-Client) und merkt sich, welche IP-Adressen bereits vergeben sind. Der DHCP-Server wird durch eine Broadcast-Anfrage in einem Subnetz ermittelt. Normalerweise sind Broadcasts auf Subnetze begrenzt, allerdings besteht die Möglichkeit, so genannte *DHCP-Relays* einzusetzen, welche solche Broadcast-Anfragen auch über Netzgrenzen hinweg weiterleiten, damit nicht in jedem Subnetz ein eigener DHCP-Server installiert werden muss. Andererseits sieht DHCP auch ausdrücklich die Koexistenz mehrerer DHCP-Server vor.

DHCP unterstützt drei verschiedene Adressenvergabemechanismen. Bei der *automatischen Adressenzuordnung* vergibt der DHCP-Server eine permanent gültige Adresse an einen Client. Bei der *dynamischen Adressenzuordnung* erhält ein Client eine IP-Adresse mit begrenzter Gültigkeitsdauer, so dass diese Adresse auch von einem anderen System wiederverwendet werden kann. Bei der *manuellen Adressenzuordnung* erfolgt die Zuordnung durch den Netzwerkadministrator. In der Praxis findet man in Abhängigkeit der Betreiberpolitik auch Kombinationen dieser Adressenvergabemechanismen.

Wird eine Adresse mit begrenzter Gültigkeitsdauer vergeben, muss der DHCP-Client des Endsystems von Zeit zu Zeit eine Verlängerung beim Server anfragen, damit die zugewiesene IP-Adresse ihre Gültigkeit behält. Andernfalls verliert die Adressenzuweisung ihre Gültigkeit, was allerdings nicht zwangsläufig heißt, dass dann mit dieser Adresse keine Kommunikation mehr möglich ist. Bei einigen Zugangssystemen, die beispielsweise Funktionen eines Zugangsrouters, einer Firewall, eines DHCP-Servers und eines DNS-Servers in sich vereinen, ist es allerdings möglich, dass nur IP-Pakete von per DHCP registrierten und aktiven IP-Adressen weitergeleitet werden.

Die einfachste Vergabemöglichkeit ist die, einen „Adressenpool" mit dynamischer Zuordnung zu benutzen. Der DHCP-Server weist in diesem Fall beliebigen Endsystemen, die per DHCP-Client anfragen, eine IP-Adresse aus dem entsprechenden Adressbereich zu. Hierbei kann es also vorkommen, dass dasselbe Endsystem im Laufe der Zeit unterschiedliche IP-Adressen erhält, falls es nicht ständig mit dem Netzwerk verbunden ist. Ein DHCP-Server versucht zwar meistens, Endsystemen eine früher zugewiesene Adresse erneut zuzuteilen; dies ist jedoch je nach Anzahl der gleichzeitig benötigten Adressen nicht immer möglich. Ändert sich die IP-Adresse eines Endsystems, hat dies in vielen Fällen negative Auswirkungen auf noch aktive Kommunikationsverbindungen, da die meisten Transportprotokolle und Anwendungen auf sich ändernde IP-Adressen nicht angemessen reagieren können.

Ein DHCP-Server hat andererseits die Möglichkeit, anhand von dort verzeichneten MAC-Adressen eine statische Zuweisung vorzunehmen. Dann erhält ein Endsystem anhand seiner MAC-Adresse, mit welcher die Anfrage gestellt wird, eine bestimmte IP-Adresse, die der im DHCP-Server hinterlegten Zuordnung entspricht. Damit ist auch sichergestellt, dass das Endsystem immer die gleiche IP-Adresse erhält. Es ist zwar ebenfalls Konfigurationsaufwand, die Liste mit MAC-Adressen zu pflegen, allerdings kann die Adressenvergabe zentral organisiert werden und Änderungen der Parameter lassen sich für alle Endsysteme gleichermaßen einfach umsetzen. Damit ist beispielsweise ein Umnummerieren von Netzwerkbereichen auch relativ einfach möglich, sofern auch hier die Adressen nicht permanent, sondern mit einer begrenzten Gültigkeitsdauer vergeben werden.

Sicherheitsaspekte

DHCP bietet keinerlei Sicherheitsfunktionen und ist insgesamt unsicher, da es selbst auf den ungesicherten Protokollen IP und UDP basiert. Zudem war der Zweck von DHCP, die Konfiguration zu erleichtern, was durch zusätzliche manuelle Sicherheitsmaßnahmen, wie beispielsweise das Konfigurieren von gemeinsamem Schlüsselmaterial, erschwert würde. DHCP bietet keinen effektiven Zugangsschutz, indem nur IP-Adressen an Systeme mit einer registrierten MAC-Adresse vergeben werden, denn:

- MAC-Adressen sind fälschbar. Kann der Angreifer also gültige MAC-Adressen durch Abhören in Erfahrung bringen, kann er bei Inaktivität des legitimen Endsystems kommunizieren. Bei gleichzeitiger Aktivität würde er in den meisten Fällen die Kommunikation stören.

- Eine statische Konfiguration gültiger IP-Adressen funktioniert in den meisten Fällen trotzdem. In einem Endsystem kann statt des DHCP-Clients einfach eine manuelle Konfiguration einer IP-Adresse aus dem entsprechenden Netzwerkadressbereich vorgenommen werden. Hierbei kann es zu doppelt vergebenen Adressen (eine IP-Adresse mit zwei MAC-Adressen) kommen, was manche Systeme detektieren und dem Benutzer melden oder protokollieren, so dass ein Angreifer nicht in jedem Fall unentdeckt bleibt.

Andererseits ziehen dann die meisten Implementierungen ihre Adresse zurück, um den Konflikt zu lösen. Ein hartnäckiger Angreifer kann so u. U. gezielt andere Systeme ausschalten, um deren Adresse anschließend weiter zu benutzen.

- ARP existiert immer noch als weiteres ungesichertes Protokoll, so dass dieses ebenfalls verwendet werden kann, um unberechtigterweise Zugang zu einem Netzwerk zu erlangen (vgl. Abschnitt 6.1.1, S. 201).

Ein Angreifer kann außerdem versuchen, mit seinem DHCP-Client bei dynamischer Adressenvergabe sämtliche Adressen zu belegen, so dass für andere Endsysteme keine Adressen mehr verfügbar sind. Dies stellt einen Denial-of-Service-Angriff durch Ausschöpfen der Ressource Adressraum dar.

Darüber hinaus können unautorisierte DHCP-Server von Angreifern einfach im Netz platziert werden und den Betrieb beispielsweise durch falsche oder doppelt vergebene Adressen stören. Weitere Angriffsmöglichkeiten durch unautorisierte DHCP-Server bestehen in der Angabe falscher Router- oder DNS-Server-Adressen, die ebenfalls vom Angreifer platziert werden können, um weitere Angriffe wie Man-in-the-Middle-Attacken zu initiieren. Beim Konfigurieren der DHCP-Relay-Funktion sollte daher Sorgfalt verwendet werden, um DHCP-Anfragen nicht in Netzwerkbereiche weiterzuleiten, in denen kein DHCP-Server vorhanden ist.

Bewertung

Zusammenfassend lässt sich festhalten, dass DHCP keinen Mehrwert an Sicherheit bietet. Selbst wenn IP-Adressen nur an Endgeräte mit beim DHCP-Server registrierten und damit zuvor bekannten MAC-Adressen vergeben werden, ist dies kein wirksamer Zugangsschutz, da für einen Angreifer immer noch zahlreiche Möglichkeiten existieren, eine funktionierende IP-Adresse einzusetzen. DHCP eröffnet prinzipiell sogar neue Sicherheitslücken, da unautorisierte DHCP-Server nun für Angriffe genutzt werden können oder DHCP-Server als attraktives Ziel von DoS-Angriffen zur Verfügung stehen. Je nach Gültigkeitsdauer der zugewiesenen Adressen kann der Ausfall eines DHCP-Servers nach einer Weile für den Kommunikationsausfall zahlreicher Endsysteme sorgen, nämlich dann, wenn die Endsysteme den DHCP-Server erneut kontaktieren wollen, um die Adressenzuordnung zu verlängern. Als kritisches Infrastrukturelement sollten DHCP-Server somit in einem geschützten Bereich platziert werden, der keine externen Zugriffe, z. B. aus dem Internet, erlaubt. Ein externer Zugriff ist auch nicht notwendig, da DHCP nur im lokalen Netzwerkbereich von Bedeutung ist.

6.2 IPsec

Bekanntlich bildet das *Internet Protocol* Version 4 (IPv4) die Basis des heutigen Internets. Selbst wenn in der Zukunft eine Umstellung auf IPv6 erfolgt, bietet das Internet Protocol selbst zunächst keinerlei Sicherheitsmerkmale für die Datenübertragung an. Alle übertragenen Daten können einfach abgehört, modifiziert oder ersetzt werden. Kontrolldaten im IP-Protokollkopf können ebenfalls beliebig manipuliert werden. Zwar ist im Protokollkopf ein Prüfsummenfeld enthalten, jedoch dient dieses ausschließlich der Fehlererkennung und ist leicht berechen- und manipulierbar. Anforderungen wie Authentizität der Kommunikationspartner, Integritäts- oder gar Vertraulichkeitschutz sind damit nicht realisierbar.

Aus diesem Grund wurde im November 1998 mit dem RFC 2401 [204] eine Erweiterung des IP-Protokolls namens *IP Security* (IPsec) veröffentlicht. IPsec erweiterte das IP-Protokoll um kryptographische Methoden, die eine sichere Kommunikation ermöglichen sollten. Im Einzelnen bedeutete dies, mit Hilfe der dort spezifizierten Mechanismen die Authentizität der Teilnehmer, die Integrität und die Vertraulichkeit der Daten gewährleisten zu können. Für IPv6 ist eine Unterstützung von IPsec verpflichtend, die Nutzung der implementierten Mechanismen jedoch optional. Zumindest kann man bei standardkonformen IPv6-Implementierungen davon ausgehen, dass die Kommunikationspartner über IPsec-Mechanismen verfügen.

Mit Hilfe der IPsec-Erweiterung lassen sich verschiedene Szenarien realisieren. So ist einerseits eine reine Ende-zu-Ende-Sicherheit zwischen zwei Endsystemen realisierbar. Andererseits ermöglicht IPsec auch den sicheren Zusammenschluss verschiedener Netze zu einem *Virtual Private Network* (VPN, vgl. Abschnitt 4.10). Dabei können die zu koppelnden privaten Netze auch über öffentliche Netze, wie beispielsweise das Internet, verbunden werden. Außerdem kann IPsec zur Integration mobiler oder entfernter Anwender in die eigene Infrastruktur verwendet werden. In diesem Fall wird die Kommunikation zwischen dem Anwender und dem privaten Netzwerk geschützt, so dass der Anwender auf interne Daten zugreifen kann, ohne dass Dritte Zugriff auf die Daten erhalten.

In den nachfolgenden Abschnitten wird der grundlegende Aufbau der IPsec-Protokollerweiterung beschrieben. Dazu wird zuerst ein kurzer Überblick über das allgemeine Sicherheitskonzept von IPsec gegeben. Danach werden die zur Verfügung stehenden Transport- und Sicherheitsmodi sowie weitere Sicherheitsmerkmale vorgestellt. Abschließend erfolgt eine Bewertung hinsichtlich der praktischen Einsetzbarkeit.

6.2.1 Sicherheitskonzept

Möchten Kommunikationspartner geschützt kommunizieren, so müssen sie vorher vereinbaren, wie der Schutz einer möglichen Datenübertragung erfolgen soll. Dazu treffen beide Kommunikationspartner eine gemeinsame Sicherheitsvereinbarung, die alle notwendigen Informationen zum Schutz der Datenübertragung enthält. Dies sind einerseits die Kommunikationsendpunkte, die an der Kommunikation beteiligt sind. Andererseits sind darin auch die kryptographischen Verfahren enthalten, die bei der Sicherung zum Einsatz kommen. Außerdem sind u. U. Schlüsselmaterial und Angaben über dessen Lebensdauer Bestandteil der Sicherheitsvereinbarung. Aufgrund dieser beschlossenen Sicherheitsvereinbarung kann nun eine gesicherte Kommunikation aufgebaut werden.

Soll zum Schutz einer Kommunikation IPsec eingesetzt werden, so muss zuerst die getroffene Sicherheitsvereinbarung in IPsec technisch umgesetzt werden. Diese Umsetzung erfolgt bei IPsec durch so genannte *Sicherheitsassoziationen* (SA). Anders als die aufgestellte Sicherheitsvereinbarung ist eine SA im IPsec-Kontext nur unidirektional. Daraus folgt, dass zur vollständigen Sicherung eines Datenaustausches zwischen zwei Kommunikationspartnern zwei getrennte SAs benötigt werden, je eine für jede Kommunikationsrichtung. Durch diesen auf den ersten Blick unnötigen Mehraufwand können jedoch flexibel individuelle Schutzanforderungen für beide Richtungen des Datenverkehrs realisiert werden.

Eine SA wird innerhalb von IPsec immer durch ein eindeutiges Tripel identifiziert, das aus der Zieladresse des Kommunikationspartners, der Nummer des verwendeten IPsec-Protokolls (z. B. 50 für ESP oder 51 für AH) und dem *Security Parameter Index* (SPI) besteht. Zusätzlich sind noch weitere Informationen in der SA enthalten, wie der verwendete Übertragungsmodus, die einzusetzenden Prüfsummen- und Verschlüsselungsverfahren, das entsprechende Schlüsselmaterial, die aktuell gültige Sequenznummer und Informationen über die Gültigkeitsdauer (Lebenszeit).

Sollen verschiedene Sicherheitsprotokolle von IPsec gleichzeitig eingesetzt werden, so müssen diese in Form von mehreren SAs dargestellt werden. Diese werden dann jedoch zu einem *SA-Bündel* (*SA-Bundle*) zusammengefasst und repräsentieren gemeinsam die Sicherheitsvereinbarung. Innerhalb des Bündels gibt es eine strenge Reihenfolge der SAs und eine SA darf auch nur in genau einem Bündel enthalten sein.

6.2.2 Übertragungsmodi

Beim Einsatz von IPsec stehen zwei verschiedene Übertragungsmodi zur Verfügung, der *Transport Mode* und der *Tunnel Mode*. Der in Abbildung 6.3(a) illustrierte Transport Mode wird dabei zur gesicherten Datenübertragung zwischen Endsystemen eingesetzt.

Mit dem Tunnel Mode kann hingegen eine gesicherte transparente Kopplung verschiedener Netzteile zu einem VPN (siehe Abschnitt 4.10, S. 126) realisiert werden, wie in Abbildung 6.3(b) dargestellt.

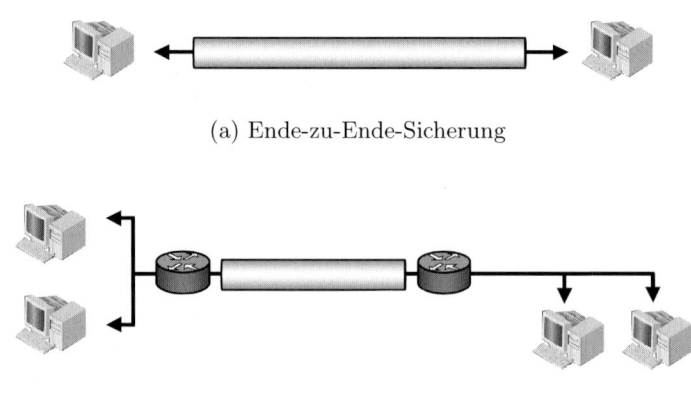

(a) Ende-zu-Ende-Sicherung

(b) Netz-zu-Netz-Sicherung

Abbildung 6.3. Einsatzszenarien von IPsec

Transport Mode

Der Transport Mode, der einfachere der beiden verfügbaren Übertragungsmodi, wurde für die sichere Datenübertragung zwischen Endsystemen entworfen. Bei der IPsec-Verarbeitung eines IP-Paketes wird bei der Verwendung des Transport Mode ein zusätzlicher Protokollkopf zwischen den IP-Protokollkopf und die eigentlichen IP-Nutzdaten eingefügt.

Durch die im Vergleich zu den Nutzdaten relativ geringe Größe des IPsec-Protokollkopfes zeichnet sich dieser Übertragungsmodus durch einen geringen zusätzlichen Protokollaufwand aus. Wenn man von einer Paketgröße von 1500 Byte ausgeht, so beläuft sich der Mehraufwand zwischen 2 und 4 Prozent der Nettobandbreite, die durch den weiteren Protokollkopf benötigt wird.

Da im Transport Mode nur der zusätzliche IPsec-Protokollkopf hinzugefügt wird und sich die Adressierung von Ende zu Ende nicht ändert, ist es mit diesem Übertragungsmodus nicht möglich, verschiedene Netze miteinander zu koppeln. Im Gegensatz zum Tunnel Mode ist es notwendig, dass jedes Endsystem, welches sicher per IPsec kommunizieren möchte, die entsprechende Protokollerweiterung bereitstellen muss.

Tunnel Mode

Der Tunnel Mode stellt die benötigte Funktionalität zur Koppelung von Netzen bereit und erlaubt den Einsatz von IPsec in sogenannten *Security Gateways*.

Bei der Koppelung von Netzen erfolgt die Kommunikation von Endsystemen aus verschiedenen Netzen immer über die zugehörigen Security Gateways. Diese übernehmen den Schutz der Kommunikation zwischen den Netzen mittels vorher vereinbarten SAs. Daher ist es nicht notwendig, dass die Endsysteme eines Netzes IPsec-fähig sein müssen. Andererseits erstreckt sich der Schutz auch nur auf die Abschnitte zwischen den Tunnelendpunkten und eine Ende-zu-Ende-Sicherheit ist dadurch nicht gewährleistet.

Um einen gesicherten Tunnel zu realisieren wird während der IPsec-Verarbeitung dem ursprünglichem IP-Paket ein neuer zusätzlicher IP-Protokollkopf vorangestellt. Dieser enthält die IP-Adressen der beiden beteiligten Security Gateways. Danach wird zwischen dem äußeren neuen und dem inneren IP-Protokollkopf wie beim Transport Mode der IPsec-Protokollkopf eingefügt.

Bei der Verwendung des Tunnel Mode entsteht ein höherer Protokollaufwand als beim Einsatz des Transport Mode. Dieser resultiert aus der zusätzlichen IP-Kapselung, da die Größe eines IP-Protokollkopfes bei IPv4 mindestens 20 und bei IPv6 38 Byte beträgt.

Vergleich der Modi

Abbildung 6.4 enthält einen Vergleich zwischen dem ursprünglichen IP-Paket und den Ergebnissen nach der Anwendung der verschiedenen Übertragungsmodi.

6.2.3 Sicherheitsprotokolle

Grundsätzlich bietet IPsec zwei verschiedene Sicherheitsprotokolle, wobei eines ausschließlich zur Sicherung der Authentizität der Quelle und Integrität der Nutzdaten eingesetzt wird, das zweite hingegen *zusätzlich* den Schutz der Vertraulichkeit der Daten erbringen kann. In den nachfolgenden Abschnitten erfolgt eine Beschreibung dieser beiden Sicherheitsprotokolle.

Authentication Header (AH)

Soll bei einer Datenübertragung zwischen den Kommunikationspartnern sichergestellt werden, dass die übertragenen Daten nicht verfälscht werden können und die empfangenen Daten tatsächlich vom anderen Kommunikationspartner stammen, so kann dafür das IPsec-Protokoll *Authentication Header*

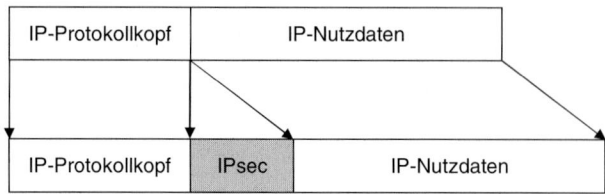

(a) Transport-Mode-IPsec

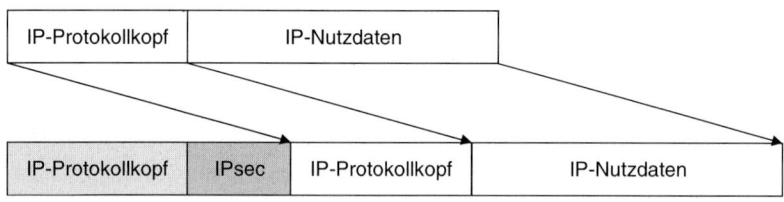

(b) Tunnel-Mode-IPsec

Abbildung 6.4. Vergleich Transport/Tunnel-Mode

(AH) [202] eingesetzt werden. Dieses Protokoll enthält Mechanismen, welche die Authentizität des Senders und die Integrität der übertragenen Daten sicherstellen.

Um dies zu erreichen, bedient sich das IPsec-Protokoll verschiedener kryptographischer Prüfsummenverfahren, welche bereits in den Abschnitten 3.5 und 4.1 vorgestellt wurden. Beim Einsatz von IPsec werden zur Berechnung der kryptographischen Prüfsumme bekannte klassische Prüfsummenfunktionen wie MD5 oder SHA1 verwendet. Nach dem aktuellen IPsec-Standard ist eine Unterstützung der Verfahren HMAC-MD5 [232] und HMAC-SHA1 [233] für jede konforme Implementierung zwingend vorgeschrieben.

In die Berechnung der kryptographischen Prüfsumme bei der Verwendung von AH gehen nicht nur die IP-Nutzdaten ein, sondern es werden außerdem Bereiche des vorangehenden IP-Protokollkopfes und des IPsec-Protokollkopfes mit einbezogen. Durch diese Vorgehensweise werden bei der Übertragung mittels Transport Mode auch die Kontrolldaten der Vermittlungsschicht (IP-Adressen, Protokollnummer) geschützt. Wird ein IP-Paket durch die Verwendung des AH-Protokolls gesichert, so wird während der Verarbeitung ein Protokollkopf zusätzlich in das Paket eingefügt, der in Abbildung 6.5 dargestellt ist.

Während die Felder *Next Header* und *Payload Length* der Verarbeitung in der IP-Implementierung dienen, enthalten die restlichen drei Felder alle In-

0 7	8 15	16 23	24 31
Next Header	Payload Length	RESERVED	
Security Parameter Index			
Sequence Number Field			
Authentication Data (variable)			

Abbildung 6.5. Aufbau des Authentication Headers

formationen, die für den Schutz mittels AH benötigt werden. Der *Security Parameter Index* (SPI), abgelegt im gleichnamigen Feld, dient zusammen mit der Zieladresse und dem IPsec-Protokoll (AH oder ESP), enthalten im IP-Protokollkopf, der eindeutigen Identifizierung der verwendeten SA. Die Sequenznummer zum Schutz vor Wiedereinspielen wird im *Sequence Number Field* abgelegt. Im Feld *Authentication Data* wird das Ergebnis der kryptographischen Prüfsummenfunktion abgelegt, welche der Integritätssicherung dient. Bei der Verarbeitung auf Empfängerseite wird nochmals die Prüfsumme berechnet und dann mit der übertragenen verglichen. Nur wenn diese übereinstimmen, wird die Verarbeitung des Paketes fortgesetzt.

In der nachfolgenden Abbildung 6.6 wird das Einfügen des AH-Protokollkopfes bei Verwendung des Transport Mode veranschaulicht. Die grau unterlegten Bereiche des resultierenden IP-Paketes werden durch den Integritätsschutz von AH gesichert.

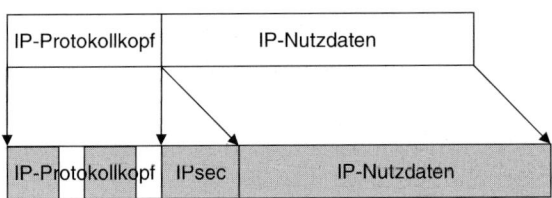

Abbildung 6.6. Integration des AH-Protokollkopfes in ein IP-Paket

Wie in der Abbildung zu erkennen ist, werden offenbar nicht sämtliche Felder des IP-Protokollkopfes geschützt. Dies lässt sich leicht damit erklären, dass der IP-Protokollkopf auch Felder enthält, die während der Übertragung zwischen den beiden IPsec-Systemen modifiziert werden müssen (so genannte *Mutable Fields*). Beispielsweise erniedrigt jeder IP-Router das TTL-Feld eines IP-Paketes bei dessen Weiterleitung. Um eine Integritätsprüfung trotz dieser variablen Felder zu ermöglichen, werden vor der Berechnung oder Überprüfung der Prüfsumme bei Sender und Empfänger diese Felder explizit auf einen definierten Wert gesetzt.

Encapsulating Security Payload (ESP)

Während die Daten bei der Verwendung von AH im Klartext übertragen werden und damit für jeden prinzipiell einsehbar sind, wurde das Sicherheitsprotokoll *Encapsulating Security Payload* (ESP) [203] dafür entworfen, die Vertraulichkeit der Daten sicherzustellen. Außerdem stellt ESP in gleichem Maße wie AH Mechanismen zur Sicherung der Authentizität der Quelle und der Integrität der Daten bereit.

Um die Vertraulichkeit der Daten sicherzustellen, kommt symmetrische Kryptographie (vgl. Abschnitt 3.4, S. 33) zum Einsatz. Der geheime Schlüssel ist Teil der Sicherheitsvereinbarung und nur den Kommunikationspartnern bekannt. Da die meisten symmetrischen Verschlüsselungsalgorithmen blockorientiert arbeiten, ist es vor der Verschlüsselung notwendig, die Nutzdaten auf ein Vielfaches der Blocklänge des Verschlüsselungsverfahrens durch das Hinzufügen von Auffüllbytes (Padding Bytes) zu erweitern.

Bei einigen Varianten verschiedener Verschlüsselungsverfahren ist außerdem noch die Verwendung eines Initialisierungsvektors notwendig. Dieser ist *nicht* Teil der Sicherheitsvereinbarung, jedoch muss in dieser festgelegt sein, dass ein Verfahren mit Initialisierungsvektor zum Einsatz kommt. Der verwendete Initialisierungsvektor wird dann in den ESP-Protokollkopf eingefügt. Auf Empfängerseite kann der Initialisierungsvektor einfach extrahiert und für die Entschlüsselung verwendet werden. Kommt ein Verschlüsselungsverfahren mit CBC-Modus zum Einsatz, kann dieses zur Erzeugung von Initialisierungsvektoren genutzt werden. Dabei wird jeweils der letzte verschlüsselte Block des vorherigen Paketes als Initialisierungsvektor für das nächste Paket verwendet.

Zur Sicherung der Authentizität und Integrität der Daten kommen die gleichen Mechanismen wie in AH zum Einsatz. Einziger Unterschied im Gegensatz zu AH ist der Umfang des Schutzes. Werden bei AH auch wesentliche Teile des IP-Protokollkopfes durch die Prüfsumme gesichert, so erstreckt sich der Schutz bei ESP nur über die IP-Nutzdaten und den eingefügten IPsec-Protokollkopf des IP-Paketes.

Erfolgt eine IPsec-Verarbeitung eines IP-Paketes mittels ESP, so wird wie bei AH ein zusätzlicher Protokollkopf vor den Nutzdaten eingefügt. Außerdem werden nach den (verschlüsselten) Nutzdaten zusätzliche Protokolldaten hinzugefügt. Abbildung 6.7 veranschaulicht den Aufbau der ESP-Dateneinheit.

Die Felder *Security Parameter Index* und *Sequence Number Field* haben die gleiche Aufgabe wie bei der Verwendung von AH. Nach dem Protokollkopf folgen die verschlüsselten Nutzdaten inklusive der Auffüllbytes. Nach

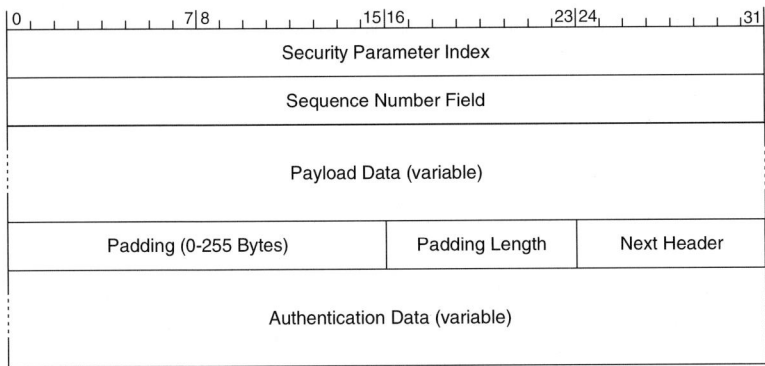

Abbildung 6.7. Aufbau des Encapsulating Security Payload Headers

den verschlüsselten Nutzdaten und den Auffüllbytes folgt der Rest der ESP-Dateneinheit. Zuerst wird dabei im Feld *Padding Length* die Anzahl der Auffüllbytes angegeben, da diese nach der Entschlüsselung auf Empfängerseite vor einer weiteren Verarbeitung von den Nutzdaten entfernt werden müssen. Im Feld *Next Header* ist die Information über die Art der Nutzdaten enthalten. Am Ende der ESP-Dateneinheit (ESP-Trailer) befindet sich das Feld *Authentication Data*, in dem wie bei AH das Ergebnis der kryptographischen Prüfsummenfunktion abgelegt wird.

Abbildung 6.8 zeigt die Umformung eines IP-Paketes durch die Anwendung von ESP im Transport Mode.

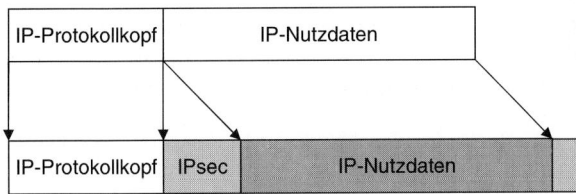

Abbildung 6.8. Integration der ESP-Protokollinformation in ein IP-Paket (Transport Mode)

Im Unterschied zu AH ist deutlich zu erkennen, dass der Schutz gegen Veränderung sich nur auf die eigentlichen Nutzdaten und den führenden IPsec-Protokollkopf, nicht jedoch auf den IP-Protokollkopf erstreckt. Der dunklere Bereich kennzeichnet außerdem die verschlüsselten Nutzdaten inklusive der Auffüllbytes. Diesen Unterschied kann man bei der Verwendung von ESP damit erklären, dass auch nur Bereiche gegen Veränderung gesichert werden, die in direktem Zusammenhang mit der vertraulichen Übertragung von Daten stehen. Da der IP-Protokollkopf nicht ohne Weiteres verschlüsselt werden kann – dies würde eine Weiterleitung des Paketes an den Empfänger unmöglich machen – erstreckt sich auch der Authentizitäts- und Integritätsschutz nicht über den IP-Protokollkopf.

Weitere Schutzmechanismen

Beide Sicherheitsprotokolle AH und ESP bieten optional die Möglichkeit an, sich durch die Verwendung von Sequenznummern vor Wiedereinspielungsangriffen (s. Abschnitt 4.3.2, S. 110) zu schützen.

Zu diesem Zwecke ist in den jeweiligen Protokollköpfen ein 32 Bit großes Sequenznummernfeld vorhanden. Bei Aufbau der gesicherten Verbindung initialisiert der Sender die Sequenznummer der jeweiligen SA mit dem vorher festgelegten oder ausgehandelten Wert. Der Empfänger wiederum nimmt nur IPsec-Pakete entgegen, die über eine gültige Sequenznummer verfügen. Dabei akzeptiert der Empfänger Pakete innerhalb eines konfigurierbaren Sequenznummernfensters, welches sich um die letzte gültige empfangene Sequenznummer herum erstreckt. Durch diese Vorgehensweise führt der Verlust einzelner IP-Pakete während der Übertragung nicht zum Verlust der SA.

Wird die Aushandlung des Schlüsselmaterials durch ein Schlüsselaushandlungsprotokoll wie z. B. IKE [149] (siehe Abschnitt 6.3) durchgeführt, kann bei der Aushandlung festgelegt werden, was bei einem Überlauf der Sequenznummer geschehen soll. Normalerweise wird ein erneuter Schlüsselaustausch angestoßen, so dass pro Schlüssel eine Sequenznummer nur einmal verwendet wird. Andernfalls könnte ein Angreifer ein Paket zwischenspeichern und nach dem Überlauf der Sequenznummer diese zu einem späteren Zeitpunkt unbemerkt einfügen.

6.2.4 Einsatz

Bevor IPsec verwendet werden soll, muss ausgewählt werden, welche Kombination aus Übertragungsmodus und Sicherheitsprotokoll zum Einsatz kommen soll. Diese Wahl hängt von den Sicherheitsanforderungen und dem jeweiligen Anwendungsszenario ab.

Soll nur die Integrität und Authentizität der Daten gewährleistet werden, reicht der Einsatz von Transport Mode und AH bereits aus. Soll die Vertraulichkeit der Daten gewährleistet werden, so muss ESP zum Einsatz kommen. Wird ESP mit Transport Mode kombiniert, sind zwar die IP-Nutzdaten geschützt, jedoch wird ein Teil der IP-Verbindungsdaten immer noch im Klartext übertragen, da sie Bestandteil des IP-Protokollkopfes sind, welcher bei der Verwendung von Transport Mode nicht verschlüsselt werden kann. Dies ermöglicht eine Verkehrsanalyse durch Korrelation der verwendeten Quell- und Ziel-IP-Adressen.

Die Konfiguration mit der höchsten Sicherheit stellt eine Kombination von AH im Transport Mode und ESP im Tunnel Mode dar. Dabei wird durch die Verwendung des Tunnel Mode eine IP-IP-Kapselung durchgeführt, bei der ein neuer IP-Protokollkopf eingefügt wird. Danach erfolgt die Verschlüsselung des ursprünglichen IP-Protokollkopfes und der Nutzdaten mittels ESP. Da nun der neue äußere IP-Protokollkopf ungesichert ist, wird zusätzlich AH im Transport Mode angewandt.

Das Resultat ist ein vollständig gegen Veränderung geschütztes IP-Paket, welches die eigentlichen Verbindungs- und Nutzdaten des ursprünglichen Pakets verschlüsselt enthält. Somit ist ein Angreifer weder in der Lage die übertragenden Daten mitzulesen noch eine genaue Verkehrsanalyse aufgrund der Verbindungsdaten durchzuführen.

Abbildung 6.9 zeigt die Anwendung einer solchen zweistufigen Sicherheitsvereinbarung, bestehend aus einer inneren Sicherheitsassoziation mit ESP und Tunnel Mode und einer äußeren unter Verwendung von AH im Transport Mode.

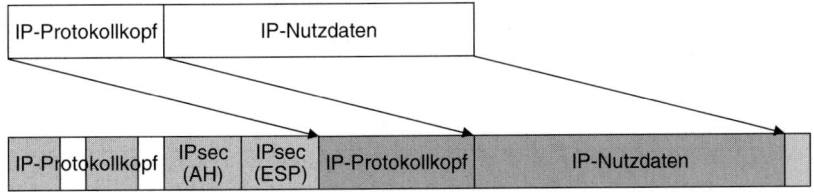

Abbildung 6.9. Kombination von AH im Transport Mode und ESP im Tunnel Mode

Einziger Nachteil dieser Lösung ist der erhöhte Bandbreitenbedarf, da dem ursprünglichen Paket pro zu übertragendem IP-Paket ein zusätzlicher IP-Protokollkopf und zwei IPsec-Protokollköpfe hinzugefügt werden. Durch diese Vorgehensweise kann es relativ schnell passieren, dass das zu übertragende IP-Paket größer als die *Maximum Transmission Unit* (MTU) wird und das Paket für die Übertragung fragmentiert werden muss.

Ende-zu-Ende-Kommunikation

Soll eine sichere Ende-zu-Ende-Kommunikation ermöglicht werden, so reicht die Anwendung des Transport Mode als Übertragungsmodus. Je nachdem, ob die Kommunikation nur gegen Veränderung gesichert werden soll oder ob die Inhalte verschlüsselt übertragen werden sollen, muss das Sicherheitsprotokoll AH oder ESP eingesetzt werden. Eine Lösung ist die Verwendung eines SA-Bündels aus ESP und AH im Transport Mode. Durch den Einsatz von ESP wird eine Verschlüsselung der Nutzdaten erreicht. Durch die zusätzliche Anwendung von AH werden auch die Verbindungsdaten des IP-Protokollkopfes gegen Veränderung geschützt.

Der Einsatz des Tunnel Modes ist an dieser Stelle unnötig und führt nur zu einem höheren Datenaufkommen; der Schutz der Verbindung wird damit nicht erhöht. Die Kapselung des originalen IP-Protokollkopfes mit anschließender Verschlüsselung und das Voranstellen eines neuen IP-Protokollkopfes würden auch eine Verkehrsanalyse anhand der Verbindungsdaten nicht erschweren, da die Daten im vorangestellten und im gekapselten IP-Protokollkopf sich bei einer Ende-zu-Ende-Verbindung nicht unterscheiden.

IPsec-VPNs

Beim Einsatz von IPsec kann dies zum Schutz der Verbindungen über ein unsicheres Netz durch die Kombination von Tunnelmodus und dem Sicherheitsprotokoll ESP sowie zusätzlich AH realisiert werden. Durch ESP wird die gesamte Kommunikation verschlüsselt, weshalb Außenstehende nicht in der Lage sind, die übertragenen Daten mitzulesen. AH kann dann zusätzlich zu ESP verwendet werden, wenn auch die Authentizität und Integrität des äußeren IP-Protokollkopfes gesichert werden soll.

Da eventuell die Adressbereiche der privaten Netze innerhalb des Internets nicht bekannt sind oder nicht veröffentlicht werden sollen, wird üblicherweise der Tunnelmodus eingesetzt. Dieser kapselt ein IP-Paket vollständig in ein neues IP-Paket ein und wendet dann die IPsec-Verarbeitung an, bei der zwischen den beiden IP-Protokollköpfen noch der zusätzliche IPsec-Protokollkopf eingefügt wird. Der äußere IP-Protokollkopf enthält dann die öffentlichen IP-Adressen der beiden IPsec-Security-Gateways, wohingegen die Verbindungsdaten des inneren IP-Protokollkopfes zusammen mit den eigentlichen Nutzdaten durch die Verschlüsselung geschützt werden. Dadurch wird insbesondere verborgen, welche Endsysteme miteinander kommunizieren. So wird es beispielsweise Angreifern nicht gelingen, wichtige interne Rechner zu identifizieren.

6.2.5 Probleme

Neben den zahlreichen Anwendungsmöglichkeiten bringt der Einsatz von IPsec auch einige Probleme mit sich. Die bekanntesten darunter sind der gleichzeitige Einsatz von IPsec und Network Address Translation und die Kombination von IPsec und IP-basierten Mobilitätslösungen.

IPsec und NAT

Wird NAT (vgl. Abschnitt 6.5, S. 246) zur Anbindung von privaten Netz-werken ans Internet eingesetzt, kommt es beim gleichzeitigem Einsatz von IPsec zu Problemen. Wie in Abschnitt 6.5 beschrieben, modifiziert das NAT-Gateway u. a. die Quelladresse von IP-Paketen, die über das Gateway in das öffentliche Netz gelangen. Wurde das IP-Paket jedoch vorher mittels des IPsec-Sicherheitsprotokolls AH gegen Veränderung geschützt, so schlägt die Integritätsprüfung beim Empfänger fehl, da auch Informationen aus dem IP-Protokollkopf in die Berechnung der Prüfsumme miteinbezogen werden.

Noch problematischer ist der Einsatz von NAPT (vgl. Abschnitt 6.5.2, S. 247), bei dem neben der Absendeadresse auch Portnummern umgesetzt werden. Ist das IP-Paket jedoch vorher durch IPsec bearbeitet worden, sind die Portin-formationen der Transportprotokolle nicht zugreifbar, da sie beispielsweise im Fall von ESP verschlüsselt vorliegen. Selbst bei der Verwendung von AH, bei dem die Portinformation des jeweiligen Transportprotokolls hinter dem AH-Protokollkopf liegen, kann das NAT-Gateway diese Daten nicht modifizieren, ohne dass die Integritätsüberprüfung auf Empfängerseite fehlschlägt.

Um den Einsatz von IPsec hinter NAT-Gateways trotzdem zu ermöglichen, wurde eine UDP-basierte Lösung in [167] vorgeschlagen. Die Lösung sieht das Einfügen eines weiteren UDP-Protokollkopfes nach der IPsec-Verarbeitung zwischen dem IP-Protokollkopf und dem IPsec-Protokollkopf vor, wie Abbil-dung 6.10 veranschaulicht.

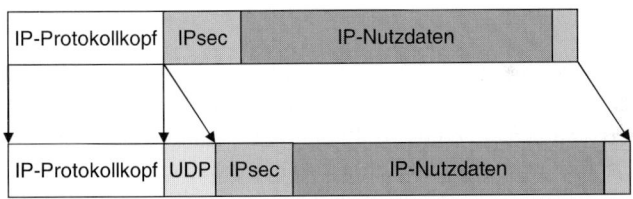

Abbildung 6.10. UDP-Kapselung eines ESP-Datenpaketes

Durch das Einfügen des zusätzlichen UDP-Protokollkopfes können nun IP-sec und NAT zusammen betrieben werden. Da bei dieser Vorgehensweise im-mer noch Felder des IP- und UDP-Protokollkopfes durch das NAT-Gateway modifiziert werden, kann dieses Verfahren nur in der Kombination mit dem Sicherheitsprotokoll ESP eingesetzt werden. Das gleiche Vorgehen in Verbin-dung mit dem Sicherheitsprotokoll AH führt wiederum zum Verwerfen der IP-Pakete auf Empfängerseite, da AH-Informationen des IP-Protokollkopfes in die Berechnung der Prüfsumme mit einbezogen werden.

Auf Empfängerseite wird der zusätzliche UDP-Protokollkopf vor der IPsec-Verarbeitung wieder entfernt. Damit es nicht zu Kollisionen mit normalem

Datenaustausch per UDP kommt, wird als Zielport der gleiche Port (UDP-Port 4500) benutzt, der zur Schlüsselaushandlung durch IKE bei Einsatz von NAT verwendet wird. Um dann auf dem Zielsystem IPsec- und IKE-Pakete unterscheiden zu können, wird IKE-Paketen ein spezieller Marker hinter dem UDP-Protokollkopf eingefügt, der bei der IPsec-Verarbeitung erkannt wird und dazu führt, dass das Paket nicht durch IPsec weiterverarbeitet, sondern an das Schlüsselaustauschprogramm ausgeliefert wird.

Mit diesem Zusatzaufwand ist prinzipiell die Kombination von IPsec und NAT realisierbar. Im praktischen Einsatz muss jedoch auch das Schlüsselaustauschprotokoll die Kombination von NAT und IPsec unterstützen. Dazu gehört einerseits bei der Schlüsselaushandlung die Erkennung, ob auf dem aktuellen Übertragungspfad NAT zum Einsatz kommt (dies kann durch das STUN-Protokoll [322] herausgefunden werden, vgl. hierzu ebenfalls Abschnitt 6.5, S. 246). Zusätzlich muss das Schlüsselaustauschprotokoll die Konfiguration der UDP-Kapselung für die entsprechenden Sicherheitsassoziationen unterstützen. Abschließend ist es auch Aufgabe des Schlüsselaustauschprotokolls, dafür zu sorgen, dass die Adressen- und Portumsetzung in dem NAT-Gateway für die Dauer der gesamten Verbindung erhalten bleibt und nicht abgebaut wird, wenn zeitweise keine Daten mehr ausgetauscht werden. Im Allgemeinen wird dies dadurch gewährleistet, dass die Protokollinstanzen spezielle Nachrichten austauschen, mit denen die Lebenszeit der Umsetzung auf dem NAT-Gateway verlängert wird.

IPsec und Mobilität

Ein weiteres Problem ist die Kombination von IPsec und Mobilitätslösungen wie *Mobile IP* [287, 185]. Die Aufgabe solcher Mobilitätsmanagementlösungen ist es, die Erreichbarkeit eines mobilen Endsystems (auch als *mobiler Knoten* bzw. *Mobile Node* bezeichnet) unabhängig von der aktuellen Lokation seines Netzzugangs zu gewährleisten. Dazu wird u. a. eine Neukonfiguration des mobilen Knotens angestoßen, so dass dieser einen neuen Netzzugangspunkt nutzen kann. Normalerweise ändert sich bei diesem Vorgehen die aktuelle IP-Adresse des mobilen Knotens, jedoch bleibt er weiterhin unter seiner Heimatadresse erreichbar, da ein so genannter *Heimatagent* (*Home Agent*) Pakete an den mobilen Knoten abfängt und mittels eines IP-Tunnels zu seinem momentanen Aufenthaltsort weiterleitet. Für Anwendungen bleibt der Adressenwechsel transparent, d. h. die Erreichbarkeit bleibt erhalten, andernfalls müssten etwa bestehende Verbindungen abgebrochen und mit der neuen Adresse erneut etabliert werden.

IPsec kann in diesem Szenario für die sichere Datenübertragung zwischen dem Heimatagenten im Heimatnetz und dem mobilen Knoten eingesetzt werden. Durch die Änderung der IP-Adresse des mobilen Knotens können jedoch die ausgehandelten Sicherheitsassoziationen nicht weiter verwendet werden. Auf der Seite des mobilen Knotens wird dies relativ leicht erkannt; dieser kann nach einem Wechsel der IP-Adresse eine erneute Schlüsselaushandlung anstoßen und entsprechend neue Sicherheitsassoziationen aufbauen. Schwieriger ist die Erkennung beim Heimatagenten. Möchte dieser Daten an den mobilen Knoten senden, muss vorher sichergestellt werden, dass der mobile Knoten noch unter der in der Sicherheitsassoziation enthaltenen IP-Adresse erreichbar ist.

Dieses Problem kann nur mit einer Erweiterung des Schlüsselaustauschprotokolls und des dazugehörigen Schlüsselaustauschprogramms gelöst werden. Einerseits wird ein Mechanismus benötigt, der den Ausfall oder Adressenwechsel eines mobilen Knotens erkennt. Außerdem muss das Schlüsselaustauschprotokoll so erweitert werden, dass im Falle der Neuaushandlung der Verbindung vom mobilen Knoten zum Heimatagenten automatisch die Verbindung in Gegenrichtung zusätzlich neu ausgehandelt wird, da IPsec nur unidirektionale Sicherheitsassoziationen kennt.

6.2.6 Implementierung

Neben der Definition der Übertragungsmodi und der Sicherheitsprotokolle enthält der IPsec-Standard auch Angaben über den abstrakten Aufbau einer IPsec-Implementierung und die dazugehörigen Komponenten. Die nachfolgende Aufzählung beschreibt die wichtigsten Bestandteile einer standardkonformen IPsec-Implementierung, die zur Veranschaulichung in Abbildung 6.11 dargestellt sind:

- *Security Policy Database* (SPD) — Die SPD enthält Regelsätze, getrennt nach Senden und Empfangen von Paketen, welche die Verarbeitung von IP-Paketen bestimmen. Dabei kann ein Paket entweder durch IPsec verarbeitet werden, ohne Änderungen weitergeleitet oder sofort verworfen werden. Regeln, die eine IPsec-Verarbeitung beschreiben, enthalten Angaben über das anzuwendende SA-Bündel.

- *Security Association Database* (SAD) — In der SAD sind alle SAs einer IPsec-Implementierung gespeichert. Über eine interne Schnittstelle können alle SAs unter Angabe der Zieladresse, des IPsec-Protokolls und dem SPI abgefragt werden.

- *PF_KEY*-API — Die PF_KEY-API [242] stellt eine Schnittstelle der SAD für Anwendungsprogramme dar (siehe Abschnitt 6.3.3). Sie wird normalerweise von Schlüsselaustauschprogrammen zur Verwaltung von SAs verwendet. Der Datenaustausch zwischen Kern und Benutzeradressraum erfolgt nachrichtenorientiert.

Neben dem abstrakten Aufbau einer IPsec-Implementierung schreibt der Standard auch vor, wie die Verarbeitung beim Senden und Empfangen von Paketen zu erfolgen hat.

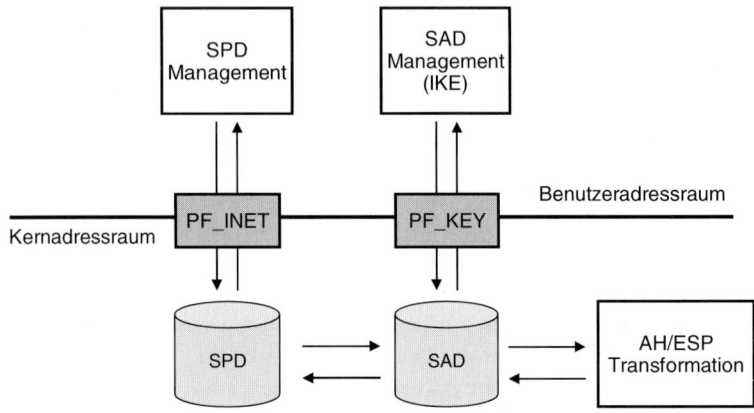

Abbildung 6.11. Implementierung

Beim Senden von Paketen muss die Implementierung zuerst feststellen, ob das Paket durch IPsec bearbeitet werden soll. Dazu wird die SPD daraufhin ausgewertet, ob eine für das Paket passende Regel enthalten ist. Ist dies der Fall, enthält die Regel die Informationen über das geordnete Bündel von SAs, die in der angegebenen Reihenfolge auf das Paket angewandt werden. Danach wird für jede SA des SA-Bündels die gewünschte IPsec-Verarbeitung durchgeführt, bis das SA-Bündel vollständig durchlaufen wurde.

Beim Empfangen von Paketen verläuft die Verarbeitung annähernd umgekehrt. Wird ein Paket empfangen, wird zuerst überprüft, ob es sich um ein IPsec-Paket handelt. Danach wird die IPsec-Verarbeitung so lange auf das Paket angewendet, bis alle IPsec-Protokollköpfe, die für das empfangende System bestimmt sind, abgearbeitet sind. Bei der Abarbeitung wird gleichzeitig eine Liste mit den angewandten SAs aufgebaut. Ist die IPsec-Verarbeitung abgeschlossen, so wird in der SPD ein entsprechender Eintrag gesucht, der mit der aufgebauten Liste übereinstimmt; nur dann wird das Paket zur weiteren Verarbeitung an das System übergeben.

6.2.7 Bewertung

Zusammenfassend kann man sagen, dass die IPsec-Protokollerweiterung alle notwendigen Mechanismen für eine sichere Kommunikation über IP-basierte Netze bereitstellt. Mit Hilfe von IPsec können einerseits sichere Ende-zu-Ende-Verbindungen bereitgestellt werden, andererseits eignet es sich auch zum Aufbau von VPNs.

Authentizität und Integrität werden mittels kryptographischer Prüfsummen und Vertraulichkeit durch symmetrische Verschlüsselung erbracht. Der Schutz vor Wiedereinspielungsangriffen wird durch den Einsatz von Sequenznummern gewährleistet. Durch die Kombination von Tunnel Mode und ESP kann zudem eine detaillierte Verkehrsanalyse anhand der IP-Verbindungsdaten unterbunden werden.

Die IPsec-Protokollerweiterung enthält selbst keine kryptographischen Verfahren zur Prüfsummenberechnung oder Verschlüsselung von Daten. Der IPsec-Standard schreibt jedoch vor, dass eine konforme Implementierung das symmetrische Verschlüsselungsverfahren DES im CBC-Modus [231] bereitstellen muss. Heute wird jedoch das DES-Verfahren mit den verwendeten Schlüssellängen nicht mehr als hinreichend sicher betrachtet, so dass zur Verwendung anderer Verfahren wie 3DES oder AES [126] geraten wird.

Nachteilig bei der Verwendung von IPsec ist der hohe Administrationsaufwand und der Zugriff auf das darunter liegende Betriebssystem, da eine Vielzahl von IP-Implementierungen mit der IPsec-Erweiterung Bestandteil des Betriebssystems sind. Außerdem sind Probleme zu erwarten, wenn IPsec mit anderen Mechanismen wie NAT oder Mobilitätsmanagement kombiniert wird.

Im Jahre 1999 wurde von Ferguson und Schneier eine Analyse [114] der IPsec-Protokollerweiterung vorgenommen. Dabei wurde festgestellt, dass die Protokollerweiterung eine zu hohe Komplexität aufweist und redundante Funktionsblöcke enthält. Die Autoren schlagen daher unter anderem folgende Änderungen am IPsec-Standard vor:

- *Verzicht auf den Transport Mode* — Da der Tunnel Mode eine Obermenge des Transport Mode hinsichtlich der bereitgestellten Funktionalität ist, wird vorgeschlagen, auf den Transport Mode zu verzichten. Der erhöhte Bandbreitenbedarf kann beispielsweise durch die Komprimierung des inneren IP-Protokollkopfes reduziert werden.

- *Verzicht auf das AH-Protokoll* — Da das ESP-Protokoll auch zusätzlich zur Sicherung der Vertraulichkeit Mechanismen bereitstellt, um die Authentizität und Integrität der Nachricht zu sichern, kann auf das AH-Protokoll verzichtet werden.

- *Verpflichtender Einsatz der Integritätssicherung bei ESP* — Um das AH-Protokoll zu ersetzen, muss jedoch die Integritätssicherung verpflichtend eingesetzt werden, nicht wie bisher optional. Der Funktionsumfang von AH kann dann mittels ESP mit NULL-Verschlüsselung bereitgestellt werden.

- *Integritätssicherung auf Klartextdaten* — Die Autoren schlagen weiterhin vor, dass die Authentizitäts- und Integritätssicherung unbedingt auf die Klartextdaten, nicht wie bisher auf die bereits verschlüsselten Daten, erfolgen muss. Dies wird damit begründet, dass die Authentizität und Integrität der Klartextdaten gewährleistet werden soll. Ob jedoch die Authentizitäts- und Integritätssicherung auf den chiffrierten Daten erhalten bleiben soll und damit beispielsweise zur schnellen Erkennung falscher Pakete genutzt werden kann, wird in der Analyse nicht beantwortet.

- *Bidirektionale SAs* — Anstatt wie bisher unidirektionale SAs einzusetzen, sollten bidirektionale SAs verwendet werden. Dies ist im Allgemeinen sinnvoll, da selten unterschiedliche Sicherheitsanforderungen für die verschiedenen Übertragungsrichtungen notwendig sind und somit beispielsweise unbeabsichtigte Fehlkonfigurationen vermieden werden können.

- *Begrenzte Verwendung des Schlüsselmaterials bei der Verschlüsselung* — Bei der Verwendung von Blockchiffren mit der Blocklänge n sollte ein Schlüssel maximal zur Verschlüsselung von $2^{n/2}$ Blöcken verwendet werden, weil danach aufgrund des Geburtstagsparadoxons [337] (vgl. Abschnitt 3.5.1, S. 57) die Wahrscheinlichkeit einer Kollision steigt und damit ein einfacherer Angriff auf den Schlüssel ermöglicht wird.

- *Einsatz von Counter Mode* — Gegenüber dem IPsec-Standard, welcher den CBC-Modus (siehe Abschnitt 3.4.3, S. 40) empfiehlt, schlagen die Autoren von [114] die Verwendung des Counter Mode (siehe Abschnitt 3.4.3, S. 44) vor.

Die aufgezählten Änderungen von Ferguson und Schneier würden bei einer Umsetzung die Komplexität der IPsec-Protokollerweiterung deutlich reduzieren und dadurch eine Implementierung oder die Administration und Wartung einer Installation signifikant erleichtern.

Ein weiteres Problem bei der Verwendung von IPsec stellt die Schlüsselverteilung dar. Wird für die Verschlüsselung manuell ausgetauschtes Schlüsselmaterial verwendet, muss zum einen sichergestellt werden, dass dieses Material sicher zwischen den Kommunikationspartnern ausgetauscht wurde. Ansonsten kann ein Angreifer die mit diesen kompromittierten Schlüsseln gesicherte Verbindung abhören oder Daten in eine solche Verbindung einspeisen. Zum anderen steigt die Anzahl der benötigten Schlüssel quadratisch mit der Anzahl der Kommunikationspartner und damit der Konfigurationsaufwand. Ein Lösungsansatz zur Vermeidung eines manuellen Schlüsselaustauschs ist die Verwendung eines Schlüsselaustauschprotokolls wie IKE, das im nachfolgenden Abschnitt beschrieben wird. Wird dabei die Authentifizierung mittels Zertifikaten und unter Verwendung einer PKI (siehe Kapitel 9, S. 349) durchgeführt, so kann das Schlüsselmaterial ohne geheimen Austausch eines gemeinsamen Geheimnisses ausgehandelt werden.

6.3 IKE

Die zuvor beschriebene IP-Erweiterung IPsec definiert verschiedene Sicherungsmechanismen auf IP-Ebene. Das für die Verarbeitung notwendige Schlüsselmaterial wird über die PF_KEY-API (siehe Abschnitt 6.3.3, S. 233) angefordert und importiert. IPsec spezifiziert jedoch nicht, wie das Schlüsselmaterial erzeugt wird. Dies kann entweder manuell oder durch ein Schlüsselaustausch-protokoll geschehen. Gegen die manuelle Schlüsseleingabe spricht jedoch die schlechte Skalierbarkeit dieser Vorgehensweise. Deswegen wurde in der IPsec-WG der IETF neben den IPsec-Protokollen AH und ESP auch ein Schlüssel-austauschprotokoll spezifiziert: *Internet Key Exchange* (IKE). Der Standard von IKE erstreckt sich über die RFCs 2407–2409 [290, 238, 149].

IKE erbringt folgende drei Funktionalitäten, die im Folgenden detailliert beschrieben werden:

- Gegenseitige Authentifizierung der Kommunikationspartner (beschrieben in Abschnitt 6.3.1)

- Erzeugung eines sicheren Kommunikationskanals (nachfolgend beschrieben in Abschnitt 6.3.2, S. 228)

- Aushandlung von SAs für IPsec (beschrieben in Abschnitt 6.3.3, S. 233)

Dazu ist das IKE-Protokoll in zwei Phasen aufgeteilt: In der ersten wird die Authentifizierung durchgeführt und das gemeinsame Schlüsselmaterial für den sicheren Kanal zwischen den beiden Systemen etabliert. Das System, das die Aushandlung anstößt, wird dabei *Initiator*, das System, das angesprochen wird *Responder*, genannt. In der zweiten Phase können über diesen Kanal IPsec-Sicherheitsassoziationen ausgehandelt werden.

Für IKE wurden die UDP-Ports 500 und 4500 von der *Internet Assigned Numbers Authority* (IANA) zugewiesen. Port 500 ist der ursprünglich für IKE reservierte Port; Port 4500 wird genutzt, wenn erkannt wird, dass eine der Parteien durch ein NAT-Gateway maskiert wird. Allerdings ist diese Zuweisung nicht zwingend, so dass eine IKE-Implementierung Aushandlungen ohne NAT-Gateway auch auf Port 4500 annehmen muss.

6.3.1 Authentifizierung

Die Kommunikationspartner authentifizieren sich gegenseitig durch Nutzung eines der drei folgenden Mechanismen:

- Gemeinsames Geheimnis (Preshared Secret)
- Digitale Signaturen
- Asymmetrische Verschlüsselung

Die Authentifizierung mittels eines gemeinsamen Geheimnisses basiert auf dessen Kenntnis. Kein anderer Teilnehmer des Netzes darf dieses Geheimnis kennen und darf auch nicht in dessen Besitz kommen. Wie das gemeinsame Geheimnis auf die beiden Systeme verteilt wird, ist durch den IKE-Standard nicht weiter vorgegeben. Die Skalierbarkeit und Sicherheit dieses Verteilungsmechanismus ist stark eingeschränkt und kann somit nur in kleinen bis mittelgroßen Szenarien verwendet werden.

Die beiden anderen Mechanismen sind für große Systeme zu bevorzugen. Beide erfordern, dass ein Schlüsselpaar für asymmetrische Kryptographie für jeden Teilnehmer erzeugt wird. Im Falle von digitalen Signaturen wird der Kommunikationspartner durch die Überprüfung der Signatur und der dazugehörenden Zertifikatskette authentifiziert. Beide können während des Schlüsselaustauschs zum Kommunikationspartner übertragen werden. Bei Authentifikation über asymmetrische Verschlüsselung wird geprüft, ob der Partner Daten, die mit seinem öffentlichen Schlüssel verschlüsselt wurden, tatsächlich entschlüsseln kann.

Heutzutage ist die Authentifizierung mittels digitaler Signaturen die am weitesten verbreitete Methode. In den weiteren Abschnitten wird detailliert nur auf diese eingegangen. Für die anderen Methoden wird auf die Standards verwiesen.

6.3.2 Aufbau des sicheren Kanals

Für den Aufbau des sicheren Kanals zwischen den IKE-Instanzen auf Anwendungsebene sind zwei Modi im Standard [149] und ein weiterer Modus in einem Draft [89] spezifiziert worden:

- Main Mode
- Aggressive Mode
- Base Mode

Main Mode

Der *Main Mode* ist der am häufigsten eingesetzte Phase-1-Modus. Er besteht aus insgesamt sechs Nachrichten – drei vom Initiator zum Responder und drei in umgekehrter Richtung – und erzeugt damit eine Verzögerung der dreifachen Umlaufzeit zwischen den beiden Systemen. Der Ablauf ist in Abbildung 6.12 dargestellt.

Die ersten beiden Nachrichten dienen dem Austausch von Cookies (vgl. Abschnitt 4.7.1, S. 120), der Aushandlung der Verfahren zum Schutz des Kanals sowie der Einigung auf ein Verfahren zur gegenseitigen Authentifikation. Cookies, die in allen *HDR*-Strukturen – also den Kopfdaten – enthalten sind, sollen DoS-Angriffe von gefälschten Absenderadressen abwehren. Generiert ein Angreifer Anfragen mit gefälschten Absenderadressen, sendet der Responder die

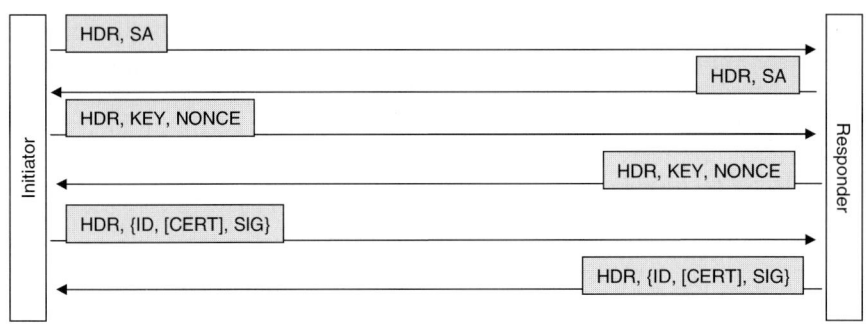

Abbildung 6.12. Protokollnachrichten beim Main-Mode-Austausch

Nachricht zwei an diese Adresse und das System wird in der Regel nicht antworten. Der Angriff erzeugt also nur die Antwortnachricht des Responders, löst aber keine weiteren Operationen auf Responder-Seite aus. Alle rechenintensiven Operationen führt der Responder erst aus, wenn die dritte Nachricht mit dem korrekten Cookie empfangen wurde.

Der Initiator sendet zunächst eine *SA*-Struktur in der ersten Nachricht, in der mehrere Vorschläge, welche Sicherungsmechanismen der Initiator unterstützt, enthalten sind. Ein solcher Vorschlag besteht immer aus einem Authentifizierungsverfahren, einem Verschlüsselungsverfahren, einem Integritätssicherungsverfahren, einer Diffie-Hellman-Gruppe und der Lebensdauer des Schlüsselmaterials. Nach Ablauf der Lebenszeit muss neues Schlüsselmaterial erzeugt werden oder der Kanal abgebaut werden. Der Responder wählt aus diesen Vorschlägen genau einen aus und sendet diesen in der *SA*-Struktur der zweiten Nachricht an den Initiator zurück. Nach Empfang der ersten Nachricht muss der Responder also lediglich das eigene Cookie, das Cookie des Initiators und die gewählten Verfahren zwischenspeichern.

Die Nachrichten drei und vier bilden den anonymen Diffie-Hellman-Austausch. In der *KEY*-Struktur wird der DH-Wert übertragen. Die *NONCE*-Struktur enthält eine weitere Zufallszahl, die zum einen der Verhinderung von Wiedereinspielungsangriffen dient und zum anderen als Material für die Schlüsselerzeugung der Phase 1 verwendet wird. Nach Austausch dieser beiden Nachrichten können Initiator und Responder die gemeinsamen Schlüssel berechnen.

Die letzten beiden Nachrichten dienen der gegenseitigen Authentifizierung und der Integritätsprüfung der vorangegangenen Nachrichten. Dabei werden die *ID*-Struktur, die *CERT*-Struktur und die *SIG*-Struktur verschlüsselt und integritätsgesichert übertragen, was durch die Klammerung {...} in Abbildung 6.12 gekennzeichnet wird. Als Schlüssel dient der nach Nachricht vier berechnete gemeinsame Schlüssel. Die *ID*-Struktur enthält den Namen des Systems unter dem es dem Kommunikationspartner bekannt ist. Im Standard sind hierfür verschiedene Typen von Namen spezifiziert: IPv4-Adresse, IPv6-

Adresse, Domainname, Benutzername oder X.500-Name. Die Übertragung des zu diesem Namen gehörenden Zertifikats ist optional (was durch die Klammerung [...] in Abbildung 6.12 gekennzeichnet ist) und wird in der *CERT*-Struktur transportiert. Diese Struktur kann neben dem Zertifikat des Systems auch weitere Zertifikate der Zertifikatskette vom Vertrauensanker bis zur CA, die das Zertifikat des Systems ausgestellt hat, enthalten (s. Abschnitt 9.3, S. 351). Die *SIG*-Struktur beweist zum einen gegenüber dem Kommunikationspartner, dass man im Besitz des zum Zertifikat passenden privaten Schlüssels ist. Zum anderen wird die Integrität bzw. Authentizität der vorangegangenen Nachrichten überprüft. Es werden aber nicht alle vorher ausgetauschten Nachrichten vollständig in die Authentizitätsprüfung mit aufgenommen, sondern lediglich folgende Felder: die beiden DH-Werte, die beiden Cookies aus den Nachrichten eins und zwei, die beiden Zufallszahlen aus den Nachrichten drei und vier, die vom Initiator angebotenen Vorschläge und die Identität des Kommunikationspartners. Über diese Felder wird ein Hash-Wert berechnet, der dann digital signiert wird. Durch das Einbeziehen der vorangegangenen Nachrichten wird u. a. ein Downgrade-Angriff (vgl. Abschnitt 4.6, S. 118) verhindert.

Probleme des Main Mode

Dass einige Felder bei dieser Signaturberechnung ausgelassen werden, ist unverständlich und macht das Protokoll angreifbar. Zum Beispiel ist die Wahl des Responders nicht in die Berechnung mit eingegangen. Wenn ein Angreifer in der Lage ist, eines der vom Initiator angebotenen Verfahren schnell genug zu brechen, kann er sich durch einen Man-in-the-Middle-Angriff als Responder gegenüber dem Initiator ausgeben.

Ein weiteres Problem entsteht durch den Mechanismus des Identitätsschutzes. Die Identitäten der beiden Kommunikationspartner werden erst in den letzten beiden Nachrichten des Austauschvorgangs übermittelt. Das bedeutet, dass der Responder die einzusetzenden Verfahren lediglich anhand der IP-Adresse des Initiators auswählen kann. Sollte dann aber in Nachricht fünf eine Identität übermittelt werden, die andere Schutzfunktionalitäten erfordert, so gibt es keine andere Möglichkeit als den Austausch abzubrechen und neu zu beginnen.

Aggressive Mode

Ein Kritikpunkt am Main Mode war die hohe Verzögerung von drei Umlaufzeiten bis zur Etablierung eines gesicherten Kanals. Der *Aggressive Mode* wurde entwickelt, um einen Modus mit deutlich geringerer Verzögerung einsetzen zu können. Wie in Abbildung 6.13 zu sehen ist, beträgt die Verzögerung im Aggressive Mode nur die 1,5fache Umlaufzeit. Die Inhalte der einzelnen Strukturen entsprechen denen des Main Mode.

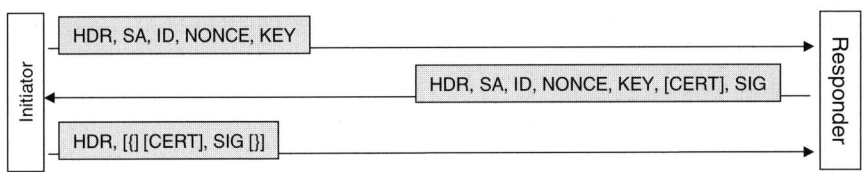

Abbildung 6.13. IKE-Nachrichten beim Aggressive-Mode-Austausch

Die Zertifikatsstruktur *CERT* in der dritten Nachricht ist optional vorhanden und kann zusammen mit der Signatur verschlüsselt sein. Neben der geringeren Verzögerung ist ein weiterer Vorteil des Aggressive Modes, dass die Identitäten der Kommunikationspartner vor der Wahl der Verfahren bekannt sind und somit die gewünschte bzw. erforderliche Schutzfunktionalität nicht anhand der IP-Adresse bestimmt werden muss.

Probleme des Aggressive Mode

Die Verkürzung des Austauschs bringt aber auch Probleme mit sich:

- Die DH-Gruppe muss vor dem Schlüsselaustausch beiden Kommunikationspartnern bekannt sein und kann nicht dynamisch ausgehandelt werden, da der Initiator seinen DH-Wert in der ersten Nachricht an den Responder überträgt.

- Der Responder kann leichter durch DoS angegriffen werden. Zum einen muss der Responder für jede Anfrage (Nachricht eins) einen DH-Wert und einen signierten Hash-Wert erzeugen. Beide Operationen sind rechenintensiv, wohingegen der Angreifer einfach zufällige Werte für den DH-Wert in die Anfrage eintragen kann. Zum anderen muss der Responder bereits Zustände etablieren, um die zweite Nachricht zu generieren.

- Die Identitäten der Kommunikationspartner werden ungeschützt übertragen, da die gemeinsamen Schlüssel erst nach dem Austausch berechnet werden.

Besonders der zweite Punkt macht den Einsatz von Aggressive Mode gefährlich für die Stabilität des Systems; Aggressive Mode ist daher nicht zu empfehlen.

Base Mode

Der *Base Mode* gehört nicht zum Standard von IKE, sondern ist eine Ergänzung, welche die Vorteile von Main Mode und Aggressive Mode kombiniert und gleichzeitig die jeweiligen Nachteile eliminiert. Die Strukturen wurden dabei unverändert übernommen und entsprechen deshalb denen der im Abschnitt „Main Mode" vorgestellten.

Wie in Abbildung 6.14 zu sehen ist, benötigt Base Mode die zweifache Umlaufzeit. Dabei überträgt der Initiator seine Identität in der ersten Nachricht, die wie beim Aggressive Mode nicht verschlüsselt ist, da der gemeinsame Schlüssel noch nicht erzeugt wurde. Der Responder kann allerdings die Wahl der Verfahren von der Identität des Initiators abhängig machen und muss nicht, wie beim Main Mode, anhand der IP-Adresse das Verfahren wählen.

Ein weiterer Vorteil gegenüber dem Aggressive Mode ist die Eingrenzung von DoS-Angriffen durch Cookies. Der Responder muss erst nach Erhalt der dritten Nachricht rechenintensive Operationen ausführen.

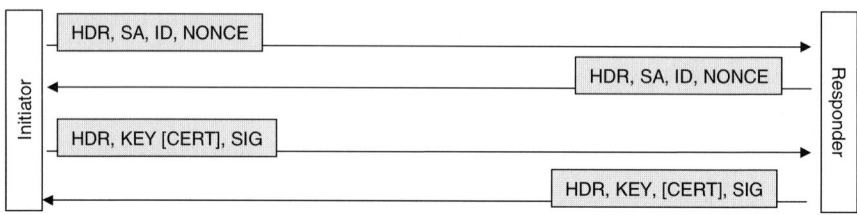

Abbildung 6.14. Nachrichten des Base-Mode-Austauschs

Probleme des Base Mode

Da der Base Mode lediglich eine Ergänzung des Standards ist, blieb dessen Verbreitung sehr gering. Des Weiteren hat sich die Überzeugung durchgesetzt, dass dem Schutz der Identitäten eine hohe Priorität in Sicherheitsprotokollen beizumessen ist. Dies kann der zuvor beschriebene Base Mode nicht erfüllen.

Erzeugung des Schlüsselmaterials

Die Schlüsselerzeugung der Phase 1 ist zweistufig. Zuerst wird ein Schlüssel erzeugt, der als Argument für weitere Schlüsselberechnungen verwendet wird. Dazu wird eine Pseudo-Zufallsfunktion (*Pseudo Random Function* – PRF) verwendet, der zwei Parameter übergeben werden: der gemeinsame Schlüssel – das Ergebnis des DH-Austauschs – und die Verkettung beider Nonces: $SKEYID = PRF(Nonce_I \mid Nonce_A, DH_{Ergebnis})$

Danach werden drei Schlüssel berechnet: einer für die Verschlüsselung in Phase 1 ($SKEYID_e$), einer für die Authentifizierung in Phase 1 ($SKEYID_a$) und einer für die Ableitung der Phase-2-Schlüssel ($SKEYID_d$):

$SKEYID_d = PRF(DH_{Ergebnis} \mid Cookie_I \mid Cookie_A \mid 0, SKEYID)$

$SKEYID_a = PRF(SKEYID_d \mid DH_{Ergebnis} \mid Cookie_I \mid Cookie_A \mid 1, SKEYID)$

$SKEYID_e = PRF(SKEYID_a \mid DH_{Ergebnis} \mid Cookie_I \mid Cookie_A \mid 2, SKEYID)$

Die Länge der berechneten Schlüssel muss dabei passend zu den ausgehandelten Verfahren sein. Sollte das Ergebnis länger als der benötigte Schlüssel sein, so werden nur die höchstwertigsten Bits des Ergebnisses verwendet. Ist das Ergebnis zu kurz, so wird das Ergebnis wiederholt als Eingabe der PRF verwendet und die Ergebnisse verkettet, bis das Ergebnis lang genug ist.

Die Pseudo-Zufallsfunktion ist in der Regel ein HMAC, kann aber auch während der Phase 1 dynamisch ausgehandelt werden. Der Standard schlägt keine weiteren Funktionen neben HMAC vor, so dass diese Aushandlung lediglich über proprietäre Erweiterungen realisierbar ist.

6.3.3 Aushandlung von IPsec-SAs

Nach erfolgreichem Abschluss der ersten Phase wird der dadurch aufgebaute sichere Kanal für die Aushandlung der eigentlichen SAs für IPsec, auch als *CHILD_SAs* bezeichnet, genutzt. Im Standard wird dafür der so genannte *Quick Mode* spezifiziert. Abbildung 6.15 zeigt den Ablauf dieser zweiten Phase.

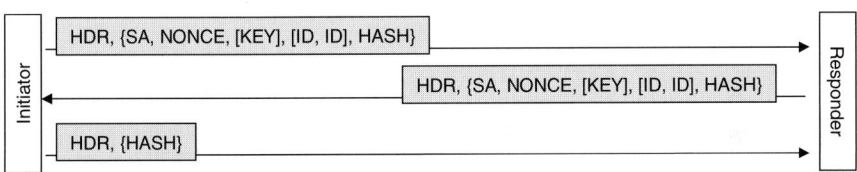

Abbildung 6.15. Nachrichten des Quick-Mode-Austauschs

Der Initiator sendet in der *SA*-Struktur einen oder mehrere Vorschläge von Verfahren, die IPsec später zum Schutz der Daten verwenden soll. Dabei muss die Struktur auch die Schachtelung mehrerer Verfahren unterstützen, da es in IPsec erlaubt ist, IP-Pakete mehrfach durch IPsec zu schützen. Ein Eintrag der *SA*-Struktur besteht wie in Phase 1 aus einem Verfahren zum Schutz der Integrität der Daten und der Lebenszeit des Schlüsselmaterials. Das Verschlüsselungsverfahren muss nur für ESP ausgehandelt werden. Die Aushandlung der Diffie-Hellman-Gruppe in Phase 2 ist optional, da diese nur dann stattfindet, wenn PFS (vgl. Abschnitt 4.5.1, S. 116) zwischen dem auszuhandelnden Schlüsselmaterial und dem Phase-1-Schlüsselmaterial erzeugt werden soll. Des Weiteren muss noch angegeben werden, für welches IPsec-Protokoll, AH oder

ESP, und für welchen IPsec-Modus, Transport Mode oder Tunnel Mode, das Verfahren verwendet werden soll.

Soll PFS für das Phase-2-Schlüsselmaterial erreicht werden, müssen in den ersten beiden Nachrichten *KEY*-Strukturen ausgetauscht werden, die wiederum die DH-Werte enthalten. Die Zufallszahlen in den *NONCE*-Strukturen gehen in die Schlüsselerzeugungsfunktion der Phase 2 ein und bilden gleichzeitig noch einen Schutz gegen Wiedereinspielungsangriffe. Verwendet der Responder für jeden Austausch unterschiedliche Nonces, so werden wiederholte Pakete dadurch erkannt, dass das Authentifizierungsverfahren fehl schlägt, weil kein gültiges Schlüsselmaterial erzeugt werden konnte.

Im Fall eines IPsec-Gateways können optional noch die Identitäten der beiden Endsysteme, für die der sichere Kanal aufgebaut werden soll, übermittelt werden. Diese werden in zwei *ID*-Strukturen übertragen. Der Responder kann daraufhin die für diese beiden Identitäten passenden Schutzfunktionen auswählen.

Alle Strukturen außer dem Header (*HDR*-Struktur) werden durch den gesicherten Kanal der Phase 1 verschlüsselt und authentifiziert. Zum Schutz der Integrität des gesamten Quick-Mode-Austauschs wird für jede Nachricht ein HMAC mit $SKEYID_a$ als Schlüssel in einer *HASH*-Struktur übertragen. Zur Verschlüsselung der Nachricht wird der Schlüssel $SKEYID_e$ verwendet. In der *HDR*-Struktur sind wiederum Cookies und eine ID der Verbindung enthalten, mit deren Hilfe der Empfänger das entsprechende Schlüsselmaterial identifiziert.

Die Nachricht des Responders enthält dieselben Felder wie die erste Nachricht des Initiators. Die *SA*-Struktur enthält nun aber die ausgewählten Verfahren. Die zweite Nachricht des Initiators enthält lediglich eine *HASH*-Struktur und zeigt dem Responder an, dass der Initiator die Antwortnachricht des Responders erhalten hat.

Zusammenspiel mit IPsec

Nachdem nun die Aushandlung von Sicherungsverfahren und Schlüsselmaterial vorgestellt wurde, soll nun genauer auf das Zusammenspiel von IKE und IPsec eingegangen werden.

IKE wird in der Regel als Anwendung und damit in der Ablaufumgebung der Anwendungsprozesse betrieben; IPsec dagegen ist eine Erweiterung des Betriebssystems und läuft somit auch innerhalb der Ausführungsumgebung des Betriebssystemkerns ab. Damit die beiden miteinander interagieren können, muss eine Schnittstelle definiert werden, die eine Kommunikation zwischen IKE und IPsec ermöglicht. Die *PF_KEY-API* [242] wurde genau zu diesem Zweck entwickelt. Die Schnittstelle definiert mehrere Funktionen, um die notwendigen Informationen zum Schlüsselaustausch zwischen IKE und IPsec auszutauschen. Dabei realisiert die PF_KEY-API eine nachrichtenbasierte Kommunikation zwischen dem Kern und dem Benutzeradressraum. Die Nachrichten beginnen immer mit dem Präfix *SAD*, da IKE ausschließlich mit der SAD (vgl. Abschnitt 6.2.6) von IPsec interagiert.

Bevor IPsec IKE zur Schlüsselaushandlung nutzen kann, muss sich IKE anmelden. Dazu sendet IKE eine *SAD_Register*-Nachricht, in der IKE angibt, welche IPsec-Protokolle (ESP oder AH) es aushandeln kann. Die PF_KEY-API erlaubt es, dass sich mehrere Schlüsselaustauschprotokolle auf diese Weise bei der SAD anmelden, die gegebenenfalls nur eines der beiden Protokolle verhandeln können. Die SAD bestätigt die Anmeldung ebenfalls mit einer *SAD_Register*-Nachricht.

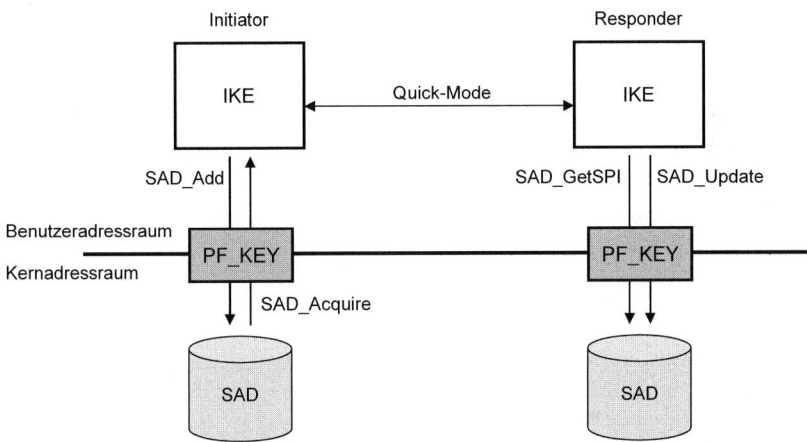

Abbildung 6.16. Nachrichten zwischen IKE und IPsec

Sobald ein IP-Paket von IPsec verarbeitet werden soll und noch keine SA zur Gegenstelle besteht, stößt die SAD eine Aushandlung durch IKE an (siehe Abbildung 6.16). Dazu wird eine *SAD_Require*-Nachricht an alle angemeldeten Anwendungen gesendet, die das geforderte Protokoll aushandeln können. Diese Nachricht löst bei IKE einen Phase-2-Austausch aus. Sobald die erste Nachricht des Quick Mode beim Responder eintrifft, wird dort mittels einer *SAD_GetSPI*-Nachricht ein vorläufiger SA-Eintrag in der SAD des Responders angelegt. In dieser vorläufigen SA ist lediglich der SPI gesetzt; dieser muss von der empfangenden SAD bestimmt werden, da dort der SPI die Eindeutigkeit der Zuordnung vom IPsec-Paket auf die SA garantieren muss. Nach dem vollständigen Ablauf des Quick Mode werden auf beiden Seiten die SAs mit den ausgehandelten Algorithmen und dem dazu gehörenden Schlüsselmaterial gefüllt. Dazu wird auf Initiator-Seite eine *SAD_Add*-Nachricht verwendet und auf Responder-Seite eine *SAD_Update*-Nachricht. Dass zwei verschiedene Nachrichtentypen verwendet werden, hängt damit zusammen, dass auf Responder-Seite schon die vorläufige SA besteht, die um die ausgehandelten Daten ergänzt werden muss. Auf Initiator-Seite muss dagegen die SA vollständig erzeugt werden.

Neben diesen Nachrichten zum Setzen der Sicherheitsparameter gibt es noch weitere, die hier nur der Vollständigkeit halber kurz genannt werden:

- *SAD_Expire* — Fordert die Neuaushandlung einer SA zum Vorwarnzeitpunkt an

- *SAD_Get* — Auslesen der Daten einer SA

- *SAD_Delete* — Löscht eine SA aus der SAD

- *SAD_Flush* — Löscht alle SAs aus der SAD

- *SAD_Dump* — Zeigt alle SAs der SA an

6.3.4 Bewertung

Zu den wesentlichen Kritikpunkten an IKE in der bisher vorgestellten Version (IKEv1) gehört zum einen die schlechte Dokumentation und zum anderen die teilweise lückenhafte Spezifikation [114].

So lässt die Aufteilung der Spezifikation in drei Dokumente glauben, dass diese unabhängig voneinander sind und somit auch einzeln analysiert werden können. Ein Versuch einer solchen Analyse scheiterte aber an den vielen Abhängigkeiten zwischen den drei Dokumenten. Hinzu kommt, dass viele Begriffe in den einzelnen Dokumenten unterschiedlich verwendet werden. Durch die Zusammenfassung des IKEv2-Standards zu einem Dokument wurde diese Schwachstelle beseitigt.

Der zweite wesentliche Kritikpunkt zielt auf die Unterspezifikation an manchen Stellen des Standards ab. So ist nicht festgelegt, in welcher Reihenfolge die einzelnen Nachrichtenstrukturen angeordnet werden müssen. Hinzu kommt, dass nicht alle Fehlerfälle in die Spezifikation aufgenommen wurden und somit nicht beschrieben ist, wie auf diese zu reagieren ist. Ein weiterer Kritikpunkt richtet sich gegen die Spezifikation des Zustandsautomaten von IKE: Es sollte explizit spezifiziert werden, wie auf Wiederholungen von Nachrichten reagiert werden soll. Derzeit ist es möglich, dass eine IKE-Implementierung auf Wiederholungen durch die vollständige Bearbeitung der Nachricht reagiert. Dabei wurde der Erhalt des Ergebnisses der Anfrage vom Kommunikationspartner bereits bestätigt. Ein Angreifer kann dieses Verhalten für einen DoS-Angriff ausnutzen.

Für die meisten Probleme wurden Lösungen erarbeitet, die aber bisher nicht in den Standard aufgenommen wurden. Die Überarbeitung des Standards zur

Version 2 (siehe folgenden Abschnitt) ist zur Zeit noch nicht abgeschlossen, doch kann davon ausgegangen werden, dass die hier vorgestellten Grundzüge des Protokolls auch so in den Standard übernommen werden. Der neue Standard berücksichtigt die bestehende Kritik an IKEv1 und behebt wesentliche Schwachstellen des Protokolls.

6.3.5 IKEv2

Die Version 2 des Protokolls IKE existiert zur Zeit in einer Draft-Version [200] und wird in der IETF IPsec Working Group stark diskutiert. Ziel der neuen Version ist die Vereinfachung des Protokolls, die Eliminierung der Schwachstellen und die Reduzierung des Protokolls auf einen Standard. Hinzu kamen neue Funktionalitäten, die ebenfalls in diesem Abschnitt vorgestellt werden.

Ablauf des Austauschvorgangs

Wie schon in Version 1 des Protokolls umfasst IKEv2 ebenfalls zwei Phasen. In der ersten Phase wird ein gesicherter Kanal zwischen den beiden Kommunikationspartnern aufgebaut, über welchen anschließend Sicherheitsverfahren ausgehandelt sowie das dazugehörige Schlüsselmaterial ausgetauscht werden und dadurch eine oder mehrere Sicherheitsbeziehungen für die Anwendungen etabliert werden. Um die Verzögerung der ersten Aushandlung weiter zu reduzieren, erlaubt der Standard, dass die erste Phase-2-Aushandlung schon auf die letzten beiden Nachrichten der Phase 1 gemultiplext werden (Piggy-Backing). Im Unterschied zu IKEv1 wurde für IKEv2 jeweils nur ein Modus für jede Phase festgelegt.

IKEv2 spezifiziert ein zuverlässiges Protokoll, in dem der Sender der Anfrage für eventuell notwendige Übertragungswiederholungen sorgen muss. Jede Anfrage wird deswegen vom Empfänger durch eine Antwort bestätigt. Sollte die Antwort ausbleiben, z. B. bis zum Ablauf eines Timers, so muss der Sender die Nachricht wiederholen. Im Fehlerfall muss der Empfänger eine Fehlermeldung an den Sender schicken, welches Problem aufgetreten ist.

Phase 1

Abbildung 6.17 zeigt den Ablauf und die ausgetauschten Strukturen während der ersten Phase. Ein kleines „i" bzw. „r" als Suffix zeigt jeweils an, dass sich die Struktur auf den Initiator bzw. Responder bezieht.

Die ersten beiden Nachrichten dienen der Erzeugung eines gemeinsamen Geheimnisses und der Aushandlung der zu verwendenden Algorithmen. Der

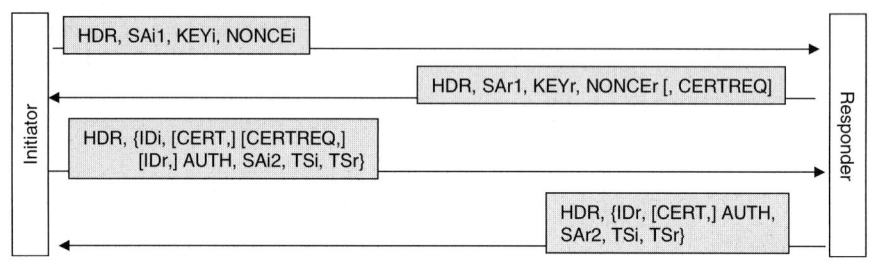

Abbildung 6.17. Nachrichten des IKEv2-Phase-1-Austauschvorgangs

Initiator beginnt den Austausch mit einer Nachricht, die nach einer *HDR*-Struktur eine *SA*-Struktur, eine *KEY*-Struktur und eine *NONCE*-Struktur enthält. Dabei wurde die Semantik der *HDR*-Struktur im Vergleich zu IKEv1 geändert. Wurden in IKEv1 die im Header enthaltenen IDs als Cookies für den Austausch zur Eindämmung von DoS-Angriffen verwendet, haben diese in IKEv2 nun die Funktion von Austausch-IDs, mit deren Hilfe Übertragungswiederholungen und parallel ablaufende Austauschvorgänge erkannt werden können. In der *SA*-Struktur sind unterschiedliche Algorithmen für den Aufbau des sicheren Kanals enthalten. Auch die Diffie-Hellman-Gruppe wird darüber ausgehandelt, weshalb der Initiator in der SA-Struktur mehrere Diffie-Hellman-Gruppen vorschlagen kann. Der in der *KEY*-Struktur des Initiators übertragene DH-Wert soll laut Draft so gewählt werden, dass er zu der vom Responder vermutlich ausgewählten Diffie-Hellman-Gruppe passt. Ist dies nicht der Fall, muss der Austausch abgebrochen und neu gestartet werden.

Die Antwort des Responders besteht aus dem ausgewählten Vorschlag (*SA*-Struktur), dem eigenen DH-Wert (*KEY*-Struktur) sowie einer Zufallszahl (*NONCE*-Struktur). In der optionalen *CERTREQ*-Struktur gibt der Responder die von ihm akzeptierten Vertrauensanker (vgl. Abschnitt 9.3.3, S. 353) an.

Die Nachrichten drei und vier dienen der gegenseitigen Authentifizierung, Verifikation der Korrektheit des Austauschvorgangs und der ersten Aushandlung von Schlüsselmaterial für eine SA. Alle Strukturen außer der *HDR*-Struktur sind dabei mit dem ausgetauschten Schlüssel verschlüsselt. Die Nachricht des Initiators enthält als erstes Element eine *ID*-Struktur, mit der die Identität des Initiators angegeben und das Wissen über den dazu passenden privaten Schlüssel bewiesen wird. Optional kann der Initiator in der *CERT*-Struktur eines oder mehrere seiner Zertifikate übertragen, einen oder mehrere Vertrauensanker angeben, und angeben mit welcher Identität des Responders er die Verbindungen aufnehmen möchte, wenn dieser mehrere besitzt. Mit der *AUTH*-Struktur wird die Korrektheit des bisherigen Austauschvorgangs verifiziert. Dazu wird eine digitale Signatur über einige der bisher ausgetauschten Strukturen berechnet und übertragen. Die drei letzten Strukturen (*SAi2*-

Struktur, *TSi*-Struktur und *TSr*-Struktur) werden unter „Phase 2" erläutert. Die Strukturen in der Responder-Nachricht entsprechen inhaltlich denen des Initiators.

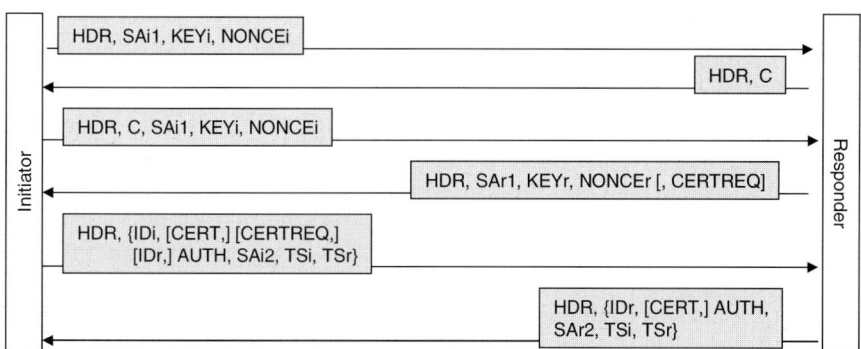

Abbildung 6.18. Nachrichten des IKEv2-Phase-1-Austauschvorgangs mit Cookies

Wie bereits erwähnt, werden in IKEv2 keine Cookies in der *HDR*-Struktur übertragen. Um sich trotzdem vor DoS-Angriffen zu schützen, können Cookies nun optional verwendet werden. Der Draft sieht dafür vor, dass der Responder, wenn er unerwartet viele neue Anfragen erhält, einen Cookie-Austausch vom Initiator verlangen kann. Damit kann der Responder testen, ob der Initiator wirklich unter der in der Anfrage stehenden Adresse erreichbar ist. Der modifizierte Ablauf ist in Abbildung 6.18 zu sehen, wobei *C* für den Cookie steht.

Phase 2

Anschließend können über den aufgebauten Kanal mehrere SAs, z. B. für IPsec, aufgebaut werden. Der Ablauf und die dafür benötigten Strukturen sind in Abbildung 6.19 dargestellt.

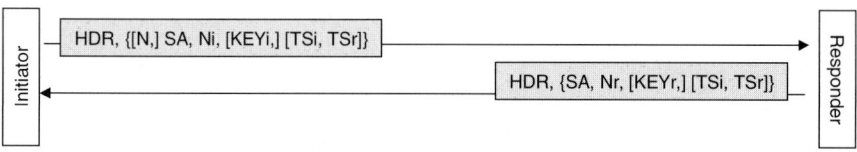

Abbildung 6.19. Nachrichten des CREATE_CHILD_SA-Austauschvorgangs

Alle Nachrichten zur Aushandlung von Algorithmen und Schlüsseln für eine Anwendung werden durch den in Phase 1 aufgebauten Kanal gesichert. Die

SA-Struktur des Initiators enthält die Vorschläge der Sicherungsmechanismen und die *NONCE*-Struktur Zufallszahlen als Eingabe für die Schlüsselerzeugungsfunktion. Des Weiteren kann ein Diffie-Hellman-Austausch zur Erzeugung von PFS stattfinden, indem beide Kommunikationspartner einen zum ausgehandelten Vorschlag passenden DH-Wert in der *KEY*-Struktur übertragen.

Eine Neuerung in IKEv2 ist die Unterscheidung von Identifikatoren und *Verkehrsselektoren (Traffic Selector)*. In IKEv1 wurden beide Informationen im ID-Payload transportiert. IKEv2 sieht dafür zwei eigenständige Payloads, nämlich die ID-Payload und die Traffic-Selector-Payload vor. Die ID-Payload gibt an, unter welcher ID die jeweilige Instanz die Aushandlung ausführen möchte. Durch Verkehrsselektoren können die beiden IKE-Instanzen Informationen der SPD (siehe Abschnitt 6.2.6) austauschen und gegebenenfalls dynamisch anpassen. Das Ergebnis dieser Aushandlung legt die Selektoren für IPsec fest, die in der SPD die Art der Verarbeitung innerhalb von IPsec vorgeben. Eine Anwendung von Verkehrsselektoren besteht in der Konsistenzprüfung der beiden SPDs. Neben den IP-Adressen können auch Portnummern und Schicht-4-Protokolle ausgehandelt werden. Der Responder nimmt den Vorschlag des Initiators entgegen und akzeptiert diesen, indem er die Selektoren unverändert an den Initiator zurücksendet, oder er schränkt diesen weiter ein, indem er eine echte Untermenge des Vorschlags zurücksendet. Für alle drei Arten von Selektoren können immer auch Bereiche, wie z. B. Portnummern 100 bis 200, ausgehandelt werden. Der gleiche Austausch wird auch für die Schlüsselerneuerung verwendet. In diesem Fall muss die *N*-Struktur den Index der zu erneuernden SA enthalten.

Neue Fähigkeiten

Neben der bereits erwähnten Einführung der Aushandlung von Verkehrsselektoren wurden noch einige neue Mechanismen in IKEv2 aufgenommen. Von diesen sollen hier die folgenden drei genauer vorgestellt werden:

- Erweiterte Authentifizierung
- Adressenzuweisung
- NAT-Traversal

Erweitere Authentifikation

Neben der Authentifizierung mittels digitaler Signaturen und gemeinsamer Geheimnisse sieht der IKEv2-Draft auch die Authentifizierung mittels EAP (s. Abschnitt 5.1.1, S. 136) vor. EAP ist allerdings ein asymmetrisches Authentifikationsverfahren, da sich damit lediglich der Initiator gegenüber dem

Responder authentifizieren kann. Die Authentifizierung des Responders muss weiterhin mittels eines auf Public-Key-Kryptographie basierenden Mechanismus erfolgen.

Wünscht der Initiator, sich per EAP zu authentifizieren, sendet er keine *AUTH*-Struktur in Nachricht drei. Stimmt der Responder der Authentifizierung mittels EAP zu, so sendet er, wie in Abbildung 6.20 gezeigt, in der vierten Nachricht nur die Authentifizierungsstrukturen, nicht aber die Strukturen für die Phase-2-Aushandlung. In der neuen *EAP*-Struktur werden die EAP-Anfragen und EAP-Antworten transportiert. Da EAP den mehrfachen Austausch von EAP-Anfragen und EAP-Antworten vorsieht, müssen diese beiden Nachrichten eventuell auch mehrfach wiederholt werden. Die Abbildung zeigt den Fall mit nur einem Anfrage/Antwort-Paar. Um mehrere dieser Paare zu unterstützen, müssen laut Draft Initiator und Responder in der Lage sein, mindestens zehn EAP-Nachrichten nacheinander auszutauschen.

Ist die Authentifizierung erfolgreich, sendet der Initiator eine *AUTH*-Struktur wie beim einfachen Austausch. Im Fall dass das EAP-Modul einen gemeinsamen Schlüssel erzeugt, wird dieser anstelle des durch den Diffie-Hellman-Austausch erzeugten gemeinsamen Geheimnisses als Schlüssel verwendet.

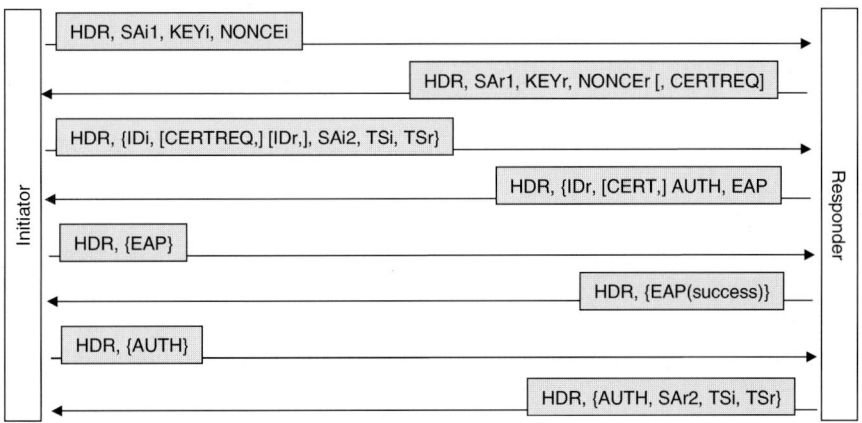

Abbildung 6.20. Nachrichten des Phase-1-Austauschs mit erweiterter Authentifikation

Adressenzuweisung

Im Fall von mobilen Endgeräten, die sich per IPsec mit dem Heimatnetz verbinden wollen, muss dem Endgerät eine IP-Adresse aus dem Heimatnetz zugewiesen werden. Soll dies dynamisch geschehen, sieht IKEv2 vor, dass der

Initiator eine solche Adresse vom Responder anfordert. Dazu sendet der Initiator vor der *SAi2*-Struktur eine *CP*-Struktur (*Configuration Payload*) mit dem Argument *CFG_REQUEST*. Dabei kann der Initiator angeben, ob ihm eine IPv4- oder IPv6-Adresse zugewiesen werden soll. Der Responder überträgt die IP-Adresse und optional weitere Daten, wie Netzmaske, Subnetz oder DNS-Server.

NAT-Traversal

In Abschnitt 6.2.5 wurden die Probleme von IPsec-Verbindungen über ein NAT-Gateway erläutert. IKEv2 sieht nun einen Mechanismus vor, um dynamisch erkennen zu können, ob sich ein NAT-Gateway zwischen Initiator und Responder befindet. Dieser Mechanismus ist für eine IKEv2-Implementierung optional, da NAT-Gateways an sich ein stark kontrovers diskutiertes Thema sind und somit die Unterstützung dafür nicht verpflichtend gemacht werden soll.

Da NAT-Gateways neben der IP-Adresse auch die Schicht-4-Portnummer ändern, muss ein IKEv2-Responder alle Pakete annehmen, die an UDP-Port 500 oder 4500 adressiert sind, unabhängig von der tatsächlich verwendeten Absender-Portnummer. Die Antworten muss der Responder ebenfalls an diesen Port zurücksenden.

Für die Erkennung eines NAT-Gateways wurden zwei neue Typen der ebenfalls neuen *NOTIFY*-Struktur eingeführt: *NAT_DETECTION_SOURCE_IP* und *NAT_DETECTION_DESTINATION_IP*. Die Struktur wird zwischen der *NONCE*- und der optionalen *CERTREQ*-Struktur übertragen.

Der *NAT_DETECTION_SOURCE_IP*-Typ beinhaltet einen SHA-1-Hash über die Absender-IP-Adresse und Absender-Portnummer, von der das Paket abgeschickt wurde. Der Empfänger vergleicht den empfangenen Hash-Wert mit dem selbst berechneten Hash-Wert – über Absender-IP-Adresse und Absender-Portnummer. Stimmen die beiden Werte nicht überein, so steht fest, dass sich der Sender hinter einem NAT-Gateway befindet. Der Empfänger aktiviert daraufhin die Unterstützung für NAT-Traversal.

Der *NAT_DETECTION_DESTINATION_IP*-Typ beinhaltet dagegen einen SHA-1-Hash über die Ziel-IP-Adresse und die Ziel-Portnummer. Der Empfänger vergleicht wiederum den empfangenen Wert mit dem selbst berechneten. Sollten diese unterschiedlich sein, so erkennt der Empfänger, dass er sich hinter einem NAT-Gateway befindet. Der Empfänger schaltet daraufhin die Unterstützung für NAT-Traversal aktiv.

Nachdem Initiator und Responder erkannt haben, dass sich ein NAT-Gateway auf der Übertragungsstrecke befindet, werden alle IPsec-Pakete zwischen Initiator und Responder in UDP getunnelt. Sowohl IKE als auch IPsec verwenden UDP-Port 4500 für die NAT-Traversal-Unterstützung. Um IKE-

Nachrichten von IPsec-Paketen unterscheiden zu können, wird im Draft spezifiziert, dass im Fall von IKE vier Oktetts mit dem Wert Null dem UDP-Header folgen müssen, bevor die eigentliche IKE-Nachricht beginnt. Im Fall von IPsec folgt dem UDP-Header direkt der erste IPsec-Header mit gesetztem SPI. Der IPsec-Standard verbietet SPIs mit dem Wert Null und daher ist die Unterscheidung eindeutig.

6.4 Photuris

Parallel zu IKE wurde ein weiterer Standard für ein Schlüsselaustauschprotokoll entwickelt: Photuris [198]. Im Gegensatz zu IKE definiert Photuris keine Algorithmen, die während der Schlüsselaushandlung zum Einsatz kommen, sondern gibt ein generisches Rahmenwerk vor, das als Ausgangsbasis für ein Schlüsselaustauschprotokoll dient. Für die Aushandlung wird UDP als Transportprotokoll und Port 468 als Standardport benutzt.

Der Ablauf des Photuris-Protokolls lässt sich in drei Phasen einteilen:

1. Cookie-Austausch

2. Werteaustausch

3. Identitätenaustausch

Die drei Phasen werden nacheinander in den nächsten drei Abschnitten beschrieben.

6.4.1 Cookie-Austausch

Der Cookie-Austausch schützt den Responder vor Angriffen, die auf Fluten von Anfragen basieren. Beide Instanzen tauschen in dieser Phase Cookies aus, die jeweils ohne die Etablierung eines Zustands auf dem System erzeugt und überprüft werden können. Zusätzlich zu diesem Cookie sendet der Responder die angebotenen Sicherungsverfahren an den Initiator. Verfahren, die in dieser Liste weiter vorne stehen, sind gegenüber den weiter hinten stehenden zu bevorzugen.

Das detaillierte Erzeugungsverfahren für Cookies ist durch den Standard nicht festgelegt. Es wurden lediglich einige Randparameter für die Erzeugung spezifiziert. So muss das erzeugte Cookie von beiden Instanzen des Austauschvorgangs abhängen, damit nicht ein Angreifer ein Cookie erzeugen und dann von verschiedenen gefälschten IP-Adressen aus verwenden kann. Des Weiteren darf ein Angreifer nicht in der Lage sein, Cookies zu generieren, die von einer Instanz als eigene gültige Cookies akzeptiert werden. Dazu muss ein Geheimnis in die Cookie-Erzeugung einfließen. Des Weiteren muss die Cookie-Erzeugung und -Überprüfung so effizient sein, dass Angriffe fehlschlagen, die versuchen, die Rechenleistung der Instanz (CPU) vollständig auszuschöpfen. Als Beispiel wird angegeben, dass der Initiator sein Cookie folgendermaßen erzeugt: Er wählt eine Zufallszahl und verkettet diese mit der IP-Quell-Adresse, der IP-Ziel-Adresse, dem UDP-Quell-Port und dem UDP-Ziel-Port. Danach berechnet er mittels MD5 das Cookie. Für die Überprüfung des Cookies speichert der Initiator entweder die verwendete Zufallszahl oder das erzeugte Cookie. Wird später eine Nachricht empfangen, so überprüft der Initiator zuerst das enthaltene Initiator-Cookie auf Gültigkeit. Ist das Cookie ungültig wird die gesamte Nachricht verworfen. Selbiges gilt für das Responder-Cookie auf Responder-Seite.

Für den Responder ist dieses Verfahren nicht zu empfehlen, da dies eine Erzeugung von Zustandsdaten pro eingehender Verbindung bedeuten würde, was letztendlich durch einen DoS-Angriff zum Ausfall der Instanz führen könnte. Deshalb schlagen die Autoren des Standards ein modifiziertes Verfahren für die Erzeugung des Cookies durch den Responder vor. Der Vorschlag sieht vor, dass der Responder die gleiche Zufallszahl für mehrere Verbindungen verwendet und diese Zufallszahl nicht pro Verbindung, sondern periodisch wechselt. Das Cookie selbst wird über die Zufallszahl, die Adressen (IP-Adressen und UDP-Portnummern) sowie über das Initiator-Cookie und die Liste der vorgeschlagenen Verfahren berechnet.

6.4.2 Werteaustausch

Der Initiator wählt einen Vorschlag aus der Liste der Sicherungsverfahren aus und erzeugt einen für dieses Verfahren geeigneten Wert. Photuris lässt das Verfahren zur Schlüsselerzeugung offen. Dabei könnte es sich beispielsweise um einen Diffie-Hellman-Austausch handeln. In diesem Fall wäre der erzeugte Wert ein DH-Wert.

Diesen Wert überträgt der Initiator zusammen mit seiner Wahl und einer Liste von Attributen in der Anfrage an den Responder. Der Responder überprüft, ob der Initiator eine gültige Wahl getroffen und einen für das Verfahren geeigneten Wert erzeugt hat. Ist dies der Fall, so erzeugt er ebenfalls einen Wert für dieses Verfahren und sendet diesen mit einer Liste von Attributen an den Initiator zurück. Sowohl Initiator als auch Responder verwenden Timer, um den Verlust von Nachrichten zu erkennen und Übertragungswiederholungen anzustoßen. Nachdem eine Instanz beide Werte erhalten hat, wird das gemeinsame Geheimnis berechnet.

Die Liste der Attribute enthält zwei oder drei Listen von Verfahren: Identifikationsverfahren, Authentifikationsverfahren und optional Verschlüsselungsverfahren. Die beiden letzteren sind die Verfahren, mit denen der spätere

Datenaustausch zwischen den Anwendungen der beiden Instanzen geschützt werden soll. Das Identifikationsverfahren gibt an, welches Verfahren die Partnerinstanz gewählt hat, um die Identität dieser Instanz während des Identitätenaustauschs zu verifizieren. Um die eigene Identität zu beweisen, werden die notwendigen Informationen zur Identitätsverifikation und ein Authentifikationswert an die Partnerinstanz übertagen. Im Falle von X.509 wären dies das Zertifikat der Instanz und die digitale Signatur über Teile der Austauschnachrichten. Für die drei Listen gilt wiederum, dass Verfahren weiter vorne in der Liste zu bevorzugen sind.

6.4.3 Identitätenaustausch

Das Nachrichtenformat des Identitätenaustauschs ist für beide Richtungen identisch. Es werden die gewählten Attribute aus den jeweiligen Listen, die Lebenszeit des Schlüsselmaterials, ein Verifikationswert zur Sicherung des gesamten Austauschvorgangs und die oben genannten Daten zur Identifikation an die Partnerinstanz übertragen. Alle Parameter außer der Lebenszeit werden mit dem im Sicherungsverfahren aus Phase 1 angegebenen Verschlüsselungsverfahren chiffriert. Der Verifikationswert stellt sicher, dass keine der Nachrichten während der Übertragung manipuliert wurden. Dazu berechnet jede Instanz einen Hash über alle gesendeten und übertragenen Daten. Die Partnerinstanz überprüft, ob dieser Wert mit dem selbst erzeugten Wert über die selben Daten übereinstimmt. Hätte ein Angreifer Daten während der Übertragung manipuliert, würden die Hashes bei Initiator und Responder nicht übereinstimmen.

Genau wie bei IKE ist die Lebenszeit des Schlüsselmaterials durch eine maximale Zeitspanne, die maximal zu sichernde Datenmenge und die Limitierung des Sequenznummernzählers begrenzt. Dadurch ist es notwendig, dass das Schlüsselmaterial regelmäßig erneuert wird. Dazu sendet eine Instanz eine Anfrage an die Partnerinstanz, die dann neues Schlüsselmaterial zur Verfügung stellt. Dieser Mechanismus ersetzt das aktuelle Schlüsselmaterial immer vollständig. Es ist also nicht möglich, bereits bestehendes Schlüsselmaterial zu ändern.

6.4.4 Bewertung

Photuris ist heute kaum verbreitet, da die IETF sich für IKE als Standard-Schlüsselaustauschprotokoll entschieden hat. Nichtsdestotrotz sind einige interessante Konzepte in Photuris enthalten, von denen besonders der Cookie-Mechanismus hervorzuheben ist, der das Protokoll resistenter gegen DoS-Angriffe macht, die gegen IKEv1 erfolgreich eingesetzt werden können. Eine weitere Stärke gegenüber IKEv1 ist die vollständige Spezifikation von Fehler-fällen. Der Standard gibt klar vor, wie auf Fehler und Ausnahmesituationen zu reagieren ist und wann Fehlermeldungen an die Partnerinstanz gesendet wer-den und wann nicht. Dies ist in IKEv1 nicht vollständig spezifiziert worden, was eine kompatible Implementierung schwierig macht.

6.5 NAT

Network Address Translation (NAT) [358] wurde ursprünglich konzipiert, um einem damals abzusehenden Mangel an verfügbaren öffentlichen IP-Adressen vorzugreifen. Die Grundidee ist, eine einzelne IP-Adresse für verschiedene Sys-teme mehrfach zu nutzen. NAT stellt streng genommen keinen Sicherheitsme-chanismus an sich dar, dennoch werden NAT-Gateways häufig in Kombination mit Firewalls in einer Einheit implementiert. Firewalls werden in Abschnitt 6.6 noch genauer behandelt. Da NAT-Gateways normalerweise die Erreichbarkeit eines Netzes von außen einschränken und häufig im Zusammenhang mit Intra-nets und Firewalls eingesetzt werden, ist die Beschreibung einiger wichtiger Aspekte der NAT-Technik im Zusammenhang mit Sicherheit unerlässlich.

Allgemein setzt das NAT-Konzept IP-Adressen zwischen zwei verschiedenen Bereichen um, wobei ein Adressbereich öffentlich registrierte Adressen, der andere meistens so genannte *private Adressen* enthält, die im nächsten Ab-schnitt genauer erläutert werden. Ursprünglich war es als Übergangslösung gedacht, bis eine bessere und langfristig tragfähigere Lösung gefunden würde. Diese existiert zwar inzwischen mit IPv6, dennoch drohen zum jetzigen Zeit-punkt nicht die IPv4-Adressen auszugehen – möglicherweise auch dank der NAT-Technik, die sich derzeit im breiten Einsatz befindet. Als allgemeines Adressenumsetzungskonzept wird NAT auch manchmal zur Umsetzung zwi-schen öffentlichen Adressen verwendet, beispielsweise um bei einem Adressen-wechsel noch unter den ehemaligen Adressen erreichbar zu sein, ohne dass die Systeme intern mehrere Adressen gleichzeitig unterstützen müssen.

6.5.1 Private Adressen und Intranets

Private Adressbereiche für IPv4 bestehen aus den Adressblöcken 10.0.0.0/8, 172.16.0.0/12 und 192.168.0.0/16 [306]. Diese privaten Adressen waren eigentlich zur Bildung isolierter Netze gedacht, die keine Konnektivität zum öffentlichen Internet haben und daher „private Internets" oder *Intranets* bil-den. Zudem sollte es dadurch einfacher werden, ein Provider-unabhängiges und eigenes Adressierungsschema zu verwenden, so dass interne Knoten bei einem Betreiberwechsel nicht neu nummeriert werden müssen. Die meisten Endsysteme innerhalb eines solchen privaten Netzes tauschen typischerweise nur Daten mit anderen Systemen innerhalb desselben Netzes aus. IP-Pakete mit privaten Zieladressen werden nicht im öffentlichen Internet weitergeleitet, da sie nicht eindeutig sind und auch nur für isolierte Netzwerke gedacht sind. In der Praxis zeigt sich jedoch, dass trotzdem häufig genug (vermutlich durch fehlerhaft konfigurierte Systeme) Pakete mit diesen Adressen auftauchen, vor allem auch inverse DNS-Anfragen, die diese Adressen in einen Namen auflösen möchten.

6.5.2 Adressenumsetzung

Bei Nutzung von privaten Adressen ist jedoch nicht immer pauschal ausschließbar, dass ein System nicht doch mit der Außenwelt kommunizieren können will, so dass eine Adressenumsetzung notwendig wird. Für diese Systeme wird jedoch – im Vergleich zur Gesamtzahl der Systeme im Intranet – nur eine relativ geringe Anzahl öffentlicher Adressen benötigt. Insbesondere wird der Adressbedarf in Richtung Anzahl der gleichzeitig aktiven Systeme anstatt der Gesamtanzahl an prinzipiell vorhandenen Systemen verschoben. Entsprechend dem Verhältnis von internen Adressen zu extern sichtbaren Adressen wird manchmal auch genauer von n:1-, n:n- oder n:m-NAT gesprochen.

Ein *Network Address Translator* (in der Literatur manchmal ebenfalls als NAT abgekürzt, auch als NAT-Gateway bezeichnet) verfügt daher über eine bestimmte Anzahl an öffentlichen Adressen und immer, wenn ein System aus dem Intranet mit externen Systemen kommunizieren möchte, wird eine Adresse aus dieser Menge belegt und mit der zugehörigen privaten Adresse des Systems „verbunden". Dieses dynamische „Binding" besteht für eine gewisse Zeit. Allerdings kann ein NAT-Gateway nicht wissen, wie lange das System kommunizieren möchte und verwendet daher einen Timer, um das Binding auch bei Inaktivität des mit dem Binding assoziierten Datenstroms aufrecht zu erhalten. Der Timer wird automatisch zurückgesetzt, sobald Datenpakete des zum Binding gehörenden Datenstroms durch das NAT weitergeleitet werden. Nach Ablauf des Timers wird das Binding aufgehoben und die öffentlich genutzte Adressen steht wieder für neue Bindings anderer Systeme zur Verfügung. Prinzipiell kann es also sein, dass die nach außen sichtbare Adresse des Systems sich nach Ablauf des Timers ändert, womit Transportprotokolle und zahlreiche Anwendungen nicht umgehen können. Anwendungen, die langfristige Verbindungen unterhalten und längere Phasen der Inaktivität besitzen, in denen kein Datenaustausch stattfindet, können hiervon betroffen sein. Einige Systeme versuchen diese Problematik zu umgehen, indem sie ICMP-Echo-Request-Pakete senden, um das Binding trotz inaktiver Anwendung aufrecht zu erhalten.

Werden außer den Adressen auch noch die Portnummern der Protokolle oberhalb von IP (meist TCP und UDP) umgesetzt, wird dies als *NAPT (Network Address Port Translation)* bezeichnet. Abbildung 6.21(a) veranschaulicht eine solche Umsetzung. Das im Intranet befindliche Endsystem A schickt ein TCP-Paket von Port 2001 an Zielsystem B und Zielport 90. Das NAT-Gateway tauscht in diesem Paket die Quelladresse A gegen die eigene offizielle Adresse Z und übersetzt die Quellportnummer nach 3456. Das NAT-Gateway richtet ein Binding ein und akzeptiert dementsprechend ankommende Pakete von B Port 90 an Z Port 3456, wobei es die Rückübersetzung von Adresse und Port nach A:2001 vornimmt.

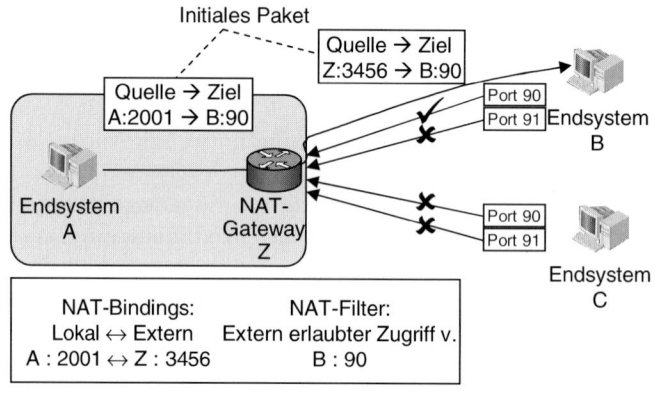

(a) Symmetrisches NAT

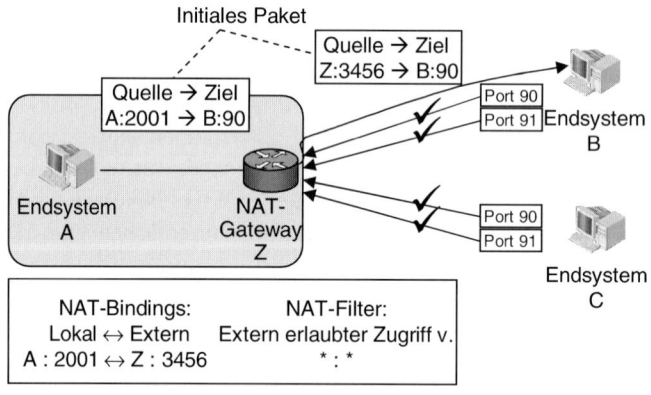

(b) Full-Cone NAT

Abbildung 6.21. NAT-Varianten Symmetrisch und FullCone

Ein NAT-Gateway ist konzeptionell nichts anderes als ein „Man-in-the-Midd-le", der bezüglich der Adressen eine Maskerade durchführt, weshalb NAPT auch manchmal als *Masquerading* bezeichnet wird. Ein Network Address Port Translator übersetzt private IP-Adressen in seine öffentliche, wobei auch eine Umsetzung der TCP-/UDP-Ports nötig ist. Der Adressenbedarf wird daher auf die öffentliche Adresse des NAPTs reduziert. Ein NAPT-Gateway verfügt üblicherweise nur über eine öffentliche Adresse, weshalb Pakete an Systeme im Intranet mit privaten Adressen nur über vorher festgelegte und speziell eingerichtete Ports der öffentlichen Adresse des NAPT-Gateways geschickt werden können. Für NAT-Gateways ist also zu unterscheiden, ob Pakete von innen – also vom Intranet – nach außen weiterzuleiten sind oder ob externe Pakete von außen nach innen weiterzuleiten sind. Sofern nicht explizit auf den Unterschied eingegangen wird, wird im weiteren Verlauf zwischen NAPT und NAT nicht weiter unterschieden, so dass als gemeinsamer Oberbegriff NAT verwendet wird.

Damit NAT-Gateways für Anwendungen transparent funktionieren, wird NAT oftmals in Kombination mit einem *Application-Level Gateway (ALG)* durch-geführt. Für jede Anwendung, die Adressinformation in ihren Nutzdaten ent-hält, ist ein eigenes Anpassungsmodul (Proxy) notwendig, das auf dem ALG installiert wird. Ein ALG terminiert Transportverbindungen und ist in der La-ge Anwendungsdaten umsetzen. Ein bekanntes Beispiel für ein Protokoll, das eine Adressenumsetzung innerhalb der eigenen Protokollkontrollinformation erfordert, ist das File Transfer Protocol (FTP). Eine Adressenumsetzung be-reitet allerdings Schwierigkeiten für kryptographisch geschützte Inhalte (ver-schlüsselt oder integritätsgesichert), die für NAT-Gateways nicht zugänglich oder veränderbar sind (vgl. Abschnitt 6.2.5, S. 221).

6.5.3 NAT-Varianten

Unter dem Gesichtspunkt der Sicherheit ist wichtig, dass Pakete, die von ex-tern kommen und für deren Zieladresse kein aktuelles bzw. passendes Binding vorliegt, verworfen werden. Zudem muss die Kommunikation von innen nach außen initiiert werden, wenn ein dynamisches Binding genutzt werden soll. Was ein „passendes" Binding ist, kann durchaus unterschiedlich sein: Bei *sym-metrischen Bindings* muss die Quelladresse bei einkommenden Paketen exakt der Zieladresse entsprechen, die beim Einrichten des Bindings durch das erste Paket des internen Systems verwendet wurde. Damit kann das Binding nur genau von dem externen Endsystem genutzt werden, das vom internen Sys-tem initial angesprochen wurde (vgl. Abbildung 6.21(a)). Dies verhindert also, dass andere Endsysteme das bereits etablierte Binding einfach mit nutzen kön-nen. Leider verhindert dies auch eine größere Anzahl von Anwendungen, die Adressverweise, -umleitungen oder Handover einsetzen, so dass symmetrische NAT-Gateways immer seltener eingesetzt werden, da sie zu restriktiv sind.

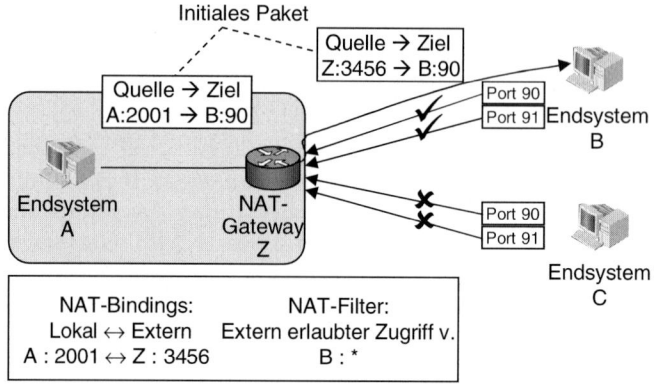

(a) Restricted-Cone NAT

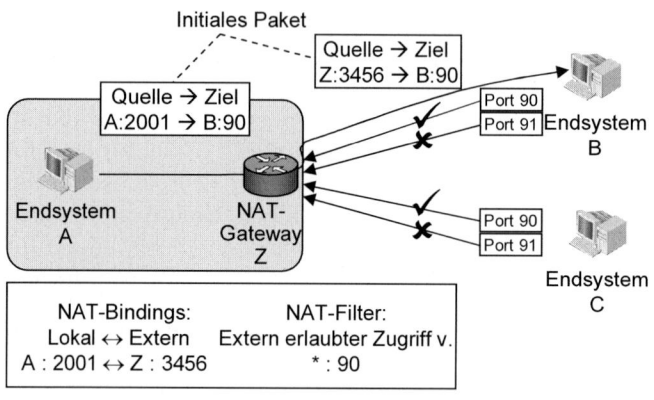

(b) Port-Restricted Cone NAT

Abbildung 6.22. NAT-Varianten Restricted und Port-Restricted Cone

So genannte *Full-Cone NATs* (vgl. Abbildung 6.21(b)) erlauben hingegen das Nutzen eines bereits etablierten Bindings durch andere Systeme. Manche NAT-Gateways verhalten sich in dieser Hinsicht in Abhängigkeit vom Transportprotokoll unterschiedlich, beispielsweise symmetrisch für TCP-Verbindungen, jedoch als Full-Cone NAT für UDP. Ein *Restricted-Cone NAT* (vgl. Abbildung 6.22(a)) erlaubt nur die Nutzung eines Bindings von derselben externen IP-Adresse, aber von unterschiedlichen Portnummern desselben Systems. Ein *Port-Restricted Cone NAT* (vgl. Abbildung 6.22(b)) erlaubt hingegen die Nutzung eines Bindings von unterschiedlichen IP-Adressen aus;

allerdings muss der Quellport mit dem Zielport des initialen Pakets übereinstimmen.

Aufgrund der sehr unterschiedlichen Verhaltensweisen der verschiedenen NAT-Varianten ist es oftmals schwierig, eine Anwendung trotz der Adressenumsetzung erfolgreich betreiben zu können. Um herauszufinden, welche NAT-Gateways mit welcher NAT-Konfiguration entlang eines Pfads aktiv sind, wurde das *STUN-Protokoll (Simple Traversal of User Datagram Protocol through Network Address Translators)* entwickelt [322], das allerdings einen STUN-Server im Zielnetz benötigt. Dieser beantwortet Anfragen mit Angabe der privaten und öffentlich sichtbaren Adressen, so dass der Client aus den Antworten schließen kann, welche NAT-Konfiguration vorliegt.

6.5.4 Bewertung

Manche Betreiber haben das NAT-Konzept leider als praktischen Sicherheitsmechanismus missverstanden, weil Systeme in einem Intranet hinter einem NAT-Gateway von außerhalb nicht erreichbar sind, sofern dies nicht explizit konfiguriert wurde. Daher wird oft argumentiert, dass die interne Netzstruktur durch NAT verborgen bleibt. Andersherum sollen private Adressen im öffentlichen Internet nicht weitergeleitet werden, so dass kein interner Verkehr nach außen gelangt.

NAT bietet aber konzeptionell keinen Sicherheitsvorteil gegenüber normalen Paketfiltern [62], denn die beabsichtigte Zugriffsrestriktion lässt sich gleichermaßen durch entsprechende einfache Filterregeln für öffentlich registrierte Adressen erreichen. So kann der Administrator durch eine grundsätzliche Regel den Zugriff auf die Systeme des Intranets von außen verhindern und als Ausnahme nur die Systeme eintragen, die öffentlich zugänglich sein sollen. Damit bleibt die interne Netzwerkstruktur ebenso verborgen wie bei NAT.

Besser ist es allerdings auch hier (nach dem Konzept einer DMZ, vgl. Abschnitt 6.6.7, S. 261) ein separates Subnetz für sämtliche öffentlich zugänglichen Systeme einzurichten, so dass z. B. ein Einbruch in diese Systeme nicht automatisch den Zugang zu internen Systemen ermöglicht. Zudem wäre dann anstatt einzelner Endsystemadressen lediglich ein Netzwerkpräfix als Ausnahme in einer Filterliste einzutragen. Das Einzige, was man als Sicherheitsvorteil deuten könnte, ist die Voreinstellung, die bei NAT für eine eingeschränkte Konnektivität sorgt und lediglich eine von innen heraus initiierte Kommunikation erlaubt. Eine explizite Implementierung dieser Policy in Form von Firewall-Regeln ist jedoch einer durch NAT implizit realisierten immer vorzuziehen.

Leider hat sich das ganze NAT-Konzept darüber hinaus als nachteilig herausgestellt, da es viele Restriktionen mit sich bringt und einige der ursprünglichen Internet-Eigenschaften aufhebt oder verletzt. Bereits im ursprünglichen

RFC 1631 erwähnten die Autoren, dass NAT negative Charakteristika aufweist, die es für eine langfristige und möglicherweise sogar für eine kurzfristige Lösung ungeeignet machen. Nachfolgend sind einige der Nachteile aufgeführt, die NAT-basierte Lösungen mit sich bringen (vgl. dazu auch [144]):

- *Verringerte Leistung* — IP-Adressen müssen ausgetauscht werden, wodurch auch eine Neuberechnung der IPv4- und TCP/UDP-Prüfsummen (inklusive der Pseudo-Header) für jedes Paket notwendig wird.

- *Zusätzliche Komponente im Pfad* — Das NAT-Gateway muss konfiguriert und gewartet werden, es kann ausfallen (Single Point of Failure) und verursacht zusätzliche Kosten. Ursprünglich war ein NAT-Gateway als Gerät konzipiert, das transparent für Ende-zu-Ende-Protokolle arbeitet und nicht verwaltet werden muss. Letzteres lässt sich allerdings manchmal nicht vermeiden, damit Verbindungen von außen angenommen werden können. Das NAT-Gateway hält als Netzwerkkomponente einen Zustand, was einen Widerspruch zu den wichtigen Entwurfsprinzipien Fate-Sharing und Ende-zu-Ende-Argument darstellt. Als Man-in-the-Middle-System stellt es ein attraktives Ziel für Angreifer dar, sofern seine Funktion über einen Administrationszugang beeinflusst werden kann.

- *Einschränkung der möglichen Anwendungen* — Die Adressinformation in Anwendungs-PDUs muss umgesetzt werden. Da möglicherweise pro Anwendung entsprechende Proxies im NAT-Gateway bereitgestellt werden müssen, ist dieser Bruch des Ende-zu-Ende-Prinzips besonders auffällig, da bestimmte – auch neue – Anwendungen nicht benutzt werden können (Flexibilitätsverlust). Eine Anpassung der NAT-Komponente für jede mögliche Anwendung ist sehr aufwändig, d. h. es werden oftmals nur wenige Anwendungen unterstützt und ggf. wird der Einsatz neuer Anwendungen verhindert. Kryptographisch gesicherte Adressinformation kann prinzipbedingt nicht umgesetzt werden, d. h. natives IPsec und NAT schließen sich praktisch gegenseitig aus [2]. Zudem sind NAT-Implementierungen derzeit auf TCP und UDP eingestellt, wobei Pakete neuerer Protokolle wie SCTP (vgl. Abschnitt 7.4, S. 294) oder DCCP (vgl. Abschnitt 7.5, S. 296) dann vorerst nicht weitergeleitet werden bzw. nicht passieren können.

- *Schlechte Erreichbarkeit zweier Systeme hinter NATs* — Wollen zwei Systeme hinter NAT-Gateways miteinander kommunizieren, wird dies ohne zusätzliche Maßnahmen an einem NAT-Gateway praktisch unmöglich, da NAT-Gateways üblicherweise nur in der Lage sind, dynamische Konnektivität von innen nach außen herzustellen. Eine solche Erwartungshaltung auf beiden Seiten macht eine Kommunikation unmöglich. Es gibt zwar auch hierfür technische Lösungsmöglichkeiten, die allerdings höchstens als kurzfristige Übergangslösungen betrachtet werden sollten [85]. Prinzipiell erzwingt ein NAT-basiertes Netzwerk eine Client/Server-Architektur mit Servern im öffentlichen Adressbereich. Protokolle, die Portnummern dynamisch vergeben und nutzen, bereiten ebenfalls Schwierigkeiten und Peer-to-Peer-Anwendungen werden dadurch be- oder verhindert.

NAT-Gateways bieten konzeptionell keinen Sicherheitsvorteil, sondern schaffen eine Vielzahl neuer Probleme, beispielsweise beim Einsatz von VPNs, die auf IPsec basieren. Eine Zusammenlegung zweier Firmennetze, die möglicherweise nicht nur sich überschneidende private Adressbereiche einsetzen, sondern zudem jeweils eigene VPN-Lösungen verwenden, kann den Netzwerkadministratoren einige Kopfschmerzen bereiten. Überdies unterscheiden sich die NAT-Implementierungen von Hersteller zu Hersteller und selbst beim selben Hersteller oftmals von Gerät zu Gerät, wodurch inkonsistentes Verhalten entsteht, das schwer zu analysieren ist.

Trotzdem werden Netzwerkadministratoren noch einige Zeit mit NAT-Komponenten leben und umgehen müssen, entweder in ihrem eigenen Netz oder in anderen Netzen. Neue Netze sollten nach Möglichkeit gleich so entworfen werden, dass sie möglichst ohne NAT-Gateways auskommen und durch entsprechende Paketfilter gleichermaßen geschützt sind. Umnummerieren von Netzen bei Betreiberwechsel ist inzwischen dank des breiten Einsatzes von DHCP auch kein grundsätzliches Problem mehr. Dennoch sind Provider-unabhängige Adressierungen zusammen mit Kosten für öffentlichen IP-Adressraum noch die gewichtigsten Gründe für Betreiber, NAT-Lösungen einzusetzen. Mit IPv6 sollte der Hauptmotivationsgrund für NAT beseitigt sein, so dass IPv6-basierte Netzwerke ohne NAT auskommen und die Ende-zu-Ende-Transparenz wiederhergestellt wird.

6.6 Firewalls

Eine *Firewall* (übersetzt: Feuerschutzwand) dient dazu, verschiedene Netzbereiche gegeneinander abzugrenzen, den Datenverkehr zu kontrollieren und meist einzuschränken. Netzbereich in diesem Sinne kann sowohl das Netz einer gesamten Organisation als auch das einer Abteilung oder einen einzelnen Rechner darstellen. Damit Firewalls wirksam werden, müssen sie am einzigen oder an jedem Übergang zwischen den verschiedenen Netzbereichen installiert sein.

Dieser Abschnitt erläutert, wie Firewalls funktionieren und wie prinzipiell die entsprechenden Filterregeln erstellt werden. Dabei wird auf verschiedene Netzwerkprotokolle eingegangen, insbesondere auf ICMP. Danach wird das Zusammenspiel von Firewalls und Application-Level Gateways erläutert. Ebenfalls wird gezeigt, wie Firewalls selbst zum Ziel von Angriffen werden können. Die letzten Abschnitte gehen noch einmal auf Personal-Firewalls und die richtige Platzierung von Firewalls ein.

6.6.1 Komponenten einer Firewall

Grundsätzlich lassen sich zwei Komponenten unterscheiden, die eine Firewall ausmachen:

- *Paketfilter* — Paketfilter filtern Pakete in der Netzwerkschicht, meistens anhand der IP-Adressen, des Transportprotokolltyps und der Portnummern der Transportprotokolle. Manche Paketfilter sind auch in der Lage Transportprotokollverbindungen zu kontrollieren, wobei dies meistens eine Zustandsverwaltung je Transportverbindung voraussetzt, was oftmals Skalierbarkeitsprobleme mit sich bringt. Router, die als Paketfilter arbeiten, werden auch *Screening Router* genannt.

- *Application-Level Gateways* (ALG) — ALGs, manchmal auch *Application-Layer Gateways* genannt, kontrollieren Protokolle der Anwendungsebene. Dementsprechend muss für jedes Anwendungsprotokoll eine eigene Instanz existieren, die das entsprechende Anwendungsprotokoll überwachen bzw. umsetzen kann.

In welcher Richtung der Zugriff (d. h. die Paketweiterleitung) erfolgt, von innen nach außen oder von außen nach innen, spielt meist eine entscheidende Rolle für die Festlegung der Regeln zur Freigabe oder Einschränkung der Kommunikationsdienste. Viele Regeln werden wirkungslos, wenn ein Angreifer mit konspirativen Teilnehmern aus dem internen Netzwerk kooperiert. Andersherum kann ein interner Teilnehmer sich weitergehende Möglichkeiten verschaffen, wenn er externe Teilnehmer oder Dienste nutzt. Ist beispielsweise der SSH-Zugriff von außen eingeschränkt, kann ein interner Teilnehmer mit Hilfe eines externen Servers trotzdem einen Zugriff von außen auf Anforderung ermöglichen [109].

6.6.2 Erstellen von Filterregeln

Firewalls arbeiten nach Regeln: Wenn eine bestimmte Bedingung erfüllt ist, werden eine oder mehrere Aktionen (z. B. Verwerfen des Pakets, Erzeugen eines ICMP-Fehlerpakets oder Protokollieren in einer Log-Datei) ausgeführt. Diese Regeln müssen die Sicherheitspolitik der Institution widerspiegeln (vgl. Abschnitt 2.2, S. 11) und in einem Policy-Dokument festgelegt sein. Dort wird verbindlich festgelegt, welche Kommunikationsdienste für welche Nutzer zugänglich oder nutzbar sein sollen.

Prinzipiell gibt es zwei Philosophien, diese Regelsätze zu erstellen:

1. *„Was nicht erlaubt ist, ist verboten"* — Der Ausgangspunkt ist eine Regel, die jeglichen Datenverkehr verbietet. Danach werden für jede Art von

Datenverkehr, die zulässig ist, eine oder mehrere Ausnahmeregeln hinzugefügt. Durch diese restriktive Vorgehensweise ist sichergestellt, dass ausschließlich erlaubter Datenverkehr die Firewall passieren kann. Unbekannte oder neue Arten von Datenverkehr werden blockiert.

2. *„Was nicht verboten ist, ist erlaubt"* — Die zweite Art wählt den umgekehrten und damit liberaleren Weg. Ausgangspunkt ist hier die volle Konnektivität als Voreinstellung. Schrittweise werden die unerwünschten Arten von Datenverkehr verboten. Merkmal der zweiten Variante ist, dass neuer oder unbekannter Datenverkehr automatisch passieren kann.

Besonders wichtig ist, insbesondere die Reihenfolge der einzelnen Regeln zu beachten, da möglicherweise der Effekt einer Regel durch eine vorhergehende Regel wirkungslos wird. Zudem spielt es manchmal eine Rolle, durch welche Regel Pakete verworfen werden, denn je weniger Regeln von einem Paket durchlaufen werden müssen, desto leistungsfähiger ist die Paketweiterleitung in manchen Systemen. Daher verlangt das Entwerfen und Eintragen oder Hinzufügen von Regeln besondere Umsicht. Die Liste der angeordneten Regeln wird manchmal auch als *Access Control List* (ACL) bezeichnet.

Unbekannter Datenverkehr lässt sich in zwei Arten unterteilen:

- Neue Protokolle und neue Anwendungen erzeugen neue Arten von Datenverkehr und neue Pakettypen.

- Angreifer erzeugen neue Verkehrsmuster.

Es muss im Voraus klar sein, wie unbekannter Datenverkehr behandelt werden soll.

- Wird unbekannter Datenverkehr blockiert, erhöht dies die Sicherheit. Für jedes neue Protokoll oder jeden neuen Anwendungsfall muss jedoch das Policy-Dokument und damit der Regelsatz angepasst werden.

- Wird unbekannter Datenverkehr zugelassen, muss bei neu bekannt gewordenen Angriffen ebenfalls das Policy-Dokument überprüft werden. Falls der neue Angriff eine Bedrohung darstellt, die mit Hilfe der Firewall ausgeschlossen werden soll, muss wie oben sowohl das Policy-Dokument als auch der Regelsatz verfeinert werden.

Bei beiden Vorgehensweisen besteht das Problem, die Vorgabe „Verkehrsart X ist erlaubt/verboten" in Regeln auszudrücken, die genau diese Art von Datenverkehr erfassen. Dazu ist sehr genaues Verständnis von der Funktionsweise von X nötig. Für Kommunikationsprotokolle bedeutet dies, dass dem Autor von Firewall-Regeln sehr genau bekannt sein muss, wie jedes Protokoll im Detail funktioniert.

6.6.3 Klassifikationsregeln

Regeln können beliebige Fakten aus den Paketköpfen testen. In IP-Netzen sind die wichtigsten Parameter die Quell- oder Zieladresse sowie die Art des darüberliegenden Protokolls und ggf. dessen Portnummern.

Es ist grundsätzlich sinnvoll, zumindest einen Satz von Regeln vorzusehen, die verhindern, dass Pakete mit gefälschten oder reservierten IP-Adressen (zum Beispiel solche wie `0.0.0.0/8`, `10.0.0.0/8`, `127.0.0.0/8`, `172.16.0.0/12`, `192.168.0.0/16` oder `240.0.0.0/4`) das Netzwerk verlassen oder in dieses gelangen. Um gefälschte Quelladressen zu verhindern, sollte im eigenen Netzwerk (z. B. `141.3.0.0/16`) ein Filter installiert werden, der sicherstellt, dass ausgehende Pakete eine Adresse aus diesem Bereich tragen. Dieser Filter wird als *Egress-Filter* bezeichnet. Zusätzlich ist ein weiterer so genannter *Ingress-Filter* [115, 27] sinnvoll, der verhindert, dass eingehende Pakete von außen eine Adresse des eigenen Bereichs als Absendeadresse haben (vgl. Abbildung 6.23). Dieses Filtern ist umso wirkungsvoller, je näher es beim Sender geschieht. Bestenfalls wird es also je Endsystem direkt am Zugangsrouter durchgeführt. Werden nur Netzbereiche gefiltert, so können Endsysteme prinzipiell noch Pakete mit Quelladressen anderer Endsysteme im gleichen Netzbereich fälschen. Durch Ingress-Filtering wird aber erreicht, dass Angriffe wenigstens zum Ursprungsnetzwerk zurückverfolgt werden können.

Eine Alternative zum Ingress-Filtering mit manuell erstellten Filterlisten ist die Verwendung eines der folgenden Verfahren:

- *Strict Reverse Path Forwarding* (Strict RPF) — Die Quelladresse eines Pakets wird in der Weiterleitungstabelle gesucht. Wird ein Eintrag gefunden, so wird überprüft, ob das Paket über das Netzwerk-Interface den Router betreten hat, über das ein Paket zur Quelladresse gesendet worden wäre. Ist dies nicht der Fall, wird das Paket verworfen. Da bei dieser Prüfung die Quelladresse praktisch als Ziel verwendet wird, setzt Strict RPF symmetrische Routen voraus, was zwar auf viele Netzbereiche „am Rand" (zwischen ISP und Kunde) zutrifft, jedoch nicht immer zwischen ISPs.

  Die Wirkung von Strict RPF bei Kunden-Interfaces ist praktisch die gleiche wie bei manuell konfigurierten Ingress-Filterlisten, allerdings entfällt der Verwaltungsaufwand.

- *Feasible Reverse Path Forwarding* — Für diese Prüfung werden statt ausschließlich der besten Route auch alternative, evtl. schlechtere Routen zugelassen. Somit reicht es, wenn generell eine Route auf dem System existiert, über welche die Quelle des Pakets erreichbar ist und die über das Interface führt, über welches das Paket empfangen wurde.

- *Loose Reverse Path Forwarding* — Im Gegensatz zur Strict RPF wird hierbei lediglich überprüft, ob überhaupt ein Eintrag in der Routing-Tabelle existiert. Die Default-Route ist ebenfalls zugelassen, jedoch nur, wenn sie auf das Interface verweist, über das das Paket empfangen wurde.

Eigentlich fehlt bei dieser Überprüfung der RPF-Check, da nur das Vorhandensein einer Route überprüft wird. Somit werden nur Pakete mit Adressen verworfen, deren Quelladresse routing-technisch nicht erreichbar ist, wodurch die eigentliche Funktion des Ingress-Filtering nicht mehr durchgeführt wird.

- *Loose Reverse Path Forwarding ohne Default-Routen* — Im Gegensatz zum vorigen Ansatz werden hierbei beim Heraussuchen der Route Default-Routen ausgenommen, so dass nur explizite Routen gewertet werden. Dies ist sinnvoll, wenn die Default-Route nur für das Abfangen von Paketen mit falschen Adressen vorgesehen ist und alle anderen Fälle durch explizite Routen abgedeckt sind.

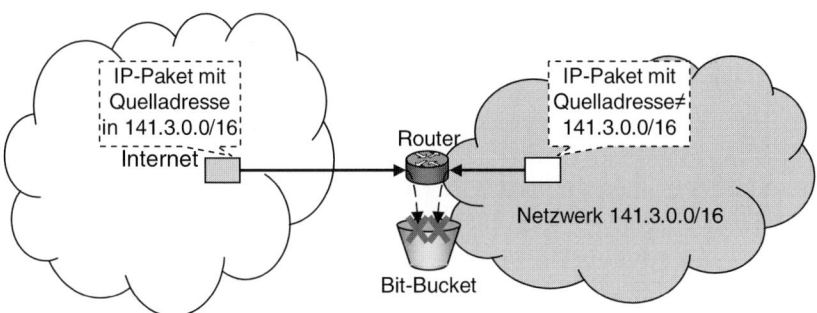

Abbildung 6.23. Einfaches Filtern am Netzzugang (Ingress-Filtering)

Neben den beschriebenen Arten, anhand der Quell- und Ziel-IP-Adresse zu filtern bieten viele Firewalls meist auch die Möglichkeit, auch anhand der Protokollköpfe von Protokollen oberhalb von IP zu filtern. Da die Filterung aber weiterhin auf Paketebene passiert, funktioniert dies nur, wenn die IP-Pakete nicht fragmentiert sind bzw. wenn die Fragmente vor dem Filtern wieder zusammengesetzt werden. Bei TCP ist insbesondere das Flag-Feld nützlich zur Klassifikation, aber auch Quell- und Ziel-Port werden häufig genutzt. Das Flag-Feld wird zum Beispiel verwendet, um den Aufbau von TCP-Verbindungen in nur einer Richtung zuzulassen. Werden Pakete, bei denen das *SYN*-Bit gesetzt ist, das *ACK*-Bit aber nicht, von einem Netzbereich A in einen Netzbereich B blockiert, dann sind von A nach B keine neuen TCP-Verbindungen mehr möglich. Verbindungen von B nach A und bestehende Verbindungen sind davon aber nicht betroffen.

Sehr einfache Filterregeln lassen sich aufbauen, wenn das zu klassifizierende Protokoll ausschließlich bekannte, z. B. bei der IANA registrierte, „Well-known" Portnummern einsetzt und strikt nach dem Client-Server-Modell aufgebaut ist. Beispiele für solche Protokolle sind POP3 oder auch SSH. Andererseits kann durch Filter auf Portebene nicht überprüft werden, ob über den entsprechenden Port auch tatsächlich das zugehörige Protokoll betrieben wird. Diese Überprüfung können nur Application-Level-Gateways leisten.

Problematisch ist die Filterung nach Portnummern bei der Verwendung von Software, die dynamisch Verbindungen zu nicht festgelegten Ports aufbaut. Beispiele dafür sind aktives FTP, IRC sowie die meisten Peer-to-Peer-Netze. Ebenso muss beachtet werden, dass IP die Möglichkeit zur Paketfragmentierung hat und deswegen möglicherweise nicht der gesamte TCP-Protokollkopf innerhalb eines IP-Pakets liegt. Um solchen Problemen zu begegnen, wird nicht nur der Kopf, sondern auch der Inhalt von Paketen analysiert, und es wird in der Firewall ein Datenstrom-spezifischer Zustand aufgebaut (*Connection Tracking*). Damit ist es möglich, die Regeln dynamisch anzupassen, z. B. wird, sobald ein erlaubtes TCP-*SYN*-Paket die Firewall passiert, eine Regel erzeugt, die genau Pakete dieser TCP-Verbindung (d. h. mit dem Tupel Quell-Adresse, Ziel-Adresse, Quell-Port, Ziel-Port) zulässt. Zustandsbehaftete Regeln haben allerdings ein Skalierbarkeitsproblem, da für sehr viele Verbindungen entsprechend viele Zustände verwaltet werden müssen.

Einige Protokolle und Dienste haben nur Bedeutung im lokalen Netz, beispielsweise RPC oder NFS sowie Zugriff auf Drucker oder Netzmanagementprotokolle. Daher ist es sinnvoll, den Zugriff auf solche Dienste von außen zu sperren. Zudem nutzen manche DDoS-Agenten das Protocol IRC, so dass meistens die zugehörigen Ports ebenfalls gesperrt werden sollten.

6.6.4 ICMP

Pakete vom *Internet Control Message Protocol* (ICMP) sind bei der Betrachtung von Firewalls zweifach relevant. Zum einen besteht die Frage, ob sie gefiltert werden sollen, zum anderen muss geklärt werden, ob eine Firewall selbst ICMP-Pakete erzeugen sollte.

Die erste Frage ist praktisch für jeden ICMP-Nachrichtentyp einzeln zu beantworten. ICMP-Nachrichten vom Typ *Fragmentation Needed* sind essentiell für die Funktion von Path MTU Discovery [258]. Falls solche Nachrichten verworfen werden, sind Verbindungen auf Pfaden mit einer größeren MTU unter Umständen nicht mehr möglich. Dementsprechend sollten diese Pakete durchgelassen werden. Nachrichten vom Typ *Destination Unreachable* werden u. a. benutzt, um bei nicht mehr verfügbaren Verbindungen Timeouts abzukürzen. Sowohl für die internen Benutzer als auch für externe Angreifer kann es sehr störend sein, wenn z. B. jede fehlgeschlagene TCP-Verbindung den Rechner unnötig lange blockiert. Deshalb ist es eine häufige Einstellung, solche Nachrichten eingehend zuzulassen und ausgehend zu blockieren. Siehe dazu auch die folgende Diskussion zur zweiten Frage. Werden *Echo-Request*, *Echo-Reply* und *LifeTime Exceeded* Pakete gefiltert, funktionieren wichtige Hilfsprogramme wie `ping` und `traceroute` nicht mehr. Die Typen *Source Quench* und *Redirect* sollten auf Verbindungen nach außen keine Bedeutung haben und können deshalb, zumindest von außen nach innen, unterdrückt werden.

Es gibt also unterschiedliche Standpunkte zur Filterung von ICMP-Nachrichten. Zum einen schreiben die Standards wie [24] die Funktionalität von ICMP vor. Des Weiteren erleichtern ICMP-Nachrichten das Suchen und Finden von Fehlern in der Netzwerkschicht erheblich. Auf der anderen Seite können ICMP-Nachrichten eingesetzt werden, um mehr über die Netztopologie oder aktive Systeme herauszufinden.

Zur zweiten Frage besteht ebenfalls Uneinigkeit. Wenn die Firewall niemals eigene (ICMP-)Pakete erzeugt, hat es ein Angreifer ein wenig schwerer, von der Existenz der Firewall überhaupt zu erfahren. Auf der anderen Seite erleichtert es die Fehlersuche, wenn ICMP richtig benutzt wird.

6.6.5 Zusammenspiel mit Application-Level Gateways

Wie oben beschrieben, sind die Möglichkeiten reiner Paketfilter begrenzt. Ein weiterer Schritt ist die Einführung von Gateways in der Transportschicht. Als Beispiel ist hier SOCKS [220] anzuführen. Alle direkten Verbindungen zwischen internen und externen Rechnern werden grundsätzlich verboten – hierzu sind die oben beschriebenen Paketfilter geeignet. In der Firewall läuft jedoch ein Gateway (s. Abbildung 6.24), welches Verbindungen aus dem internen Netz akzeptiert und prüft, ob diese zulässig sind. Sollte dies der Fall sein, wird eine zweite Verbindung zum externen Rechner eröffnet und beide Verbindungen werden „kurzgeschlossen". SOCKS funktioniert mit jedem verbindungsorientierten Netzwerkprotokoll. Nachteilig dabei ist, dass jede Software, die Verbindungen zwischen internen und externen Rechnern erstellen will, SOCKS-kompatibel sein muss.

Gateways sind auch in den Schichten über der Transportschicht möglich, z. B. fallen HTTP-Proxies oder E-Mail-Gateways in diese Kategorie. Wie bereits bei SOCKS sind direkte Verbindungen nicht erlaubt, sondern die Anwendung verbindet sich mit dem Gateway in der Anwendungsschicht (s. Abbildung 6.26). Da das Gateway in der Anwendungsschicht arbeitet, hat es im Allgemeinen spezielle Kenntnisse über das Anwendungsprotokoll (in den Beispielen HTTP und SMTP) und kann dementsprechend unzulässige Protokollinhalte filtern. Auch weitere Filter (z. B. E-Mail-Virenscanner, Web-Caches) sind an dieser Stelle einsetzbar. Hier ist je nach Sicherheitsbedürfnis die Implementierung einiger Systeme genauer zu untersuchen. Beispielsweise kann es sein, dass ALGs verschlüsselte Protokolle wie TLS-gesichertes HTTP über Port 443 durchlassen, aber nicht weiter prüfen, ob tatsächlich TLS über diesen

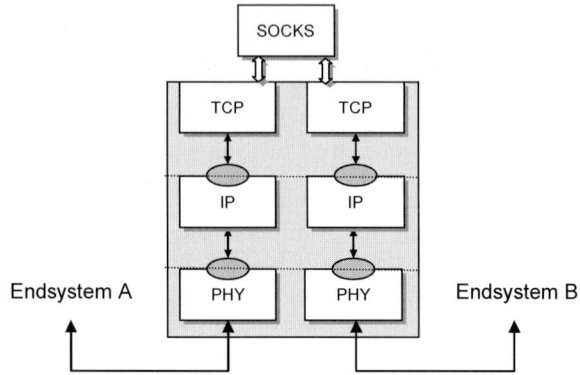

Abbildung 6.24. SOCKS als Firewall

Port durchgeführt wird. Andererseits bleibt auch bei genauerer Überprüfung durch ein ALG immer noch die Möglichkeit, ein anderes Protokoll als HTTP über TLS einzusetzen, denn der Nutzdateninhalt wird ja verschlüsselt übertragen. Somit können beliebige Protokolle über TLS genutzt werden, sofern der passende Server auf Port 443 hört. Tunneln über TLS ist zwar sehr ineffizient, wird aber manchmal in Kauf genommen, um die mangelnde Konnektivität aufzuheben.

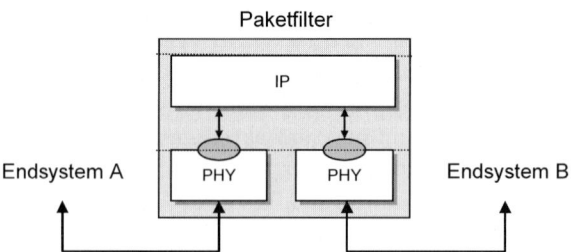

Abbildung 6.25. Paketfilter als Firewall

Beim Einsatz von transparenten ALGs sollten Endnutzer darüber in Kenntnis gesetzt werden, dass sich eine Komponente im Kommunikationspfad befindet, die Inhalte unterwegs potentiell verändert. Möglicherweise ist es dann in einigen Fällen erklärlich, dass ungewohnte oder gar ungewollte negative Effekte durch das ALG bedingt auftreten können (beispielsweise Interoperabilitätsprobleme mit neueren Protokollversionen etc.).

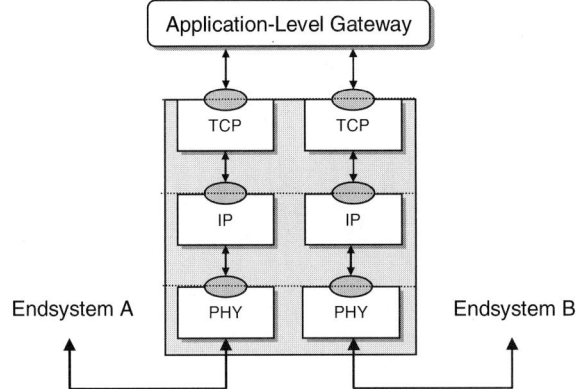

Abbildung 6.26. Application-Level Gateway als Firewall

6.6.6 Angriffsmöglichkeiten – DoS

Firewalls sind eine zusätzliche Komponente im Netzwerk und deshalb wie
alle anderen Komponenten auch durch Angriffe gefährdet. Zum einen kann
ein Angreifer versuchen, die Regeln zu umgehen. Dies ist bei manchen Firewalls z. B. durch ungewöhnliche Flags in den Paketen möglich (z. B. werden
SYN-Pakete gefiltert, *SYN-URG*-Pakete aber möglicherweise nicht), und auch
Fragmentierung kann Regeln unterlaufen. Zum zweiten kann auch die Firewall
direkt angegriffen werden. Wenn die Firewall je Verbindung oder Transaktion einen Zustand aufbauen und verwalten muss (Stateful Packet Filter oder
durch NAT bedingtes Connection Tracking) oder wenn sie IP-Pakete defrag-
mentieren muss, dann sind Denial-of-Service-Angriffe möglich. Wenn für jede
Verbindung ein Kontext erstellt wird, um weitere Pakete dieser Verbindung
zuzuordnen, dann kann ein Angreifer versuchen, eine sehr große Anzahl an
Verbindungen zu erzeugen, bis die Ressourcen in der Firewall erschöpft sind,
so dass auch legitime Verbindungen abgewiesen werden müssen.

6.6.7 Platzierung von Firewalls

Wie eingangs bereits erwähnt, müssen Firewalls an den Schnittstellen der ab-
zugrenzenden Netzwerke platziert werden. Häufig gibt es aber Rechner, die
sowohl von internen als auch von externen Rechnern erreichbar sein müssen. Dies können lokale Web-Server sein, aber auch die oben beschriebenen
Application-Level-Gateways. Eine Lösung ist die Einführung einer *entmilitari-
sierten Zone* (*De-Militarized Zone* – DMZ, auch *Perimeter Network* genannt).
Direkte Verbindungen zwischen internen und externen Rechnern werden nicht
zugelassen, sondern nur Verbindungen zwischen dem internen Netz und der

DMZ bzw. der DMZ und dem externen Netz. Abbildung 6.27 verdeutlicht die
Anordnung.

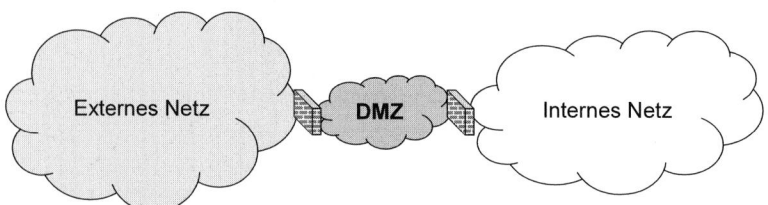

Abbildung 6.27. Platzierung von Firewalls mit DMZ

Vorteil dieser Konfiguration ist, dass ein kompromittierter Server in der DMZ
trotzdem keine Daten des internen Netzwerks direkt abhören kann, d. h. das
interne Netz bleibt trotzdem noch in gewissem Maße geschützt. Dies gilt insbesondere, wenn Verbindungen nur vom internen Netz heraus initiiert werden
können. Nachteil dieser Konfiguration ist offensichtlich der wesentlich erhöhte
Aufwand bei der Administration und die höheren Hardwarekosten.

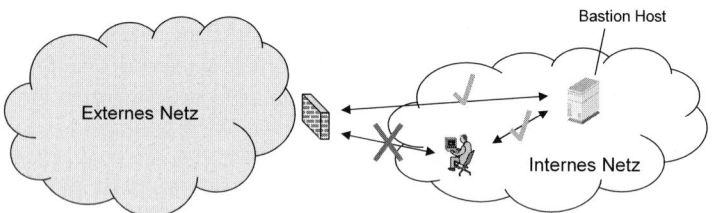

Abbildung 6.28. Platzierung der Firewall mit Bastion Host

Preiswerter wird es, wenn auf die innere Firewall verzichtet wird, wie in Abbildung 6.28 zu sehen ist. Der direkte Datenverkehr zwischen internem und
externem Netz bleibt weiterhin verboten, d. h. alle Verbindungen müssen über
den *Bastion Host* ablaufen. Auf dem Bastion Host sind die Application-Level
Gateways und die von außen nutzbaren Dienste aktiv. Da der Bastion Host
mit der Außenwelt kommuniziert, muss jegliche Software auf diesem Rechner
sorgfältig konfiguriert sein und zum Schließen bekannt gewordener Sicherheitslücken ständig aktualisiert werden.

Um die dadurch reduzierte Sicherheit wieder etwas zu erhöhen, kann man
den Bastion Host mit mindestens zwei Netzwerkkarten (eine Richtung Firewall und eine in Richtung jedes zu schützenden Subnetzes) ausstatten, wie es
in Abbildung 6.29 dargestellt ist. Dieser Dual-Homed Bastion Host verfügt

normalerweise über keine Routing-Funktionalität, so dass keine direkte Weiterleitung über ihn erfolgen kann. Nachteilig bei Einsatz eines Bastion Host ist die relativ große Gefahr, dass nach Kompromittierung desselben, auch der Datenverkehr im Intranet abgehört bzw. angegriffen werden kann.

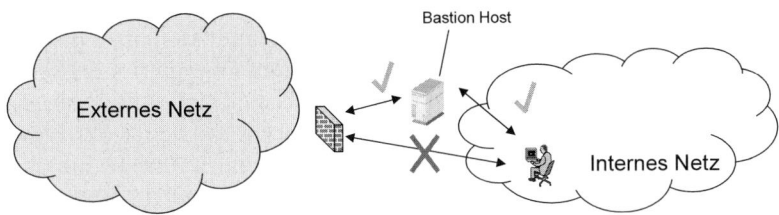

Abbildung 6.29. Platzierung der Firewall mit Dual-Homed Bastion Host

6.6.8 Personal Firewalls

Personal Firewalls sind Programme oder Mechanismen, die direkt auf dem Rechner des Endanwenders installiert werden und dort aktiv Pakete filtern können. Beispiele hierfür sind die Netfilter/IPtables-Lösung unter Linux und die in Windows XP und Nachfolgern eingebaute *Internet Connection Firewall*. Schutzziele dieser Programme sind insbesondere:

1. Es soll nur bestimmter Verkehr vom lokalen System nach außen zugelassen werden. Dies kann insbesondere auch derart verfeinert werden, dass es nur bestimmten Programmen erlaubt wird, „Kontakt zur Außenwelt" aufzubauen. Zum Beispiel soll verhindert werden, dass, falls der Rechner durch Viren oder ähnliches kompromittiert wird, sich diese Programme weiter verbreiten können. Außerdem soll der Nutzer mehr Kontrolle erhalten, welche Programme Verbindungen herstellen. Dies ist insbesondere wichtig, wenn solche Verbindungen kostenpflichtig sind und normalerweise automatisiert aufgebaut werden.

2. Laufende Programme sollen vor Zugriffen von „außen" geschützt werden. Hier liegt der Schwerpunkt auf Programmen, die selbst über keine oder nicht ausreichende Zugriffskontrollmechanismen verfügen.

Die Netfilter-Lösung unter Linux ist allerdings im Gegensatz zur Lösung unter Windows nicht in der Lage, den Zugriff in Abhängigkeit vom jeweiligen Programm einzuschränken, da es eine in die Netzwerkimplementierung des Betriebssystems integrierte Lösung darstellt, die nur IP-Adressen und Portnummern (sowie MAC-Adressen) zur Unterscheidung unterstützt.

Leider ist zu sagen, dass beide Probleme durch den Einsatz von Personal Firewalls nicht oder nicht gut gelöst werden. Ziel 1 kann prinzipiell nur schwer erreicht werden. Der Rechner, auf dem ein Virus aktiv werden konnte, kann grundsätzlich nicht mehr als vertrauenswürdig eingestuft werden, wenn keine scharfe Trennung zwischen normalen Benutzerrechten und Administratorrechten vorhanden ist. Dasselbe gilt für alle Programme, die auf diesem Rechner laufen, und damit auch für die Personal Firewall. Damit kann man dieser nicht mehr trauen, alle sicherheitsrelevanten Funktionen einwandfrei auszuführen. So versuchen beispielsweise Würmer neuerer Generation zuerst Virenscanner und Firewalls vollständig zu deaktivieren, bevor sie weiter aktiv werden. Auch das Ziel 2 kann durch den Einsatz von Personal Firewalls nur bedingt erreicht werden. Der erreichbare Zugriffsschutz basiert auf IP-Adressen. Eine bessere Lösung liegt im Einsatz von Protokollen, die selbst eine Zugriffskontrolle implementieren. Ist jedoch keine Benutzerinteraktion wie beispielsweise die Eingabe eines Passwortes notwendig, weil der Benutzer dieses vom entsprechenden Programm hat speichern lassen, so können z. B. durch einen von einem Wurm kompromittierte Rechner auch unautorisiert SPAM-Mails verschickt werden, obwohl die Authentifizierung des Mail-Accounts korrekt und erfolgreich durchgeführt wurde.

Andererseits bieten Personal Firewalls einen besseren Schutz gegen Angriffe von innen, da ein Netzwerk mit einer zentralen Firewall dem „Harte Schale, weicher Kern"-Prinzip entspricht. Angriffe von außen werden zwar abgewehrt, Rechner sind aber nicht vor Angriffen anderer Rechner im eigenen Netzwerk geschützt. Dies wird beispielweise durch den zunehmenden Einsatz von Laptops als Arbeitsplatzrechner durchaus problematisch, da diese Rechner in einem anderen Netz infiziert werden können und als infizierte Rechner später wieder ins Netzwerk eingegliedert werden.

6.6.9 Port Knocking

Vor einem Angriff über den Netzwerkzugang werden Endsysteme meistens zunächst nach laufenden und aktiven Diensten abgesucht. Dies erfolgt meistens mittels Port-Scanning, bei dem offene Ports gesucht werden. Das Programm nmap ist beispielsweise ein bekannter Vertreter solcher Programme, die möglichst viel Information über ein Endsystem netzwerkseitig ermitteln. Es schickt Testpakete an verschiedene Ports, um dann auf eine Reaktion in Form von Antwortpaketen des Endsystems zu warten. Diese Antwortpakete können bei aktivierten Diensten vom jeweiligen Anwendungsprotokoll stammen oder u. U. auch ICMP-Nachrichten sein, welche einen Verbindungsaufbau explizit abweisen. Sind die Dienste über das Netzwerk zugänglich, versucht ein Angreifer üblicherweise Implementierungsfehler der Anwendungsprogramme bzw. Serverprozesse auszunutzen, um vollen Zugriff auf dem entfernten Rechner zu erreichen. Dieser Angriff wird üblicherweise von Agenten-Programmen oder Würmern (vgl. Abschnitt 10.12, S. 484) auch automatisiert durchgeführt.

Damit Dienste zwar über das Netzwerk genutzt werden können, aber dennoch nicht erkennbar bzw. sofort zugänglich sind, wurde die Idee des so genannten *Port Knocking* entwickelt [212, 213]. Grundidee ist hierbei, den Zugang zu Diensten erst nach Absolvieren eines speziellen Zugangskontrolltests zu erlauben. Ein legitimer Nutzer schickt dazu zunächst eine so genannte „Klopfsequenz" (Knock) an das Endsystem. Der Klopfvorgang besteht darin, einzelne TCP-SYN-Pakete an eine in der Klopfsequenz festgelegte Folge von Portnummern zu schicken. Die Klopfsequenz muss dementsprechend zwischen den Kommunikationspartnern vorher festgelegt und vereinbart worden sein (aber nicht über das Netzwerk übertragen). Das empfangende Endsystem registriert zwar den Empfang der Pakete, lässt aber zunächst keine weitere Kommunikation zu, d. h. normalerweise werden sämtliche eingehenden Pakete von der Personal Firewall verworfen. Insbesondere erfolgt keinerlei Rückmeldung an das sendende Endsystem. Entdeckt der auf dem Endsystem installierte so genannte Port-Knocking-Daemon die vereinbarte Klopfsequenz der Portnummern, öffnet er daraufhin gezielt bestimmte vorher festgelegte Ports für Anwendungen und startet diese gegebenenfalls, so dass eine Kommunikation möglich wird. Es wird also nach erfolgreichem Klopfen ein „Loch" in die Firewall gebohrt und der entsprechende Dienst zugänglich gemacht. Der Klopfvorgang ist also ein Authentifikationsprozess, der Dienste auf Anfrage verfügbar macht.

Zum Beispiel akzeptiert ein Endsystem keine SSH-Verbindungen an Port 22, bis nicht Verbindungsaufbauversuche an die geschlossenen Ports 1026, 1025, 1029, 1034, 1026, 1047 und 1035 in dieser Reihenfolge innerhalb von wenigen Sekunden registriert werden. Ist dies der Fall, wird Port 22 für einen regulären Verbindungsaufbau von 10 Sekunden zugänglich gemacht, andernfalls werden Pakete an Port 22 vollständig ignoriert.

Selbst bei einer kurzen Sequenz von 8 Portnummern ist die Wahrscheinlichkeit gering, dass ein Angreifer diese zufällig errät. Zudem sind zahlreiche Erweiterungen und Varianten denkbar, wie beispielsweise das Versenden der Klopfsequenz in einem einzelnen Paket.

Die Hürde für Angreifer wird durch Port Knocking als *zusätzlichen*, leichtgewichtigen Authentisierungsmechanismus geringfügig erhöht. Es ist aber kein Ersatz für stärkere Authentisierungsmechanismen. Insbesondere schützt der Mechanismus nicht vor Angreifern, die regulären Verkehr belauschen können. Für solche Angreifer hat der Schutz die gleiche Qualität wie ein Passwort im Klartext: Wird die Klopfsequenz abgehört, ist der Schutz hinfällig.

Nachteilig ist die zusätzliche Verzögerung beim Verbindungsaufbau und die Tatsache, dass die spezielle Port-Knocking-Software bei beiden Kommunikationspartnern vorhanden und aktiv sein muss. Außerdem muss die Klopfsequenz vorher „Out-of-band" festgelegt werden. Der Schutz könnte deutlich besser sein, falls ein Verfahren ähnlich einem One-Time-Password eingesetzt würde, so dass jede Klopfsequenz nur einmal benutzt würde.

6.6.10 Bewertung

Um die Sicherheit von Firewalls zu gewährleisten und zu erhalten, müssen Firewalls von Fachleuten installiert und gewartet werden, da beispielsweise der kleinste Fehler in den Filterregeln, die Sicherheit des gesamten Systems gefährden kann. Die regelmäßige Überprüfung der Effektivität der Paketfilter durch Sicherheitsaudits ist daher dringend anzuraten.

Die Grundannahme von Firewalls ist, dass Datenverkehr anhand von Merkmalen in den Paketköpfen klassifiziert werden kann. Dies funktioniert bei Protokollen, die sich auf „Well-Known-Ports" verlassen, relativ gut. Andererseits kann der Schutz einfach unterlaufen werden, wenn andere Anwendungen mit den zugelassenen Portnummern betrieben werden, beispielsweise SSH auf Port 80 anstatt HTTP. Sinnvoll ist es auf jeden Fall, Protokolle und Zugriffe von außen einzuschränken, vor allem für Protokolle und Dienste, die nur im lokalen Netz Bedeutung haben.

Die genaue Filterung auf Inhalte ist dagegen schwierig, insbesondere wenn eine feingranulare Regelung der Zugriffsprivilegien nötig ist.

Tabelle 6.1. Eskalation zwischen Firewall-Administrator und Surfer

Firewall-Administrator	Joe Surfer
1. Legt Regelsatz fest: Alles ist erlaubt, ausgehende TCP-Verbindungen auf Port 80 sind verboten	→ 2. Benutzt externe Proxies, die üblicherweise auf Port 3128 hören
3. Ändert den Regelsatz: Auch Port 3128 ist verboten	→ 4. Findet einen offenen Proxy auf Port 8080
5. Grundsätzliche Änderung: Alles ist verboten, außer DNS und ausgehende TCP-Verbindungen auf Port 25	→ 6. Findet heraus, dass es Software gibt, die IP-Verbindungen über DNS tunneln kann
7. Verbietet alle direkten Verbindungen nach außen. E-Mails werden nur noch über einen Mail-Server in der DMZ versandt	→ 8. Verschlüsselt seine HTTP-Anfragen in E-Mails und lässt sich die Antworten verschlüsselt per E-Mail zurückschicken
9. Verbietet verschlüsselte E-Mails	→ 10. Setzt Steganographie ein
⋮	→ ⋮

Grundsätzlich schwierig ist auch die Filterung bei Protokollen, die keine Well-Known-Ports einsetzen. Ebenso ist eine Firewall machtlos, wenn sich auf beiden Seiten der Firewall nicht vertrauenswürdige Rechner/Personen befinden. Ein Beispiel soll dies verdeutlichen: Im Policy-Dokument ist festgelegt, dass E-Mail erlaubt ist, Surfen im Internet dagegen nicht. In Tabelle 6.1 ist beispielhaft aufgezeigt, dass es für den böswilligen Benutzer Joe Surfer immer einen

Weg gibt, mit der Außenwelt zu kommunizieren, solange er Hilfe von außen erhält und die Firewall überhaupt noch Möglichkeiten zur Kommunikation offen hält.

Es lässt sich festhalten, dass Firewalls ein wichtiger Bestandteil einer sicheren Infrastruktur sind, aber bei Weitem nicht sämtliche Sicherheitsprobleme lösen. Vor allem ist es wichtig, abzuwägen, wie restriktiv die Security Policy gewählt wird. Wie eben gezeigt, gibt es schließlich fast immer Wege aus dem Netzinneren heraus, einen Schutz zu unterlaufen. Zufriedenere Nutzer werden sich möglicherweise bereitwilliger an die Regeln halten und nicht unsinnige Möglichkeiten zur Umgehung suchen. In diesem Sinne bleibt es schwierig, die Funktionalität von Firewalls zu testen.

Grundsätzlich sollte Ingress-Filtering aktiviert werden, sofern keine besonderen Gründe dagegen sprechen (z. B. große Zahl an Präfixen [27]). Zudem sollte der Zugriff von außen auf sinnvolle Dienste oder bestimmte Server eingeschränkt werden. Vor allem sollten Protokolle gefiltert werden, die nur im lokalen Netz von Bedeutung sind, wie beispielsweise NFS, RPC, NIS, IPP usw. Die sicherste Firewall-Konfiguration ist eine DMZ-Installation, wobei eine Ergänzung durch Personal Firewalls der internen Rechner oftmals sinnvoll ist.

7
Transportschicht

In diesem Abschnitt wird die Sicherheit einiger der im Internet eingesetzten Transportprotokolle diskutiert. Die Transportschicht stellt üblicherweise Dienste zur Verfügung, die einen Datenaustausch von Ende-zu-Ende zwischen Anwendungen ermöglichen. Solche Dienste können *unzuverlässig* sein, so dass das Transportprotokoll nicht sicherstellt, dass das Datenpaket tatsächlich beim Gegenüber ankommt. Andere Transportdienste können einen *zuverlässigen* Datenaustausch bereitstellen, so dass sichergestellt wird, dass ein Datenpaket beim Gegenüber unverfälscht ankommt, dass Datenverluste und Duplikate vermieden werden und dass die Daten reihenfolgetreu ausgeliefert werden. Zuverlässige Dienste sind deutlich aufwändiger zu realisieren und umfassen üblicherweise mehr Protokollfunktionen, wie beispielsweise Sequenznummern- und Timerverwaltung, automatische Übertragungswiederholung, Prüfsummen oder Fluss- und Staukontrollmechanismen. Bei allen Protokollen kommt die Adressierung der Anwendung mit Hilfe von Portnummern hinzu.

Es sei jedoch bereits an dieser Stelle darauf hingewiesen, dass zuverlässige Transportprotokolle bei der Zustellung von Datenpaketen lediglich versuchen, Fehler zu beheben, die durch unabsichtliches Verfälschen während der Übertragung auftreten, wie beispielsweise Paketverlust oder Bitübertragungsfehler. Konventionelle – also nicht-kryptographische – Prüfsummen wie ein CRC (vgl. Abschnitt 4.2.1, S. 103) können zwar mit einer sehr hohen Wahrscheinlichkeit die am häufigsten vorkommenden Bitfehler erkennen, bieten jedoch keinen Schutz gegenüber absichtlichen Manipulationen. Die in TCP und UDP eingesetzte Internet-Prüfsumme erkennt beispielsweise nicht das Vertauschen von Oktetts.

Die derzeit im Internet hauptsächlich verwendeten Protokolle sind UDP und TCP, wohingegen sich neuere Protokolle wie SCTP oder DCCP erst langsam verbreiten.

7.1 UDP

Das *User Datagram Protocol* (UDP) [293] erlaubt den unzuverlässigen Austausch von Datenpaketen bis zu einer maximalen Länge der Nutzdaten von 65507 Byte. Die Funktionalität von IP wird um die Anwendungsadressierung mittels Portnummern erweitert, eine 16-Bit-Internet-Prüfsumme über Kopf- und Nutzdaten kann optional eingesetzt werden. Der UDP-Kopf besteht dementsprechend nur aus den Quell- und Zielportnummern, der Gesamtlänge des UDP-Pakets sowie einem Prüfsummenwert.

7.1.1 Bedrohungen

UDP-Pakete sind nicht verschlüsselt, weshalb sie problemlos abgehört werden können. Sofern der Nutzdateninhalt des UDP-Pakets nicht verschlüsselt ist, ist auch dieser gegen Mitlesen ungeschützt.

UDP-Pakete können während der Übertragung verloren gehen oder verfälscht werden, ohne dass die sendende UDP-Protokollinstanz etwas davon erfährt. Wie eingangs bemerkt, schützt selbst eine aktivierte UDP-Prüfsumme nicht vor absichtlicher Manipulation. Es stellt daher für einen Angreifer kein Problem dar, ein UDP-Paket beliebig zu verändern (sowohl im Kopf als auch in den Nutzdaten), wenn die UDP-Prüfsumme entsprechend neu berechnet wird. Die Prüfsumme von UDP erstreckt sich über einen IP-Pseudo-Header (dieser umfasst die IP-Adressen, die Protokollnummer und die UDP-Datenlänge), den UDP-Header sowie die Nutzdaten.

Das Fälschen, Einfügen und Wiedereinspielen von UDP-Paketen ist ebenfalls problemlos möglich, da UDP als kontextloses Protokoll nicht einmal eine Beziehung zwischen zwei aufeinanderfolgenden UDP-Paketen zwischen denselben Kommunikationsendpunkten herstellt. Damit ist auch keine Authentifikation der Kommunikationspartner möglich. Da auch die Information in IP-Paketen normalerweise ungeschützt ist, kann ein Angreifer durch Fälschen der Adressinformation problemlos einen Maskerade-Angriff durchführen.

Problematisch bei UDP ist zudem, dass es über keine Mechanismen zur Staukontrolle verfügt. Daher kann UDP prinzipiell dazu benutzt werden, Datenströme mit hoher Bandbreite zu erzeugen. Diese „ungebremsten" UDP-Datenströme drängen dann üblicherweise andere Transportprotokolle, die Staukontrollmechanismen einsetzen, zurück. Würde im Internet überwiegend UDP eingesetzt, so käme es zu einem staubedingten Kollaps im Internet. Deshalb wird momentan beabsichtigt, mit DCCP (vgl. Abschnitt 7.5, S. 296) ein unzuverlässiges Transportprotokoll für langlebige Datenströme (z. B. Audio- oder Videoströme) zu standardisieren, welches gleich mehrere Staukontrollmechanismen bereitstellt.

Die Problematik der korrekt funktionierenden Staukontrolle betrifft allerdings auch die Implementierungen derjenigen Transportprotokolle, die prinzipiell über solche Mechanismen verfügen: Ist die Staukontrollfunktion versehentlich oder absichtlich falsch implementiert, könnte dies ebenfalls zum Staukollaps führen, falls diese Implementierung sehr weit verbreitet wäre. Andernfalls würde sich eine solche Implementierung „nur" unfair gegenüber den anderen Kommunikationsteilnehmern verhalten und mehr Bandbreite konsumieren als eine korrekte und sich fair verhaltende Implementierung.

7.1.2 Sicherheitsmechanismen

UDP verfügt – wie IP auch – prinzipiell über keinerlei Sicherheitsmechanismen. Dies ist bei einem echten Datagramm-Protokoll auch nicht weiter verwunderlich, da es als verbindungsloses Protokoll keine Kontextinformation (z. B. Schlüssel zur Generierung von Prüfsummen) besitzt, auf die sich die Kommunikationspartner beziehen könnten. IPsec hat das gleiche Problem, wobei hier die Kontextinformation außerhalb des Internetprotokolls hinzugefügt wird. Die einfachste Möglichkeit, um existierende Anwendungen, die UDP verwenden, abzusichern, besteht im Einsatz von IPsec-Mechanismen.

7.1.3 Bewertung

UDP wurde als einfaches und unzuverlässiges Transportprotokoll konzipiert. Typische Bedrohungen wie Abhören, Einfügen, Modifizieren, Wiedereinspielen usw. sind für UDP-Pakete relevant. Eine Sicherung gegen solche Bedrohungen wird am einfachsten und ohne Änderung der Anwendungen üblicherweise durch Einsatz von IPsec-Mechanismen erreicht. Eine Integritätssicherung kann dementsprechend durch Einsatz von AH, Vertraulichkeit des UDP-Pakets zusätzlich durch Anwendung von ESP gewährleistet werden.

7.2 TCP

Das weit verbreitete und derzeit am häufigsten im Internet eingesetzte *Transmission Control Protocol* (TCP) [296] ermöglicht einen zuverlässigen und bytestromorientierten Datenaustausch zwischen zwei Anwendungen. Um dies zu erreichen, werden u. a. Mechanismen wie Sequenznummern, Segmentieren und Reassemblieren, Flusskontrolle, Prüfsummen, Timer und Quittungen eingesetzt. TCP ist verbindungsorientiert, so dass dem Datenaustausch ein Verbindungsaufbau zwischen den Kommunikationspartnern vorausgeht. Eine Authentifizierung der Kommunikationspartner findet bei der Etablierung der Verbindung allerdings nicht statt. Sämtliche TCP-Mechanismen wurden primär unter dem Aspekt eines robusten Verhaltens von TCP-Instanzen entworfen; auf Sicherheit wurde zum Zeitpunkt des Protokollentwurfs noch kein besonderer Wert gelegt.

7.2.1 Bedrohungen

TCP weist zahlreiche Sicherheitsmängel auf. Prinzipiell sollte man davon ausgehen, dass TCP-Verbindungen grundsätzlich unsicher sind und das Abhören, Einfügen oder Manipulieren beliebiger Daten erlauben. Es erfolgt weder eine Authentifizierung während des TCP-Verbindungsaufbaus noch während des Datenaustauschs. Es ist also für einen Angreifer ohne Probleme möglich, eine andere Identität vorzutäuschen oder eine bereits bestehende Verbindung zu übernehmen. Ebenso sind Man-in-the-Middle-Angriffe sehr einfach möglich. Das Wiedereinspielen von abgehörten und unveränderten TCP-Paketen verhindert TCP allerdings aufgrund der eingebauten Duplikaterkennungsmechanismen. Das Wiedereinspielen von TCP-Nutzdaten hingegen gelingt problemlos, wenn die Kontrolldaten im TCP-Kopf vom Angreifer entsprechend angepasst werden.

Im Folgenden werden einige Beispiele für Sicherheitsmängel von TCP detaillierter beschrieben: der Man-in-the-Middle-Angriff sowie die protokollimmanente Anfälligkeit gegenüber DoS-Angriffen.

Connection Hijacking

Eine Problematik bei bereits etablierten TCP-Verbindungen ist, dass sie „entführt", d. h. von einem Dritten übernommen werden können. Dadurch sind Verbindungen selbst nach erfolgreicher Authentisierung gefährdet, wenn sie über keine Integritätssicherung verfügen. Eine solche Art von Angriff ist prinzipiell seit 1995 bekannt [187], wobei kurze Zeit später auch automatisierte Angriffswerkzeuge (z. B. „Juggernaut") existierten. Hierdurch können Telnet- oder FTP-Sitzungen mühelos nach dem erfolgreichen Anmelden durch den legitimen Benutzer entführt werden, selbst wenn der eigentliche Anmeldevorgang durch ein vermeintlich sicheres System wie Kerberos geschützt wird. Daher ist es wichtig, dass eine Integritätssicherung immer zusammen mit einem Authentisierungsvorgang stattfindet. Ein Angreifer kann beispielsweise Daten in die Verbindung einschleusen und so Dateien verändern oder hinzufügen (z. B. um für sich weitere Zugangsmöglichkeiten durch eine manipulierte `.rhosts`-Datei zu schaffen, vgl. Abschnitt 10.2.2).

Ein Angreifer, der Zugang zur Verbindung eines Kommunikationspartners hat (d. h. er muss sowohl Pakete mitlesen können als auch selbst welche schicken), kann einen Man-in-the-Middle-Angriff durchführen, indem er zunächst die Synchronisation der TCP-Verbindung zerstört. Hierzu liest der Angreifer die Verbindung mit und wartet auf eine Übertragungspause. Dann schickt der Angreifer eine große Menge gefälschter Pakete an einen der beiden Kommunikationspartner, die möglichst keinen Effekt erzeugen, außer dass die TCP-Sequenznummer hochgezählt wird. Sobald sich die TCP-Sequenznummer außerhalb des Empfangsfensters des legitimen Kommunikationspartners befindet, sind die ursprünglichen Kommunikationspartner nicht mehr miteinander synchronisiert. Das Gleiche führt der Angreifer mit dem zweiten Kommunikationspartner durch. Bei diesem Vorgehen erzeugt der Angreifer so genannte *ACK*-Stürme, da der Kommunikationspartner des angegriffenen Endsystems auf die erzeugten Quittungen (*ACK*s) des Opfers ebenfalls mit *ACK*s der erwarteten Sequenznummer reagiert. Nun kann der Angreifer eigene Pakete an einen oder beide Kommunikationspartner schicken. Für beide Kommunikationspartner wirkt die Verbindung wie tot, weil gesendete Datenpakete vom Kommunikationspartner ignoriert werden, da sie außerhalb des Empfangsfensters liegen.

Als Gegenmaßnahme könnte man eine integritätsgesicherte TCP-Verbindung nach [151] einsetzen. Andererseits sind solche Implementierungen nicht weit verbreitet. Besser ist daher eine Absicherung unterhalb von TCP durch IPsec-Mechanismen.

Eine Sicherung oberhalb von TCP, beispielsweise durch Einsatz von TLS (vgl. Abschnitt 7.3, S. 276), schafft hier insofern Abhilfe, als der Entführer mit evtl. empfangenen und verschlüsselten Daten nichts anfangen kann.

TCP-SYN Floods

Eine TCP-Verbindung wird mittels eines 3-Wege-Handshakes zwischen beiden Kommunikationspartnern aufgebaut. Der Initiator der Verbindung (auch meist mit Client bezeichnet) schickt ein TCP-Paket mit gesetztem *SYN*-Flag, welches der Kommunikationspartner mit einer passenden Quittung (*SYN-ACK*) beantwortet. Der Initiator schickt nach Erhalt des *SYN-ACK* nochmals eine Quittung (*ACK*) zur Bestätigung des *SYN-ACK* an den Responder.

Wartet beispielsweise ein Server auf eingehende Verbindungen, so erzeugt er nach Empfang eines *SYN*-Pakets zum Verbindungsaufbau eine Struktur im Systemspeicher, um sich die vorläufigen Daten der *halb-offenen* Verbindung zu merken. Diese Struktur wird entweder nach Ablauf einer gewissen Wartezeit bis zum Eintreffen des *ACK* wieder entfernt oder nach Eintreffen des *ACK* für die Verbindung genutzt. Diese vorläufigen Kontextdaten einer halb-offenen Verbindung belegen Platz im Systemspeicher, dessen Größe üblicherweise begrenzt ist. Werden nun sehr viele dieser halb-offenen Verbindungen innerhalb kurzer Zeit erzeugt, kann der Systemspeicher so stark gefüllt werden, dass der Server nicht mehr in der Lage ist, weitere Verbindungen anzunehmen. Bereits etablierte Verbindungen sind von dem Angriff üblicherweise nicht betroffen.

Ebenfalls seit 1995 sind daher Denial-of-Service-Angriffe bekannt, welche eine große Anzahl von TCP-Verbindungsaufbaupaketen mit gefälschter Absendeadresse erzeugen. Der Server schickt dabei seine Antwort (*SYN-ACK*) an ein nicht-existentes Endsystem und die letzte Nachricht für einen erfolgreichen Verbindungsaufbau, das bestätigende *ACK* des Initiators, bleibt aus. Aufgrund der gefälschten Absendeadresse lässt sich der Angreifer nicht einfach identifizieren. Um solche sowie zahlreiche weitere Angriffe mit gefälschter Quelladresse aus dem eigenen Netzwerk zu verhindern, sollte daher Ingress-Filtering [115, 27] im eigenen Netz durchgeführt werden.

Eine weitere Möglichkeit zur Abwehr solcher Angriffe besteht im Einsatz von so genannten *SYN*-Cookies [35], die allerdings teilweise Inkompatiblitäten zu TCP-Erweiterungen aufweisen. Die grundlegende Idee ist dabei, dass die Zustandsdaten vom Server so in die initiale Sequenznummer codiert werden, dass er aufgrund der im *ACK* enthaltenen Daten, den Kontext erst nach erfolgreichem Empfang des *ACK* anlegt. Die initiale Sequenznummer setzt sich demnach wie folgt zusammen:

- Die obersten 5 Bits ($t \bmod 32$) eines Zählers t, der alle 64 s erhöht wird.

- Die nächsten 3 Bits kodieren die maximale Segmentgröße des Servers in Bezug auf die vom Client angebotene.

- Die untersten 24 Bits: eine vom Server gewählte geheime Funktion der Client-IP-Adresse, des Client-Ports sowie der Server-IP-Adresse, des Server-Ports und t.

Da in der initialen Sequenznummer nicht alle vorhandenen TCP-Optionen kodiert werden können, ist aus Interoperabilitätsgründen jedoch eher davon abzuraten, diesen inoffiziellen „Hack" einzusetzen.

Einige Router-Hersteller bieten den Mechanismus einer so genannten *TCP-Interception* [75] an, bei welcher der Router zunächst die Verbindung aufbaut, um sicherzustellen, dass es sich nicht um ein gefälschtes Paket handelt. Ist der Verbindungsaufbau erfolgreich, baut der Router eine weitere TCP-Verbindung zum eigentlichen Zielsystem im eigenen Netzwerk auf. Es wird so verhindert, dass unerreichbare Systeme blind TCP-Verbindungen aufbauen. Die Einstellungen bezüglich der Timeouts und der Anzahl der halb-offenen Verbindungen sind aggressiver gesetzt, so dass dahinter liegende Server möglicherweise besser geschützt werden.

Diese „Gatewayfunktionalität" hat andererseits gleich mehrere Nachteile: Zum einen ist nun der Router den *SYN*-Flood-Angriffen ausgesetzt, zum anderen wird die Ende-zu-Ende-Verbindung in zwei Teile aufgeteilt und so die ursprüngliche Ende-zu-Ende-Semantik nicht mehr beibehalten. Letzteres heißt insbesondere, dass eine TCP-Bestätigung nicht signalisiert, dass sich die betreffenden Segmente tatsächlich im Empfangspuffer des Kommunikationspartners befinden.

Die Auswirkungen der *SYN*-Flood-Angriffe können u. U. gemildert werden wenn der Timeout für halb-offene Verbindungen reduziert wird. Das kann allerdings auch negative Auswirkungen auf die Robustheit des Verbindungsaufbaus zwischen Endsystemen haben.

RST-Angriff

Ein seit Mitte der neunziger Jahre bekannter Angriff stellt das gezielte Verschicken von gefälschten TCP-Paketen dar, die in eine bereits bestehende Verbindung injiziert werden und das *RST*-Flag gesetzt haben. Dadurch wird eine bereits etablierte TCP-Verbindung abgebrochen. Dies ist vor allem im Zusammenhang mit BGP-Sitzungen der Router ein Problem, da es ein Rücksetzen oder gar das Schließen der BGP-Sitzung zur Folge hat. Dies bewirkt eine erneute Übertragung der vollständigen Routinginformation bzw. sogar einen kurzzeitigen Konnektivitätsverlust durch Ausfall der Route im letzten Fall.

Bei TCP-Paketen können grundsätzlich die für einen Angriff notwendigen Daten wie Quell- und Zieladresse, Quell- und Zielportnummer gefälscht werden. Die Quell- und Zieladressen sind oftmals bekannt, die Zielportnummern durch den Dienst festgelegt. Die Quellportnummern sind entweder zu raten oder bei einigen Betriebssystemen leicht vorhersagbar, wenn diese die Portnummer sequentiell erhöhen. Eine zufällige Vergabe der Portnummer durch das Betriebssystems erhöht die Sicherheit ein wenig, da die Portnummer passend geraten werden muss.

Zusätzlich zu diesen Adressangaben muss jedoch durch den Angreifer noch eine Sequenznummer aus dem 32 Bit großen Sequenznummernraum passend gewählt werden. Einige Implementierungen verwenden keine oder schlechte Pseudozufallszahlengeneratoren (vgl. Abschnitt 3.3, S. 29), so dass die initiale Sequenznummer neuer TCP-Verbindungen vorhersagbar wird. Anders als beim TCP-Verbindungsaufbau muss die Sequenznummer bei einer *RST*-Nachricht jedoch nicht exakt passen, sondern lediglich in das aktuell gültige Sequenznummernfenster passen. Dieses ist in der Regel 65535 Byte groß, wodurch ein Angreifer schlechtestenfalls lediglich 65535 Pakete mit einer entsprechenden Sequenznummer erzeugen muss. Größere Empfangsfenster durch Window-Scaling sind jedoch aufgrund der stetig steigenden Bandbreite eher wahrscheinlich. Das ermöglicht daher auch so genannte „blinde Angriffe", bei denen ein Angreifer den Verkehr nicht direkt abhören muss, um in den Besitz einer passenden Sequenznummer zu gelangen.

Eine Abhilfe für das TCP-RST-Problem wurde in [151] basierend auf der MD5-TCP-Option definiert (vgl. Abschnitt 8.4.5, S. 325), die zumindest in den meisten Routern implementiert ist. Im Gegensatz zu Endsystemen sind Router allerdings aktiv administriert, so dass ein manuell installierter Schlüssel kein Problem darstellt; für normale Endsysteme bleibt das Problem des

Schlüsselaustauschs hier allerdings bestehen. Eine relativ einfache Lösung für das Problem befindet sich derzeit im Standardisierungsprozess [86]: Falls ein *RST* in das gültige Fenster gehört, aber die Sequenznummer nicht exakt trifft, wird ein *ACK* zurückgeschickt und das *RST*-Segment verworfen. Die Gegenstelle muss dann das *RST*-Segment mit der korrekten Sequenznummer wiederholen. Durch dieses Challenge-Response-artige Verfahren sind blinde Angriffe praktisch ausgeschlossen. Eine Vorkehrung für Netzbetreiber kann aber auch sein, dass Paketfilter in den Routern installiert werden, so dass TCP-Pakete – insbesondere solche, die das *RST*-Flag tragen – grundsätzlich nur von entsprechend definierten Gegenstellen (BGP-Peers) akzeptiert werden.

7.2.2 Sicherheitsmechanismen

TCP verfügt über keine besonderen Sicherheitsmechanismen. Das Abhören einer TCP-Verbindung ist leicht möglich, so dass der Nutzdatenstrom von einem Angreifer vollständig mitgelesen werden kann. Die größte Schwierigkeit für Angreifer, die in bestehende Verbindungen eingreifen möchten, besteht darin, Kenntnis über die aktuell gültige Sequenznummer der Kommunikationspartner zu erhalten.

7.2.3 Bewertung

Als zuverlässiges Transportprotokoll weist TCP keine Sicherheitsmechanismen auf. Besonders schwerwiegend ist die Anfälligkeit von TCP gegenüber DoS-Angriffen.

Die MD5-TCP-Option [151] ist eine sinnvolle Erweiterung, die immerhin eine Authentifikation der Kommunikationspartner und eine Integritätssicherung bereitstellt. Man-in-the-Middle-Angriffe oder unerkannte Manipulationen werden dadurch ausgeschlossen. Praktisch bleibt jedoch das Problem der Schlüsselverteilung zwischen den Kommunikationspartnern bestehen.

Eine umfassende Sicherung gegenüber Angriffen von TCP-Verbindungen kann entweder durch Einsatz von IPsec-Mechanismen oder durch die nachfolgend beschriebenen TLS-Mechanismen erfolgen.

7.3 TLS

Das *Transport Layer Security* Protokoll (TLS) ist ein Protokoll, das entworfen wurde, um einen sicheren, synchronen Kommunikationskanal zwischen einem Client- und einem Server-System herzustellen. Die Sicherungsmechanismen umfassen dabei die Authentifizierung des Kommunikationspartners sowie die Gewährleistung der Authentizität (also auch Integrität) und Vertraulichkeit der Daten.

7.3.1 Motivation

Zum Zeitpunkt des ersten Entwurfs basierten die wichtigsten Anwendungs-protokolle auf TCP. Weder TCP noch IP besaßen damals Mechanismen zur Sicherung der Kommunikation. Deshalb entschieden sich einige Entwickler, eine Erweiterung der vorhandenen TCP-Socket-Schnittstelle zu realisieren und nannten das Protokoll zunächst *Secure Socket Layer* (SSL). TLS ist eine direkte Weiterentwicklung des SSL-Protokolls.

7.3.2 Historie

Im Jahre 1994 entwickelte die Firma Netscape Communications das Protokoll SSL. Die Version 1 des Protokolls fand kaum Verbreitung, so dass ein Überblick mit Version 2 des Protokolls beginnen kann. Ein wesentliches Ziel, das Netscape zu dieser Zeit verfolgte, war die sichere Kommunikation im World Wide Web, insbesondere der Schutz des Protokolls HTTP (siehe auch Abschnitt 10.1, S. 397). Um Geschäftsmodelle wie Internetläden und Online-Handel zu unterstützen, fehlte damals ein Protokoll, das die Daten gesichert zwischen der Client- und der Server-Anwendung transportieren konnte. Vor allem Bankverbindungen und Kreditkarteninformationen sollten vor Veränderungen geschützt und nur vom Geschäftspartner einsehbar sein. Neben dem HTTP-Protokoll sollte SSL aber auch in der Lage sein, andere Anwendungen, wie zum Beispiel News und E-Mail, zu unterstützen.

Da SSLv2 im Wesentlichen als eine Alleinentwicklung der Firma Netscape entstand, erfolgte keine kryptologische Analyse des Entwurfs durch außenstehende Experten. Kurz nach der Veröffentlichung des Protokolls wurden einige Schwächen aufgedeckt. Hinzu kam, dass einige andere Firmen andere Anforderungen an das Protokoll stellten als Netscape und sich folglich einige Varianten des SSLv2-Protokolls entwickelten. Eine der bekanntesten ist das PCT-Protokoll von Microsoft. In PCT war es erstmals möglich, dass Daten authentifiziert, aber nicht verschlüsselt zwischen Client und Server ausgetauscht wurden.

1995 stellte Netscape die Nachfolgerversion SSLv3 vor, die eine vollständige Neuentwicklung des Protokolls war. Es wurden lediglich einige Grundzüge aus SSLv2 übernommen und um Fähigkeiten von PCT ergänzt, aber auch völlig neue Konzepte mit aufgenommen, wie die Verwendung von DSS und DH. Gleichzeitig wurden auch die oben genannten Sicherheitslücken von SSLv2, wie z. B. der Verkürzungs- und der Abwertungsangriff (siehe Abschnitt 7.3.14), behoben.

Im Mai 1996 wurde eine IETF-Arbeitsgruppe mit dem Namen „Transport Layer Security" gegründet, die bis Ende 1996 einen einheitlichen und herstellerunabhängigen Standard festlegen sollte. Durch einige Auseinandersetzungen der Teilnehmer und Verzögerungen innerhalb der IETF dauerte es aber bis Januar 1999, bis die endgültige Fassung des TLS-Standards veröffentlicht wurde. TLS ist seitdem in [96] dokumentiert.

7.3.3 Überblick über das TLS-Protokoll

Der Entwurf von TLS basierte auf TCP als Transportprotokoll. Dabei werden die Protokolleigenschaften von TCP zur Erbringung eines zuverlässigen Dienstes direkt ausgenutzt. TCP garantiert, dass der Datenstrom vollständig und reihenfolgetreu vom Sender zum Empfänger übertragen wird. Auch Paketverluste während der Übertragung werden von TCP selbstständig erkannt und eine Übertragungswiederholung der verlorenen Segmente nach einem Timeout ausgelöst, um die Vollständigkeit der Daten beim Empfänger sicherzustellen. Durch die Wiederholung von Segmenten erzeugte Duplikate werden ebenfalls erkannt und verworfen. Neuere Protokolle, wie z. B. EAP-TLS (s. Abschnitt 5.3.7, S. 173), verwenden ebenfalls die TLS-Mechanismen für die Authentifizierung der Kommunikationspartner und die Sicherung der Kommunikation, müssen die hier vorgestellten Mechanismen von TCP jedoch nachbilden.

Die Integration des TLS-Protokolls in den Internet-Protokollstack ist in Abbildung 7.1 dargestellt. Oberhalb von TCP arbeitet das so genannte *Record-Layer*-Protokoll. Dieses realisiert die Segmentverarbeitung, Verschlüsselung und Authentifizierung in TLS. Darauf aufbauend gibt es vier weitere Protokolle: *Application Data*, *Handshake*, *Change Cipher Spec* und *Alert*. Das Application-Data-Protokoll bildet die Schnittstelle zur Anwendung. Ausgehende Daten werden durch TLS von der Anwendung entgegengenommen und an den Kommunikationspartner gesendet, ankommende Pakete werden nach Bearbeitung von TLS an die Anwendung übergeben. Das Handshake-Protokoll übernimmt die Aufgabe der Schlüsselaushandlung beim Verbindungsaufbau. Das so ausgehandelte Schlüsselmaterial wird durch das Change-Cipher-Spec-Protokoll aktiviert. Sollte es zu einem beliebigen Zeitpunkt zu Ausnahmesituationen kommen, werden Status- bzw. Fehlernachrichten durch das Alert-Protokoll erzeugt und versendet.

Die einzelnen Bestandteile des Protokolls werden in der nachfolgenden Reihenfolge erläutert:

- Cipher-Suites (siehe Abschnitt 7.3.4)
- Gegenseitige Authentifizierung (siehe Abschnitt 7.3.5)
- Verbindungsaufbau (siehe Abschnitt 7.3.6)
- Datenaustausch (siehe Abschnitt 7.3.7)
- Signalisierung (siehe Abschnitt 7.3.8)
- Erneuerung des Schlüsselmaterials (siehe Abschnitt 7.3.9)
- Verbindungsabbau (siehe Abschnitt 7.3.10)

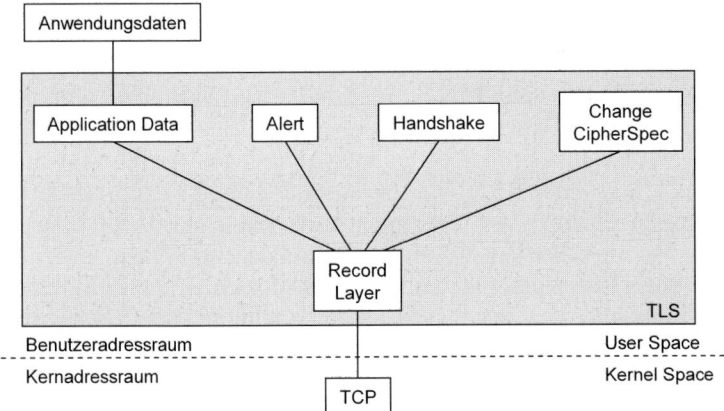

Abbildung 7.1. TLS-Schichtenmodell

7.3.4 Cipher-Suites

Zur Spezifikation der einzusetzenden Verfahren benutzt TLS so genannte *Cipher-Suites*. Eine Cipher-Suite ist eine Zusammenstellung von einem Schlüsselaustauschverfahren, einem Verfahren zur Verschlüsselung und einem Verfahren zur Authentizitätssicherung. Dabei gibt es verschiedene Klassen und Sicherheitsstufen von Cipher-Suites. Eine Cipher-Suite ist höchstens so sicher wie das schwächste der eingesetzen Verfahren. Während der Schlüsselaushandlung schlägt der Client dem Server einen Satz von Cipher-Suites vor. Aus diesem Satz wählt der Server genau eine aus, die für den weiteren Verlauf dieser Verbindung verwendet wird. Viele Anwendungen erlauben die Konfiguration, welche der für TLS spezifizierten Cipher-Suites tatsächlich eingesetzt werden sollen. Eine solche Einschränkung kann sowohl auf Server- als auch auf Client-Seite konfiguriert werden.

Prinzipiell gilt, dass alle Cipher-Suites für TLS mit dem Bezeichner „*TLS_*" beginnen, gefolgt von dem Bezeichner für das Schlüsselaustauschverfahren. Der Bezeichner „*_WITH_*" trennt diesen Abschnitt von den Verfahren zur Datensicherung. Zu Beginn einer Verbindung ist zunächst die Cipher-Suite *TLS_NULL_WITH_NULL_NULL* aktiviert.

Die folgenden Beispiele zeigen exemplarisch die wesentlichen Unterschiede verschiedener Cipher-Suites:

- *TLS_RSA_WITH_3DES_EDE_CBC_SHA* — Bei diesem Verfahren wird während des Schlüsselaustauschs das RSA-Verfahren zur Authentifizierung der Kommunikationsteilnehmer und zur Verschlüsselung des durch den Client erzeugten Schlüsselmaterials verwendet. Die Datenübertragung wird mit 3DES im EDE-CBC-Modus verschlüsselt und die Datenintegrität mittels SHA-1 gewährleistet.

Eine Besonderheit des TLS-Standards ist das Verfahren, mit dem Konformität zu den Exportbestimmungen der USA erreicht wird. Das Verfahren wird *Ephemeral RSA* genannt. Durch die Export-Bestimmungen war die Länge eines RSA-Schlüssels auf 512 Bit für exportierbare Software begrenzt. Damit ein Server nicht zwei unterschiedliche RSA-Schlüssel für die Kommunikation mit einem nationalen und einem internationalen Client vorhalten muss, erzeugt der Server für einen internationalen Client dynamisch einen 512-Bit-Schlüssel, den er mit seinem zertifizierten RSA-Schlüssel signiert. Dies verhindert, dass der Server langlebige 512-Bit-RSA-Schlüssel verwenden muss; stattdessen sind diese nur temporär gültig. Der Server verwendet den langlebigen Schlüssel, um sich gegenüber dem Client zu authentifizieren, wohingegen der Client das erzeugte Schlüsselmaterial nur mit dem kurzlebigen 512-Bit-Schlüssel schützt.

- *TLS_DHE_RSA_WITH_3DES_EBE_CBC_SHA* — Bei der Wahl dieser Cipher-Suite wird das Schlüsselmaterial durch einen Diffie-Hellman-Austausch erzeugt. Der Server gibt dabei die DH-Gruppe (d. h. im Wesentlichen die Primzahl p zur Gruppe $\mathbb{Z}_p^*$, s. Abschnitt 3.6.3, S. 69) und den Generator (das erzeugende Element g) vor. Die DH-Werte werden mittels RSA-Signatur authentifiziert. Für die Datenübertragung werden dieselben Mechanismen wie beim zuletzt beschriebenen Beispiel eingesetzt.

- *TLS_DHE_DSS_WITH_3DES_EBE_CBC_SHA* — In dieser Cipher-Suite wird die Signatur der Diffie-Hellman-Werte anstelle von RSA durch DSS erbracht. Ansonsten ist die Funktionalität identisch mit der vorherigen Cipher-Suite.

- *TLS_KRB5_WITH_NULL_SHA* — Die Authentifizierung und Schlüsselerzeugung wird von einem Kerberos-V5-Schlüsselserver übernommen.

- *TLS_DHE_anon_WITH_3DES_EBE_CBC_SHA* — Die Teilnehmer authentifizieren sich bei dieser Cipher-Suite nicht gegenseitig. Dadurch werden die Daten nur vor passiven Angreifern geschützt. Ein aktiver Angreifer kann durch eine Man-in-the-Middle-Attacke die Sicherungsmechanismen umgehen.

- *TLS_DHE_RSA_WITH_NULL_SHA* — Die Daten werden während des Datenaustausches nicht verschlüsselt, sondern es wird nur ihre Integrität sicher gestellt.

7.3.5 Authentifizierung des Kommunikationspartners

Die Authentifizierung ist ein wesentlicher Bestandteil des TLS-Protokolls. In der aktuellen Version unterstützt TLS ausschließlich Zertifikate nach dem

X.509-Standard (s. Abschnitt 9.4, S. 360), wobei es abhängig von der Implementierung ist, welche Signaturverfahren bei der Zertifikatsüberprüfung unterstützt werden. Sollte ein Zertifikat eines anderen Standards oder mit einem nicht unterstützten Signaturverfahren von einem der beiden Kommunikationsteilnehmer empfangen werden, wird eine Fehlermeldung durch das Alert-Protokoll versendet (siehe Abschnitt 7.3.8).

Um TLS nutzen zu können, benötigt ein TLS-Benutzer immer eine Liste von CA-Zertifikaten, denen er direkt vertraut. Er vertraut somit allen Zertifikaten, die von einer in dieser Liste aufgeführten CA signiert wurden. Die durch TLS erreichbare Sicherheit ist direkt abhängig davon, wie sorgfältig der Benutzer Zertifikate prüft, bevor er diese der Liste hinzufügt. Die Instanz, die sich gegenüber einer anderen authentifizieren möchte, kann zusammen mit dem eigenen Zertifikat auch alle notwendigen CA-Zertifikate mitübertragen, die für die Bildung der Zertifikatskette notwendig sind. Dadurch ist es in TLS möglich, transitive Vertrauensmodelle (s. Abschnitt 9.4.2, S. 361) zu realisieren.

7.3.6 Aufbau des sicheren Kanals

Sofort nach dem Aufbau der TCP-Verbindung beginnt das TLS-Protokoll mit dem Schlüsselaustausch. Ziel des Schlüsselaustauschs ist die Authentifizierung der Kommunikationspartner, die Aushandlung der Cipher-Suite und die Etablierung gemeinsamen Schlüsselmaterials, des so genannten *Master-Secrets*, auf Client und Server.

Zuerst wird nun der Ablauf des Schlüsselaustauschs mittels RSA-Authentifizierung und RSA-Verschlüsselung erläutert. In den anschließenden Abschnitten werden weitere Varianten des Schlüsselaustauschvorgangs aufgezeigt.

Schlüsselaustausch mit RSA

Der Ablauf einer Schlüsselaushandlung mit RSA ist in Abbildung 7.2 schematisch dargestellt. Der Client beginnt den TLS-Schlüsselaustausch mit einer *ClientHello*-Nachricht. Durch diese zeigt er dem Server an, dass er eine sichere Verbindung mittels TLS aufbauen möchte. Diese Nachricht enthält eine Zufallszahl und die vom Client unterstützten Cipher-Suites.

Der Server antwortet mit drei Nachrichten: Die erste Nachricht ist die so genannte *ServerHello*-Nachricht. Diese zeigt an, dass der Server ebenfalls bereit ist, eine TLS-Verbindung aufzubauen. Diese Nachricht beinhaltet in Entsprechung zur *ClientHello*-Nachricht eine Zufallszahl für die Schlüsselerzeugung.

Neben ihrer Verwendung bei der Erzeugung des Master-Secrets wird die Zufallszahl auch noch zur Verhinderung von Wiedereinspielungsangriffen verwendet. Des Weiteren enthält diese Nachricht die vom Server gewählte Cipher-Suite. Als zweite Nachricht sendet der Server sein Zertifikat in der so genannten *Certificate*-Nachricht. Dabei handelt es sich um ein X.509-Zertifikat und es liefert dem Client den zu der Identität des Servers gehörenden öffentlichen Schlüssel. Die dritte Nachricht wird *ServerHelloDone*-Nachricht genannt und zeigt an, dass der Server alle notwendigen Informationen gesendet hat.

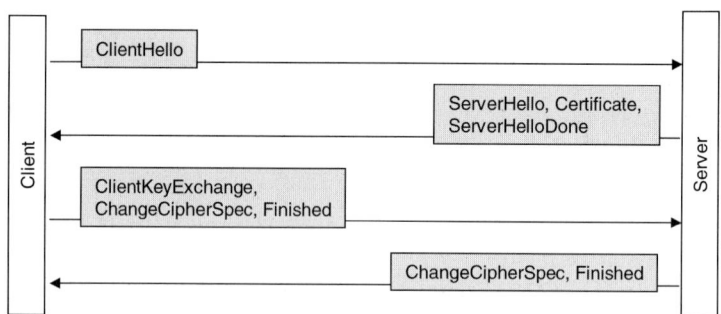

Abbildung 7.2. Ablauf des TLS-Schlüsselaustauschs mit RSA

Sobald der Client die *ServerHelloDone*-Nachricht empfangen hat, überprüft er zuerst das Zertifikat des Servers (s. Abschnitt 7.3.5, S. 280). Ist das Zertifikat gültig, so generiert der Client das so genannte *PreMaster-Secret* und verschlüsselt dieses mittels RSA und dem öffentlichen Schlüssel des Servers. Diesen verschlüsselten Wert überträgt der Client in der *ClientKeyExchange*-Nachricht an den Server. Es folgt eine *ChangeCipherSpec*-Nachricht und eine *Finished*-Nachricht. Die *ChangeCipherSpec*-Nachricht zeigt das Umschalten vom Klartext-Modus in den gesicherten Modus an. Alle nachfolgenden Nachrichten werden mit dem erzeugten Schlüsselmaterial geschützt. Die *Finished*-Nachricht gibt an, dass alle Daten übertragen wurden, und sichert den Schlüsselaustausch mittels eines MACs vor Manipulationen, wie z. B. einem Abwertungsangriff (vgl. Abschnitt 7.3.14).

Den MAC berechnet der Client über alle bis zum Sendezeitpunkt empfangenen und gesendeten Nachrichten und verwendet das Master-Secret als Schlüssel für den MAC. Somit kann der Server überprüfen, ob die empfangenen Daten mit den ursprünglich gesendeten übereinstimmen oder ob ein Angreifer Nachrichten des Schlüsselaustauschvorgangs manipuliert hat.

Nach dem Erhalt der *ClientKeyExchange*-Nachricht berechnet der Server das Schlüsselmaterial aus dem PreMaster-Secret und den beiden Zufallszahlen, wie in Abschnitt 7.3.11 beschrieben. Anschließend prüft er den MAC-Wert aus der *Finished*-Nachricht des Clients. Ist dieser korrekt, sendet er eine *ChangeCi-*

pherSpec-Nachricht gefolgt von einer *Finished*-Nachricht an den Client. Beide Nachrichten haben dieselbe Funktionalität wie die entsprechenden Nachrichten des Clients zuvor.

Schlüsselaustausch mit Diffie-Hellman

Ein Nachteil des Schlüsselaustauschs mit RSA ist die Tatsache, dass durch diesen keine Unabhängigkeit des Authentifikationsschlüssels vom Master-Secret (vergleiche PFS-Eigenschaft in Abschnitt 4.5.1) erreicht werden kann, da der Client das PreMaster-Secret generiert und mit dem öffentlichen Schlüssel des Servers verschlüsselt an diesen überträgt. Eine Möglichkeit eine solche Unabhängigkeit zu erreichen ist der Einsatz des Diffie-Hellman-Algorithmus während des Schlüsselaustauschs.

TLS spezifiziert zwei Arten von DH-Werten für einen Server: langlebige und kurzlebige DH-Werte. Im Fall eines langlebigen DH-Werts wird dieser zusammen mit der DH-Gruppe und dem Generator in ein Diffie-Hellman-Zertifikat aufgenommen und somit in der *Certificate*-Nachricht übertragen. Kurzlebige DH-Werte werden dagegen dynamisch erzeugt und können somit nicht im Zertifikat enthalten sein. In diesem Fall erzeugt der Server den DH-Wert und signiert diesen mit seinem privaten RSA-Schlüssel oder DSS-Schlüssel. Da bei Einsatz eines langlebigen DH-Werts dieser an die Identität des Servers gebunden wird, kann mit diesem Verfahren keine Unabhängigkeit der Schlüssel erreicht werden. Kurzlebige DH-Werte erzeugen dagegen die geforderte Unabhängigkeit zwischen langlebigem Zertifikatsschlüssel und DH-Wert.

Der geänderte Ablauf des Schlüsselaustauschs ist in Abbildung 7.3 gezeigt. Übertragen werden der kurzlebige DH-Wert, die DH-Gruppe und der Generator in der so genannten *ServerKeyExchange*-Nachricht nach der *Certificate*-Nachricht. Welche Art von DH-Wert vom Server verwendet wird, ist durch die Cipher-Suite gekennzeichnet. Bei langlebigen DH-Werten beginnt die Cipher-Suite-Kennung mit TLS_DH, bei kurzlebigen dagegen mit TLS_DHE (Diffie-Hellman Ephemeral).

Für den Client gibt es keinen Unterschied im weiteren Verlauf des Protokolls. Er entnimmt den Wert aus einer der beiden Nachrichten. In der Regel muss er seinen DH-Wert neu erzeugen, da der Server die DH-Gruppe und den Generator vorgibt und der Client somit keinen zu dieser Gruppe passenden DH-Wert besitzt. Der Client überträgt seinen DH-Wert in der *ClientKeyExchange*-Nachricht an den Server.

Das PreMaster-Secret ist dann das Ergebnis des Diffie-Hellman-Algorithmus und geht zusammen mit den beiden Zufallszahlen in die Schlüsselerzeugungsfunktion ein. Ein Angreifer, der alle Nachrichten aufgezeichnet hat, kann nun lediglich die DH-Werte von Client und Server mitlesen. Er kann aber das PreMaster-Secret auch bei Kompromittierung des langlebigen Serverschlüssels nicht errechnen.

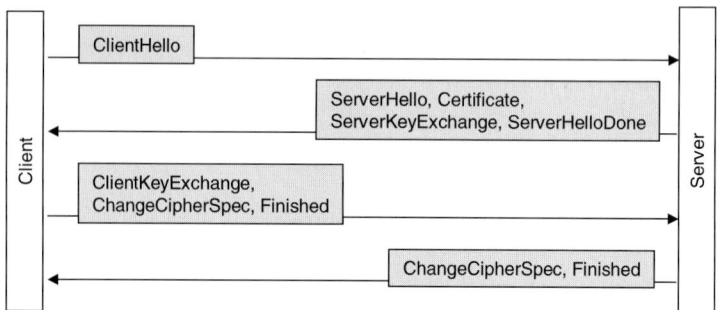

Abbildung 7.3. Ablauf des TLS-Schlüsselaustauschs mit kurzlebigem DH-Wert

Schlüsselaustausch mit Kerberos

In [243] ist beschrieben, wie TLS in einer Kerberos-V5-Umgebung eingesetzt werden kann. Der Client fordert vor der Kommunikation mit dem Server ein Ticket vom Ticket Granting Server an. Danach beginnt er einen normalen TLS-Verbindungsaufbau mit dem Server und wählt eine entsprechende Cipher-Suite. In der *ClientKeyExchange*-Nachricht überträgt er das Kerberos-Ticket zusammen mit dem PreMaster-Secret, welches mit dem Kerberos-Sitzungsschlüssel verschlüsselt ist. Der restliche Ablauf des TLS-Protokolls wird davon nicht beeinflusst. Der Server entschlüsselt zuerst das Kerberos-Ticket und erhält so den Kerberos-Sitzungsschlüssel und kann anschließend das PreMaster-Secret entschlüsseln. Durch die Verwendung von Kerberos sind automatisch sowohl Client als auch Server authentifiziert.

Authentifizierung des Clients

Während des einfachen Schlüsselaustauschs überträgt lediglich der Server sein Zertifikat an den Client. Dadurch ist es dem Client möglich, den Server zu authentifizieren. Für einen Client ist in der Regel kein eigenes Zertifikat ausgestellt worden. Er kann seine Identität also nicht durch ein Zertifikat nachweisen. In Anwendungen, wie einem Internetladen, wird die Identität des Clients durch die spätere Abfrage von Login und Passwort oder durch die Abfrage von Kreditkarteninformationen über die sichere Verbindung überprüft.

In anderen Szenarien, wie z. B. einem TLS-VPN (siehe Abschnitt 7.3.12), kann man durchaus davon ausgehen, dass der Client über ein X.509-Zertifikat verfügt. Der Ablauf des Schlüsselaustauschs mit Client-Authentifizierung ist in Abbildung 7.4 dargestellt. Soll der Client mit Hilfe des Zertifikats authentifiziert werden, so kann der Server dies mit der *CertificateRequest*-Nachricht anfordern. In dieser Nachricht gibt der Server die X.500-Namen aller CAs, denen er vertraut, und die Art der Signaturverfahren an – z. B. RSA oder DSS –, die er verarbeiten kann. Dies ist eine deutliche Asymmetrie im TLS-Protokoll, da der Client eine solche Vor-Auswahl nicht an den Server senden kann.

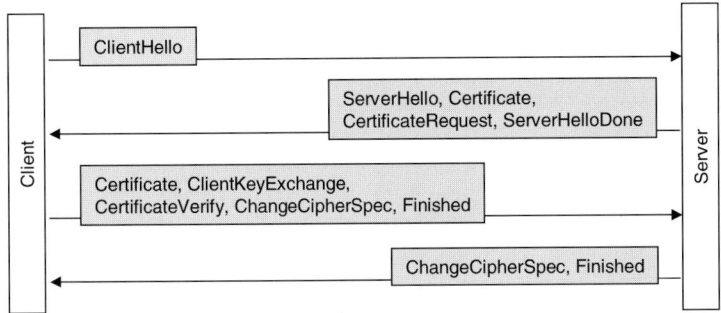

Abbildung 7.4. Ablauf des TLS-Handshakes mit Client-Authentifizierung

Der Client reagiert auf die *CertificateRequest*-Nachricht, indem er zuerst sein Zertifikat in einer *Certificate*-Nachricht überträgt und anschließend beweist, dass er auch im Besitz des dazu passenden privaten Schlüssels ist. Dazu erzeugt er einen signierten Hash-Wert über alle bis zu diesem Zeitpunkt übertragenen Nachrichten. Diesen Hash-Wert überträgt der Client in der *CertificateVerify*-Nachricht, und der Server kann den Wert mit dem öffentlichen Schlüssel aus dem Client-Zertifikat überprüfen.

Wiederaufnahme einer TLS-Verbindung

Der zur Etablierung des gesicherten Kanals notwendige Schlüsselaustausch erzeugt einen erheblichen Rechenaufwand, der hauptsächlich durch die Überprüfung der X.509-Zertifikatskette und der Erzeugung des Schlüsselmaterials verursacht wird. Dieser Aufwand müsste für jede neu ausgehandelte TLS-Verbindung erbracht werden. Es gibt aber Protokolle der Anwendungsschicht, die viele kurze Verbindungen erzeugen, um ihre Daten zu übertragen. Ein Beispiel dafür ist das Protokoll HTTP in der Version 1.0, für das TLS ursprünglich entworfen wurde. Der Aufwand, für jede Verbindung eine eigene TLS-Verbindung zu erzeugen, wäre zu hoch. Stattdessen erlaubt TLS, dass mehrere Verbindungen der Anwendungsschicht über eine TLS-Verbindung übertragen werden, indem eine vorher bestehende TLS-Verbindung wiederaufgenommen werden kann. Bei der Wiederaufnahme wird das bereits bestehende Master-Secret mit neu auszutauschenden Zufallszahlen kombiniert, ohne die aufwändigen asymmetrischen Operationen ausführen zu müssen.

Die Unterstützung für die Wiederaufnahme einer TLS-Verbindung muss vom Server angeboten werden. Möchte der Server dies einem Client anbieten, so überträgt er eine Sitzungs-ID in seiner *ServerHello*-Nachricht während des ersten – dann natürlich vollständigen – Schlüsselaustauschs. Der Server speichert die Sitzungs-ID zusammen mit dem später erzeugten Master-Secret.

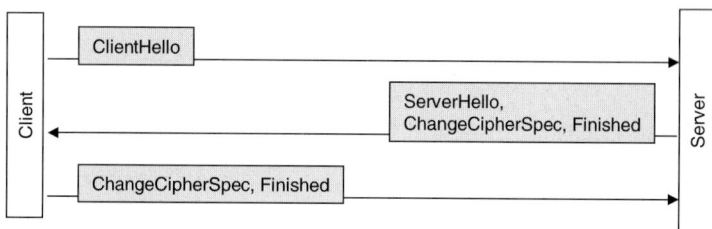

Abbildung 7.5. Ablauf des TLS-Handshakes bei Wiederaufnahme einer TLS-Verbindung

Der verkürzte Schlüsselaustausch ist in Abbildung 7.5 gezeigt. Möchte der Client später diese Verbindung wieder aufnehmen, so überträgt er die Sitzungs-ID in der *ClientHello*-Nachricht an den Server. Der Server zeigt dem Client seine Bereitschaft, die TLS-Verbindung wieder aufzunehmen dadurch an, dass er dieselbe Sitzungs-ID in der anschließenden *ServerHello*-Nachricht verwendet. Der Client kann daraufhin sofort neues Schlüsselmaterial erzeugen und sendet eine *ChangeCipherSpec*-Nachricht an den Server. In die Schlüsselerzeugung gehen dann das alte Master-Secret und die neu ausgetauschten Zufallszahlen aus der *ClientHello*- und der *ServerHello*-Nachricht ein.

7.3.7 Datenübertragung

Nach erfolgreichem Abschluss des Schlüsselaustauschs wird das Schlüsselmaterial aktiviert und Daten können über den gesicherten Kanal ausgetauscht werden. Die Anwendungsdaten werden durch das Verschlüsselungsverfahren und das Authentifizierungsverfahren geschützt, die in der ausgehandelten Cipher-Suite angegeben sind. Dazu werden die Daten zuerst segmentiert und anschließend wird auf die so entstandenen Segmente das Authentifizierungsverfahren angewendet bzw. pro Segment der zugehörige Hash-Wert berechnet. Dieser wird an das Segment angehängt und beide Teile zusammen werden verschlüsselt. Anschließend werden dem verschlüsselten Segment noch Protokolldaten vorangestellt, die dem Empfänger die korrekte Entschlüsselung und Authentizitätsprüfung ermöglichen. Das so zusammengesetzte Datensegment wird dann mittels TCP zum Empfänger übertragen.

Der Standard von TLS sieht darüber hinaus noch die Kompression der Anwendungsdaten vor der Verschlüsselung vor. Eine Kompression verringert die Redundanz im zu verschlüsselnden Klartext und erhöht damit die Sicherheit des Chiffrats. Im RFC 2246 [96] ist allerdings nur eine Null-Kompression definiert worden. Gründe dafür sind, dass die meisten Kompressionsverfahren patentrechtlich geschützt sind und dass viele Web-Server die Daten schon komprimieren. Da aber heute TLS auch zunehmend als Alternative zu IPsec für VPNs (siehe Abschnitt 7.3.12) verwendet wird, wurde in [161] die Kompression der Anwendungsdaten mittels des *DEFLATE-Algorithmus* und in RFC 3943 [132] mittels des *Lempel-Ziv-Stac-Algorithmus* spezifiziert. Die Kompression wird auf die bereits segmentierten und noch nicht authentifizierten Daten angewendet. Daraus ergibt sich das in Abbildung 7.6 gezeigte Schema der TLS-Datenverarbeitung.

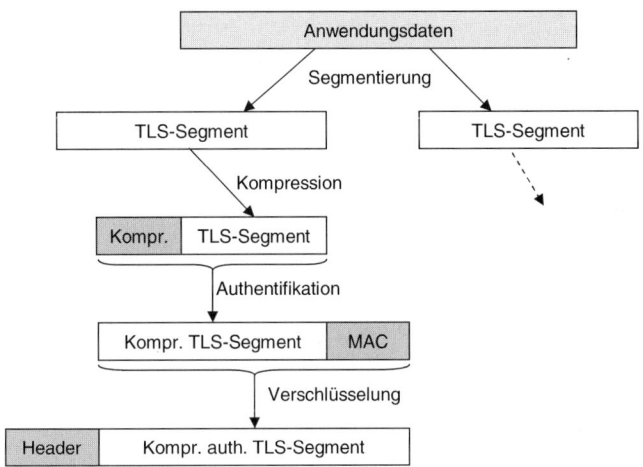

Abbildung 7.6. Datenverarbeitung im Record Layer

7.3.8 Signalisierung in TLS

Das Alert-Protokoll wird in TLS zur Signalisierung von Ereignissen verwendet. Diese können einfache Mitteilungen oder Fehlermeldungen für die Gegenseite sein. Je nach Art des Ereignisses schreibt der TLS-Standard vor, ob die Nachricht als „fatal" für die Sicherheitsbeziehung gewertet werden muss oder ob sie als Hinweis verstanden werden darf. Wird eine Nachricht als fatal gewertet, wird die TLS-Verbindung sofort abgebrochen. Die beiden Alert-Nachrichten vom Typ *CloseNotify* (siehe Abschnitt 7.3.10) und vom Typ *NoRenegotiation* sind als Hinweise anzusehen. Beide Nachrichten werden im normalen Protokollablauf verwendet und sind nicht als Anzeichen für einen Fehler oder einen Angriff zu sehen.

Eine wesentliche Fehlerquelle, deren Auftreten mittels des Alert-Protokolls signalisiert wird, sind Probleme mit dem während des Schlüsselaustauschs empfangenen Zertifikat. So kann die Signatur des Zertifikats ungültig sein, der Signaturalgorithmus des Zertifikats nicht unterstützt werden, das Zertifikat zurückgezogen worden oder abgelaufen sein. Des Weiteren kann die CA, die das Zertifikat ausgegeben hat, dem Überprüfenden unbekannt und somit für ihn nicht vertrauenswürdig sein. Normalerweise sollte jeder dieser Fehler zu einem Abbruch des Schlüsselaustauschs führen. Ob die Verbindung tatsächlich abgebrochen wird, ist implementierungsabhängig; zumindest gab es schon Vorfälle, in denen die Verbindung nach einem solchen Fehler bestehen blieb.

Weitere Fehler, die während des Schlüsselaustauschs auftreten können, entstehen durch die Verwendung von illegalen oder nicht definierten Parameterwerten. Bei beiden Fehlern ist das Handshake-Protokoll noch nicht abgeschlossen, weshalb noch keine Verfahren und Schlüssel ausgetauscht wurden. Die Alert-Nachrichten werden deshalb ungesichert an den Kommunikationspartner gesendet. Sobald das Handshake-Protokoll abgeschlossen ist, werden alle Alert-Nachrichten durch das Record-Protokoll gesichert.

Eine weitere Ursache für Fehlermeldungen ist der Empfang von fehlerhaften Paketen. Beispiele dafür sind ein fehlerhafter MAC, ein Fehler während der Entschlüsselung oder ein überlanges Paket. Diese Fehlermeldungen weisen fast immer auf einen aktiven Angriff auf den gesicherten Kanal hin und führen zum sofortigen Abbruch der Verbindung.

7.3.9 Erneuerung des Schlüsselmaterials

Bei kryptographischen Verfahren ist es ratsam, das Schlüsselmaterial regelmäßig zu erneuern. In TLS wird diese Erneuerung durch den erneuten Austausch der *ClientHello*- und *ServerHello*-Nachricht und der dadurch erneuerten Zufallszahlen realisiert. Das neue Master-Secret wird aus dem alten Master-Secret und den beiden Zufallszahlen durch die in Abschnitt 7.3.11 beschriebene Schlüsselerzeugungsfunktion berechnet.

Der Client beginnt die Schlüsselerneuerung durch das Senden der *ClientHello*-Nachricht. Der Server dagegen kann nicht von sich aus eine *ServerHello*-Nachricht senden, da diese immer eine Antwort auf eine *ClientHello*-Nachricht ist. Der Server kann aber vom Client durch Senden einer *HelloRequest*-Nachricht eine *ClientHello*-Nachricht anfordern. In beiden Fällen sind die Nachrichten durch die bestehende Sicherheitsbeziehung geschützt.

Sollte eine der beiden Instanzen nicht bereit sein, die Schlüssel zu erneuern, so verwirft sie einfach die empfangene Nachricht oder antwortet mit einer Alert-Nachricht des Typs *NoRenegotiation*.

7.3.10 Verbindungsabbau

Bevor die TCP-Verbindung abgebaut werden kann, muss die Sicherheitsbeziehung zwischen Client und Server beendet werden. Dazu sendet einer der Kommunikationspartner eine Alert-Nachricht des Typs *CloseNotify*. Dadurch wird das Schlüsselmaterial ungültig gemacht und es können keine weiteren Daten gesichert zwischen Client und Server übertragen werden. Aus der Spezifikation geht nicht eindeutig hervor, ob der andere Kommunikationspartner ebenfalls eine Alert-Nachricht des Typs *CloseNotify* senden muss oder nicht. Die TCP-Verbindung wird erst beendet, nachdem das Schlüsselmaterial ungültig gemacht wurde.

7.3.11 Schlüsselerzeugung

Aus dem während des Schlüsselaustauschs erzeugten PreMaster-Secret muss ein für die gewählte Cipher-Suite passendes Schlüsselmaterial erzeugt werden. Dazu wird im Standard spezifiziert, wie verschiedene Hash-Funktionen und Initialisierungen für die Schlüsselerzeugung zu verwenden sind.

Der Vorgang der Schlüsselerzeugung ist dabei zweistufig. In der ersten Stufe wird aus dem PreMaster-Secret und den beiden Zufallszahlen das Master-Secret erzeugt. Aus diesem Master-Secret werden dann in einem weiteren Schritt die Schlüssel und Initialisierungsvektoren berechnet, die für den Schutz der Daten benötigt werden. TLS berechnet hierbei das Schlüsselmaterial für jede Kommunikationsrichtung getrennt. Deshalb werden beispielsweise zwei Schlüssel und zwei Initialisierungsvektoren für ein Verschlüsselungsverfahren im CBC-Modus und zwei Schlüssel für das Authentifizierungsverfahren berechnet.

7.3.12 TLS-VPN

Neben der Ende-zu-Ende-Sicherung, bei der die Verbindung zwischen Client-Anwendung und Server-Anwendung geschützt wird, können auch VPNs [383] aufgebaut werden (s. Abschnitt 4.10, S. 126). Dabei gibt es folgende drei Arten VPNs:

- *Proxy* — Der Proxy setzt die ungeschützte TCP-Verbindung auf eine TLS-Verbindung um, die der Proxy zum gewünschten Server aufbaut. Alle Daten werden zwischen Proxy und Server mittels TLS geschützt.

- *Protokollumleiter* — Das Gateway wird um die Funktionalität erweitert, IP-Pakete direkt in eine bestehende TLS-Verbindung einzutunneln.

- *Remote Control Enhancers* — Dabei wird auf bestehende Kontrollprotokolle, wie Windows Terminal Services oder Citrix Metaframe, aufgebaut. Jede Anwendung kann dem VPN hinzugefügt werden, indem sie an das *Remote Desktop* angeschlossen wird.

Beim Einsatz eines VPNs ist es zusätzlich noch möglich, Systeme mit privaten IP-Adressen miteinander zu verbinden, wenn die Gateways auch globale IP-Adressen besitzen. Private Adressen können nicht über das Internet vermittelt werden und müssen zum Transport über das Internet so eingekapselt werden, dass sie ihr Ziel erreichen. Im Fall eines TLS-basierten VPNs werden die IP-Pakete in den TLS-Tunnel eingekapselt und auf der Empfänger-Seite wieder entnommen.

7.3.13 Hybrid-Variante: OpenVPN

Als weitere VPN-Variante findet zunehmend ein TLS-IPsec-Hybridsystem namens *OpenVPN* [390] Zuspruch. OpenVPN ist ein Open-Source-Projekt, das keinem bisher publizierten Standard folgt. Ziel beim Entwurf von OpenVPN war es, die Vorteile von IPsec und TLS zu kombinieren und gleichzeitig die bekannten Nachteile zu vermeiden.

Die initiale Version wurde im Mai 2001 von James Yonan vorgestellt. Seitdem wird das Protokoll und die dazugehörige Implementierung stetig weiterentwickelt. Inzwischen ist OpenVPN auf allen gängigen Betriebssystemen nutzbar. Der Client-basierte Ansatz ist prinzipiell flexibler als Kernel-basierte IPsec-Implementierungen und weist auch nicht die derzeit noch auftretenden Interoperabilitätsprobleme zwischen IPsec-Implementierungen unterschiedlicher Hersteller auf.

Protokollseitig kommt eine Mischung von TLS und IPsec zum Einsatz: Die Signalisierung des VPNs und die Aushandlung von Algorithmen und Schlüsselmaterial geschieht über einen durch TLS geschützten Kanal. Der Schutz der Datenpakete erfolgt jedoch in ESP-ähnlicher Manier, allerdings mittels TCP oder UDP transportiert und somit in manchen Umgebungen, z. B. solchen die NAT einsetzen, einfacher nutzbar. Interessant ist auch, dass nicht nur IP-Pakete geschützt werden können, sondern dass OpenVPN auch genutzt werden kann, um beispielsweise zwei Ethernet-Segmente sicher zu koppeln.

Problematisch ist, dass es noch keine Beschreibung des Systems bzw. der Protokolle gibt und somit bisher keine unabhängigen Produkte entwickelt wurden. So gibt es auch keine kommerziellen Lösungen, die den Einsatz von OpenVPN in größeren Umgebungen möglich machen bzw. für die auch Support geliefert wird.

Bisher sind keine relevanten Sicherheitslücken im Protokoll bekannt geworden, doch wurde das Protokoll bisher nicht so ausführlich durch unabhängige

Stellen untersucht wie IPsec oder TLS. Allein im Rahmen einer Untersuchung von Open Source VPN-Lösungen durch Peter Gutmann [141] wurde eine grobe Analyse vorgenommen, bei der jedoch keine Sicherheitsprobleme zu Tage traten.

7.3.14 Bewertung

Bis heute gilt TLS als ein sicheres Protokoll, und es sind bisher eher Implementierungsfehler bekannt geworden als Protokoll-inhärente Schwächen. Nicht TLS-spezifisch sind z. B. Angriffe der zeitlichen Kryptoanalyse [209], der Millionen-Nachrichten-Angriff [40] oder der DH-Untergruppen-Angriff [226]. Zu den TLS-spezifischen Angriffen gehören ein spezieller Degradierungsangriff auf den Schlüsselaustausch, sowie Abwertungsangriffe, Verkürzungsangriffe und DoS-Angriffe. Die drei letzteren werden nachfolgend noch etwas detaillierter behandelt.

Abwertungsangriff

Bis zur Version SSLv2 konnte ein Angreifer Cipher-Suites während der Schlüsselaushandlung unbemerkt löschen. Dadurch konnte der Angreifer erreichen, dass sich Client und Server auf schwächere Verfahren einigen als möglich gewesen wäre. Durch das Einführen der *Finished*-Nachricht am Ende des Schlüsselaustauschs und den darin enthalten MAC über alle Nachrichten wurde diese Schwachstelle behoben. Implementierungen, die auf SSLv2 basieren, sollten aus diesem Grund heute nicht weiter eingesetzt werden.

Eine besondere Ausprägung dieses Angriffs stellt der Degradierungsangriff dar, der den Abwertungsangriff mit einem Brute-Force-Angriff auf die Sicherungsmechanismen kombiniert. Der Angriff wurde in einer Mail an die TLS-WG [256] beschrieben. Der Angriff ist möglich, wenn der Angreifer in der Lage ist, 512-Bit-Schlüssel zu faktorisieren und der Client Cipher-Suites anbietet, die Export-konforme RSA-Aushandlung unterstützen. Der Angreifer fängt die *ClientHello*-Nachricht ab und entfernt alle Cipher-Suites, die starke RSA-Verfahren enthalten. Akzeptiert der Server eine der übrig gebliebenen Cipher-Suites und sendet einen kurzlebigen 512-Bit-RSA-Schlüssel an den Client, so kann der Angreifer diesen faktorisieren und damit die *ClientKeyExchange*-Nachricht des Clients entschlüsseln. Anschließend muss der Angreifer noch die *Finished*-Nachrichten entsprechend anpassen, damit seine Manipulationen nicht entdeckt werden. Dies ist möglich, da der Angreifer das PreMaster-Secret und somit das gemeinsame Geheimnis erlangen konnte. Danach kann der Angreifer die gesamte Kommunikation abhören.

Ein einfacher Schutz gegen diesen Angriff ist es, die Verwendung solcher Cipher-Suites beim Client und Server zu verbieten. Dies stellt keine wesentliche Einschränkung dar, weil die Exportbestimmungen der USA mittlerweile

gelockert wurden und somit die Export-konformen, schwächeren Cipher-Suites
überholt sind.

Verkürzungsangriff

Ebenso wie der Abwertungsangriff ist der Verkürzungsangriff in SSLv3 behoben worden. Dieser Angriff basierte auf dem Fehlen einer gesicherten Ver-
bindungsabbaunachricht. Einem Angreifer war es daher möglich, eine SSL-
Verbindung auf einer Instanz zu beenden, ohne dass die Gegenstelle darüber
informiert wurde. Durch diese Schwachstelle konnten einige Anwendungen, die
in der Anwendungsschicht nicht über Ende-Kennzeichen verfügen, zu einem
inkorrekten Verhalten und dadurch zu einem unsicheren Verhalten gezwungen
werden, da so der Anwendung nicht bekannt wird, ob alle Daten empfangen
wurden oder nicht.

DoS-Angriff

TLS/SSL ist zwar vom Protokolldesign her gegen DoS-Angriffe weitgehend
gesichert, es bleibt aber das immer wieder auftretende Problem heutiger
TLS/SSL-Implementierungen der Verwundbarkeit aufgrund von Implementierungsfehlern. Dies ist zwar kein spezielles Problem des TLS-Protokolls,
es stört aber den reibungslosen Ablauf beim Einsatz von TLS. Man sollte
daher grundsätzlich versuchen, immer die neueste Version der verwendeten
SSL/TLS-Implementierung einzusetzen und entsprechende Ankündigungen
verfolgen.

Neben den direkten DoS-Angriffen auf TLS, kann ein DoS-Angriff auch gegen
das Transportprotokoll TCP gerichtet werden. Gelingt es einem Angreifer ein
TCP-Segment einzuschleusen, d. h. für das Segment eine gültige Sequenznum-
mer zu raten, dann wird dies von TCP an TLS weitergegeben. Dort wird das
Segment verworfen, da die Prüfung der Authentizität fehlschlägt. TLS reagiert
darauf mit einem fatalen Fehler und bricht die Verbindung ab. Die normale
Reaktion der Anwendung müsste ein erneuter Aufbau der Verbindung mit
vollem TLS-Handshake sein, um die Kommunikation fortzusetzen. Ist diese
Reaktion nicht vorgesehen, endet die Kommunikation abrupt und der DoS-
Angriff war erfolgreich. Bei einer erneuten Etablierung der TLS-Verbindung
führt eine Wiederholung des Angriffs allerdings zu extremen Leistungseinbußen, die u. U. bis zu einem Stillstand des Datenaustauschs führen.

7.3.15 Vergleich mit IPsec

Zum Abschluss soll TLS noch mit IPsec verglichen werden. Die beiden Protokolle sind die heutzutage am weitesten verbreiteten Sicherungsprotokolle für

Datenaustausch im Internet. TLS sichert die Daten in der Anwendungsebene wohingegen IPsec in der Vermittlungsschicht arbeitet. Dies impliziert, dass für den Einsatz von IPsec eine Änderung am Betriebssystem notwendig ist, für TLS jedoch nicht. Um TLS einsetzen zu können, muss allerdings jede Anwendung darauf angepasst werden. IPsec ist für die Anwendung transparent und hat somit keinerlei Einfluss auf die Anwendung.

Für einen dynamischen Schlüsselaustausch ist bei IPsec zusätzliche Software, wie z. B. IKE oder Photuris, notwendig. In TLS ist das Schlüsselaustauschprotokoll mit integriert. Während des Schlüsselaustauschs können beide Protokolle die Identität des Kommunikationspartners mittels einer PKI überprüfen. Zusätzlich bietet IPsec noch die Verfahren Challenge-Response, gemeinsames Geheimnis und XAuth.

Als dritter wesentlicher Punkt sind die Einsatzszenarien der beiden Protokolle zu sehen. IPsec ist sowohl für die Ende-zu-Ende-Sicherung als auch die Netz-zu-Netz-Sicherung geeignet. TLS wird klassischerweise für die Ende-zu-Ende-Sicherung benutzt, kann aber mit Hilfe von zusätzlicher Software auch eine Netz-zu-Ende-Sicherung erbringen, bei der alle Verbindungen aus einem Netz zu einem Endsystem mittels eines TLS-Tunnels geschützt werden. IPsec-VPN und TLS-Netzwerk-VPN sind dabei unabhängig vom verwendeten Transportprotokoll der Anwendung. TLS-VPNs über TCP weisen allerdings das Problem auf, dass sich die Mechanismen zur Fluss- und Staukontrolle der zugrunde liegenden und darüber transportierten TCP-Verbindungen u. U. gegenseitig ungünstig beeinflussen können. Derzeit gibt es erste Entwürfe für ein Datagramm-TLS (DTLS), um die Beschränkung auf TCP als zugrunde liegendem Transportprotokoll aufzuheben.

Alle TLS-VPNs haben den Vorteil, dass der gesamte Verkehr über einen dedizierten TCP-Port abgewickelt wird und somit die Firewall-Konfiguration vereinfacht. Es muss genau dieser eine TCP-Port offen bleiben. Bei einem IPsec-VPN dagegen kann die Firewall nicht mehr anhand der Transportprotokollnummer unterscheiden, ob die Weiterleitung eines Pakets zugelassen werden darf oder nicht, da diese Information durch IPsec verschlüsselt worden ist. Des Weiteren muss die eingesetzte IPsec-Implementierung mit NAT-Gateways zurecht kommen können. TLS-VPNs arbeiten in einer höheren Schicht, so dass NAT-Gateways kein so großes Hindernis darstellen.

Als Letztes ist die Reihenfolge der Schutzmechanismen unterschiedlich: TLS verschlüsselt den vorher authentifizierten Klartext beim Senden, wohingegen IPsec den verschlüsselten Ciphertext authentifiziert. Letzteres bietet den Vorteil, dass fehlerhafte Nachrichten erkannt werden können, ohne die Verschlüsselung aufheben zu müssen. Damit können ungültige Nachrichten schneller verworfen werden und die Ressourcen des Systems werden nicht so stark ausgelastet. Der Nachteil dabei ist allerdings, dass bei diesem Verfahren nicht der Originaltext authentifiziert wird. Sollte die Verschlüsselungs- oder Entschlüsselungsoperation fehlerhaft ausgeführt werden, kann nicht automatisch

erkannt werden, dass ein Fehler vorliegt. Bei der ersten Variante ist eine solche automatische Erkennung möglich, da die Korrektheit des Originaltexts überprüfbar ist.

Insgesamt ist die Sicherung mittels IPsec universeller und robuster, insbesondere da TLS gegenüber dem gezielten Einfügen von TCP-Segmenten verwundbar ist. Andererseits haben sich die TLS-Lösungen bisher schneller und weiter verbreitet, unter anderem aufgrund der einfacheren Handhabung durch das integrierte Schlüsselaustauschprotokoll.

7.4 SCTP

Das *Stream Control Transmission Protocol* (SCTP) [360] stellt eine Alternative zum weitverbreiteten TCP dar. Ziel war es, ein Transportprotokoll zu definieren, dass den zuverlässigen Transport von Signalisierungsnachrichten, wie sie in heutigen Telefonnetzen existieren, effizienter unterstützt als dies mit TCP möglich war. SCTP ist ein zuverlässiges Transportprotokoll, welches allerdings nachrichtenorientiert arbeitet, Reihenfolgevertauschungen zwischen verschiedenen Datenströmen erlaubt und mehrfache Adressen zwecks Steigerung der Ausfallsicherheit unterstützt, d. h. es unterstützt beispielsweise die Nutzung mehrerer alternativer Verbindungen (sog. Multi-Homing), um die Ausfallsicherheit durch Redundanz zu erhöhen. Die grundlegenden Transportprotokollmechanismen unterscheiden sich zu denen von TCP ansonsten nur wenig.

7.4.1 Bedrohungen

Prinzipiell gelten die gleichen Bedrohungen wie bei TCP, da SCTP in seiner ursprünglichen Form über keine weitergehenden Sicherungsmechanismen verfügt, mit Ausnahme des Schutzes gegen DoS-Angriffe beim Verbindungsaufbau. Bei SCTP kommen sogar noch weitere Bedrohungen durch die Fähigkeit zum Multi-Homing hinzu, Connection Hijacking und Verstärkungsangriffe sind ebenfalls möglich, falls nicht Gegenmaßnahmen durch eine umsichtige Implementierung ergriffen werden, die derzeit in einem „Implementors Guide" dokumentiert sind.

7.4.2 Sicherheitsmechanismen

SCTP wurde bereits mit dem Hintergrundwissen der DoS-Angriffe auf TCP durch *SYN*-Floods definiert. Dementsprechend wurde der Verbindungsaufbau – streng genommen werden bei SCTP Assoziationen aufgebaut – so gestaltet,

dass die Problematik halb-offener Verbindungen nicht mehr auftritt. Dazu wurde ein Cookie-Konzept eingesetzt (vgl. Abschnitt 4.7.1, S. 120), welches die notwendigen temporären Kontextdaten zwischen den Systemen überträgt, anstatt diese lokal auf Seite des Responders bzw. Servers zu speichern.

Abbildung 7.7 zeigt die Nachrichten und Zustände beim Aufbau einer SCTP-Assoziation. Der Initiator schickt zunächst ein initiales Aufbaupaket (INIT) an den Kommunikationspartner. Das Cookie, welches in der Antwort mit dem *INIT ACK* übertragen wird, ist durch eine kryptographische Prüfsumme gesichert. Dieses Cookie wird dann vom Initiator in einem *COOKIE ECHO* zurückgeschickt und beim Responder geprüft. Erst wenn die Daten im Cookie als authentisch angesehen wurden, gilt die Verbindung beim Responder als aufgebaut und ein entsprechender Zustand wird dort etabliert. Dieser grundsätzliche Vorteil an Sicherheit wird allerdings durch Einsatz eines 4-Wege-Handshakes erkauft (andererseits können die *COOKIE*-Pakete bereits Daten enthalten).

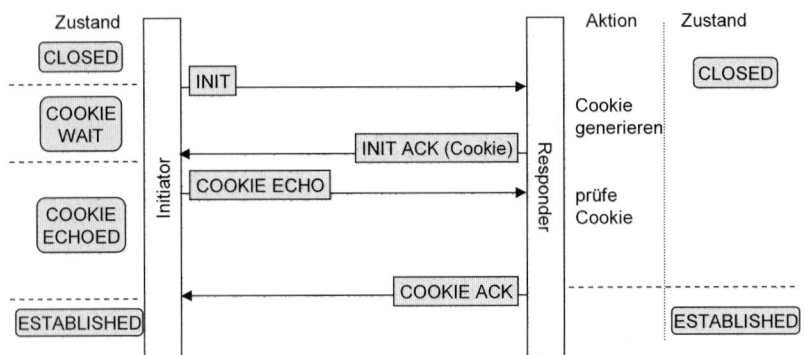

Abbildung 7.7. Ablauf eines SCTP-Verbindungsaufbaus

Darüber hinaus wird derzeit ein Vorschlag standardisiert, der die Möglichkeit bietet, die Integrität bestimmter SCTP-Nachrichtenteile mittels so genannter *AUTH*-Chunks zu sichern, so dass die Sicherheit, auch während der Nutzung einer bereits eingerichteten Assoziation, erhöht werden kann.

7.4.3 Bewertung

SCTP ist ein deutlich neueres Transportprotokoll als TCP, weshalb einige Schwachstellen von TCP bezüglich der Sicherheit schon direkt beim Protokollentwurf vermieden wurden. Andererseits bietet SCTP selbst noch keine Sicherheitsfunktionen zur Authentifizierung, Sicherung der Vertraulichkeit und Authentizität der übertragenen Daten. Dafür lässt sich aber TLS gleichermaßen oberhalb von SCTP nutzen [191].

7.5 DCCP

Das *Datagram Congestion Control Protocol* (DCCP) befindet sich derzeit noch als Protokollvorschlag in der Standardisierung [210]. Es ist als unzuverlässiges Transportprotokoll für langfristige Echtzeitanwendungen gedacht. Da es bei längerfristig bestehenden Datenströmen eigentlich notwendig ist, auf Stausituationen angemessen reagieren zu können (was zurzeit für UDP-Datenströme nicht passiert), kann DCCP sein Verhalten mit Hilfe von Staukontrollmechanismen anpassen. Zum Zwecke der Staukontrolle werden Sequenznummern sowie Quittungen eingesetzt. Da hierfür entsprechende Zustandsinformationen verwaltet werden müssen, ist DCCP ein verbindungsorientiertes Protokoll.

7.5.1 Bedrohungen

Da DCCP ein unzuverlässiges Protokoll ohne weitergehende Sicherungsmechanismen ist, sind sämtliche Bedrohungen wie bei UDP denkbar. Andererseits ist DCCP verbindungsorientiert, so dass gegenüber UDP neue Aspekte hinzukommen, die einen Datenaustausch stören könnten.

7.5.2 Sicherheitsmechanismen

DCCP verfügt über keinerlei starke Sicherungsmaßnahmen, die beispielsweise die Vertraulichkeit oder Integrität zusichern. Dennoch wurden eine Reihe von Angriffen berücksichtigt, gegen welche TCP empfindlich ist.

Der Sequenznummernbereich wurde auf 48 Bit erweitert. Eine DCCP-Verbindung kann demnach nicht so einfach wie bei TCP entführt werden (vgl. Abschnitt 7.2.1, S. 272), es sei denn die Sequenznummer wird exakt getroffen. Werden die initialen Sequenznummern hinreichend zufällig gewählt, besteht kaum eine Möglichkeit, einen blinden Angriff gegen eine DCCP-Verbindung zu führen, da die Sequenznummerprüfungen entsprechend strikt ausgelegt sind.

Es wird ein 3-Wege-Verbindungsaufbau eingesetzt, der eine Init-Cookie-Option unterstützt, so dass DoS-Angriffe, die auf das Anlegen vieler temporärer Verbindungsdaten zielen, verhindert werden.

7.5.3 Bewertung

DCCP ist anfällig gegenüber klassischen Angriffsformen wie Abhören, Einfügen, Löschen und Ändern von Daten. Ein DoS-Angriff während des Verbindungsaufbaus wurde aber auch hier von vornehrein durch Einsatz entsprechender Cookie-Mechanismen verhindert.

Netzwerkinfrastruktursicherheit

Dieses Kapitel beschäftigt sich mit der infrastrukturinternen Sicherheit, d. h. der Sicherheit von Geräten und Protokollen, mit denen der Endanwender in der Regel nicht direkt in Berührung kommt. Dies betrifft insbesondere die Routing-Protokolle und Protokolle zum Management von Netzwerkkomponenten, aber auch AAA-Protokolle, die intern verwendet werden, um die Authentizität und Autorisierung zentral prüfen lassen zu können und die Benutzung von Ressourcen entsprechend protokollieren zu können.

8.1 Motivation

Auch wenn der Großteil der Angriffsaktivitäten zwischen Endanwendern stattfindet, rückt die Infrastruktur in den letzten Jahren zunehmend in den Fokus von Angreifern. Angriffe auf die Infrastruktur sind attraktiv, da bei Erfolg unter Umständen eine große Menge von Benutzern betroffen ist. Typische Angriffe sind hier z. B. Einbruchsversuche in Router, DoS-Angriffe gegen sie oder Angriffe auf Routing-Protokolle oder andere Signalisierungsmechanismen.

Als grundsätzliche Anforderung an ein sicheres Netzwerk gilt nach [188], dass (auch unter Angriff)

- das Netzwerk (weiterhin) regulären Kundenverkehr transportiert,
- der Verkehr genau dorthin und nur dorthin gesendet wird, wo er auch regulär hinfließen soll,
- Netzwerkgeräte bedienbar bleiben,
- nur autorisierte Benutzer Netzwerkkomponenten bedienen können,
- es ein Protokoll (Log) aller sicherheitsrelevanten Vorkommnisse gibt,

- der Netzwerkbetreiber die notwendigen Werkzeuge hat, um illegitimen Verkehr zu erkennen und darauf zu reagieren.

Beschrieben werden im Folgenden zunächst allgemeine Maßnahmen zum Schutz der Infrastruktur. Danach werden im Speziellen Sicherheitsaspekte von AAA-Protokollen, Routing-Protokollen, Signalisierungsprotokollen in MPLS-Netzen und SNMP als Protokoll zum Management von Netzwerkkomponenten vorgestellt. Das Kapitel schließt mit einer Beschreibung speziellerer Aspekte verteilter DoS-Angriffe sowie der Erläuterung von Intrusion-Detection-Systemen, um Angriffe erkennen zu können.

8.2 Allgemeine Schutzmaßnahmen

Sicherheit ist bei infrastrukturinternen Protokollen um so wichtiger, als in den meisten Netzen kein dediziertes Netz für das Management (so genanntes *Out-of-Band-Managementnetz*) genutzt wird, sondern die Protokolle *in-band* genutzt werden, d. h. der Managementverkehr fließt entlang der gleichen Wege wie die normalen Nutzdaten. Dies macht die Signalisierungsabläufe potentiell angreifbar durch einen beliebigen Teilnehmer des Internets. Daher sollten sämtliche Management-Protokolle – z. B. Routing-Protokolle aber auch Protokolle wie NTP, SNMP, Syslog etc. – durch starke und anerkannter Maßen gute kryptographische Mechanismen geschützt werden, wenn sie in-band transportiert werden. Bei der Nutzung von Out-of-band-Transport gilt es, auf den Schutz dieser speziellen und sensitiven Infrastruktur Wert zu legen, z. B. durch Verwendung von 802.1x auf den Switch-Interfaces.

Paketfiltermechanismen sind für Geräte der Infrastruktur besonders wichtig, um sich zunächst selbst zu schützen und nur Pakete von bestimmten Teilnehmern zu akzeptieren. Bei Routern spielt natürlich auch das Filtern von Paketen, die transportiert werden sollen, eine wichtige Rolle. Anwendungen sind hier das Filtern von Paketen mit gefälschten Absendeadressen oder das Filtern von so genannten *Bogon*-Paketen, d. h. Paketen, die nicht-genutzte IP-Adressen enthalten. Neben Filtern kann auch der Einsatz von Mechanismen zur *Raten-Limitierung* die Abwehr von Angriffen unterstützen, die eine bestimmte Verkehrsklasse auf eine bestimmte Bandbreite einschränken.

Um Einbruchsversuche oder andere sicherheitsrelevante Vorkommnisse erkennen zu können, ist es zum einen wichtig, dass das Gerät entsprechende Log-Einträge generiert. Vorteilhaft ist hier, diese Log-Einträge unmittelbar an einen entfernten Log-Server zu senden, um eine nachträgliche Modifikation nach erfolgreichem Einbruch in das Gerät zu verhindern.

Letztendlich ist es ebenfalls wichtig, dass sich alle Netzwerkoperatoren vor Ausübung von Managementfunktionen in der Infrastruktur authentifizieren,

ihre Autorisierungen bei jeder Aktion geprüft werden und gewisse Handlungen wiederum per Log-Eintrag protokolliert werden, denn die Innentäter-Problematik wird leider häufig vernachlässigt.

8.3 AAA

In den meisten Netzwerken wird der Ablauf der Authentifizierung von zwei Klassen von Protokollen umgesetzt: Über ein *Frontend-Protokoll* kommuniziert der Benutzer mit dem Netzwerk, um seine Authentizität nachzuweisen. Da hier jedoch eine Vielzahl von Protokollen zum Einsatz kommt und die zur Prüfung notwendigen Daten nicht auf jedem Gerät gespeichert werden sollen, werden diese üblicherweise über ein *Backend-Protokoll* zu einem Authentifikationsserver gesendet, der die eigentliche Prüfung vornimmt. Im Laufe der Zeit wurden die Backend-Protokolle auch um Funktionen zur Übermittlung von Autorisierungs- und Accountingdaten erweitert, weshalb diese Klasse von Protokollen heute auch *AAA-Protokolle* (Authentifikation, Autorisation, Accounting) genannt werden.

In der IETF wurde eine generische AAA-Architektur dokumentiert [215], welche die AAA-Konzepte allgemein beschreibt. Ergänzend sei noch auf das ebenfalls skizzierte Rahmenwerk der *AAArch Research Group* der IRTF verwiesen [379, 112, 378]. Angedacht ist dabei auch ein Szenario, in dem sich Nutzer durch verschiedene administrative Domänen bewegen (Roaming), wie im Beispiel von Abbildung 8.1 gezeigt. Normalerweise erhält der Benutzer Zugriff auf die Dienste seines Heimat-ISP, nachdem er sich beim dortigen AAA-Server authentifiziert hat. Möchte der Benutzer nun einen Netzzugang eines fremden ISPs benutzen, so kann er sich zunächst mit einem der in Kapitel 5 vorgestellten Frontend-Protokolle wie z. B. EAP über PPP beim Netzzugangsserver authentifizieren (1). Die Authentifizierungsanfrage wird an den dortigen AAA-Server mittels eines Backend-Protokolls (beispielsweise RADIUS oder Diameter) weitergeleitet (2). Anhand der Nutzeridentifikation erkennt der AAA-Server, dass der Nutzer aus einer anderen Domäne stammt, weshalb dann die Authentifizierungsanfrage an den AAA-Server der Heimat-Domäne weitergeleitet wird (3). Der AAA-Server authentifiziert den Nutzer und autorisiert den Zugriff auf Dienste gemäß des Roaming-Abkommens zwischen den beiden Domänen. Der Rückweg für die Antworten (4),(5),(6) verläuft dementsprechend umgekehrt.

Eines der ersten AAA-Protokolle war das *Terminal Access Controller Access Control System* (TACACS) [118], das zunächst im ARPA-Net zum Einsatz kam. Dieses Protokoll wurde von Cisco weiterentwickelt und ist als TACACS+ auch heute noch im Einsatz. Das sicher bekannteste und am meisten verwendete AAA-Protokoll heißt RADIUS und wird zusammen mit seinem Nachfolger Diameter im Folgenden vorgestellt.

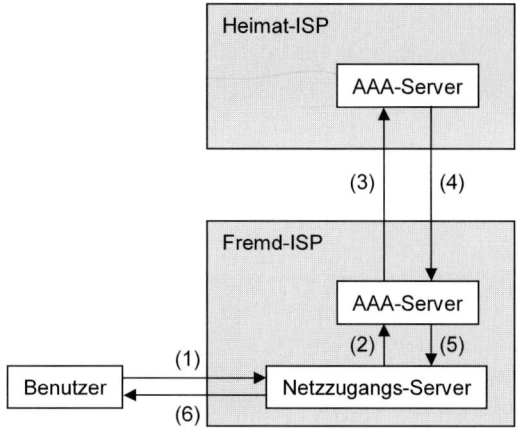

Abbildung 8.1. Beispiel der Authentisierung eines mobilen Nutzers in einer verteilten AAA-Architektur

8.3.1 RADIUS

Ursprünglich diente das RADIUS-Protokoll der netzwerkseitigen Authentifizierung von Benutzern von Einwahlzugängen per Modem mittels SLIP oder PPP (vgl. Abschnitt 5.1.1, S. 132), die zu den Anfängen des Internets weit verbreitet waren. Mittlerweile wird es jedoch auch für eine Vielzahl anderer Zugangstechniken wie DSL oder Wireless LAN verwendet. Initial von Livingston Enterprises entwickelt, veröffentlichte die IETF im Januar 1997 den RFC 2058 – *Remote Authentication Dial In User Service* (RADIUS). Bereits im April 1997 wurde dieser durch den gleichnamigen RFC 2138 [309] ersetzt. Derzeit aktuell ist die Spezifikation RFC 2865 [311].

Einführung

Das RADIUS-Protokoll basiert auf einem klassischen Client/Server-Ansatz. Besonders ist dabei jedoch, dass der Netzzugangspunkt des Benutzers als Client gegenüber dem RADIUS-Server auftritt und nicht etwa der Benutzer direkt. Der Netzzugangspunkt wird als *Network Access Server* (NAS) bezeichnet und übernimmt die Terminierung der Zugangsverbindung des Benutzers und die Umsetzung der verschiedenen Authentifizierungsprotokolle auf RADIUS und umgekehrt. Dadurch ist im Netzinneren die Verwendung nur eines Authentifizierungsprotokolles notwendig, welches jedoch zur Authentifizierung verschiedener Zugangstechniken eingesetzt werden kann. Abbildung 8.2 veranschaulicht die Interaktion der verschiedenen Komponenten.

Für die Kommunikation zwischen Client und Netzzugangspunkt wird das jeweils zugangsabhängige Authentifizierungsprotokoll eingesetzt. Zwischen dem

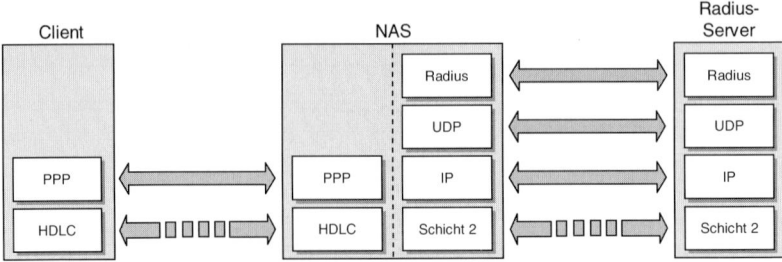

Abbildung 8.2. RADIUS-Komponenten

Netzzugangspunkt und dem Server kommt das RADIUS-Protokoll zum Transport der Authentifizierungsdaten zum Einsatz. Als Transportprotokoll für den Datenaustausch zwischen Netzzugangspunkt und RADIUS-Server wird UDP (vgl. Abschnitt 7.1, S. 270) und der Well-known Port 1812 verwendet. In einer UDP-Dateneinheit darf nur genau eine RADIUS-Dateneinheit enthalten sein.

Bei der Kommunikation zwischen NAS und RADIUS-Server wurde aus mehreren Gründen kein verbindungsorientiertes und zuverlässiges Transportprotokoll spezifiziert. Um bei Ausfall des primären RADIUS-Servers eines Netzzugangspunktes schnell weitere sekundäre Server verwenden zu können, eignen sich verbindungsorientierte Protokolle schlecht, da diese im Normalfall Zeitgeber zur Ausfallerkennung verwenden, deren Zeitspannen zur Erkennung viel zu hoch für diesen Anwendungszweck sind. Bei der Verwendung von UDP wartet ein Netzzugangspunkt eine von der Anwendung festgelegte Zeitspanne und kann die Anfrage nochmal an einen anderen Server senden, wenn er in einer bestimmten Zeitspanne keine Antwort vom ersten Server bekommen hat.

Außerdem ist RADIUS selbst zustandslos, kann also problemlos mit einem verbindungslosen Transportprotokoll realisiert werden. Zu guter Letzt erfordert die Verwendung von UDP als Transportprotokoll deutlich weniger Ressourcen als die Verwendung eines verbindungsorientierten Protokolls; lediglich einzelne Mechanismen verbindungsorientierter Verfahren, wie Übertragungswiederholungen müssen zusätzlich bereitgestellt werden.

Nachrichtenaufbau

Der Datenaustausch beim RADIUS-Protokoll erfolgt über Nachrichten, die strukturell den gleichen Aufbau haben, aber trotzdem in der Lage sind, unterschiedliche Anforderungen zu erfüllen. Erreicht wird dies dadurch, dass jede Nachricht einen festen Nachrichtenkopf besitzt, danach jedoch eine beliebige Menge variabler Attribute enthalten kann. Abbildung 8.3 zeigt den Aufbau einer RADIUS-Nachricht.

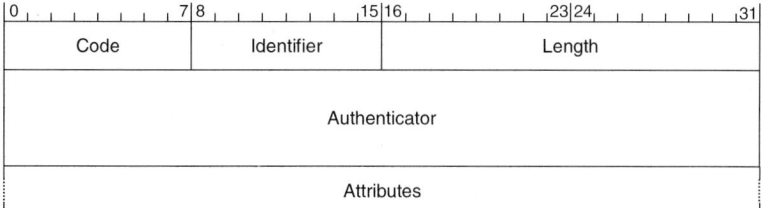

Abbildung 8.3. RADIUS-Paketformat

Im Feld *Code* ist der Typ der RADIUS-Nachricht abgelegt, wie beispielsweise `Access-Request` oder `Access-Accept`. Eine ausführlichere Beschreibung der Bedeutung der möglichen Nachrichten erfolgt später. Der Inhalt des Feldes *Identifier* dient der Unterscheidung verschiedener Nachrichten und der Zuordnung von Antworten zu Anfragen. Das Feld *Length* enthält die Gesamtlänge der Dateneinheit inklusive des Nachrichtenkopfes. Eine Dateneinheit muss mindestens 20 Byte und darf maximal 4096 Byte lang sein. Im 16 Byte langen Feld *Authenticator* wird bei einer Anfrage eine Zufallszahl (Request-Authenticator) abgelegt, die zur Sicherung der Authentizität und Integrität der Antwort und zur Verschlüsselung des Passwortes eingesetzt wird.

Attribute und Nachrichten

Nach dem festen Kopf kann die Nachricht eine dynamische Anzahl von unterschiedlichen RADIUS-Attributen enthalten. Diese dienen dem Transport von Daten oder dem Anzeigen von Zuständen. Um den verschiedenen Anforderungen gerecht zu werden, definiert der RADIUS-Standard eine Vielzahl von Attributen und stellt gleichzeitig einen Mechanismus bereit, um neue hersteller- oder anwendungsspezifische Attribute integrieren zu können. Um dies zu erreichen, wurde eine feste Struktur zur Darstellung von Attributen definiert. Diese Struktur (s. Abbildung 8.4) beinhaltet alle Informationen, die zur Verarbeitung eines Attributs benötigt werden.

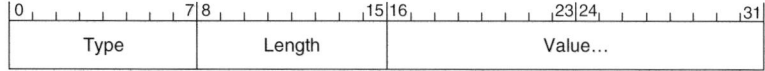

Abbildung 8.4. RADIUS-Attributformat

Im ersten Feld *Type* wird der Typ des jeweiligen Attributs abgelegt, wie beispielsweise `User-Name` für den Benutzernamen des Teilnehmers oder `NAS-IP-Address` für die Adresse des Netzzugangspunkts. Der Standard enthält bereits ungefähr 60 vordefinierte, häufig verwendete Attribute, außerdem sind

Wertebereiche explizit zum Testen oder für implementierungsspezifische Attribute vorgesehen. Im Feld *Length* ist die Länge des Attributs inklusive des Attributkopfes abgelegt. Das Feld *Value* enthält dann den eigentlichen Attributwert.

Um herstellereigene Attribute zu definieren, wird der Attributtyp auf den definierten Wert 26 gesetzt. In diesem Fall wird im Feld *Value* anstatt des eigentlichen Attributwertes das herstellerabhängige Attribut angegeben. Dazu wird zuerst eine 4 Byte lange Herstellerkennung abgelegt. Darauf folgt die Typinformation des Attributs und die Attributlänge. Erst dann wird der eigentliche Attributwert in diesem Feld abgelegt. Durch diese Vorgehensweise ist es möglich, dass Hersteller schnell und einfach eigene Attribute in das Nachrichtenformat integrieren können. Ein Nachteil ergibt sich jedoch daraus, dass Erweiterungen verschiedener Hersteller zueinander inkompatibel sind; außerdem sind Implementierungen ohne die entsprechende Erweiterung nicht in der Lage, die zusätzlichen Attribute zu interpretieren. Daher wird grundsätzlich die Nutzung von standardisierten herstellerunabhängigen Attributen empfohlen.

Die folgende Liste zeigt die wichtigsten spezifizierten Nachrichtentypen, die für die Authentifizierung benötigt werden.

- *Access-Request* — Diese Nachricht wird verwendet, um eine benutzerseitige Authentifizierung am RADIUS-Server zu veranlassen. Dazu erzeugt der NAS mit den Authentifizierungsdaten des Benutzers eine Nachricht mit diesem Typ und sendet diese an den RADIUS-Server.

- *Access-Accept* — War die Authentifizierung des Benutzers erfolgreich, sendet der RADIUS-Server an den NAS eine Nachricht vom Typ *Access-Accept* und zeigt damit an, dass der Benutzer berechtigt ist, die gewünschte Ressource zu benutzen.

- *Access-Reject* — Schlägt die Authentifizierung dagegen fehl, sendet der RADIUS-Server eine Nachricht vom Typ *Access-Reject*. Damit wird dem NAS signalisiert, dass der Benutzer sich nicht ausreichend authentifizieren oder autorisieren konnte und die Nutzung der Ressource verweigert wird.

- *Access-Challenge* — Diese Nachricht kann der RADIUS-Server senden, wenn er vom Benutzer weitere Authentifizierungsdaten anfordern möchte. Diese Vorgehensweise kommt beispielsweise bei der Verwendung von CHAP (vgl. Abschnitt 5.1.1, S. 134) zum Einsatz.

Außerdem definiert der RADIUS-Standard noch weitere Nachrichtentypen wie *Accounting-Request* und *Account-Response*, die für die Abrechnung von belegten oder verwendeten Ressourcen durch den Netzbetreiber verwendet werden können.

Protokollablauf

Ein beispielhafter Protokollablauf ist in Abbildung 8.5 veranschaulicht. Zu Beginn baut der Benutzer eine Schicht-2-Verbindung zu dem gewünschten NAS auf. Nach dem Aufbau dieser Verbindung stößt normalerweise der NAS über eines der bekannten Netzzugangsprotokolle (PPP, 802.1x) eine Authentifizierung an. Der Benutzer sendet daraufhin die Authentifizierungsinformationen an den NAS. Da dieser selbst nicht über eine Möglichkeit verfügt, eine Authentifizierung durchzuführen, tritt dieser nun als Client gegenüber einem RADIUS-Server auf und sendet eine *Access-Request*-Anfrage mit den Zugangsdaten des Benutzers an seinen primären RADIUS-Server. Dieser führt dann eine Überprüfung der Zugangsdaten des Benutzers durch. War die Authentifizierung erfolgreich, sendet der Server eine *Access-Accept*-Antwort und der NAS gewährt dem Benutzer weiteren Zugriff. Andernfalls antwortet der Server mit einer *Access-Reject*-Nachricht und der NAS beendet die Verbindung zum Benutzer.

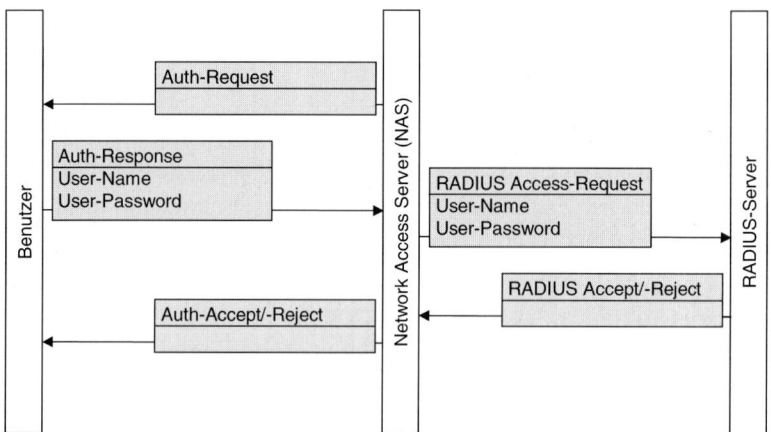

Abbildung 8.5. RADIUS-Protokollablauf

Zusätzlich ist im RADIUS-Protokoll auch die Möglichkeit vorgesehen, eine so genannte *Challenge/Response*-Authentifizierung durchzuführen. Der RADIUS-Server kann diese erzwingen, indem er nach der *Access-Request*-Nachricht mit einer oder mehreren *Access-Challenge*-Nachrichten antwortet. Das Ergebnis der Challenge-Anfrage muss von NAS wiederum mit einer *Access-Request*-Nachricht beantwortet werden. Die Antwort auf die vom Server gestellte Challenge wird normalerweise im Attribut *User-Password* abgelegt.

Bei der Verwendung von CHAP (s. Abschnitt 5.1.1) als Authentifizierungsprotokoll zwischen NAS und Benutzer wird diese Vorgehensweise etwas modifiziert, um unnötige RADIUS-Nachrichten zu vermeiden. Der NAS erzeugt selbst die Challenge und sendet diese sofort an den Benutzer. Mit der ursprünglichen Challenge und der Antwort des Benutzers erzeugt der NAS eine *Access-Request*-Nachricht und legt die Daten in den Attributen *CHAP-Challenge* und *CHAP-Password* ab und sendet die Nachricht an den RADIUS-Server.

Außerdem kann ein RADIUS-Server als Proxy auftreten und alle Nachrichten an einen oder mehrere andere RADIUS-Server weiterleiten. Diese Funktionalität wird vor allem dazu genutzt, um eine verteile Authentifizierung zu ermöglichen. Die Zugangsdaten aller Benutzer sind über mehrere RADIUS-Server verteilt. Bei einer Authentifizierungsanfrage versucht der RADIUS-Server zuerst eine lokale Überprüfung durchzuführen. Schlägt diese fehl, so kann er weitere RADIUS-Server kontaktieren und dort eine Überprüfung der Zugangsdaten anstoßen.

Sicherheit

Da mit den RADIUS-Nachrichten unter Umständen sensible Informationen wie Passwörter ausgetauscht werden, werden innerhalb des RADIUS-Protokolls Sicherheitsmechanismen benötigt. Diese müssen einerseits die Integrität von Nachrichten schützen, andererseits müssen Authentifizierungsdaten vor dem Zugriff Dritter bewahrt werden.

Zum Schutz der Integrität setzt RADIUS das Prüfsummenverfahren MD5 (s. Abschnitt 3.5.4, S. 61) ein. Dabei werden jedoch nicht alle Nachrichten gegen Veränderung geschützt; einzig auf Antwortnachrichten vom RADIUS-Server wird dieser Schutz angewandt.

Weil der Request-Authenticator aus der Anfragenachricht zur Integritätssicherung der Antwortnachricht mit einfließt, ist es besonders wichtig, dass dieser hinreichend zufällig vom NAS erzeugt wird. Der Standard empfiehlt bei der Erzeugung von Request-Authenticators darauf zu achten, dass diese unvorhersagbar und eindeutig über die Lebenszeit des gemeinsamen Geheimnisses zwischen NAS und RADIUS-Server oder RADIUS-Proxy sind. Würden beispielsweise häufig identische Request-Authenticators von einem NAS erzeugt, könnte ein Angreifer zugehörige Antwortnachrichten speichern und diese später als die Antwort des RADIUS-Server ausgeben.

Um die Integrität einer RADIUS-Antwortnachricht zu sichern, bildet der RADIUS-Server die MD5-Prüfsumme über das Code-Feld, den Identifier, die Länge, den Request-Authenticator (*Request_Auth*) der ursprünglichen Anfragenachricht und alle Attribute der Antwortnachricht. Zum Schluss geht auch das gemeinsame Geheimnis zwischen NAS und RADIUS-Server in die Prüfsummenberechnung ein. Damit ist bei Empfang der Nachricht durch den NAS sichergestellt, dass nur der RADIUS-Server den entsprechenden Response-Authenticator (*Response_Auth*) erzeugt haben kann, der wie folgt berechnet wird:

$$Response\_Auth = \text{MD5}(Code|ID|Length|Request\_Auth|Attributes|Secret)$$

Neben dem Schutz der Integrität der Antwortnachrichten des RADIUS-Servers müssen außerdem die Authentifizierungsdaten der Benutzer bei der Übertragung zwischen NAS und RADIUS-Server geschützt werden. Da der RADIUS-Standard keine Mechanismen vorsieht, den gesamten Protokollablauf vor dem Zugriff Dritter zu schützen, wurde ein Verfahren vorgesehen, mit Hilfe dessen der Schutz einzelner Attribute ermöglicht wird.

Eine generelle Verschlüsselung der RADIUS-Nachrichten wäre außerdem nicht sinnvoll, da das RADIUS-Protokoll explizit den Einsatz von Proxies vorsieht, welche die Anfrage weiter- bzw. umleiten. Würde hingegen eine Ende-zu-Ende-Verschlüsselung zwischen NAS und RADIUS-Server eingesetzt werden, wären zwischenliegende Proxies nicht mehr in der Lage, die Nachricht zu lesen oder gegebenfalls zu modifizieren, obwohl diese Funktion explizit im RADIUS-Standard vorgesehen ist.

Außerdem würde dies eine deutlich aufwändigere Konfiguration nach sich ziehen, da jeder NAS ein Geheimnis mit den möglichen RADIUS-Servern teilen muss, damit diese sicher miteinander kommunizieren können. In der Praxis werden zur Reduzierung des Konfigurationsaufwandes RADIUS-Proxies eingesetzt. Jeder NAS muss nur eine kleine Anzahl von RADIUS-Proxies kennen und mit ihnen ein Geheimnis teilen. Stellt der NAS eine Anfrage, leiten die Proxies die Anfrage an einen beliebigen verfügbaren RADIUS-Server weiter, ohne dass der NAS umkonfiguriert werden muss.

Im RADIUS-Standard wurde die geschützte Übertragung des Attributs *User-Password* definiert. Dazu wird der Attributwert, normalerweise das Benutzerpasswort, in 16-Byte-Blöcke p_i aufgeteilt und jeweils mit dem Ergebnis der MD5-Prüfsummenbildung aus dem Geheimnis S und dem vorherigen Verschlüsselungsergebnis mittels der Operation XOR verknüpft. Im ersten Schritt wird anstatt des vorherigen Verschlüsselungswertes der *Request-Authenticator* (RA) der Anfrage verwendet. Nachfolgend ist der Algorithmus für die Verschlüsselung des Passwort-Attributs formal dargestellt.

$$c_1 = p_1 \oplus \text{MD5}(S + RA)$$
$$c_2 = p_2 \oplus \text{MD5}(S + c_1)$$
$$\vdots \quad \vdots$$
$$c_i = p_i \oplus \text{MD5}(S + c_{i-1})$$

Die Werte c_1 bis c_i bilden den verschlüsselten Attributwert und werden anstelle des Klartextes $p_1, \ldots, p_i$ übertragen. Auf der Gegenseite kann der RADIUS-Server die Verschlüsselung zurückrechnen und den Attributwert im Klartext extrahieren.

Verläuft die Kommunikation zwischen dem Netzzugangspunkt und dem eigentlichen RADIUS-Server über einen Proxy und werden zwischen NAS und Proxy sowie Proxy und RADIUS-Server verschiedene Geheimnisse verwendet, so muss der Proxy vor der Weiterleitung eine Entschlüsselung mit dem gemeinsamen Geheimnis zwischen NAS und Proxy und eine anschließende Verschlüsselung mit dem Geheimnis zwischen Proxy und RADIUS-Server für alle verschlüsselten Attributwerte vornehmen. Unterbleibt diese Umkodierung der verschlüsselten Attribute, ist der RADIUS-Server nicht in der Lage, die entsprechenden Attributwerte zu ermitteln.

Bewertung

RADIUS ist noch heute ein weit verbreitetes Authentifizierungsprotokoll, welches flexibel und einfach zu handhaben ist. Anfangs nur für die Authentifizierung von Einwahlbenutzern vorgesehen, kann es heute auch mit neuen Anforderungen im Netzzugangsbereich umgehen.

Aus sicherheitstechnischer Sicht bedenklich ist der fehlende Authentizitäts- und Integritätsschutz von Anfragenachrichten. Außerdem fehlt ein allgemeiner Mechanismus zum sicheren Transport von Attributwerten.

Erweiterungen des Standards sehen die Verwendung von IPsec zur Integritätssicherung und optional zur Sicherung der Vertraulichkeit vor. Dieser Schutz kann jedoch immer nur zwischen zwei direkt benachbarten Systemen erbracht werden, d. h. zur Sicherung beispielsweise von speziellen Attributwerten zwischen Netzzugangspunkt und RADIUS-Server eignet sich IPsec nicht, da die eigentliche Nachricht in Zwischensystemen, wie Proxies, im Klartext vorliegen muss.

Während der zusätzliche Integritätsschutz kaum weitere Ressourcen benötigt, muss bei der Bereitstellung von Vertraulichkeit für die Verschlüsselung eine höhere Rechenkapazität bereitgestellt werden, zusätzlich steigt der Administrationsaufwand. Auch die Zuhilfenahme von MD5 als Zufallszahlengenerator bei der Verschlüsselung des Passwortattributs könnte ein Problem darstellen. Derzeit ist unklar, ob MD5 für diese Anwendung ausreichend geeignet ist, eine detaillierte Beschreibung der Problematik erfolgt in [159].

8.3.2 Diameter

Als Nachfolger bekannter Authentifizierungs-, Autorisierungs- und Accountingprotokolle wie RADIUS oder TACACS [118] wurde im September 2003 das Diameter-Protokoll (in Anspielung auf den doppelten Radius) durch die IETF im RFC 3588 [56] standardisiert.

Die Arbeit an einem neuen Protokoll für AAA war notwendig geworden, da die Anwendung der bisher vorhandenen Protokolle, wie RADIUS oder TACACS, einige Problempunkte im Laufe der Zeit aufkommen ließ. Die nachfolgende Aufzählung enthält die wichtigsten der bekannten Probleme vorhandener AAA-Protokolle:

- *Fehlerbehandlung* — Die meisten der Protokolle definieren keine konkrete Fehlerbehandlung und überlassen diese den Herstellern. Dadurch kommt es zu unvorhersagbaren unterschiedlichen Verhalten der verschiedenen Implementierungen eines Protokolls.

- *Sicherer Nachrichtentransport* — Für die vorhandenen Protokolle waren anfänglich kaum Sicherheitsmechanismen vorgesehen, die den sicheren Transport beliebiger Daten gewährleisten. Zwar wurden einigen Protokollen Sicherheitserweiterungen beigefügt, jedoch sind diese nicht immer Teil des offiziellen Standards und können somit wiederum zu Inkompatibilitäten führen.

- *Serverbasierte Nachrichten* — In den bisherigen Protokollen ging die Kommunikation meist vom Endgerät aus; zentrale Komponenten wie Server oder Proxies waren nicht in der Lage, von sich aus eine Datenkommunikation zu initiieren. Es hat sich jedoch als wünschenswert erwiesen, auch Kommunikationsvorgänge zum Endgerät hin anstoßen zu können.

- *Knotenfindung und -konfiguration* — Bisher war keine automatische Konfiguration von Netzzugangspunkten vorgesehen, weshalb diese manuell konfiguriert werden mussten. Mit wachsender Zahl von solchen Netzzugangspunkten ist dies jedoch nicht mehr mit vertretbarem Aufwand durchführbar.

Beim Entwurf von Diameter wurde versucht, diese Problempunkte aufzugreifen und deren Lösung als Anforderung an das neue Protokoll zu stellen.

Einführung

Anders als in RADIUS wurde bei Diameter eine zweigeteilte Standardisierung vorgenommen. Im RFC 3588 [56] wird nur das Basisprotokoll definiert, dessen Anwendung in bestimmten anwendungsspezifischen Szenarien dann in weiteren Dokumenten standardisiert wurde.

Im Gegensatz zu RADIUS schreibt der Diameter-Standard die Verwendung von verbindungsorientierten Protokollen zur Kommunikation zwischen zwei Diameter-Knoten vor. Im aktuellen Standard sind die Protokolle TCP und

SCTP jeweils mit dem Zielport 3868 vorgesehen, wobei Diameter-Clients nur TCP, Server und Agenten auch SCTP unterstützen müssen. Außerdem sollte jeder Diameter-Knoten in der Lage sein, ICMP-Nachrichten zu verarbeiten, um Verbindungs- oder Konnektivitätsverluste seiner Kommunikationspartner schneller erkennen zu können.

Durch die Verwendung eines verbindungsorientieren Transportprotokolls steigt der Aufwand für die Verwaltung der einzelnen Verbindungskontexte. Der entsprechende Knoten muss in der Lage sein, mehrere Verbindungskontexte gleichzeitig zu halten und in gewissen Abständen zu überprüfen, ob die Verbindungen noch bestehen. Gegebenenfalls muss er bei Ausfall einiger Verbindungen versuchen, neue Verbindungen zu anderen Knoten zu erzeugen.

Obwohl der Aufwand durch die Verwendung von verbindungsorientierten Protokollen steigt, hat dieses Vorgehen auch einige Vorteile. Zum einen können bekannte Mechanismen zum Schutz der Datenübertragung wie TLS (vgl. Abschnitt 7.3, S. 276) angewandt werden. Zum anderen ist es durch diese Vorgehensweise relativ einfach, serverbasierte Nachrichten zu realisieren.

Nachrichtenaufbau

Ähnlich wie RADIUS-Nachrichten besitzen alle Diameter-Nachrichten den gleichen strukturellen Aufbau. Abbildung 8.6 zeigt den Aufbau einer solchen Diameter-Nachrichteneinheit.

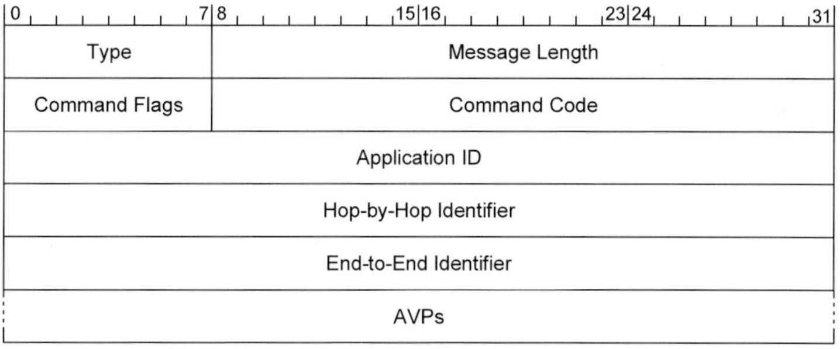

Abbildung 8.6. Diameter-Paketformat

Das Feld *Version* enthält die Versionsnummer des verwendeten Diameter-Protokolls; aktuell ist die Versionsnummer 1. Im Feld *Message Length* ist die Länge der Diameter-Nachricht inklusive aller Kopffelder als Anzahl von Bytes abgelegt. Das Feld *Command Flags* enthält Befehlsbits und ist nochmals in mehrere einzelne Bitfelder unterteilt. Diese zeigen beispielsweise an, ob es sich bei der Nachricht um eine Anfrage oder eine Antwort handelt; außerdem kann zur besseren Duplikatserkennung angezeigt werden, ob es sich um eine wiederholte Nachricht handelt.

Das Feld *Command Code* enthält die Typkennung der eigentlichen Nachricht. Aus dieser Typkennung ist die gewünschte Aktion oder das entsprechende Ergebnis einer solchen erkennbar. Dabei wird der gleiche Wert für die Anfrage und die dazugehörige Antwort verwendet; die Unterscheidung dieser beiden Nachrichten erfolgt anhand des *R*-Bits im Nachrichtenkopf.

Während das Feld *Hop-by-Hop*-Identifier zur Zuordnung von Anfrage und Antwort sowie zur Unterscheidung verschiedener Nachrichten auf einer Verbindungsstrecke zwischen zwei beliebigen Diameter-Knoten vorhanden ist, dient der *End-to-End*-Identifier zur Erkennung doppelt gesendeter Nachrichten in den jeweiligen Endsystemen. Für beide Identifikatoren schreibt der Standard vor, dass diese jeweils eindeutig sein müssen.

Nach diesen fest definierten Feldern einer Diameter-Nachricht folgen die *Attribute-Wert-Paare* (*Attribute Value Pair* – AVP) mit den eigentlichen Nutzdaten. Beliebig viele solcher AVPs können in einer Diameter-Nachricht enthalten sein und es ist auch möglich, dass mehrere gleiche AVP-Typen in einer Nachricht enthalten sind. Da dieser Effekt sehr spezifisch für das jeweilige AVP ist, enthält auch die Definition eines jeden AVPs das dann gewünschte Verhalten; ein allgemeines Verhalten schreibt der Diameter-Standard an dieser Stelle nicht vor.

Den strukturellen Aufbau eines solchen AVPs zeigt Abbildung 8.7. Anschließend erfolgt eine Erläuterung der einzelnen Felder.

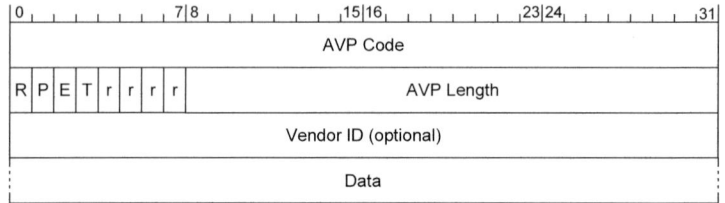

Abbildung 8.7. Paketformat Diameter

Das Feld *AVP Code* dient der Unterscheidung der verschiedenen Attribut-Werte-Paare. Gemeinsam mit dem optionalen *Vendor ID*-Feld bildet dieser Wert einen eindeutigen Bezeichner für das jeweilige AVP. Für Abwärtskompatibilität mit RADIUS sind die Werte von 1 bis 255 reserviert, erst Werte ab 256 sind für die Verwendung von Diameter-eigenen Attributen vorgesehen.

Nach dem Feld *AVP Code* kommt ein Bitfeld der Länge 8, welches wiederum einige Zustände eines Attribut-Wert-Paares anzeigen soll. Ist das *V*-Bit gesetzt, handelt es sich bei diesem Attribut-Wert-Paar um ein herstellerabhängiges Paar. In diesem Fall muss die optionale Herstellerkennung (*Vendor ID*) vorhanden sein, da ansonsten die Unterscheidung verschiedener herstellerabhängiger Attribute nicht vorgenommen werden kann. Im *M*-Bit wird angezeigt, ob dieses Attribut verpflichtend ist. Wird von einem Diameter-Knoten eine Nachricht empfangen, die ein solches Attribut enthält, welches der Diameter-Knoten nicht verarbeiten kann, muss er laut Standard diese Nachricht sofort verwerfen. Mit dem *P*-Bit wird angezeigt, dass für dieses Attribut Ende-zu-Ende-Sicherheit verlangt wird. Alle weiteren Bitpositionen, die durch *r* gekennzeichnet sind, werden derzeit nicht verwendet, sind jedoch für zukünftige Erweiterungen vorgesehen und daher reserviert.

Die Länge des gesamten Attribut-Wert-Paares ist im Feld *AVP Length* in Anzahl von Bytes abgelegt. Nach diesem Feld folgt das optionale *Vendor ID*-Feld, welches nur vorhanden ist, wenn das zugehörige *V*-Bit gesetzt ist.

Danach folgt der eigentliche Wert des entsprechenden Attributs. Für die Darstellung der verschiedenen Werte sieht der Diameter-Standard eine Vielzahl einfacher und abgeleiteter Datentypen vor, die zur Darstellung von Werten verwendet werden können. Vorhanden sind die gängigen Typen zur Darstellung von Ganz- und Gleitkommazahlen sowie Typen für die Ablage von Bytesequenzen. Außerdem sind Datentypen zur Darstellung von IP-Adressen, Zeitangaben und anderen komplexeren Typen vorhanden. Zusätzlich sieht der Diameter-Standard auch Möglichkeiten vor, mehrere Basistypen zu gruppieren und damit neue Datentypen zu definieren.

Anwendungsprofile

Da der Diameter-Basisstandard anders als beispielsweise bei RADIUS keine Anwendungsszenarien und die dazugehörigen Nachrichten und Attribute explizit festlegt, ist zum Einsatz von Diameter noch die Definition eines Anwendungsprofils notwendig. Jedes dieser Anwendungsprofile dient dabei einem bestimmten Anwendungszweck. Nachfolgend ist eine Liste mit ausgewählten Anwendungsprofilen aufgeführt, die entweder bereits standardisiert sind oder sich derzeit im Entwurf befinden:

- *Diameter Network Access Server Application* — Dieses Anwendungsprofil beschreibt die Authentifizierung von Einwahlzugängen als Szenario, für welches RADIUS ursprünglich entworfen wurde. Eine ausführlichere Erläuterung folgt im nächsten Abschnitt.

- *Diameter Extensible Authentication Protocol (EAP) Application* — Mit diesem Anwendungsprofil soll die Integration von Authentifizierungsverfahren basierend auf dem EAP-Protokoll in Diameter ermöglicht werden. Das Anwendungsprofil definiert die benötigten Nachrichtentypen und Attribut-Wert-Paare, die für den Transport von EAP-Dateneinheiten durch Diameter benötigt werden.

- *Diameter Mobile IPv4 Application* — Dieses Anwendungsprofil beschreibt die Kombination von Mobile IP und Diameter. Dabei wird Diameter zur Authentifizierung und Autorisierung des mobilen Knotens gegenüber den IP-Mobilitätsdiensten verwendet. Zusätzlich kann Diameter auch zur Verarbeitung von Accounting-Informationen verwendet werden.

- *Diameter Session Initiation Protocol (SIP) Application* — Für die Benutzerauthentifikation beim Einsatz des Protokolls SIP dient dieses Anwendungsprofil. Der SIP-Server tritt dabei als Diameter Client auf und kann gleichzeitig eine Authentifizierung und eine Autorisierung für die Nutzung des SIP-Dienstes des jeweiligen Benutzers veranlassen.

Zum jetzigen Zeitpunkt sind die aufgezählten Anwendungsprofile noch nicht weit verbreitet, was jedoch auch daran liegt, dass der Diameter-Basisstandard erst im September 2003 endgültig verabschiedet wurde. Die aufgezählten Profile werden in Zukunft jedoch einen breiteren Einsatz erleben, da zu erwarten ist, dass die definierten Szenarien nach und nach eingesetzt werden. Es folgt als Beispiel eine kurze Erläuterung des Anwendungsprofils für netzwerkseitige Benutzerauthentifizierung.

Diameter Network Access Server Application

Das derzeit wichtigste Anwendungsprofil für die Migration bestehender Authentifizierungslösungen wie RADIUS stellt das *Diameter Network Access Server Application*-Anwendungsprofil dar. Das Anwendungsprofil befindet sich derzeit in der Standardisierung bei der IETF und liegt nur als Entwurf [57] vor.

Dieses Profil definiert unter anderem alle notwendigen Nachrichtentypen und AVPs, die für die ursprüngliche Aufgabe des RADIUS-Protokolls, d. h. die netzwerkseitige Authentifizierung von Einwahlzugängen, notwendig sind. Zwar ist heutzutage die Hauptaufgabe nicht mehr die Authentifizierung von Einwahlzugängen, jedoch werden die gleichen Mechanismen noch oft zur Authentifizierung verschiedener anderer Netzzugangstechniken eingesetzt.

Ähnlich wie RADIUS definiert dieses Diameter-Anwendungsprofil unter anderem folgende Nachrichtentypen, welche für die Authentifizierung und Autorisierung benötigt werden.

- *AA-Request/AA-Answer* — Die Anfrage *AA-Request* und die dazugehörige Antwort *AA-Answer* bilden die gleiche Funktionalität ab wie die *Access-Request*-Nachricht und die *Access-Accept*- oder die *Access-Reject*-Nachricht in RADIUS. Die Anfrage wird vom Netzzugangsknoten mit den

Authentifizierungsdaten des Benutzers gesendet und die Antwort enthält Informationen darüber, ob die Authentifizierung oder Autorisierung erfolgreich war oder nicht. Alternativ kann die Antwort auch weitere Authentifizierungsdaten anfordern, ähnlich wie die *Access-Challenge*-Nachricht bei RADIUS.

• *Re-Auth-Request/Re-Auth-Answer* — Die beiden Nachrichten ermöglichen eine durch den Diameter-Server ausgelöste Re-Authentifizierung. In diesem Fall wird von der Möglichkeit des Diameter-Protokolls Gebrauch gemacht, dass auch der Diameter-Server die Kommunikation initiieren kann. Dazu sendet der Diameter-Server eine *Re-Auth-Request*-Nachricht an den Netzzugangspunkt des jeweiligen Benutzers und dieser führt mit den angegebenen Daten eine erneute Authentifizierung des Benutzers durch. Mit der *Re-Auth-Answer*-Nachricht teilt der Netzzugangspunkt dem Diameter-Server mit, ob eine Verarbeitung der Re-Authentifizierungsnachricht erfolgt ist oder nicht. Direkt danach schickt der Netzzugangspunkt eine *AA-Request*-Nachricht, in der die eigentlichen Authentifizierungsdaten der vorherigen Re-Authentifizierung übertragen werden. Diese können dann wie gewohnt vom Diameter-Server überprüft und mit einer *AA-Answer*-Nachricht beantwortet werden.

• *Session-Terminating-Request/Session-Terminating-Answer* — Mit diesen Nachrichten wird die Beendigung einer Benutzersitzung angezeigt. In diesem Fall sendet der Netzzugangspunkt eine *Session-Terminating-Request* an den zugehörigen Diameter-Server, dieser antwortet mit einer *Session-Terminating-Answer*-Nachricht und gibt danach alle durch diese Benutzersitzung belegten Ressourcen auf dem Diameter-Server frei.

• *Abort-Session-Request/Abort-Session-Answer* — Für diese Nachrichten wird wieder Server-initiierte Kommunikation eingesetzt. Mit der *Abort-Session-Request*-Nachricht sendet der Diameter-Server eine Anfrage an einen Netzzugangspunkt, die angegebene Benutzersitzung zu unterbrechen. Mit der *Abort-Session-Answer*-Nachricht zeigt der Netzzugangspunkt an, ob die Terminierung der gewünschten Benutzersitzung erfolgreich war.

Zusätzlich definiert das Anwendungsprofil eine Vielzahl von Attribut-Wert-Paaren, die der Ablage der Authentifizierungsdaten und anderer benutzerabhängiger Informationen dienen. Bei der Definition dieser AVPs wurde darauf geachtet, dass eine gewisse Rückwärtskompatibilität zu RADIUS erhalten bleibt.

Diese Rückwärtskompatibilität kommt beispielsweise auch zum Einsatz, wenn es darum geht, RADIUS-Nachrichten in entsprechende Diameter-Nachrichten umzuwandeln. Für eine solche Transformation enthält das Anwendungsprofil entsprechende Informationen, nach welchen Regeln eine Umsetzung der verschiedenen Attribute zu erfolgen hat. Eine echte Umsetzung der Nachrichtentypen ist jedoch nicht erforderlich, da der Diameter-Standard alle RADIUS-Nachrichtentypen enthält und identisch behandelt.

Mit dieser Vorgehensweise besteht die Möglichkeit, eine sanfte Migration von RADIUS nach Diameter durchzuführen. Dabei tritt ein Diameter-Knoten als so genannter *Agent* auf. Er empfängt vom Netzzugangspunkt RADIUS-Nachrichten, setzt diese in entsprechende Diameter-Nachrichten um und sendet sie weiter an den Diameter-Server. Die zugehörigen Antworten wandelt der Knoten wieder in äquivalente RADIUS-Nachrichten um und sendet diese zurück an den ursprünglichen Netzzugangspunkt.

Somit wird es bei einer Migration möglich, zuerst den RADIUS-Server zu ersetzen und nach und nach die Netzzugangspunkte zu erneuern. Durch den parallelen Einsatz von RADIUS und Diameter muss die Umstellung nicht sofort für alle Komponenten erfolgen und Diameter erlaubt weiterhin die Integration von Komponenten, die nur RADIUS als Authentifizierungsprotokoll unterstützen.

Knotenfindung und -konfiguration

Einer der größten Vorteile von Diameter gegenüber RADIUS stellt das automatische Auffinden und die automatisierte Konfiguration von Knoten dar. Während bei der Verwendung von RADIUS die Konfiguration der einzelnen Komponenten wie Netzzugangspunkte oder Server immer manuell erfolgen musste, sieht Diameter verschiedene Mechanismen vor, um die Konfiguration halbautomatisch oder sogar vollkommen automatisch durchführen zu können. Dadurch können Diameter-Server beispielsweise automatisch von anderen Komponenten gefunden werden.

Der Basisstandard legt dabei fest, dass eine manuelle Konfiguration für jeden Diameter-Knoten möglich sein muss. Zusätzlich kann ein Knoten unter Verwendung der Protokolle *Service Location Protocol* (SLP) [374, 143] und DNS [255, 254] eine Knotenfindung durchführen.

Benötigt beispielsweise ein Diameter-Knoten eine Verbindung zu einem Diameter-Server, so probiert er erst alle manuell konfigurierten Verbindungsziele. Kann damit keine Verbindung mit einem aktiven Knoten hergestellt werden, wird im zweiten Schritt unter Verwendung des Protokolls SLP versucht, einen entsprechenden Diameter-Dienst zu lokalisieren.

Gelingt dies auch nicht, erzeugt der Knoten eine DNS-Anfrage nach einem *NAPTR*-Resource-Record. Existiert ein gültiger *NAPTR*-Eintrag im DNS-System, so erhält der Knoten eine Antwort aus Einträgen, die den symbolischen Namen und das verwendete Transportprotokoll der vorhandenen Diameter-Server beinhalten. Mit einer weiteren DNS-Anfrage nach *SRV*-Einträgen kann der Knoten nun die echte Adresse und Portnummer eines

Diameter-Servers ermitteln. Anschließend versucht der Diameter-Knoten, eine Verbindung zu diesem Diameter-Server aufzubauen.

Kann ein Diameter-Knoten eine Verbindung zu einem anderen Knoten, egal ob Agent oder Server-Knoten, herstellen, erfolgt eine Aushandlung über den Funktionsumfang der beiden Diameter-Implementierungen. Die Aushandlung erfolgt dabei über die so genannte *Capabilities-Exchange-Request*-Anfrage zusammen mit der dazugehörigen Antwort und gibt den jeweiligen Partnern Auskunft über die unterstützte Diameter-Protokollversion, die vorhandenen Anwendungsprofile sowie die unterstützten Sicherheitsmechanismen. Eine gesicherte Verbindung für eine weitere Kommunikation zwischen beiden Knoten wird erst nach einer solchen Aushandlung aufgebaut.

Sicherheit

Anders als RADIUS bietet Diameter keinerlei Schutzmechanismen auf Nachrichtenebene. Neben dem fehlenden Authentitäts- und Integritätsschutz gibt es auch keine Möglichkeit, einzelne Attributwerte zu verschlüsseln und so den Zugriff Dritter zu unterbinden. Die einzige Möglichkeit trotzdem die geforderte Sicherheit bereitstellen zu können, ist die Integration externer vorhandener Mechanismen.

Aus diesem Grund schreibt der Diameter-Standard zwingend die Verwendung von IPsec (s. Abschnitt 6.2, S. 210) zur Sicherung der Übertragung von Nachrichten zwischen verschiedenen Diameter-Komponenten vor. Optional kann die Sicherung der Nachrichtenübertragung auch mittels TLS (s. Abschnitt 7.3, S. 276) erfolgen.

IPsec

Bei der Sicherung des Datenaustauschs zwischen zwei Diameter-Knoten durch IPsec schreibt der Diameter-Standard explizit die Verwendung von IPsec im ESP-Transport-Modus (s. Abschnitte 6.2.3, S. 216 und 6.2.2, S. 212) vor. Dies bedeutet, dass eine verschlüsselte Ende-zu-Ende-Verbindung zwischen den Diameter-Knoten aufgebaut wird. Der Standard fordert hier die Verwendung eines echten Verschlüsselungsalgorithmus; eine „Nullverschlüsselung" – also Klartextübertragung – untersagt der Standard explizit.

Außerdem schreibt der Diameter-Standard die Verwendung von IKE (s. Abschnitt 6.3, S. 226) als Schlüsselaustauschprotokoll beim Einsatz von IPsec vor. Dabei muss eine IKE-Implementierung zumindest den IKE-Main- und den IKE-Aggressive-Modus bereitstellen.

TLS

Wird die Kommunikation zwischen zwei Diameter-Knoten mittels TLS gesichert, so verhält sich der Knoten, der die Nachricht übertragen möchte als Client und initiiert die TLS-Protokollaushandlung. Der andere Diameter-Knoten agiert dann als TLS-Server. Um eine beidseitige Authentifizierung der Diameter-Knoten zu erreichen, muss der Knoten, welcher als TLS-Server agiert, zusätzlich das Zertifikat des anderen Knoten anfordern.

Der Diameter-Standard schreibt folgende Algorithmenkombinationen bei der Verwendung von TLS vor, d. h. diese müssen von einer konformen Implementierung bereitgestellt werden:

- *TLS_RSA_WITH_RC4_128_MD5*

- *TLS_RSA_WITH_RC4_128_SHA*

- *TLS_RSA_WITH_3DES_EDE_CBC_SHA*

Der Standard empfiehlt zusätzlich zu den aufgezählten Kombinationen die Verwendung von *TLS_RSA_WITH_AES_128_CBC_SHA*. Eine Implementierung kann grundsätzlich noch weitere Algorithmenkombinationen bereitstellen, muss die eben genannten jedoch umsetzen, um interoperabel zu sein.

Bewertung

Im Gegensatz zu RADIUS und anderen AAA-Protokollen stellt Diameter ein äußerst flexibles Rahmenwerk zur Verfügung. Der Basisstandard definiert nur den elementaren Protokollablauf, den strukturellen Aufbau der Nachrichten und grundlegende Verhaltens- und Funktionsweisen einer Diameter-Implementierung. Anwendungsspezifische Szenarien sind in weitere eigenständige Standards ausgelagert worden und ermöglichen somit eine problemlose Erweiterung.

Durch die Verwendung von verbindungsorientierten Transportprotokollen erhöht sich zwar der Aufwand, jedoch können damit auch Server-initiierte Nachrichten durch das Protokoll abgebildet werden. Mit Zuhilfenahme von SLP oder DNS ermöglicht Diameter auch eine automatische Knotenfindung und -konfiguration.

Das Protokoll stellt zwar keine eigenen Sicherheitsmechanismen bereit, aber es wurde auf bekannte Verfahren wie IPsec und TLS zurückgegriffen, so dass vorhandene Umsetzungen integriert werden können. Außerdem profitiert Diameter somit automatisch von Verbesserungen in den beiden Protokollen.

Für den Einsatz von Diameter innerhalb eines abgeschlossenen administrativen Bereichs wird vom Standard die Verwendung von IPsec in Kombination mit IKE vorgeschlagen. Dadurch können auch Netzzugangspunkte integriert werden, die keine Unterstützung für eine zertifikatsbasierte Authentifizierung beinhalten, da in diesem Fall auf vorher ausgetauschte Geheimnisse zurückgegriffen werden kann.

Erfolgt der Einsatz von Diameter über administrative Bereiche hinweg, schlägt der Standard den Einsatz von TLS vor. Dies setzt jedoch voraus, dass alle beteiligten Komponenten in der Lage sind, eine zertifikatsbasierte Authentifizierung durchzuführen, also asymmetrische Kryptographie bereitstellen.

Während bei der Verwendung von TLS in jedem Fall auf eine PKI (siehe Kapitel 9) zurückgegriffen werden muss, kann dies mit dem Einsatz von IPsec und Verwendung gemeinsamer Geheimnisse vermieden werden. Dies wird jedoch mit einem deutlich erhöhten administrativen Aufwand erkauft, da die Schlüsselverteilung manuell erfolgen muss.

Obwohl das Protokoll alle in der Einleitung aufgezählten zusätzlichen Anforderungen gegenüber anderen Protokollen erfüllt, dürfte es noch eine Weile dauern, bis sich das Protokoll durchsetzt. Um die Anforderungen zu erfüllen, ist das Protokoll deutlich komplexer und aufwändiger gegenüber herkömmlichen Protokollen ausgefallen. Auch werden wahrscheinlich deutlich mehr Ressourcen auf den jeweiligen Knoten benötigt, in denen Diameter eingesetzt werden soll.

8.4 Routing-Sicherheit

Dieser Abschnitt beschäftigt sich mit Sicherheitsaspekten in Zusammenhang mit Routing, speziell mit IP-Routing, wie es in vielen Firmennetzwerken und dem Internet zum Einsatz kommt.

8.4.1 Einleitung

IP-Routing (siehe auch Einleitung von Abschnitt 6, S. 193) bezeichnet die bei der Vermittlung eines IP-Pakets notwendige Wegewahl. Sie basiert in der Regel auf der Zieladresse des zu vermittelnden Pakets, evtl. auch auf dem TOS-Feld im IP-Header. Basiert die Routing-Entscheidung auf anderen oder weiteren Feldern (z. B. der Quell-Adresse), so wird dies als *Policy Routing* bezeichnet; dies stellt jedoch eher einen Ausnahmefall dar.

Statisches vs. dynamisches Routing

Der Vorgang des Routings basiert auf Information, die entweder manuell und statisch eingetragen oder dynamisch anhand von so genannten *Routing-Protokollen* ermittelt wird.

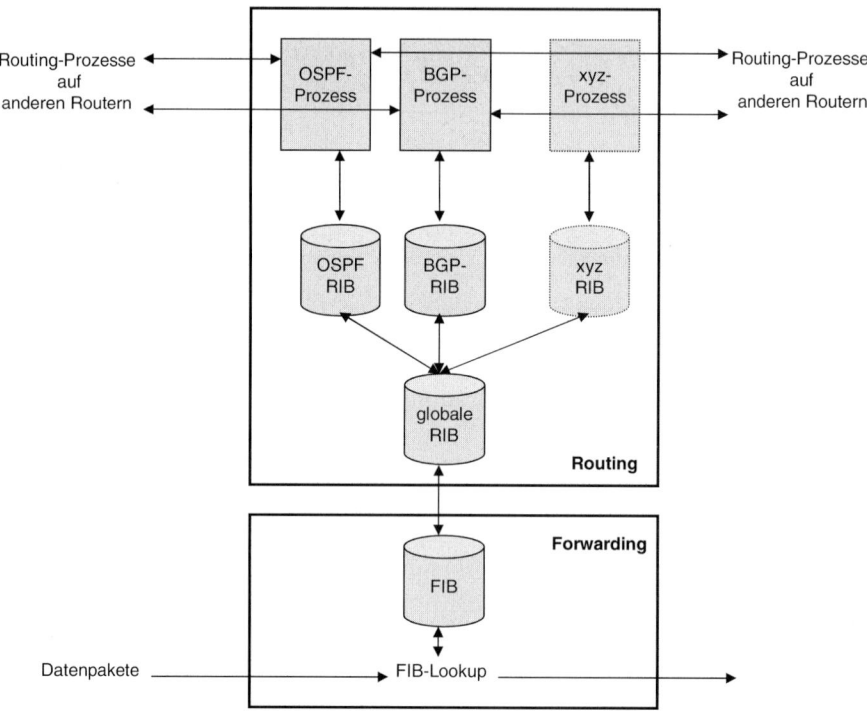

Abbildung 8.8. Fluss der Routing-Daten

Als *Routing-Information* oder *Route* bezeichnet man generell das Zielsubnetz und mit ihm verbundene, evtl. protokollspezifische Attribute, die für die Auswahl der besten Route und für die letztendliche Vermittlung notwendig sind. Ein Attribut ist zum Beispiel die *Metrik*, wie gut die Route ist, oder Information über das nächste Zwischensystem, der so genannte *Nexthop*.

Statisches IP-Routing wird hauptsächlich in Endsystemen oder kleineren Zwischensystemen verwendet, in größeren Firmennetzwerken oder im Internet wird jedoch dynamisch geroutet. Dynamisches Routing hat den Vorteil, dass die Zwischensysteme erlernen können, welche Ziele auf welchem Weg am Besten erreichbar sind. Dies ermöglicht das Erlernen von Routing-Information zu neuen Teilnetzen, das Erlernen des Wegfalls einer möglichen Route zu einem Ziel bei Ausfall einer Netzwerkverbindung oder eines Zwischensystems und somit das automatische, zeitnahe Berechnen des oder der besten Wege zu bestimmten Teilnetzen.

Erlernte oder manuell erzeugte Routing-Einträge werden in protokollspezifischen Routing-Tabellen – im Englischen *Routing Information Base* (RIB) genannt – gespeichert (vgl. Abbildung 8.8). Aus allen Routing-Tabellen werden dann für jedes Ziel ein oder mehrere beste Einträge ausgewählt, die für die

Vermittlung benutzt werden und in der so genannten *Forwarding Information Base* (FIB) gespeichert werden, allerdings ohne jegliche protokollspezifische und für die Vermittlung unnötige Attribute.

8.4.2 Sicherheit von Routing-Protokollen

Dynamische Routing-Protokolle basieren auf dem Austausch von Routing-Informationen zwischen Teilsystemen. Zentraler Inhalt dieses Abschnitts ist es daher, Angriffspunkte von Routing-Protokollen, konkrete Angriffe und Auswirkungen auf betroffene Zielnetze zu identifizieren und existierende Schutzmechanismen vorzustellen.

Angriffspunkte von Routing-Protokollen

Routing-Protokolle können an zwei wesentlichen Stellen angegriffen werden: durch einen Router an sich und durch die Verbindungen zwischen Routern.

Systemsicherheit ist für Router von fundamentaler Bedeutung, da ein kompromittierter Router den Angriff auf eine große Menge von Endsystemen ermöglicht, zumal er grundsätzlich auch noch autorisiert ist, mit anderen Routern Routing-Information auszutauschen. Neben dem absichtlichen Angriff durch einen kompromittierten Router kann aber auch eine Fehlkonfiguration eines nicht kompromittierten Routers zu einem Angriff führen, in dem er unbeabsichtigter Weise falsche Routing-Informationen verbreitet, die angriffsähnliche Auswirkungen haben können. Generell spricht man bei den eben beschriebenen Angriffen, die von autorisierten Routing-Teilnehmern ausgehen, von Angriffen durch *Insider*.

Angriffe auf Routing-Protokolle können auch von Verbindungen ausgehen, die zu Routern führen oder die Router verbinden. Bekommt ein Angreifer beispielsweise Zugriff auf das physikalische Medium zwischen zwei Routern, so kann er eventuell den Austausch von Routing-Information angreifen, diese löschen, verändern oder zusätzliche einfügen, wenn das Protokoll keine Schutzmechanismen besitzt, um dies zu verhindern. In diesem Fall spricht man von Angriffen durch *Outsider*, sprich durch Systeme, die nicht autorisiert sind, am Routing teilzunehmen. In Bezug auf Angriffspunkte eines Routing-Protokolls an sich, lassen sich die Angriffe wie folgt klassifizieren:

- Angriffe auf *Transportsystemebene*, d. h. gegen das Transportsystem, das die Daten des Kontrollprotokolls transportiert (z. B. TCP/IP oder nur IP).

- Angriffe auf *Kontrollprotokollebene*, d. h. Angriffe gegen Kontrollmechanismen des Protokolls, z. B. Aufbau und Aufrechterhaltung von Nachbarschaftsbeziehungen.

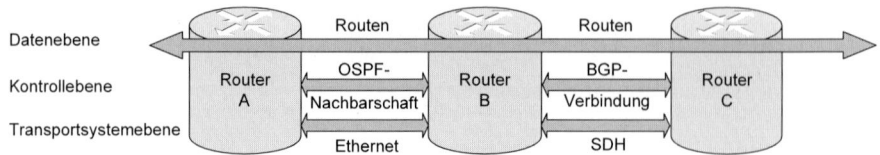

Abbildung 8.9. Angriffspunkte von Routing-Protokollen

- Angriffe auf *Kontrolldatenebene*, d. h. Angriffe auf die Routing-Information an sich, z. B. unautorisierte Verbreitung von Routing-Information bzw. Verbreitung falscher Routing-Information.

Je tiefer ein Angriff ansetzt, desto mehr Funktionalität des Routings ist davon betroffen. So kann der Angriff auf die Transportsystemebene darin resultieren, dass zwei Router keine Kontrolldaten mehr austauschen, folglich keine Nachbarschaftsbeziehung aufbauen und daher keine Routing-Information austauschen können. Besteht ein Angriff nur darin, gezielt falsche Routing-Information in das Netzwerk einzuspeisen, so betrifft dies die Nachbarschaftsbeziehungen und den generellen Austausch von Nachrichten nicht, sondern lediglich einen speziellen Teilbereich der Routing-Information.

Angriffe auf Routing-Protokolle

Um die Schutzmechanismen von Routing-Protokollen beurteilen zu können, macht es Sinn, sich zunächst typische Angriffe vor Augen zu führen. Angriffe auf Routing-Protokolle haben generell den Zweck, Einfluss auf das Routing zu nehmen, üblicherweise mit dem Ziel, die Weiterleitung von Paketen selbst zu beeinflussen.

Speist ein Angreifer zusätzliche Routing-Information für ein bestehendes Zielnetz in das Protokoll ein, so kann er Teile des Netzes dazu bewegen, Verkehr für dieses Zielnetz zu ihm zu schicken. Als Man-in-the-Middle kann der Angreifer den Verkehr dann entweder nur passiv mithören, analysieren und ihn wieder zu seinem eigentlichen Ziel weiterleiten, oder er kann den Verkehr aktiv angreifen, indem er Datenpakete verfälscht, löscht oder neue einfügt. Neben der Verfälschung des Datenstroms kann der Angriff für das attackierte Zielnetz auch qualitative Auswirkungen der Art haben, dass die Pakete einen Weg mit höherer Verzögerung oder geringerer Bandbreite gehen müssen.

Ein Angreifer kann jedoch auch Routing-Information von anderen Teilnehmern beim Weiterreichen angreifen, indem er sie löscht – d. h. nicht an andere Router weitergibt – oder verändert. Durch Löschen von Routing-Information erreicht der Angreifer, dass manche Wege für den Transport von Daten zu bestimmten Zielnetzen – obwohl vorhanden – nicht genutzt werden. Die Veränderung von Routing-Information kann bewirken, dass andere Router die

Routing-Information besser oder schlechter bewerten als vorher. In speziellen Fällen kann die Veränderung auch dazu führen, dass Router sich anders als vom Erzeuger der Routing-Information gewünscht verhalten, z. B. die Information an Netzteile weitergeben oder ihnen vorenthalten, obwohl dies vom Erzeuger anders beabsichtigt und beauftragt wurde.

8.4.3 Routing-Sicherheit für Endsysteme

In Endsystemen werden in der Regel keine dynamischen Routing-Protokolle (Ausnahmen sind z. B. Anycast-Server), sondern nur statische Routen verwendet. Meist umfassen diese nur eine so genannte *Default-Route*, die benutzt wird, um zu allen Zielen zu gelangen, die nicht direkt erreichbar sind.

Direkt erreichbare Ziele ergeben sich aus der Konfiguration der Netzwerkschnittstellen. Einer Schnittstelle wird mindestens eine IP-Adresse und die Länge des Subnetz-Präfixes zugeordnet, z. B. 10.0.0.10/24. Manche Systeme können mit der *Prefix-Length-Notation* noch nicht umgehen und benötigen statt der Präfix-Länge die Netzmaske, die jedoch analoge Information enthält, in diesem Fall 255.255.255.0. Daraus ergeben sich zwei Routen:

- Die erste Route besagt, dass die Adresse 10.0.0.10 (identisch mit dem Präfix 10.0.0.10/32) lokal erreichbar ist.

- Die zweite Route besagt, dass das Subnetz 10.0.0.0/24 über besagte Schnittstelle erreichbar ist.

Muss das System noch mit anderen, nicht direkt angeschlossenen Systemen kommunizieren, so benötigt es weitere statische Routen. Der typischste Vertreter ist hierbei die *Default-Route* (0.0.0.0/0 bzw. 0.0.0.0 mit Netzmaske 0.0.0.0), die angibt, über welchen Weg beliebige Ziele erreichbar sind. In der Regel hat diese Route als Nexthop einen lokal erreichbaren Router, das *Default-Gateway*.

Somit läuft die Routing-Entscheidung in drei Schritten ab:

- Ist die Zieladresse eines Pakets eine lokal konfigurierte IP-Adresse, so wird das Paket lokal an das Protokoll der nächsthöheren Schicht, z. B. TCP oder UDP ausgeliefert.

- Ist die Zieladresse in einem Subnetz einer lokal konfigurierten IP-Adresse enthalten, so wird das Paket direkt in Schicht 2 über dieses Interface ausgeliefert, z. B. via Ethernet (hier kommt vorher noch ARP zur Ermittlung der Schicht-2-Adresse zum Einsatz) oder über einen seriellen Link, z. B. mit HDLC/PPP.

- Ist die Zieladresse in einer statisch eingetragenen Route enthalten (z. B. der Default-Route), so wird das Paket an den entsprechenden Nexthop geschickt.

Routing-Sicherheit

In Bezug auf Sicherheit ist das Routing in Endsystemen, ohne einen Einbruch in das System in Schicht 3, nicht direkt angreifbar. Ein Sonderfall liegt vor, wenn das System auf spezielle ICMP-Nachrichten, *ICMP-Redirect-*Nachrichten, reagiert. Dann kann ein anderes System, das direkt über ein lokales Interface erreichbar ist, über ein gefälschtes ICMP-Redirect-Paket einen zeitlich beschränkten Eintrag einer Route für eine bestimmte Ziel-Adresse erreichen. Dieser Mechanismus ist dafür vorgesehen, dass ein Router ein Endsystem an einen anderen Router verweisen kann, der einen direkteren Weg zum Ziel hat. Da es sich hier um eine selten notwendige Optimierung handelt, ist es ratsam, entweder die Bearbeitung von solchen ICMP-Paketen zu deaktivieren, diese Pakete via Firewalling zu filtern oder beispielsweise nur mit IPsec authentifizierte Pakete zu interpretieren.

Schicht-2-Sicherheit

Beim Forwarding (nicht beim Routing) ist bei Broadcast-Medien wie z. B. Ethernet noch das Protokoll ARP beteiligt, welches für die Umsetzung von IP-Adressen auf Ethernet-Adressen zuständig ist. Die hiermit verbundene Sicherheitsproblematik wurde bereits in Abschnitt 6.1.1 (S. 201) erläutert.

8.4.4 Redundanzprotokolle

Da Endsysteme ohne den Einsatz von dynamischen Routing-Protokollen den Ausfall eines statisch konfigurierten Default-Gateways nicht feststellen können, wurden einige Protokolle entwickelt, welche diese Problematik adressieren:

- Router können durch den Versand von *ICMP Router Advertisements* [91] ihre Anwesenheit und Funktion bekannt geben. Endsysteme können somit auf statische eingetragene Default-Routen verzichten und dynamisch das Default-Gateway ermitteln. Bei mehreren Routern kann jedoch nicht ermittelt werden, welcher zu welchem Ziel die beste Wahl ist.

- Mehrere Router können sich wie ein *virtueller Router* verhalten und gemeinsam eine Default-Gateway-IP-Adresse bedienen. Fällt der aktuell aktive Router aus, so bemerken Backup-Router dies und übernehmen die Gateway-Funktion. Der Mechanismus ist für den Client transparent, so dass bei ihm wie gewöhnlich eine Default-Route auf die IP-Adresse des (virtuellen) Default-Gateways eingetragen werden muss. Das ursprünglich von Cisco entwickelte Protokoll heißt *Hot Standby Router Protocol* (HSRP) [225] und wurde inzwischen in Form des *Virtual Router Redundancy Protocol* (VRRP) über die IETF auch als Hersteller-unabhängiger Standard verabschiedet.

Routing-Sicherheit

Eine ICMP-Router-Advertisement-Nachricht kann grundsätzlich von jedem Rechner erzeugt werden, so dass ein Rechner andere Rechner überzeugen kann, ihn als Default-Gateway zu benutzen. Dem kann nur durch Authentifikation der Nachricht, z. B. mit Hilfe von IPsec, begegnet werden, da ICMP selbst keine Schutzmechanismen enthält. Weiterhin verwundbar ist der Mechanismus jedoch durch die Verwendung von ARP bzw. durch das Lernverhalten von Ethernet-Switches.

Weder HSRP noch VRRP enthalten Schutzmechanismen, um das Versenden von gefälschten Nachrichten zwischen Gateways zu verhindern, die das virtuelle Gateway implementieren. Somit kann ein Endsystem sich als Teil des Gateways ausgeben und dessen Funktion übernehmen. Begründet ist der absichtlich fehlende Schutz durch die generelle Angreifbarkeit von ARP bzw. Ethernet, die jeglichen Schutz unterwandert.

8.4.5 Dynamisches Routing

Router zeichnen sich in der Regel durch die Ausstattung mit mehreren Netzwerk-Schnittstellen aus, zwischen denen sie Pakete vermitteln. Ein Router kann rein statisch konfiguriert sein und neben den durch die Schnittstellenkonfiguration implizierten Routen lediglich über eine statische Route auf einen Router der nächsten Hierarchie-Ebene verfügen, z. B. den Router des Internetproviders am anderen Ende einer Standleitung.

Hier unterscheidet sich der Router in Bezug auf Sicherheit nur unwesentlich von einem Endsystem. Deutlich wird der Unterschied jedoch durch den Einsatz von dynamischen Routing-Protokollen.

Klassifikation von dynamischen Routing-Protokollen

Routing-Protokolle werden entsprechend ihrem Einsatzgebiet in zwei große Klassen abhängig von ihrem Einsatzgebiet untergliedert. Das Internet ist logisch in so genannte *Autonome Systeme* (AS) untergliedert. Dies sind Teilnetze unter derselben Verwaltung mit einer klar definierten Routing-Policy, die beschreibt, welche Routen mit welchen anderen AS ausgetauscht werden. Protokolle, die nur innerhalb eines AS verwendet werden, werden *Interior Gateway Protocol* (IGP) genannt. Sie zeichnen sich dadurch aus, dass sie auf eine schnelle Konvergenz Wert legen, jedoch nicht mit großen Mengen von Routen (< 20.000) umgehen können. RIP, OSPF und ISIS sind Beispiele für IGPs. Protokolle, die auch für den Austausch von Routen zwischen Organisationen verwendet werden, werden *Exterior Gateway Protocol* (EGP) genannt.

Sie können mit sehr vielen Routen (> 1.000.000) umgehen, legen jedoch weniger Wert auf eine schnelle Konvergenz, sondern eher auf Stabilität. BGP ist derzeit das einzige im Internet noch eingesetzte EGP.

Obwohl die Begriffe heute noch verwendet werden, ist der Unterschied zwischen IGP und EGP protokollseitig nicht mehr scharf. Zum einen wird BGP auch im *Internal-BGP*-Modus zwischen Routern des gleichen AS betrieben, um extern erhaltene Routing-Daten auszutauschen. Auf der anderen Seite steht prinzipiell auch der Nutzung eines IGPs wie OSPF über mehrere AS hinweg nichts im Wege. Dies passiert beispielsweise, wenn ein großer Internetprovider sein Netz logisch in mehrere AS unterteilt, jedoch diese logische Unterteilung nicht auch noch im IGP vollzieht.

RIP

Das *Routing Information Protocol* (RIPv2) [234] gehört zur Klasse der *Distanz-Vektor-Protokolle*, d. h. jeder Router tauscht mit seinen Nachbarn die Routing-Tabelle aus und berechnet aus allen empfangenen Tabellen pro Zielnetz die beste Route. Somit ergibt sich die Routing-Tabelle nicht aus einer ganzheitlichen Sicht auf das Netzwerk, sondern durch Aggregation der Sicht der Nachbarn.

RIPv2 kennt als Schutzmechanismus lediglich die Übertragung eines Passwortes im Klartext, welches jedoch nur verhindern soll, dass ein Router versehentlich am Routing via RIP teilnimmt. Kann ein Angreifer RIP-Pakete zwischen zwei Routern mithören, so erlernt er auch das Passwort und kann selbst aktiv am Routing teilnehmen.

Nachträglich wurde noch ein stärkerer Authentifikationsmechanismus standardisiert, der auf dem Hash-Algorithmus MD5 aufbaut [25]. Dabei wird auf den Routern ein Passwort oder symmetrischer Schlüssel konfiguriert, mit dem die Routing-Daten während der Übertragung geschützt werden. Nach einem bestimmten Schema wird für jedes Paket mit MD5 ein Hash-Wert über die wesentlichen Teile des Pakets und über das Passwort berechnet.

Mit diesem Schutzmechanismus kann verhindert werden, dass ein Angreifer trotz Kompromittierung einer Verbindung zwischen Routern Routing-Information fälschen kann, d. h. entweder während der Übertragung verändern kann oder neue einfügen kann. Er kann jedoch nach wie vor Pakete löschen und somit die Kontrollprotokoll- oder Kontrolldatenebene angreifen.

Gegen Insider-Angriffe gibt es bei RIP keine Schutzmechanismen, d. h. ein Angreifer, der einen Router kompromittieren konnte, kann dann als autorisierter Routing-Teilnehmer beliebige Routing-Information in das Netz injizieren. Der fehlende Schutz liegt auch darin begründet, dass bei einem Distanz-Vektor-Protokoll die Topologie nicht bekannt ist und ein Router immer nur den Nexthop kennt. Somit kann er nicht prüfen, ob die Erzeugung einer Route berechtigt ist oder ob die Route topologisch korrekt ist.

OSPF/ISIS

Im Gegensatz zu RIP gehören die Protokolle *Open Shortest Path First* (OSPF Version 2 [264] bzw. OSPF Version 3 [78]) und *Intermediate System-Intermediate System* (IS-IS oder ISIS [60]) zur Familie der *Link-State-Protokolle*. Diese zeichnen sich dadurch aus, dass ein Router seine Routing-Entscheidung nicht basierend auf der Sicht seiner Nachbarn trifft, sondern eine globale Sicht auf das Netz und seine Topologie hat und die Routing-Entscheidung selbst trifft. OSPF und ISIS basieren hierbei auf dem Graphenalgorithmus *Shortest Path First* von Dijkstra und unterscheiden sich nur in wenigen Aspekten. Daher werden sie hier gemeinsam behandelt.

Wie RIP enthält der ISIS-Grundstandard als Schutzmechanismus nur die Versendung eines Passwortes im Klartext mit jedem Paket. OSPFv2 enthält als Schutzmechanismus ebenfalls den Schutz via Passwort im Klartext, allerdings auch den Schutz via MD5. Dieser Schutzmechanismus wurde für ISIS nachträglich ebenfalls eingeführt [224]. Somit können beide Protokolle die durch sie ausgetauschten Kontrolldaten authentifizieren und verhindern, dass ein Angreifer Daten verändert oder einfügt. OSPF für IPv6 [78] – auch OSPFv3 genannt – verzichtet ganz auf Sicherheitsmechanismen auf Routing-Protokollebene, sondern verweist hier auf die Nutzung von IPsec, dessen Implementierung für IPv6-Systeme verpflichtend ist.

Für OSPF gibt es zusätzlich eine Protokollerweiterung [259], die den Schutz der Routing-Information in der Kontrolldatenebene vorsieht. Jeder Router sendet hierbei neben den üblichen Routing-Informationen auch noch ein Zertifikat an alle anderen Router, in dem der öffentliche Schlüssel des Routers zusammen mit noch weiteren Informationen enthalten ist, z. B. für welche Adressenbereiche der Router autorisiert ist, Routing-Information zu erzeugen. Die konkrete Routing-Information wird dann vom erzeugenden Router signiert, so dass jeder andere Router im Netz zum einen prüfen kann, ob die Routing-Information auf anderen Routern verändert wurde, und außerdem anhand des Zertifikates erkennt, ob der Router autorisiert ist, diese Routing-Information zu erzeugen. Durch die Signatur ist außerdem nachträglich auch nachweisbar, dass die Routing-Information von einem bestimmten Router erzeugt wurde, da kein anderer Router den privaten Schlüssel besitzt, der zum Erstellen der Signatur notwendig ist. Dem durch diese Funktionen gewährleisteten Schutz stehen jedoch als Nachteile eine erhöhte Rechenleistung und die Bereitstellung einer PKI gegenüber. Diese Erweiterung wurde jedoch bisher auf kommerziellen Routern nicht implementiert.

BGP

Als einziger Vertreter der EGP-Klasse wird im Internet heute das *Border Gateway Protocol* (BGP) [305] verwendet. Es gehört zur Klasse der *Pfad-Vektor-Protokolle*, die jener der Distanz-Vektor-Protokolle ähnlich ist. Statt einer

Metrik, die durch Aufsummieren der einzelnen Metriken der Verbindungen auf dem Weg zum Ziel entsteht, wird hier die AS-Nummer der Netze, welche die Routing-Information durchquert hat, aufgezeichnet und deren Anzahl als Metrik verwendet.

Weder in der Transport- noch in der Kontrollprotokollebene verfügt BGP über Schutzmechanismen. In Bezug auf Transport basiert es auf TCP, welches keine Schutzmechanismen besitzt. Speziell für BGP wurde von Cisco eine TCP-Option [151] entwickelt, die den Schutz von TCP-Rahmen mittels MD5-Hash-Wert ermöglicht. Hier fließt in die Hash-Wert-Berechnung ebenfalls ein geheimer Schlüssel ein. Besser – weil umfassender – ist inzwischen jedoch der Schutz von TCP mit Hilfe von TLS oder IPsec. Beide Protokolle unterstützen die Authentifikation mit Hilfe von asymmetrischer Kryptographie, das Aushandeln von Algorithmen und die regelmäßige Erneuerung des Schlüsselmaterials.

Da diese Protokolle auf kommerziellen Routern bisher wenig verbreitet sind, wird vorwiegend der Schutz über die TCP-Option verwendet. Hierbei sollte beachtet werden [219], dass die Mindestlänge des geheimen Schlüssels 12 bis 24 Byte betragen sollte, er nur einmal verwendet werden sollte und alle 90 Tage durch einen neuen Schlüssel ersetzt werden sollte.

Mit *Secure BGP* (SBGP) [205], *Secure Origin BGP* (soBGP) [385] und *Interdomain Routing Validation* (IRV) [140] wurden inzwischen auch Mechanismen für den Schutz in der Kontrolldatenebene entworfen. Allerdings bieten sie keinen vollständigen Schutz und sind zum Teil in Bezug auf CPU-Bedarf und Hauptspeicher-Menge nach heutigem Stand nicht problemlos umsetzbar. Daher bleibt auf Kontrolldatenebene nur der Schutz durch Filtern von Routing-Informationen auf Basis der Daten in der WHOIS-Datenbank der regionalen Internet-Registries (z. B. RIPE). Allerdings sind diese zum einen oft nicht vollständig oder aktuell, zum anderen sind die eigentlichen Routing-Policies, die angeben, welche Routen gesendet und empfangen werden, in Bezug auf Inhalt nicht authentifiziert, bieten also auch nur Schutz vor Fehlkonfigurationen.

8.5 MPLS

Dieser Abschnitt beschäftigt sich mit Sicherheitsaspekten bei Einsatz von MPLS, speziell im Zusammenhang der zugehörigen Signalisierungsprotokolle RSVP und LDP.

8.5.1 Einleitung

Der Betrieb von großen IP-Netzen mit hohen Verkehrslasten hat folgende Probleme gezeigt:

1. Die gängigsten Routing-Protokolle nutzen nur den besten Weg zum Ziel, was dazu führt, dass dieser Pfad stark belastet ist, wohingegen andere, schlechtere Wege (eventuell Backup-Pfade) sehr wenig belastet sind.

2. Der Einsatz von BGP erfordert eine Vollvermaschung aller Router auf Protokollebene, d. h. alle BGP-sprechenden Router müssen mit allen anderen BGP-sprechenden Routern eine BGP-Verbindung aufbauen und halten. Somit steigt die Anzahl der Verbindungen quadratisch mit der Anzahl der BGP-Router.

3. Obwohl schon der erste BGP-sprechende Router, der ein IP-Paket transportiert, dessen Ausgangs- oder Zielpunkt im Netz identifizieren kann, geschieht das IP-Routing nach wie vor Hop-by-Hop, d. h. jeder Router auf dem Weg trifft erneut die Routing-Entscheidung. Dies kann bei temporären Inkonsistenzen im Rahmen der Konvergenz von BGP zu Routing-Schleifen führen.

Alle drei Punkte waren neben anderen Motivation für die Entstehung der *Multi Protocol Label Switching*-Architektur (MPLS) [320]. In MPLS-Netzen verschmelzen die Paradigmen der Datagramm-basierten und leitungsbasierten Datenübertragung, indem Datenpakete in leitungsähnliche Kanäle eingepackt werden und somit für gewisse Zeit ihren individuellen Paketcharakter verlieren. Dazu werden Pakete in so genannte *Vermittlungsäquivalenzklassen (Forwarding Equivalence Classes)* eingeteilt und folgen dann einem MPLS-Kanal, einem so genannten *Label Switched Path* (LSP). Jedem IP-Paket, das über einen solchen LSP transportiert wird, werden ein oder mehrere MPLS-Protokollköpfe vorangestellt, die *Labels* enthalten, die dann als Kennung für einen LSP für gewisse Zeit in Bezug auf die Wegewahl ausschlaggebend sind. Diese ändern sich in der Regel bei jedem Zwischensystem, d. h. sie werden dementsprechend ausgetauscht (so genanntes *Label Swapping*); außerdem können bestehende Label-Schichten wegfallen (so genanntes *Label Pop*) oder neue hinzukommen (so genanntes *Label Push*).

Um das erste Problem zu lösen, kann man mit MPLS erreichen, dass auch Verkehrswege genutzt werden, die nicht optimal, jedoch von der Qualität her ausreichend sind. Dies wird auch als *Traffic-Engineering* (TE) bezeichnet (zu MPLS-TE siehe [23]). Ein Beispiel wird in Abbildung 8.10 gezeigt. Dazu werden LSPs nicht nur auf Basis der IGP-Routing-Informationen aufgebaut, sondern auch noch basierend auf gewissen Einschränkungen bzw. Vorgaben. Solche können z. B. sein, dass ein LSP gewisse Zwischensysteme passieren muss oder gewisse Kanten im Netz nicht nutzen darf.

Die Signalisierung solcher *TE-LSPs* geschieht heute vorwiegend mit dem *Resource ReSerVation Protocol* (RSVP) [50, 22]. RSVP wurde eigentlich im Rahmen der Integrated-Services-Architektur für die Signalisierung von Bandbreitenreservierungen entwickelt, bot jedoch aufgrund der hohen Kontrolle über den Pfadverlauf auch für TE eine sehr gute Ausgangsbasis. Zusätzlich zur

Signalisierung von TE-LSPs kann RSVP daher auch problemlos Bandbreitenreservierungen für diese durchführen. Dies bedingt jedoch den Einsatz eines
IGPs, das den aktuellen Reservierungszustand aller Netzwerkverbindungen
transportieren kann. Dies ist nur bei Link-State-Protokollen möglich; entsprechende Erweiterungen existieren für OSPF (*OSPF-TE Extensions* [183]) und
ISIS (*ISIS-TE Extensions* [355]).

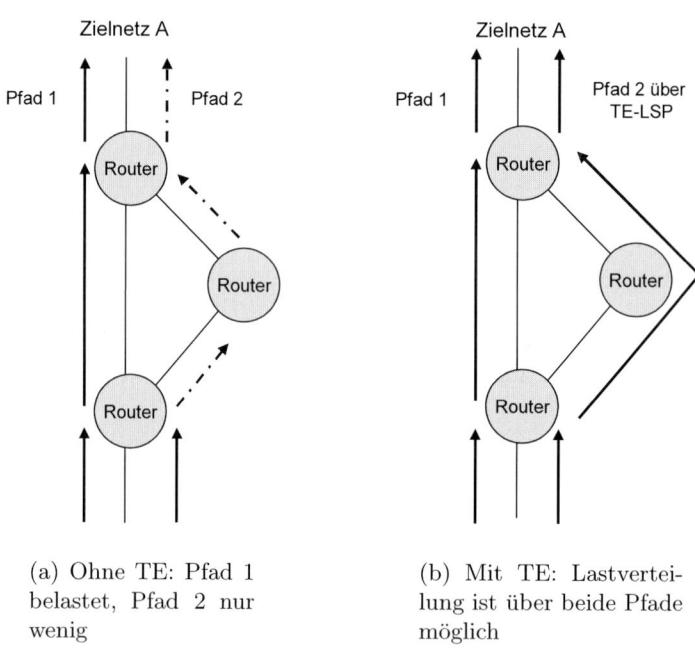

(a) Ohne TE: Pfad 1
belastet, Pfad 2 nur
wenig

(b) Mit TE: Lastvertei-
lung ist über beide Pfade
möglich

Abbildung 8.10. Traffic Engineering mit MPLS

Um die anderen beiden Probleme zu lösen, wurde das Protokoll *Label Distribution Protocol* (LDP) [14] entwickelt, das es unter anderem ermöglicht,
einen Netzwerkkern mit MPLS-Switching anstatt mit IP-Routing zu betreiben. Ein Netzwerkkern mit MPLS-Switching ist ein Bereich des Netzes, der
statt Pakete in IP-Ebene zu vermitteln ausschließlich in MPLS-Ebene arbeitet. Dazu baut jeder Rand-Router dieses Bereichs mittels LDP einen individuellen LSP für jeden im IGP-Protokoll vorhandenen IP-Präfix auf. Da es
gängige Praxis ist, dass alle Nexthop-Adressen für BGP-Routen über Routen
im IGP erreichbar sind, heißt dies, dass somit alle Nexthop-IP-Adressen über
einen LSP erreichbar sind. Somit können Pakete für solche Nexthop-Adressen
rein auf MPLS-Basis transportiert werden und es muss daher kein Hop-by-
Hop-basiertes Routing mehr angewendet werden (vgl. Abbildung 8.11). Dies

ermöglicht es, Kern-Router frei von BGP zu halten, somit die Anzahl der BGP-Verbindungen und somit Skalierbarkeitsprobleme und Fehlerquellen zu reduzieren. Es wurde auch eine Erweiterung von LDP entwickelt, um TE-LSPs bereitzustellen. Dieses so genannte *Constraint-based Routing* LDP (CR-LDP) [182] wurde jedoch nur von wenigen Herstellern eingesetzt und seine Weiterentwicklung wurde seitens der Working Group der IETF inzwischen auch eingestellt [15].

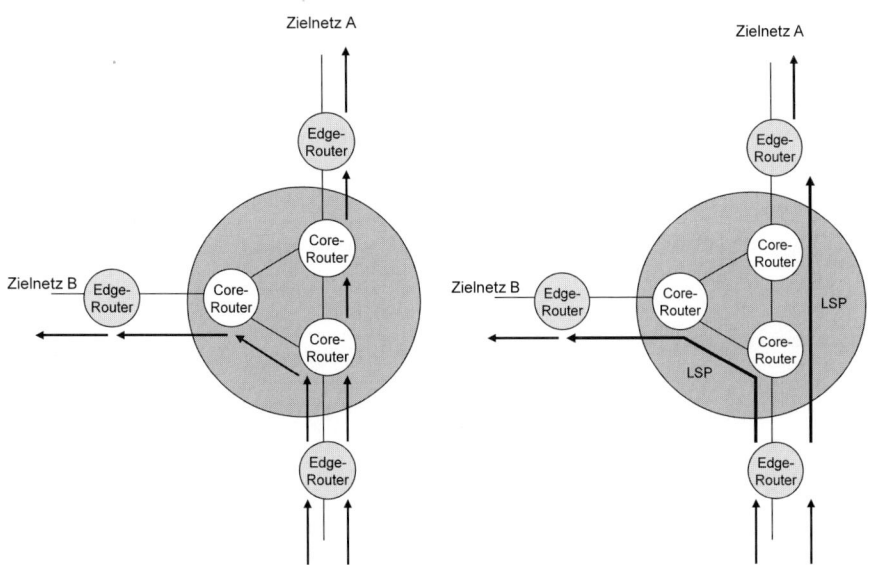

(a) Hop-by-Hop-Routing auf allen Systemen

(b) Hop-by-Hop auf Edge-Routern, MPLS im Kernnetz

Abbildung 8.11. Traditionelles IP-Routing vs. MPLS-Switching im Kern

Sowohl RSVP als auch LDP können darüber hinaus zur Signalisierung von MPLS-VPNs genutzt werden. Hierbei hat der Begriff VPN (s. Abschnitt 4.10, S. 126) jedoch nicht den Charakter eines durch Kryptographie geschützten VPNs, sondern bezieht sich darauf, dass mit MPLS Netzteile transparent verbunden werden können. So entsteht ein virtuelles Netz, das letztendlich aber auf Basis des Netzes von einem oder mehreren MPLS-Netzbetreibern basiert. Hierbei können insbesondere nicht nur virtuelle IP-VPNs konstruiert werden, sondern auch virtuelle ATM- oder Frame-Relay-Netze, deren Zellen und Rahmen in MPLS getunnelt zwischen den Kundenstandorten transportiert werden.

8.5.2 Sicherheitsaspekte

Die wesentliche Aufgabe von RSVP und LDP ist der Austausch von Labels auf allen Teilstrecken des LSPs. Insbesondere geschieht dies für beide Verkehrsrichtungen getrennt. Hierbei basiert die Wegewahl beim Aufbau von LSPs auf dem genutzten IGP, z. B. OSPF oder ISIS, und bei TE auf Vorgaben, wie der LSP zu führen ist. Hier ist also eine wesentliche Anforderung, dass das IGP abgesichert ist. Wie bei Routing-Protokollen liegt der Fokus in Bezug auf Sicherheit nicht auf der Vertraulichkeit der Signalisierungen, sondern primär auf der Absicherung der Authentizität der Teilnehmer, der Integrität der Daten und der Autorisierung aller Aktionen.

Ebenso gilt wie bei Routing-Protokollen: Sicherheitsrelevant sind die Transportsystemebene, Kontrollprotokollebene und die Kontrolldatenebene. Erfolgreiche Angriffe gegen die niedrigste Ebene machen Angriffe auf die darüberliegenden Ebenen möglich, wenn diese nicht abgesichert sind.

Diese Aspekte werden im Folgenden für LDP und RSVP getrennt diskutiert.

8.5.3 Sicherheit von RSVP

Bei RSVP liegt wie beschrieben der Fokus auf TE, d. h. bei der Signalisierung des LSPs spielt nicht nur der beste IGP-Pfad zum Ziel eine Rolle, sondern auch manuell konfigurierte Vorgaben und durch das IGP signalisierte Einschränkungen wie der Reservierungsstand einer Verbindung.

Der Router, von dem der LSP ausgeht, signalisiert über eine *PATH*-Nachricht den gewünschten LSP, indem er die Nachricht dem ersten Router auf einem zulässigen Pfad übergibt und dieser die Nachricht interpretiert, anpasst und weiterleitet. Lehnt keines der Zwischensysteme die Anfrage ab, so antwortet der Router, auf dem der LSP endet, mit einer *RESV*-Nachricht, die das Label für das letzte Segment enthält. Der vorletzte Router ersetzt dieses Label durch das Label für das vorletzte Segment und gibt die Nachricht wiederum gemäß dem Pfad der ursprünglichen *PATH*-Nachricht zum LSP-Startpunkt weiter. Wenn die Nachricht dort angekommen ist, so weiß jeder Router, welches (selbstgewählte) Label er in welches Label des nachfolgenden Routers umsetzen muss. Der LSP ist somit aufgebaut und kann Pakete auf dem gewünschten Pfad transportieren.

Transportsystemebene und Kontrollprotokollebene

RSVP baut direkt auf IP auf und implementiert wie OSPF notwendige Transportprotokollfunktionen selbst, weswegen die Sicherheitsbetrachung der Transportsystemebene und der Kontrollprotokollebene zusammenfallen.

Der Einsatz von IPsec zur Absicherung der Signalisierung wurde von der zuständigen IETF Working Group abgelehnt, da die Signalisierungspakete von jedem RSVP-fähigen Router auf dem Pfad dank des *Router-Alert-Flags* interpretiert und ggf. verändert werden, obwohl die Zieladresse des Paketes keiner der lokal konfigurierten IP-Adressen, sondern dem LSP-Endpunkt entspricht. Da diese Verwendung von IP durch IPsec nicht abgesichert werden konnte (und auch nach wie vor nicht kann), hätte IPsec in dieser Hinsicht erweitert werden müssen, was zu aufwändig erschien.

Daher wurde zusammen mit dem Grundprotokoll eine Erweiterung von RSVP [26, 49] spezifiziert, mit der die Authentifikation der Kommunikationspartner und die Integrität der Nachrichten sichergestellt werden sowie Replay-Angriffe verhindert werden, die aber keine Vertraulichkeit gewährleistet. Mit Hilfe des *INTEGRITY*-Objektes kann jeder RSVP-Nachricht eine eindeutige Sequenznummer und ein MAC-Wert zugeordnet werden. Somit können gefälschte Pakete, wiederholt versendete Pakete und veränderte Pakete erkannt werden. Der Standard fordert die Unterstützung von HMAC-MD5 [232] (s. Abschnitt 4.2.2, S. 104), ist aber offen für weitere Algorithmen.

Bei der Sequenznummer fordert der Standard lediglich eindeutige Werte pro Schlüssel und empfiehlt hierbei streng monoton steigende Werte mit Hilfe eines Zählers oder der Uhrzeit, z. B. des NTP-Zeitwertes. Wichtig ist, dass ein korrekter Ausgangswert auch nach Neustart oder Ausfall eines Systems ermittelbar ist. Hat das System selbst keinen Mechanismus zur Wiedererlangung des letzten Wertes und kann auch keinen korrekten Wert abschätzen, so kann es über ein Challenge-/Response-Verfahren den RSVP-Kommunikationspartner auffordern, den aktuellen Zählerstand zu schicken. Der Standard sieht auch ein Toleranzfenster vor, so dass RSVP-Pakete, die nicht in der Sende-Reihenfolge empfangen werden, dennoch akzeptiert werden. Da RSVP in der Regel zwischen Systemen gesprochen wird, die direkt an ein gemeinsames Medium angeschlossen sind, sollte dieser Fall jedoch selten auftreten und ist eher bei Nutzung von RSVP über einen nicht RSVP-fähigen Teilbereich des Netzes relevant.

Diese Erweiterung von RSVP enthält selbst keinen Mechanismus zur Aushandlung des Sicherungsalgorithmus und des Schlüsselmaterials. Daher müssen diese Daten vom Administrator manuell installiert werden oder durch ein Protokoll wie IKE ausgehandelt werden. Bisher ist jedoch keine Erweiterung von IKE bekannt, welche die Aushandlung von RSVP-SAs ermöglichen würde. Die Erweiterung sieht jedoch die Nutzung von Kerberos (s. Abschnitt 10.3, S. 416) zumindest zur Generierung und zur Installation eines gemeinsamen Schlüssels vor. Der Sender kann das KDC zur Generierung eines Sitzungsschlüssels auffordern und das Ticket für den Empfänger in die RSVP-Nachricht einfügen. Der Empfänger muss dann zunächst das Ticket entschlüsseln und kann danach mit dem enthaltenen Sitzungsschlüssel die Nachricht authentifizieren.

Kontrolldatenebene

Die Sicherheitsmechanismen in der Transportsystemebene und Kontrollprotokollebene schützen RSVP-Teilnehmer vor Angriffen durch Outsider (siehe Abschnitt 8.4.2), jedoch nicht vor solchen durch Insider auf Kontrolldatenebene. Insider können LSP-Signalisierungsabläufe entweder blockieren oder derart verändern, dass die Signalisierung fehlschlägt oder nicht in dem gewünschten Produkt – z. B. nicht dem gewünschten Pfad – resultiert. RSVP verfügt über keine Sicherheitsmechanismen, um solche Angriffe zu verhindern [387, 362]. Nicht unwesentlich ist hierbei die Protokolleigenschaft, dass die Signalisierungsnachricht in manchen Aspekten durch jeden Teilnehmer angepasst werden darf. Ein einfaches Signieren der Nachricht durch den ursprünglichen Versender (Startpunkt/Endpunkt des LSPs) reicht hier also nicht aus.

Ein weiterer Angriff ist die unautorisierte Signalisierung eines LSPs. Der RSVP-Standard sieht die inhaltliche Prüfung von Reservierungsanfragen vor, spezifiziert jedoch nicht deren Ablauf. Parallel zur Entwicklung von RSVP wurde eine Architektur entwickelt, die Zugangsprüfung (bei Reservierungsanfragen) auf Basis eines Regelwerkes bzw. einer Richtlinie (Policy) vorsieht [388]. Da es sinnvoll ist, solche Entscheidungen nicht von jedem Router selbst treffen zu lassen, können diese mit Hilfe des *Common Open Policy Service* Protokolls (COPS) [103, 158] ausgelagert werden. Dies ist prinzipiell auch bei LSP-Signalisierungen möglich.

8.5.4 Sicherheit von LDP

LDP ist konzeptionell in zwei Protokollteile aufgeteilt: Zunächst gibt ein LDP-fähiger Router seine Anwesenheit bekannt und sucht gleichermaßen nach anderen LDP-fähigen Routern an lokalen Schnittstellen. Zu erkannten Routern baut er dann eine LDP-Verbindung auf, über welche die eigentlichen Signalisierungen ablaufen. LDP bietet bei der Signalisierung von LSPs vielfältige Möglichkeiten, wann welcher Router welche Label-Zuordnungen bekannt gibt. Bei der klassischen Einsatzmethode des LDP-geswitchten Netzwerkkerns baut jeder Router für jeden IGP-Präfix zum entsprechenden Nexthop auf dem ihm bestbekannten Weg einen LSP auf. Hierbei ist die Sicherheit des zugrundeliegenden IGPs offensichtlich von großer Relevanz.

Transportsystemebene und Kontrollprotokollebene

Für die Erkennung anderer LDP-fähiger Router wird als Transportprotokoll UDP eingesetzt. Die Protokollspezifikation von LDP empfiehlt als Schutzmaßnahmen vor gefälschten Nachrichten, LDP-Pakete nur auf LDP-aktivierten

Schnittstellen zu akzeptieren bzw. im Rahmen der Möglichkeiten ihren Empfang durch Paketfilter einzuschränken. Da die UDP-Pakete an die Multicast-Adresse *„All Routers on this Subnet"* geschickt wird, ist die Verwendung von IPsec zum Schutz dieser Pakete nicht ohne weiteres möglich. Sollte LDP in nicht vertrauenswürdigen Umgebungen eingesetzt werden, so empfiehlt sich das Deaktivieren der automatischen Erkennung von Nachbarn und der statischen Konfiguration derselben [365].

Für den Austausch der eigentlichen Signalisierungsdaten wird dann TCP als Transportprotokoll verwendet. Hier wird die für den Schutz von BGP eingeführte TCP-Option mit MD5-MAC [151] verwendet, welche die Authentizität der Kommunikationspartner und die Integrität der Daten prüfbar macht. Zur Bewertung dieses Ansatzes siehe Abschnitt 8.4.5. LDP schützt seine Kontrollnachrichten oberhalb von TCP nicht mehr, sondern verlässt sich auf diesen Schutz.

Dank der Verwendung von TCP als Transportprotokoll bedarf es bei LDP im Gegensatz zu RSVP keiner besonderen Schutzmaßnahmen zur Erkennung und Abwehr von Replay-Angriffen. TCP erkennt selbständig duplizierte Segmente und verwirft diese automatisch.

Kontrolldatenebene

Die Angriffsmöglichkeiten in der Kontrolldatenebene sind bei LDP nicht so vielfältig wie bei RSVP, da LDP hier im Wesentlichen auf den IGP-Daten aufbaut und diese in LSPs umsetzt. Ein Insider kann hier die gleichen Angriffe umsetzen, die er beim entsprechenden IGP umsetzen kann.

8.5.5 Bewertung

Die Sicherheitsmechanismen bei den Signalsierungsprotokollen in MPLS-Netzen beschränken sich im Wesentlichen auf die Authentifikation der Kommunikationspartner und den Schutz der Integrität der ausgetauschten Nachrichten. Weder RSVP noch LDP verfügen jedoch über Mechanismen zur Erkennung und Bekämpfung von Angriffen durch Insider. Dies ist wahrscheinlich darauf zurückzuführen, dass diese Protokolle, wie IGPs, hauptsächlich im eigenen Netz eingesetzt werden und nicht zur Signalisierung zwischen Netzen unterschiedlicher Provider. Somit verlässt man sich darauf, dass die eigenen Router sicher und vertrauenswürdig sind. Bei der Kompromittierung eines Routers durch einen Outsider stehen diesem somit jedoch alle Möglichkeiten offen, Angriffe auf Kontrolldatenebene auszuführen.

Negativ zu werten ist allgemein, dass IPsec bisher kaum zum Schutz der Signalisierungsabläufe genutzt wird bzw. nicht genutzt werden kann. Stattdessen werden z. B. bei LDP Mechanismen genutzt, die seit Jahren als Notlösung aus Prä-IPsec-Zeiten bekannt sind.

8.6 SNMP

Das *Simple Network Management Protocol* (SNMP) wurde spezifiziert, um die einzelnen Komponenten eines Netzwerkes von zentraler Stelle aus verwalten zu können. Bis 1988 gab es eine Vielzahl von verschiedenen Protokollen (neben SNMP z. B. *High-Level Entity Management Systems* – HEMS), die alle mit der gleichen oder ähnlichen Zielsetzung angetreten waren. Doch diese Vielzahl war auch die Ursache, dass sich keines wirklich durchsetzen konnte. Auf einem Meeting des Internet Architecture Board (IAB) am 29. Februar 1988 [71] wurde die Empfehlung verfasst, SNMP weiter zu entwickeln.

Um den Umgang mit der Problematik etwas zu vereinfachen, wurden folgende Begriffe definiert (siehe auch RFC 1351 [88]):

- *Managed Object* — Objekt, das mit Hilfe von SNMP verwaltet werden soll. Objekte sind zum Beispiel die Anzahl der empfangenen Bytes auf einer Schnittstelle, Seitenzähler eines Druckers oder der Name eines Gerätes.

- *Object Identifier* (OID) — Eindeutige Kennzeichnung eines Managed Objects durch eine Folge von ganzen Zahlen.

- *Management Information Base* (MIB) — gemeinsames Wissen von Manager und SNMP-Agent über die Objekte. Ein Beispiel für solches Wissen ist, dass Gerätenamen Zeichenketten sind und Bytezähler nichtnegative Zahlen. Es wird auch festgelegt, welche OID zum Zugriff benutzt wird.

- *SNMP Agent* – Protokollteil, der SNMP spricht und die Objekte wirklich verwaltet, also ein Stück Software, welches in der Nähe des Managed Objects läuft.

- *Manager* — Verwalter der zu verwaltenden Geräte, steuert die SNMP-Agenten an und kommuniziert mit ihnen.

- *Community* — Gemeinschaft von verwalteten Objekten und Verwaltern. Die Gemeinschaft kann ein gemeinsames Geheimnis haben.

8.6.1 Protokollversion v1

Da es bereits funktionierende SNMP-Implementierungen gab, wurden die Empfehlungen des IAB-Treffens auch schnell standardisiert und RFC 1065[240] noch im selben Jahr veröffentlicht. Der Standard wurde später noch einmal überarbeitet, so dass erst die Dokumente [319, 241] und [64] die – inzwischen als historisch eingestufte – Version von SNMPv1 beschreiben. Dabei spezifiziert [319] den generellen Aufbau und die Philosophie hinter dem Network Management und [241] die Managed Objects, die eine SNMP-Implementierung mindestens anbieten muss. Bei der Auswahl der Objekte waren die Richtlinien:

- Die Objekte sollten wichtig und nützlich für das Management sein.

- Die Anzahl der Objekte sollte klein gehalten werden.

- Herstellerspezifische und redundante Objekte sollten weggelassen werden.

- Es sollten nur „schwache" Objekte zugelassen werden. Mit „schwachen Objekten" ist gemeint, dass, wenn ein Angreifer die Objekte manipuliert, er nur kleinen oder begrenzten Schaden anrichten kann.

Der letzte Punkt zeigt, dass sich die Designer von SNMP der schwachen Sicherheitsmaßnahmen (s. u.) im Protokoll bewusst waren. Die Beschreibung der Objekte erfolgte in ASN.1 [178].

SNMP selbst ist in [64] festgelegt. Die Protokollnachrichten in SNMP sind darauf ausgelegt, über ein unzuverlässiges, paketorientiertes Netzwerk geschickt zu werden. Zudem sollte SNMP auch bei Störungen des Netzbetriebs noch funktionieren, weshalb Einfachheit ein wichtiges Entwurfsprinzip war. Obwohl SNMP damit auch direkt auf der Sicherungsschicht aufsetzen kann [340, 199], wird üblicherweise UDP mit der Portnummer 161/162 verwendet. Die Objekte in den Nachrichten werden nach den Distinguished Encoding Rules (DER)[179] in Oktetts umgewandelt.

Um dem Anspruch der Einfachheit gerecht zu werden, ist SNMP auf sehr wenige Protokollnachrichten begrenzt:

- *GetRequest* — Der Manager fordert ein Managed Object an.

- *GetNextRequest* — Der Manager fordert das sequentiell nächste Objekt an. Mit dieser Nachricht ist es möglich, alle verfügbaren Informationen nacheinander abzufragen.

- *SetRequest* — Der Manager setzt den Wert einer Variablen.

- *GetResponse* — Wird als Antwort auf jede der obigen Nachrichten geschickt, wobei der (neue) Wert des Managed Objects enthalten ist.

- *Trap* — Wird zur asynchronen Benachrichtigung benutzt und kann in beiden Richtungen versandt werden, sowohl zur Anforderung als auch bei der Auslösung eines Ereignisses.

8.6.2 Sicherheit von SNMPv1

Als Sicherheitsmaßnahmen sind in SNMP nicht alle Variablen schreibbar; manche sind mit dem Zugriffsmodus *Read-Only* markiert. Der zweite verfügbare Zugriffsmodus ist *Read/Write*, erlaubt also auch den schreibenden Zugriff auf das Objekt. Ein SNMP-Agent kann Teil mehrerer SNMP-Communities sein. Häufig sind zwei Communities vorgesehen:

- In der *Read-Community* sind alle schreibenden Zugriffe verboten. Der voreingestellte Wert für die Read-Community (`public`) wird meist belassen.

- Für die *Write-Community* sind zusätzlich Schreibzugriffe erlaubt.

Des Weiteren ist definiert, dass nur authentische Nachrichten verarbeitet werden sollen. Allerdings bleibt offen, wie die Authentizität der Nachrichten festgestellt werden soll; lediglich die triviale Variante – alle Nachrichten sind authentisch – wird erwähnt. Beim Zugriff auf ein Objekt wird somit lediglich überprüft, ob der Community-Wert korrekt ist. Da er jedoch im Klartext übertragen wird, kann ein Angreifer, dem es gelingt Netzwerkverkehr mitzuhören und den Community-Wert in Erfahrung zu bringen, fälschlicherweise als authentisch anerkannte Nachrichten erzeugen.

Um die Nachteile von SNMPv1 auszugleichen, wurden in [135] Sicherheitsmechanismen eingeführt. Dies stellt nur eine optionale Erweiterung dar und keine Fortschreibung des Standards, weswegen die meisten verfügbaren SNMPv1-Implementierungen die Erweiterungen nicht enthalten. Die im Rahmen der Erweiterung identifizierten Gefahren waren:

1. Modifikation der transportierten Informationen, d.h. fehlender Integritätsschutz

2. Absenderfälschung, d.h. fehlende Authentisierung

3. Modifikationen der Nachrichtenreihenfolge, d.h. fehlender Schutz gegen Wiedereinspielungsangriffe

4. Abhören, d.h. fehlende Vertraulichkeit

Durch [135] wurden die Gefahren durch DoS-Angriffe und der Verkehrsanalyse nicht betrachtet. Die Sicherheitsziele waren unter den folgenden Nebenbedingungen zu erreichen:

- Stabilität auch bei hohen Verkehrsbelastungen

- Unabhängigkeit von anderen Services wie NTP

- Keine Modifikation von SNMP

Um die ersten drei Sicherheitsziele zu erreichen, wird das *Digest Authentication Protocol* eingesetzt. Dieses Protokoll sieht vor, dass jede Nachricht zu Beginn die folgenden Informationen enthält:

- *Einen Zeitstempel* — Anhand dieses Zeitstempels kann die Sendereihenfolge beim Empfänger geprüft werden und Wiedereinspielungsangriffe werden unmöglich.

- *Einen Nonce-Wert* — Dieser wird benutzt, falls die Auflösung des Zeitstempels (eine Sekunde) nicht ausreicht.

- *Einen Hash-Wert über die Nachricht* — Dieser Wert wird berechnet, indem die gesamte Nachricht in ihrer binären Form dargestellt wird, der Hash-Wert aber zunächst durch einen geheimen Schlüssel ersetzt wird. Danach wird eine kryptographische Hash-Funktion (z. B. MD5) über die gesamte Nachricht berechnet und der Hash-Wert in der Nachricht durch dieses Ergebnis ersetzt.

Der Empfänger einer Nachricht berechnet den Hash-Wert auf die gleiche Weise und kann damit, vorausgesetzt der Schlüssel ist wirklich geheim, die Authentizität des Absenders und der Nachricht feststellen. Da die kodierten ASN.1-Nachrichten Längenfelder enthalten, ist ein einfaches Anhängen von Daten und Fortsetzen der Hash-Funktion nicht möglich.

Um die Vertraulichkeit von SNMP-Nachrichten zu schützen, kann das *Symmetric Privacy Protocol* (ebenfalls [135]) eingesetzt werden. Hierbei wird die gesamte SNMP-Nachricht mit einem symmetrischen Verschlüsselungsalgorithmus verschlüsselt. Um mehrere Empfänger (z. B. beim Einsatz von Proxies) unterscheiden zu können, bezeichnet das Feld *PrivDst* den Empfänger noch einmal außerhalb der Verschlüsselung.

Des Weiteren spezifiziert [135] ein Verfahren, um die notwendigen symmetrischen Schlüssel sowie den Zeitstempel sicher auf Startwerte zu setzen.

8.6.3 Protokollversion v2

Mit RFC 1441 ff. [66] wurde 1993 der Standard überarbeitet und als SNMPv2 veröffentlicht. Viele Änderungen betrafen die MIBs, welche hier nicht relevant sind. Aus Protokollsicht ist die wichtigste Neuerung die Einführung einer *GetBulk*-PDU, womit insbesondere die Abfrage von Tabellen deutlich beschleunigt wurde, da die Anzahl der dafür benötigten Nachrichten sank. Eine Änderung an den Sicherheitsmechanismen betrifft das Digest Authentication Procotol. In SNMPv2 wird für beide Richtungen ein separater Zeitstempel geführt. Des Weiteren wird der Hash-Wert jetzt auch über die Zeitstempel berechnet, so dass auch diese innerhalb des Integritätsschutzes liegen.

8.6.4 Protokollversion v3

Im Jahr 2002 wurde dann mit RFC 3410 ff. [67, 150, 65, 223, 44, 386, 301, 300] der derzeit gültige Standard SNMPv3 definiert. Insbesondere wurden die in den vorherigen Absätzen beschriebenen kryptographischen Schutzmechanismen in den Standard aufgenommen. Dies zeigt, dass es ein Hauptaugenmerk der SNMPv3-Arbeitsgruppe der IETF war, die Sicherheit des Protokolls zu erhöhen. Dabei wird zwischen Sicherheit (Authentizität, Integrität, Vertraulichkeit der Nachrichten) und Zugriffskontrolle (Autorisierung; welche Nachrichten sind erlaubt) unterschieden.

Es existieren drei verschiedene Sicherheitsklassen:

- *noAuthNoPriv* — nicht besonders geschützt

- *AuthNoPriv* — Authentizität und Integrität geschützt

- *AuthPriv* — wie AuthNoPriv, aber zusätzlich ist die Vertraulichkeit der Nachrichten geschützt

An Stellen, wo die oben beschriebenen Erweiterungen noch allgemein bleiben, wird [44] konkreter: Beim *User-Based Security Model* (USM) wird jedem Nutzer (Personen wie Alice oder auch Rollenbezeichnungen wie Administrator) ein Sicherheitskontext zugeordnet. Dieser besteht aus:

- dem Namen des Nutzers

- dem Authentisierungsprotokoll (HMAC-MD5-96 und HMAC-SHA-96 sind spezifiziert) und dessen Schlüssel

- dem Verschlüsselungsprotokoll (CBC-DES im Standardfall) und dessen Schlüssel

Diese Informationen werden im *Local Configuration Datastore* (LCD) abgelegt.

Für die Kontrolle des Zugriffs bietet sich das *View Based Access Control Model* (VACM) [386] an. Bevor Zugriff auf ein Objekt gewährt wird, werden folgende Dinge betrachtet:

- Wer (Nutzername, Absicherung des Nutzernamens) verlangt Zugriff?

- Wie (Nachrichtensicherheit) soll der Zugriff erfolgen?

- Welcher Art (Lesen/Schreiben/Benachrichtigung) soll der Zugriff sein?

- Worauf (OID, Instanz) soll zugegriffen werden?

Diese Informationen werden ebenfalls im LCD nachgeschlagen. Erst aus der Betrachtung aller obigen Fragen ergibt sich, ob der Zugriff erlaubt wird.

Der Vorteil von einer Kombination aus USM und VACM ist die sehr detaillierte Vergabe von Zugriffsrechten. Die Konfiguration dieser Zugriffsmodelle ist aber recht komplex, z. B. kann der LCD zum Teil selbst wieder über SNMP verwaltet werden.

8.6.5 Bewertung

SNMP in der Version 2 ist sicher heute noch die am häufigsten eingesetzte Variante. Da das Protokoll selbst keine wirklichen Sicherheitsmerkmale mitbringt, kann die Sicherheit dadurch erreicht werden, dass SNMP nur in speziell abgeschirmten Management-Teilnetzen erlaubt ist und im restlichen Netz mit Hilfe von Firewalls blockiert wird. Es hat sich auch gezeigt [70], dass die ASN.1-Kodierung schwierig zu implementieren ist und damit relativ fehleranfällig ist.

Protokoll Version 3 bringt viele sinnvolle Sicherheitsmerkmale mit, doch ist der Protokollentwurf so komplex, dass von vielen Agents und Managern dieses Protokoll noch nicht unterstützt wird bzw. durch die Verantwortlichen nicht eingesetzt wird.

8.7 DDoS

Wie in Abschnitt 2.5.7 (S. 17) bereits erläutert wurde, stellen DoS- und DDoS-Angriffe eine ernst zu nehmende Gefahr für die Netzwerkinfrastruktur dar.

Bei DDoS-Attacken sind die Quellen des Angriffs oftmals (welt-)weit verteilte Systeme, die kompromittiert wurden (vgl. Abbildung 8.12). So genannte *Agenten* führen dann den eigentlichen Angriff durch und werden häufig von einer koordinierenden Instanz ferngesteuert. Durch einen koordinierten und nahezu gleichzeitig gestarteten Angriff wird ein Verstärkungseffekt gegenüber einem einzelnen angreifenden System erreicht. Verfügen die einzelnen angreifenden Systeme beispielsweise über eine Netzwerkanbindung mit je 100 Mbit/s, so kann die aggregierte Angriffsbandbreite bei entsprechender Anzahl leicht mehrere Gbit/s betragen.

Ein einzelnes System ist zwar heutzutage auch in der Lage, große Datenmengen und hohe Paketraten zu erzeugen. Dennoch können Angriffspakete eines solchen Systems durch Setzen einfacher Paketfilter abgewehrt werden, wenn dessen reale Adresse ermittelt wurde. Prinzipiell können auch ganze Rechnernetze (z. B. Rechner-Pools in einer Hochschule) auf einmal von Angriffsagenten infiziert werden, da sie üblicherweise identische Konfigurationen aufweisen. Hier kann aber u. U. das Filtern entsprechender Pakete des zugehörigen Netzwerks helfen.

Um die Rückverfolgung zu den Angriffsquellen zu erschweren, werden häufig gefälschte Absendeadressen in den Angriffspaketen verwendet. Deswegen sollten in Zugangsnetzen generell Ingress-Filter [115, 27] eingesetzt werden (vgl. hierzu auch Abschnitt 6.6.3, S. 256). Allerdings spielt der Unterschied zwischen gefälschten und authentischen Quelladressen auch keine große Rolle,

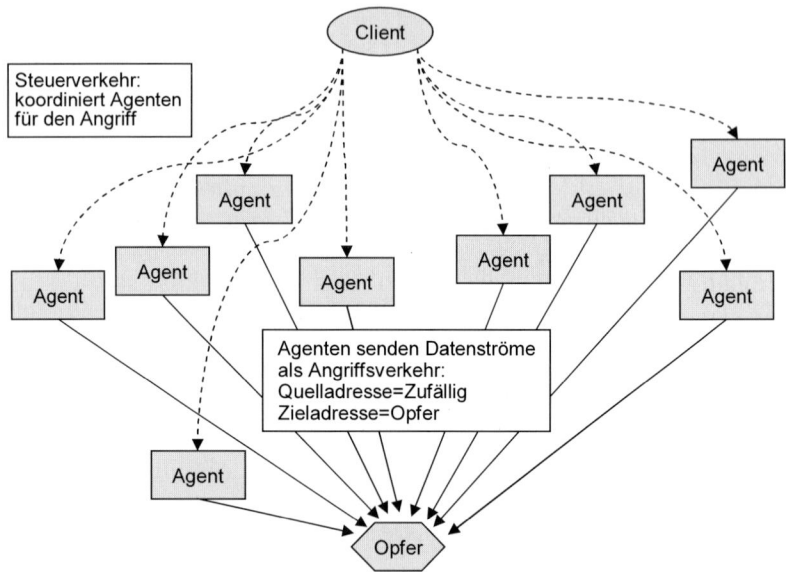

Abbildung 8.12. Schema eines DDoS-Angriffs

wenn die Zahl der Angriffsquellen und deren Verteilung sehr hoch ist, beispielsweise wenn durch Würmer infizierte Systeme den Angriff durchführen. Durch die Vielzahl der Quellen ist eine Rückverfolgung praktisch nicht mehr durchführbar; ebenso können Paketfilter nicht effektiv eingesetzt werden.

8.7.1 Reflektorenangriffe

Eine weitere Angriffsvariante besteht darin, die eigentlichen Opfer nicht direkt zu attackieren, sondern indirekt über Drittsysteme, so genannte *Reflektoren* [284]. Dazu wird von den Agenten als Quelladresse diejenige des eigentlich zu attackierenden Zielsystems (Opfer) eingesetzt und als Zieladresse ein Reflektor-System. In diesem Fall werden also die Zielsysteme durch die ursprünglichen Angriffspakete nicht direkt angegriffen, sondern mittels Antwortpaketen, welche durch die Reflektoren generiert werden (s. Abbildung 8.13). Voraussetzung hierfür ist also, dass ein Reflektor ein Paket als Reaktion auf Erhalt eines bestimmten anderen Paketes zurückschickt.

Die Anzahl der potenziellen Reflektoren ist sehr hoch, da praktisch jeder WebServer, DNS-Server oder Router als solcher fungieren kann. So werden beispielsweise auf reguläre TCP-Verbindungsaufbaupakete (mit gesetztem *SYN*-Flag) Pakete mit den Flags *SYN-ACK* (signalisiert Verbindungsannahme) oder *RST* (Abbrechen der Verbindung) zurückgeschickt. Es können aber auch ICMP-Meldungen (z. B. Time Exceeded oder Destination Unreachable) sein,

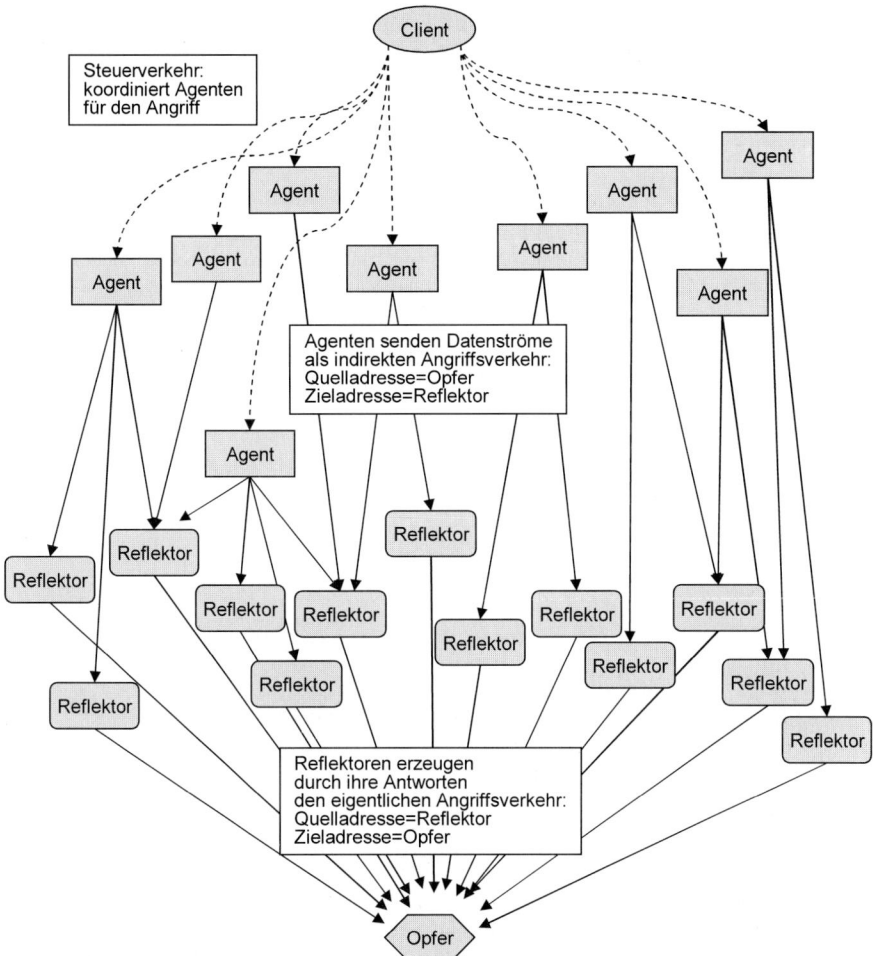

Abbildung 8.13. Schema eines DDoS-Angriffs unter Einsatz von Reflektoren

die als Reaktion auf den Empfang bestimmter IP-Pakete zurückgeschickt werden. Die Reflektoren werden durch solche Angriffe unter Umständen selbst beeinträchtigt (SYN-Überflutungsattacke, vgl. Abschnitt 7.2.1). Eine weitere Beeinträchtigung kann dadurch entstehen, dass als Gegenmaßnahme sämtlicher Verkehr von reflektierenden Systemen herausgefiltert wird und folglich deren Dienste in weiten Teilen des Internets nicht mehr erreichbar sind.

Durch die hohe Anzahl an nutzbaren Reflektoren und die Tatsache, dass ein Agenten-System üblicherweise mehrere Reflektoren ansteuert (Streuung), kann die Wirkung des Angriffs sehr effektvoll verstärkt werden. Eine Verstärkung in dem Sinne, dass ein Reflektor mehr Pakete zurücksendet als er von einem Agenten erhält, erfolgt üblicherweise nicht. Überdies wird bei einer Streuung die Paketsenderate, mit der ein einzelner Reflektor ein Opfer attackiert, geringer sein als die Senderate eines einzelnen Agenten. Dadurch können aber möglicherweise Detektionsmaßnahmen umgangen werden, die beispielsweise versuchen, Quellen mit andauernd hohen Paket-Emissionsraten im eigenen Netzwerk aufzuspüren.

Das Gleiche gilt für Rückverfolgungstechniken, die eine hohe Menge an übertragenen Daten benötigen. Zwar ist der Ursprung der unmittelbaren Angriffspakete nun für die Opfer leichter zu ermitteln, jedoch nutzt diese Information nur wenig, da der Verkehr aufgrund der Vielzahl der Reflektoren nicht mehr sinnvoll herausgefiltert werden kann. Zudem handelt es sich ja nicht um infiltrierte, sondern um reguläre Systeme ohne abnormes Verhalten.

Für den Betreiber eines Reflektors ergibt sich allerdings – wie im Angriffsfall ohne Reflektoren – die Schwierigkeit, die Lokation der eigentlich angreifenden Agenten-Systeme herauszufinden.

In [284] werden u. a. die folgenden potenziellen Reflektoren als besondere Bedrohung betrachtet:

- *Implementierungen mit leicht zu ratenden TCP-Sequenznummern* — Solche Implementierungen erlauben es einem Angreifer, Kontrolle über einen aktiven TCP-Zustandsautomaten eines Reflektors zu erhalten. Dadurch können die Opfer mit größeren Datenmengen bombardiert werden. Beispielsweise basiert die Sequenznummernvergabe bei einigen Betriebssystemen lediglich auf einer Zeitabhängigkeit, so dass die initialen Sequenznummern leicht vorhergesagt werden können.

- *Rekursive DNS-Anfragen* — DNS-Server fragen häufig bei anderen DNS-Servern nach, um die gewünschten Daten zu erhalten. Ist das Opfer ein DNS-Server, so müssen lediglich andere DNS-Server nach Daten aus dem Zuständigkeitsbereich des Opfer-Servers gefragt werden. Damit würde eine große Anzahl von DNS-Servern rekursive Anfragen (sofern konfiguriert) beim Opfer-DNS-Server stellen. Für diesen Angriff sind also nicht einmal gefälschte Adressen notwendig.

Insgesamt lässt sich festhalten, dass ein Reflektorenangriff eine besondere Bedrohung darstellt. Dennoch lassen sich aufgrund der speziellen Antwortcharakteristik bei den Opfern Filter installieren, um den Angriff zunächst abzuwehren. Allerdings sind während der Zeit, in der die Filter aktiviert sind, externe Dienste für die Opfersysteme nicht oder nur sehr eingeschränkt verfügbar.

8.7.2 Gegenmaßnahmen

Die Folgen eines Angriffs durch Fluten können vielfältiger Natur sein. Durch die erzeugte Überlast können bestimmte Dienste in der Leistung stark be-

einträchtigt werden oder auch völlig ausfallen. Wenn Netzwerkinfrastruktur-
komponenten wie Router oder DNS-Server betroffen sind, können auch ganze
Netzwerkteile betroffen sein. Wird zum Beispiel die Strecke vor einer Firewall
überlastet, schützt sie zwar die eigentlichen Server und das dahinterliegende
Netz, kann jedoch gegen die Überflutung der Zugangsleitung nichts ausrichten
(vgl. Abbildung 8.14). Zur Abwehr muss dann der Netzwerkbetreiber (ISP)
kontaktiert werden, um Filter in seinem Zugangsrouter zu installieren.

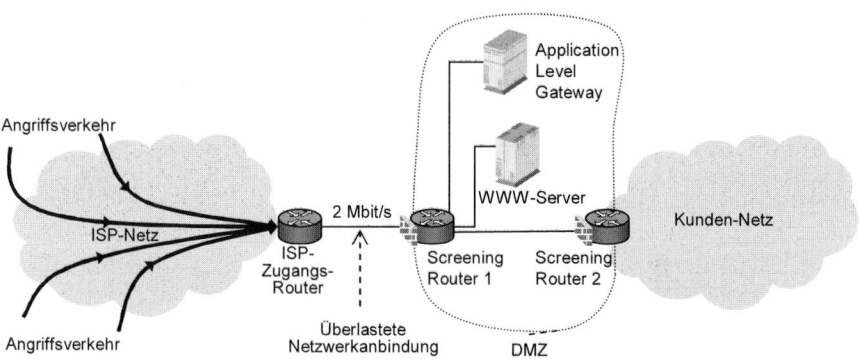

Abbildung 8.14. DDoS-Angriff auf die Übertragungsleitung einer Netzanbindung

Darüber hinaus erzeugt der Angriff meist auch auf den angreifenden Systemen bzw. in deren Netzwerken eine beträchtliche Last, welche zu merklichen
Beeinträchtigungen führen kann. Möglicherweise wird den Besitzern von Systemen, von denen ein Angriff ausgeht, von den Opfern eine Mitverantwortung
zugeschrieben.

Abbildung 8.15 zeigt die Wirksamkeit einer Angriffserkennung und die Wirksamkeit von Filtern zur Abwehr von Angriffen in Abhängigkeit von der Entfernung des Opfers zu den Angriffsquellen. Da sich die Angriffspakete nahe beim
Opfer konzentrieren, kann der Angriffsverkehr und seine Zusammensetzung in
der Nähe des Opfersystems besser analysiert werden, während in der Nähe
der Angriffsquellen der Angriffsverkehr möglicherweise im normalen Verkehr
nicht weiter auffällt. Umgekehrt sind nahe bei den Quellen installierte Filter
effektiver als beim Opfer installierte Filter, sofern diese bei der Vielzahl von
Angriffsquellen noch effizient eingesetzt werden können.

Zusammenfassend lässt sich festhalten, dass eine Detektion und Abwehr von
DDoS-Angriffen sich als äußerst schwierig gestaltet, vor allem da DDoS-
Angriffe von Flash-Crowd-Effekten oftmals nur schwer zu unterscheiden sind.
Insbesondere dürfte eine Abwehr eines sehr weit verteilten Angriffs schwie-
rig werden, da eine Rückverfolgung entsprechend aufwändig bzw. nicht mehr
durchführbar ist.

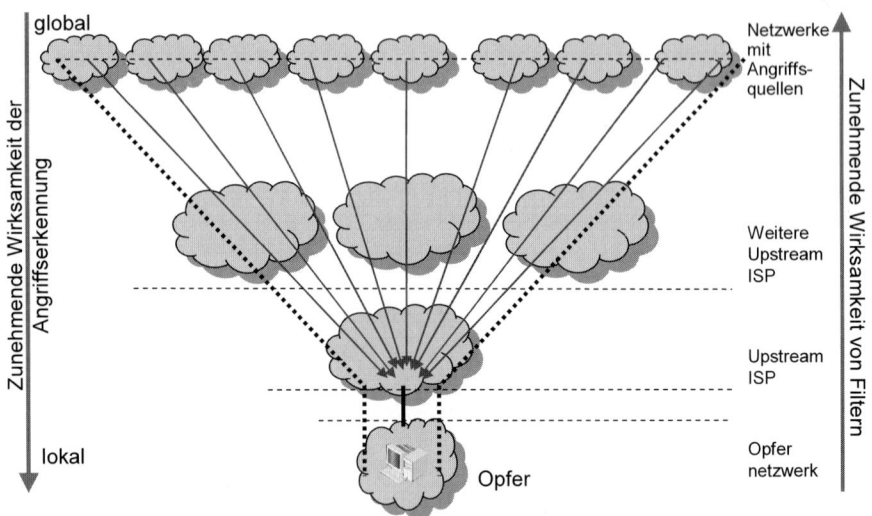

Abbildung 8.15. Konzentration des Angriffsverkehrs beim Opfer

Ein DDoS-Angriff kann letztlich nur wirksam bekämpft werden, wenn die den Angriffsverkehr verursachenden Agentensysteme ausgeschaltet werden. Dazu müssen also die eigentlichen Quellen des Angriffs ermittelt und die entsprechenden Filter für die Ursprungsnetze dort geschaltet werden. Bestenfalls werden die Agentensysteme vom dortigen Administrator isoliert oder ausgeschaltet und die Netze von den Agentensystemen gesäubert.

Eine notwendige Gegenmaßnahme kann aber auch das Filtern des Angriffsverkehrs anhand der Zieladresse darstellen, entweder durch explizite Filter oder Blackhole-Routing. Dies stoppt zwar die Kommunikation zum Opfersystem oder -netzwerk, so dass das eigentliche Ziel des DDoS-Angriffs, nämlich die Verfügbarkeit des Opfers zu verringern, erreicht wird. Andererseits kann es anderen Systemen oder Netzwerken helfen, die aufgrund der Überlastung der betroffenen Netzanbindung ebenfalls in Mitleidenschaft gezogen wurden. Damit werden die Auswirkungen des DoS-Angriffs insgesamt reduziert. Wird beispielsweise nur der WWW-Server in Abbildung 8.14 angegriffen, so kann ein Filter für die Zieladresse des WWW-Servers im ISP-Zugangsrouter für eine Entlastung der Übertragungsstrecke und damit der übrigen Systeme im Kundennetz sorgen. Der WWW-Dienst bleibt damit allerdings weiterhin betroffen.

Präventive Maßnahmen zum Schutz vor einer Infektion mit Agentensystemen sollten daher ständige Maßnahmen zur Aktualisierung der Endsystemsicherheit sein; zudem können Protokolle oder Ports, die zur Steuerung von Agentensystemen verwendet werden (z. B. IRC) grundsätzlich gesperrt werden.

8.8 IDS

Viele in diesem Buch vorgestellte Techniken sind präventiver Art, d. h. sie versuchen, einen Angreifer aus dem eigenen Netz und von den eigenen Rechnern fernzuhalten. *Intrusion Detection Systeme* (IDS) dienen dagegen der Erkennung von laufenden oder bereits erfolgten Angriffen. Sie sind also reaktiver Art. Um Angriffe erkennen zu können, verwenden IDS verschiedene Methoden:

- *Signaturerkennung* — Signaturen beschreiben Angriffsmuster bereits bekannter Angriffe. Sie sind meist sehr spezifisch, weshalb durch signaturbasierte Erkennung eher selten ein Fehlalarm ausgelöst wird. IDS mit Signaturerkennung können unbekannte Angriffe nicht erkennen, da für diese Angriffe noch keine brauchbare Signatur vorliegt. Signaturen können z. B. mit Hilfe so genannter Honeypots oder Honeynets erzeugt werden. Diese simulieren einem Angreifer angreifbare Systeme oder Netzwerke und protokollieren dessen Vorgehen. Ein Administrator kann daraus Signaturen bilden.

- *Anomalieerkennung* — Die Anomalieerkennung verwendet meistens statistische Analysen. Dazu werden verschiedene Parameter eines Systems oder Netzwerks betrachtet und das IDS versucht, mittels Heuristiken bisher unbekannte Angriffe zu erkennen. Ein IDS mit Anomalieerkennung löst einen Alarm aus, wenn der Zustand des Systems oder Netzwerks um einen gewissen Prozentsatz vom Normalzustand des Systems oder Netzwerks abweicht. Die Schwierigkeit der Anomalieerkennung besteht darin, den Normalzustand des Systems korrekt zu beschreiben und den Grad der Abweichung zu bestimmen, der einen Alarm auslöst. Heuristik-basierte Systeme können auch unbekannte Angriffe identifizieren, allerdings haben sie einen höheren Administrationsaufwand (z. B. durch Festlegen und ständiges Anpassen der Definition des Normalzustands) und führen öfters zu Fehlalarmen. Die Form der logischen Anomalieerkennung basiert auf der Detektion von außergewöhnlichen oder fehlerhaften Protokollereignissen, die üblicherweise nicht auftreten dürfen. Prinzipiell bedeutet dies meistens eine einfache Festlegung von geringeren Schwellenwerten für solche Ereignisse.

- *Integritätsüberwachung* — Ausgehend von einem Normalzustand wird die Integrität wichtiger Systemkomponenten regelmäßig überprüft, um ein Ergänzen, Löschen oder Ändern der Komponenten erkennen zu können. Die Integritätsprüfung geschieht mit Hilfe von Hash-Werten der Dateien, die bei der Feststellung des Normalzustands ermittelt wurden. Bei Integritätsüberwachung muss darauf geachtet werden, dass die Hash-Werte durch einen Angreifer nicht unbemerkt geändert werden können. Üblicherweise speichert man solche Hash-Werte auf nur lesbaren Medien, z. B. einer CD-ROM.

- *Protokolldateienüberwachung* — Ein IDS kann System- und Anwendungs-protokolldateien auf Unregelmäßigkeiten überprüfen. Insbesondere können damit häufig Angriffe erkannt werden, die durch einen Buffer-Overrun schädlichen Code einschleusen, da das Beenden eines Programms meist in einer Fehlerprotokolldatei festgehalten wird.

Viele IDS verwenden Kombinationen der beschriebenen Verfahren. Glaubt ein IDS einen Angriff erkannt zu haben, können verschiedene Maßnahmen ergriffen werden. Üblicherweise wird ein Systemadministrator verständigt (z. B. über Pager oder SMS), der anhand mitgelieferter Daten das System analysieren kann. Er kann anhand der vorliegenden Daten entscheiden, ob wirklich ein Angriff ausgeführt wurde oder der Alarm durch andere Umstände herbeigeführt wurde. Fortgeschrittene Systeme können so konfiguriert werden, dass sie selbstständig versuchen, den Angriff zu beseitigen. Dieses Vorgehen ist nicht besonders sinnvoll, da ein Angreifer diesen Mechanismus sehr einfach für einen Denial-of-Service-Angriff benutzen kann.

8.8.1 Klassifikation

Basierend auf dem Einsatzort eines IDS unterscheidet man zwei Arten von Intrusion-Detection-Systemen:

- Host IDS (HIDS)
- Netzwerk IDS (NIDS)

HIDS überwachen gezielt einen einzelnen Rechner. Sie setzen dazu meist eine Kombination aus Protokolldateiüberwachung und Integritätsüberwachung ein. Häufig verwendete HIDS sind: SNARE [79], OsHIDS [74] und M-ICE [37].

NIDS sind nicht auf die Überwachung eines einzelnen Rechners beschränkt, sondern überwachen stattdessen den Netzwerkverkehr. Ein NIDS muss nicht mehr auf jedem Rechner des Netzwerks installiert werden, sondern eine Installation im entsprechenden Subnetz genügt bereits. NIDS verwenden meist Signaturerkennung und Anomalieerkennung.

Häufig verwendete NIDS sind beispielsweise: Snort [68], Bro [285], Shadow [359], Shoki [36], Firestorm [217], BENIDS [369]

Network-Intrusion-Prevention-Systeme (NIPS bzw. IPS) sind eine Erweiterung von NIDS. NIPS lösen bei einem erkannten Angriff nicht nur einen Alarm aus, sondern sind in der Lage zu reagieren, z. B. Datenpakete zu verwerfen, Verbindungen zu unterbrechen oder übertragene Daten abzuändern. Wie bereits oben erwähnt, sind diese Maßnahmen nicht sinnvoll, da sie unter anderem auf einfache Weise Denial-of-Service-Angriffe ermöglichen.

8.8.2 Snort

Snort ist ein sehr häufig eingesetztes Intrusion-Detection-System, deshalb soll hier kurz darauf eingegangen werden. Snort ist nicht nur ein Intrusion-Detection-System, sondern es kann auch als Sniffer oder Paket-Protokollierer eingesetzt werden. Auf diese beiden Möglichkeiten wird nicht weiter eingegangen. Wird Snort als IDS eingesetzt, so überprüft es den Netzwerkverkehr auf Übereinstimmung mit vom Benutzer definierten Regeln und kann basierend auf der Erkennung verschiedene Aktionen auslösen. Snort ist also Signatur-basiert. Signaturen werden in Snort durch Regeln dargestellt.

Mit Regeln können in Snort folgende Aktionen durchgeführt werden:

- *Alert* — Ein Alarm wird erzeugt. Es können verschiedene Alarmmethoden verwendet werden.

- *Log* — Das betrachtete Paket wird protokolliert.

- *Pass* — Das betrachtete Paket wird ignoriert.

- *Activate* — Ein Alarm wird ausgelöst und eine dynamische Regel wird aktiviert.

- *Dynamic* — Regeln mit der Aktion Dynamic bleiben solange wirkungslos, bis sie aktiviert werden. Einmal aktiviert, wirken sie wie die Aktion Log.

Die Regeln werden in folgender Reihenfolge abgearbeitet: Alert/Activate vor Pass vor Log/Dynamic.

Regeln können sich auf folgende Netzwerkprotokolle beziehen: TCP, UDP, ICMP, IP. Dies sind die gebräuchlichen Netzwerkprotokolle. Allerdings sind für folgende Versionen Erweiterungen um ARP, IGRP, GRE, OSPF, RIP und IPX geplant.

Über Regel-Optionen wird festgelegt, worauf sich Regeln beziehen. Regel-Optionen sind das Herzstück der Signatur-basierten Überwachung. Folgende Regel-Optionen existieren in Snort:

- *Payload* — Die Option Payload enthält Informationen, die gegen die Nutzlast eines Pakets abgeglichen werden.

- *Non-Payload* — Diese Operation enthält Informationen, die gegen die Teile des Pakets abgeglichen werden, die keine Nutzlast sind (also z. B. Protokoll-Header).

- *Meta-Data* — Die Meta-Data-Option enthält zusätzliche Informationen (z. B. Kommentare von Regeln), die allerdings bei der Erkennung keine Rolle spielen.

- *Trigger* — Diese Option enthält regelspezifische Informationen darüber, was passiert, wenn eine Regel „passt".

Ausführliche Informationen zur Erstellung von Regeln für Snort finden sich in [68].

8.8.3 Zusammenfassung

Intrusion-Detection-Systeme können abgesicherte Netzwerke um eine Alarmkomponente erweitern. Mittels Siganturerkennung, Anomalieerkennung, Integritätsüberwachung und Protokolldateiüberwachung können laufende oder bereits erfolgte Angriffe erkannt werden. Ein IDS ist jedoch nur so gut und aktuell wie die eingesetzten Signaturen oder Heuristiken und erzeugt üblicherweise häufig Fehlalarme. Zudem sollte beachtet werden, dass ein IDS oft das erste Ziel eines Angriffs ist. Der Administrator eines infiltrierten IDS wiegt sich in einer falschen Sicherheit. IDS sind eine sinnvolle ergänzende Sicherheitsmaßnahme in einem Netz, um beispielsweise infizierte Systeme im eigenen Netz zu erkennen, können aber eine sorgfältige Sicherheitsarchitektur nicht ersetzen. Sie sind als eine Art „Notanker" zu betrachten, auf den man sich besser nicht verlassen sollte. Manche Intrusion-Detection-Systeme verfügen über die Möglichkeit Gegenmaßnahmen zu ergreifen. Von dem Einsatz solcher Komponenten ist abzuraten, da durch geschickte Ausnutzung solcher automatischen Gegenmaßnahmen neue Angriffe, wie z. B. Denial-of-Service-Angriffe, möglich werden.

Digitale Zertifikate, PKI und PMI

Die Authentifizierung eines Kommunikationsteilnehmers und die Prüfung seiner Autorisierung zur Nutzung von Diensten sind zwei immer wiederkehrende Aufgaben bei kommunikationsgestützten Diensten.

Dieses Kapitel zeigt, wie diese Aufgaben mit Hilfe zweier Infrastrukturen, die auf asymmetrischer Kryptographie und Zertifikaten basieren, gelöst werden können.

9.1 Motivation: Authentifizierung

Die symmetrische Kryptographie besticht durch ihre konzeptionelle Einfachheit und durch die Genügsamkeit in Hinsicht auf CPU-Ressourcen bei Ver- und Entschlüsselung. Allerdings hat sie auch wesentliche Nachteile:

- *Schlüsselaustausch* — Wenn zwei Personen miteinander sicher kommunizieren wollen, müssen sie über einen gemeinsamen geheimen Schlüssel verfügen. Hierzu ist ein Treffen der Personen oder der Austausch über einen anderen sicheren Kanal notwendig.

- *Skalierbarkeit* — Wenn Teilnehmer einer Gruppe untereinander sicher kommunizieren wollen, so steigt die Anzahl der notwendigen Schlüssel quadratisch mit der Anzahl der Gruppenmitglieder.

- *Geheimhaltung* — Der zur Verschlüsselung genutzte Schlüssel muss gegenüber Dritten geheim gehalten werden.

Daher war die Begeisterung groß, als mit der Erfindung der asymmetrischen Kryptographie alle Probleme gelöst schienen: Man brauchte sich nicht mehr zu treffen, um Schlüssel auszutauschen, die Anzahl der Schlüssel stieg linear mit der Anzahl der kommunizierenden Personen und der zur Verschlüsselung genutzte Schlüssel musste nicht geheim gehalten werden. Eine globale sichere Kommunikation schien damit einfach umsetzbar.

Allerdings war auch die Enttäuschung groß, als man feststellte, dass im Gegenzug ein Problem aufgetaucht war, das man bei der symmetrischen Kryptographie nicht hatte: die Authentizität des (öffentlichen) Schlüssels. Bei symmetrischer Kryptographie war die Authentizität des Schlüssels durch den direkten Austausch sichergestellt. Wenn man aber nun einen öffentlichen Schlüssel per Mail zugeschickt bekam oder im Internet auf einer Website fand, war diese Sicherheit nicht gegeben. Die Mail oder Website konnte gefälscht worden sein, oder ein Angreifer konnte den öffentlichen Schlüssel der gewünschten Zielperson beim Transport durch seinen eigenen ersetzt haben (Man-in-the-Middle-Angriff, s. Abschnitt 2.5.2, S. 15).

Um also die Vorteile der asymmetrischen Kryptographie nutzen zu können, muss die Bindung des öffentlichen Schlüssels an eine bestimmte Person sichergestellt werden.

Diffie und Hellman schlugen vor, dieses Problem durch Einrichtung eines zentralen Verzeichnisdienstes ähnlich einer Telefonbuch-Auskunft zu lösen: Das Verzeichnis speichert statt der Telefonnummer den öffentlichen Schlüssel und sendet diesen auf Anfrage symmetrisch geschützt zu. Dies hat allerdings das Problem, dass das Verzeichnis ein zentraler Fehlerpunkt ist, schlecht skaliert und dass Informationen nicht an andere Personen weitergegeben werden können, weil ihre Authentizität dann nicht mehr prüfbar ist.

In Abschnitt 9.4 wird gezeigt, wie dieses globale Verzeichnis mit Hilfe der in Abschnitt 9.3 eingeführten digitalen Zertifikate durch authentifizierbare Einzeleinträge (ID-Zertifikate) ersetzt werden kann und welche Infrastruktur (PKI) dafür notwendig ist.

9.2 Motivation: Autorisierung

Autorisierungsprüfungen bei der Nutzung von Diensten gehören zum Alltag eines jeden kommunikationsgestützten Dienstes. In der Vergangenheit wurde dies durch Zugangskontrolllisten (*Access Control Lists* – ACLs) gelöst, in denen Identitäten aufgelistet waren, die zur Nutzung des Dienstes autorisiert sind. Alternativ werden bei neueren Systemen auch ACLs auf Basis von öffentlichen Schlüsseln genutzt, d. h. nach Nachweis des Besitzes des passenden privaten Schlüssels ist der Besitzer des öffentlichen Schlüssels autorisiert, den Dienst zu nutzen.

Beide Umsetzungen bedeuten jedoch, dass die Zuordnung von Privilegien zu Identitäten/Schlüsseln entweder lokal auf dem Server oder zentral, wie bei

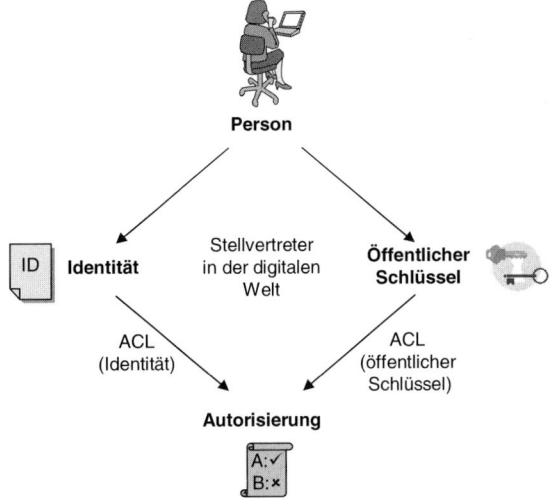

Abbildung 9.1. Autorisierungschemata

Kerberos (s. Abschnitt 10.3, S. 416), gespeichert werden muss. Die erste Lösungsalternative bedeutet, dass bei Replikation des Servers die Daten redundant gespeichert werden müssen; die zweite Lösungsmöglichkeit beinhaltet, dass bei Nicht-Erreichbarkeit des zentralen Privilegien-Servers Dienste nicht genutzt werden können.

Ein Weg zur Lösung dieser Probleme wäre, wenn der Benutzer dem Server gegenüber seine Autorisierungen vorlegen und nachweisen könnte. Kerberos kann dies im Ansatz mit Hilfe von symmetrischer Kryptographie leisten, unter Inkaufnahme der zuvor erwähnten Probleme. Im Abschnitt 9.7 (S. 382) wird gezeigt, wie die ACLs auf Basis von Identitäten/Schlüsseln mit Hilfe von in Abschnitt 9.3 eingeführten digitalen Zertifikaten durch authentifizierbare Einzeleinträge (Attributzertifikate) ersetzt werden können und welche Infrastruktur (PMI) dafür notwendig ist.

9.3 Digitale Zertifikate

Im Folgenden werden digitale Zertifikate vorgestellt, die der wesentliche Baustein und Basis für den Aufbau und Betrieb einer PKI oder PMI sind.

9.3.1 Grundproblem

Das wesentliche Problem, das es zu lösen gilt, ist, dass man sich in Bezug auf einen Sachverhalt (z. B. Zuordnung: öffentlicher Schlüssel ↔ Person) sicher sein will, den man selbst aber nicht ohne weiteres prüfen kann.

Dieses Problem ist nicht neu und tritt nicht nur in der digitalen Welt auf:

- Grenzbeamte müssen prüfen können, wo eine Person herkommt und wie sie heißt.

- Manche Geschäfte müssen bei Verkauf von Waren das Alter des Käufers prüfen.

- Ein Schließsystem soll nur den Personen Zugang zu einem Gebäude gewähren, die in Besitz einer gültigen und autorisierten Key-Card sind.

In der nicht-digitalen Welt löst man dieses Problem, indem man sich bei Personen oder Ämtern erkundigt, die den Sachverhalt tatsächlich beurteilen können. Da dies jedoch im Alltag zu umständlich ist, löst man das Problem über Dokumente, die den Sachverhalt beschreiben und die von einer kompetenten und vertrauenswürdigen Instanz via Unterschrift bestätigt wurden. Bei der Prüfung des Dokuments muss der Prüfende jedoch wissen, wie Sicherheitsmerkmale – etwa die Unterschrift – aussehen, um feststellen zu können, ob sie echt oder etwa gefälscht sind.

9.3.2 Definition

In der digitalen Welt verfährt man mit dem Problem ähnlich, verwendet hier jedoch ein digitales Dokument und eine digitale Signatur (s. Abschnitt 3.7, S. 77):

Ein *digitales Zertifikat* ist ein digitales Dokument, in dem eine Instanz (z. B. Einzelperson oder Behörde) einen bestimmten Sachverhalt mittels digitaler Signatur bestätigt. Sie ermöglicht somit die Authentifikation dieses Sachverhaltes durch eine andere Instanz, die ihn selbst nicht prüfen kann. Die signierende Instanz wird im Englischen als *Certification Authority* (CA) bezeichnet.

Grundvoraussetzung für die Nutzung des Zertifikats ist, dass der Prüfende

1. der CA *vertraut* (auf Vertrauen wird in Abschnitt 9.3.5 noch genauer eingegangen) und

2. im Besitz des öffentlichen Schlüssels der CA ist (dessen Authentizität auf einem anderen Weg sichergestellt wurde).

9.3.3 Vertrauensanker

Ein Zertifikat kann geprüft werden, indem die Signatur der CA mit Hilfe ihres öffentlichen Schlüssels geprüft wird. Ist die Signatur korrekt, so überträgt sich das Vertrauen in die CA in den Inhalt des Zertifikats. Da die Prüfung von Zertifikaten im Vertrauen des Benutzers in die CA begründet ist, bezeichnet man eine CA auch als *Vertrauensanker* (*Trust Anchor*), der Ausgangspunkt für die Validierung von Zertifikaten ist. Dieses Vertrauen in die CA bedeutet im Wesentlichen, dass die CA die entsprechende Sorgfalt bei der Ausstellung eines Zertifikats, insbesondere bei der Identitätsprüfung, walten lässt.

Technisch gesehen ist der Vertrauensanker ein selbstsigniertes Zertifikat der CA, z. B. erstellt die CA einer PKI ein Zertifikat, das ihre ID und ihren öffentlichen Schlüssel enthält und signiert ihn mit ihrem eigenen privaten Schlüssel. Auf diesem Weg ist zwar die Signatur prüfbar und es ist auch prüfbar, dass sich der Inhalt des Zertifikats seit der Erzeugung nicht mehr geändert hat, jedoch ist die Authentizität des Inhaltes nur auf anderem Wege möglich, weil ja jeder beliebige Benutzer ein solches Zertifikat mit genau dem gleichen Namen wie die CA erstellen könnte.

Wenn also ein Benutzer einer CA in Bezug auf Zertifizierungen vertraut und solche prüfen können will, dann muss er ihr Zertifikat auf einem Weg bekommen haben, der eine Fälschung ausschließt, z. B. bei der Registrierung (s. Abschnitt 9.3.7). Alternativ kann auch ein Hash-Wert über das Zertifikat, der so genannte *Fingerprint*, telefonisch verglichen werden.

9.3.4 Klassifikation

In Bezug auf den Inhalt haben sich folgende drei Klassen von Zertifikaten herausgebildet:

1. *ID-Zertifikate* bestätigen die Zugehörigkeit eines Namens oder einer Identität (ID) zu einem öffentlichen Schlüssel.

2. *Attributzertifikate* bestätigen die Zugehörigkeit von Eigenschaften in Form von Attribut-Werten zu einer Identität. Sie werden daher in Kombination mit ID-Zertifikaten bei der Autorisierungsprüfung genutzt.

3. *Autorisierungszertifikate* bestätigen die Zugehörigkeit von Eigenschaften in Form von Attribut-Werten zu einem öffentlichen Schlüssel. Hier ist die Identität nicht oder nur von sekundärer Bedeutung.

Die in den Abschnitten 9.1 und 9.2 genannten Listen können somit durch zertifizierte Einzeleinträge ersetzt werden:

1. Öffentliches Verzeichnis (mit Zuordnung: Identität ↔ öffentlicher Schlüssel) durch ID-Zertifikate

2. ACL auf ID-Basis durch Attributzertifikate

3. ACL auf Basis des öffentlichen Schlüssels durch Autorisierungszertifikate

Da diese Einzeleinträge in Zertifikatsform individuell geschützt und per Signatur bestätigt sind, können sie beliebig transportiert oder übertragen werden. Ein Benutzer kann seine Zertifikate einer beliebigen Instanz vorlegen, die der gleichen CA traut, und ermöglicht jener die Prüfung des Inhaltes.

9.3.5 Vertrauen

In den vorangegangenen Abschnitten ist das Wort *Vertrauen* oder *vertrauenswürdig* mehrfach gefallen, eine Tatsache, die in Bezug auf Sicherheit verwunderlich ist oder zumindest nicht unmittelbar einleuchtet.

Definition

Was ist Vertrauen? Eine Definition, die aus dem Ökonomie-Bereich stammt, jedoch auch im Bereich der Sicherheit Akzeptanz gefunden hat, ist: „Vertrauen ist ein bestimmtes Wahrscheinlichkeitniveau aus der Sicht eines Agenten, dass ein anderer Agent sich in einer bestimmten Weise verhält, jedoch bevor ersterer diese beobachten kann und in einem Zusammenhang, indem sie sein Verhalten beeinflusst." [137].

Vereinfacht gesagt ist Vertrauen korreliert mit Berechenbarkeit: Wenn man jemandem blind vertraut, dann heißt dies, dass er sich aus eigener Sicht berechenbar verhält; Misstrauen hingegen bedeutet, dass sich die Person völlig unberechenbar verhält.

Vertrauen hat noch weitere Eigenschaften:

- *Subjektiv* — Die Einschätzung des Vertrauensniveaus ist an eine Person/Instanz gebunden.

- *Unscharf* — Zwischen Misstrauen und blindem Vertrauen gibt es noch Zwischenstufen.

- *Gerichtet* — Durch die Gebundenheit an eine Person ist Vertrauen nicht zwangsläufig gegenseitig.

- *Bedingt transitiv* — Vertrauen nimmt bei Transitivität ab (s. folgenden Abschnitt).

- *An eine bestimmte Fragestellung gebunden* — Das Wahrscheinlichkeitsniveau ist bei unterschiedlichen Fragestellungen unterschiedlich hoch.

- *Risiko-abhängig* — Je höher das Risiko, desto geringer ist das Vertrauen.

- *Basiert auf Erfahrungen* — Je mehr Stichproben existieren, desto stabiler ist der Erwartungswert.

Vertrauensmodelle

In Bezug auf Zertifikate ist es also wichtig, dass Benutzer der CA vertrauen, d. h. nach vorhergehender Definition, dass die CA sich in Bezug auf Zertifizierung berechenbar verhält. Darüber hinaus ist für den Benutzer wichtig, dass er feststellen kann,

- welche Zertifikate vertrauenswürdig sind,

- wie dieses Vertrauen hergestellt wird und

- wie dieses Vertrauen eingeschränkt und kontrolliert werden kann.

Letztgenannte Punkte werden durch das *Vertrauensmodell (Trust Model)* beschrieben. Einfache Vertrauensmodelle basieren auf dem bisher angenommenen *direkten Vertrauen*, d. h. der Benutzer vertraut der CA direkt und glaubt somit von ihr zertifizierten Inhalten. In diesem Fall ist die Menge der Zertifikate, denen er trauen kann, dadurch klar eingegrenzt, dass sie durch die CA direkt signiert worden sein müssen. Eine Einschränkung bzw. Kontrolle der Nutzung des Zertifizierungsprivilegs ist hier in der Regel nicht notwendig, da es sich meist um kleine und übersichtliche Umgebungen handelt.

Da sich mit direktem Vertrauen keine verteilten und somit besser skalierbaren Modelle nutzen lassen, kommen in Umgebungen mit zahlreichen Benutzern eher Modelle zum Einsatz, die auf *transitivem Vertrauen* basieren. Bei transitivem Vertrauen vertraut der Benutzer der CA nicht nur in Bezug auf den zertifizierten Inhalt, sondern vertraut ihr auch in Bezug auf Zertifikate, über die die CA das Privileg der Zertifikatserstellung weiterdelegiert, d. h. die CA stellt Zertifikate aus, die den Empfänger wiederum dazu autorisieren, selbst Zertifikate zu erstellen. Man spricht in diesem Zusammenhang von einer untergeordneten *Sub-CA* bzw. einer übergeordneten *Parent-CA*. Die CA, der die Benutzer transitiv vertrauen und die den Vertrauensanker für sie darstellt, wird auch die *Root-CA* genannt. Eventuell kann eine Sub-CA das Privileg der Zertifizierung wiederum an weitere Sub-CAs weitergeben, so dass ein Baum von Sub-CAs entstehen kann.

Bei der Delegierung des Zertifizierungsprivilegs kommt nun die Notwendigkeit der Einschränkung und Kontrolle zur Geltung. Zum einen besteht dadurch die Notwendigkeit, Zertifikate von Sub-CAs speziell zu kennzeichnen, damit

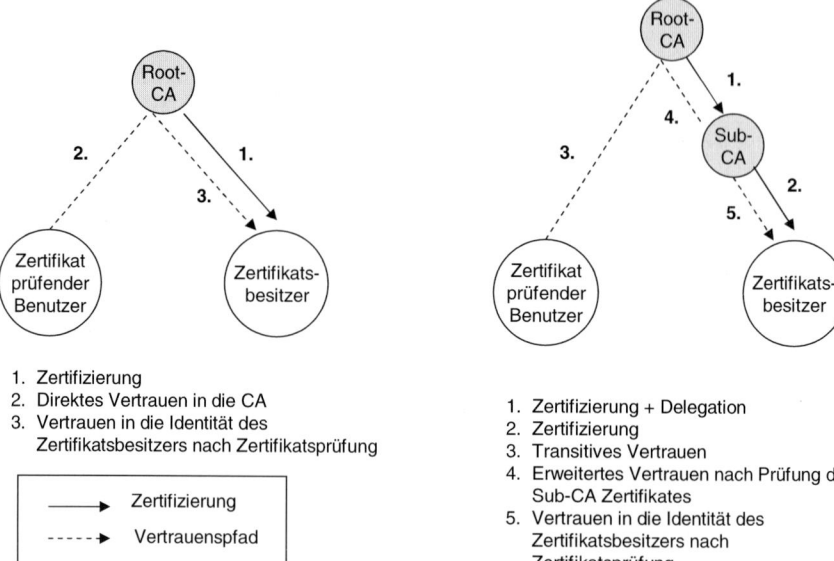

1. Zertifizierung
2. Direktes Vertrauen in die CA
3. Vertrauen in die Identität des
   Zertifikatsbesitzers nach Zertifikatsprüfung

———▶ Zertifizierung

- - - - ▶ Vertrauenspfad

1. Zertifizierung + Delegation
2. Zertifizierung
3. Transitives Vertrauen
4. Erweitertes Vertrauen nach Prüfung des
   Sub-CA Zertifikates
5. Vertrauen in die Identität des
   Zertifikatsbesitzers nach
   Zertifikatsprüfung

(a) Direktes Vertrauen   (b) Transitives Vertrauen

Abbildung 9.2. Unterschiedliche Vertrauensmodelle

bei der Prüfung festgestellt werden kann, dass diese Instanz zurecht Benutzer zertifiziert hat. Zum anderen kann die Notwendigkeit bestehen, dass die Sub-CA nur bestimmte Zertifikate ausstellen darf, z. B. für einen bestimmten geographischen Bereich oder für einen Teilbereich des ID-Raums. Dieser ist dann in dem Zertifikat der Sub-CA vermerkt und muss bei der Prüfung von Zertifikaten berücksichtigt werden.

Die Verteilung der Zertifizierungsaufgabe resultiert in einer besseren Skalierbarkeit, muss im Gegenzug jedoch mit einer weiter erschwerten Zertifikatprüfungsprozedur bezahlt werden: Hat es bisher ausgereicht, bei der Prüfung eines Zertifikats die zertifizierende CA ausfindig zu machen, so muss nun unter Umständen eine *Zertifikatskette* (oder auch *Zertifikatspfad*) konstruiert werden. Es muss ausgehend von dem zu prüfenden Zertifikat eine Kette von Sub-CAs zu einer akzeptierten Root-CA konstruiert und geprüft werden. Die Kette zeichnet sich dadurch aus, dass jeweils ein Zertifikat das nachfolgende Zertifikat erzeugt und signiert hat. Da Vertrauen bei Transitivität nachlässt, macht es unter Umständen Sinn, die Länge der Kette zu beschränken, d. h. es darf höchstens eine bestimmte Anzahl von Sub-CAs zwischen Root-CA und zu prüfendem Zertifikat geben.

Bei der Prüfung eines Zertifikats müssen nun folgende Sachverhalte geprüft werden:

- Beginnt die Kette bei einer bekannten und vertrauten Root-CA?

- Ist die Kettenbildung korrekt, d. h. hat jede CA die nachfolgende zertifiziert?

- Wurde das Privileg der Zertifizierung in der Kette von (Sub-)CA zu Sub-CA weitergegeben, d. h. sind die Zwischenzertifikate tatsächlich von autorisierten CAs?

- Haben diese CAs bei der Zertifizierung und Weitergabe ihrer Privilegien eventuell existierende Einschränkungen berücksichtigt?

- Gibt es Längenbeschränkungen in Bezug auf die Kette und wurde diese berücksichtigt?

Wie bereits aus dieser Aufzählung zu erahnen ist, fällt die Prüfung relativ umfangreich aus, was durchaus Probleme bezüglich der Leistung verursacht, falls viele Zertifikate zu prüfen sind, wie das ggf. bei Servern mit vielen Kommunikationspartnern der Fall ist.

9.3.6 Konsistenz bei Zertifikaten

Aus dem Bereich der verteilten Systeme ist das CAP-Prinzip [124] bekannt, das besagt, dass von folgenden drei Eigenschaften nur jeweils zwei erfüllbar sind:

1. *(C)onsistency* — Starke Konsistenz der verteilten Daten durch Transaktionen.

2. *(A)vailability* — Hochverfügbarkeit der Daten durch Replikation.

3. *(P)artition-resilience* — Erreichbarkeit, wenn die Kommunikation zwischen den Systemen nicht mehr gewährleistet ist.

Ein Beispiel für die Eigenschaften C+A sind verteilte Datenbanken: Sie bieten Konsistenz und hohe Verfügbarkeit, allerdings unter der Voraussetzung, dass eine Kommunikation unter ihnen immer möglich ist.

Bei Gewichtung von C+P stehen Konsistenz und Resistenz gegen Netzwerkausfälle im Vordergrund, allerdings zu Lasten der Hochverfügbarkeit. Somit ist der Dienst u. U. nicht mehr vollständig verfügbar (z. B. nur Lesezugriff), um die beiden anderen Anforderungen zu erfüllen.

Zertifikate fallen in die Klasse A+P: Der Benutzer eines Zertifikats hat dieses bei sich gespeichert und kann es jedem Server präsentieren, unabhängig von der netzwerkseitigen Erreichbarkeit der CA. Allerdings ist dies nur zu Lasten der Konsistenz möglich. Wenn die CA das Zertifikat unterschrieben und dem Benutzer gegeben hat, ist sie nicht mehr in der Lage, nachträglich dessen Inhalt anzupassen, wenn sich Änderungen, z. B. am Namen des Benutzers, ergeben oder der öffentliche Schlüssel nicht mehr sicher ist. Somit ist das Zertifikat zum Zeitpunkt der Prüfung evtl. inhaltlich nicht mehr aktuell bzw. konsistent.

Auch dieses Problem ist nicht neu und tritt z. B. bei Kreditkarten auf. In der realen Welt löst man es mit Hilfe von eingeschränkter Gültigkeitsdauer eines Zertifikats oder bei wichtigen Sachverhalten über eine explizite Prüfung vor der Nutzung. Früher wurden bei Kreditkarten z. B. regelmäßig so genannte *Blacklists* veröffentlicht, die nicht mehr gültige Kreditkartennummern enthielten. Heute ist man eher zur Online-Prüfung übergegangen, wenn dies möglich ist.

Bei digitalen Zertifikaten löst man das Problem ähnlich: Zertifikate werden in der Regel mit einer festen Gültigkeitsdauer versehen, nach deren Ablauf das Zertifikat erneut ausgestellt werden muss. Zusätzlich kann die CA Zertifikate *widerrufen*, indem sie bekannt gibt, dass ein Zertifikat nicht mehr gültig ist. Dies setzt jedoch voraus, dass die Software des Prüfenden tatsächlich diese Widerrufinformation (in Form einer *Certificate Revocation List* – CRL) abruft und verwertet. Im Extremfall kann die CA sogar online gefragt werden, ob ein Zertifikat noch gültig ist. Damit bewegt man sich jedoch von der Klasse A+P in die Klasse C+A und nimmt in Kauf, dass der Benutzer bei Ausfall des Netzes den Dienst nicht mehr nutzen kann. Grundsätzlich muss sich der Wahrheitsgehalt des Zertifikats natürlich nach Ablauf des Gültigkeitsdatums nicht zwangsläufig geändert haben; allerdings stellt die CA nun ihre Widerrufinfrastruktur für dieses Zertifikat nicht mehr zur Verfügung.

Somit erweitert sich die Prüfung eines Zertifikats um folgende Punkte:

1. Prüfung der zeitlichen Gültigkeit
2. Prüfung des Zertifikats in Bezug auf Widerruf

Bei Einsatz von transitivem Vertrauen und Sub-CAs müssen diese Kriterien bei allen Zertifikaten der Kette geprüft werden. Je nach Anforderungsprofil gibt es für die CA verschiedene Möglichkeiten, Widerrufinformationen bereitzustellen. Diese werden in Abschnitt 9.4.4 am Beispiel der PKI ausführlich beschrieben.

9.3.7 Anforderungen an eine Infrastruktur

Aus den vorangegangenen Abschnitten kristallisiert sich nun folgender Lebenszyklus eines Zertifikats heraus:

1. Registrierung des Benutzers und Überprüfung des Zertifikatsinhaltes

2. Erstellung des Zertifikats

3. Veröffentlichung des Zertifikats

4. Nutzung des Zertifikats

5. Eventuell Widerruf des Zertifikats

6. Erneuerung des Zertifikats nach Ablauf der Gültigkeitsdauer

Die zum Management dieses Lebenszyklus von Zertifikaten notwendige Infrastruktur wird bei ID-Zertifikaten als *Public Key Infrastructure* (PKI) und bei Attributzertifikaten als *Privilege Management Infrastructure* (PMI) bezeichnet. Für Autorisierungszertifikate gibt es bisher noch keinen festen Begriff, allerdings sind starke Parallelen zur PMI vorhanden.

9.3.8 Überblick über Standards

Der technische Standard, der die Begriffe digitales Zertifikat, PKI und PMI wesentlich geprägt hat, ist der ITU-T Standard X.509 [181], der ursprünglich entwickelt wurde, um Benutzer des globalen X.500-Verzeichnisses zu authentifizieren und Autorisierungen zu Änderungen am Verzeichnis prüfen zu können. Auch wenn sich das X.500-Verzeichnis aufgrund seiner Gesamtkomplexität nicht durchgesetzt hat, so ist der X.509-Standard heute sicherlich der meistgenutzte Zertifikatstandard. Daher werden die folgenden Abschnitte über PKI und PMI jeweils am Beispiel von X.509 illustriert.

Parallel und als Alternative zu X.509 wurden *Simple Distributed Security Infrastructure* (SDSI) [316] und *Simple Public Key Infrastructure* (SPKI) [108] entwickelt, zwei Bewegungen, die sich aufgrund ähnlicher Ziele vereinten, sich in der Praxis jedoch nie in einem zu X.509 vergleichbaren Maße durchgesetzt haben.

Ein im Gegensatz dazu noch weit verbreiteter Standard ist *Pretty Good Privacy* (PGP, s. Abschnitt 10.9.4), ein Zertifikatsystem, das sich vor allem durch seine Verteilung und Unabhängigkeit von zentralen CA-Strukturen auszeichnet.

9.4 PKI

Dieser Abschnitt stellt die zur Nutzung von ID-Zertifikaten notwendige Infrastruktur vor, erläutert das ihr zugrunde liegende Modell, beschreibt Anforderungen an sie und zeigt, welche Ausprägungen von Vertrauensmodellen sich entwickelt haben.

9.4.1 Definition

Eine *Public Key Infrastructure* (PKI) ist eine Infrastruktur zum Management von ID-Zertifikaten. Sie ermöglicht die Authentifikation der Bindung eines öffentlichen Schlüssels an einen Namen.

Da je nach Anwendungsgebiet verschiedene PKIs unterschiedlichen Sicherheitsanforderungen genügen müssen, sind zwei Dokumente üblich geworden:

1. *Zertifizierungsrichtlinie (Certification Policy)* — Klare Definition des Anwendungsgebietes der Zertifikate, für den diese PKI betrieben wird: Stellt die PKI z. B. Zertifikate für E-Mail-Verschlüsselung an einer Schule aus oder stellt sie Zertifikate aus, die Grundlage zur Akquisition von Unternehmen sind? Darüberhinaus sind auch die Rechte und Pflichten aller Teilnehmer dokumentiert, u. a. auch die Haftungsansprüche, die gegen die CA oder andere PKI-Teilnehmer bei Fehlverhalten geltend gemacht werden können.

2. *Dokumentation interner Abläufe (Certification Practice Statement)* — Da potentielle Benutzer einer PKI grundsätzlich wenig Grund haben, ihr Vertrauen zu schenken, soll durch die Dokumentation interner Abläufe und durch die hierbei vorgestellten Schutzmaßnahmen Vertrauen erzeugt werden: Die PKI soll möglichst berechenbar erscheinen.

Ein Verweis auf die Zertifizierungsrichtlinie kann in den Zertifikaten enthalten sein, um zu verhindern, dass ein Zertifikat in einem falschen Kontext verwendet wird. Darüberhinaus ist für den Benutzer das Vertrauensmodell ein wesentlicher Aspekt, weil in ihm geregelt ist, wie Zertifikate letztendlich geprüft werden. Hier haben sich bei PKIs viele Modelle entwickelt, von denen die wichtigsten im Abschnitt 9.4.5 vorgestellt werden.

Technisch gesehen basiert eine PKI auf einem Zertifikatstandard (z. B. X.509), der das Vertrauensmodell umsetzen kann. Hierbei muss jede PKI definieren, welche Teile des Standards bzw. welche Optionen sie nutzt und umsetzt. Zusätzlich zum Zertifikatstandard können Protokolle zum Einsatz kommen, die das sichere Management von Zertifikaten auch ohne die regelmäßige direkte physische Interaktion zwischen PKI und Benutzer ermöglichen. Im Zusammenhang mit X.509 hat die PKIX Working Group [291] der IETF eine Vielzahl von Protokollen entwickelt, z. B. zur Online-Prüfung des Status eines Zertifikats.

9.4.2 PKI-Modell

Eine PKI besteht aus folgenden Elementen:

- *Benutzer* (*Subject* oder *Entity*) — Mensch, Maschine, Prozess oder sonstige Instanz, die ein Zertifikat benötigt und/oder andere Zertifikate prüfen will.

- *Registration Authority* (RA) — Teil der PKI, der für die Durchführung von Registrierungsaufgaben, Vorbereitung der Zertifizierung und sonstige Verwaltungsaufgaben zuständig ist.

- *Certification Authority* (CA) — Teil der PKI, der für die Durchführung von Zertifizierungen zuständig ist. Dies beinhaltet auch die Zertifizierung von Widerrufinformationen.

- *Verzeichnisdienst* — Veröffentlichung von Zertifikaten und Widerrufinformationen.

Der Benutzer interagiert somit primär mit der RA, welche Zertifizierungsanträge prüft, sammelt und der CA zur Zertifizierung übergibt. Nach der Erstellung wird das Zertifikat über die RA an den Benutzer übergeben und zugleich über den Verzeichnisdienst publiziert. Der Widerruf wird entweder vom Benutzer oder von der RA ausgelöst, dann von der CA per Signatur bestätigt, verifizierbar gemacht und über den Verzeichnisdienst publiziert.

9.4.3 Anforderungen an eine PKI

Die wesentlichsten Anforderungen an eine PKI sind die Gewährleistung der *Sicherheit der internen Abläufe* und die *Sicherheit des Signaturschlüssels*.

Werden die sicherheitskritischen und streng definierten Abläufe bei der Registrierung des Benutzers, bei der Prüfung des zu zertifizierenden Inhaltes und bei der Zertifizierung nicht sorgsam eingehalten, so kann dies zum Ausstellen von Zertifikaten mit falschem Inhalt führen, mit dem andere der PKI vertrauende Benutzer getäuscht werden können.

Schlimmer ist noch die Kompromittierung des Signaturschlüssels der CA. Gelingt es einem Angreifer, in Besitz des privaten Teils des Signaturschlüssels der CA zu gelangen, so kann er beliebige Zertifikate ausstellen und somit gegenüber PKI-Benutzern beliebige Identitäten annehmen. In diesem Fall muss die CA *reinitialisiert* werden, d. h. die CA muss ein neues Schlüsselpaar erzeugen, ein neues selbstsigniertes CA-Zertifikat erstellen, alle Benutzer benachrichtigen und ihnen ein neues Zertifikat ausstellen.

Um den Signaturschlüssel für Zertifikate so unangreifbar wie möglich zu machen und ihn somit auch so selten wie möglich zu verwenden, werden in der

Regel für die Signatur von Zertifikaten und für die Signatur von Widerrufinformation getrennte Schlüssel benutzt. Ersterer wird – soweit möglich – auch nur auf einem Rechner gespeichert, der physikalisch stark geschützt ist und auch netzwerkseitig nicht erreichbar ist. Aber auch die Kompromittierung des Signaturschlüssels für Widerrufinformation kann für Benutzer der PKI Folgen haben: Der Angreifer kann hier beliebige Zertifikate widerrufen und somit eine gesicherte Kommunikation unterbinden.

Neben der Sicherheit sind jedoch auch andere Parameter wichtig: *Effizienz* und *Skalierbarkeit*. Für einen einzelnen Benutzer mag es kein Problem sein, einen komplexen Ablauf zur Prüfung des Zertifikats eines Servers zu durchlaufen, weil die Prüfungsfrequenz in der Regel gering ist. Für den Server jedoch, der unter Umständen eine große Anzahl von Anfragen parallel bearbeiten muss, ist es sehr wichtig, dass die Prüfung von Client-Zertifikaten mit möglichst geringem Aufwand und geringer Verzögerung erfolgt. Dies ist stark vom verwendeten technischen Standard und von den Ansprüchen an die Konsistenz des Zertifikats abhängig.

In Bezug auf Sicherheit weniger, jedoch für die Akzeptanz einer PKI eher wichtig, ist der *Aufwand für den Endbenutzer*, die PKI zu nutzen. Wichtig ist, dass hier die Relation von Aufwand und Nutzen gewahrt bleibt und sich der Benutzer mit vertretbarem Aufwand ein Zertifikat ausstellen lassen kann. Wenn ein Benutzer für jede Aktion in direkten Kontakt mit der PKI treten muss, so wird das aufgrund der Umständlichkeit sicherlich abschreckend wirken. Daher ist auch der Einsatz von Managementprotokollen sinnvoll, so dass ein Benutzer nach einmaligem direktem Kontakt mit der PKI und dem Austausch von Passwörtern oder symmetrischen Schlüsseln in Zukunft über Managementprotokolle weitere Schritte durchlaufen kann.

9.4.4 Widerruf von Zertifikaten

Neben der Änderung des Zertifikatsinhaltes gibt es bei ID-Zertifikaten noch zahlreiche weitere Gründe, warum eine CA nach Ausstellen eines Zertifikats und vor Ablauf der Gültigkeitsdauer dieses widerrufen will oder muss:

- Das Zertifikat wird nicht mehr genutzt.

- Der private Schlüssel ist nicht mehr nutzbar:

  - Crash der Festplatte, Zerstörung der Chip-Karte/des USB-Sticks

  - Vergessen des Passwortes, das den Schlüssel sichert

  - Diebstahl des Rechners/Speichermediums

- Der private Schlüssel wurde definitiv oder auch nur möglicherweise kompromittiert:

– Entdeckung eines Trojaners auf dem Rechner

– Entdeckung eines Überwachungsprogramms, z. B. Key-Loggers

• Die Parameter des Schlüssels sind nicht mehr adäquat:

– Der zugrunde liegende Algorithmus wurde gebrochen

– Die Schlüssellänge ist nicht mehr angemessen

Aus diesen Gründen ist es je nach Zweck der PKI wichtig, einen Mechanismus zur Bereitstellung von Widerrufinformation zu implementieren. Abhängig davon, wie zeitnah diese Widerrufinformation bereitgestellt und von Anwendern geprüft werden muss, wandert die Nutzung des Zertifikats in den CAP-Klassen von A+P zu C+A, d. h. die Konsistenz tritt in den Vordergrund, ist allerdings nur prüfbar, wenn der Prüfende die Widerrufinformation von der CA abrufen kann, d. h. im Fall einer Netzwerkpartitionierung ist u. U. keine Prüfung von Zertifikaten möglich.

Ist die Art und Menge der Widerrufinformation für einen normalen Benutzer von wenig Relevanz, so wird sie doch bedeutsam, wenn die PKI als Grundlage zur Authentifizierung von Benutzern gegenüber Servern genutzt wird, die eine hohe Anfrage-Dichte haben, d. h. sehr viele Zertifikate in möglichst geringer Zeit prüfen müssen.

Aufgrund unterschiedlicher Anforderungen haben sich folgende Arten, Widerrufinformationen zu lokalisieren und zu prüfen entwickelt:

• *Offline-Prüfung* — der Prüfende holt sich periodisch den aktuellen Stand, meist in Form von Widerruflisten (*Certificate Revocation Lists* – CRLs). Verschiedene Varianten von CRLs werden in Abschnitt 9.5.7 vorgestellt.

• *Online-Prüfung* — der Prüfende holt sich synchron zum Zeitpunkt der Anfrage den aktuellen Stand:

– *OCSP* — ein Protokoll zur Auslagerung der Prüfung, ob ein Zertifikat widerrufen wurde (siehe Abschnitt 9.6.1)

– *SCVP* — ein Protokoll zur teilweisen oder vollständigen Delegierung der Zertifikatsprüfung (siehe Abschnitt 9.6.2)

9.4.5 Vertrauensmodelle

Globale PKIs verlangen nach skalierbaren Strukturen, weswegen sich gerade im PKI-Bereich komplexe Vertrauensmodelle entwickelt haben [288]. Zunächst wird anhand von einfachen Modellen, die nur auf direktem Vertrauen basieren, gezeigt, wo ihre Stärken und Schwächen liegen. Danach wird immer anhand von konkreten Problemen und Unterlassungen eines Modells am nächsten gezeigt, wie diese lösbar sind.

Single CA

Das einfachste Vertrauensmodell ist sicherlich das Modell *Single CA*, das auf direktem Vertrauen und genau einer CA basiert. Auf der einen Seite ist die Zertifikatsprüfung sehr einfach, auf der anderen Seite hat es jedoch eine Reihe von Nachteilen:

- Alle Benutzer müssen der CA vertrauen (welche Organisation käme hier bei einer weltweiten PKI in Frage?).

- Die Registrierung der Daten ist umso aufwändiger (und somit unsicherer), je mehr Länder (und somit Ausweisvarianten) an dieser PKI beteiligt sind.

- Die Kompromittierung des CA-Schlüssels hat fatale Folgen: Alle Benutzer-zertifikate müssen neu ausgestellt werden.

- Die CA hat eine Monopolstellung, die politisch und kommerziell u. U. nicht erwünscht ist.

Aus diesen Gründen kommt dieses Modell nur in kleinen Umgebungen zum Einsatz.

Oligarchie von CAs

Die naheliegendste Methode, die meisten Kritikpunkte zu adressieren, ist, ein Modell zu nutzen, das mehrere CAs zulässt. Dieses Modell wird als *Oligarchie von CAs* oder auch als *verteilte Vertrauensarchitektur* (*Distributed Trust Architecture*) bezeichnet. Von Vorteil ist, dass keine Monopolstellung mehr existiert und somit insbesondere die Kompromittierung eines CA-Schlüssels auch nur die Benutzer dieser CA betrifft. Im Gegenzug gibt es mehrere CA-Schlüssel, so dass das Risiko steigt, dass einer davon kompromittiert wird. Außerdem ist ein durch einen Angreifer in die Software des Endbenutzers eingeschmuggeltes falsches CA-Zertifikat schwerer erkennbar. Ein weiterer gewichtiger Nachteil ist auch der Zusatzaufwand, der durch die Existenz mehrerer CAs für den Benutzer entsteht: Die Prüfung wird aufwändiger, da mehreren CAs vertraut werden muss, um alle Zertifikate prüfen zu können, d. h. es müssen mehrere CA-Zertifikate initial geprüft werden und es kommen bei der Validierung von Zertifikaten auch unterschiedliche Root-CAs zum Einsatz.

Als Lösung des letzten Problems haben sich folgende Lösungsansätze [229] entwickelt:

- *Cross-Zertifizierung* — Wenn zwei CAs der Auffassung sind, dass ihre PKIs kompatibel sind, so zertifizieren sie sich gegenseitig als Sub-CA. Somit kann auch für Zertifikate der jeweils anderen CA eine Kette zur eigenen CA aufgebaut werden.

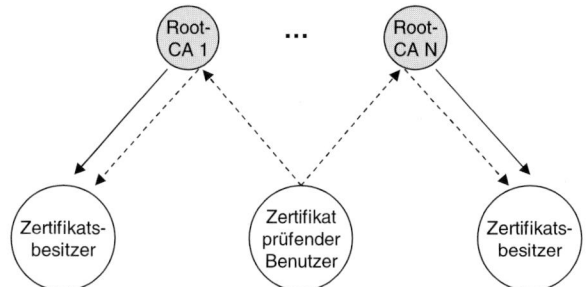

Abbildung 9.3. Vertrauensmodell: Oligarchie von CAs

- *Certificate-Trust-Lists* — Die eigene CA erstellt eine signierte Liste weiterer aus ihrer Sicht vertrauenswürdiger CAs und deren Schlüssel.

- *Bridge-CA* — Eine übergeordnete CA stellt nach dem *Hub and Spoke*-Prinzip Vertrauenspfade zwischen je zwei CAs her. Dieses Prinzip kommt z. B. im amerikanischen Wirtschaftsraum zum Einsatz.

Oligarchie von CAs mit Delegierung

Das Modell *Oligarchie von CAs mit Delegierung* basiert im Gegensatz zum Vorgängermodell nicht mehr nur auf direktem Vertrauen, sondern auf transitivem Vertrauen. Somit kann eine CA weitere Sub-CAs ausbilden und an diese das Privileg der Zertifizierung weiterdelegieren.

Für den Benutzer bedeutet dies, dass er weiterhin pro PKI nur mit einem Vertrauensanker umgehen und diesen initial prüfen muss, jedoch mehrere Instanzen existieren, bei denen er sich zertifizieren lassen kann. Durch die Verteilung der Zertifizierung existieren nun zwar noch mehr CA-Schlüssel, die vor Kompromittierung geschützt werden müssen, jedoch ist die Auswirkung einer solchen aufgrund der stärkeren Verteilung geringer als bei den vorhergehenden Modellen.

Wesentlich aufwändiger als bei den vorhergehenden Modellen ist die Validierung eines Zertifikats: Zum einen muss eine Zertifikatskette konstruiert und geprüft werden, zum anderen muss jedes beteiligte Zertifikat neben dem eigentlich zu prüfenden ebenfalls validiert werden.

Top Down

Bei PKIs mit streng hierarchischen Namensräumen (z. B. X.509 oder DNS) kann es sinnvoll sein, die Delegierung der Zertifizierung an Sub-CAs auf einen

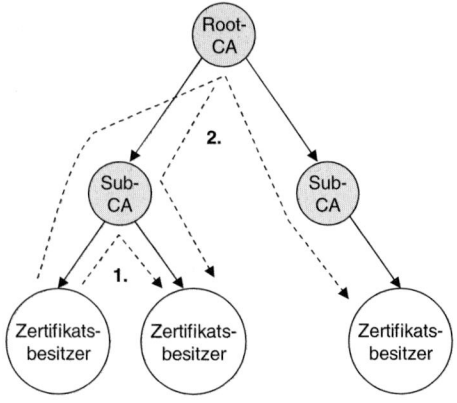

1. Lockerer Vertrauenspfad
2. Streng hierarchische Vertrauenspfade

Abbildung 9.4. Vertrauensmodell: Oligarchie von CAs mit Delegierung

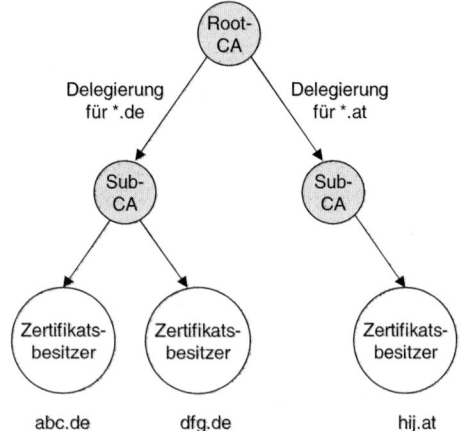

Abbildung 9.5. Vertrauensmodell: Top Down

Teilbereich des Namensraumes einzuschränken. Top Down entspricht dem um kontrollierte Delegation erweiterten Modell Single CA.

Im Gegensatz zum Modell Single CA ist dieses Modell aufgrund der Verteilung skalierbarer, bleibt jedoch aufnrund der eingeschränkten Delegation kontrolliert, allerdings wieder zu Lasten einer aufwändigeren Zertifikatsprüfung. Neben dem Zusatzaufwand, der durch die Kettenbildung entsteht, muss nun auch bei jeder Zertifizierung in der Kette geprüft werden, ob der Zertifizierende tatsächlich autorisiert war, ein Zertifikat mit entsprechendem Namen zu erstellen.

Anarchie

Im Gegensatz zu den bisher immer baumartig bzw. waldartig strukturierten PKIs folgt das Modell *Anarchie* keiner festen Struktur. Jeder Benutzer kann Zertifikate erstellen und somit Grundlage für andere Benutzer sein, ein Zertifikat zu prüfen. Aufgrund der Verteilung der CA-Funktion ist das Vertrauen in die jeweiligen CAs geringer, weswegen die Authentizität eines Schlüssels nicht über eines, sondern über mehrere Zertifikate sichergestellt wird, d. h. mehrere Benutzer müssen die Authentizität bestätigt haben, damit ausreichendes Vertrauen entsteht.

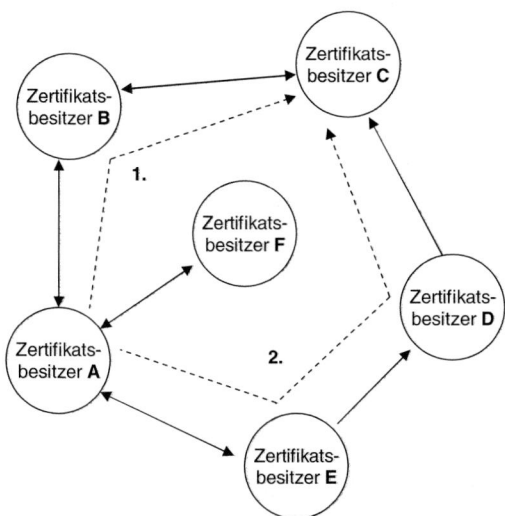

1. Direktes Vertrauen von **A** in **B**,
   Vertrauen in **C** durch Zertifizierung durch **B**
2. Transitives Vertrauen von **A** in **E**, **D** ist "Sub-CA" von **E**;
   Vertrauen in **C** durch Zertifizierung durch **D**

Abbildung 9.6. Vertrauensmodell: Anarchie

Durch die Verteilung der PKI-Funktion ist die Kompromittierung eines Benutzerschlüssels weitestgehend ohne Auswirkungen, da das Vertrauen auf mehreren Zertifizierungen basiert. Allerdings hat das Modell auch eine Reihe von Nachteilen:

- *Pfadfindung* — Aufgrund fehlender Struktur ist die Pfadfindung deutlich erschwert, eventuell gibt es sogar mehrere Pfade.

- *Anzahl der Zertifikate* — Durch die Notwendigkeit mehrerer Zertifizierungen pro Benutzer ist auch im Vergleich zu einer normalen CA eine Vielzahl von Zertifikaten notwendig, die bei der Validierung geprüft werden müssen.

- *Zertifizierungsrichtlinie* — Durch die Verteilung der CA-Funktionalität gibt es auch keinen Garant auf eine einheitliche Handhabe bei der Zertifizierung: Unterschiedliche Benutzer betreiben bei der Prüfung eines Sachverhaltes unterschiedlich hohen Aufwand und sorgen somit für eine unterschiedliche Qualität der Zertifikate. Außerdem ist die Zertifizierung an sich nicht eingeschränkt, sondern jeder Benutzer kann beliebige Zertifikate ausstellen.

Dieses Modell kommt in abgeänderter Form als *Web of Trust* bei PGP (siehe Abschnitt 10.9.4) zum Einsatz.

Up-Cross-Down

Unterschieden sich bisher Zertifizierungen nur darin, ob der Zertifizierte wieder CA ist oder nicht, so kann ein Benutzer im Modell *Up-Cross-Down* drei Arten von Zertifikaten besitzen:

1. Down-Zertifikate — Zertifikate von Kindknoten
2. Up-Zertifikate — Zertifikate von Elternknoten
3. Cross-Zertifikate — Zertifikate beliebiger anderer Knoten

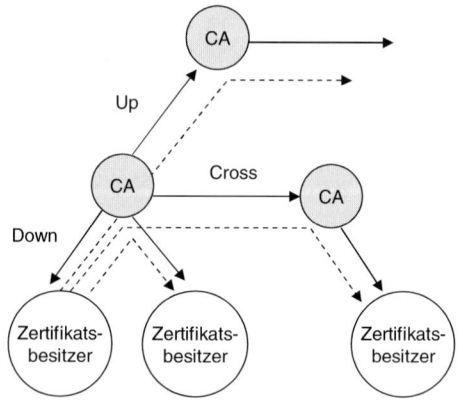

Abbildung 9.7. Vertrauensmodell: Up-Cross-Down

Das Modell besitzt im Vergleich zu anderen Modellen den Vorteil, dass Teilbäume unabhängig voneinander funktionieren und insbesondere auch bei

Kompromittierung von Schlüsseln übergeordneter oder nebengeordneter CAs intern unbeeinträchtigt weiteragieren können. Es gibt somit auch keine Root-CA, bei deren Kompromittierung alle Zertifikate neu ausgestellt werden müssen. Durch Cross-Zertifikate können ohne die Einhaltung strikter Ordnungsregeln Teilbäume bei Bedarf gekoppelt werden (Kopplung zwischen zwei Abteilungen einer Firma).

Nachteilhaft ist jedoch die Tatsache, dass viele Zertifikate notwendig sind und dass die Zertifizierung völlig unkontrolliert verläuft, d. h. dass z. B. die Erstellung von Down- oder Cross-Zertifikaten nicht eingeschränkt wird. Darüberhinaus ist die Pfadfindung nicht eindeutig.

Flexible Bottom-Up

Das sicher komplexeste, aber auch mächtigste Modell heißt *Flexible Bottom-Up* und ist eine Weiterentwicklung des Modells Up-Cross-Down. Neu ist die Einführung von Namenseinschränkungen, so dass die Schaltung von Vertrauenspfaden auf einen bestimmten Namensbereich eingeschränkt werden kann.

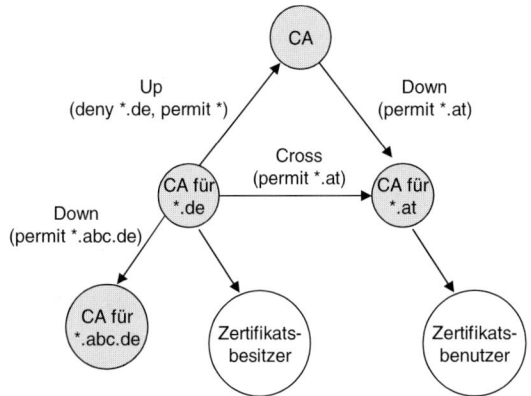

Abbildung 9.8. Vertrauensmodell: Flexible Bottom-Up

Somit behält man die Flexibilität bei, kann sie jedoch bei Bedarf kontrollieren. Der hohe Aufwand durch die hohe Anzahl an Zertifikaten und die Möglichkeit der Existenz mehrere Pfade zwischen zwei Knoten bleiben jedoch als Nachteil bestehen.

9.5 PKI auf X.509-Basis

X.509 [181] ist der bekannteste und verbreitetste Zertifikatstandard. Wurde es 1988 im Rahmen des X.509-Frameworks standardisiert, um Benutzer eines weltweiten, verteilten Verzeichnisses zu authentifizieren und autorisieren, so hat sich der Standard trotz der Nichtakzeptanz des Verzeichnisses weiterentwickelt: 1993 wurde X.509v2 entwickelt, 1997 und 2000 folgten X.509v3 und X.509v3-2000. Heute basiert eine Vielzahl von Protokollen auf X.509, z. B. IPsec/IKE (s. Abschnitt 6.3, S. 226), TLS (vgl. Abschnitt 7.3, S. 276) und S/MIME (s. Abschnitt 10.9.5, S. 470).

Der PKI-Teil des X.509-Standards spezifiziert die folgenden drei technischen Grundbausteine einer PKI:

1. Syntax eines ID-Zertifikats in ASN.1 [178],

2. Syntax einer CRL in ASN.1 und

3. Ablauf der Zertifikatsprüfung

9.5.1 Profile

Seit der Version X.509v3 sind sowohl Zertifikat als auch CRL erweiterbar geworden und bieten eine Vielzahl von Optionen und Parametern. Der Standard beschreibt nur, wie sie zu nutzen sind und wie sie sich im Zusammenspiel mit anderen Teilen des Standards verhalten. Der Standard legt jedoch nicht fest, in welchem Szenario welche Erweiterungen zu nutzen sind oder nicht. Es ist Aufgabe der PKI, im Rahmen eines so genannten *Profils* zu spezifizieren, welche Erweiterungen genutzt werden und welche nicht.

Die PKIX Working Group der IETF hat hierzu als Hilfestellung ein Profil für die Nutzung von X.509 im Internet [163] entwickelt. Ein anderes Profil ist z. B. das des *Secure Electronic Transaction* Standards (SET), das von Kreditkartenunternehmen zur Nutzung von X.509 bei der Abwicklung von Kreditkartentransaktionen definiert wurde.

Reichen die Möglichkeiten des aktuellen X.509-Standards für eine bestimmte PKI nicht aus, so kann diese die Erweiterbarkeit des Standards nutzen und eigene Erweiterungen in ASN.1 definieren.

9.5.2 Namensschema

Da es der eigentliche Zweck eines ID-Zertifikats ist, eine Identität an einen öffentlichen Schlüssel zu binden, kommt der Form dieser Identität eine besondere Bedeutung zu: Zum Einen müssen die Identität des Zertifikatsbesitzers und die Identität der CA Teil des Zertifikats sein, zum anderen ist die Identität auch fundamental für den Aufbau von Zertifikatsketten.

Bei X.509 kann man an der Struktur der Identität noch ihre X.500-Wurzeln erkennen: Der so genannte *Distinguished Name* (DN) ist ein hierarchisches Namensschema, dem zur Folge sich ein Name aus mehreren Attributen zusammensetzt. Die bekanntesten darunter sind:

- Land (Country – C)
- Bundesland (State – S)
- Stadt (Locality – L)
- Namen der Firma/Organisation (Organisation – O)
- Abteilung (Organisational Unit – OU)
- Namen (Common Name – CN), einziges obligatorisches Attribut

Ein Beispiel eines gültigen DNs ist „CN=John Doe, OU=Institut für Telematik, O=Universitaet Karlsruhe, L=Karlsruhe, S=Baden-Wuerttemberg, C=DE".

Auch wenn die Namensstruktur auf den ersten Blick intuitiv und vernünftig erscheint, so ist sie doch ein Überbleibsel der X.500-Zeit und wirkt ein wenig fremdartig im heutigen Nutzungsumfeld, wo Benutzernamen, E-Mail-Adressen, Domainnamen und IP-Adressen eher Identitäten sind als ein hierarchisch aufgebauter Name. Auf diese Anforderungen hin hat sich der Standard derart erweitert, dass dem Zertifikat zusätzlich zum DN alternative IDs hinzugefügt werden können.

9.5.3 Struktur eines ID-Zertifikats

In Tabelle 9.1 ist die Struktur eines X.509-Zertifikats in den unterschiedlichen Versionen von X.509 dargestellt. X.509v3 ist jedoch heute die dominierende Struktur, weil sie viele Erweiterungen mit sich gebracht hat, die im Internet-Umfeld sinnvoll und notwendig sind.

Wesentliche Bestandteile des Zertifikats sind offensichtlich der zu zertifizierende Inhalt, nämlich der öffentliche Schlüssel und die Identität des Besitzers. Diese werden vom Signierenden, dessen Identität im Feld *Issuer* gespeichert ist für die Gültigkeitsdauer, die im Feld *Validity* angegeben ist, zertifiziert.

Bemerkenswert ist noch das Feld *SerialNumber*, das zusammen mit der Identität (und evtl. Erweiterungen wie Schlüssel-IDs) des Signierenden das erstellte Zertifikat eindeutig identifiziert. Diese ID wird unter anderem beim Widerruf des Zertifikats verwendet. Dort werden in der CRL die Seriennummern der widerrufenen Zertifikate aufgelistet.

Tabelle 9.1. Struktur eines X.509-ID-Zertifikats

Feldname der ASN.1-Struktur	Beschreibung
version	Versionsnummer des Zertifikatsformates
serialNumber	Seriennummer, zusammen mit issuer eindeutig
issuer	ID des Erzeugers des Zertifikats
signature	für Signatur genutzter Algorithmus
validity	Gültigkeitsdauer des Zertifikats
subject	ID des Zertifikatsbesitzers
subjectPublicKeyinfo	Öffentlicher Schlüssel
issuerUniqueIdentifier	Erweiterte ID des Zertifizierenden (v2)
subjectUniqueIdentifier	Erweiterte ID des Besitzers (v2)
extensions	Erweiterungen(v3)

9.5.4 Erweiterungen des ID-Zertifikats

Ein inzwischen sehr wichtiger Teil des Zertifikats ist der Bereich, in dem Erweiterungen des Zertifikats gespeichert werden, die folgende Unterstruktur haben:

- Erweiterungs-ID — Jede Erweiterung hat eine ID, über welche die das Zertifikat prüfende Software die Semantik der Erweiterung erkennen und auf die Struktur und den Inhalt der Daten schließen kann

- Markierung, ob die Erweiterung *kritisch* ist, oder nicht

- Datenwerte der Erweiterung

Die Markierung, ob eine Erweiterung kritisch ist, oder nicht, ist wichtig bei der Validierung eines Zertifikats: Kennt die prüfende Implementierung eine Erweiterung nicht, die als kritisch markiert ist, so muss sie das Zertifikat als ungültig erachten, weil sie es nicht vollständig beurteilen kann. Ist eine unbekannte Erweiterung nicht als kritisch markiert, so kann die Implementierung diese ignorieren. Diese Funktion wird beispielsweise genutzt, wenn eine neue Erweiterung schrittweise eingeführt werden soll. Zunächst ist sie nicht als kritisch markiert, damit Benutzer diese je nach Möglichkeit testen können. Ist die Erweiterung ausreichend getestet und sind keine Probleme bekannt, so wird die Erweiterung später bei neu ausgestellten Zertifikaten auf kritisch gesetzt.

Im Folgenden werden einige der schon im Standard enthaltenen Erweiterungen vorgestellt.

Informationen über Schlüssel und Sicherheitsrichtlinien

In manchen Fällen ist die Identität der ursprünglich signierenden Instanz ironischer Weise nicht ausreichend, um eindeutig das zugehörige Zertifikat zu

ermitteln. Dies ist z. B. der Fall, wenn eine CA für sich vor Ablauf des eigenen Zertifikats ein neues erstellt, hierbei jedoch auch ein neues Schlüsselpaar
erzeugt. Obwohl beide Zertifikate die gleiche Identität enthalten, so enthalten
sie doch unterschiedliche öffentliche Schlüssel. Bei überlappender Gültigkeit
beider Zertifikate ist bei Prüfung eines Zertifikats evtl. nicht klar, mit welchem
Schlüsselpaar eine Signatur durchgeführt wurde.

Aus diesem Grund ist es über die Erweiterungen *Authority Key Identifier* und
Subject Key Identifier möglich, in einem Zertifikat eine ID für den genutzten
Schlüssel der CA und für den im Zertifikat enthaltenen Schlüssel zu speichern.
Dies kann z. B. ein Hash-Wert über den jeweiligen öffentlichen Schlüssel sein,
alternativ auch die Identität der CA zusammen mit der Seriennummer des
Zertifikats.

Eine andere recht verbreitete Erweiterung heißt *Key Usage* bzw. *Extended
Key Usage*. Über diese Erweiterungen kann im Zertifikat gespeichert werden,
für welche Anwendung es geeignet ist. Diese Erweiterung kann z. B. bei einer
CA zum Einsatz kommen, die für die Signatur von Zertifikaten und Widerrufinformation unterschiedliche Schlüsselpaare bzw. Zertifikate benutzt. Hier
kann über die Werte *keyCertSign* bzw. *crlSign* gekennzeichnet werden, welches Zertifikat für welchen Zweck benutzt werden soll. Andere Verwendungen
sind z. B. Mail-Verschlüsselung oder Server-Authentifikation.

In der Erweiterung *Certificate Policies* kann im Zertifikat gespeichert werden, unter welchen Sicherheitsrichtlinien es gültig ist. Bei der Validierung von
Zertifikaten kann dann unter anderem geprüft werden, ob das Zertifikat per
explizitem Eintrag für diese Anwendung geeignet ist.

Informationen über Zertifikatsbesitzer und CA

Bei manchen Anwendungen ist die Verwendung des DNs als Identität nicht
geeignet, z. B. wenn als IDs IP-Adressen oder AS-Nummern benutzt werden.
Ein weiterer Fall ist, wenn bei der Verwendung eines Domain-Namens (im
Feld CN des DN) auch die zugehörige IP-Adresse gespeichert werden soll. In
solchen Fällen ist es über die Erweiterungen *Issuer Alternative Name* und
Subject Alternative Name möglich, weitere IDs im Zertifikat zu speichern.

Um den Besitzer eines Zertifikats eindeutig identifizieren zu können, ist es
unter Umständen hilfreich, noch weitere Informationen wie die Adresse oder
ein Bild des Besitzers im Zertifikat speichern zu können. Dies ist über die
Erweiterung *Subject Directory Attributes* möglich.

Einschränkungen des Zertifizierungspfades

In vielen Vertrauensmodellen ist es hilfreich, wenn nicht sogar notwendig, das
Privileg der Zertifizierung speziell zu kennzeichnen bzw. bei der Weitergabe
einzuschränken.

Die Nutzung von Modellen, die auf transitivem Vertrauen basieren, bedingt beispielsweise die spezielle Kennzeichnung von CA-Zertifikaten. Dies ist über die Erweiterung *Basic Constraints* möglich. Ebenfalls möglich über diese Erweiterung ist die Spezifizierung der Maximallänge einer Zertifikatskette, die von diesem Zertifikat ausgeht.

Über die Erweiterungen *Name Constraints* kann eine Parent-CA eine Sub-CA bei der Zertifizierung auf einen bestimmten Teilbereich des Namensraumes einschränkten, z. B. auf DNs in einem bestimmten Land oder Bundesland. Dies ist sowohl über Positiv-Einträge als auch über Negativ-Einträge möglich. Diese Erweiterungen sind notwendig für die Umsetzung der Modelle Top-Down und Flexible Bottom-Up.

9.5.5 Struktur von CRLs

Der X.509-Standard spezifiziert keinen Mechanismus zur Online-Überprüfung eines Zertifikats auf Widerruf, sondern spezifiziert lediglich die Struktur von CRLs, ist hier jedoch seit Version 3 sehr flexibel.

In Tabelle 9.2 ist die Struktur einer CRL abgebildet.

Tabelle 9.2. Struktur einer X.509-CRL

Feldname der ASN.1-Struktur	Beschreibung
version	Versionsnummer des CRL-Formates (v2)
issuer	ID des Erzeugers der CRL
signature	für Signatur genutzter Algorithmus
thisUpdate	Zeitpunkt der Ausstellung dieser CRL
nextUpdate	Zeitpunkt der Ausstellung der nächsten CRL
revokedCertificates - *serialNumber* - *revocationDate* - *crlEntryExtensions*	Liste widerrufener Zertifikate - Seriennummer - Zeitpunkt des Widerrufs - eintragsspezifische Erweiterungen (v2)
crlExtensions	globale Erweiterungen (v2)

Die wesentlichen Informationen sind die CA, die diese CRL erstellt hat, wann die CRL erstellt wurde, wann die nächste erstellt wird und letztendlich welche Zertifikate widerrufen wurden.

Mit Version X.509v3 wurde die Version 2 des CRL-Formates eingeführt, die wie die Zertifikatstruktur erweiterbar ist. Es können nun sowohl eintragsspezifische Erweiterungen als auch globale, d. h. CRL-weite, Erweiterungen in der CRL gespeichert werden.

Die letztendliche Struktur der CRL und der Aufwand, eine bestimmte Zertifikatseriennummer in der CRL seiner CA zu lokalisieren, sind kritisch in Bezug auf die Leistungsfähigkeit von Serversystemen, die X.509 nutzen. Inzwischen ist X.509 sehr variabel in Bezug auf CRLs und kann neben der einfachen, alle widerrufenen Zertifikate enthaltende CRL auch eine Vielzahl von optimierten Strukturen abbilden.

Den Anforderungen in Bezug auf schnelle Prüfung auf Widerruf trägt X.509 z. B. mit der inhaltlichen Unterscheidung von CRLs Rechnung:

- *End-entity Public-key certificate Revocation List* (EPRL) — speichert Widerrufinformation über Endbenutzer

- *Certification Authority Revocation List* (CARL) — speichert Widerrufinformation über CAs

Somit kann der Server häufig auftretende Suchvorgänge nach (Sub-)CAs in (hoffentlich) relativ kurzen CARLs tätigen, wohingegen er den Suchvorgang nach dem aktuellen Benutzer in der (wahrscheinlich) größeren EPRL nur einmal tätigen muss.

9.5.6 Erweiterungen

Wie die Zertifikatstruktur so ist auch die CRL-Struktur erweiterbar und folgt den gleichen Prinzipien: Ist eine CRL-Erweiterung als kritisch markiert und kennt eine prüfende Implementierung diese nicht, so kann sie nicht davon ausgehen, dass das zu prüfende Zertifikat noch gültig ist. Bei nicht-kritischen Erweiterungen kann die Validierung fortgesetzt werden, auch wenn die Erweiterung nicht bekannt ist.

Beispiele für CRL-weite Erweiterungen sind die Erweiterung *CRL Number*, über die feststellbar ist, ob man eine vollständige Sequenz von CRLs hat, oder die Erweiterung *Issuing Distribution Point*, die angibt, wo diese CRL gespeichert wird. Ein Beispiel für eine CRL-eintragsspezifische Erweiterung ist die Erweiterung *Reason Code*, die angibt, aus welchem Grund ein Zertifikat widerrufen wurde.

9.5.7 CRL-Varianten

Bei großen Benutzermengen machen über die inhaltliche Trennung hinausgehende optimierende CRL-Strukturen Sinn, die im Folgenden vorgestellt werden. X.509 kann mit Hilfe seiner erweiterbaren und erweiterten Struktur folgende CRL-Strukturen umsetzen:

- *Vollständige CRLs* — Diese CRL enthält alle widerrufenen Zertifikats-IDs und muss somit im schlimmsten Fall vollständig durchsucht werden, um sicher zu sein, dass ein Zertifikat nicht widerrufen wurde. Es wurde jedoch eine Erweiterung standardisiert, die besagt, dass die entsprechende CRL sortiert ist. In diesem Fall kann die Suche abgebrochen werden, wenn die ID nicht an der erwarteten Stelle steht.

- *Partitionierte CRLs* — Hier werden die IDs widerrufener Zertifikate nach ID-Raum, Namensraum oder anderen Parametern in mehrere CRLs aufgeteilt, so dass die Suche nach einem bestimmten Eintrag beschleunigt wird (s. Abbildung 9.9).

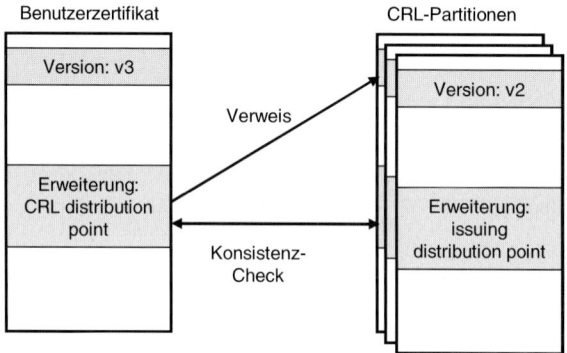

Abbildung 9.9. Partitionierte CRL

- *Redirect CRLs* — Durch die Nutzung einer CRL mit Proxy-Funktion, die auf weitere CLRs oder CRL-Partitionen verweist, ist auch eine nachträgliche Restrukturierung einer CRL möglich (vgl. Abbildung 9.10).

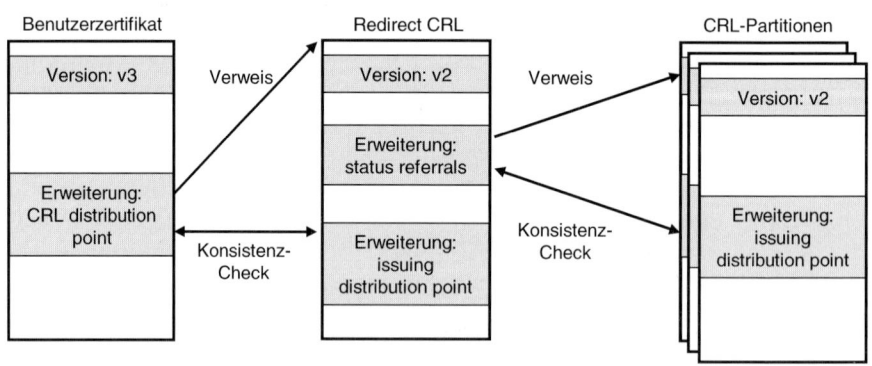

Abbildung 9.10. Redirect CRL

- *Delta CLRs* — Ist z. B. Tagesaktualität notwendig, obwohl vollständige CRLs nur wochenweise erzeugt werden, so können mit Delta CRLs inkrementelle Updates auf eine bestehende CRL veröffentlicht werden.

- *Indirect CRLs* — Diese enthalten Widerrufinformation für mehrere CAs, um dem Benutzer das CRL-Management zu vereinfachen (vgl. Abbildung 9.11).

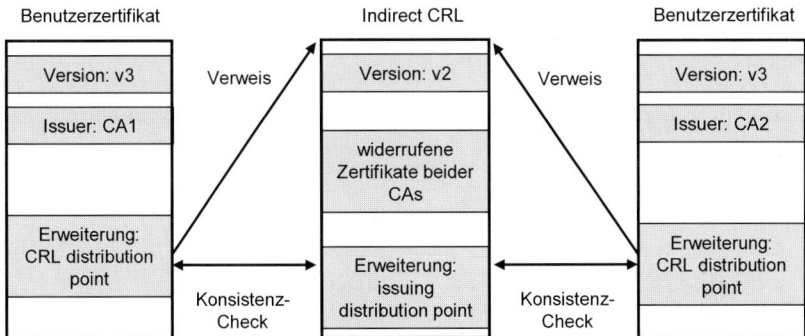

Abbildung 9.11. Indirect CRL

9.5.8 Prüfung eines Zertifikats

Der Ablauf der Prüfung eines Zertifikats wird im X.509-Standard sehr detailliert beschrieben, weil er je nach verwendeten Erweiterungen sehr komplex werden kann. Im Folgenden wird daher lediglich ein grober Abriss über den Ablauf gegeben.

Die Prüfung eines Zertifikats bedingt eine gewisse Menge an Informationen:

- eine vollständige Zertifikatskette von einer bekannten und vertrauten CA zu dem zu validierenden Zertifikat

- die Uhrzeit des Prüfungszeitpunktes

- eine Menge von akzeptablen Sicherheitsrichtlinien

- eine Menge von Parametern, über die sich die Prüfung noch weiter steuern lässt

Zunächst müssen ein paar Basisprüfungen durchgeführt werden:

- Korrektheit der Kettenbildung

- Korrektheit der Signaturen

- zeitliche Gültigkeit

- Prüfung jedes Zertifikats auf Widerruf

Sind soweit noch alle Bedingungen erfüllt und alle Zertifikate der Kette gültig, so müssen noch Einschränkungen bei der Zertifizierung geprüft werden:

- Sind alle Zertifikate außer dem Endzertifikat CA-Zertifikate?

- Werden Obergrenzen für die Pfadlänge eingehalten?

- Werden Namenseinschränkungen bei der Delegierung eingehalten?

- Werden Richtlinieneinschränkungen eingehalten?

Das Ergebnis der Prüfung ist dann:

- eine Meldung, ob die Prüfung erfolgreich war oder nicht

- ein Fehler-Code bei Misserfolg

- Richtlinien, unter denen das Zertifikat gültig ist

- evtl. weitere Parameter

Durch die sehr ausführliche Beschreibung des Prüfungsvorgangs im Standard soll Implementierern des Standards möglichst geringer Freiraum für Interpretationsfehler gegeben werden. Dies ist gerade bei einem Sicherheitsstandard sehr wichtig.

9.5.9 PKI-Unfälle

Dieser Abschnitt soll zeigen, dass obgleich digitale Zertifikate und PKI an sich konzeptionell sicher sind, immer das schwächste Glied der Kette die endgültige Sicherheit bestimmt.

In einem Fall hat ein Softwarehersteller bei Zertifikaten schlicht nicht geprüft, ob diese berechtigt sind, selbst wieder Zertifikate auszustellen (Prüfung der Erweiterung *BasicConstraints*). Das hatte zur Folge, dass jeder zertifizierte Benutzer wiederum beliebige Zertifikate ausstellen konnte, die von dieser Software als gültig erkannt wurden.

In einem anderen Fall hat eine PKI bei Routing-Prüfungen festgestellt, dass sie ein falsches Zertifikat ausgestellt hat und hat dieses daraufhin widerrufen. Fatal an dieser Stelle war, dass ein Softwarehersteller sich darauf verlassen hat, dass die Lokation der Widerrufinformation dieser PKI im CA-Zertifikat über die Erweiterung *crlDistributionPoint* angegeben ist. Grundsätzlich ist es richtig, diese Erweiterung zu prüfen; bei PKIs, die diese Erweiterung nicht nutzen, muss der Softwarehersteller – wenn er seiner Software dieses CA-Zertifikat beifügt – jedoch die Lokation manuell ermitteln und in der Software statisch konfigurieren, andernfalls ist die Software wie in diesem Fall nicht in der Lage, Widerrufinformation zu ermitteln und bei der Validierung zu berücksichtigen.

9.6 PKIX Working Group

Die ursprüngliche Aufgabe der PKIX Working Group (PKI auf Basis von X.509) [291] der IETF war es, Internet-Standards zur Unterstützung von PKIs im Internet-Umfeld zu entwickeln. So wurde ein Profil für die Nutzung von X.509-Zertifikaten und X.509-CRLs im Internet erstellt, das als RFC 3280 [164] veröffentlicht wurde. Ein weiteres wichtiges Dokument beschreibt die Inhalte der Dokumente über die Sicherheitsrichtlinie und die internen Abläufe in einer PKI. Diese wurden als RFC 3647 [73] veröffentlicht.

Darüber hinaus hat sich der Fokus der Arbeitsgruppe jedoch weiterentwickelt: Neben der Entwicklung und Weiterentwicklung von X.509-spezifischen Profilen (z. B. für die Nutzung von X.509-Attributzertifikaten) entwickelt sie zum einen auch Profile für diverse Protokolle zum Management von Zertifikaten, so z. B. ein – inzwischen obsoletes – Profil für LDAPv2 [46] (das für LDAPv3 ist zurzeit als Draft in Entwicklung), entwickelt aber auch Protokolle für das PKI-Umfeld, z. B. Protokolle zur Online-Prüfung von Zertifikaten oder Protokolle zum Management von Zertifikaten (Interaktion des Benutzers mit der RA/CA).

Zwei Protokolle im Bereich der Online-Prüfung von Zertifikaten werden im Folgenden exemplarisch vorgestellt. Für einen tieferen Einblick empfiehlt sich ein Blick auf die Website der Arbeitsgruppe [291].

9.6.1 OCSP

Der traditionelle Weg, den Widerrufstatus eines Zertifikats anhand einer CRL zu prüfen, ist in manchen Fällen nicht akzeptabel. Beispiele dafür sind z. B., dass die Aktualität einer CRL nicht ausreicht oder dass ein Client den Aufwand des CRL-Managements nicht erbringen will oder kann.

Der erste Entwurf für ein Protokoll zur Online-Prüfung resultierte im *Online Certificate Status Protocol* (OCSP) [267]. OCSP ermöglicht es einem Client, einem Server eine Menge von Zertifikat-IDs zuzuschicken, auf die dieser mit dem jeweiligen Widerrufstatus antwortet. Dazu muss der Client zunächst einen autoritativen OCSP-Server für das gerade zu prüfende Zertifikat finden. Zu diesem Zweck definiert OCSP eine Erweiterung *AuthorityInfoAccess*

Abbildung 9.12. Online-Prüfung auf Widerruf mit OCSP

des X.509-Zertifikats, das solche Server und die Zugriffsmethode (z. B. HTTP, LDAP) spezifiziert. Auf der Gegenseite definiert es auch einen neuen Wert für die Erweiterung *extendedKeyUsage*, so dass anhand des Wertes *OCSPSigning* erkannt werden kann, dass der Besitzer des Zertifikats autorisiert ist, als OCSP-Server für eine bestimmte CA zu fungieren.

Da das Protokoll auf den ersten Blick vollständig aussieht, ist es um so wichtiger sich seiner wirklichen Aufgabe und seiner Einschränkungen bewusst zu sein:

- *Gültigkeit des Zertifikats* — Die OCSP-Antwort gibt nur den Widerrufstatus des Zertifikats wieder, nicht jedoch, ob das Zertifikat zeitlich noch gültig ist, ob der Verwendungszweck richtig ist oder ob sonstige Parameter für die aktuelle Anwendung angemessen sind.

- *Online vs. Up-to-date* — Auch wenn das Protokoll online und synchron den Status des Zertifikats zurückliefert, so ist dies nicht unbedingt gleichbedeutend damit, dass der Status auch aktueller ist als in einer von der CA ausgegebenen CRL. Die Aktualität hängt direkt von der Datenquelle des OCSP-Servers ab: Hat dieser Zugriff auf die Datenbank der CA, so kann er tatsächlich den aktuellen Zustand zurückliefern. Bezieht er seine Daten jedoch auch nur aus einer CRL, so ist die Antwort nicht aktueller als diese, erspart Clients jedoch den mit der CRL verbundenen Management-Aufwand.

- *Skalierbarkeit* — Mit einem gewissen Risiko verbunden ist die Tatsache, dass der OCSP-Server jede Antwort signieren muss, damit diese durch den Client authentifizierbar ist. In gewissem Maße sind je nach Lokalität der Anfragen Antworten auch vorgenerierbar, jedoch bei einem Datenbank-Backend dann zu Lasten der Aktualität.

- *Entlastung des Clients* — OCSP entlastet den Client zwar in Bezug auf CRL-Handling, jedoch ist dies nur der Anfang. Für Clients mit begrenzter CPU- und Speicher-Kapazität ist neben dem Prüfen des Zertifikats auf Widerruf insbesondere die Konstruktion der Zertifikatskette möglicherweise zu aufwändig, evtl. ist der Client auch wirklich nur am Endergebnis der Zertifikatsvalidierung interessiert und will, kann oder muss die gesamte Validierung auslagern.

Die zuletzt genannten Aspekte sind der Grund für die Entwicklung des in Abschnitt 9.6.2 vorgestellten Protokolls SCVP.

OCSP über TLS

Wird TLS (s. Abschnitt 7.3, S. 276) als Mechanismus in einem Zugangskontrollverfahren verwendet, wie beispielsweise in EAP-TLS (s. Abschnitt 5.3.7, S. 173), ist die Überprüfung des Server-Zertifikats mittels OCSP nicht direkt möglich, da der Zugang zum Netzwerk erst nach Ablauf des EAP-TLS-Protokolls freigeschaltet wird. Somit kann der Client keine Online-Prüfung des Zertifikats veranlassen. Deshalb wurde in [39] eine Erweiterung des TLS-Protokolls definiert, die es dem Client erlaubt, eine OCSP-Bestätigung anzufordern. Dazu sendet der Client die *status_request*-Erweiterung in der *ClientHello*-Struktur an den Server. In dieser Erweiterung kann der Client eine Liste akzeptabler OCSP-Server angeben, von denen einer die Validität des Zertifikats bestätigen muss. Um anzuzeigen, dass der Authentifikationsserver diese Erweiterung unterstützt, sendet dieser in der *ServerHello*-Struktur ebenfalls die Erweiterung *status_request*. Die Bestätigung des OCSP-Servers ist dann in der *CertificateStatus*-Struktur enthalten, die der Server direkt nach seinem Zertifikat an den Client überträgt. Dadurch kann der Client auch dann eine Online-Prüfung vornehmen, wenn er noch nicht über einen Zugang zum Netzwerk verfügt.

9.6.2 SCVP

Aufgrund des durch OCSP erweiterten Horizonts und des durch Kleinstgeräte, die das Internet nutzen, entstehenden Bedarfs, wird zur Zeit das *Simple Certificate Validation Protocol* (SCVP) [361] entwickelt, das nicht nur das Outsourcing des Managements der Widerrufinformation ermöglicht, sondern ein weitergehendes, partielles bis vollständiges Auslagern der Zertifikat-Validierung ermöglicht.

Interessant ist SCVP für Clients, die mit der Konstruktion der Zertifikatskette überfordert sind, weil sie die dafür notwendigen Protokolle nicht beherrschen oder die Komplexität ihre Möglichkeiten übersteigt. Dies wird als *Delegated Path Discovery* bezeichnet. SCVP bietet jedoch auch an, dem Client sämtliche Aufgaben bei der Zertifikatsprüfung abzunehmen, d. h. angefangen von der Konstruktion der Zertifikatskette, über die Prüfung der Zertifikate auf Widerruf bis hin zur Prüfung von Nutzungseinschränkungen kann – die dafür notwendigen Parameter vom Client vorausgesetzt – die vollständige Validierung übernommen werden. Dies wird dann als *Delegated Path Validation* bezeichnet.

Im Gegensatz zu OCSP besteht SCVP aus dem Austausch von zwei Nachrichtenpaaren:

1. Der erste Nachrichtenaustausch dient dazu, dem Client mitzuteilen, welche *Validierungsrichtlinien* (*Validation Policy*) der Server unterstützt. Diese geben an, für welche Anwendungen (z. B. S/MIME, IPsec, TLS) der SCVP-Server konfiguriert wurde.

2. Im zweiten Schritt beauftragt der Client den Server mit der (teilweisen) Validierung von Zertifikaten: Dazu sendet er Zertifikat-IDs, durchzuführende Aktionen und dafür nötige Kontextinformation (z. B. Zeitpunkt der Prüfung, akzeptable Sicherheitsrichtlinien etc.). Weiterhin spezifiziert er, welche Ergebnisdaten der Prüfung er benötigt. Der Server antwortet entweder mit den geforderten Daten oder einer Fehlermeldung; in beiden Fällen ist die Antwort signiert.

9.6.3 Vergleich

Letztendlich ist die Anforderung der PKI-Clients ausschlaggebend, welches der beiden Protokolle basierend auf welchen Informationen die bessere Wahl ist. Im Zuge zunehmender Nutzung des Internets durch Handhelds ist das Szenario, in dem ein Firmen- oder Uni-weiter SCVP-Server solchen Clients die Validierungsarbeit abnimmt, durchaus realistisch, da hier ein Vertrauensverhältnis besteht und der Client nicht befürchten muss, vom SCVP-Server eine inhaltlich falsche (obgleich signierte) Antwort zu bekommen. Ist dieses Vertrauensverhältnis nicht gegeben, ist der Client mit OCSP besser bedient, vorausgesetzt er verfügt über die Ressourcen, die restlichen Teilaufgaben der Validierung selbst durchzuführen.

9.7 PMI

Die im Abschnitt 9.4 vorgestellte PKI stellt eine Lösung des eingangs in Abschnitt 9.1 vorgestellten Problems der Authentifikation dar, löst aber noch nicht die Frage der Autorisierung: Wir wissen nun zwar, wer der Benutzer ist, aber nicht, welche Rechte er in Bezug auf welche Ressourcen besitzt. Für diese und die in Abschnitt 9.1 vorgestellte Problemstellung, diese Rechte nicht auf dem Server selbst oder auf einem zentralen Rechteserver zu speichern, sondern in einer transportierbaren Form flexibel handhaben zu können, wird im Folgenden eine Lösung auf Basis von Attributzertifikaten und einer PMI vorgestellt.

9.7.1 Grundproblem

Das grundsätzliche Problem, das es in Bezug auf Autorisierung zu lösen gilt, ist festzustellen:

1. Zu welchen Aktionen und zur Nutzung welcher Ressourcen ist er berechtigt?

2. Darf er diese Autorisierungen weitergeben – und wenn ja, an wen?

Diese Information gilt es in Zertifikatform zu transportieren, um die gleiche Flexibilität (keine zentrale ACL, sondern zertifizierte Einzeleinträge) wie bei der Authentifikation zu erreichen.

9.7.2 Überblick über Autorisierungsmodelle

Bei Autorisierungsprüfungen haben sich folgende Modelle für Zugriffskontrolllisten entwickelt:

- *Discretionary Access Control* — Dies ist die feingranularste Art der Zugangskontrolle. Hier werden an jeden Benutzer individuelle Rechte vergeben.

- *Mandatory Access Control* — Hier werden alle Ressourcen klassifiziert und Zugriffsrechte (so genannte *Clearance*) dementsprechend nur klassenbasiert vergeben; im Vergleich zur Discretionary Access Control ist diese Art der Zugriffskontrolle gröber. An folgenden Beispielen für Klassen erkennt man, dass diese Variante ihre Ursprünge im Bereich des Militärs hat: *Unmarked, Unclassified, Restricted, Confidential, Secret, Top-Secret.*

- *Role-based Access Control* — Manche Rechte hat ein Benutzer nicht immer, sondern nur, wenn er eine bestimmte Aufgabe – hier *Rolle* genannt – wahrnimmt. Meist wird diese Rolle nicht nur von ihm, sondern im Wechsel auch von anderen Personen ausgefüllt. Anstatt jedem Benutzer die Rechte zu geben, die mit dieser Rolle verbunden sind, nutzt man hier eine Indirektionsstufe, indem man die Rechte einer Rolle – quasi einem virtuellen Nutzer – zuweist und dem Benutzer dann diese Rolle zuweist, wenn er sie ausfüllt.

- *Hierarchical Role-based Access Control* — Dieses Modell der Zugriffskontrolle verfeinert das vorhergehende, indem es zulässt, dass eine Rolle wiederum auf anderen Rollen aufbauen kann. Dies ermöglicht es, in der Realität häufig vorkommende hierarchische Strukturen und somit hierarchische Rechtestrukturen nachzubilden.

Jede Lösung des Problems der Autorisierung muss sich daran messen lassen, welche der vorgestellten Modelle es abbilden kann.

9.7.3 Definition

Attributzertifikate (siehe Klassifikation in Abschnitt 9.3.4, S. 353) bestätigen die Zugehörigkeit von Eigenschaften in Form von Attribut-Werten zu einer Identität. Sie werden daher in Kombination mit ID-Zertifikaten bei der Autorisierungsprüfung genutzt. Grundvoraussetzung ist also eine PKI, die Benutzerzertifikate ausstellt, an deren IDs Rechte in Form von Attributzertifikaten gebunden werden können. Auch für diese Zertifikate muss das Problem der Konsistenzerhaltung in Form einer beschränkten Gültigkeitsdauer und evtl. einer Widerrufinfrastruktur gelöst werden. Die Managementinfrastruktur für Attributzertifikate wird hier als *Privilege Management Infrastructure* (PMI) bezeichnet.

Wie bei der PKI gibt es bei der PMI eine Instanz, der die Benutzer und die Autorisierung prüfenden Instanzen in Bezug auf Zertifizierung vertrauen. Bei PMI wird diese Instanz *Attribute Authority* (AA) genannt. Im Gegensatz zur PKI, wo es gewöhnlich eine Root-CA gibt, gibt es bei einer PMI unter Umständen mehrere Root-AAs – hier *Source of Authority* (SOA) genannt –, jeweils eine pro Ressource. Es kann z. B. eine SOA für die Nutzung von Druckern und Plottern geben, eine SOA für die Nutzung von IPsec-VPNs, eine SOA für den Zugriff auf Datenbanken etc. Privilegien für diese unterschiedlichen Ressourcen werden in Unternehmen oder Organisationen aus Kompetenzgründen in der Regel nicht zentral, sondern verteilt durch diejenigen Personen und Abteilungen vergeben, die die jeweilige Ressource betreiben und verwalten.

Technisch gesehen gibt es pro SOA ein selbstzertifiziertes (d. h. mit dem ID-Zertifikat der SOA signiertes Attributzertifikat, das wie das selbstsignierte ID-Zertifikat der CA von den Benutzern als Referenzpunkt genutzt werden muss, um Zertifizierungen zu prüfen. In diesen Zertifikaten wird auch dokumentiert, um welche Ressource es sich handelt und wie die Enthaltenseinsrelation bei den mit ihr verbundenen Privilegien definiert ist. Letztere ist wichtig in Bezug auf die Weitergabe von Privilegien.

9.7.4 PMI-Modell

Eine PMI besteht aus folgenden Elementen:

* *Privileg-Prüfer* — Dieser vertraut der SOA in Bezug auf die Vergabe von Rechten für eine bestimmte Ressource und prüft Nutzungsansprüche von Privilegien-Benutzern.

* *Privileg-Nutzer* — Will eine bestimmte Ressource nutzen und erhebt den Nutzungsanspruch basierend auf Basis eines durch eine AA ausgestellten Zertifikats.

- *Attribute Authority (AA)* — Besitzt die Berechtigung, Rechte in Bezug auf die Nutzung einer bestimmten Ressource zu vergeben.

- *Ressource* — Dienst oder Infrastruktur, die der Privilegien-Nutzer nutzen will und deren Zugriffe vom Privileg-Prüfer kontrolliert werden.

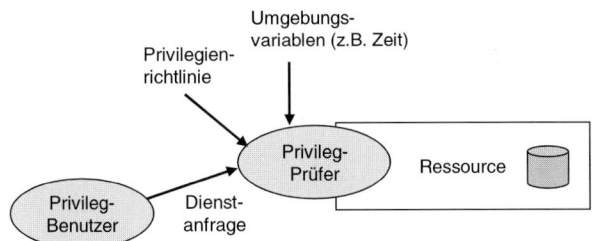

Abbildung 9.13. Elemente des PMI-Modells

Auch hier ist es möglich, die Aufgaben der AA aufzusplitten, wie dies bei der PKI vorgestellt wurde. Der Verzeichnisdienst spielt bei einer PMI eher eine untergeordnete Rolle, weil die einem Benutzer zugewiesene Menge an Rechten für andere Benutzer nicht relevant sind, sondern nur für den Privileg-Prüfer wichtig sind. Unter Umständen gilt es auch, die Menge an Rechten eines Benutzers vertraulich zu behandeln.

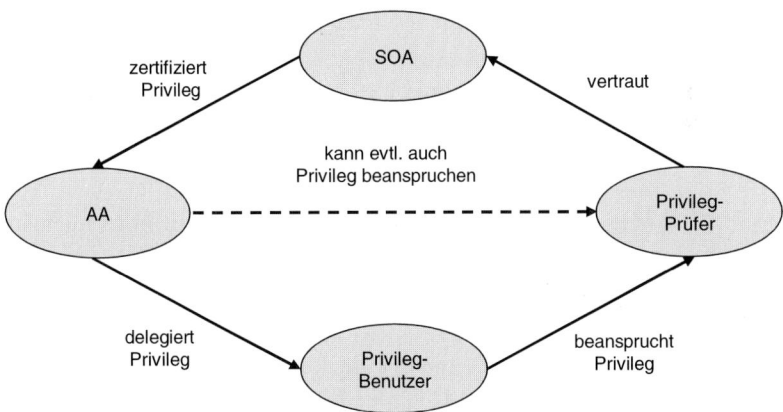

Abbildung 9.14. Beziehungen im PMI-Modell

Im Vergleich zur PKI fällt auf, dass es nicht eine Klasse von Nutzern der PMI gibt, sondern dass hier die Unterscheidung zwischen Nutzer eines Zertifikats und Prüfer eines Zertifikats stärker ausfällt. Zwar ist auch denkbar, dass ein

Benutzer einer PKI kein eigenes Zertifikat besitzen möchte, sondern nur Zertifikate prüfen können will, dennoch ist dieser Fall ungewöhnlicher als bei der PMI.

9.7.5 PMI und Rollen

Rollen-basierte Zugriffskontrollen lassen sich mit Attributzertifikaten grundsätzlich realisieren, indem dem eigentlichen Benutzer als Attribut (oder – wie später bei X.509 als Beispiel erläutert – als Zertifikatserweiterung) die ihm zugewiesene Rolle zertifiziert wird. Die mit der Rolle verbundenen Rechte werden jedoch in einem getrennt angelegten Attributzertifikat einer Rollen-ID zugewiesen.

9.7.6 Widerruf von Zertifikaten

Dem Widerruf von Zertifikaten kommt auch bei Attributzertifikaten eine wichtige, wenn nicht sogar im Vergleich zur PKI noch wichtigere, Rolle zu: Wenn ein Benutzer die Privilegien nicht mehr wahrnehmen darf, so ist die Umsetzung dieser Änderung je nach Sensitivität der Informationen oder den möglichen Folgen von Ressourcennutzungen schnellstmöglich umzusetzen.

Daher ist es auch elementarer Teil der PMI, eine Widerrufinfrastruktur bereitzustellen, entweder je nach Gewicht in Form von periodisch ausgestellten Widerruflisten oder in Form eines Dienstes, der dem Privileg-Prüfer die Online-Prüfung ermöglicht.

9.7.7 Vertrauensmodelle

Da das PMI-Konzept sich im Gegensatz zum PKI-Konzept noch nicht in vergleichbarem Maße durchgesetzt hat, ist hier das Modell „Single CA mit Delegation" das vorherrschende.

Vertrauensanker ist die SOA, die in erster Instanz zum einen Privilegien zur Nutzung einer Ressource und zum anderen Privilegien zur Weitergabe der Nutzungsprivilegien vergibt. Dient bei der PKI die Delegation von Privilegien primär zur Verbesserung der Skalierbarkeit, so ist die Delegation von Privilegien bei der PMI wichtig, um reale Strukturen nachzubilden: Ein Abteilungsleiter wird sicherlich mehr Rechte haben als ein ihm unterstellter Teamleiter, der wiederum mehr Rechte hat als die ihm unterstellten Team-Mitglieder. Darüber hinaus kann der Leiter eher bestimmen, ob einer seiner Mitarbeiter bestimmte Rechte braucht, so dass es Sinn macht, dass der Leiter als (Sub-)AA diese Rechte auch selbst weiterdelegieren darf. Somit tritt der Delegationsaspekt

hier in den Vordergrund, wobei jedoch auch hier wie bei der PKI Kontrolle
sehr wichtig ist. Es muss durch den genutzten Zertifikatstandard sichergestellt
werden können, dass AAs von regulären Benutzern unterscheidbar sind und
dass sie nur eine Untermenge ihrer Privilegien und keine zusätzlichen weitergeben können.

Somit gilt es bei der Prüfung eines Zertifikats durch einen Privileg-Prüfer, wie
bei der PKI eine Zertifikatskette von der SOA zum zu prüfenden Zertifikat
aufzubauen, um die Korrektheit des Privileganspruchs durch den Privileg-
Benutzer zu bestimmen.

9.8 PMI auf X.509-Basis

Im Gegensatz zum PKI-Teil von X.509 hat sich der PMI-Teil erst mit der
Version X.509v3 stärker entwickelt und ausgeprägt. Der Standard sieht grundsätzlich zwei Varianten der Zertifizierung von Privilegien vor:

1. *Privilegien in ID-Zertifikaten* — ID-Zertifikate können in einer speziellen Erweiterung namens *subjectDirectoryAttributes* Attributzuweisungen
   enthalten, so dass keine zusätzlichen Attributzertifikate nötig sind. Dies
   ist jedoch mit einer Reihe von Einschränkungen verbunden:

   - *CA muss AA sein* — Wenn eine CA Privilegien zuweist, so muss sie
     zugleich AA für alle betroffenen Ressourcen sein. Diese funktionale
     Einheit ist in der Realität meist nicht gegeben.

   - *Dauer der Zertifizierung* — Die Gültigkeit der Zertifizierung muss für
     alle Sachverhalte gleich sein. Es ist nicht möglich, Privilegienzuweisun-
     gen eine andere Gültigkeitsdauer zu geben als der Schlüssel-Zuweisung.

   - *Widerruf* — Ändert sich ein Sachverhalt im Zertifikat, so muss das
     gesamte Zertifikat – und somit auch die Zertifizierung aller restlichen
     Sachverhalte – widerrufen werden.

   - *Weiterdelegierung* — X.509 sieht nur die Weitergabe aller Privilegien
     eines ID-Zertifikats vor, nicht einer echten Untermenge derselben.

2. *Privilegien in Attributzertifikaten* — Die Nutzung von dedizierten Zertifikaten für die Autorisierungsprüfung bringt zwar einen Zusatzaufwand mit
   sich, hat jedoch mehrere Vorteile:

   - Unabhängigkeit der Zertifizierungen, somit Vergabe von Privilegien
     durch mehrere getrennte AAs

   - Individuelle Vergabe der Gültigkeitsdauer

   - Individueller Widerruf bei Änderung eines Sachverhalts

- Weitergabe auch einer echten Untermenge von Privilegien

In manchen speziellen Fällen – z. B. bei Zertifizierungen von geringer Dauer – mag also die Speicherung von Privilegien im ID-Zertifikat sinnvoll sein. Da in komplexeren Anwendungen die Nachteile überwiegen, wird im Folgenden nur noch auf die Speicherung der Privilegien in Attributzertifikaten eingegangen.

9.8.1 Struktur eines Attributzertifikats

Die Struktur eines X.509-Attributzertifikats wird in Tabelle 9.3 gezeigt.

Tabelle 9.3. Struktur eines Attributzertifikats

Feld	Bedeutung
version	Versionsnummer des Formats
holder	Verweis auf das ID-Zertifikat des Besitzers - ID des Besitzers oder - ID der CA + Seriennummer des ID-Zertifikats des Besitzers
issuer	Verweis auf das ID-Zertifikat der AA
signature	Für die Signatur genutzter Algorithmus
serialNumber	Seriennummer des Zertifikats
attCertValidityPeriod - *notBeforeTime* - *notAfterTime*	Gültigkeitsdauer
attributes	Zertifizierte Attribute
issuerUniqueID	Genauere Spezifikation der AA
extensions	Erweiterungen

Auffallend ist die unterschiedliche Bezeichnung des Zertifikatsbenutzers: Bei ID-Zertifikaten wird er als *subject* bezeichnet, bei Attributzertifikaten als *holder*. Die Privilegien werden im Feld *attributes* gespeichert, das insbesondere auch Referenzen auf Rollen-Attributzertifikate enthalten kann. Wiederum wichtig für das Zertifikatsformat ist dessen Erweiterbarkeit. Im Feld *extensions* können aktuell standardisierte, von der PMI selbst entwickelte und durch zukünftige Standards veröffentlichte Zertifikatserweiterungen aufgenommen und bei der Zertifikatsprüfung verwendet werden.

Syntaktisch unterscheiden sich Widerruflisten von Attributzertifikaten nicht von den PKI-Pendants. Man spricht jedoch hier von *Attribute Certificate Revocation Lists* (ACRLs) bzw. bei der inhaltlichen Trennung von *End-Entity Attribute Certificate Revocation Lists* (EARLs) bei ACRLs, die Widerrufinformation über Endbenutzer-Attributzertifikate enthalten, und von *Attribute Authority Certificate Revocation Lists* (AARLs), wenn sie nur widerrufene

AA-Zertifikate enthalten. Da sich bei PKI und PMI die Begriffe oft unterscheiden sind in Tabelle 9.4 die sich jeweils entsprechenden Begriffe und Abkürzungen gegenübergestellt.

Tabelle 9.4. Begriffe bei PKI und PMI

Konzept	PKI	PMI
Zertifikatsbezeichnung	ID-Zertifikat	Attributzertifikat
Zertifizierter Inhalt	ID zu Public Key	ID zu Attributwerten
Zertifizierender	Certificate Authority (CA)	Attribute Authority (AA)
Zertifizierter Nutzer	Subject	Holder
Widerruf	CRLs: EPRLs/CARLs	ACRLs: EARLs/AARLs
Vertrauensanker	Root-CA	SOA

9.8.2 Überblick

Attributzertifikate basieren auf ID-Zertifikaten, was das Gesamtbild und insbesondere die Prüfung von Zertifikaten deutlich aufwändiger macht als bei ID-Zertifikaten. Abbildung 9.15 gibt einen Überblick, wie PKI und PMI und insbesondere die Zertifikate zusammenhängen. Der Einfachheit halber kommt hier zunächst nur direktes Vertrauen zum Einsatz.

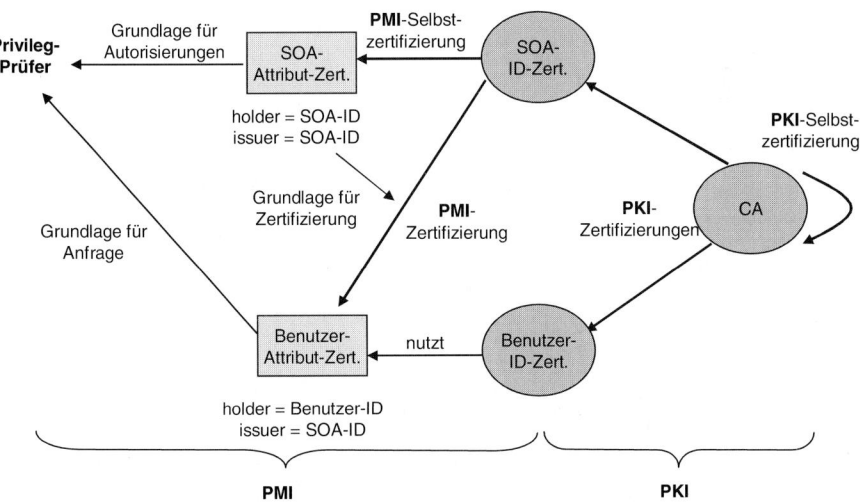

Abbildung 9.15. PMI bei Nutzung von direktem Vertrauen

Wichtig für das Verständnis ist, dass das Attributzertifikat der SOA zwar Grundlage der Zertifizierung des Benutzer-Attributzertifikats ist, die Zertifizierung jedoch mit Hilfe des Schlüsselpaares geschieht, dessen öffentlicher Teil im ID-Zertifikat der SOA enthalten ist.

Der Privileg-Prüfer stützt seine Entscheidung im Wesentlichen auf die Attributzertifikate, weil in ihnen der Sachverhalt der Autorisierung geregelt ist, muss diese jedoch mit Hilfe der ID-Zertifikate aller Beteiligten prüfen.

9.8.3 Erweiterungen von Attributzertifikaten

Bei ID-Zertifikaten waren bei Modellen, die auf direktem Vertrauen basieren, Erweiterungen nicht zwingend erforderlich. Im Gegensatz dazu sind diese bei Attributzertifikaten unbedingt notwendig. Die wichtigsten Erweiterungen werden im Folgenden beschrieben.

SOA-Erweiterungen

Grundsätzlich werden an das ID-Zertifikat einer SOA keine besonderen Ansprüche gestellt, d. h. prinzipiell kann jeder ID-Zertifikatsbesitzer für eine Ressource als SOA fungieren. Einzige Voraussetzung ist, dass der Privileg-Prüfer der Ressource das entsprechende Attributzertifikat als SOA-Zertifikat akzeptiert.

Der X.509-Standard ermöglicht es jedoch über die Erweiterung *sOAIdentifier* des ID-Zertifikats zusätzlich, dass eine CA einen PKI-Benutzer über sein ID-Zertifikat grundsätzlich autorisiert, als SOA zu fungieren. Die CA spezifiziert allerdings nicht, für welche Ressource diese Autorisierung gilt.

Die Funktion als SOA impliziert die Definition eines oder mehrerer Attribute und die Erzeugung eines selbstsignierten Attributzertifikats. Letzteres kann optional die Erweiterung *attributeDescriptor* enthalten, welche Syntax und Semantik des Attributs beschreibt und ihm eine ID und einen Namen zuweist. Man spricht in diesem Fall auch von einem *Attributbeschreibungszertifikat (Attribute Descriptor Certificate)*. Ein wichtiger Teil dieses Zertifikats und dieser Erweiterung ist insbesondere die Definition der Enthaltenseinsrelation *(Attribute Domination)*, d. h. Regeln, die bestimmen, ob eine Rechtemenge eine Teilmenge einer anderen ist. Dies ist elementar bei der Überprüfung, ob eine AA tatsächlich nur eine Teilmenge der Privilegien weitergegeben hat, die sie selbst besitzt.

Delegierungserweiterungen

Wie bei ID-Zertifikaten ist es auch bei Attributzertifikaten bei Nutzung von Modellen, die auf transitivem Vertrauen basieren, notwendig, AA-Zertifikate als solche zu kennzeichnen. Dies geschieht über die Erweiterung *basicAttCons-traints*, die ebenfalls wie beim ID-Zertifikatspendant die maximale Länge einer Attributzertifikatskette enthalten kann. Wichtig ist hier noch, dass ein derart gekennzeichnetes Attributzertifikat nur eine Grundlage für die Erstellung weiterer Attributzertifikate, nicht jedoch für die Erstellung von ID-Zertifikaten mit Privilegien darstellt.

Wenn die Zertifizierungen einer AA in Bezug auf den Namensraum eingeschränkt werden können sollen, so ist dies mit Hilfe der Erweiterung *delegatedNameConstraints* möglich. Ebenfalls ist es möglich, Zertifizierungen nur für Besitzer zuzulassen, deren ID-Zertifikat unter einer bestimmten Zertifizierungsrichtlinie erstellt wurde. In diesem Fall werden die akzeptablen Richtlinien in der Erweiterung *acceptableCertPolicies* des AA-Zertifikats gespeichert.

Ist es bei einer PKI beim Aufbau der Zertifikatskette möglich, anhand des Feldes *issuer* die zertifizierende Instanz bzw. deren Zertifikat anhand der ID zu lokalisieren, so ist das beim Attributzertifikat nicht der Fall. Hier ist zwar ebenfalls die ID der AA im Attributzertifikat gespeichert, dieses ermöglicht jedoch nicht ohne weiteres die Identifizierung und Lokalisierung des Attributzertifikats der AA, das Grundlage der Zertifizierung und elementarer Teil der Validierung ist. Für diesen Zweck wurde die Erweiterung *authorityAttributeIdentifier* standardisiert, die die Seriennummer des Attributzertifikats der AA und die ID der Parent-AA der AA enthält.

Rollen-Erweiterungen

Zur Unterstützung von rollenbasierten Zugangskontrollmechanismen ist es über die Erweiterung *roleSpecCertIdentifier* möglich, auf ein Rollenzertifikat zu verweisen. Die Erweiterung enthält den Namen der Rolle, den Aussteller des Zertifikats, die Seriennummer und den Ort, wo das Zertifikat zu finden ist. Somit ist neben der Identifizierung des Rollen-Zertifikats auch die Lokalisierung über diese Erweiterung möglich.

Das Rollenzertifikat wiederum ist durch ein Attribut mit dem Namen *role* als solches speziell gekennzeichnet. Dieses Attribut enthält den Namen der Rolle und die ID der Instanz (der so genannten *Role Authority*), welche die Rolle definiert hat. Darüber hinaus enthält das Rollenzertifikat die eigentlichen Privilegien und verweist evtl. auch auf weitere Rollenzertifikate, so dass auch hierarchische Rollen-Systeme möglich sind.

Basis- und Widerruferweiterungen

Neben der Delegierung ist auch die Nutzung des Attributzertifikats an sich einschränkbar. Über die Erweiterung *timeSpecification* ist beispielsweise die zeitliche Nutzung innerhalb der Gültigkeitsdauer des Zertifikats genauer spezifizierbar, z. B. auf Montag bis Freitag, 08:00–18:00 Uhr. Wie bei ID-Zertifikaten ist auch in Attributzertifikaten über die Erweiterung *acceptablePrivilegePolicies* spezifizierbar, welche Zertifizierungsrichtlinien der Nutzung zugrunde liegen und vom Privilegprüfer bei der Validierung berücksichtigt werden müssen.

In Bezug auf Widerrufinformation kann im Attributzertifikat wie beim ID-Zertifikat über die Erweiterung *CRLdistributionPoint* angegeben werden, wo die dieses Zertifikat betreffende CRL zu finden ist. Wird kein Widerrufmechanismus genutzt (z. B. weil die Gültigkeitsdauer der Attributzertifikate sehr kurz ist), so kann dies im Zertifikat explizit über die Erweiterung *noRevAvail* angegeben werden.

9.8.4 Zertifikatsvalidierung

Mit Hilfe der eben vorgestellten Erweiterungen können auch komplexere Szenarien als das in Abschnitt 9.15 vorgestellte realisiert werden. Ein Beispiel ist in Abbildung 9.16 gezeigt.

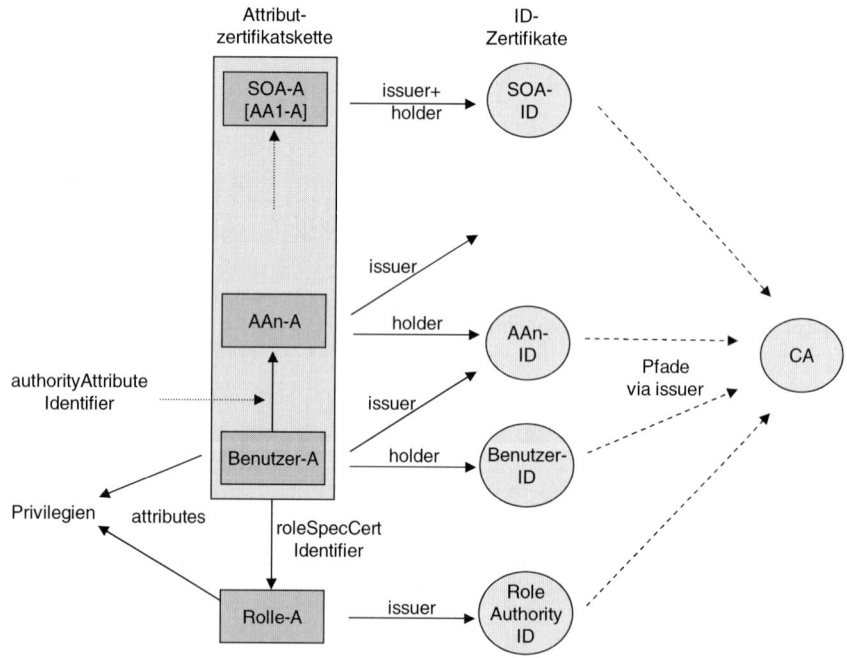

Abbildung 9.16. Zertifikatsvalidierung bei transitivem Vertrauen

Am besten lässt sich das Bild anhand der Validierung erläutern: Ein Benutzer will bestimmte Privilegien nutzen und legt dafür dem Privileg-Prüfer sein

Attributzertifikat *(Benutzer-A)* vor. Wir gehen zunächst vom einfachen Fall aus, bei dem die Privilegien ohne weitere Indirektionsstufe im Attributzertifikat enthalten sind. Der Privileg-Prüfer unternimmt nun zur Prüfung folgende Schritte:

1. *Aufbau der Attributzertifikatskette* — Ausgehend vom Zertifikat *Benutzer-A* muss der Privileg-Prüfer eine Kette von Attributzertifikaten über eine Menge von AAs bis zur SOA aufbauen, bei der ein Zertifikat jeweils auf Basis des nächst höheren erstellt wurde. Technisch ist dies über die Erweiterung *authorityAttributIdentifier* möglich, die in jedem Zertifikat auf das Attributzertifikat der übergeordneten AA verweist.

2. *Verifizieren der Signaturen* — Jedes Zertifikat muss mit dem ID-Zertifikat der übergeordneten AA geprüft werden. Das ID-Zertifikat ist über das Feld *issuer* identifizierbar und dann über den Verzeichnisdienst der PKI abrufbar.

3. *Validieren der ID-Zertifikate* — Alle ID-Zertifikate, die in der Attributzertifikatskette über *issuer* oder *holder* referenziert werden, müssen validiert werden (s. Abschnitt 9.5.8, S. 377), d. h. insbesondere muss von jedem Zertifikat aus eine Zertifikatskette bis zur Root-CA aufgebaut werden, die validiert wird.

4. *Prüfen der Gültigkeit* — Alle Attributzertifikate müssen in Hinsicht auf zeitliche Gültigkeit, Widerruf und Einschränkungen in Bezug auf Zeitpunkt, Richtlinien u. a. geprüft werden.

5. *Delegierungsprüfung* — Es muss geprüft werden, ob alle Attributzertifikate zwischen SOA und Benutzer

   - autorisierte AAs sind
   - gültig sind in Hinsicht auf Pfad- und Namenseinschränkungen
   - durch ID-Zertifikate authentifiziert sind, die unter einer gegebenen Richtlinie gültig sind
   - korrekt sind in Bezug auf die Dominierungsregel, d. h. keine Instanz hat mehr Rechte weitergegeben als sie selbst besitzt

Sind die Rechte des Benutzers nicht im Attributzertifikat selbst gespeichert, sondern wird ein Rollenzertifikat über die Erweiterung *roleSpecCertIdentifier* referenziert, so muss auch dieses und das ID-Zertifikat des Erzeugers validiert werden.

Insgesamt sieht man, dass die Prüfung eines Attributzertifikats in großen Umgebungen sehr komplex wird. Da der Aufwand insbesondere mit der Anzahl der AAs steigt, ist es sinnvoll, diese nur kontrolliert wachsen zu lassen. Bei hochfrequentierten Servern kann durch diese Prüfung eine wesentliche Last erzeugt werden, so dass es sinnvoll sein könnte, entweder den Client alle für die Validierung nötigen Zertifikate liefern zu lassen oder die Prüfung ähnlich wie bei PKI an ein dediziertes System auszulagern.

9.8.5 Autorisierungmodelle

In Abschnitt 9.7.2 wurden mehrere Autorisierungsmechanismen vorgestellt. Welche davon sind mit X.509v3 umsetzbar?

- *Discretionary Access Control* ist umsetzbar, indem in Attributzertifikaten die individuellen Rechte des Benutzers gespeichert werden.

- *Mandatory Access Control* ist umsetzbar, indem in Attributzertifikaten dem Benutzer Klassen zugewiesen werden, auf die er zugreifen darf. Zusätzlich werden auch die erlaubten Aktionen gespeichert.

- *Role-based Access Control* ist umsetzbar, da Attributzertifikate ausschließlich oder zusätzlich über eine Erweiterung *roleSpecCertIdentifier* einen Verweis auf ein Rollen-Zertifikat enthalten können.

- *Hierarchical Role-based Access Control* ist umsetzbar, da aufgrund des gleichen Sachverhaltes ein Rollenzertifikat auch wiederum Privilegien enthalten und auf andere Rollenzertifikate verweisen kann. Somit ist eine Hierarchie von Rollen aufbaubar.

Somit können alle Zugriffskontrollmechanismen mit X.509 umgesetzt werden.

9.9 PMIX Working Group

Eine PMIX Working Group hat sich bisher nicht gebildet, doch auch wenn die Gruppe „PKIX" und nicht „PMIX" heißt, so beschäftigt sich die PKIX Working Group dennoch auch mit Aspekten, welche die PMI betreffen. Wie bei PKI-Zertifikaten so hat die Arbeitsgruppe auch für Attributzertifikate ein Profil [111] erstellt, in dem sie beschreibt, wie der Einsatz mit welchen Optionen bzw. Erweiterungen im Internet-Umfeld sinnvoll ist. So rät sie beispielsweise auch, aufgrund der Komplexität der Validierung auf Attributzertifikatsketten ganz zu verzichten und wo möglich nur direktes Vertrauen zu nutzen.

9.10 Bewertung

An dem Konzept und den Zielen der PKI wurde viel Kritik geübt. Das ursprüngliche Ziel, es beliebigen Benutzern mit ihrer Hilfe zu ermöglichen, sicher zu kommunizieren, wurde sicher nicht erreicht. Ein wesentlicher Grund hierfür ist unter anderem, dass Namen nicht eindeutig sind – somit das Finden eines Zertifikats zu einem Benutzernamen in mehreren Zertifikaten resultieren kann – und dass das Zertifikat lediglich diese nicht eindeutige ID-Zeichenkette an den öffentlichen Schlüssel bindet. Die Zuordnung der ID zu einem bestimmten Menschen geschieht jedoch außerhalb der PKI und wird durch Menschen vorgenommen, die es gewohnt sind, dass Namen eindeutig sind und somit an dieser Stelle eine wesentliche Fehlerquelle darstellen. Um diesen Schritt sicherer zu machen, müsste man dem Zertifikat weitere Fakten über die referenzierte Person beifügen, was jedoch wiederum kritisch in Bezug auf die Privatsphäre der jeweiligen Person ist. Somit ist es sinnvoll, bei Nutzung einer PKI für menschliche Benutzer (und nicht für Rechner oder Anwendungen), diese auf einen Kreis zu beschränken, wo Namen tatsächlich eindeutig sind.

Auch an dem Konzept der PMI wurde starke Kritik geübt. Im Wesentlichen kritisiert wird die Tatsache, dass die Autorisierung in zwei Schritte zerfällt, die Authentifizierung über ID-Zertifikate und die anschließende Autorisierung über Attributzertifikate. Somit ist dieser Prozess an zwei Stellen angreifbar und basiert als Kopplung auf der Identität des Benutzers, die wie beschrieben ein problematischer Punkt sein kann: Was, wenn die CA und die SOA unterschiedliche Benutzer mit einer ID verbinden? Kritisiert wurde auch, dass die Autorisierung auf der Identität basiert, diese jedoch irrelevant für den Server ist, da dieser in der Regel mit IDs in Form von Zahlen umgeht, z. B. UIDs unter Unix. Als Lösung haben SPKI/SDSI vorgeschlagen, Autorisierungen basierend auf dem öffentlichen Schlüssel direkt (Autorisierungszertifikate) durchzuführen und die zugehörige Identität nur bei Problemen oder Fehlern zu ermitteln.

X.509 ist als Standard sehr komplex und von politischen Entscheidungen bzw. Kompromissen geprägt. So sind im Bereich der CRLs manche Konstellationen über unterschiedliche Erweiterungen realisierbar. Auch die Tatsache, dass X.509 auf ASN.1 basiert, wurde in der Vergangenheit oft kritisiert, da ASN.1 ebenfalls aufgrund seiner Komplexität regelmäßig ein Problem bei Implementierungen war, z. B. beim Einsatz mit SNMP.

Nichtsdestotrotz hat sich außer X.509 kein Standard etablieren können, der im Internet eine nennenswerte Verbreitung gefunden hätte. Allein PGP hat im Mail-Bereich einen gewissen Einsatzbereich gefunden, teilt sich jedoch auch dort den Markt mit S/MIME, welches auf X.509 basiert. Der Standard ist seit Version 3 durch Einführung der Erweiterungen sehr flexibel geworden und kann heute alle gängigen Vertrauens- und Autorisierungsmodelle umsetzen.

10

Anwendungsschicht

In diesem Kapitel wird die Sicherheit verschiedener Protokolle diskutiert, die der Anwendungsschicht zuzuordnen sind.

10.1 HTTP

Das *Hypertext Transfer Protocol* (HTTP) [117] dient zur Übermittlung von Hypertext-Dateien, z. B. den in HTML verfassten Inhalten einer Webseite im World-Wide-Web (WWW). Aufgrund des breiten Einsatzes im WWW dient es aber inzwischen auch zur Übertragung von Dateien und (häufig in XML formulierten) Anwendungsdaten. Die Daten werden üblicherweise zwischen einem Client und einem Server übertragen, wobei ein zuverlässiges Transportprotokoll zur Übertragung von HTTP vorausgesetzt wird. Standardmäßig wird TCP als zugrunde liegendes Transportprotokoll verwendet. HTTP ist ein Klartextprotokoll, d. h. die Protokollnachrichten sind als ASCII-Text direkt zu lesen. Da HTTP hauptsächlich als Anfrageprotokoll entworfen wurde, schickt der Client üblicherweise eine Request-Nachricht an den Server, der diese mit einer Response-Nachricht beantwortet.

10.1.1 Sicherheit

Mögliche Angriffe beim Einsatz von HTTP sind unter anderem das Abhören und Verändern von übertragenen Daten. Üblicherweise wird diesen Angriffen mittels Verschlüsselung, Authentifizierung und Integritätssicherung begegnet.

HTTP selbst bietet keinerlei Verschlüsselung. Somit werden alle Daten unverschlüsselt übertragen, d. h. jedes Zwischensystem kann Daten abhören und ändern, Angreifer im Subnetz des Opfers können Daten abhören. Zudem sind sämtliche TCP-basierten Angriffe möglich, insbesondere Connection Hijacking.

Folgende Besonderheiten sollten bei der Nutzung von HTTP beachtet werden:

- HTTP-Clients werden oft dazu genutzt, um persönliche Informationen wie Nutzernamen, Adressen und Passwörter zu übertragen. Dementsprechend warnen Web-Browser häufig vor der ungesicherten Übertragung von Daten zum Server über HTTP. Allerdings schalten Nutzer diese Warnungen häufig nach kurzer Zeit ab und Daten, die vom Server in Richtung Client übertragen werden, können gleichermaßen gefährdet sein.

- Teilweise gibt HTTP interne Information durch die Felder *Server*, *Via*, *Referer* und *From* preis. So kann ein Angreifer beispielsweise anhand der durch die *Server* angegebene Software-Version herausfinden, ob der HTTP-Server durch Implementierungsfehler verwundbar ist. *Via* gibt Informationen über die Infrastruktur preis, *Referer* erlaubt u. U. das Erstellen von Lesemustern durch Sammeln der besuchten URIs [34], *From* erlaubt Rückschlüsse auf die Identität des Nutzers.

- URIs können private Informationen in kodierter Form enthalten, wie beispielsweise Nutzernamen und Passwörter als Zugangsdaten. So sollte beispielsweise keine *Referer*-Angabe in HTTP enthalten sein, falls die URI mittels eines sicheren Protokolls übertragen wurde.

- HTTP ist relativ stark abhängig von einem korrekt funktionierenden DNS aufgrund der dort verwendeten URIs. Dementsprechend kann ein Angreifer versuchen, die DNS-Information zu fälschen und den Namen auf eine andere Adresse aufzulösen.

- HTTP-Proxies und Caches stellen eine Besonderheit dar, da sie als Man-in-the-Middle praktisch Zugriff auf sämtliche HTTP-Inhalte haben. Dementsprechend stellen solche Systeme attraktive Ziele für Angreifer dar, sowohl um das System zu kompromittieren und Kontrolle über Inhalte zu erlangen als auch um mittels Denial-of-Service-Angriffen den Dienst auszuschalten.

- Zugangsdaten für die unten beschriebenen Authentifizierungsmechanismen werden von HTTP-Clients häufig zwischengespeichert, damit sie nicht für jede Anfrage vom Benutzer erneut eingegeben werden müssen. Wie lange diese Daten jedoch zwischengespeichert werden, ist je nach Client unterschiedlich, was der beabsichtigten Sicherheit in der Anwendung u. U. zuwiderlaufen kann.

Für HTTP sind zumindest zwei Mechanismen definiert, um eine Authentifizierung des Clients gegenüber dem Server zu erreichen [127]:

- *Basic Authentication* — Zur Authentifizierung werden bei dieser Methode eine Benutzerkennung und ein Passwort verwendet. Der Client sendet seine erste Anfrage ohne Authentifizierungsinformation. Der Server antwortet darauf mit einer Aufforderung, die Authentifizierungsdaten zu übermitteln. In der Antwort sind auch weitere Details zur Authentifizierung enthalten. Der Client sendet seine Authentifizierungsdaten Base64-kodiert und damit praktisch im Klartext. Somit hat diese Form der Authentisierung die gleiche Qualität wie eine Klartextübertragung von Passwörtern. Die Authentifizierungsdaten sind also nicht verschlüsselt, weswegen der Mechanismus unsicher ist und daher nicht zum Schutz wichtiger und sensibler Daten eingesetzt werden sollte. Mit der nachfolgend beschriebenen Methode existiert zudem eine sicherere Möglichkeit zur Authentifikation.

• *Digest Access Authentication* — Digest Access Authentication soll die Nachteile des Basic-Authentication-Mechanismus beseitigen. Der Mechanismus verwendet eine Zufallszahl (Nonce), um Angriffe durch Wiedereinspielen zu verhindern. Der Server sendet die Nonce woraufhin der Client zur Authentifizierung mit einer Checksumme (meistens handelt es sich um eine MD5-Checksumme) über den Benutzernamen, das Passwort, die Nonce, die HTTP-Methode und die angeforderte URI antwortet. Das Passwort wird also nicht im Klartext über das Netz geschickt und Angriffe durch Wiedereinspielen sind durch Einbeziehen der Nonce in die Checksumme nicht möglich.

Da der Authentifizierungsmechanismus zwischen Client und Server ausgehandelt wird, sind prinzipiell auch Downgrade-Attacken (vgl. Abschnitt 4.6, S. 118) durch einen Man-in-the-Middle möglich.

10.1.2 Bewertung

Sicherheit im HTTP-Protokoll beschränkt sich auf Authentifizierung (Basic Authentication und Digest Access Authentication), Methoden zur Datenverschlüsselung sind nicht vorhanden. Da Basic Authentication unsicher ist, kommt heutzutage meist Digest Access Authentication zum Einsatz. Allerdings bietet Digest Access Authentication keinen so umfassenden Schutz wie herkömmliche Public-Key-Verfahren. Digest Access Authentication ist als Ersatz für die unsichere Basic Authentication gedacht, d. h. die Übertragung des Passwortes im Klartext sowie Wiedereinspielungsangriffe werden verhindert. Wörterbuchangriffe auf das Passwort durch Abhören des Authentifizierungsvorgangs bleiben trotzdem möglich. Abgesehen vom Passwort werden die übrigen Daten weiterhin im Klartext übermittelt. Zudem werden auch nach erfolgreicher Authentifizierung die übertragenen Daten nicht geschützt, so dass diese verändert werden können. Überdies authentifiziert sich lediglich der Client gegenüber dem Server und nicht umgekehrt.

Abhilfe gegenüber den verbleibenden Sicherheitsproblemen schafft hier der Einsatz von umfassenderen Sicherheitslösungen wie SSL/TLS (siehe Abschnitt 7.3, S. 276). Die Alternative, eine Absicherung mittels S-HTTP [307] hat sich dagegen nicht durchgesetzt.

10.2 SSH

Die Secure Shell (SSH) bietet eine sichere Möglichkeit, um sich in einen entfernten Rechner einzuloggen und diesen mittels Befehlszeile zu steuern bzw. Dateien auszutauschen. Dazu stellt der anfragende SSH-Client zuallererst die Identität des entfernten Rechners sicher. Erst danach findet eine Authentifizierung des Benutzers statt. Die Datenübertragung zum entfernten Rechner läuft gesichert (verschlüsselt und integritätsgesichert) ab.

10.2.1 Historie

Im Jahr 1995 wurden Angriffe auf universitäre Computernetzwerke in Finnland entdeckt. Zu dieser Zeit wurde noch weitgehend das traditionelle Protokoll Telnet [299] benutzt, um sich auf entfernten Rechnern einzuloggen. Telnet ist jedoch ein Protokoll ohne jegliche Verschlüsselung, d. h. insbesondere auch die Zugangsdaten werden im Klartext übertragen. Bei dem Angriff wurden mittels eines Sniffers (d. h. mit einem Programm zur Aufzeichnung von Netzwerkverkehr) Telnet-Sitzungen und die dabei verwendeten Passwörter aufgezeichnet. Es wurden mehrere tausend Nutzerkonten kompromittiert.

Tatu Ylönen war unter den Betroffenen. Er beschloss als Reaktion auf den Angriff, eine sicherere Alternative zu Telnet zu schaffen [343]. Bereits im Dezember 1995 gründete Tatu Ylönen die SSH Communications Security Corporation um die Entwicklung von SSH weiter voran zu treiben. 1998 wurde die Protokollversion 2 veröffentlicht. Die ursprüngliche SSH-Version wurde als freie Software herausgegeben. Später wurde die Lizenz jedoch restriktiver, verbot zuerst die Erstellung von DOS- und Windows-Versionen und später die kommerzielle Nutzung [280]. Ab Dezember 1999 war das freie OpenSSH verfügbar, das auf Codeteilen von Tatu Ylönen basiert und Teil des Betriebssystems OpenBSD ist. Daneben existieren Portierungen von OpenSSH auf die gängigsten Betriebssysteme wie Windows oder Linux. Seit Mai 2000 unterstützt OpenSSH auch SSH-Protokollversion 2. Obwohl bis zum Zeitpunkt der Erstellung des Buches noch kein offizieller SSH-Standard existiert, hat die IETF schon mehrere Internet-Drafts in der Secsh-Arbeitsgruppe [357] zu diesem Thema veröffentlicht.

Inzwischen gibt es eine große Menge von SSH-Implementierungen, die eine wachsende Anzahl von Plattformen unterstützen, z. B. Windows, UNIX, Cygwin, verschiedene MacOS, PalmOS, Java, DOS, Nokia 9200 Communicator, Windows CE, BeOS und VMS. Die meisten Implementierungen unterstützen die erste Version des SSH-Protokolls; die zweite, deutlich sicherere Version ist noch nicht für alle Plattformen erhältlich.

Der folgende Abschnitt gibt eine Übersicht über die Vorläufer von SSH und beschreibt SSH aus der Sicht des Nutzers. Anschließend wird SSH im Detail vorgestellt.

10.2.2 Remote Shell, Remote Login und Telnet

Die verschiedenen Dienste *Remote Shell* (`rsh`), *Remote Login* (`rlogin`) und *Telnet* (`telnet`) werden dazu benutzt, Kommandos auf entfernten Rechnern auszuführen. Remote Login und Telnet ermöglichen die interaktive Nutzung. Remote Shell kann sowohl interaktiv als auch nicht-interaktiv (z. B. für Skripte) verwendet werden. Prinzipiell funktionieren alle drei Programme nach dem gleichen Prinzip: Sie leiten die Standardein- und -ausgabe über eine TCP-Verbindung an einen entfernten Rechner weiter. Dieser entscheidet, ob er die eingehende Verbindung akzeptiert und ob der Nutzer berechtigt ist, das Kommando `rsh`/`rlogin`/`telnet` auszuführen. Bei Remote Shell und Remote Login sind die drei verbreitetsten Authentifizierungs-/Autorisierungsvarianten:

- Datei `hosts.equiv` — Zuerst überprüft der entfernte Rechner (Server) die Quelladresse der TCP-Verbindung des Clients und den Namen des Nutzers. Ist die Quelladresse (DNS-Name oder IP-Adresse) in der Datei `hosts.equiv` als zulässig aufgeführt, geht der Server davon aus, dass sich beide Rechner in der gleichen administrativen Domäne befinden. Die Verbindung wird erlaubt, falls die TCP-Verbindung von einem privilegierten Port (mit einer Nummer kleiner 1024) gestartet wurde und der Name des Benutzers auf Client und Server gleich ist. Dabei vertraut der Server darauf, dass solche Verbindungen nur von vertrauenswürdigen Rechnern kommen und normale Nutzer solche Ports nicht nutzen können. Enthält `hosts.equiv` Benutzernamen, so sind diese Benutzer berechtigt, Kommandos auch im Namen von anderen Benutzern (Ausnahme: Super-User, d. h. Nutzer mit Systemprivilegien) auszuführen.

- Datei `.rhosts` — Schlägt die Überprüfung von `hosts.equiv` fehl (d. h. die Prüfung ergab keine Zulassung), so wird im zweiten Schritt die benutzerspezifische Datei `.rhosts` ausgewertet. Das Vorgehen ist entsprechend der Überprüfung von `hosts.equiv`.

- Passwortabfrage — Falls die beiden Schritte zuvor nicht erfolgreich waren, fordert der entfernte Rechner eine Authentifizierung durch Eingabe eines Passworts. Dieses Passwort wird vom anfragenden Client im Klartext an den Server übertragen und von diesem geprüft. Nach positiver Überprüfung können Kommandos ausgeführt werden.

Telnet [299] ist in der Funktion vergleichbar zu Remote Login. Es ist jedoch besser für die interaktive Nutzung in realen Netzen geeignet, da Telnet im Gegensatz zu Remote Login z. B. einzelne Zeichen statt ganzer Zeilen überträgt und somit in der Bedienung der lokalen Umgebung gleicht. Die Sicherheit eines Telnet-Logins basiert nicht auf IP-Adressen wie bei Remote Login, sondern nur auf einem Passwort. Wie bei Remote Shell und Remote Login wird das Passwort unverschlüsselt zwischen Client und Server übertragen.

Die oben beschriebenen Authentifizierungsmethoden von Remote Login und Telnet sind nicht sicher. Bei Remote Login basiert die Sicherheit auf IP-Adressen oder der Übermittlung eines Passworts im Klartext, bei Telnet basiert die Sicherheit lediglich auf der Übermittlung des Klartextpassworts. Sicherheitsmechanismen basierend auf IP-Adressen können durch Fälschen der IP-Adresse (IP-Spoofing) umgangen werden.

Die Übermittlung von Passwörtern ohne Vertraulichkeitsschutz stellt ein Problem dar, weil eventuell andere Teilnehmer des Subnetzes oder Zwischensysteme auf dem Übertragungsweg Passwörter mitlesen können. Außerdem kann der Super-User als privilegierter Nutzer beliebige Benutzerkennungen fälschen, da der Server auf die Sicherheit des Clients vertraut. Privilegierte Nutzer können daher die Sicherheitsmechanismen des Clients umgehen.

Der Telnet-Standard [299] stellt einen flexiblen Erweiterungsmechanismus [298] bereit. Dieser erlaubt es, das Protokoll um Verschlüsselungsmechanismen (z. B. 3DES [11, 289] oder CAST-128 [10, 9]) und kryptographische Authentifizierungsmechanismen (z. B. [371]) zu erweitern. Diese sind jedoch nicht weit verbreitet. Außerdem gibt es Implementierungen, die TLS (s. Abschnitt 7.3) einsetzen, um Telnet-Sitzungen zu schützen. Sowohl Telnet als auch Remote Login und Remote Shell bieten außerdem über Erweiterungen die Möglichkeit, Kerberos Tickets (s. Abschnitt 10.3) zur Authentifizierung zu verwenden. Durch die beschriebenen Erweiterungen können vorhandene Sicherheitslücken (fehlende Vertraulichkeit, schwache Authentifizierung, Wiedereinspielungs- und Man-in-the-Middle-Angriffe) geschlossen werden. Jedoch konnte sich noch keine der Varianten durchsetzen.

10.2.3 Authentifikation bei SSH

SSH unterstützt zwar aus Kompatibilitätsgründen auch zu Telnet und `rlogin` vergleichbare Authentifikationsmechanismen, bietet jedoch auch sichere Authentifikationsmechanismen auf Basis asymmetrischer Kryptographie. Ebenso bietet es Schutz der Vertraulichkeit und Integrität der übertragenen Daten.

SSH Version 1

Die Datei `/etc/hosts.equiv` (und `/etc/ssh/shosts.equiv` mit gleicher Funktion) werden ähnlich wie bei Remote Login auch von SSH ausgewertet. Die Bedeutung ist identisch zu `rlogin`: Rechnern, die in dieser Datei aufgelistet sind, wird vertraut, Nutzernamen nur wahrheitsgemäß zu übermitteln. Wenn der Nutzername auf Client und Server identisch ist, wird der Zugang gewährt. Auch die Überprüfung von `.rhosts` (und `.shosts` mit gleicher Funktion) wird weiterhin unterstützt. Die Alternativen `shosts.equiv` und `.shosts` folgen der gleichen Syntax wie ihre Remote-Shell-Äquivalente. Die s-Pendants der Dateien wurden geschaffen, falls gleichzeitig `rsh` und `ssh` auf einem Server eingesetzt werden sollen und der Inhalt der Dateien voneinander abweicht. Wegen der bei Telnet erwähnten Sicherheitsprobleme sind diese Optionen meist deaktiviert.

Der Einsatz von Public-Key-Kryptographie kann die Schwierigkeiten zum Teil lösen. Jeder Server, Client und Nutzer kann über ein Schlüsselpaar verfügen.

Die Authentifizierung von Client und Server mit RSA kann die Risiken von IP-Spoofing mindern. Lässt `rsh` ein Login zu, so wird überprüft, ob der private Schlüssel des Clients zu seinem öffentlichen Schlüssel passt, der auf dem Server gespeichert ist. Nur in diesem Fall wird die Verbindung auch wirklich zugelassen. RSA-Authentifizierung verhindert Angriffe durch IP-Spoofing gegen `rhost`-basierte Methoden. Zwar ist IP-Spoofing weiterhin möglich, wird aber durch die Überprüfung des öffentlichen Schlüssels entdeckt und der Zugang wird verweigert.

Der große Nachteil der RSA-host-Verifikation ist, dass sie Rechner-spezifisch und nicht Nutzer-spezifisch ist. Der private Teil des Schlüssels gilt für einen Rechner. Meist sind Super-User- Privilegien erforderlich, um auf diesen Schlüssel zuzugreifen, d. h. nur Super-User (oder Programme mit deren Privilegien) können Verbindungen aufbauen. Auf der anderen Seite kann ein Nutzer mit Super-User-Privilegien jeden anderen Nutzer gegenüber dem Server vorspielen.

Eine weit elegantere Variante ist die häufig zum Einsatz kommende RSA-basierte Nutzer-Authentifizierung. Hier erzeugt jeder Nutzer einen öffentlichen und privaten Schlüssel. Der öffentliche Schlüssel ist auf dem Server hinterlegt, während der private Schlüssel nur dem Nutzer bekannt ist. Üblicherweise wird er symmetrisch verschlüsselt abgespeichert. Der symmetrische Schlüssel wird aus einem Passwort (oder in langer Form treffender als Passphrase bezeichnet) erzeugt, welches der Anwender vor der Benutzung des privaten Schlüssels eingeben muss. Bei einem Login überprüft der Server zunächst, ob der Nutzer, der sich durch seinen Nutzernamen identifiziert, überhaupt zu einem Zugriff berechtigt ist (Autorisierung). Verläuft diese Prüfung erfolgreich, so ermittelt der Server den (ihm bekannten) öffentlichen Schlüssel des Nutzers und verschlüsselt mit diesem eine Zufallszahl, die er anschließend an den SSH-Client schickt. Der SSH-Client hat Zugriff auf den geheimen Schlüssel des Nutzers, mit dem er die Zufallszahl entschlüsselt und an den Server zurückschickt. Damit hat der SSH-Client bewiesen, dass er auf den geheimen Schlüssel zugreifen kann: Der Benutzer ist damit authentifiziert.

Die Identität des Servers weist dieser ebenfalls mit einem RSA-Schlüssel (Host-Key) nach. Ändert sich plötzlich ein Host-Key kann dies ein Hinweis auf einen Man-in-the-Middle-Angriff sein. Unabhängig vom Host-Key wird pro Stunde ein RSA-Schlüssel spezifisch für die laufende Instanz des SSH-Servers erzeugt. Dieser wird ausschließlich im Arbeitsspeicher gehalten und nicht in einer Datei abgelegt. Die Vertraulichkeit der Verbindung wird mit symmetrischer Kryptographie geschützt. Der Sitzungsschlüssel für die symmetrische Verschlüsselung wird vom Client gewählt und mit dem öffentlichen Teil des Server-Keys verschlüsselt an den Server geschickt. Da der Server-Key nicht permanent gespeichert wird, ist damit sichergestellt, dass, falls der Server in die Hände eines Angreifers fällt (durch Hacking oder Diebstahl), nicht alle bisherigen Sitzungen automatisch offen gelegt werden.

SSH Version 2

Der zuvor beschriebenen Version 1 des SSH-Protokolls fehlt ein wirksamer Integritätsschutz. Wie schon in Abschnitt 5.3.3 gezeigt, eignet sich ein linearer Algorithmus wie CRC nur zur Erkennung von Übertragungsfehlern, nicht jedoch, um Angriffe auf die Integrität zu erkennen. Deshalb wurde das SSH-Protokoll in Version 2 um kryptographische Integritätssicherung erweitert. Daneben wurden weitere Änderungen vorgenommen, die Version 2 inkompatibel zu Version 1 machen. In Version 2 ist unter anderem Authentifizierung mittels DSA als Alternative zum (damals) patentierten RSA-Algorithmus möglich. Außerdem wurde die Sicherheit durch Verwendung eines MAC zur Sicherung der Integrität einer Sitzung verbessert. Zudem werden Sitzungsschlüssel in Version 2 mittels Diffie-Hellman-Schlüsselaustausch (vgl. Abschnitt 3.6.3, S. 69) generiert, wodurch die Neugenerierung des Serverschlüssels nicht mehr notwendig ist.

In Version 2 kann Kerberos als weitere Authentifizierungsmethode verwendet werden (s. Abschnitt 10.3, S. 416). Dazu übermittelt der Client das Kerberos-Ticket an den Server. Dieser überprüft es in seiner lokalen Kerberos-Domäne. Falls alle anderen Authentifizierungsmethoden fehlschlagen, bietet Version 2, ebenso wie bereits Version 1, die Möglichkeit der Authentifizierung über ein Passwort. Im Gegensatz zu Telnet und Remote Login wird das Passwort jedoch nicht im Klartext übertragen, da zuvor bereits über einen Diffie-Hellman-Schlüsselaustausch ein gemeinsames Geheimnis erstellt wurde, das zur Verschlüsselung des Passworts eingesetzt wird.

10.2.4 Weitere Funktionen mit Sicherheitsimplikationen

Sobald die Authentifizierungsphase abgeschlossen ist, bietet SSH eine Vielzahl von Möglichkeiten, z. B. die interaktive Nutzung des entfernten Rechners mit transparenter Umleitung von Standardein- und -ausgabe. Die Nutzungsmöglichkeiten des SSH-Protokolls gehen jedoch noch darüber hinaus.

Es können gleichzeitig mehrere sichere Kanäle existieren, z. B. können beliebige TCP-Verbindungen zusätzlich durch die bestehende SSH-Verbindung „getunnelt" werden (man spricht auch von *Weiterleiten von TCP-Ports* oder *Port-Forwarding*).

Tunneln ist in beide Richtungen möglich, d. h. es ist einerseits möglich, lokale TCP-Ports auf dem Rechner des SSH-Clients zu öffnen. Alle auf diesen Ports eingehenden Verbindungen werden dann über den SSH-Tunnel *zum* SSH-Server weitergeleitet. Abbildung 10.1 verdeutlicht dieses Konzept. Andererseits ist es auch in der Gegenrichtung möglich, dass der SSH-Server einen TCP-Port öffnet und eingehende Verbindungen zum Client weiterleitet. Dieses Verfahren wird z. B. eingesetzt, wenn ausschließlich ungesicherte Protokolle zur Verfügung stehen, wie z. B. beim E-Mail-Protokoll POP3. Falls eine Firewall eingesetzt wird, muss beachtet werden, dass diese durch SSH (Untertunnelung) umgangen werden kann.

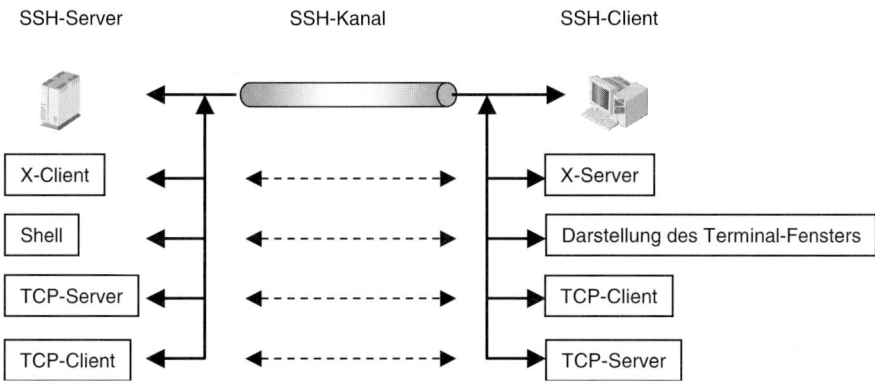

Abbildung 10.1. Weiterleitung verschiedener Kanäle durch eine SSH-Verbindung

Ein SSH-Tunnel kann z. B. auch das X-Window-Protokoll zwischen Client und Server weiterleiten. Abbildung 10.1 zeigt das Zusammenspiel zwischen SSH-Server, SSH-Client, X-Server und X-Client bei der Weiterleitung des X-Window-Protokolls über einen SSH-Tunnel. Das X-Window-Protokoll bietet zwar Authentifizierung an, erlaubt aber keine Verschlüsselung oder Integritätsprüfungen. SSH wird eingesetzt, damit Tastatureingaben und Bildschirmausgaben nicht abgehört werden können. Der Tunnel zur Weiterleitung des X-Protokolls wird daher standardmäßig aufgebaut, wenn der SSH-Client erkennt, dass auf dem Client gleichzeitig ein X-Server aktiv ist. Die Erkennung basiert auf der Umgebungsvariablen „`DISPLAY`". Wird ein aktiver X-Server beim Aufbau der SSH-Verbindung erkannt, werden folgende zusätzliche Schritte durchgeführt:

- Die Authentifizierungsdetails beim X-Server (enthalten in der Datei `.Xauthority`) werden durch den Tunnel an den SSH-Server weitergeleitet.

- Der SSH-Server fügt sie der Datei `.Xauthority` hinzu.

- Auf dem SSH-Server wird die Umgebungsvariable `DISPLAY` gesetzt. Diese zeigt danach standardmäßig auf den ersten freien X-Server mit einer Nummer größer gleich 10 auf dem lokalen Rechner.

- Alle Verbindungen an diesen virtuellen X-Server werden von SSH abgefangen, durch den sicheren Kanal getunnelt und an den ursprünglichen X-Server weitergeleitet.

- Auf der Seite des X-Servers tritt SSH als X-Client auf und leitet Nachrichten wie Tastatur- oder Mauseingaben durch den SSH-Tunnel an den echten X-Client weiter.

Es ist ebenfalls möglich, PPP-Verbindungen über SSH zu tunneln, d. h. SSH wird als transparente Verbindung zwischen den PPP-Instanzen genutzt. Damit kann ein VPN aufbaut werden. Eigenschaften dieses VPNs sind in Abschnitt 10.2.7 ausführlicher beschrieben.

Weitere spezifizierte Tunnel innerhalb einer SSH-Verbindung erlauben den sicheren Transport von Dateien. Sowohl `scp` als auch `sftp` erlauben das Kopieren von Dateien von und zu entfernten Rechnern. Ersteres ähnelt dem UNIX-Kommando `cp`, letzteres bietet eine Nutzerschnittstelle vergleichbar zu FTP.

Um den Umgang mit geheimen Nutzerschlüsseln besser zu kapseln und die wiederholte Eingabe der Passphrase zu umgehen, wird das Programm `ssh-agent` verwendet. Die Idee hinter `ssh-agent` ist, dass ausschließlich dieses Programm die privaten Schlüssel erhält (durch Hinzufügen mit dem Programm `ssh-add`) und mit der Passphrase entschlüsseln kann. Alle Operationen mit dem privaten Schlüssel werden vom SSH-Agenten ausgeführt. Andere SSH-Instanzen kommunizieren mit dem SSH-Agenten, falls der Schlüssel benötigt wird, die privaten Schlüssel verlassen den SSH-Agenten allerdings nicht. Die Verbindung zum SSH-Agenten kann ebenfalls über einen Tunnel zum Server weitergeleitet werden (ein so genanntes Agent-Forwarding), so dass es nicht nötig ist, das Schlüsselmaterial über das Netzwerk zu kopieren. Einzig auf dem vertrauenswürdigen lokalen Rechner liegt das Schlüsselmaterial vor. Wenn entfernte Rechner Operationen mit dem privaten Schlüssel durchführen müssen, kontaktieren sie den lokalen SSH-Agenten durch die SSH-Verbindung. Dieser führt die Operation aus und übermittelt das Ergebnis, wiederum durch die SSH-Verbindung verschlüsselt, an den entfernten Rechner zurück.

Während der SSH-Agent den Komfort im Umgang mit SSH deutlich erhöht, sind aus sicherheitstechnischer Sicht allerdings folgende Punkte anzumerken:

- Da der SSH-Agent über einen lokalen UNIX-Socket angesprochen werden kann, hat der Superuser `root` jederzeit Zugriff auf das Schlüsselmaterial und kann somit die Identität der Nutzer des SSH-Agenten nachweisen (Maskerade-Angriff). Da für jede Authentisierung der SSH-Agent kontaktiert werden muss, funktioniert das allerdings immer nur so lange wie der SSH-Agent aktiv bzw. der entsprechende Schlüssel hinterlegt ist. Mit `ssh-add -c` kann eine Bestätigung bei Benutzung des Schlüssels erzwungen werden oder im SSH-Agent kann durch eine entsprechende Option die Lebensdauer der Identitäten eingeschränkt werden.

- Beim Agent-Forwarding ist zu beachten, dass nun auch die Superuser der anderen Systeme Zugriff auf den lokalen SSH-Agent haben und somit eine Authentisierung im fremden Namen durchführen können. Das Agent-Forwarding sollte daher möglichst nur auf vertrauenswürdigen Systemen eingesetzt werden.

10.2.5 SSH mit verteilten Dateisystemen

Wie zuvor bereits erwähnt, muss der SSH-Server bei der Anmeldung eines Nutzers auf dessen öffentlichen Schlüssel zugreifen. Der Nutzer benötigt im Laufe der Anmeldung Zugriff auf seinen privaten Schlüssel. Probleme können sich ergeben, falls die angesprochenen Schlüssel nicht auf einem lokalen, sondern auf einem verteilten Dateisystem (wie z. B. NFS oder AFS) gespeichert werden.

NFS (Network File System) [58, 347] ist ein unverschlüsseltes Dateisystem, welches für die Dateizugriffskontrolle auf den UNIX-Dateirechten aufsetzt. Die Rechte für den privaten Schlüssel sollten demnach so restriktiv wie möglich vergeben werden. Dies ist allerdings noch nicht ausreichend, falls der private Schlüssel ungeschützt über NFS übertragen wird. Ein ausreichender Schutz ist damit in keinem Fall gewährleistet, da NFS-Clients nicht gegenüber dem Server authentifiziert werden. Deswegen ist es in diesem Szenario besonders notwendig, den privaten Schlüssel bei der Speicherung durch symmetrische Verschlüsselung und mit einer Passphrase zu schützen. Eine bessere Alternative ist der Verzicht auf NFS zur Speicherung der privaten Schlüssel und der Einsatz von lokalen Dateisystemen oder Chipkarten [81].

Beim Dateisystem AFS (Andrew File System) [169] besteht kein Problem bei der Authentifizierung, da hier Kerberos eingesetzt wird. Die Schlüsselübertragung erfolgt aber weiterhin ungeschützt. Des Weiteren ist die Semantik für Rechte im Dateisystem anders. Da im AFS Zugriffsrechte pro Verzeichnis vergeben werden, einige SSH-Implementierungen private und öffentliche Schlüssel allerdings im selben Verzeichnis speichern und gleichzeitig verlangen, dass die zwei Schlüssel verschiedene Zugriffsrechte haben, hilft hier nur ein Trick: Der geheime Schlüssel wird in einem Verzeichnis abgelegt, auf welches nur der

Nutzer selbst Leserecht hat. Mit Verweisen (Links) im Dateisystem kann man dann die Bedingungen von SSH erfüllen.

Weiterhin ist es möglich, dass der SSH-Server zum Zeitpunkt des Logins noch keine Zugriffsmöglichkeit auf den öffentlichen Schlüssel hat, weil kein Ticket verfügbar ist, um im AFS-Volume des Nutzers zu lesen. Um dieses Problem zu vermeiden, kann der SSH-Client vor der Autorisierung ein AFS-Token an den Server weiterleiten.

10.2.6 SSH im Detail

Nachdem zuvor die grundlegenden Funktionen von SSH vorgestellt wurden, werden nun noch einige Protokolldetails erläutert.

Grundlagen

Da SSH in Version 1 Sicherheitslücken, insbesondere durch mangelnden Integritätsschutz, aufweist und deshalb nicht eingesetzt werden sollte, wird im Folgenden nur auf Version 2 eingegangen.

Intern verwendet SSH drei aufeinander aufbauende Protokollschichten. Diese sind in Abbildung 10.2 dargestellt.

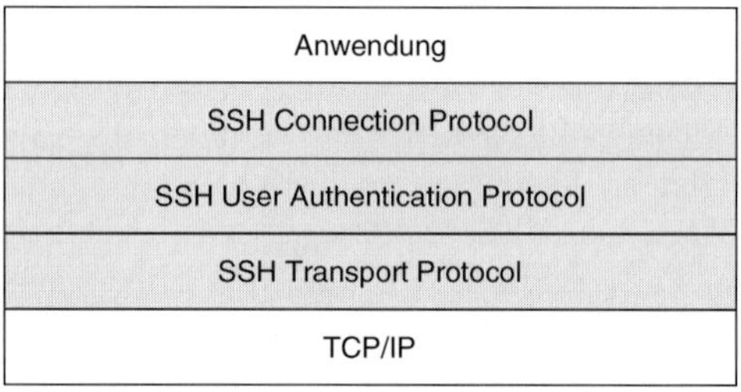

Anwendung
SSH Connection Protocol
SSH User Authentication Protocol
SSH Transport Protocol
TCP/IP

Abbildung 10.2. Aufbau der SSH-Protokollschichten

Das *Transport Protocol* setzt zwischen Client und Server eine zuverlässige Verbindung (wie z. B. TCP) voraus. Diese Schicht ist für die Authentifizierung des Servers zuständig. Des Weiteren sind Verschlüsselung, Integritätssicherung und optional die Datenkomprimierung Aufgaben des Transport Protocols. Das *User Authentication Protocol* baut auf dem Transport Protocol auf und authentifiziert den Nutzer gegenüber dem Server. Das Multiplexen mehrerer Kanäle wird vom *Connection Protocol* erledigt.

Datentransport – Transport Protocol

Beim Aufbau einer Verbindung wird zuerst die TCP-Verbindung hergestellt. Dabei wird die offiziell bei der IANA [51][168] registrierte Portnummer 22 verwendet. Sobald die TCP-Verbindung besteht, gibt der Server seine Protokoll- und Softwareversion mit einer Zeichenkette im Format

`SSH-`*`Protokollversion`*`-`*`Softwareversion`* *`Kommentar`* `0x0d 0x0a`

bekannt. Die Protokollversion sollte „2.0" sein; falls zusätzlich Protokoll Version 1 unterstützt ist, wird hier „1.99" angegeben. Der Client antwortet mit einer Zeichenkette im gleichen Format. Sollten die Protokollversionen inkompatibel sein, wird die Verbindung abgebrochen.

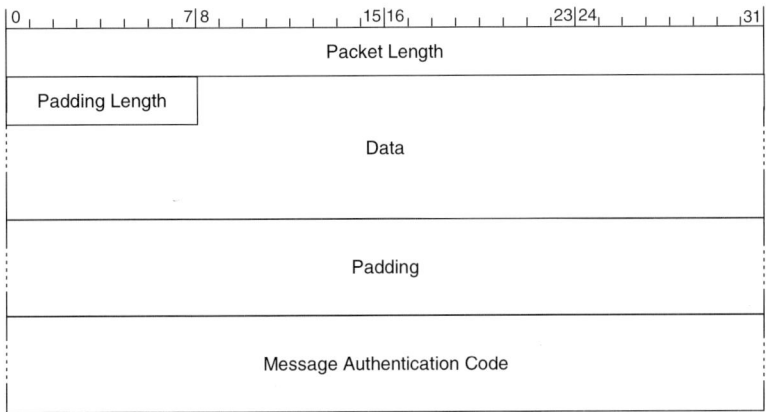

Abbildung 10.3. Nachrichtenformat von SSH

Nach dem initialen Protokollversionsaustausch wird auf ein binäres Nachrichtenformat umgestellt, das in Abbildung 10.3 dargestellt ist. Dabei wird die Paketlänge in Bytes (ohne das Längenfeld selbst und ohne den MAC) angegeben und in Network Byte Order übertragen. Alle Implementierungen müssen mindestens eine Paketgröße von 35.000 Bytes unterstützen. Die Anzahl der Paddingbytes ist so gewählt, dass die Gesamtlänge des Pakets (ohne MAC, aber mit Längenfeld) ein Vielfaches der Blockgröße des verwendeten Verschlüsselungsalgorithmus ergibt, mindestens aber acht Bytes beträgt. Vier Bytes Padding sind als Minimum vorgeschrieben; die maximale Anzahl der Padding-Bytes ist durch das Paketformat auf 255 beschränkt. Das MAC-Feld enthält den MAC-Wert für dieses Datenpaket. Zur Berechnung des MAC wird ein Algorithmus eingesetzt, der während der KEX-Phase (siehe unten) ausgehandelt wird. Die Berechnung ist für alle Algorithmen identisch:

MAC-Wert = MAC(Schlüssel, Sequenz-Nummer|unverschlüsseltes Paket)

Die Algorithmen sind im Detail in [204] beschrieben.

Die erste binäre Nachricht versenden sowohl Server als auch Client unkomprimiert und ohne MAC. Diese Nachricht initiiert den Schlüsselaustausch und heißt *KEXINIT* (*Key Exchange Init*). Sie enthält neben einem zufälligen Cookie zur Generierung der Sitzungsschlüssel eine Liste der möglichen Algorithmen für

- den initialen Schlüsselaustauch
- die Serverauthentifizierung
- die Verschlüsselung (für jede Richtung getrennt)
- die Integritätssicherung (für jede Richtung getrennt)
- die Datenkomprimierung (für jede Richtung getrennt)

Tabelle 10.1 enthält hier mögliche Listen von Algorithmen.

Client und Server dürfen auf Basis der Versionszeichenkette raten, welche Algorithmen die Gegenseite unterstützt. Sie können dann sofort weitere Pakete zum Schlüsselaustausch senden. Wird richtig geraten, beschleunigt dieses Vorgehen den Verbindungsaufbau.

SSH kann den initialen Schlüsselaustausch nach Diffie-Hellman (vergleiche dazu Abschnitt 3.6.3, S. 69) und die Serverauthentifizierung kombinieren:

- Der Client sendet $A = g^a \bmod p$
- Der Server sendet nach dem Empfang der Nachricht vom Client folgende Daten:
  - $B = g^b \bmod p$
  - den öffentlichen Schlüssel des Servers
  - den unterschriebenen Hash-Wert H über
    - beide Versionszeichenketten
    - beide *KEXINIT*-Nachrichten
    - A und B
    - das gemeinsame Geheimnis
      $K = g^{ab} \bmod p = A^b \bmod p = B^a \bmod p$
- Mit der Prüfung der Unterschrift kann der Client den Server authentifizieren und Man-in-the-Middle-Angriffe erkennen.

Nach dem oben beschriebenen Verfahren haben Client und Server ein gemeinsames Geheimnis K und einen gemeinsamen Hash-Wert H vereinbart. Damit werden anschließend berechnet:

Tabelle 10.1. Beispiele für Algorithmen in der SSH-*KEXINIT*-Nachricht

Nutzung	Liste von Algorithmen (Algorithmen, die für alle SSH-Implementierungen vorgeschrieben sind, sind *kursiv* gedruckt)	Bemerkungen
initialer Schlüsselaustausch	*diffie-hellman-group1-sha1*	Schlüsselaustausch nach Diffie-Hellman (s. Abschnitt 3.6.3)
Serverauthentifizierung	*ssh-dss*, ssh-rsa, x509v3-sign-rsa, x509v3-sign-dss, spki-sign-rsa, spki-sign-dss, pgp-sign-rsa, pgp-sign-dss	Es kann der RSA-Algorithmus (s. Abschnitt 3.6.2) zum Einsatz kommen, oder es kann nach dem Digital Signature Standard (s. Abschnitt 3.7.2) unterschrieben werden. Der Schlüssel kann im SSH-Format vorliegen, aber auch X.509-, SPKI-Zertifikate (s. Abschnitt 9.3.8) sowie PGP-Schlüssel (s. Abschnitt 10.9.4) sind möglich.
Verschlüsselung	*3des-cbc*, blowfish-cbc, twofish256-cbc, twofish-cbc, twofish192-cbc, twofish128-cbc, aes256-cbc aes192-cbc, aes128-cbc, serpent256-cbc serpent192-cbc, serpent128-cbc, arcfour, idea-cbc, cast128-cbc, none	Standardisiert sind hauptsächlich Blockchiffren im CBC-Modus mit unterschiedlichen Schlüssellängen. Arcfour ist eine Implementierung des Stream-Ciphers RC4.
Integritätssicherung	*hmac-sha1*, hmac-sha1-96, hmac-md5, hmac-md5-96, none	Es kann SHA1 oder MD5 als Hash-Funktion eingesetzt werden. Die Varianten mit dem Suffix -96 übermitteln nur die ersten 12 Bytes des MAC, um einem potentiellen Angreifer weniger Informationen zu geben. Siehe auch [204]
Datenkomprimierung	*none*, zlib	ohne Komprimierung oder mit Komprimierung nach [94, 93]

- Initialisierungsvektor Client → Server: $hash(K|H|\text{'A'}|session\_id)$

- Initialisierungsvektor Server → Client: $hash(K|H|\text{'B'}|session\_id)$

- Chiffrierschlüssel Client → Server: $hash(K|H|\text{'C'}|session\_id)$

- Chiffrierschlüssel Server → Client: $hash(K|H|\text{'D'}|session\_id)$

- MAC-Schlüssel Client → Server: $hash(K|H|\text{'E'}|session\_id)$

- MAC-Schlüssel Server → Client: $hash(K|H|\text{'F'}|session\_id)$

Dabei ist *hash* die vereinbarte Hash-Funktion aus den *KEXINIT*-Nachrichten und *session_id* der erste gemeinsame Hash-Wert H. Die *session_id* dient zur Identifizierung der Sitzung und wird auch bei einem erneuten Schlüsselaustausch beibehalten. Die Operation „|" bezeichnet hier die Aneinanderreihung der Daten, die Zeichen 'A' bis 'F' sind die ASCII-Werte dieser Buchstaben. Mit dem beschriebenen Verfahren ist sichergestellt, dass alle sechs Werte von Client und Server gleich berechnet werden. Ein Angreifer, der einen der Werte in Erfahrung bringt, kann aufgrund der Einweg-Eigenschaft der kryptographischen Hash-Funktion keine Aussage über die anderen Werte treffen.

Nach Ende des Schlüsselaustauschs senden beide Seiten zunächst eine *NEW-KEYS*-Nachricht, um das generierte Schlüsselmaterial zu aktivieren. Danach ist die SSH-Transportverbindung aufgebaut. Sie bietet eine verschlüsselte Verbindung zwischen Client und Server mit Integritätsschutz. Sollte der Schlüsselaustausch nicht erfolgreich gewesen sein, kann die Verbindung mit einer *DISCONNECT*-Nachricht abgebrochen werden.

Zu einem späteren Zeitpunkt kann ein erneuter Schlüsselaustausch angestoßen werden, welcher noch mit dem alten Schlüsselmaterial und dem bisherigen Algorithmensatz geschützt ist. Der neue Schlüsselaustausch beginnt, indem eine Seite eine erneute *KEXINIT*-Nachricht verschickt. Damit können auch zu einem späteren Zeitpunkt Algorithmen ganz oder teilweise gewechselt werden. Die IETF empfiehlt, nach einem Gigabyte ausgetauschter Daten oder nach einer Stunde Verbindungszeit (je nachdem, welches Ereignis früher eintritt) einen erneuten Schlüsselaustausch anzustoßen.

Authentifizierung – User Authentication Protocol

Die Authentifizierung eines Nutzers wird vom Client angestoßen, sobald die gesicherte SSH-Transportverbindung besteht. Hierzu sendet der Client die Nachricht *USERAUTH_REQUEST*. Diese Nachricht enthält den Nutzernamen, den Bezeichner des gewünschten Dienstes und der Authentifizierungsmethode. Die Nachricht *USERAUTH_REQUEST* kann noch weitere Daten enthalten, die von der Authentifizierungsmethode abhängen. Der zu startende Dienst ist „ssh-userauth". Dieser wird im Folgenden näher erläutert. Falls der Versuch nicht erfolgreich war, antwortet der Server mit *USERAUTH_FAILURE*, andernfalls mit *USERAUTH_SUCCESS*. Im Fehlerfall wird noch eine Liste mit alternativen Authentifizierungsmethoden mitgesendet. Für nicht existierende Nutzernamen kann der Server eine beliebige Liste von Authentifizierungsmethoden zurückschicken, um zu verhindern, dass durch Raten und Ausprobieren gültige Benutzernamen herausgefunden werden können. Die Authentifizierungsmethode „none" schlägt immer fehl. Sie ermöglicht es einem Client jedoch, alle verfügbaren Authentifizierungsmethoden für einen Nutzer abzufragen. Der Client kann mehrere Authentifizierungsversuche direkt nacheinander unternehmen, ohne auf eine Antwort vom Server zu warten. Damit kann der Authentifizierungsvorgang beschleunigt werden. Sobald eine Methode erfolgreich war, werden alle weiteren Versuche vom Server ignoriert. Es werden nun exemplarisch die folgenden Methoden beschrieben:

- *Publickey* — Nutzer authentifiziert sich mit seinem privaten Schlüssel

- *Hostbased* — Rechner des Clients authentifiziert sich

- *Password* — Nutzer authentifiziert sich mit seinem Passwort

Bei der „Publickey"-Authentifizierungsmethode wird die *USERAUTH_RE-QUEST*-Nachricht um den Namen des Public-Key-Algorithmus und den öffentlichen Schlüssel des Nutzers ergänzt. Der hierbei verwendete Algorithmus muss nicht mit dem während des Schlüsselaustauschs festgelegten übereinstimmen, da beide Protokollteile unabhängig voneinander arbeiten. Der Server antwortet, falls er diesem Authentifizierungsversuch zustimmt, mit *USERAUTH_PK_OK*. Danach erzeugt der Client eine digitale Signatur des Sitzungsidentifikators und der *USERAUTH_REQUEST*-Nachricht und versendet diese in einem erneuten *USERAUTH_REQUEST*. Zur Beschleunigung dieses Vorgangs kann der Client die Signatur auch bereits in der ersten Nachricht mitsenden. Daneben ist es aus Geschwindigkeitsgründen auch erlaubt, verschiedene öffentliche Schlüssel gleichzeitig zu versenden.

Für die Authentifizierungsmethode „Hostbased" wird die *USERAUTH_RE-QUEST*-Nachricht um

- den Namen des Algorithmus der zum Einsatz kommen soll

- den öffentlichen Schlüssel des Client-Rechners (nicht des Nutzers)

- den Namen des Client-Rechners

- den Namen des Nutzers auf Client-Seite

- eine Signatur über den Sitzungsidentifikator und alle hier aufgeführten Daten

ergänzt. Zu beachten ist hier, dass der Server darauf vertraut, dass der Client den Nutzernamen bereits geprüft hat.

Die einfachste Authentifizierungsmethode ist „Password". Dabei wird das Passwort im Klartext an die *USERAUTH_REQUEST*-Nachricht angehängt. Der Klartext wird durch die Verschlüsselung des darunter liegenden Transportprotokolls geschützt. Wie aber bereits in Abschnitt 4.1.1 beschrieben wurde, ist vom Einsatz dieser Methode eher abzuraten, da ein kompromittierter SSH-Server (Trojanisches Pferd) sonst das Passwort in Erfahrung bringen kann. Um das zumindest ansatzweise zu verhindern, wird die Authentifizierungsmethode „Password" automatisch deaktiviert, falls der Host-Key sich geändert hat. Der Server kann, falls das Passwort abgelaufen ist, den Client zur Änderung des Passwortes auffordern.

Mehrere Kanäle – Connection Protocol

Die bisher beschriebenen Protokollteile erlauben die Verschlüsselung der Daten und eine Überprüfung der Integrität, die Authentifizierung des Servers (Transport Protocol) sowie die Authentifizierung und Autorisierung des Clients (User Authentification Protocol). Das Connection Protocol nutzt die Eigenschaften der darunter liegenden Protokolle und ist für das Multiplexen der Datenübertragung und die Flusskontrolle zuständig. Wie in Abschnitt 10.2.4 beschrieben, können über eine gesicherte und autorisierte SSH-Verbindung mehrere Datenübertragungen abgewickelt werden. Dazu gehören z. B. die interaktive Nutzung entfernter Rechner, die Weiterleitung von X11-Sitzungen, Dateiübertragungen und die Weiterleitung von TCP-Verbindungen. Kanäle können sowohl vom Server als auch vom Client geöffnet werden. Das Erstellen von neuen Kanälen durch den Server ist für die Weiterleitung von TCP-Verbindungen sinnvoll.

Ein Kanal wird durch das Senden der Nachricht *CHANNEL_OPEN* geöffnet; die Gegenseite bestätigt mit *CHANNEL_OPEN_CONFIRMATION* oder lehnt mit *CHANNEL_OPEN_FAILURE* ab. Die eigentlich zu transportierenden Daten werden in *CHANNEL_DATA*-Nachrichten verschickt. Der Nachrichtentyp *CHANNEL_EXTENDED_DATA* erlaubt es, innerhalb eines Kanals auch verschiedene Datenarten zu unterscheiden. Dies wird z. B. bei der Übertragung der Standardfehlerausgabe (`stderr`) verwendet, um diese von der Standardausgabe (`stdout`) zu trennen.

Auch wenn hier nicht alle Kanaltypen behandelt werden sollen, so sind zumindest folgende Sicherheitsimplikationen einiger Kanalarten bemerkenswert:

- Der Kanal *env* ermöglicht es dem Client, Server-seitig Umgebungsvariablen zu setzen; die Implementierung des Servers muss entsprechend sorgfältig sein.

- Das Weiterleiten von TCP-Verbindungen kann Firewalls und somit auch Sicherheitsrichtlinien umgehen.

- Durch X11-Weiterleitung erhält der SSH-Server Zugriff auf den lokalen X-Server.

- Das Weiterleiten von `ssh-agent`-Verbindungen ermöglicht dem SSH-Server, Operationen mit dem geheimen Schlüssel des Nutzers durchzuführen.

Deshalb sollten X11- oder `ssh-agent`-Verbindungen nur an vertrauenswürdige Server weitergeleitet werden.

10.2.7 SSH-VPN

Eine VPN-Variante neben IPsec, TLS und OpenVPN ist eine per SSH geschützte PPP-Verbindung. Auch wenn diese Variante als sicher gilt, hat sie einen wesentlichen Nachteil. Durch den Transport der PPP-Rahmen über SSH werden TCP-basierte Anwendungen letztendlich in zwei TCP-Schichten transportiert: Eine TCP-Schicht ist Teil des SSH-Tunnels und Träger des PPP-Kanals, die andere ist der eigentliche Transport-Kanal oberhalb von PPP. Dies führt unter widrigen netzwerkseitigen Bedingungen wie Paket-Verlusten und erhöhten Latenzen dazu, dass sich zwei unabhängig operierende TCP-Verbindungen um die Behebung der Probleme kümmern. Dies kann durch sich unterschiedlich anpassende Timer-Werte dazu führen, dass der Zusatzaufwand durch die erneute Übertragung von TCP-Segmenten in beiden Schichten so groß wird, dass die Verbindung letztendlich unbenutzbar wird [368].

Dank der hohen Qualität in weiten Bereichen des Internets mag dieser Effekt auf den ersten Blick kein Problem darstellen. Wichtig ist jedoch, dass der VPN-Zugang gerade unter widrigen Bedingungen noch nutzbar ist, um die Probleme analysieren und lösen zu können.

10.2.8 Bewertung

Da bei den `r`-tools zahlreiche Angriffsmöglichkeiten durch IP-Spoofing, Routing-Tricks und Mithören von Verkehr gegeben sind, ist durch die Verbreitung von SSH ein erheblicher Gewinn an Sicherheit gegeben, zumal die Benutzung auch für weniger versierte Nutzer einfach und komfortabel ist.

Version 1 des SSH-Protokolls verhindert diese Angriffe, ist aber noch anfällig gegen Wiederholungsangriffe und unbemerkte Änderungen der Datenströme [372]. Bei richtiger Benutzung ist SSH Version 2 eine einfache und relativ sichere Möglichkeit, Rechner fernzusteuern und Daten mit entfernten Rechnern auszutauschen, ohne auf komplexere Mechanismen, wie IPSec oder Kerberos, zurückzugreifen. Das Abhören der ausgetauschten Daten wird durch Verschlüsselung verhindert, Wiederholungsangriffe und Datenmanipulation sind durch die Integritätssicherung praktisch ausgeschlossen und Man-in-the-Middle-Angriffen wird durch gegenseitige Authentifizierung von Server und Client begegnet. Allerdings gibt es theoretische Angriffe (z. B. [32]) beim Einsatz des CBC-Modus der Blockchiffren, wie sie in SSH benutzt werden. Ob oder wann diese Angriffe praktikabel werden und wie darauf zu reagieren ist, bleibt abzuwarten.

Allerdings ist durch den hohen Verbreitungsgrad auch die Ausnutzung von Implementierungsfehlern wahrscheinlicher geworden. Angriffe gegen das weit verbreitete OpenSSH haben dies in der Vergangenheit demonstriert. Darüber hinaus können durch Weiterleiten von TCP-Verbindungen oder PPP-Tunneln über einen SSH-Kanal Firewalls umgangen werden. Dies macht vorhandene Sicherheitsmaßnahmen unwirksam und öffnet u. U. neue Sicherheitslücken. Auch Fehlbedienungen durch den Nutzer, insbesondere im Umgang mit Schlüsselmaterial, ist nicht ausgeschlossen. Eine gute Passphrase für den privaten Schlüssel ist grundsätzlich zu empfehlen.

Der SSH-Server ist anfällig gegen Denial-of-Service-Attacken, da die rechenintensive Schlüsselaushandlung im Transport Protocol ohne Authentifizierung des Nutzers stattfindet. Ein Angreifer kann somit viele Verbindungen zum Server eröffnen und, sobald die Nutzer-Authentifizierung (die der Angreifer nicht erfolgreich beenden kann) beginnt, wieder schließen. Als Abschwächung können Firewalls eingesetzt werden, die Verbindungen nur von bestimmten Clients aus erlauben.

10.3 Kerberos

Das Kerberos-System stellt einen verteilten Authentifizierungsdienst auf Basis von symmetrischer Kryptographie bereit. In Anlehnung an den Anmeldemechanismus eines Betriebsystems muss sich ein Benutzer mit Benutzernamen und dazugehörendem Passwort anmelden. Grundlegendes Ziel des Systems ist, dass sich ein Benutzer nicht bei jedem Server authentifizieren muss, dessen Dienste er nutzen will. Eine einzige Anmeldung beim System sollte daher ausreichen, um sämtliche Dienste nutzen zu können. Mit dieser Anmeldung beginnt daher eine so genannte *Login-Session*. Während dieser Zeit kann der Benutzer auf entfernte Ressourcen, wie andere Endsysteme, auf denen er einen Account besitzt, oder weitere Server, zugreifen.

10.3.1 Historie

Die Entwicklung von Kerberos begann am MIT im Rahmen eines Forschungsprojektes und wurde bis zur aktuellen Version 5 fortgesetzt. Die Versionen 1 bis 3 befinden sich heute so gut wie nicht mehr im Einsatz, so dass sich dieses Kapitel auf die Beschreibung der Versionen 4 und 5 beschränkt. Beide sind konzeptionell sehr ähnlich, unterscheiden sich aber wesentlich in ihren Einsatzmöglichkeiten. Kerberos V4 ist ausschließlich in TCP/IP-basierten Netzen einsetzbar, Kerberos V5 dagegen ist unabhängig vom darunter liegenden Transportsystem. Ein weiterer grundlegender Unterschied besteht in den Datenformaten: Kerberos V4 definiert ein Nachrichtenformat mit festgelegten Feldlängen; in Kerberos V5 findet ASN.1 [178] als Codierungsschema Verwendung. Gemeinsam haben beide, dass zwei zentrale Server – ein *Authentifizierungsserver* (AS) und ein so genannter *Ticket Granting Server* (TGS) – im Netz vorhanden sind und dass alle Anwendungen, die Kerberos nutzen sollen, angepasst (*kerberized*) sein müssen. Dazu werden Bibliotheken zur Verfügung gestellt, welche die Kerberos-Mechanismen implementieren. Alle nachfolgend beschriebenen Mechanismen werden dadurch unterstützt, laufen für den Benutzer aber transparent im System ab.

Für die folgenden Unterkapitel gilt, dass zuerst immer der allgemeine Mechanismus erläutert und anschließend auf Unterschiede zwischen den Versionen 4 und 5 eingegangen wird. Folgende Mechanismen werden nachfolgend vorgestellt:

- Anmeldung (s. Abschnitt 10.3.3)
- Ticket und Authenticator (s. Abschnitt 10.3.4)
- Zugriff auf die Ressourcen (s. Abschnitt 10.3.5)
- Replizierung der Server (s. Abschnitt 10.3.6)
- Domänen (s. Abschnitt 10.3.7)
- Rechteweitergabe (s. Abschnitt 10.3.8)
- Gültigkeitsdauer eines Tickets (s. Abschnitt 10.3.9)

10.3.2 Ablauf von Kerberos im Überblick

Ein Benutzer kann Kerberos erst dann benutzen, wenn er sich erfolgreich angemeldet hat. Dazu sendet seine Anwendung, nachdem der Benutzer seinen Benutzernamen eingegeben hat, eine *Authentication Request*-Nachricht mit diesem Benutzernamen an den Authentifizierungsserver. Der Authentifizierungsserver verwaltet eine Datenbank, in der alle Benutzerinformationen, wie Name und der zum Benutzer gehörende Schlüssel, abgelegt sind. Als Antwort sendet der Authentifizierungsserver eine *Authentication Response*-Nachricht, die ein *Ticket Granting Ticket* (TGT) und einen Sitzungsschlüssel enthält, an die Anwendung zurück. Ein Ticket in Kerberos ist immer nur von der Ressource lesbar, für die es ausgestellt wurde, da es mit dem Schlüssel der Ressource verschlüsselt ist. Im Fall des TGT ist das Ticket mit dem Schlüssel des Ticket Granting Servers verschlüsselt und somit nur von diesem und nicht vom Benutzer lesbar.

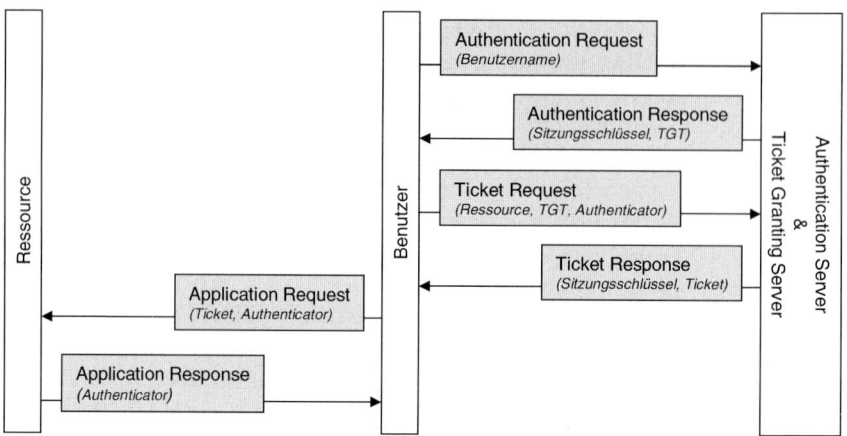

Abbildung 10.4. Schematischer Ablauf von Kerberos

Möchte der Benutzer später auf eine entfernte Ressource zugreifen, dann kontaktiert die Anwendung zuerst den Ticket Granting Server, um sich ein Ticket für diese Ressource ausstellen zu lassen. Der Ticket Granting Server verwaltet alle im Netz befindlichen Ressourcen (z. B. Dienste) und kennt deren zugehörige Schlüssel. Abbildung 10.4 zeigt den Ablauf der Kommunikation von Anmeldung bis Ressourcenzugriff schematisch. In der Abbildung sind der Authentifizierungsserver und der Ticket Granting Server zu einem *Key Distribution Center* (KDC) zusammengefasst, wie es häufig in Installationen von Kerberos geschieht.

Die *Ticket Request*-Nachricht enthält den Namen der Ressource, das TGT und einen so genannten *Authenticator*. Mittels TGT und Authenticator authentifiziert sich die Anwendung gegenüber dem Ticket Granting Server. Die *Ticket Response*-Nachricht des Ticket Granting Servers enthält ein Ticket für die Ressource und einen Sitzungsschlüssel für die sichere Kommunikation zwischen Benutzer und Ressource. Um sich gegenüber der Ressource zu authentifizieren, erzeugt die Anwendung wieder einen Authenticator und sendet diesen zusammen mit dem Ticket in der *Application Request*-Nachricht an die Ressource. Die *Application Response*-Nachricht der Ressource bestätigt die erfolgreiche Authentifizierung.

Die weitere Kommunikation zwischen Benutzer und Ressource ist nicht durch Kerberos festgelegt. Diese kann ungesichert, authentifiziert und/oder verschlüsselt erfolgen. Im Fall einer gesicherten Kommunikation kann der Sitzungsschlüssel weiter verwendet werden oder es wird neues Schlüsselmaterial durch einen Schlüsselaustausch erzeugt.

10.3.3 Anmeldung

Um sich anzumelden und dadurch ein TGT für den Ticket Granting Server zu bekommen, sendet die Anwendung des Benutzers eine *Authentication Request*-Nachricht mit dem Benutzernamen an den Authentifizierungsserver. Befindet sich der Benutzer in der Datenbank des Authentifizierungsservers, wird ein Sitzungsschlüssel und das TGT erzeugt und in der *Authentication Response*-Nachricht an die Anwendung des Benutzers zurück gesendet. Das TGT ist mit dem Schlüssel des Ticket Granting Servers verschlüsselt.

In Kerberos V4 werden der Sitzungsschlüssel, alle für den Benutzer bestimmten Daten, wie z.B. die Gültigkeitsdauer, und das TGT mit dem Schlüssel des Benutzers verschlüsselt. Die Ineffizienz dieser doppelten TGT-Verschlüsselung wurde mehrmals kritisiert. Die Verschlüsselung erfolgt durch DES im PCBC-Modus (s. Abschnitt 3.4.3) und die Integrität wird mittels einer Checksummen-Funktion sichergestellt. Auch dies gab häufiger Anlass zur Kritik, da Schwachstellen in der Sicherung vermutet werden, was aber bis heute nicht nachgewiesen wurde.

Deshalb wurde zum einen die *Authentication Response*-Nachricht in Kerberos V5 dahin gehend geändert, dass nur der Sitzungsschlüssel und die Daten für den Benutzer mit seinem Schlüssel verschlüsselt werden, und anschließend das bereits verschlüsselte TGT angehängt wird. Zum anderen sind die Verfahren zur Verschlüsselung und Integritätssicherung wählbar gemacht worden. Es sind die Verfahren *des-cbc-crc*, *des-cbc-md4* und *des-cbc-md5* vorgesehen. Für die Integritätssicherung ohne Verschlüsselung stehen die Verfahren *des-mac*, *des-mac-k* und *rsa-md5-des* zur Verfügung.

Der Sitzungsschlüssel ist in der *Authentication Response*-Nachricht mit dem Schlüssel des Benutzers verschlüsselt und kann somit, nachdem der Benutzer sein Passwort eingegeben hat, von der Anwendung entschlüsselt werden. Dieser Sitzungsschlüssel ermöglicht die weitere gesicherte Kommunikation zwischen Benutzer und Ticket Granting Server. Das Passwort und das daraus abgeleitete Benutzer-Geheimnis werden nicht weiter benötigt und werden somit von der Anwendung verworfen.

In Kerberos V5 wurde der Ablauf der Anmeldung leicht abgeändert, um Angriffe auf das Geheimnis und somit das Passwort einzuschränken. Um das Passwort eines Benutzers zu erhalten, konnte ein Angreifer bei V4 einfach eine *Authentication Request*-Nachricht für den Benutzer stellen und die Antwort des Authentifizierungsservers abspeichern. Auf diese Antwort kann der Angreifer nun sequentiell alle möglichen Passwörter (z.B. aus einem Wörterbuch) anwenden. Sobald er die Antwort entschlüsselt hat, kennt der Angreifer das Passwort des Benutzers.

In Kerberos V5 muss der Benutzer deshalb das Passwort schon vor der *Authentication Request*-Nachricht eingeben. Die Anwendung erzeugt daraufhin

so genannte *Preauthentication-Data*. Dazu verschlüsselt die Anwendung einen
Zeitstempel mit dem aus dem Passwort abgeleiteten Benutzer-Geheimnis. Der
Authentifizierungsserver erzeugt nur dann eine Antwort, wenn der Zeitstempel
gültig ist. Damit kann ein Angreifer nicht länger eine *Authentication Request*-
Nachricht für einen Benutzer stellen, dessen Passwort er nicht kennt.

In Kerberos wurden Benutzer und Ressourcen prinzipiell gleich behandelt,
wodurch dem Angreifer eine weitere Möglichkeit offen stand, um an Daten,
die mit dem Benutzer-Geheimnis verschlüsselt sind, zu kommen. Er kann eine Ressourcenanfrage an den Ticket Granting Server stellen, welcher daraufhin ein Ticket, verschlüsselt mit dem Benutzer-Geheimnis, ausstellt. Auf
dieses Ticket kann derselbe Angriff, wie oben beschrieben, ausgeführt werden.
Deshalb wurde in Kerberos V5 ein weiterer Mechanismus eingeführt, der es
verhindert, dass der Ticket Granting Server Tickets zu menschlichen Benutzern ausstellt. Dafür werden alle menschlichen Benutzer in der Datenbank des
Ticket Granting Servers gekennzeichnet. Der Nachteil dieses Verfahrens ist,
dass in Kerberos V5 ein neuer Mechanismus eingeführt werden musste, um
eine authentifizierte Kommunikation zwischen zwei menschlichen Benutzern
zu ermöglichen.

Beide Mechanismen schränken den Angriff auf das Passwort des Benutzers
zwar ein, können ihn aber nicht verhindern. Der Angreifer kann einfach die
nächste *Authentication Request*-Nachricht des Benutzers abwarten und den
Angriff entweder auf die Preauthentication-Data oder die Antwort des Authentifizierungsservers ausführen.

10.3.4 Ticket und Authenticator

Wie bereits beschrieben, meldet sich ein Benutzer mittels Benutzernamen und
Passwort an. Das Passwort wird mittels MD5 in einen DES-Schlüssel, das
Benutzer-Geheimnis, umgewandelt. Dieser Schlüssel wird auch *Master Key*
des Benutzers genannt. Für jeden menschlichen Benutzer wird der Schlüssel
so erzeugt, da sich ein Passwort besser merken lässt als ein 56-Bit-Schlüssel.
Nichtmenschliche Teilnehmer im Netz, wie Server oder andere Ressourcen,
bekommen ihr Ressourcen-Geheimnis direkt zugeteilt.

Ein vom Ticket Granting Server ausgestelltes Ticket ist immer mit dem Schlüssel der Ressource verschlüsselt, auf welche zugegriffen werden soll. So ist zum
Beispiel das TGT, welches während einer Ticketanfrage verwendet wird, folglich mit dem Ressourcen-Geheimnis des Ticket Granting Servers verschlüsselt.
Das TGT ist ein speziell hervorgehobenes Ticket, da dieses Ticket Grundlage für die Ausstellung weiterer Tickets ist; ansonsten ist der Inhalt des TGT
identisch mit einem Ressourcen-Ticket.

Die wesentlichen Bestandteile eines Tickets T sind:

- Name der Ressource R

- Name des Benutzers B

- Adresse A des Benutzers

- Gültigkeitszeitraum G des Tickets

- Sitzungsschlüssel $K_{B,R}$ zwischen Benutzer und Ressource

- Ressourcen-Geheimnis K_R

Dadurch lässt sich die folgende formale Darstellung eines Kerberos-Tickets aufstellen: $T_{B,R} = [R, B, A, G, K_{B,R}]K_R$, wobei $[x]K$ bedeutet, dass der Inhalt der eckigen Klammern mit dem Schlüssel K verschlüsselt ist.

Als zweiter Bestandteil der Authentifizierung wird der Authenticator $Auth$ verwendet. Dieser besteht aus folgenden Teilen:

- Name des Benutzers B

- Zeitstempel Z

- Adresse A des Benutzers

- Sitzungsschlüssel $K_{B,R}$ zwischen Benutzer und Ressource

Die formale Darstellung eines Authenticators ist dann wie folgt: $Auth_{B,R} = [B, Z, A]K_{B,R}$, wobei $[x]K$ wiederum bedeutet, dass der Inhalt der eckigen Klammern mit dem Schlüssel K verschlüsselt ist.

Authentifizierung

Um die Authentizität einer Anfrage zu überprüfen, entschlüsselt die Ressource zuerst das in der Anfrage enthaltene Ticket. Danach wird die im Ticket enthaltene Adresse mit der Absender-Adresse der Anfrage verglichen. Stimmen die beiden Adressen überein, so verwendet die Ressource den aus dem Ticket erhaltenen Sitzungsschlüssel, um den Authenticator zu entschlüsseln. Der im Authenticator enthaltene Zeitstempel wird mit der aktuellen Systemzeit verglichen. Liegen der Zeitstempel und die aktuelle Systemzeit innerhalb eines Fünf-Minuten-Intervalls, nimmt die Ressource an, dass die Anfrage authentisch ist. Dies setzt allerdings voraus, dass alle Systeme des Netzes einigermaßen synchronisierte Uhren besitzen.

10.3.5 Ressourcen-Zugriff

Bevor ein Benutzer auf eine Ressource zugreifen kann, muss er sich ein Ticket für diese Ressource vom Ticket Granting Server ausstellen lassen. Dazu sendet die Anwendung des Benutzers einen *Ticket Request*-Nachricht an den Ticket Granting Server (vgl. Abbildung 10.4, S. 418). Diese Anforderung enthält das initial ausgestellte TGT, den aktuell generierten Authenticator und den Namen der Ressource, auf die zugegriffen werden soll. Handelt es sich um eine gültige Anfrage, dann sendet der Ticket Granting Server eine *Ticket Response*-Nachricht an den Benutzer zurück. Die Antwort enthält das Ticket für die Ressource, verschlüsselt mit dem Ressourcen-Geheimnis und somit unlesbar für den Benutzer, und den Sitzungsschlüssel für die Authentifizierung gegenüber der Ressource.

Die Anwendung des Benutzers entschlüsselt die Antwort und erhält somit den Sitzungsschlüssel. Damit erstellt der Benutzer einen Authenticator und sendet diesen zusammen mit dem Ticket für die Ressource in der *Application Request*-Nachricht an die Ressource. Die Ressource überprüft die Authentizität der Anfrage durch Verifikation des enthaltenen Authenticators und des Tickets. Ist die Anfrage authentisch, so antwortet die Ressource mit einem eigenen Authenticator. Diesen überprüft wiederum die Anwendung des Benutzers. Ist dieser Authenticator ebenfalls gültig, ist die gegenseitige Authentifizierung des Benutzers und der Ressource abgeschlossen.

Kommunikation mit Ressourcen ohne Ressourcen-Geheimnis

Wie in Abschnitt 10.3.3 bereits erwähnt, wird nach erfolgreicher Entschlüsselung der *Authentication Response*-Nachricht das Passwort des Benutzers und damit auch dessen Schlüssel verworfen. Damit können andere Benutzer des Netzes nicht ohne weiteres mit dem oben beschriebenen Verfahren eine authentifizierte Verbindung mit diesem Benutzer aufbauen, da Tickets mit dem Schlüssel des Benutzers verschlüsselt werden.

Deswegen wurde in Kerberos V5 eine neuer Mechanismus eingeführt, der so genannte *Double TGT Authentication*-Mechanismus. Soll eine authentifizierte Verbindung zu einer Ressource, von der bekannt ist, dass diese ihren Schlüssel nicht kennt, aufgebaut werden, wird das TGT der Ressource mit einem in Kerberos nicht spezifizierten Mechanismus angefordert. Um ein Ticket beim Ticket Granting Server zu beantragen, wird neben dem eigenen TGT auch das TGT der Ressource – daher der Name doppelte TGT-Authentifizierung – übergeben. Beide TGTs sind mit dem Schlüssel des Ticket Granting Servers verschlüsselt. Der Ticket Granting Server kann somit beide Sitzungsschlüssel der Ressourcen erhalten und verschlüsselt das Ticket nicht mit dem Ressourcen-Geheimnis, sondern mit dem aktuellen Sitzungsschlüssel. Dieser Mechanismus wurde z. B. im X-Windows-System umgesetzt.

10.3.6 Replizierung der Server

Der Authentifizierungsserver und der Ticket Granting Server könnten bei einfacher Auslegung zu einem Flaschenhals des Systems werden. Sobald der Authentifizierungsserver ausfällt, können sich keine neuen Benutzer am System anmelden, da keine neuen TGTs ausgestellt werden können. Auch Änderungen der Benutzerdatenbank, wie Passwort-Änderungen, das Neuanlegen oder das Löschen von Benutzern, sind dann nicht mehr möglich. Sollte der Ticket Granting Server ausfallen, können keine neuen Tickets ausgestellt werden und Benutzer somit nicht auf entfernte Ressourcen zugreifen, für die sie noch kein Ticket haben.

Um dem entgegen zu wirken, können sowohl der Authentifizierungsserver als auch der Ticket Granting Server repliziert werden. Dazu werden neben einem System-Master beliebig viele System-Slaves angelegt. Änderungen an der Benutzerdatenbank werden weiterhin nur am System-Master vorgenommen. Die Benutzerdatenbank wird periodisch oder per Administrationskommando auf die System-Slaves kopiert. Da die Datenbank mit dem Schlüssel des Authentifikationsservers verschlüsselt ist, muss für die Übertragung lediglich die Integrität der Datenbank gesichert werden.

Fällt ein Slave des Authentifizierungsserver aus, so wird für die Authentifizierung entweder ein anderer Slave, wenn ein solcher vorhanden ist, oder der Master für die Anmeldung am System verwendet. Fällt hingegen der Master aus, ändert sich für die Anmeldung der Benutzer nichts. Lediglich die Änderungen der Passwörter ist zu diesem Zeitpunkt für Benutzer nicht mehr möglich. Der Administrator kann keine neuen Benutzer anlegen oder Benutzer löschen, sollte zu diesem Zeitpunkt aber sowieso mehr mit dem Ausfall des Servers beschäftigt sein als mit dem Anlegen neuer Benutzer.

Sollte ein Slave des Ticket Granting Servers ausfallen, so kann der Benutzer Tickets für den Ressourcen-Zugriff von einem anderen Slave des Systems beziehen, sofern ein solcher dem Benutzer bekannt ist. Bei einem Ausfall des Masters können keine neue Ressourcen eingetragen werden oder bestehende Zugriffsbeschränkungen für Ressourcen geändert werden.

Änderung des Passworts

Die Einführung von System-Slaves bringt zwei Probleme mit sich:

- *Änderung des Benutzer-Passworts* — Eine Änderung des Passworts wird immer auf dem Master durchgeführt. Diese Änderungen werden aber erst später auf die Slaves verteilt. Dadurch kann es zu der Situation kommen, dass ein Benutzer sein Passwort geändert hat, sich aber noch nicht mit dem neuen, sondern weiterhin mit dem alten Passwort am System anmelden kann und muss.

- *Änderungen des Ressourcen-Geheimnis* — Wird aus administrativen Gründen der Schlüssel einer Ressource geändert, so kann ein Benutzer, der sich ein Ticket vor der Änderung ausstellen ließ, sich nicht mit diesem Ticket gegenüber der Ressource authentifizieren, da die Ressource das Ticket nicht länger entschlüsseln kann. Eine einfache, aber unkomfortable Lösung des Problems wäre, vom Benutzer zu verlangen, sich ein neues Ticket ausstellen zu lassen. In Kerberos hat man sich deswegen dafür entschieden, dass eine Ressource ihre alten Schlüssel speichern muss. Diese Versionsnummer wird bei der Ausstellung des Tickets mit an den Benutzer übergeben. Dadurch kann sich der Benutzer gegenüber der Ressource auch mit einem Ticket authentifizieren, das vor der Schlüsseländerung gültig war.

10.3.7 Domänen

Da es in der Realität nicht eine einzelne Instanz gibt, der globales Vertrauen entgegen gebracht wird und die somit die Verwaltung der Benutzerdatenbank übernehmen könnte, wurde in Kerberos ein Domänen-Konzept eingeführt. Innerhalb einer Domäne gibt es eine zentrale Instanz, welche die Benutzerdatenbank verwaltet und der alle Teilnehmer der Domäne vertrauen. Eine Domäne ist durch die Erweiterung der Namen – sowohl der Benutzer als auch der Ressourcen – um den Domänen-Namen gekennzeichnet.

Durch die Einführung der Domänen ist es aber nicht mehr einfach möglich, dass ein Benutzer auf Ressourcen einer anderen Domäne zugreifen kann, obwohl er vielleicht dazu berechtigt ist. In Kerberos V4 wurde daher ein Mechanismus zur Domänen-übergreifenden Authentifizierung eingeführt. Dazu registriert sich der Ticket Granting Server der einen Domäne (B) als Ressource in der anderen Domäne (A). Möchte ein Benutzer der Domäne A nun auf eine Ressource der Domäne B zugreifen (s. Abbildung 10.5), wendet er sich zuerst mit einer Ticket-Anfrage (*Ticket Request*, vgl. Abschnitt 10.3.2, Abbildung 10.4) an den Ticket Granting Server seiner Domäne. Dieser erkennt an dem Namen der Ressource, dass der Benutzer eine Ressource der Domäne B nutzen möchte. Der Ticket Granting Server stellt daraufhin ein Ticket zum Ticket Granting Server der Domäne B aus. Dieses Ticket verwendet der Benutzer wie ein TGT für den Ticket Granting Server der Domäne B und sendet diesem eine Ticket-Anfrage für die Ressource. Der Ticket Granting Server der Domäne B stellt dem Benutzer daraufhin ein Ticket für den Zugriff auf die Ressource aus.

Dieser Mechanismus erlaubt lediglich den Zugriff auf Ressourcen der Domäne, deren Ticket Granting Server als Ressource der eigenen Domäne eingetragen wurde. Eine transitive Erweiterung, so dass der Ticket Granting Server der Domäne B ein Ticket zu einem Ticket Granting Server einer Domäne C ausstellen kann, ist daher nicht möglich. Der Ticket Granting Server der Domäne B würde zwar ein solches Ticket ausstellen, da der Ticket Granting Server

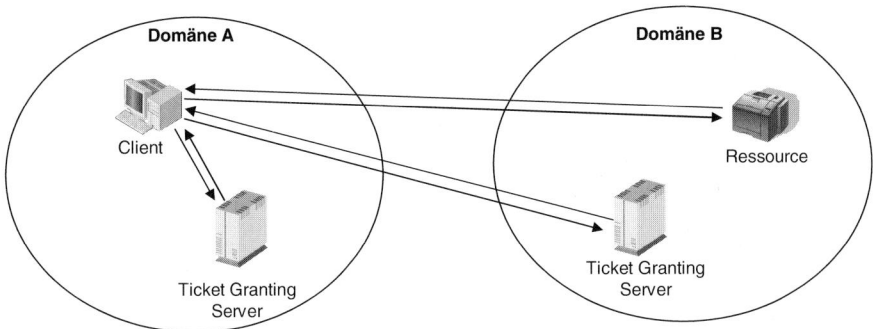

Abbildung 10.5. Ablauf der Interdomänen-Authentifizierung in Kerberos V4

der Domäne C als Ressource bei ihm eingetragen ist. Beim anschließenden Zugriff auf den Ticket Granting Server der Domäne C stimmen die Domänen des Benutzers (A) in der Anfrage und der des ausstellenden Ticket Granting Servers (B) im Ticket aber nicht überein, was zu einem negativen Ergebnis der Authentifizierung führt.

In Kerberos V5 wurde dieses Konzept erweitert, so dass eine Kettenbildung von Domänen beim Zugriff möglich wird. Dazu wird im Ticket das so genannte *transited*-Feld eingeführt. In diesem Feld werden alle Domänen aufgezeichnet, die durchlaufen wurden, um das Ticket zu bekommen. Kerberos überlässt es den Programmierern der Anwendung Richtlinien festzulegen, wann eine Kette gültig sein soll oder wann nicht. Eine mögliche Implementierung könnte sich an den hierarchischen Namen des Internets oder von X.500 orientieren und definieren, dass die kürzeste Kette durch den Baum vertrauenswürdig ist und alle anderen nicht. Um Abkürzungen definieren zu können, ist es darüber hinaus auch möglich, so genannte *Cross Links* in den Baum einzufügen, die zwei Knoten miteinander verbinden, die im Baum nicht verbunden wären.

10.3.8 Rechteweitergabe

In Kerberos V4 ist es nicht möglich, dass ein Benutzer Tickets, die an ihn ausgegeben wurden, an eine andere Instanz des Netzes weitergibt. Dies wird durch das Einfügen der Benutzeradresse in das Ticket verhindert.

Um dies zu unterstützen, wurde in Kerberos V5 ein Mechanismus zur Weitergabe von Tickets eingefügt. Der Benutzer kann bei der Ticketanforderung angeben, dass er ein weitergebbares Ticket möchte. Dieser Mechanismus wurde für einfache Ressourcen-Tickets, aber auch für TGTs vorgesehen. Gibt ein Benutzer ein Ressourcen-Ticket an eine andere Instanz des Netzes weiter, kann diese Instanz die angegebene Ressource genauso nutzen wie der Benutzer, dem das Ticket ausgestellt wurde. Gibt der Benutzer allerdings sein TGT an eine andere Instanz weiter, dann kann diese Instanz Ressourcen-Tickets vom Ticket Granting Server beantragen, wie der Benutzer auch. Der Benutzer hat keinen weiteren Einfluss, auf welche Ressourcen die Instanz zugreift.

Es ist also im Interesse des Benutzers die Weitergabe seiner Tickets möglichst gut zu kontrollieren und einzuschränken. Das bedeutet einerseits, dass die Lebenszeit eines weitergebbaren Tickets eingeschränkt werden soll, damit die Instanz, die das Ticket erhalten hat, das Ticket nicht beliebig lang nutzen kann. Zum anderen soll auch die freie Weitergabe des Tickets verhindert werden. Der Benutzer kann dazu die Adresse des Benutzers, der das Ticket verwenden können soll, in das Ticket eintragen lassen. Damit kann nur genau diese Instanz das Ticket verwenden und nicht an andere weitergeben. Es steht dem Benutzer aber auch frei, keine Einschränkungen vorzugeben und sich ein frei-verwendbares Ticket ausstellen zu lassen.

Es ist Aufgabe des Administrators festzulegen, ob er den Benutzern des Systems die Beantragung von weitergebbaren Tickets, weitergebbaren TGTs und frei-verwendbaren Tickets gestatten möchte. Dieses Recht kann durch ein Regelwerk im Authentication Server bzw. Ticket Granting Server auf bestimmte Benutzer eingeschränkt werden. Des Weiteren kann in jeder Ressource ein Regelwerk eingebaut werden, das den Zugriff mit weitergegebenen Tickets regelt. Ein solches Regelwerk kann die Authentifizierung mit weitergebbaren Tickets vollständig oder teilweise ablehnen. So kann konfiguriert werden, dass frei verwendbare Tickets nicht akzeptiert werden, weitergegebene Tickets, die an eine Instanz gebunden sind, aber schon.

10.3.9 Erweiterung der Gültigkeitsdauer

In Kerberos V4 ist die Gültigkeitsdauer eines Tickets auf maximal 21,25 Stunden festgelegt. Dies resultiert aus der Länge von 8 Bit des Gültigkeitsfelds und der Granularität von 5-Minuten-Einheiten. In Kerberos V5 wurde, durch den Einsatz von ASN.1, die Gültigkeitsdauer flexibler. Als maximales Datum kann der 31.12.9999 codiert werden.

Langlebige Tickets führen aber ein erhebliches Sicherheitsproblem in das System ein. Ein einmal ausgestelltes Ticket ist bis zum Ablauf seiner Gültigkeitsdauer nutzbar. Sollten sich in der Zwischenzeit die Rechte des Benutzers – z. B. durch das Ausscheiden aus der Firma – geändert haben, ist der Widerruf ausgestellter Tickets nicht möglich. Um dieses Problem einzugrenzen, haben die Kerberos-Entwickler zwei Arten von langlebigen Tickets eingeführt, die einen späteren Widerruf ermöglichen: *zukünftige Tickets* und *erneuerbare Tickets*.

Bei zukünftigen Tickets liegt der Gültigkeitszeitraum in der Zukunft. Im Ticket wird der Beginn und das Ende des Zeitraums vermerkt und das Ticket als zukünftig gekennzeichnet. Sobald der Gültigkeitszeitraum beginnt, muss das Ticket nochmals beim Ticket Granting Server vorgelegt werden. Dieser kann dann nochmals die Rechte des Benutzers prüfen und entfernt die Kennzeichnung aus dem Ticket, wenn der Benutzer weiterhin auf die Ressource zugreifen kann. Besitzt der Benutzer diese Rechte nicht mehr, so wird die Markierung nicht gelöscht und somit das Ticket nicht gültig gemacht. Solche Tickets werden vor allem für Batch-Jobs eingesetzt, die zu einem Zeitpunkt ausgeführt werden sollen, an denen der Benutzer selbst nicht im System eingeloggt ist.

Ein erneuerbares Ticket ist sofort gültig und kann genutzt werden. Das Ticket ist gekennzeichnet, dass und bis zu welchem Zeitpunkt es erneuert werden kann. Ist dieser Zeitpunkt erreicht, so erneuert der Ticket Granting Server das Ticket nicht mehr. Des Weiteren ist ein zweiter Zeitpunkt in das Ticket eingetragen, zu welchem das Ticket spätestens beim Ticket Granting Server wieder vorgelegt werden muss. Wird dieser Zeitpunkt einmal verpasst, wird das Ticket ungültig. Bei der Erneuerung des Tickets legt der Ticket Granting Server den nächsten Zeitpunkt, zu dem das Ticket wieder vorgelegt werden muss, fest. Durch dieses regelmäßige Vorlegen kann das Ticket zu jedem dieser Zeitpunkte zurückgezogen und somit nicht weiter vom Benutzer verwendet werden.

Wie auch bei weitergebbaren Tickets, muss der Administrator den Ticket Granting Server so konfigurieren, dass er entsprechende Tickets ausstellt, sollte es den Benutzern gestattet sein, solche Tickets zu beantragen. Außerdem kann im Regelwerk der Ressourcen der Zugriff mit zukünftigen oder erneuerbaren Tickets ausgeschlossen werden oder auf bestimmte Benutzer eingeschränkt werden.

10.3.10 Bewertung

Kerberos stellt einen geeigneten Mechanismus zur Authentifikation eines Benutzers und zur Autorisierung des Ressourcen-Zugriffs in einer Domäne dar. Dabei übernimmt eine zentrale Instanz die Verwaltung der Benutzer samt ihrer Rechte. Erweiterungen zur Interdomänen-Authentifikation, der Weitergabe von Rechten und der Verlängerung der Ticket-Lebenszeiten erlauben einen vielseitigen Einsatz.

Allerdings sind einige Schwächen des Protokolls bekannt geworden. Speziell die Kerberos-V4-Variante ist durch ihren schwachen Authentifikationsmechanismus angreifbar. Die dort eingesetzten Verfahren lassen Zweifel an ihrer Sicherheit offen, auch wenn ein Ausnützen dieser Schwachstellen noch nicht nachgewiesen wurde. Die in Kerberos V5 vorgenommenen Verbesserungen erhöhen zwar die Sicherheit des Protokolls, können aber die inhärenten Schwächen nicht beseitigen.

Nichtsdestotrotz hat Kerberos eine einigermaßen hohe Verbreitung gefunden. So setzt beispielsweise Windows 2000/2003 Kerberos in Netzwerkumgebungen zur Benutzerauthentifikation ein. Daneben gibt es eine freie Implementierung des MIT für Unix und Linux.

10.4 SASL

Das *Simple Authentication and Security Layer* Rahmenwerk (SASL) stellt Mechanismen bereit, die eine einfache Integration von Authentifizierungsverfahren in verbindungsorientierte Kommunikationsprotokolle ermöglichen. Aktuell ist SASL im RFC 2222 [265] standardisiert, jedoch erfolgt zurzeit eine Überarbeitung im Rahmen der IETF durch eine Reihe von Internet-Drafts [245, 218].

10.4.1 Motivation

Bei vielen kommunikationsorientierten Anwendungen tritt früher oder später das Problem auf, dass nur autorisierte Benutzer den bereitgestellten Dienst in Anspruch nehmen können sollen. Dazu wird meistens der Weg über die Authentifizierung gewählt. Um die Authentifizierung gegen verschiedene Arten von Angriffen möglichst sicher zu machen, müssen zumindest Maßnahmen zur Sicherung der Integrität, zum Schutz von Vertraulichkeit und zum Schutz vor Wiedereinspielungsangriffen getroffen werden.

Um diesen unter Umständen sehr hohen Aufwand für jedes neue Anwendungsprotokoll zu vermeiden, empfiehlt sich der Einsatz von SASL. Durch SASL wird ein Rahmenwerk bereitgestellt, welches es ermöglicht, jedem verbindungsorientierten Anwendungsprotokoll die gewünschten Authentifizierungsmechanismen einfach hinzuzufügen. Beispiele dafür sind Authentifizierung von Benutzern mittels SASL bei den Anwendungsprotokollen IMAP, BEEP, LDAP und SMTP.

Da SASL in die verschiedenen Anwendungsprotokolle integriert wird, legt es selbst keinen expliziten Protokollablauf fest, vielmehr muss es entsprechend in den Ablauf des Anwendungsprotokolls eingebettet werden. Zusätzlich variiert der Protokollablauf je nach gewähltem SASL-Authentifizierungsmechanismus. Durch dieses Vorgehen wird eine hohe Flexibilität erreicht.

10.4.2 Authentifizierungsmechanismen

Um die Flexibilität durch Integration verschiedener Authentifizierungsmechanismen zu erreichen, wird für jeden der Mechanismen ein eindeutiger Name vergeben. Dieser besteht aus einer maximal 20 Zeichen langen Zeichenkette bestehend aus Großbuchstaben, Zahlen und einigen Sonderzeichen. Um Mehrdeutigkeiten zu vermeiden, muss ein neuer Authentifizierungsmechanismus unter einem eindeutigen Namen bei IANA registriert werden. Da die IANA lediglich die Registrierung der verschiedenen SASL-Mechanismen übernimmt, werden von ihr keinerlei Funktionstests oder Qualitätskontrollen des registrierten Mechanismus durchgeführt.

Genauso wenig wie der SASL-Standard den Protokollablauf der verschiedenen Mechanismen vorschreibt, legt der Standard ebenfalls keinerlei Regeln fest, wie die Kodierung der Daten während der Authentifizierung zu erfolgen hat. Jedoch schreibt der Standard vor, dass in der Beschreibung eines SASL-Mechanismus exakte Informationen enthalten sein müssen, wie die Kodierung der Nachrichten erfolgen muss.

Zusätzlich zum derzeitigen Haupteinsatzzweck von SASL, der Authentifizierung, können darüber hinaus auch die Integrität und die Vertraulichkeit von Anwendungsprotokolldaten gewährleistet werden. Dazu muss jedoch der jeweilige Mechanismus entsprechende Protokollnachrichten und eine zusätzliche Sicherheitsschicht zwischen dem verwendeten Transportprotokoll und dem eigentlichen Anwendungsprotokoll bereitstellen, die für die Sicherung der Integrität oder Vertraulichkeit jeder Nachricht des Anwendungsprotokolls verantwortlich ist. Wird eine Sicherung der Daten ausgehandelt, so schreibt der Standard vor, muss diese für alle nachfolgenden Daten erfolgen. Um den Einsatz von Proxies zu erleichtern, ermöglicht der Standard, dass zur Authentifizierung die Daten des jeweiligen Proxies, zur Autorisierung jedoch die Daten des ursprünglichen Benutzers verwendet werden.

Derzeit sind knapp 20 verschiedene Mechanismen bei der IANA registriert, von denen nun eine Aufstellung der bekanntesten gegeben wird:

- PLAIN — Am häufigsten kommt derzeit wahrscheinlich das Authentifizierungsverfahren PLAIN [392] zum Einsatz, obwohl dieses den geringsten Schutz aller vorhandenen Verfahren bietet.

  Im Protokollablauf werden alle Daten im Klartext ausgetauscht, das Authentifizierungsverfahren enthält keinerlei Mechanismen, welche Authentizität, Integrität oder Vertraulichkeit während der Authentifizierung bereitstellen. Auch ist kein Schutz vor Wiedereinspielungsattacken realisiert. Dadurch ist es unbedingt notwendig, dass der nötige Schutz von einem darunter liegenden Mechanismus bereitgestellt wird.

  Oft wird dieser Authentifizierungsmechanismus in Kombination mit TLS eingesetzt. Durch die Verwendung von TLS sind alle notwendigen Sicherheitsmechanismen, wie Authentizität des Servers, Integrität und Vertraulichkeit der Daten und Schutz vor Wiedereinspielungsangriffen gegeben, die eine sichere Authentifizierung auch bei der Verwendung von Klartextdaten gewährleisten. Im Normalfall wird dabei durch TLS nicht nur die

Authentifizierung, sondern auch die komplette nachfolgende Datenübertragung gesichert.

Wird dieser Authentifizierungsmechanismus basierend auf Klartextnachrichten mit Transportprotokollen eingesetzt, welche die notwendigen Mechanismen nicht selbst bereitstellen, so ist eine zuverlässige Authentifizierung stark gefährdet, da alle Daten durch einen Angreifer abgehört, modifiziert oder erneut eingespielt werden können.

- KERBEROS_V4 — Wird dieser Mechanismus angeboten, so kann der Benutzer eine Authentifizierung mit Hilfe von Kerberos (s. Abschnitt 10.3, S. 416) durchführen. Um sich per Kerberos zu authentifizieren, muss der Benutzer sein vorher für diesen Dienst ausgestelltes Ticket vorweisen.

  Bei der derzeitigen Überarbeitung durch die SASL-Arbeitsgruppe zeichnet sich jedoch ab, dass dieser Authentifizierungsmechanismus in einer neueren Version nicht weiter enthalten sein wird. Als Ersatz ist jedoch im GSSAPI-Mechanismus die Möglichkeit vorgesehen, eine Authentifizierung mittels Kerberos in der Version 5 durchzuführen.

  Dieser SASL-Mechanismus stellt neben der eigentlichen Authentifizierungsmöglichkeit auch Mechanismen bereit, die zum Schutz der Integrität oder der Vertraulichkeit von Daten eingesetzt werden können.

- GSSAPI — Unter der Bezeichnung *Generic Security Service Application Program Interface* (GSSAPI) wird ein weiteres Rahmenwerk zur Authentifizierung in SASL eingebunden.

  Das GSSAPI, selbst standardisiert im RFC 2743 [228], stellt eine Vielzahl von Authentifizierungsverfahren zur Verfügung, beispielsweise die Unterstützung von Kerberos V5 oder X.509-Zertifikaten. Während dieser komplexe Mechanismus im ursprünglichen Standard noch direkt enthalten war, wird derzeit eine Auslagerung in einen eigenen Standard [244] angestrebt.

  Genau wie mit dem KERBEROS_V4-Mechanismus ist es auch mit dem GSSAPI-Mechanismus möglich, zusätzlich zur eigentlichen Authentifizierung, Integritätsschutz und Vertraulichkeit für die Daten des Anwendungsprotokolls zu gewährleisten.

- CRAM-MD5 — Mit der Bezeichnung CRAM_MD5 [274] wird ein einfaches Challenge/Response-Authentifizierungsverfahren, basierend auf der kryptographischen Prüfsummenfunktion MD5 (s. Abschnitt 3.5.4), bereitgestellt.

  Bei diesem Verfahren sendet der Server eine Nachricht, welche unter anderem einen Zeitstempel und den Namen des Servers enthält. Aufgabe des Clients ist nun, die Nachricht mit dem gemeinsamen Geheimnis und der Prüfsummenfunktion zu verknüpfen und mit dem jeweiligen Benutzernamen an den Server zurückzusenden. Dieser wiederholt die Vorgehensweise mit der ursprünglichen Nachricht und dem Passwort des Benutzers und vergleicht die Antwort des Clients mit dem selbst erzeugten Ergebnis. Stimmen diese beiden überein, so war der Client im Besitz des gemeinsamen Geheimnisses und konnte sich korrekt authentifizieren.

Durch die Verwendung eines Zeitstempels und das Einfügen des Servernamens in die Nachricht, die an den Benutzer geschickt wird, implementiert das Verfahren einen Schutz vor Wiedereinspielungsangriffen und ein einfaches Verfahren zur Authentifizierung. Zusätzlich wird durch den Einsatz der Prüfsummenfunktion MD5 die Vertraulichkeit des Passwortes gesichert.

- DIGEST-MD5 — Das Verfahren, gekennzeichnet mit dem Namen DIGEST-MD5 [218], erweitert SASL um den vom HTTP-Protokoll her bekannten Authentifizierungsmechanismus (vgl. Abschnitt 10.1).

Prinzipiell ist der Protokollablauf ähnlich dem vorherigen Verfahren, jedoch können bei diesem Verfahren wesentlich mehr Parameter ausgetauscht werden. So können während der Authentifizierung Sicherheitsmechanismen wie Integritätsicherung und Verschlüsselung aktiviert werden. Durch den Einsatz von beidseitigen Zufallswerten im Protokollablauf werden Wiedereinspielungsangriffe effektiv unterbunden.

Außerdem stellt dieses Authentifizierungsverfahren eine zusätzliche Möglichkeit bereit, eine schnelle Reauthentifizierung durchzuführen, sofern beide Kommunikationspartner den Kontext der Verbindung gespeichert haben.

Auch mittels dieses SASL-Mechanismus ist die Sicherung von Integrität und Vertraulichkeit für die übertragenen Anwendungsprotokolldaten möglich. Zum Schutz vor Angriffen durch Wiedereinspielen schreibt die Spezifikation des Mechanismus vor, dass für jede Authentifizierung ein neuer Zufallswert verwendet wird.

- SKEY — Mit SKEY wird der S/Key-Mechanismus (s. Abschnitt 4.1.3, S. 100) als Authentifizierungsverfahren bezeichnet. Diese Art von Authentifizierung beruht auf der Verwendung Hash-Ketten und der Generierung von Einmalpasswörtern.

Wie Kerberos in der Version 4 wird auch dieser Authentifizierungsmechanismus in einer neueren Version nicht mehr im SASL-Standard enthalten sein. Als Ersatz wird auf den OTP-Mechanismus verwiesen.

- OTP — Dieser Authentifizierungsmechanismus basiert auf der Verwendung von Einmalpasswörtern, so genannter *One Time Passwords*, und ist nicht Grundbestandteil des SASL-Standards. Dieser Mechanismus wurde erst später durch das RFC 2444 [275] spezifiziert und als SASL-Mechanismus registriert.

Die beiden Mechanismen SKEY und OTP stellen keinerlei Sicherheitsmechanismen zur Sicherung von Integrität oder Vertraulichkeit bereit, auch ein

Schutz vor Wiedereinspielungsangriffen fehlt. Dieser ist jedoch aufgrund der Natur der zugrunde liegenden Verfahren nicht notwendig.

- ANONYMOUS — Durch die Kennung ANONYMOUS soll auch die anonyme Nutzung eines Dienstes, also ohne eine effektive Authentifizierung des jeweiligen Nutzers, ermöglicht werden. Früher wurde dies meist durch spezielle Benutzer mit festgelegtem oder leerem Passwort realisiert. Da jedoch die Richtlinien der IETF diesbezüglich verschärft wurden, wird bei der aktuellen Überarbeitung des SASL-Standards ein entsprechender Mechanismus in einem separaten Standard [391] hinzugefügt.

- EXTERNAL — Wird EXTERNAL als SASL-Mechanismus angeboten, bedeutet dies, dass die Authentifizierung außerhalb von SASL erfolgt. Im Normalfall ist zu diesem Zeitpunkt eine externe Authentifizierung des jeweiligen Benutzers durch andere Verfahren bereits erfolgt.

  Dies ist beispielsweise beim Einsatz von IPsec oder TLS (siehe Abschnitte 6.2 und 7.3) der Fall; dort könnte der entsprechende Mechanismus auf Informationen aus den verschiedenen Schlüsselaushandlungen oder Authentifizierung basierend auf den X.509-Zertifikaten zurückgreifen.

  Dieser Authentifizierungsmechanismus wird in der aktuellen Überarbeitung des SASL-Standards diskutiert und eventuell dann in den Standard übernommen.

10.4.3 Protokollablauf

Der SASL-Standard selbst schreibt keinen expliziten Protokollablauf vor, schließlich muss SASL mit in den Ablauf des jeweiligen Anwendungsprotokolls integriert werden.

Im Normalfall beginnt nach dem Aufbau der Transportverbindung der Ablauf des Anwendungsprotokolls. Meistens bedeutet dies, dass das Anwendungsprotokoll signalisiert, dass eine Authentifizierung zur Nutzung des Dienstes notwendig ist und überträgt die Liste der unterstützen Verfahren, sofern überhaupt mehrere Verfahren angeboten werden. Die Nutzung von SASL zur Authentifizierung muss also durch entsprechende Nachrichten im Anwendungsprotokoll berücksichtigt werden.

Wählt der Nutzer dann einen der angebotenen SASL-Mechanismen zur Authentifizierung, so wird der Ablauf des Anwendungsprotokolls angehalten und dann mit der Authentifizierung durch SASL fortgefahren. In dieser Phase wird ausschließlich der Protokollablauf des gewählten SASL-Mechanismus durchgeführt.

Ist die Authentifizierung mittels SASL abgeschlossen, so wird der eigentliche Ablauf des Anwendungsprotokolls fortgesetzt. Dieses muss jedoch das Ergebnis der vorhergehenden Authentifizierung per SASL auswerten und den Protokollablauf entsprechend gestalten.

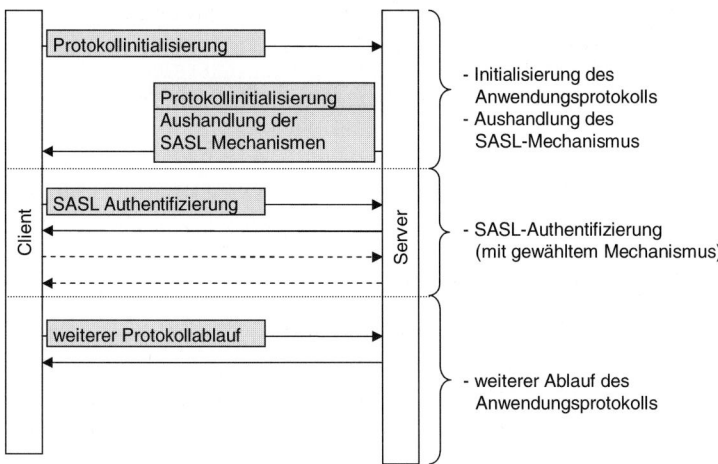

Abbildung 10.6. Anwendungsprotokoll mit integrierter SASL-Authentifizierung

Die Einbettung von SASL in ein beliebiges verbindungsorientiertes Anwendungsprotokoll ist nochmals in der Abbildung 10.6 veranschaulicht. Die drei unterschiedlichen Phasen sind deutlich zu erkennen: Als erstes beginnt die Initialisierungsphase des Anwendungsprotokolls, dann folgt die Authentifizierung unter Verwendung des aus der ersten Phase gewählten SASL-Mechanismus. Bei erfolgreicher Authentifizierung wird das Anwendungsprotokoll fortgesetzt und der Nutzer kann den Dienst in Anspruch nehmen.

10.4.4 Beispielabläufe

Die nachfolgenden Beispiele zeigen jeweils die Authentifizierung unter Verwendung des SASL-Rahmenwerkes. Im ersten Beispiel wird dabei eine Authentifizierung mittels des Challenge/Response-Verfahrens CRAM-MD5 durchgeführt, im zweiten kommt eine Klartextauthentifizierung mittels PLAIN-Mechanismus zum Einsatz. Um den Protokollablauf besser zu veranschaulichen, ist jeder Nachricht vorangestellt, ob sie vom Server (S:) oder vom Client (C:) gesendet wird. Die Reihenfolge der Protokollnachrichten entspricht dem echten zeitlichen Verlauf.

Beispiel: CRAM-MD5

Die nachfolgende Abbildung 10.7 zeigt die Authentifizierung eines Benutzers gegenüber einem IMAP-Server unter Verwendung des CRAM-MD5-Mechanismus.

```
S: * OK [CAPABILITY IMAP4rev1 AUTH=CRAM-MD5 AUTH=PLAIN]
C: A0001 AUTHENTICATE CRAM-MD5
S: + PDE4OTYuNjk3MTcwOTUyQHBvc3RvZmZpY2UuZXhhbXBsZS5uZXQ+
C: am91IDNkYmM4OGYwNjI0Nzc2YTczN2IzOTA5M2Y2ZWI2NDI3
S: A0001 OK CRAM-MD5 authentication successful
```

Abbildung 10.7. Protokollablauf SASL-CRAM-MD5-Authentifizierung

Aus der ersten Nachricht des Anwendungsprotokolls des Servers wird deutlich, dass dieser die Verfahren `CRAM-MD5` und `PLAIN` anbietet. Der Client wählt daraufhin das Verfahren `CRAM-MD5`. Im nächsten Protokollschritt sendet der Server die Challenge `PDE4OTY...` an den Client. Der Client verknüpft die Challenge mit dem gemeinsamen Geheimnis und der Prüfsummenfunktion MD5. Als Ergebnis sendet der Client seinen Benutzernamen und den Hash-Wert (hier gemeinsam Base64-kodiert als `am91IDNkYmM...`) zurück. Der Server kann mit der Angabe des Benutzernamens das Passwort des entsprechenden Benutzers ermitteln und die gleiche Operation auf die gestellte Challenge anwenden. Kommt der Server dabei zum gleichen Ergebnis wie der Client, so war der Client im Besitz des gemeinsamen Geheimnisses und gilt als authentifiziert.

Für die obige Authentifizierung wurde vom Server als Challenge die Zeichenkette `<1896.697170952@postoffice.example.net>` gewählt, wobei die Übertragung in der Base64-Darstellung (`PDE4OTY...`) erfolgte. Als Passwort für den Benutzer (`joe`) wird die Zeichenkette `tanstaaftanstaaf` verwendet.

Zur Berechnung der passenden Antwort auf die gestellte Aufgabe werden diese und das gemeinsame Geheimnis entsprechend folgender Formel verknüpft. Die Variablen *opad* und *ipad* sind vorgegebene Parameter der kryptographischen Hash-Funktion MD5.

$$Response = \mathrm{MD5}((Secret \oplus opad), \mathrm{MD5}((Secret \oplus ipad), Challenge))$$

In diesem Fall beträgt das Ergebnis der Verknüpfungsoperation die Zeichenkette `3dbc88f0624776a737b39093f6eb6427` in Hexadezimal-Darstellung. Der Client überträgt daraufhin seinen Benutzernamen `joe` gefolgt vom Ergebnis `3dbc88f...` der obigen Berechnung als Antwort auf die gestellte Aufgabe. Die Übertragung erfolgt wiederum in der Base64-Darstellung, weshalb der Client mit der Zeichenkette `am91IDNkYmM...` antwortet.

Beispiel: PLAIN

Das nächste Beispiel in Abbildung 10.8 veranschaulicht eine Klartextauthentifizierung. Dabei wird dieser Mechanismus nicht von Anfang an durch den Server angeboten. Dieser stellt diese Möglichkeit erst bereit, nachdem eine gesicherte Verbindung aufgebaut wurde.

```
S: * ACAP (SASL "CRAM-MD5") (STARTTLS)
C: A0001 STARTTLS
S: A0001 OK "Begin TLS negotiation now"
<TLS negotiation, further commands are under TLS layer>
S: * ACAP (SASL "CRAM-MD5" "PLAIN")
C: A0002 AUTHENTICATE "PLAIN"
S: + ""
C: {21}
C: <NUL>tim<NUL>tanstaaftanstaaf
S: A0002 OK "Authenticated"
```

Abbildung 10.8. Protokollablauf SASL-PLAIN-Authentifizierung

In der ersten Nachricht bietet der Server nur das Authentifizierungsverfahren CRAM-MD5 oder den Aufbau einer gesicherten Verbindung mittels TLS an. Mit der Nachricht STARTTLS wird der Aufbau der TLS-Verbindung veranlasst.

Erst jetzt bietet der Server auch den Authentifizierungsmechanismus PLAIN an, da nun die notwendigen Sicherheitsmechanismen durch den darunter liegenden TLS-Tunnel erbracht werden. Der Client wählt diesen Mechanismus aus, was durch den Server mit einer leeren Meldung bestätigt wird. Daraufhin sendet der Client den Benutzernamen und das Passwort im Klartext zum Server. Dieser überprüft die Zugangsdaten und antwortet in diesem Fall mit einer positiven Nachricht.

10.4.5 Bewertung

Mit SASL wird ein relativ einfaches Werkzeug bereitgestellt, welches die Einbindung verschiedener Authentifizierungsmechanismen in eigene Kommunikationsprotokolle erlaubt.

Sicherheitsanforderungen wie Authentizitäts- und Integritätsschutz, Vertraulichkeit der Daten oder Schutz vor Wiedereinspielungsangriffen müssen jedoch von den Authentifizierungsmechanismen selbst bereitgestellt werden, sofern diese für das jeweilige Authentifizierungsverfahren notwendig sind. Bei der Verwendung von Authentifizierungsverfahren, welche die notwendigen Sicherheitsmechanismen nicht selbst bereitstellen, ist unbedingt darauf zu achten, dass die geforderten Sicherheitsmechanismen durch darunter liegende Protokolle erbracht werden, wie dies beispielsweise bei IPsec und TLS der Fall ist. Andernfalls kann die Authentifizierung abgehört oder vorgetäuscht werden.

Trotzdem erspart die Verwendung von SASL Aufwand bei der Integration von Authentifizierungsmechanismen in ein eigenes Anwendungsprotokoll. Außerdem kann auf eine Reihe bekannter Verfahren zurückgegriffen werden, wenngleich die Sicherheit der MD5-basierten Verfahren unter dem Aspekt der bereits bekannten Schwächen betrachtet werden muss (vgl. Abschnitt 3.5.4,

S. 61) Selbst bei der Konzeption eigener Authentifizierungsverfahren kann die Bereitstellung des jeweiligen Verfahrens als SASL-Mechanismus vorteilhaft sein, da das Verfahren sofort von einer Vielzahl von Anwendungen genutzt werden kann.

Nachteilig ist jedoch, dass mit dem Einsatz von SASL die eigene Software von einer weiteren Bibliothek abhängig ist. Dieser Nachteil sollte jedoch gegenüber den Vorteilen meistens nicht stark ins Gewicht fallen.

10.5 BEEP

Das *Blocks Extensible Exchange Protocol* BEEP stellt ein Rahmenwerk für eine Menge von Anwendungsprotokollen dar, die eher auf einem Peer-to-Peer-Konzept basieren als auf dem typischen Client/Server-Modell. Für das zuletzt genannte Modell wird häufig HTTP als Grundlage für ein Anwendungsprotokoll eingesetzt. BEEP unterstützt Anwendungen mit folgenden Eigenschaften bzw. Anforderungen:

- *Verbindungsorientiert* — Zudem gefordert: Reihenfolgetreue, Zuverlässigkeit, Stau-Sensitivität

- *Nachrichtenorientiert* — Im Gegensatz zu Bytestrom-orientierten Anwendungen. Außerdem erfolgt die Kommunikation eher lose gekoppelt (z. B. im Gegensatz zu stark gekoppelten Protokollen wie RPC) und mit strukturierten Daten.

- *Asynchron* — Peer-to-Peer-Kommunikation wird unterstützt, aber ein traditionelles Client/Server-Verhalten ist ebenso möglich.

BEEP stellt unter anderem Bausteine für häufig benötigte Protokollaufgaben der Anwendungsschicht wie Rahmenbildung (Begrenzung von Nachrichten), Multiplexen auf eine Transportverbindung, systemunabhängige Nachrichtendarstellung durch einheitliche Kodierung, Unterstützung von Rückmeldung durch Übertragung von Statusinformation (z. B. Fehlern) sowie Asynchronität, d. h. Handhabung von unabhängigen Nachrichtenaustauschvorgängen. Darüberhinaus unterstützt BEEP Protokollmechanismen zur Authentisierung und Vertraulichkeit.

Das BEEP Core Protocol [318] ist ein verbindungsorientiertes Peer-to-Peer-Klartextprotokoll, das beliebige MIME-kodierte Inhalte transportiert. Die Rückmeldungen erfolgen ähnlich wie bei HTTP mit einem 3-Zifferncode und einer lokalisierten Textmeldung.

Obwohl BEEP ein Peer-to-Peer-Protokoll ist, lassen sich die Client/Server-Rollen temporär definieren, je nach den momentanen Kommunikationsbeziehungen in der Anwendung. Für die Kommunikation sind die folgenden Nachrichtenpaare festgelegt:

- *MSG/RPY* — Der Client schickt eine *MSG*-Nachricht an den Server, um eine Aufgabe durchzuführen. Nach Ausführen der Aufgabe antwortet der Server mit einer *RPY*-Nachricht als positive Antwort.

- *MSG/ERR* — Der Client schickt eine *MSG*-Nachricht an den Server, welcher keine Aufgabe durchführt und eine *ERR*-Nachricht als negative Antwort zurückschickt.

- *MSG/ANS* — Der Client schickt eine *MSG*-Nachricht an den Server, welcher während der Bearbeitung des Auftrags mit keiner oder mehrerer *ANS*-Nachrichten antwortet. Ist der Auftrags komplett durchgeführt, antwortet der Server mit einer *NUL*-Nachricht.

BEEP benutzt ein darunter liegendes zuverlässiges Transportprotokoll wie TCP und erlaubt eine asynchrone Kommunikation durch unabhängige Kanäle. Jeder Kanal besitzt ein zugehöriges Profil, das Syntax und Semantik der im Kanal übermittelten Nachrichten beschreibt.

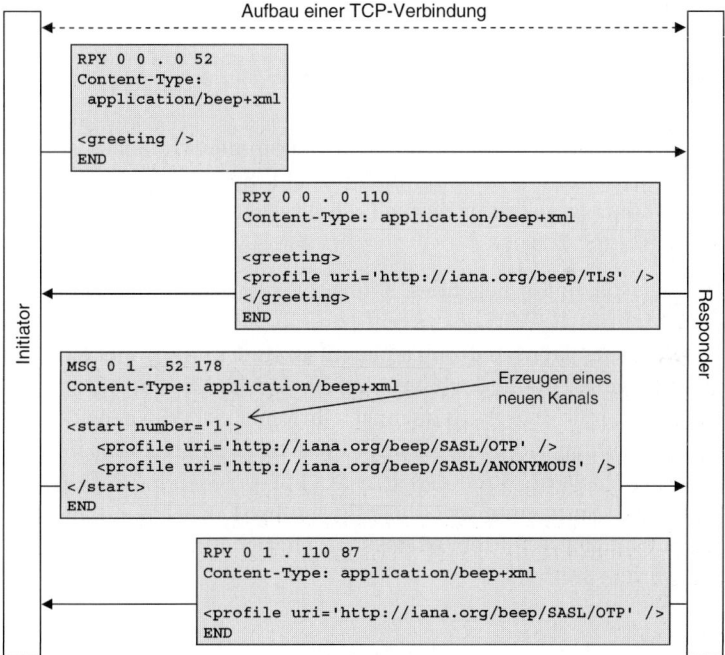

Abbildung 10.9. BEEP-Verbindungsaufbau mit Aushandlung und Etablierung eines neuen Kanals

Die Kanäle können dynamisch und unabhängig voneinander eingerichtet werden sowie mit unterschiedlichen Attributen versehen sein. Beispielsweise können die Sicherheitsanforderungen je Kanal einzeln festgelegt werden. Der Kanal mit Nummer 0 existiert dabei von Anbeginn einer BEEP-Sitzung und dient zum Kanalmanagement. Beim Erzeugen eines neuen Kanals können mittels XML verschiedene Sicherheitsprofile vorgegeben werden, die zwischen den Kommunikationspartnern ausgehandelt werden (vgl. Abbildung 10.9). Die Kommunikation beginnt mit einer *RPY*-Nachricht auf beiden Seiten, was den Peer-to-Peer-Charakter des Protokolls unterstreicht. Während der Initiator in seiner *greeting*-Nachricht keine besonderen Sicherheitsmechanismen vorschlägt, bietet der Responder die Sicherung des Kontrollkanals durch TLS an.

In der Kernspezifikation [318] sind bereits Sicherheitsprofile für TLS und die SASL-Mechanismen beschrieben, Abbildung 10.10 zeigt als Beispiel das in [318] angegebene Profil für TLS. Zur Authentisierung können demnach verschiedene SASL-Mechanismen sowie TLS eingesetzt werden. So kann BEEP sehr flexibel auf die unterschiedlichen Sicherheitsanforderungen von Anwendungen reagieren, da gesicherte Kanäle dynamisch eingerichtet werden können.

10.5.1 Sicherheit

BEEP ist als Klartextprotokoll für sich genommen zunächst einmal ungeschützt. Da SASL und TLS aber flexibel zur Sicherung der Kanäle eingesetzt werden können, gelten prinzipiell die Aussagen aus den Abschnitten 10.4 (S. 428) und 7.3 (S. 276).

Wird TCP als darunter liegendes Transportprotokoll eingesetzt, ist BEEP auch gegen Man-in-the-Middle-Angriffe anfällig, die versuchen, die Aushandlung der Sicherheitseigenschaften zu beeinflussen: Ein Angreifer kann demnach sicherheitsrelevante Profile der Greeting-Nachricht löschen oder eine negative Antwort auf den TLS-Aufbauwunsch in einer *RDY*-Nachricht erzeugen. Als Gegenmaßnahme kann der BEEP-Peer einfach über eine Policy verfügen, die es nicht zulässt, ohne den Einsatz entsprechender Sicherungsverfahren fortzufahren. Sinngemäß gilt das Gleiche für Downgrade-Angriffe auf die eingesetzten Chiffrierverfahren, so dass zu schwache Verfahren vom Peer nicht akzeptiert werden sollten.

10.6 DNS

Der Namensauflösungsdienst *Domain Name System* (DNS), der u. a. Domain-Namen in IP-Adressen umsetzt, ist ein attraktives Ziel für Angreifer, weil viele Dienste im Internet von ihm abhängen. Daher werden Angriffe auf DNS häufig als Vorbereitung oder als Teil weiterer Angriffe genutzt.

```
Profile Identification: http://iana.org/beep/TLS
Messages exchanged during Channel Creation: "ready"
Messages starting one-to-one exchanges: "ready"
Messages in positive replies: "proceed"
Messages in negative replies: "error"
Messages in one-to-many exchanges: none
Message Syntax:
  <!--
    DTD for the TLS Transport Security Profile, as of 2000-09-04
    Refer to this DTD as:
      <!ENTITY % TLS PUBLIC "-//IETF//DTD TLS//EN"
                "http://xml.resource.org/profiles/TLS/tls.dtd">
      %TLS;
    -->
  <!--
    TLS messages, exchanged as application/beep+xml
        role      MSG         RPY           ERR
        ======    ===         ===           ===
      I or L      ready       proceed       error
    -->
  <!ELEMENT ready     EMPTY>
  <!ATTLIST ready
            version     CDATA                "1">
  <!ELEMENT proceed   EMPTY>
Message Semantics: c.f., Section 3.1.3 of RFC 3080
Contact Information: c.f., the "Author's Address" section
                     of RFC 3080
```

Abbildung 10.10. TLS Security Profile aus [318]

Zunächst wird DNS überblicksweise erläutert. Danach werden unterschiedliche Angriffe aufgezeigt, vor denen die anschließend vorgestellten Verfahren schützen. Das erste Verfahren ermöglicht den Austausch signierter Transaktions-Nachrichten (TSIG); das zweite ergänzt die Einträge des DNS-Systems durch DNSsec-Erweiterungen und bietet Sender-Authentifikation und Daten-Authentizität bei Anfragen.

10.6.1 Beschreibung des DNS

DNS ist ein Verzeichnisdienst, der zu einem Domain-Namen – auch kurz als Domain bezeichnet – verschiedene Daten liefern kann, z. B. die mit ihm verbundenen IP-Adressen oder die für die Domain zuständigen Mail- und DNS-Server. Um das System skalierbar und robust zu machen, wurde es als verteilter Dienst realisiert.

Ausgehend von den so genannten *Root-Nameservern* spannt sich ein Baum von Nameservern auf, die jeweils für Teile des hierarchisch strukturierten Namensraumes zuständig sind. Ein Beispiel aus dem Namensraum ist auch in Abbildung 10.11 dargestellt. Jeder Knoten des Namensraums stellt eine Domain dar, die von einem Nameserver verwaltet wird. Man spricht bei Domains der obersten Ebene von *Top Level Domains*, z. B. .de, bei Domains der nächsten Stufe auch von *Second Level Domains*, z. B. sineko.de. Man spricht bei übergeordneten Domains auch von *Parent-Domains* und bei untergeordneten Domains auch von *Subdomains*.

Im DNS wird der Bereich einer Domain, der von einem Nameserver verwaltet wird, auch als *Zone* bezeichnet. Innerhalb einer Domain kann jedoch wiederum ein Teil des Namensraums an einen anderen Nameserver *delegiert* werden. Dieser Teil stellt dann wieder eine eigene Zone dar. Meistens sind für eine Zone aus Redundanzgründen mehrere Nameserver zuständig, von denen einer der *Primary Name Server* und die anderen so genannte *Secondary Name Server* sind. Ersterer verwaltet inhaltlich die Zone und liefert deren gesamten Inhalt auf Anfrage an die Secondary Name Server. Dieser Vorgang findet typischer Weise erstmalig bei der Initialisierung der Secondary Name Server statt und wird dann als *Zonentransfer* bezeichnet. Der Inhalt einer Zone kann verändert werden, indem die Daten auf dem Primary Name Server geändert werden und von diesem neu geladen und verteilt werden. Eine neuere Methode ist die Anpassung einer Zone über so genannte *Dynamic Updates* [377], über die auch ohne das Neuladen der gesamten Zone inkrementell Änderungen gemacht werden können.

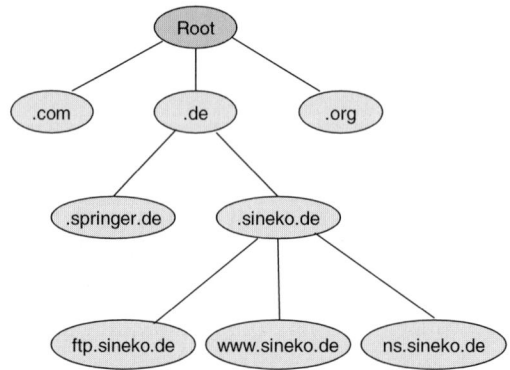

Abbildung 10.11. Organisation der DNS-Information

Auf einem Client, der die Domain www.sineko.de auflösen möchte, sendet der so genannte *Resolver* eine Anfrage an einen vorkonfigurierten DNS-Server. Kann dieser den Namen selbst auflösen, sendet er das Ergebnis sofort an den Client zurück. Andernfalls wird einer der Root-DNS-Server angefragt, falls der gefragte Nameserver auf rekursive Abarbeitung konfiguriert wurde. Der Root-DNS-Server – der nicht-rekursiv arbeitet – antwortet darauf mit einem Verweis auf den DNS-Server der Zone `.de`, welcher anschließend gefragt wird. Dieser wiederum antwortet beispielsweise wieder mit einem Verweis auf den DNS-Server (z. B. `ns.sineko.de`) der Zone `sineko.de`, welcher dann die eigentliche Auflösung des Namens, z. B. in eine IP-Adresse, durchführen kann.

Um nicht für jede Verbindung den gesamten Ablauf erneut ausführen zu müssen, speichert der Resolver zurückgelieferte Ergebnisse zwischen. Dies gilt sowohl für das Endergebnis als auch für die möglichen Zwischenschritte. So könnte bei einer späteren Anfrage nach `ftp.sineko.de` direkt der DNS-Server `ns.sineko.de` angefragt werden, um die Domain aufzulösen.

Gespeichert und transportiert werden die DNS-Daten in so genannten *Resource Records* (RR). Die verschiedenen Typen der RRs geben dabei an, um welchen Typ von Eintrag es sich handelt. Die bekanntesten davon sind:

- `A`-Record: IPv4-Adresse eines Hosts

- `AAAA`-Record: IPv6-Adresse eines Hosts

- `NS`-Record: IP-Adresse des DNS-Servers der angegebenen Domain

- `MX`-Record: IP-Adresse des Mail-Servers der angegebenen Domain

Die Menge aller Datensätze einer Zone mit gleichem Typ und Namen werden auch RR-Set genannt. So bilden beispielsweise alle `A`-Datensätze eines Hosts ein RR-Set.

10.6.2 Angriffe auf DNS

Der einfachste Angriff ist die Manipulation der Server-Antwort, die an den Client aufgrund einer Anfrage zur Namensauflösung zurückgeschickt wird. Dazu nimmt der Angreifer die Rolle des Nameservers an und antwortet an dessen Stelle auf Client-Anfragen. Der eigentliche Nameserver wird beispielsweise durch einen DoS-Angriff an der Kommunikation gehindert oder der Angreifer nutzt die Situation aus, dass die Antwort des Angreifers den Client schneller erreicht als die eigentliche Nameserver-Antwort. Durch diesen Angriff werden falsche Einträge im Cache des Clients erzeugt und der Angreifer kann Verkehr für einen Server auf einen anderen umlenken, ohne dass der Client dies erkennen kann. Die Erkennung des Angriffs wird dadurch erschwert, dass es heute üblich ist, dass zu einem Namen wechselnde IP-Adressen zurückgeliefert werden, wenn das DNS zur Lastverteilung verwendet wird. Das Erzeugen fehlerhafter Einträge im DNS-Cache wird auch als *Cache Poisoning* bezeichnet.

Ein weiterer Angriff wird als *Zonendiebstahl (Zone Stealing)* bezeichnet. Dazu veranlasst der Angreifer einen Zonentransfer, bei dem die gesamte Zonen-Datei übertragen wird. Die aus der Zonen-Datei gewonnenen Informationen können anschließend für einen Angriff auf den DNS-Cache der Clients verwendet werden.

Des Weiteren kann ein Angreifer versuchen, eine dynamische Aktualisierung an einen Nameserver zu schicken. Hat der Nameserver keine Möglichkeit, die Authentizität des Absenders festzustellen und aktualisiert trotzdem die Datenbank, so kann der Angreifer beliebige Einträge im DNS-System des Servers platzieren. Alle Clients, die einen solchen Eintrag anfragen, bekommen nach dem Angriff die vom Angreifer erzeugten Daten zurück und kontaktieren daraufhin fälschlicherweise ein System, das nicht das angefragte Ziel, sondern möglicherweise ein System unter der Kontrolle des Angreifers ist.

Als letzter Angriff sei hier der DoS-Angriff – genauer ein Reflektorangriff (vgl. Abschnitt 8.7.1, S. 340) – mittels DNS genannt. Das DNS-Protokoll bietet sich an, als Grundlage für einen DoS-Angriff verwendet zu werden, da die Antwortpakete des Nameservers größer sind als die Anfragen. Der Angreifer stellt DNS-Anfragen parallel an verschiedene Nameserver mit der gefälschten IP-Adresse des Opfers. Die vielen Antworten der Nameserver können zu einer Überlastung der Übertragungsstrecke zum Opfer führen, wodurch die Kommunikation des Opfers abbricht. Das System des Opfers wird durch diesen Angriff nicht inhaltlich betroffen, da die Namensauflösung keine DNS-Antworten annimmt, für die sie keine Anfrage gestellt hatte.

10.6.3 TSIG

TSIG wurde in [376] spezifiziert und stellt einen einfachen Mechanismus zur Sicherung von DNS-Nachrichten mittels eines MACs dar. Mit Hilfe von TSIG können ebenfalls Zonentransfers und dynamische Updates gesichert werden. Im Standard ist HMAC-MD5 als Grundmechanismus spezifiziert. Die Verteilung des gemeinsamen Geheimnisses ist nicht durch TSIG spezifiziert und muss somit durch einen anderen Mechanismus erfolgen.

Wurde TSIG für einen Nameserver oder für die Software der Namensauflösung konfiguriert, so wird der DNS-Nachricht ein TSIG-Eintrag hinzugefügt. Dieser Eintrag beinhaltet unter anderem eine ID der Hash-Funktion, den MAC und den Zeitpunkt, zu dem der MAC erzeugt wurde. Durch diesen Mechanismus können Sender-Authentizität, Datenintegrität und Aktualität geprüft werden. Die DNS-Nachricht selbst ändert sich durch TSIG nicht, sondern wird durch die zusätzlichen TSIG-Daten während der Übertragung geschützt. Ab der Version 8.2 ist `bind`, die weit verbreitete DNS-Server-Implementierung, TSIG-fähig.

In der Konfiguration des Nameservers kann zusätzlich angegeben werden, welche anderen Nameserver einen Zonentransfer veranlassen dürfen. Durch diese Einschränkung kann gewährleistet werden, dass Zonentransfers nur zwischen den vorgesehenen Nameservern stattfinden. Allerdings kann ein Angreifer diese Zonentransfers mitlesen, wenn er sich zwischen den beiden kommunizierenden Systemen befindet, da die Nachrichten nicht verschlüsselt übertragen werden.

TSIG ist ein einfach einsetzbarer Mechanismus, der es erlaubt, DNS-Nachrichten gegen Veränderungen zu schützen und die Authentizität des Senders zu prüfen. Allerdings skaliert der Mechanismus nicht, um den Datenaustausch zwischen vielen Kommunikationspartnern zu schützen, da das gemeinsame Geheimnis statisch in der Konfiguration abgelegt wird.

10.6.4 DNS Security Extensions

Um einen skalierbaren, Domain-übergreifenden Mechanismus zur inhaltlichen Sicherung der DNS-Kommunikation zu realisieren, wurden in [106] Erweiterungen zum bestehenden DNS-Standard spezifiziert. Darin ist eine auf asymmetrischer Kryptographie basierende Erweiterung standardisiert worden, die eine Zonen-Datei um öffentliche Schlüssel, Signaturen sowie Einträge zur Anzeige nicht-existenter Namen erweitert und es somit ermöglicht, Antworten eines Nameservers in Bezug auf Authentizität und Autorisierung zu prüfen.

Dazu wurden drei neue Datensätze spezifiziert:

- der KEY-Datensatz für öffentliche Schlüssel
- der SIG-Datensatz für Signaturen
- der NXT-Datensatz zur Anzeige nicht-existenter Namen

KEY-Datensatz

Mit Hilfe dieses Datensatzes werden öffentliche Schlüssel mit in die Zonen-Datei aufgenommen. Dabei handelt es sich um einen generischen Datensatz zur Speicherung öffentlicher Schlüssel für verschiedene Verwendungszwecke. In diesem Abschnitt wird ausschließlich der Fall betrachtet, in dem der Schlüssel zur Überprüfung der DNS-Server-Antwort verwendet wird. Der Datensatz hat folgende Syntax:

<Zonen-Name> IN KEY *<Flag>* *<Protokoll>* *<Algorithmus>* *<Schlüssel>*

Die einzelnen Felder haben dabei folgende Bedeutung:

- *Zonen-Name* — Er gibt an, für welche Zone der öffentliche Schlüssel des Eintrags gilt.

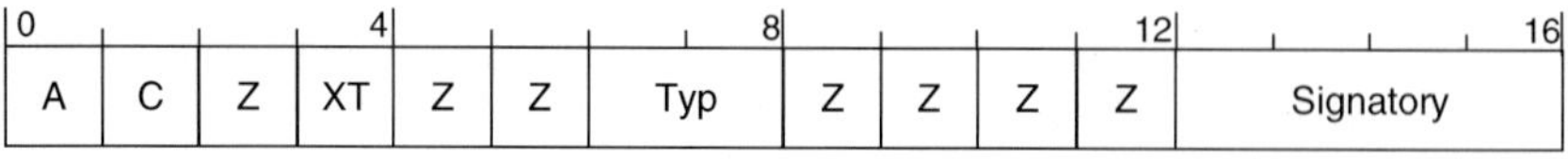

0			4			8				12				16
A	C	Z	XT	Z	Z	Typ		Z	Z	Z	Z	Signatory		

Abbildung 10.12. Flag-Feld

- *Flag-Feld* — Dies ist ein 16-Bit-Feld mit folgender Belegung:

  Ist das erste Bit auf Null gesetzt, kann der Schlüssel zur Authentifizierung genutzt werden. Entsprechend kann der Schlüssel zur Erreichung von Vertraulichkeit verwendet werden, wenn das zweite Bit auf Null gesetzt ist. Das vierte Bit ist für zukünftige Erweiterungen vorgesehen und muss zur Zeit immer auf Null gesetzt werden. Das siebte und achte Bit geben den Schlüsseltyp an. Wenn die letzten vier Bits, das *Signatory*-Feld, auf einen Wert ungleich Null gesetzt sind, dann kann der Schlüssel zum Signieren von „DNS Dynamic Update"-Nachrichten [105] verwendet werden.

  In einem KEY-Datensatz können drei verschiedene Typen von Schlüsseln eingetragen werden: *Benutzerschlüssel* (Schlüsseltyp 00), *DNSsec-Schlüssel* (Schlüsseltyp 01) und *System-Schlüssel* (Schlüsseltyp 10). Der Schlüsseltyp 11 ist noch nicht belegt.

  Für einen öffentlichen Schlüssel einer Zonen-Datei entspricht die Interpretation des Flag-Felds 256, d. h. lediglich das achte Bit ist gesetzt und gibt somit an, dass es sich um einen DNSsec-Schlüssel handelt, der für Authentifizierung und für Vertraulichkeit verwendet werden kann. DNSsec selbst erzeugt zwar keine Vertraulichkeit der Zonen-Daten, verbietet aber auch nicht den öffentlichen Schlüssel für Verschlüsselung einzusetzen.

- *Protokoll* — Es gibt den Verwendungszweck des öffentlichen Schlüssels an. Zur Zeit sind fünf Protokoll-Werte zugewiesen: TLS (1), E-Mail (2), DNSsec (3), IPsec (4) und beliebiges Protokoll (255).

- *Algorithmus* — Algorithmen-Werte sind bislang drei vergeben worden: RSA/MD5 (1), Diffie-Hellman (2) und DSA (3). Der Wert 4 ist für ein noch zu spezifizierendes asymmetrisches Verfahren auf Basis elliptischer Kurven reserviert.

- *Schlüssel* — Der Base64-codierte öffentliche Schlüssel, der an die Zone gebunden wird.

Ein KEY-Datensatz für die Domain `sineko.de` könnte folglich so aussehen:

```
sineko.de. IN KEY 256 3 1 hjlfhHFLhdfD+Fzerferhegft73ez2w...
```

Vertrauenshierarchie

Das Management der Schlüsselpaare wird durch eine eigene Vertrauenshierarchie aufgebaut. So soll die übergeordnete Domain jeweils den öffentlichen

Schlüssel der untergeordneten Domains signieren, wenn DNSsec weit genug verbreitet ist. Dann muss jeder Client lediglich die Zertifikate der Root-Nameserver fest vorinstalliert haben, um alle Zertifikate prüfen zu können. Entsprechend zu X.509 muss die gesamte Zertifikatskette aufgebaut und geprüft werden.

Allerdings ist DNSsec heute noch nicht so weit verbreitet und die Root-Server, wie auch die Toplevel-Server sind heute noch nicht um die notwendigen DNSsec-Erweiterungen ergänzt worden. Dadurch ist die spezifizierte theoretische Kettenbildung derzeit nicht möglich. Möchte ein Client die DNSsec-Erweiterungen nutzen, so müssen die öffentlichen Schlüssel verschiedener Nameserver fest installiert werden, damit diese als Vertrauensanker verwendet werden können. Danach können alle Schlüssel der Subdomains verifiziert werden. Doch existiert neben dem Fehlen der globalen Vertrauensanker auch noch ein Problem, wenn nicht alle Subdomains einer Domain um DNSsec erweitert wurden. Um dies einem Client anzuzeigen, wurden die so genannten *Null-Schlüssel* eingeführt. Ein solcher Eintrag bindet einen solchen Schlüssel an eine Subdomain. Ein Null-Schlüssel für die Subdomain `testbed.sineko.de` kann wie folgt aussehen:

`testbed.sineko.de KEY 49408 3 3 ( )`

Der Wert 49408 des Flag-Felds zeigt an, dass der DNSsec-Schlüssel weder für Authentifizierung noch Verschlüsselung zu verwenden ist und ein Client somit keine signierte Antwort von diesem DNS-Server erwarten kann.

SIG-Datensatz

Der SIG-Datensatz ermöglicht die Aufnahme von Signaturen in die Zonen-Datei. Durch einen SIG-Datensatz werden niemals einzelne Datensätze signiert, sondern immer ein ganzes RR-Set. Mit dem im KEY-Datensatz angegebenen öffentlichen Schlüssel kann ein Client die Signatur prüfen und somit die Authentizität des Absenders und die Integrität der Daten verifizieren. Die Syntax des Datensatzes ist wie folgt definiert:

<Name: > SIG <Typ> <Algorithmus> <Label> <TTL> <Abblaufzeit> (<Erstellungszeit> <Schlüssel-Tag> <Aussteller> <Signatur>)

- *Name* — Name des Ausstellers der Signatur
- *Typ* — Der RR-Typ des Datensatzes, der durch die Signatur geschützt wird.
- *Algorithmus* — Nummer des Algorithmus, mit dem der Datensatz geschützt wird. Die Nummern entsprechen denen, die beim KEY-Datensatz verwendet wurden.

- *Label* — Anzahl der Namensteile des Domainnamens. Die oben verwendete Domain `sineko.de` besteht aus drei Namensteilen.

- *TTL* — Gültigkeitsdauer der Signatur zum Zeitpunkt der Signaturerstellung.

- *Ablaufzeit* — Zeitpunkt, zu dem die Signatur ungültig wird, berechnet wie Zeitwerte unter Unix.

- *Erstellungszeit* — Zeitpunkt, zu dem die Signatur erstellt wurde.

- *Schlüssel-Tag* — Fingerabdruck des öffentlichen Schlüssels, der zur Überprüfung der Signatur verwendet werden muss. Dies ist insbesondere dann relevant, wenn für eine Zone mehrere Schlüsselpaare erzeugt wurden.

- *Aussteller* — Name des Signaturausstellers. Zusammen mit dem Schlüssel-Tag eindeutiges Merkmal für den Überprüfer.

- *Signatur* — Die Signatur für den Datensatz im Base64-Format.

NXT-Datensatz

Mit dem NXT-Datensatz zeigt ein Nameserver an, dass ein Name nicht in der Zone vergeben ist. Dieser Datensatz wurde inzwischen durch den NSEC-Datensatz [329] ersetzt, wie im Ausblick auf die aktuelle Überarbeitung des DNSsec-Standards erläutert wird (s. Abschnitt 10.6.5, S. 447).

Sollte ein Client nach einem Domain-Namen fragen, der nicht vergeben wurde, dann antwortet der Nameserver mit diesem signierten Datensatz, damit ein Angreifer nicht die Möglichkeit erhält, Fehlermeldungen zu fälschen oder zu manipulieren, und damit der Client nicht ungesicherten DNS-Antworten vertrauen muss. Da im Voraus allerdings nicht feststehen kann, welche Namen ein Client möglicherweise anfragt, ist ein generischer Mechanismus notwendig, um auf alle möglichen Anfragen antworten zu können.

Dazu werden alle Einträge einer Zone kanonisch angeordnet. Die Ordnung ist lexikographisch und Groß-/Kleinschreibung wird nicht beachtet. Ziffern werden vor Buchstaben einsortiert. Alle Domain-Namen werden von rechts nach links sortiert. Folgendes Beispiel verdeutlicht diese Ordnung:

```
sineko.de
mail.sineko.de
ns.sineko.de
testbed.sineko.de
simulation.testbed.sineko.de
wlan1.testbed.sineko.de
www.sineko.de
www1.sineko.de
www2.sineko.de
```

Ein NXT-Datensatz ist für alle möglichen Namen zwischen zwei Einträgen in der geordneten Zonen-Datei definiert und hat folgende Syntax:

$$<Name:> \; \mathbf{NXT} \; <nächster \; Name> \; (\; <Datensatz\text{-}Typen> \;)$$

- *Name* — Erster Name des Intervalls
- *Nächster Name* — Letzter Name des Intervalls
- *Datensatz-Typen* — Existierender Datensatz-Typ für den in <Name: > angegebenen Domainnamen

Der erste NXT-Datensatz der obigen Liste kann wie folgt aussehen:

```
sineko.de. 86400 IN NXT mail.sineko.de A MX SIG NXT
```

Dies zeigt also an, dass in der geordneten Zonen-Datei kein Eintrag zwischen `sineko.de` und `mail.sineko.de` existiert. Bei einer Client-Anfrage beispielsweise nach dem Namen `alpha.sineko.de` wird der Nameserver folglich mit diesem ersten NXT-Eintrag antworten, um anzuzeigen, dass dieser Name nicht existiert.

10.6.5 Ausblick auf die Überarbeitung von DNSsec

In der DNSext Working Group (DNS Extensions) werden zurzeit die DNSsec-Standards überarbeitet. In den drei Dokumenten [16, 18, 17] wurden bereits wesentliche Teile des bisherigen Standards überarbeitet, Neuerungen hinzugefügt und Fehler behoben.

Dabei steht die Beseitigung von Fehlerquellen im Mittelpunkt. So könnte es bei DNS-Clients, die RFC2525-kompatibel sind, geschehen, dass sie einen DNS-Server abfragen, der schon die neueren DNSsec-Erweiterungen implementiert hat. Die Interpretation der Antwort auf dem Client könnte deshalb fehlerhaft sein, da anhand des DNS-Eintrags nicht zu erkennen ist, um welche Version der DNSsec-Erweiterungen es sich handelt.

Dies führt einerseits zu der Umbenennung der DNSsec-Datensätze und andererseits zur Einführung eines neuen DNSsec-Datensatzes. So wird der KEY-Datensatz in DNSKEY-Datensatz, der SIG-Datensatz in RRSIG-Datensatz und der NXT-Datensatz in NSEC-Datensatz umbenannt. Der neue Eintrag heißt DS-Datensatz (*Delegation Signer*) und wird für die Hierarchie-Bildung in DNSsec verwendet. Dieser Datensatz ist in der Eltern-Domain der Zone hinterlegt und gibt an, mit welchem öffentlichen Schlüssel die Domain geprüft werden muss. Der öffentliche Schlüssel selbst steht im DNSKEY-Datensatz der Zonen-Datei der Domain. So wird beispielsweise der DS-Datensatz der Domain `sineko.de` in die Zonen-Datei der Domain `.de` aufgenommen.

10.6.6 Bewertung

TSIG erlaubt die Sicherung der Absender-Authentizität und Datenintegrität. Allerdings skaliert dieses Verfahren nicht über viele Systeme. Nichtsdestotrotz würde es sich gut eignen, um Zonentransfers vom primären Nameserver zu sekundären Nameservern sowie Aktualisierungen durch den Administrator zu sichern. Allerdings muss bemerkt werden, dass TSIG bis heute kaum eingesetzt wird, da die Übertragung zwischen zwei DNS-Servern auch durch IPsec oder einen SSH-Tunnel gesichert werden kann und diese beiden Techniken sehr weit verbreitet sind.

DNSsec dagegen stellt einen Mechanismus bereit, der es allen Teilnehmern des Netzwerks erlaubt, die Authentizität der DNS-Daten zu überprüfen. Dadurch ist es einem Angreifer nicht mehr möglich, gefälschte DNS-Antworten an einen Client zu senden, um diesen auf falsche Adressen umzuleiten. Aber auch der Einsatz von DNSsec ist heutzutage noch weitgehend auf Testnetze und Forschungseinrichtungen beschränkt oder befindet sich erst in der Planungsphase. Der größte Nachteil der DNSsec-Erweiterungen ist die geringe Verbreitung und damit das Problem, dass die Kettenbildung zur Verifikation der Signaturen nicht immer und ohne weiteres möglich ist.

Neben der Sicherung der DNS-Kommunikation stellt DNSsec zusätzlich noch ein Verfahren zur Verteilung öffentlicher Schlüssel für andere Anwendungen, wie Mail, IPsec oder TLS, basierend auf einer etablierten Struktur zu Verfügung. Bei diesem Verfahren zum Schlüsselmanagement handelt es sich nicht um eine PKI, da DNSsec davon ausgeht, dass die Schlüssel während des DNS-Lookups sicher vom DNS-Server heruntergeladen werden. Dies impliziert, dass es keinen Widerruf-Mechanismus in DNSsec gibt, um Schlüssel, die nicht mehr verwendet werden dürfen, als ungültig zu markieren. Vielmehr implementiert DNSsec einen sicheren Zugang zu einer Datenbank, von der die Schlüssel heruntergeladen werden können.

Für einige Top-Level-Domains könnte die Einführung auch durch das „Zone Walking"-Problem behindert werden. Dieses Problem ist datenschutzrechtlicher Natur, da durch den Einsatz von DNSsec ein Angreifer die gesamten Zonendaten des DNS-Servers herunterladen kann, auch wenn Zonen-Transfers auf autorisierte Nameserver eingeschränkt werden. Eine solche Liste aller Namen einer Domain kann eine Basis für weiterführende Angriffe darstellen, da dem Angreifer alle möglichen Ziele in dieser Domain bekannt sind. Um diese Schwachstelle aufzuzeigen, wurden bereits einige frei erhältliche Tools, wie z. B. der *DNSsec Walker* [189], entwickelt.

10.7 LDAP

Das *Lightweight Directory Access Protocol* (LDAP) dient dem einfachen Zugriff auf Verzeichnissysteme. Dieser Abschnitt beschäftigt sich mit sicherheitsrelevanten Aspekten des Protokolls.

10.7.1 Historie

Als Protokoll für den Zugriff auf Verzeichnisse wurde 1988 durch die ITU-T der X.500-Standard [177] veröffentlicht. Dieser konnte sich jedoch aufgrund der Komplexität des Standards und der Forderungen nach einer vollständigen ISO/OSI-Implementierung nicht durchsetzen.

Daher wurde 1993 durch die IETF eine vereinfachte Variante unter dem Namen *X.500 Lightweight Directory Access Protocol* [389] bereitgestellt, wobei der Namensbestandteil „X.500" später aufgegeben wurde. Derzeit aktuell ist die Version 3 des Protokolls [160, 380].

10.7.2 Verzeichniszugriff

Für den Zugriff auf einen Verzeichnisdienst enthält der LDAP-Standard die Beschreibung eines nachrichtenbasierten Protokolls. Dieses Protokoll setzt jedoch einen verbindungsorientierten, zuverlässigen Kommunikationskanal voraus. Der Standard sieht dafür die Verwendung von TCP [296] mit der Portnummer 389 vor.

Nach dem Aufbau der Transportverbindung kann der jeweilige Benutzer die vorhandenen Operationen des Verzeichnisdienstes in Anspruch nehmen. Bei Verwendung von LDAP zum Zugriff auf einen Verzeichnisdienst stehen prinzipiell mindestens folgende Operationen zur Verfügung:

- *SearchRequest* — Mit dieser Nachricht werden Suchanfragen an den Verzeichnisdienst gestellt. Die Nachricht enthält Suchparameter wie beispielsweise den zu untersuchenden Teilbaum, das Suchmuster und die gewünschten Attribute von gefundenen Einträgen.

- *CompareRequest/Response* — Während die Suchanfrage zum Abrufen von Daten aus dem Verzeichnisdienst gedacht ist, kann mit der *Compare*-Nachricht eine einzelne Überprüfung von Werten vorgenommen werden.

- *AddRequest/Response* — Diese Nachricht dient zum Neuanlegen von Einträgen im Verzeichnisdienst. Dazu werden der eindeutige Name des Knotens sowie Namen und Werte von Attributen dieses Knotens übermittelt.

- *ModifyRequest/Response* — In dieser Nachricht werden bestehende Einträge im Verzeichnisdienst modifiziert. Dazu werden der Name des zu ändernden Eintrags und die neuen Werte der zugehörigen Attribute angegeben.

Bevor jedoch eine Operation auf dem Verzeichnis ausgeführt werden kann, sind zwei Schritte notwendig. Zuerst muss eine Authentifizierung des Benutzers erfolgen. Diese soll sicherstellen, dass nur berechtigte Teilnehmer auf den Verzeichnisdienst zugreifen können. Des Weiteren muss überprüft werden, ob der Benutzer berechtigt ist, die gewünschte Operation auf dem Verzeichnis auszuführen. Da ein Benutzer über eine aufgebaute Verbindung mehrere LDAP-Anfragen senden kann, muss diese Autorisationsprüfung bei jeder LDAP-Anfrage erneut durchgeführt werden.

10.7.3 Authentifizierung

Bevor der Verzeichnisdienst eine der oben beschriebenen Operationen für den Benutzer ausführt, muss eine Authentifizierung des jeweiligen Benutzers erfolgt sein. Dafür schreibt der LDAP-Standard eine Reihe von Authentifizierungsverfahren verpflichtend vor:

- *Anonyme Authentifizierung* — Solange keine Authentifizierung eines Benutzers erfolgt ist, gilt dieser als anonym authentifiziert. Diese niedrigste Stufe der Authentifizierung reicht jedoch meistens aus, um beispielsweise auf öffentlich zugängliche Verzeichnisse lesend zugreifen zu können. Das Suchen und Vergleichen ist damit zwar möglich, das Hinzufügen oder Modifizieren von Einträgen ist jedoch nicht erlaubt.

- *Passwortbasierte Authentifizierung* — Laut LDAP-Standard muss zur Authentifizierung mittels Passwort der SASL-Mechanismus DIGEST-MD5 (vgl. Abschnitt 10.4.2) verwendet werden. Weiterhin kann ein Verzeichnisdienst auch eine Passwortauthentifizierung mittels Klartextpasswort bereitstellen. Diese Methode darf jedoch nur eingesetzt werden, wenn die Übertragung des Passwortes bereits durch Sicherheitsmechanismen unterer Schichten wie beispielsweise TLS (s. Abschnitt 7.3, S. 276) gesichert wird.

- *Zertifikatbasierte Authentifizierung* — Im LDAP-Standard ist auch eine zertifikatbasierte Authentifizierung vorgesehen, die jedoch nicht verpflichtend ist. Beim gleichzeitigen Einsatz von TLS kann die Authentifizierung durch das gleiche Zertifikat erfolgen, welches zum Aufbau der TLS-Verbindung verwendet wurde.

  Um trotzdem die Authentifizierung formal in den LDAP-Protokollablauf zu integrieren, wird der SASL-Mechanismus EXTERNAL für die zertifikatbasierte Authentifizierung verwendet.

Obwohl für die Authentifizierung bei LDAP auf SASL (s. Abschnitt 10.4) zurückgegriffen wird, realisiert LDAP die anonyme Authentifizierung und die Authentifizierung mittels Klartextpasswort selbst. Die entsprechenden SASL-Mechanismen `ANONYMOUS` und `PLAIN` wurden bei LDAP nicht berücksichtigt.

Für den Ablauf der Authentifizierung sieht der LDAP-Standard eine zusätzliche Operation vor. Mit einer *BindRequest*-Anfrage und der dazugehörigen *BindResponse*-Antwort kann eine Authentifizierung durchgeführt werden. Im Normalfall wird die *BindRequest*-Nachricht direkt nach dem Aufbau der Transportverbindung vom Client an den Server geschickt.

Zur Identifikation des Nutzers gegenüber dem Verzeichnis wird eine Autorisations-ID beim *BindRequest/BindResponse*-Paar verwendet. Diese ID besteht entweder aus einem UTF-8-kodierten Distinguished Name (DN) oder einer UTF-8-kodierten User-ID. Anhand dieser ID kann der Server die zugehörigen Nutzerdaten zur Authentifizierung und Autorisierung finden.

10.7.4 Autorisierung

Während die Authentifizierung des Benutzers normalerweise nur einmal zu Beginn der Verbindung erfolgt, muss eine Autorisationsprüfung für jede Anfrage erneut durchgeführt werden. Dies ist notwendig, um den Benutzer in die Lage zu versetzen, mehrere verschiedene LDAP-Operationen nacheinander über die gleiche Verbindung durchzuführen.

Der LDAP-Standard enthält zwar bei den anzubietenden Authentifizierungsverfahren relativ genaue Vorgaben, schreibt dabei aber nicht vor, wie die Autorisationsprüfung zu erfolgen hat.

Im Allgemeinen hat sich jedoch die Verwendung von Zugriffskontrolllisten (Access Control Lists) zur Autorisationsprüfung bewährt. Dabei enthalten die Zugriffskontrolllisten Regelsätze, die den Zugriff auf Einträge und Attribute im Verzeichnisdienst für bestimmte Benutzer einschränken oder erweitern.

Wird eine Anfrage durch den Verzeichnisdienst bearbeitet, wird vor der Ausführung der Operation ermittelt, ob der entsprechende Benutzer berechtigt ist, die gewünschte Operation auf dem Verzeichnis auszuführen.

Bewertung

Bei der Authentifizierung ist der Einsatz bestehender Verfahren und Komponenten vorteilhaft. Durch die Verwendung von SASL können eine Reihe von etablierten Authentifizierungsverfahren genutzt werden. Diese Strategie wurde jedoch nicht vollständig umgesetzt; der LDAP-Standard schreibt beispielsweise zur anonymen Authentifizierung ein eigenes Verfahren vor, obwohl auch dafür ein entsprechender Mechanismus bei SASL vorhanden ist.

Ein geringer Nachteil ergibt sich aus der Tatsache, dass beim Einsatz von LDAP zwar eine Reihe von Authentifizierungsverfahren vorgeschrieben werden, jedoch kaum Angaben zur Autorisationsprüfung gemacht werden. Die Autorisationsüberprüfung als Teil des Verzeichnisdienstes unterliegt keiner solchen Reglementierung, da die Autorisationsprüfung kein Bestandteil von LDAP, sondern des eigentlichen Verzeichnisdienstes ist. Aus diesem Grund ist ein einheitliches Autorisationsverfahren notwendig, wodurch jedoch die Komplexität und der Aufwand bei der Verwaltung der entsprechenden Regelwerke steigt.

10.8 VoIP

Mit *Voice over IP* (VoIP) wird die Übertragung menschlicher Sprache über ein IP-basiertes Datennetz bezeichnet. Während diese Technologie seit Mitte der 1990er Jahre langsam Einzug in die Geschäftswelt hält, erlebt sie derzeit gerade durch die steigende Anzahl von Breitband-Internetanschlüssen in Privathaushalten (Kabel und DSL) einen neuen Aufschwung.

Im Unterschied zum Einsatz von VoIP innerhalb von Firmen, wo es vorrangig um Einsparungen an der bereitzustellenden Firmeninternen Infrastruktur ging, soll jetzt die Technologie dafür eingesetzt werden, um Sprachtelefonie über das öffentliche Internet zu ermöglichen und damit eine Alternative zum klassischen leitungsvermittelten Telefonnetz bereitzustellen.

Um solche Sprachübertragungen über das Internet zu ermöglichen, wurden neue Protokolle und Verfahren entwickelt, die letztendlich jedoch ähnliche Mechanismen wie bei der Sprachübertragung im herkömmlichen Telefonnetz implementieren.

Der Auf- und Abbau und die Steuerung einer Sprachverbindung wird durch ein Signalisierungsprotokoll übernommen, der Transport der Sprachdaten erfolgt durch ein entsprechendes Transportprotokoll. Im Unterschied zur bekannten Telefoninfrastruktur, welche leitungsvermittelt arbeitet, wird zwischen den Gesprächspartnern nur eine logische Verbindung aufgebaut. Die dabei genutzten Datenpfade stehen dem Teilnehmer nicht exklusiv zur Verfügung, sondern die Sprachdaten werden gemeinsam mit anderen Datenpaketen übertragen.

10.8.1 Signalisierungsprotokoll

Das Signalisierungsprotokoll hat die gleiche Aufgabe wie im klassischen Telefonnetz, nämlich den Auf- und Abbau und die Steuerung der Sprachverbindung zu koordinieren. Während in der herkömmlichen digitalen Telefoninfrastruktur weltweit ein einheitliches Signalisierungsprotokoll namens *Signaling*

System #7 (SS7) [175] verwendet wird, standen am Anfang von VoIP mehrere Signalisierungsprotokolle zur Verfügung.

Neben einer Reihe weiterer, jedoch nicht so verbreiteter Signalisierungsprotokolle konkurrierten zu Beginn das *Session Initiation Protocol* (SIP) [321] und die durch die ITU-T standardisierte Protokollfamilie *H.323* [180]. Während 1999 mit der Standardisierung durch die IETF mit SIP ein neues Signalisierungsprotokoll unter Verwendung vorhandener Internetmechanismen bereitgestellt wurde, stellt H.323 eine Umsetzung vorhandener Signalisierungsprotokolle aus der klassischen Telekommunikationswelt dar. Mittlerweile zeichnet sich jedoch ab, dass sich SIP als einheitliches Signalisierungsprotokoll durchsetzen wird.

SIP

SIP ist ein Klartextprotokoll in der Anwendungsebene und dient der Steuerung und Verwaltung multimedialer Kommunikation, wie z. B. Internet-basierter Telefonie. SIP orientiert sich stark am HTTP-Protokoll [33] und verwendet das bekannte Request/Response-Modell. Durch den Einsatz ähnlicher Mechanismen zur Darstellung der Daten kann auf eine Vielzahl vorhandener Werkzeuge oder Bibliotheken zurückgegriffen werden. Zusätzlich erleichtert die direkte Lesbarkeit der verschiedenen Klartextnachrichten die Fehleranalyse.

Im Unterschied zu HTTP können neben den bekannten verbindungsorientierten Transportprotokollen wie TCP oder SCTP auch verbindungslose Protokolle wie UDP zum Transport der SIP-Nachrichten eingesetzt werden. Dabei muss jedoch beachtet werden, dass sich UDP nur zur Übertragung solcher Nachrichten eignet, die kurz genug sind, so dass keine Fragmentierung auftritt.

Grob betrachtet besteht SIP aus den folgenden fünf Funktionsblöcken:

- *Lokalisierung des Teilnehmerendpunktes* — Dieser Teil beinhaltet Informationen über das Endsystem eines Teilnehmers, der mit anderen Teilnehmern kommunizieren möchte.

- *Verfügbarkeit des Teilnehmers* — In diesem Abschnitt sind alle Nachrichten zusammengefasst, welche die Verfügbarkeit des Teilnehmers beschreiben. Darin kann beispielsweise festgelegt werden, ob ein Teilnehmer nur bestimmte Verbindungen zulässt oder nicht.

- *Geräteeigenschaften des Teilnehmerendpunktes* — Dieser Teil beschreibt die technischen Parameter des jeweiligen Teilnehmeranschlusses, welche weiteren Protokolle mit welchen Verfahren unterstützt werden und beispielsweise zum Austausch von Sprachdaten zwischen den Teilnehmern genutzt werden können.

- *Sitzungsaufbau* — Dieser Abschnitt erbringt die eigentliche Aufgabe eines Signalisierungsprotokolls, den Aufbau einer logischen Verbindung zwischen Teilnehmern und die Aushandlung der eigentlichen Kommunikationsparameter.

- *Sitzungsverwaltung* — Der letzte Block enthält die notwendige Funktionalität, um bestehende Verbindungen zu parken, zu einem anderen Teilnehmerendpunkt zu transferieren oder zu beenden.

Im Normalfall werden zusätzlich zu den Teilnehmerendpunkten so genannte *SIP-Proxies* eingesetzt. Diese nehmen eine vergleichbare Position zu Vermittlungsstellen in der herkömmlichen Telekommunikationswelt ein. Ihre Aufgabe besteht hauptsächlich in der Verwaltung der Verfügbarkeitsinformation von Teilnehmern und der Weiterleitung von Verbindungsanfragen an den entsprechenden Teilnehmer. Außerdem können auch die Datenverbindungen über die Proxies geführt werden.

Ein Teilnehmer, welcher für andere erreichbar sein möchte, muss sich normalerweise bei seinem zugehörigen Proxy registrieren und die Daten seines aktuellen Teilnehmerendpunktes hinterlegen. Dafür ist im Allgemeinen eine vorhergehende Authentifizierung des Teilnehmers durch den Proxy notwendig. Ansonsten könnte ein Angreifer sich als ein anderer Teilnehmer ausgeben, dessen Gespräche annehmen oder Gespräche auf Kosten anderer Teilnehmer führen.

Abbildung 10.13 veranschaulicht beispielhaft den Aufbau einer Verbindung zwischen zwei Teilnehmern (Alice und Bob), welche bereits erfolgreich am jeweiligen Proxy registriert sind [321]. Alice sendet dabei ihren Verbindungswunsch (INVITE-Nachricht mit URI sip:bob@biloxi.com) zuerst an ihren SIP-Proxy, der die Nachricht an den entsprechenden SIP-Proxy (biloxi.com) von Bob weiterleitet. Dieser übermittelt den Verbindungswunsch an den Teilnehmer Bob, worauf dieser entscheiden kann, den Verbindungswunsch zu akzeptieren oder ihn abzulehnen. Stimmt Bob dem Verbindungsaufbau zu (OK-Nachricht), wird diese Entscheidung ebenfalls über die beteiligten Proxies an Alice übermittelt. Nach Erhalt des OK quittiert Alice mit einer ACK-Nachricht. Ab diesem Zeitpunkt können Alice und Bob direkt, d. h. ohne Einbeziehung der Proxies, miteinander kommunizieren, während vorher die Kommunikation über die entsprechenden Proxies geführt wurde. Alternativ dazu können auch die Datenverbindungen über die Proxies geführt werden.

Schon während dieses Nachrichtenaustauschs haben die Teilnehmer Informationen über die Charakteristiken des späteren Kommunikationskanals für die Sprachdaten ausgetauscht, z. B. verfügbare Sprach-Codecs oder Port-Nummern. Dieser Austausch erfolgt jedoch nicht durch SIP selbst, sondern durch ein weiteres Protokoll, das *Session Description Protocol* (SDP) [147]. Ebenso wie SIP ist SDP ein textbasiertes Protokoll und wird in die entsprechenden SIP-Nachrichten (INVITE, OK) eingebettet. Nach Beendigung der

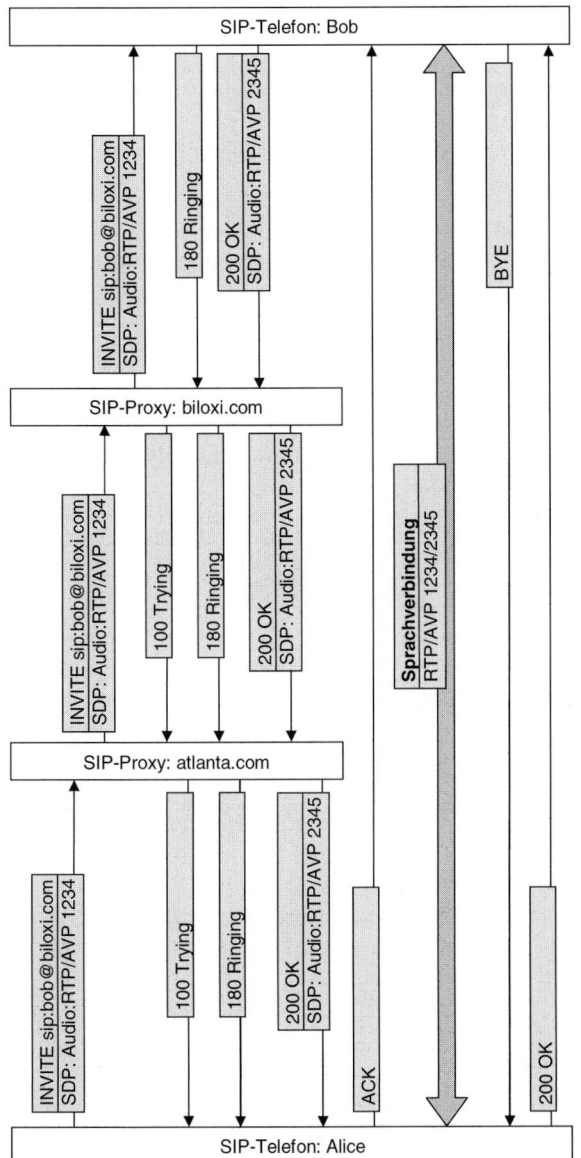

Abbildung 10.13. Verbindungsaufbau bei VoIP für eine direkte Datenverbindung

Sprachverbindung wird auch die Kommunikation mittels SIP durch entsprechende Nachrichten beendet.

10.8.2 Transportprotokoll

Nach Aufbau der logischen Verbindung zwischen den Teilnehmern und Aushandlung der Verbindungsparameter mittels SDP ist es die Aufgabe des ausgehandelten Transportprotokolls, die eigentlichen Sprachdaten zwischen den Teilnehmern zu übertragen.

Ein Transportprotokoll, welches oft für die Übertragung von Sprach- und Videodaten eingesetzt wird, ist das *Real-time Transport Protocol* (RTP) [342]. RTP setzt dabei direkt auf dem verbindungslosen Protokoll UDP auf und ermöglicht damit auch Gruppenkommunikation mittels Multicast [90] (in Gruppenkommunikationsanwendungen haben sowohl SIP als auch RTP ihre Ursprünge). Um mehrere Medienströme parallel zu übertragen, verwendet RTP die Multiplexingfähigkeiten der darunter liegenden Protokolle. Beim Einsatz von UDP werden beispielsweise für unterschiedliche Ströme verschiedene UDP-Portnummern verwendet.

Bei genauerer Betrachtung besteht das Protokoll aus zwei stark gekoppelten Unterprotokollen, dem *RTP Data Transfer Protocol* und dem *RTP Control Protocol*. Während mit dem RTP Control Protocol die Übertragung der Daten innerhalb von RTP gesteuert wird, dient das RTP Data Transfer Protocol der Übertragung der verschiedenen Medienströme. Dabei erfolgt die Übertragung der Daten nicht direkt durch das RTP Data Transfer Protocol, sondern unter Zuhilfenahme spezieller Protokollprofile. Für die Übertragung von Sprach- und Videodaten wurde parallel zur Standardisierung von RTP ein Profil mit dem Namen *RTP Profile for Audio und Video Conferences with Minimal Control* (RTP/AVP) [341] entwickelt. Dieses Profil definiert neben dem Format der eigentlichen Dateneinheiten eine Reihe von unterschiedlichen Medienformaten zur Übertragung von Audio- und Videodaten. Diese so genannten *Codecs* bieten verschiedene Stufen der Sprach- oder Bildqualität an und beeinflussen damit die benötigte Bandbreite der jeweiligen Übertragung. So reichen beispielsweise die angebotenen Audioformate von hoher Qualität im Bereich der Audio-CD über ISDN-Sprachqualität bis hin zu Bandbreitesparenden Audioformaten, die beispielsweise im Mobilfunk eingesetzt werden.

10.8.3 Sicherheit

Um die Sicherheit von gängiger VoIP-Anwendungen zu beurteilen, muss man die beteiligten Protokolle zunächst getrennt voneinander betrachten.

Während es bei der Analyse von RTP unter Sicherheitsgesichtspunkten vorrangig auf eine sichere Datenübertragung zwischen den Teilnehmern ankommt, muss SIP beispielsweise zusätzlich dahingehend untersucht werden, welche Mechanismen zum Schutz der Authentifizierungsdaten eingesetzt werden.

SIP

Durch die Verwendung zusätzlicher SIP-Elemente wie Proxies kann beim Verbindungsaufbau nicht ohne weiteres eine Ende-zu-Ende-Sicherung eingesetzt werden, da zu diesem Zeitpunkt überhaupt noch nicht klar ist, wer die beteiligten Endpunkte sind. Aus diesem Grund muss die Kommunikation anfangs über die vorhandenen Proxies erfolgen, welche in der Lage sein müssen, Teile der SIP-Nachrichten im Klartext zu lesen.

Obwohl mehrere Stationen beispielsweise am Verbindungsaufbau beteiligt sind, können trotzdem Verfahren eingesetzt werden, die zumindestens Schutz vor dem Zugriff Dritter auf die ausgetauschten Daten gewährleisten. So eignen sich beispielsweise TLS (s. Abschnitt 7.3, S. 276) oder IPsec (s. Abschnitt 6.2, S. 210) zur Sicherung der einzelnen Verbindungsabschnitte zwischen den beteiligten Elementen. Um die SIP-Kommunikation zum nächsten Kommunikationspartner durch TLS zu schützen, gibt man als URI `sips:user@domain` an (im Beispiel aus Abbildung 10.13 `sips:bob@biloxi.com`).

Da die Kodierung einzelner Nachrichtenbestandteile innerhalb von SIP mittels MIME [130] erfolgt, können durch die Erweiterung S/MIME (s. Abschnitt 10.9.5) Mechanismen zur Integritäts- und Vertraulichkeitssicherung zwischen den eigentlichen Kommunikationspartnern bereitgestellt werden.

Dabei ist jedoch zu beachten, dass mittels S/MIME keine Integritätssicherung oder Verschlüsselung der vollständigen SIP-Nachricht erfolgen darf. Einerseits müssen Zwischensysteme während der Weiterleitung in der Lage sein, bestimmte Daten zu verarbeiten, andererseits ist es in manchen Fällen sogar notwendig, dass Zwischensysteme die Daten modifizieren. Sind diese verschlüsselt oder vor Veränderung geschützt, werden die Nachrichten beim gegenüber liegenden Kommunikationspartner verworfen und ein Verbindungsaufbau ist nicht möglich.

Daten, die nur von den eigentlichen Kommunikationsteilnehmern verwendet werden, wie beispielsweise Informationen über den späteren Sprachdatenkanal, können jedoch mittels der zur Verfügung stehenden Mechanismen gesichert werden. Um überhaupt eine Sicherung mittels S/MIME durchführen zu können, müssen die beteiligten Kommunikationspartner bereits das Zertifikat des jeweils gegenüber liegenden Teilnehmers besitzen oder es aus entsprechenden Verzeichnissen abrufen können. Zusätzlich eignet sich S/MIME auch zur beidseitigen Authentifizierung der Kommunikationspartner.

Normalerweise erfolgt die Authentifizierung eines Teilnehmers gegenüber seinem zugehörigen Proxy oder einem anderen Kommunikationspartner mit dem bekannten HTTP-Authentifizierungsverfahren [127], welches die Mechanismen `Basic` und `Digest` bereitstellt. Der SIP-Standard schreibt jedoch vor, dass zur Authentifizierung nur der Mechanismus `Digest` verwendet werden darf, da nur dadurch erreicht wird, dass die Authentifizierung sicher gegenüber dem Mitlesen Dritter und dem Angreifen mittels Wiedereinspielen ist.

RTP

Im ursprünglichen Standard von RTP waren keinerlei Mechanismen zur Sicherung der Authentizität und Integrität des Datenaustausches vorgesehen; lediglich ein Ansatz zur Sicherung der Vertraulichkeit unter Verwendung des symmetrischen Verschlüsselungsverfahren DES (s. Abschnitt 3.4.4, S. 46) wurde vorgeschlagen. Im aktuellen Standard ist dieser Abschnitt aus Abwärtskompatibilitätsgründen immer noch enthalten, jedoch wird gleichzeitig die Verwendung neuerer und sicherer Verfahren wie 3DES (s. Abschnitt 3.4.4, S. 46) empfohlen.

Der Standard verweist zudem auf ein RTP-Profil namens *Secure Real-time Transport Protocol* (SRTP) [29], welches im März 2004 von der IETF vorgestellt wurde. Es stellt eine Erweiterung des RTP/AVP-Profils dar und verwendet AES (s. Abschnitt 3.4.5, S. 51) zur Verschlüsselung der Daten. Zur Sicherung der Authentizität und der Integrität der Daten wird die Hash-Funktion SHA-1 (s. Abschnitt 3.5.3, S. 59) im HMAC-Verfahren (s. Abschnitt 4.2.2, S. 104) verwendet. Außerdem sieht die Erweiterung Mechanismen vor, die Angriffe durch Wiedereinspielen verhindern und den Austausch neuen Schlüsselmaterials ermöglichen.

10.8.4 Bewertung

Obwohl in den ersten Entwürfen zur Sprachkommunikation über IP-basierte Netze nur wenige Sicherheitsanforderungen eingegangen und umgesetzt worden sind, stehen mittlerweile entsprechende Erweiterungen zur Verfügung, die einen ausreichenden Schutz von Sprachkommunikation auch über öffentliche Netze wie das Internet ermöglichen.

Einerseits muss dazu das verwendete Signalisierungsprotokoll gesichert werden. Bei der Verwendung von SIP kann dies am einfachsten durch den Einsatz von TLS (s. Abschnitt 7.3, S. 276) erfolgen. Damit lassen sich die verschiedenen Verbindungsabschnitte zwischen den SIP-Elementen ausreichend schützen. Wollen zwei Teilnehmer einen sicheren Ende-zu-Ende-Nachrichtenaustausch, so müssen die sensitiven Teile einer SIP-Nachricht mittels S/MIME verschlüsselt werden. Dabei muss jedoch beachtet werden, dass die von den dazwischen liegenden SIP-Elementen benötigen Informationen unverschlüsselt vorliegen.

Wird jedoch zur Kommunikation zwischen zwei SIP-Elementen kein verbindungsorientiertes Transportprotokoll, sondern beispielsweise UDP verwendet, so kann SIP nicht durch TLS gesichert werden. Die Sicherung der Datenübertragung auf solchen Abschnitten kann dann jedoch mittels IPsec (s. Abschnitt 6.2, S. 210) erfolgen, was jedoch zu einem erhöhten administrativen Aufwand führt, da hier ein Eingriff in das Betriebssystem vorgenommen werden muss. Eine Verkehrsanalyse bleibt allerdings bei allen genannten Verfahren weiterhin möglich.

Zur Sicherung der Übertragung der eigentlichen Sprachdaten kann bei der Verwendung von RTP die Erweiterung SRTP eingesetzt werden, welche alle notwendigen Mechanismen bereitstellt. Alternativ kann die Sicherung der Sprachdatenübertragung auch durch andere Mechanismen, wie IPsec, erfolgen.

VoIP-Anwendungen, die auf nicht öffentlichen Kommunikationsprotokollen beruhen, wie beispielsweise Skype [354], sind aus Sicherheitssicht eher als bedenklich einzustufen, da meist nur mit erheblichem Aufwand überhaupt nachvollzogen werden kann, ob und welche Sicherheitsmechanismen angeboten werden – sofern dies überhaupt möglich ist.

10.9 PGP und S/MIME

E-Mail ist neben dem Surfen im WWW einer der bekanntesten und meistgenutzten Dienste im Internet. Das Format der Nachrichten wurde erstmals in RFC 822 [83] standardisiert, welcher später durch RFC 2822 [308] aktualisiert wurde. Zum Transport der Nachrichten benutzt der Sender das *Simple Mail Transfer Protocol* (SMTP) [295, 297], um sie an die Mail-Infrastruktur zu übergeben. Diese Infrastruktur wird aus den so genannten *Mail Transfer Agents* (MTA) gebildet, die untereinander Nachrichten mittels SMTP austauschen können. Jede Mail wird über diese Infrastruktur nach dem *Store-and-Forward*-Prinzip zum *Mail-Server* des Empfängers transportiert. Store-and-Forward-Prinzip heißt, dass die MTAs die Mail jeweils zunächst vollständig zwischenspeichern und dann in Richtung des Mail-Servers des Empfängers weiterleiten. Aufgabe des Mail-Servers ist die Speicherung eingehender Mails, bis diese vom Empfänger abgeholt werden. Das Abholen von Mails kann dabei durch zwei unterschiedliche Protokolle realisiert werden: durch das *Post Office Protocol* (POP) [266] oder durch das *Internet Message Access Protocol* (IMAP). Der zuvor beschriebene Ablauf ist in Abbildung 10.14 schematisch dargestellt. Nach Abholen der E-Mail wird deren Inhalt üblicherweise mit einem E-Mail-Client (*Mail User Agent* – MUA) dargestellt.

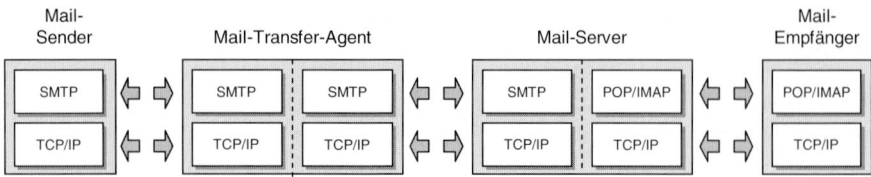

Abbildung 10.14. An der Mailübertragung beteiligte Protokolle und Instanzen

Nach einer kurzen Einführung in das E-Mail-Datenformat, werden die Sicherheitsfunktionen der drei Protokolle SMTP, POP und IMAP erläutert. Anschließend werden zwei Ansätze – PGP und S/MIME – vorgestellt, die entwickelt wurden, um die erkannten Schwachstellen zu schließen. Da beide auf der MIME-Erweiterung des Mailformats basieren, wird diese Erweiterung nach der Einführung des grundsätzlichen Datenformats vorgestellt.

10.9.1 Das E-Mail-Datenformat

Abbildung 10.15 zeigt eine einfache E-Mail im RFC-822-Datenformat. Sie besteht aus einem Nachrichtenkopf (Header) und einem Nachrichtenkörper (Body). Im Nachrichtenkörper wird die Textnachricht transportiert, wohingegen im Nachrichtenkopf Informationen für den Transport abgelegt sind. Der Nachrichtenkopf besteht mindestens aus drei Einträgen: dem Absender *(From)*, dem Empfänger *(To)* und einem Datumsstempel *(Date)*. Alle weiteren Einträge sind optional. Das Format war ursprünglich nur zum Austausch von Klartextnachrichten gedacht und unterstützt deshalb lediglich den 7-Bit-ASCII-Zeichensatz.

```
From: John Doe <jdoe@machine.example.org>
To: Mary Smith <mary@example.net>
Date: Mon, 11 Nov 2011 11:11:11 +0100
Subject: Hier steht der Betreff
Message-ID: <eindeutiger_text@local.machine.example.org>

Hier steht der Nachrichteninhalt.
```

Abbildung 10.15. E-Mail im RFC-822-Format

Da im Nachrichtenkörper beliebige 7-Bit-ASCII-Zeichen transportiert werden können, kann argumentiert werden, dass RFC 822 bereits eine Unterstützung für Signaturen vorsieht. Die Signatur müsste nur entsprechend codiert und entweder manuell oder automatisch an den Nachrichteninhalt angefügt werden. Allerdings wird eine zusätzliche Software benötigt, die Funktionalitäten zur Erzeugung und Verifikation solcher Signaturen bereitstellt. PGP kann

z. B. hierfür verwendet werden, falls die Ausgabe dementsprechend in ASCII-Zeichen konvertiert wird. Eine weitere Diskussion erfolgt in Abschnitt 10.9.4.

10.9.2 MIME

Ein wesentliches Problem von RFC 822 ist die Einschränkung auf den 7-Bit-ASCII-Zeichensatz und die Unterstützung von nur einem Nachrichtenkörper. Dadurch können keine Sonderzeichen (z. B. deutsche Umlaute) und keine binären Daten transportiert werden. Es ist ebenfalls nicht möglich, Nachrichten zu versenden, die aus mehreren Teilnachrichten bestehen.

Um dieses Problem zu lösen, wurden die *Multipurpose Internet Mail Extensions* (MIME) (RFC 2045 ff. [130, 131, 262, 165, 129]) entwickelt. Dieser Standard erlaubt es, beliebige Inhalte und Texte außerhalb der 7-Bit-ASCII-Kodierung via E-Mail zu versenden und mehrere Nachrichtenteile zu einer Nachricht zusammenzusetzen. Die einzelnen Nachrichtenteile einer E-Mail werden als MIME-Abschnitte bezeichnet. Dadurch dass jeder MIME-Abschnitt aus einem oder mehreren MIME-Abschnitten bestehen kann, sind MIME-Nachrichten baumartig strukturiert. Die Wurzel bildet der normale Nachrichtenkopf nach RFC 2822 [308]. Die Blätter werden im Nachrichtenkörper transportiert und entsprechen den MIME-Abschnitten.

Um dies zu ermöglichen, führen die MIME-Standards sechs neue Einträge für den E-Mail-Nachrichtenkopf ein:

- *Mime-Version* gibt an, welche Version der MIME-Erweiterungen verwendet wird. Der aktuelle Wert ist „1.0".

- *Content-Type* beschreibt, um welche Art von Daten es sich handelt, damit die Mail-Software des Empfängers die dazu passende Anwendung zur Darstellung starten kann, oder enthält Informationen zur Struktur der Nachricht. Mögliche Werte für diesen Eintrag zeigt Tabelle 10.2.

- *Content-Transfer-Encoding* gibt an, welches Verfahren verwendet wurde, um den MIME-Abschnitt in eine übertragbare Repräsentation zu überführen. Mögliche Werte sind: *7bit, 8bit, binary, quoted-printable, base64* und *x-token*. *7bit, 8bit* und *binary* geben an, dass keine Transformation ausgeführt wurde, geben aber an, welche Kodierung verwendet worden ist. Neben den beiden standardisierten Transformationen *quoted-printable* und *base64*, stellt *x-token* eine hersteller- bzw. anwendungspezifische Transformation da.

- *Content-ID* dient zur eindeutigen Identifizierung des MIME-Abschnitts. Die Verwendung ist optional.

- *Content-Description* ist eine optionale Beschreibung des vorhandenen MIME-Abschnitts.

- *Content-Disposition* gibt an, wie die Software des Empfängers den MIME-Abschnitt behandeln soll. Dieser Eintrag ist ebenfalls optional.

```
From: John Doe <jdoe@machine.example.org>
To: Mary Smith <mary@example.net>
Date: Mon, 11 Nov 2011 11:11:11 +0100
Subject: Hier steht der Betreff
Message-ID: <eindeutiger_text@local.machine.example.org>
Mime-Version: 1.0
Content-Type: text/plain; charset="us-ascii"

Hier steht der Nachrichteninhalt.
```

Abbildung 10.16. Eine einfache E-Mail nach dem MIME-Standard

Abbildung 10.16 zeigt die E-Mail aus Abbildung 10.15 mit den notwendigen MIME-Erweiterungen. Hinzu kamen die beiden Einträge *Mime-Version* und *Content-Type*. Der Content-Type-Eintrag ist insofern interessant, da in diesem angegeben wird, dass es sich bei dem MIME-Abschnitt um eine einfache Text-Nachricht handelt, die im US-ASCII-Zeichensatz kodiert ist. Dabei wird der Teil *text* als MIME-Type und der Teil *plain* als MIME-Subtype bezeichnet. Neben diesem einfachen Content-Type gibt es weitere, die auszugsweise in Tabelle 10.2 zusammengestellt sind.

Tabelle 10.2. Die MIME-Typen und deren Subtypen

Type	Subtype	Beschreibung
text	plain	Unformatierter Text
multipart	mixed	Enthält mehrere MIME-Abschnitte, die in keiner besonderen Beziehung zueinander stehen
	alternative	Enthält mehrere MIME-Abschnitte, die Alternativen desselben Inhalts darstellen
	parallel	Enthält mehrere MIME-Abschnitte, die zusammen dargestellt werden sollen
	digest	Enthält mehrere RFC-822-konforme MIME-Abschnitte
message	rfc822	RFC-822-konforme Nachricht
image	gif	Enthält ein Bild im GIF-Format
	jpeg	Enthält ein Bild in JPEG-Format
application	postscript	Enthält Daten im Postscript-Format
	octet-stream	Enthält binäre Daten

Unter Verwendung dieser Typen können nun komplexere Nachrichten, wie in Abbildung 10.17 gezeigt, zusammengesetzt werden. Diese Mail wird aus zwei Teilen zusammengesetzt *(multipart/mixed)*. Um die einzelnen MIME-Abschnitte voneinander trennen zu können, wird eine Grenze (emphBoundary) definiert. Als Grenze kann jede eindeutige Zeichenkette fungieren, es muss nur sichergestellt sein, dass diese Grenze nicht an anderen Stellen in der MIME-Nachricht erscheint. In den gezeigten Beispielen wird die Zeichenkette „eindeutig" verwendet, echte Mail-Clients verwenden üblicherweise längere Zufallszahlen. Der erste Teil ist wieder eine Text-Nachricht *(text/plain)*, wie im obigen Beispiel. Der zweite Teil ist ein Bild im JFIF(JPEG)-Format *(image/jpeg)*, welches Base64-codiert abgelegt ist.

```
From: John Doe <jdoe@machine.example.org>
To: Mary Smith <mary@example.net>
Subject: Hier steht der Betreff
Date: Mon, 11 Nov 2011 11:11:11 +0100
Message-ID: <eindeutiger_text@local.machine.example.org>
MIME-Version: 1.0
Content-Type: multipart/mixed; boundary=unique-boundary

--unique-boundary
Content-type: text/plain; charset=US-ASCII

Etwas Text im Zeichensatz US-ASCII kodiert.
--unique-boundary
Content-Type: image/jpeg
Content-Transfer-Encoding: base64

[hier die Daten des Bilds in Base64]
--unique-boundary--
```

Abbildung 10.17. Aufbau einer zusammengesetzten MIME-Nachricht

Durch die Einführung der MIME-Erweiterungen können zwar komplexer strukturierte Inhalte per E-Mail transportiert werden, allerdings bringt diese Erweiterung wiederum neue Gefahren mit sich. Manche MUAs interpretieren bestimmte Inhalte automatisch oder starten Anwendungen ohne weitere Aufforderung durch den Nutzer. Dieser Mechanismus kann unter Umständen für einen Angriff auf das System ausgenutzt werden. Daher empfiehlt es sich, eine solche Funktionalität zu deaktivieren, so dass der Benutzer explizit tätig werden muss, um Nachrichteninhalte wiederzugeben oder zu aktivieren.

Darüber hinaus stellen in E-Mails eingebettete HTML-Inhalte eine gewisse Gefahr dar, da z. B. die Anzeige von URLs mittels HTML-Steuercodes manipuliert werden kann, so dass sich die Darstellung der URL von der realen Ziel-URL unterscheidet. Dieser Maskeradeangriff leitet den Benutzer auf einen vom Angreifer kontrollierten Server, sobald der Nutzer dieser URL folgt. Eine weitere Gefahr geht von im HTML-Code enthaltenen Bilder aus, die automatisch vom MUA nachgeladen werden. Dies kann beispielsweise von SPAM-Versendern ausgenutzt werden, um die erfolgreiche Zustellung der unerwünschten Werbe-Mail und damit auch die Erreichbarkeit der E-Mail-Adresse festzustellen. Einige dieser Gefahren werden durch moderne MUAs bereits abgewehrt. Ein entsprechender Client erkennt beispielsweise, wenn die angezeigte URL (z. B. https://banking.meinebank.de) von der tatsächlich zum Ziel führenden URL abweicht (http://banking.hackersdomain.org), und lädt ohne explizite Bestätigung des Benutzers zunächst keine Bilder nach.

10.9.3 Sicherheitsanforderungen und Probleme

Seitdem E-Mail nicht mehr nur im wissenschaftlichen Umfeld eingesetzt wird, sondern auch zum wichtigen Arbeitsmittel in der Geschäftswelt geworden ist, sind Schutzmechanismen für E-Mail ein essentieller Bestandteil einer vertrauenswürdigen Kommunikationsinfrastruktur. Dabei sollen besonders die Vertraulichkeit der Daten sowie deren Integrität sichergestellt werden und die Authentizität des Absenders überprüfbar sein. Keines dieser geforderten Kriterien wird durch eine RFC-822-konforme noch durch eine MIME-erweiterte E-Mail realisiert. Ein Angreifer kann solche E-Mails lesen und auf einfache Art ändern oder fälschen. Ebenso kann er das Absender-Feld frei wählen und somit E-Mails unter einer fremden Identität versenden. Aufgrund des Store-and-Forward-Prinzips bei der E-Mail-Weiterleitung kann insbesondere jeder MTA auf den Inhalt der E-Mail zugreifen.

Aufgrund fehlender Sicherheitsmechanismen werden E-Mails u. a. zunehmend gefälscht, um beispielsweise an Passwörter zu gelangen (so genanntes *Phishing*, abgeleitet von *Password Fishing*). Solche E-Mails sind z. B. so gestaltet, dass sie aussehen, als kämen sie offiziell von einer bestimmten Institution. Diese Maskerade dient dazu, um sich das Vertrauen des Empfängers zu erschleichen und ihn so zu bestimmten Aktionen, wie der Herausgabe sensitiver Informationen (z. B. PINs und Passwörter), zu veranlassen. Um Verkäufer bei Internet-Auktionen zu täuschen, haben Betrüger unter anderem E-Mails generiert, die wie eine Bestätigung eines Treuhanddienstleisters über den Zahlungseingang des Käufers aussahen. Die Verkäufer haben daraufhin im guten Glauben an die Echtheit der E-Mail ihre Ware zur Ansicht zum Käufer geschickt, in diesem Falle also zu den Betrügern, die daraufhin mit der Ware untergetaucht sind. Mit dem Schutz einer digitalen Signatur der E-Mail und Prüfung des Absenderzertifikats könnte dies verhindert werden. Als weiteres Problem der fehlenden Authentifikation ergibt sich die Spam-Problematik, die in Abschnitt 10.10 noch näher erläutert wird.

Eine weitere Forderung an E-Mail ist, dass nur der Empfänger der Nachricht Zugang zu deren Inhalt erhält. Das bedeutet, dass beim Abrufen der E-Mails vom Mail-Server eine Authentifizierung des Benutzers durchgeführt werden muss. Dazu bieten sowohl POP als auch IMAP verschiedene Verfahren an, angefangen bei einfachen Mechanismen wie Benutzername/Passwort bis hin zu Kerberos-Unterstützung. Heutzutage hat sich der Abruf der E-Mails über POP3S (POP3 via TLS) bzw. IMAPS (IMAP via TLS) als gängiger Schutzmechanismus durchgesetzt. Nach dem Aufbau des TLS-Kanals wird die Identität des Benutzers mittels Benutzername und Passwort, am besten via Challenge-Response-Verfahren, überprüft. Diese Überprüfungen stellen dann einen soliden Schutz dar.

Dagegen bietet das SMTP-Protokoll keinen Schutzmechanismus für einen gesicherten E-Mail-Austausch. Der Grund dafür liegt offensichtlich darin, dass SMTP eine E-Mail mittels Store-and-Forward von MTA zu MTA (Hop-by-Hop) weiterleitet. Eine E-Mail wäre durch einen SMTP-Schutzmechanismus zwar während des Transports zwischen den MTAs gesichert, würde aber auf dem MTA sowie auf dem Mail-Server des Empfängers ungeschützt weiterverarbeitet werden. Dies bedeutet, dass ein Angreifer – sobald er Zugang zu einem solchen System erlangt – die geforderten Sicherheitsziele unterlaufen könnte.

Um die geforderten Sicherheitsziele dennoch zu erreichen, muss eine Sicherheitsbeziehung zwischen Absender und Empfänger aufgebaut werden. Aus Effizienzgründen ist die Verwendung eines symmetrischen Kryptoverfahrens einem asymmetrischen vorzuziehen. Problematisch dabei ist allerdings, dass E-Mail kein Online-Medium zur synchronen Kommunikation ist, sondern eine asynchrone Kommunikation realisiert. Dies impliziert, dass kein dynamischer Schlüsselaustausch zur Erzeugung eines Sitzungsschlüssels möglich ist. Auch die Vereinbarung eines gemeinsamen Schlüssels mit jedem potentiellen Empfänger stellt keine skalierbare Lösung dar (s. Abschnitt 3.6, S. 63). Ein rein symmetrisches Verfahren bietet also keine Lösung.

Andererseits muss aber beachtet werden, dass eine E-Mail nicht zwingend an nur genau einen Empfänger gesendet wird. Der Sender kann beliebig viele Empfänger mit einer E-Mail adressieren oder er sendet eine E-Mail an einen Listen-Server, der dann Kopien der Nachricht an alle Empfänger der Liste versendet. Würde ein asymmetrisches Verfahren gewählt werden, müsste der Absender die Nachricht für jeden Empfänger getrennt verschlüsseln, was einen enormen Aufwand bedeuten würde.

Eine effiziente Lösung liegt im Einsatz des in Abschnitt 3.8 (S. 87) beschriebenen Hybridverfahrens. Sowohl PGP als auch S/MIME verwenden ein solches Verfahren zur Sicherung der E-Mails.

10.9.4 PGP

PGP steht für *Pretty Good Privacy*, ein Program welches 1991 von Phillip R. Zimmerman entwickelt wurde. Es ermöglichte symmetrische und asymmetrische Verschlüsselung im oben erwähnten Hybridverfahren zu kombinieren und stellte die Basis für eine Web-of-Trust-PKI (s. Abschnitt 9.4.5, S. 363) dar. Die ersten Versionen waren als Freeware frei verfügbar und wurden schnell populär. Da jedoch patentierte Algorithmen verwendet wurden und es Probleme mit US-amerikanische Exportbeschränkungen gab, war der rechtliche Status des Programms lange Zeit ungewiss. Es gab kommerzielle Versionen die von den Patentinhabern genehmigt waren. Um die US-Exportbeschränkungen zu umgehen, wurde der komplette Quellcode zeitweise als Buch [394] veröffentlicht. Im Jahre 1996 wurde RFC 1991 [20] publiziert, in dem das binäre Datenformat von PGP beschrieben wird. Seit 1997 bemüht sich die OpenPGP Workgroup der IETF um die Standardisierung des PGP-Datenformats. Ende 1998 wurde RFC 2440 [59] im Standards Track veröffentlicht.

Als freie PGP-Implementierung für viele Betriebssysteme ist der GNU-Privacy Guard (GPG) verfügbar.

PGP-Pakete

RFC 2440 legt das Binärformat fest, mit dem PGP-Nachrichten eingepackt werden. Das Format selbst ist ebenfalls historisch gewachsen und dementsprechend an einigen Stellen inkonsequent und kompliziert. Für Details sei hier auf RFC 2440 [59] verwiesen. PGP-Nachrichten bestehen aus Paketen. Folgende Pakettypen (*Tags* genannt) sind definiert (nicht alle davon werden von allen PGP-Versionen unterstützt oder generiert):

- *Tag 1* — enthält mit dem oben beschriebenen Hybridverfahren verschlüsselte Sitzungsschlüssel. Normalerweise ist im Paket beschrieben, mit welchem öffentlichen Schlüssel der Sitzungsschlüssel verschlüsselt ist. Als Option kann dies weggelassen werden, die Identität des Empfängers bleibt anonym. Der Empfänger muss in diesem Fall auf anderen Wegen herausfinden, dass er der Empfänger ist (zum Beispiel mittels Durchprobieren aller verfügbaren geheimen Schlüssel).

- *Tag 2* — ist zum Transport von Unterschriften unter anderen Schlüsseln vorgesehen. Bei Tag 2 gibt es eine große Menge von Subpaketen, welche die verschiedenen Eigenschaften der Unterschrift (Gültigkeitszeitraum, Erzeugungsdatum, Unterschreiber, ...) enthalten.

- *Tag 3* — enthält ebenfalls Sitzungschlüssel, die aber diesmal mit einem (aus einem Passwort generierten) symmetrischen Schlüssel verschlüsselt sind. Damit kann PGP auch wie herkömmliche Verschlüsselungssoftware eingesetzt werden.

- *Tag 4* — ist für Signaturen vorgesehen, die in einem Zuge (also ohne dass das Programm die Nachricht erneut einlesen muss) verarbeitet werden können.

- *Tag 5* — enthält einen geheimen Schlüsselteil. Da PGP Schlüsselmaterial auf dem lokalen Rechner ebenfalls als Nachrichten speichert, ist dieses Paket zum Sichern der privaten Schlüssel nötig. Das Schlüsselmaterial selbst kann noch einmal mit einer Passphrase gesichert sein.

- *Tag 6* — enthält einen öffentlichen Schlüsselteil. Dieser Nachrichtentyp kann sowohl zum Speichern als auch zum Transport von Schlüsselmaterial benutzt werden.

- *Tag 7* — bezeichnet geheime Unterschlüssel.

- *Tag 8* — zeigt an, dass komprimierte Daten folgen.

- *Tag 9* — zeigt an, dass symmetrisch verschlüsselte Daten folgen. Mit diesem Tag werden alle verschlüsselten Nachrichten übertragen. Der Schlüssel ist entweder beiden Seiten bekannt oder wird durch Tag 1 mit Hilfe der asymmetrischen Kryptographie transportiert.

- *Tag 10* — kann benutzt werden, um älteren Softwareversionen anzuzeigen, dass diese Nachricht mit neuerer Software erzeugt wurde und mit der älteren Version nicht mehr lesbar sein wird.

- *Tag 11* — wird vor unveränderte Daten gestellt. Damit ist der Transport von beliebigen Daten möglich. Dies können sowohl Mails (wenn nur Authentizität und keine Vertraulichkeit gewünscht ist) als auch beliebige Binärdaten sein.

- *Tag 12* — speichert das Vertrauensniveau in einen anderen Schlüssel. Dieser Pakettyp sollte nur lokal von Bedeutung sein und ist für den Aufbau des „Web-of-Trust" wichtig.

- *Tag 13* — speichert die IDs von Benutzern. Dies kann der Name sein, der üblicherweise durch die E-Mail-Adresse ergänzt wird. Ebenso ist es möglich, wie auf echten Ausweisen, ein Passbild hinzuzufügen.

- *Tag 14* — zeigt an, dass öffentliche Unterschlüssel folgen.

Anwendungen von PGP

PGP-Nachrichten bestehen in der Regel aus mehreren Paketen. Drei Beispiele sollen dies verdeutlichen.

- *Schlüsseltransport und Speicherung* — Schlüssel müssen lokal gespeichert werden und sollen (im Falle des öffentlichen Schlüsselteils) auch über das Netz transportiert werden. PGP verwendet für beide Zwecke das gleiche Format:

  1. Das Schlüsselmaterial (Tag 6)

2. Mindestens eine ID eines Benutzers (Tag 13)

3. Nach jedem Nutzer-ID-Paket folgt eine Unterschrift, welche die Nutzer-ID an das Schlüsselmaterial bindet (Tag 2)

4. Optional: Schlüsselmaterial für Unterschlüssel (Tag 14)

5. Wenn Unterschlüssel vorhanden sind, folgen wieder Signaturpakete (Tag 2), die den Unterschlüssel an den Hauptschlüssel binden.

- *Signierung einer Datei* — Diese Einsatzvariante wird häufig bei der Verteilung von Software eingesetzt. Zum Beispiel möchte Bob sicher sein, dass die Software direkt von Alice kommt und nicht von Eve modifiziert wurde. Dazu generiert Alice eine Unterschrift (Tag 2), die zusammen mit der Software verteilt wird. Bob kann die Unterschrift mit Hilfe des öffentlichen Schlüssels von Alice prüfen und die Software installieren.

- *Signierte, verschlüsselte und komprimierte E-Mail* — Die Pakete können rekursiv benutzt werden, z. B. kann ein Paket vom Typ Tag 8, wenn ausgepackt, weitere PGP-Pakete enthalten. Auf der obersten Ebene sieht man nur eine verschlüsselte Nachricht:

1. Ein (oder auch mehrere) asymmetrisch verschlüsselte Sitzungsschlüssel (Tag 1)

2. Die verschlüsselten Daten (Tag 9)

Der Empfänger kann die Daten entschlüsseln und erhält wieder PGP-Pakete:

1. Ein Signaturpaket (Tag 2)

2. Komprimierte Daten (Tag 8)

Werden diese Daten dekomprimiert, bleibt ein Paket mit Tag 11 übrig, welches die eigentliche E-Mail enthält.

PGP-Schlüsselverwaltung

Das Konzept der Unterschlüssel ist zum Management des Schlüsselmaterials sinnvoll. Die Wahrscheinlichkeit, dass ein Schlüssel gebrochen werden kann, steigt mit der Benutzung des Schlüssels. Je häufiger also Nachrichten und andere Schlüssel unterschrieben werden, desto eher ist es sinnvoll, Schlüssel auszutauschen. Um nicht jedesmal ein neues Vertrauensverhältnis erzeugen zu müssen, wird das Vertrauensverhältnis nur zum Hauptschlüssel aufgebaut, der Hauptschlüssel signiert dann alle Unterschlüssel. Die Unterschlüssel können je nach Nutzungsfrequenz gewechselt werden. Leider unterstützen nicht alle Programme den Gebrauch der Unterschlüssel gleichermaßen gut, so dass

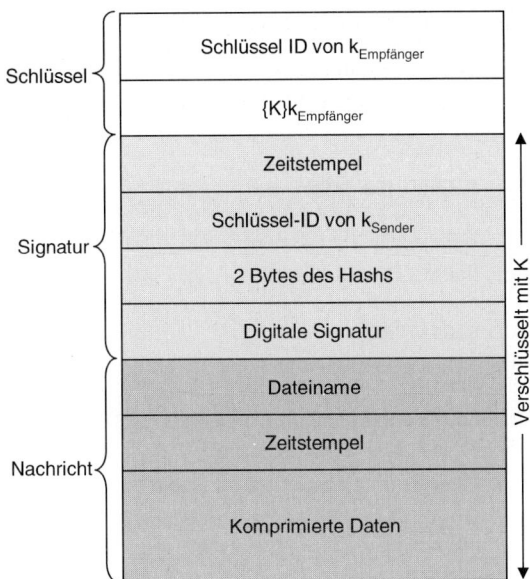

Abbildung 10.18. Aufbau einer mit PGP signierten und verschlüsselten E-Mail

sie manchmal Probleme bei der Handhabung verfallener Unterschlüssel aufweisen, d. h. Inhalte können nicht entschlüsselt werden, weil das Programm
nur den verfallenen Unterschlüssel verwenden möchte, aber nicht den aktiven
neuen Unterschlüssel.

Einbettung von PGP in das E-Mail-Format

Um PGP mit E-Mail nutzen zu können, wurde anfänglich die (in ASCII umgewandelte) Signatur innerhalb des E-Mail-Textes eingefügt. Abbildung 10.19
zeigt eine solche einfache Signatur. Wenn verschlüsselt wurde, geschah dies
ebenfalls, indem die (ebenfalls in ASCII umgewandelte) Ausgabe von PGP
direkt als E-Mail versandt wurde.

Dieses Verfahren hatte einige Nachteile, insbesondere wenn Nicht-ASCII-
Zeichen und Dateianhänge verwendet wurden. Die Nicht-ASCII-Zeichen wurden teilweise durch die Mail-Gateways verändert, so dass die Signaturen ungültig wurden. Da es kein standardisiertes Verfahren für Dateianhänge gab,
war es entsprechend schwierig, diese auch noch zu signieren. In RFC 3156[107]
wurde schließlich standardisiert, wie PGP-Unterschriften oder verschlüsselte
Nachrichtenteile mit MIME transportiert werden können. E-Mail-Text und
die Signatur sind zwei MIME-Blätter, die, wie in Abbildung 10.20 zu sehen, durch den `Content-Type: multipart/signed` zusammengefasst werden. Weiterhin ist die Angabe des verwendeten Signaturalgorithmus (hier

```
From: John Doe <jdoe@machine.example.org>
To: Mary Smith <mary@example.net>
Subject: Hier steht der Betreff
Date: Mon, 11 Nov 2011 11:11:11 +0100
Message-ID: <eindeutiger_text@local.machine.example.org>


-----BEGIN PGP SIGNED MESSAGE-----
Hash: SHA1


Hier steht der Nachrichteninhalt.


-----BEGIN PGP SIGNATURE-----
Version: GnuPG v1.2.4 (GNU/Linux)

Id8dbqfb45NCcHbbq9TBWyOraGBbaj4QEyv6RIYySVRgB/m1j/MavGH47acEp+g6
[enthält ausschliesslich die Signatur]
qnQZqkj5wJmTTW469CDbCTA=
=GkwK
-----END PGP SIGNATURE-----
```

Abbildung 10.19. Signatur einer E-Mail mit PGP ohne MIME

protocol=application/pgp-signature, also PGP) und der jeweils verwendeten Hash-Funktion (hier micalg=pgp-sha1, also SHA-1) notwendig.

PGP ist nicht auf den Einsatz im Zusammenhang mit E-Mail begrenzt. Das Datenformat erlaubt es, beliebige Nachrichten oder Dateien zu signieren und/oder zu verschlüsseln. Mögliche Anwendungen in der Praxis sind:

- Die im Format zu E-Mails recht ähnlichen NetNews im Usenet werden von Nutzern unterschrieben.

- Die Kontrollnachrichten zwischen News-Servern werden mit Hilfe von PGP authentifiziert.

- Programmpakete gängiger Linux-Distributionen sind mit den PGP-Schlüsseln der Distributoren signiert.

- BGP-Nachrichten können mit PGP signiert sein [8].

- Für RIPE-Updates mit RPSL (Routing Policy System Language) kann PGP zur Sicherung von Authentizität/Integrität eingesetzt werden [375, 397].

- Die Verschlüsselung beliebiger lokaler Dateien.

10.9.5 S/MIME

S/MIME erweitert den MIME-Standard ebenfalls wie PGP/MIME, um die kryptographischen Daten via E-Mail versenden zu können. Die ersten Ent-

```
From: John Doe <jdoe@machine.example.org>
To: Mary Smith <mary@example.net>
Subject: Hier steht der Betreff
Date: Mon, 11 Nov 2011 11:11:11 +0100
Message-ID: <eindeutiger_text@local.machine.example.org>
Mime-Version: 1.0
Content-Type: multipart/signed; micalg=pgp-sha1;
        protocol="application/pgp-signature";
        boundary="eindeutig"

--eindeutig
Content-Type: text/plain; charset=us-ascii
Content-Transfer-Encoding: quoted-printable

Hier steht der Nachrichteninhalt.

--eindeutig
Content-Type: application/pgp-signature

-----BEGIN PGP SIGNATURE-----
Version: GnuPG v1.2.4 (GNU/Linux)

Id8dbqfb45UycHbbq9TBWyOraMNwaj9HObxfZGmKPqnT+LW22j1DG3AVaWcGQGdU
...[enthält ausschließlich die Signatur]...
En6nrzoUJDDpfMoJmAVJS00=
=5qY6
-----END PGP SIGNATURE-----

--eindeutig--
```

Abbildung 10.20. Signatur einer E-Mail mit PGP und MIME

wicklungen kamen von der PEM-Arbeitsgruppe (*Privacy Enhanced Mail*) der IETF und begannen bereits 1985 mit der *Privacy and Security Research Group* des IAB.

Die ersten Standards [227, 201, 28, 193] wurden 1993 veröffentlicht. Im Jahr 1995 startete RSA Data Security Inc. mit der Entwicklung von S/MIME. Heute basiert S/MIME auf den Standards X.509 und RFC 2633 [303].

Der Standard [162], in welchem die Cryptographic Message Syntax (CMS) definiert wird, ist die Grundlage für die Umsetzung des kryptographischen Materials in Datenpakete, die dann mit Internet Mail versendet werden können. Es legt Containerformate fest, um

- Signaturen
- Zertifikate

- Informationen über zurückgezogene Zertifikate (Certificate Revocation Lists)

- Nachrichten im Klartext und in verschlüsselter Form

zu transportieren.

Die Zertifikate werden nach ASN.1 kodiert und mit BER (Basic Encoding Rules) [179] in Oktettströme umgewandelt. Wie solche Zertifikate aussehen, wird in Abschnitt 9.5 erläutert. Des Weiteren ist in [162] festgelegt, wie die Signaturen berechnet werden: Dazu wird der Nachrichteninhalt (also der eigentliche Text bzw. Mail-Anhänge) in einen ASN.1-Octet-String umgewandelt. Danach wird ein Hash-Wert über diesen Octet-String (ohne sein Typ- und Längenfeld) berechnet. Dieser Hash-Wert wird danach mit Hilfe des Signaturalgorithmus unterschrieben. Die Unterschrift selbst wird als neuer ASN-Octet-String der Nachricht hinzugefügt.

```
From: John Doe <jdoe@machine.example.org>
To: Mary Smith <mary@example.net>
Subject: Hier steht der Betreff
Date: Mon, 11 Nov 2011 11:11:11 +0100
Message-ID: <eindeutiger_text@local.machine.example.org>
MIME-Version: 1.0
Content-Type: multipart/signed;
        protocol="application/x-pkcs7-signature";
        micalg=sha1;
        boundary="eindeutig"

--eindeutig
Content-Type: text/plain; charset=us-ascii
Content-Transfer-Encoding: 7bit

Hier steht der Nachrichteninhalt.

--eindeutig
Content-Type: application/x-pkcs7-signature; name="smime.p7s"
Content-Transfer-Encoding: base64
Content-Disposition: attachment; filename="smime.p7s"
Content-Description: S/MIME Cryptographic Signature

btiWGGqAOamcaqicaqIwDQYJKoZIhvcNAQEEBQAwgbsxCzAJBgNVBAYTQYDVQQI
...[enthält potentiell eine gesamte Zertifikatskette]...
2BlngNdku9cL3dHVsEGhtREM93x74Ia4pkR580ffj+EhtgoX5lpzEGvP6vytLoz
lhfL75p+3bQ3kagD5GqNHmjbJir74wAAAAAAA==
--eindeutig--
```

Abbildung 10.21. Mit S/MIME signierte E-Mail

Die Vorgehensweise beim Erzeugen einer S/MIME E-Mail ist vergleichbar zu PGP. Das MIME-Objekt (der zu signierende Teil) wird nach den MIME-Regeln transportkodiert. Dieses transportkodierte Objekt wird dem Signaturalgorithmus übergeben, welcher als Ergebnis eine eigenständige Unterschrift (Detached Signature) hat, d. h. das Ergebnis des Signaturalgorithmus enthält den Nachrichtentext nicht mehr. Diese Signatur wird ebenfalls transportkodiert. Die resultierende E-Mail besteht aus zwei MIME-Blättern, eines enthält den Nachrichtentext, das zweite die Unterschrift. Beide Objekte werden durch den Content-Type `multipart/signed` zusammengehalten. Als Hash-Funktion (angegeben durch `micalg=`) kommt hier wiederum SHA-1 zum Einsatz, als Signaturprotokoll ist `application/x-pkcs7-signature` angegeben. Die Angabe von `Content-Description` ist optional und kann genutzt werden, um dem Nutzer eine Beschreibung des E-Mail-Anhangs anzuzeigen. Ebenso ist das Feld `filename=` für den Empfänger nur als Hinweis zu sehen, wie eine abgespeicherte Kopie dieser Signatur genannt werden könnte.

10.9.6 Bewertung

PGP ist ein Standard zur Verschlüsselung, Signierung und Integritätssicherung von E-Mails und in einigen anderen Bereichen. Es hat sich im privaten und universitären Umfeld durchgesetzt. S/MIME ist in vielen Softwarepaketen verfügbar und wird eher im professionellen Bereich eingesetzt. Die Sicherheit beider Techniken ist bei korrekter Handhabung (Schlüssellänge, gute Passphrasen) sehr gut, und beide bieten:

- Vertraulichkeit
- Authentifizierung der Quelle
- Integritätsschutz der Nachricht
- Nichtabstreitbarkeit für den Absender

Problematisch bleibt die Erzeugung, Verteilung und Authentifizierung des Schlüsselmaterials (s. Kapitel 9). Ebenfalls kritisch bleibt das Design von MUAs. Diese Programme sollten die komplexeren Aspekte der Kryptographie, wie z. B. Schlüsselhandhabung, für den Nutzer einfach bedienbar machen. Dies gelingt nicht allen Programmen überzeugend. Gleichermaßen kommt es manchmal zu Kompatibilitätsproblemen aufgrund der verschiedenen Möglichkeiten, die Inhalte per MIME zu kodieren, so dass der Benutzer manuell eingreifen muss, um sich empfangene Inhalte zugänglich zu machen. Auch die lokale, unverschlüsselte Speicherung von sensitiven E-Mails kann problematisch sein.

Zu beachten ist, dass sowohl mit S/MIME als auch mit PGP nur der Inhalt der E-Mail geschützt wird. Kopfzeilen (Betreff, Absender, ...) sind nicht im Schutz eingeschlossen, was auch bei der Erkennung von Spam (siehe nachfolgenden Abschnitt) problematisch ist.

10.10 Spam

Mit *Spam* werden alle Arten unverlangter – und meist auch unerwünschter – Werbe-E-Mails bezeichnet. Im Englischen existieren auch die Bezeichnungen *Unsolicited Commercial E-Mail* (UCE) für unverlangte E-Mails mit Werbung oder *Unsolicited Bulk E-Mail* (UBE) als Oberbegriff für sämtliche Arten unverlangter massenhaft versandter E-Mail. In diesem Abschnitt wird hauptsächlich beschrieben, was Spam ist; nur übersichtsweise vorgestellt werden Techniken zur Bekämpfung, da derzeit noch keine wirklich sicheren Techniken existieren, um den Versand unverlangter E-Mail effektiv zu unterbinden.

10.10.1 Historie und Ursachen

Die Bezeichnung *SPAM* (man beachte die Großschreibung) ist ein Markenname der Firma Hormel Foods Inc. und bezeichnet in Dosen abgefülltes und in Gelee eingelegtes Frühstücksfleisch. In Anlehnung an einen Monty Python Sketch, in dem es in einem Restaurant jede Menge Gerichte gibt, die allerdings alle nur mit SPAM zubereitet sind, und in dem eine Gruppe Wikinger immer lauter „Spam, Spam, Spam, ..." singt, hat sich die Bezeichnung im Usenet als Oberbegriff für unerwünschte Massen-E-Mail und regelwidrige Massenpostings durchgesetzt, die normale Kommunikation übertönen. In der Tat empfangen einige Organisationen mehr unerwünschte Massen-E-Mails als normale und legitime E-Mails. Das Problem ist daher besonders gravierend für E-Mail-Dienstleister geworden und hat inzwischen auch das Interesse der Politiker bzw. der Gesetzgebung geweckt.

Die Ursache für das Spam-Phänomen liegt darin begründet, dass E-Mails auch in großen Mengen billig zu versenden sind. Aufgrund der sehr großen Empfängeranzahl ist dies für die Anbieter der in den E-Mails beworbenen Produkte oder Dienstleistungen immer noch eine lukrative Werbung, selbst wenn nur ein sehr kleiner Teil der Empfänger weitere Informationen und Dienstleistungen abruft oder Produkte bestellt (leider ist der Erfolg von Spam-Werbung praktisch erwiesen). Einige professionelle Versender der Spam-E-Mails – so genannte *Spammer* – betreiben entsprechende Server, die sehr viele dieser Spam-Mails erzeugen und verschicken.

Da die Gesetzgeber in einigen Staaten das Versenden unverlangter Werbe-E-Mails inzwischen unter Strafe gestellt haben, verschleiern die Absender der Spam-Mails größtenteils ihre wahre Identität. Dies wird hauptsächlich dadurch ermöglicht, dass SMTP keine Authentisierung des Absenders der E-Mail verlangt, d. h. Absender (*MAIL FROM:*) und Empfänger (*RCPT TO:*) im SMTP müssen nicht mit Absender (*From:*) und Empfänger (*To:*) der mittels SMTP transportierten E-Mail (*DATA*) übereinstimmen (vgl. Abbildung 10.22). Ursprünglich war dies auch ausdrücklich beabsichtigt, da so die

Weiterleitung von E-Mails, Blind-Carbon-Copies (`Bcc:`) oder Mailing-Listen ermöglicht werden. Insbesondere Weiterleitungsagenten und Mailinglisten-Server sind Beispiele für MTAs, die auch heutzutage sehr häufig eingesetzt werden. Absenderinformation in E-Mails kann aufgrund fehlender Authentisierung und Integritätssicherung daher beliebig gefälscht werden. Wurden früher nicht existierende Absendeadressen verwendet, so werden heute im Allgemeinen reale Adressen verwendet (da Mail-Server zumindest die Existenz der Absender-Domain testen), meistens zufällig aus der Adressatenmenge ausgewählt. Einige Leser werden möglicherweise selbst schon einmal Fehlermeldungen zu E-Mails empfangen haben, die sie zwar als vermeintlichen SPAM-Absender ausweisen, welche sie aber selbst nicht verschickt haben.

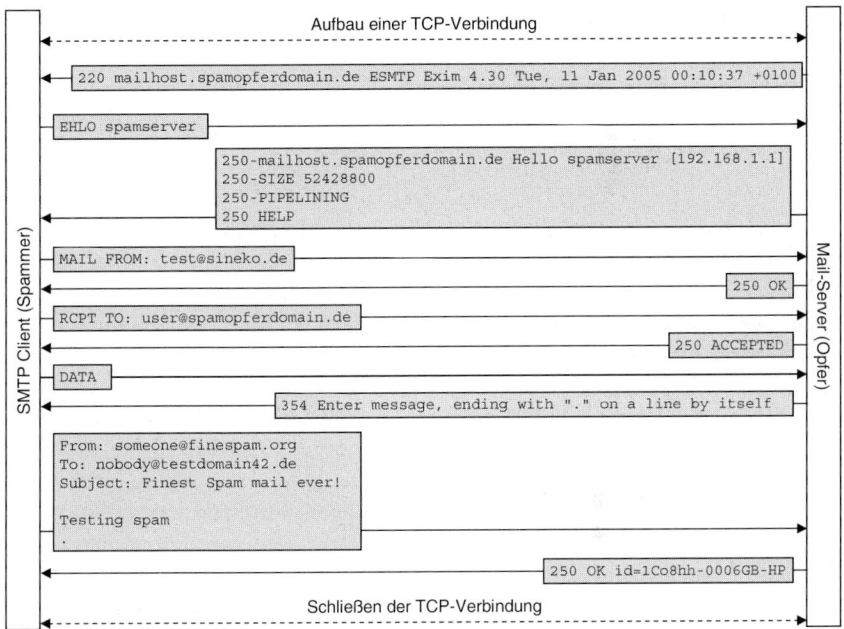

Abbildung 10.22. Beispiel für den Eingang einer SPAM-Mail bei einem Mail-Server des Opfers

Die Versender haben das Problem, dass E-Mail-Adressen der Adressaten gesammelt werden müssen. Dazu gibt es zum einen so genannte *Harvester*, d. h. Suchprogramme, die das WWW nach dort hinterlegten Verweisen auf brauchbare E-Mail-Adressen absuchen, weshalb immer weniger E-Mail-Adressen als ganz normale URLs in der Form `mailto:user@domain` im WWW veröffentlicht werden. Oftmals wird das @-Zeichen durch eine Grafik ersetzt, da auch die einfache Ersetzung `user AT domain` keine wirkliche Hürde für Harvester darstellt. Zum anderen erledigen das Sammeln der E-Mail-Adressen inzwischen auch ganze Netzwerke aus Agenten, die aus infiltrierten Rechnern bestehen. In diesem Fall dringen beispielsweise Würmer in die Rechner ein und ermitteln Adressaten aus Adressbüchern des infizierten Rechners. Sie werden außerdem dazu benutzt, um die SPAM-Mails zu generieren und zu versenden [154]. Für Spammer hat das den Vorteil, dass die Spam-Mails über reguläre und legitime Zugänge der Nutzer bei den Mail-Servern der Betreiber verschickt werden. Haben „Hacker" früher noch Systeme aus Geltungssucht gehackt, so stehen inzwischen immer häufiger kommerzielle Interessen dahinter: Die Auftraggeber bezahlen für die Adressenlisten und die versendeten Spam-Mails.

Oftmals sorgen Spammer auch für eine Art Erfolgskontrolle: zum einen durch angeklickte URLs (Hyperlinks) in der Werbe-E-Mail (insbesondere auch solche zum expliziten Abmelden der Adresse!), zum anderen durch Bilder in einem HTML-Quelltext, die der Mail-User-Agent automatisch bei Anzeigen des Mail-Inhalts lädt. Durch entsprechend kodierte URLs der Hyperlinks erhalten die Spammer so Hinweise, welche E-Mail-Adressen noch aktiv sind, d. h. welche E-Mails tatsächlich die Empfänger erreichten. Listen von gültigen E-Mail-Adressen sind daher inzwischen bares Geld wert.

10.10.2 Gegenmaßnahmen

Technische Gegenmaßnahmen zu Spam basieren derzeit hauptsächlich auf der Klassifikation des E-Mail-Inhalts nach bestimmten Stichwörtern (z. B. mittels so genannter *Bayes-Filter*) oder typischen Mustern der Spam-Inhalte sowie der Bewertung der ersten Mail-Gateways, welchen die E-Mails übergeben wurden. So wird beispielweise unter http://dsbl.org/ (*Distributed Sender Blackhole List* – DSBL) eine Liste offener und nicht gesicherter Mail-Gateways geführt, welche beliebige E-Mails von nicht authentisierten Systemen annehmen und somit nicht vertrauenswürdig sind. Andererseits werden solche offenen Mail-Server zunehmend seltener und damit auch weniger attraktiv für Spammer. Diese senden die Spam-Mails daher inzwischen immer häufiger direkt zum Mail-Server des Opfers.

SpamAssassin ist ein Open-Source-Projekt, das eine Software bereitstellt, die eine Klassifikation von E-Mails nach verschiedensten Kriterien vornimmt; daneben existieren noch zahlreiche weitere kommerzielle Lösungen und Plug-Ins für E-Mail-Clients. In der Praxis funktioniert eine solche Klassifikation zwar relativ gut, dennoch schaffen es manche Spam-Mails, nicht als solche klassifiziert zu werden. Dies ist darin begründet, dass auch die Spammer dementsprechend zunehmend verfeinerte Methoden einsetzen, um diese Spam-Filter zu umgehen. Überdies bleibt die Gefahr der falschen Positive bestehen, d. h. dass legitime E-Mails fälschlicherweise als Spam-Mails klassifiziert werden.

Außerdem ist als gravierender Nachteil dieser Lösung festzuhalten, dass eine solche Klassifikation nicht den *Transport* der Spam-Mails verhindert, da sie erst beim Mail-Gateway der Empfänger-Domain oder im empfangenden End-system selbst durchgeführt wird. Die Klassifikation kostet ebenfalls Ressourcen, welche die Mail-Server zusätzlich aufbringen müssen, was in der Praxis oftmals zusätzlich Probleme bereitet.

Maßnahmen, die den Transport der Spam-Mails effektiv verhindern können, bedürfen der Standardisierung durch die IETF. Kerngedanke der bisherigen Entwürfe um *Sender-ID*, *Purported Responsible Address* (PRA) und *Sender Policy Framework* (SPF) ist die Überprüfung, ob ein MTA berechtigt ist, eine E-Mail mit der dort angegebenen Absendeadresse bei einem Mail-Server abzuliefern. Erste Entwürfe versuchen daher, eine Authentifikation des SMTP-Clients zu erreichen, der die E-Mail im Namen des Nutzers zuletzt dem Mail-System übergeben hat. Im einfachsten Fall wird die Domäne des Absenders überprüft: Darf der Mail-Server eine E-Mail mit dieser Absender-Domain versenden? Die Überprüfung der Domains erfolgt in den meisten Vorschlägen mittels spezieller zusätzlicher Einträge im DNS, welche die legitimen Mail-Server einer Domäne angeben. Erreicht eine E-Mail einen Mail-Server, so sucht der empfangende Mail-Server anhand der IP-Adresse des sendenden MTAs den zugehörigen Eintrag für legitime Mail-Server im DNS. Die IP-Adresse muss aufgrund der bestehenden Ende-zu-Ende-Transportverbindung authentisch sein. Passt der Eintrag zur Domäne des E-Mail-Absenders, wird die E-Mail vom empfangenden Mail-Server akzeptiert. Solche Lösungen bedeuten aber möglicherweise eine Einschränkung der bisherigen Funktionalität und Flexibilität des Mail-Transport-Systems, da die Weiterleitung beim Einsatz solcher Lösungen Probleme verursacht.

Leider konnte bislang keine Einigung auf einen gemeinsamen Ansatz in der bereits wieder geschlossenen IETF-Arbeitsgruppe *MTA Authorization Records in DNS* (MARID) erzielt werden (u. a. auch aufgrund patentrechtlicher Probleme), so dass eine schnelle standardisierte Lösung vorerst nicht in Sicht ist. Vollständig sicher sind auch die beschriebenen Lösungen nicht, denn Spammer erzeugen sich dann selbst entsprechende DNS-Einträge für ihre Domains.

Vermeintlich einfache Lösungsvorschläge, nur noch mit PGP oder S/MIME signierte E-Mails zu schicken, dürften allerdings auch wenig Aussicht auf Erfolg haben: Spammer würden sich passende Public/Private-Key-Paare erzeugen und eine korrekte Unterschrift generieren. Andererseits wird ein vollständiger Schutz ohne kryptographische Authentisierung und Integritätssicherung der Zustellinformation im SMTP-Protokoll bzw. in der E-Mail nicht zu erreichen sein. Kryptographische Mechanismen zur Authentifikation sind aber rechenintensiv, so dass sorgfältig abgewogen werden muss, ob dies tatsächlich notwendig ist, oder ob durch andere Maßnahmen die Spam-Flut nicht bereits weitgehend eingedämmt werden kann.

Für das eigene Netzwerk sollte allerdings sichergestellt sein, dass

- E-Mails nur legitimierten Mail-Servern von außen zugestellt werden können (notwendig ist eine entsprechend konfigurierte Filterregel in der Firewall)

- E-Mails aus der eigenen Domain nur von authentisierten Nutzern und Systemen dem Mail-Server übergeben werden können

- die Weiterleitung von ausgehenden E-Mails, die nicht der eigenen Domäne entstammen (so genanntes Relaying), ausgeschaltet wird.

10.10.3 Bewertung

Zusammenfassend lässt sich festhalten, dass Spam-Mails ein ernsthaftes Problem darstellen, denn sie verschwenden Ressourcen, nicht nur im Netzwerk und in Mail-Servern, sondern u. U. auch die Zeit der einzelnen Nutzer beim manuellen Aussortieren der E-Mails. Wirksame Gegenmaßnahmen, die den Transport der Spam-Mails unterbinden, sind derzeit noch in der Entwicklung oder Erprobung. Bis zu ihrem Einsatz bleibt meistens nur die inhaltsbasierte Klassifikation und Sicherung der eigenen Mail-Systeme als Gegenmaßnahme.

10.11 Instant Messaging

Neben E-Mail hat sich in letzter Zeit zunehmend *Instant Messaging* (IM) zur direkten Kommunikation zwischen Benutzern etabliert. Im Gegensatz zu E-Mail erfolgt der Austausch der Nachrichten zwischen den Benutzern in Echtzeit, d. h. synchron. Neben dem direkten 1:1-Nachrichtenaustausch zwischen zwei Benutzern (Chat) ermöglichen die verschiedenen Protokolle auch gruppenbasierte 1:n-Kommunikation (Gruppen-Chat). Die Kommunikation des Endbenutzers findet dabei in erster Instanz mit einem Server statt, der die Nachrichten dann direkt an lokale Benutzer oder über ein Netzwerk weiterer Server an entfernte Benutzer ausliefert.

Zusätzlich zum reinen Nachrichtenaustausch bieten viele IM-Anwendungen Funktionen an, die Informationen über den Benutzer, wie z. B. den Status, anzeigen. Dadurch können andere Teilnehmer erkennen, ob der jeweilige Benutzer online, offline, verfügbar oder beschäftigt ist.

Im Gegensatz zu E-Mail konnten sich bisher keine Protokolle ähnlich wie SMTP und IMAP durchsetzen. Daher werden im Folgenden die verbreitetsten IM-Protokolle behandelt:

- IRC
- ICQ/OSCAR
- Jabber/XMPP

In Bezug auf Sicherheit gilt es folgende Aspekte abzusichern:

1. Direkte Kommunikation, d. h. Client-Server- und Server-Server-Kommunikation
2. Ende-zu-Ende-Kommunikation zwischen Clients
3. Privatsphäre der Benutzer
4. Zuverlässigkeit des Kommunikationssystems

10.11.1 IRC

Die älteste Instant-Messaging-Anwendung im Internet ist zweifelsohne *Internet Relay Chat* (IRC), dessen Entwicklung bis ins Jahr 1989 zurückreicht. Standardisiert wurde das Protokoll in den RFCs 2810 ff. [194, 195, 196, 197].

Unter den beteiligten Komponenten wird zwischen IRC-Servern und -Clients unterschieden. Die IRC-Server bilden einen Spannbaum, d. h. jeder Server ist aus seiner Sicht Wurzelknoten für den Rest des Netzes. Die IRC-Nachrichten werden über TCP transportiert und anschließend als Klartext aus dem Bytestrom extrahiert, wobei eine Zeilenendemarkierung (CRLF – Carriage Return Line Feed) als Nachrichtentrennung basiert. Obwohl auch ein direkter Nachrichtenaustausch zwischen Benutzern möglich ist, wird IRC meist zur 1:n-Kommunikation eingesetzt. Diese erfolgt über mit einem Namen versehene Benutzergruppen, so genannte *Channels*. Eine Nachricht, die an einen Channel adressiert ist, wird an alle Benutzer dieses Channels weitergeleitet (daher 1:n-Kommunikation, insgesamt gesehen n:m-Kommunikation). Eine besondere Rolle nimmt dabei der erste Benutzer eines Channels ein. Dieser Administrator ist mit zusätzlichen, Moderator-ähnlichen Privilegien ausgestattet, die es ihm z. B. erlauben, andere Benutzer aus dem Channel auszuschließen.

In Bezug auf die genannten Sicherheitskriterien hat IRC folgende Eigenschaften:

- *Absicherung der direkten Kommunikation* — Die Authentifizierung der Verbindungen zwischen den verschiedenen Servern basiert auf einem Klartextpasswort und kann somit leicht mitgelesen werden; die Authentifizierung zwischen Clients und Server ist optional und ebenfalls Klartextbasiert. Weitergehende Schutzmaßnahmen, beispielsweise zum Schutz von Vertraulichkeit, sind nicht vorgesehen. Da IRC TCP-basiert ist, könnte dies durch Nutzung von TLS (s. Abschnitt 7.3, S. 276) erreicht werden.

- *Absicherung der Ende-zu-Ende-Kommunikation* — Für Nachrichten von Ende zu Ende stellt das IRC-Protokoll keinerlei Schutzmechanismen bereit. Authentizität, Integrität und Vertraulichkeit sind daher nicht abgesichert.

- *Privatsphäre* — Prinzipbedingt muss ein IRC-Server lokale Benutzerinformationen an alle andern IRC-Server verschicken, damit diese z. B. Suchoperationen beantworten können. Somit findet von Grund auf eine weite Verbreitung der Daten statt. Andere Clients können diese Daten von Servern abfragen.

- *Zuverlässigkeit* — Da die Verbindungen zwischen den verschiedenen Servern zum Aufbau des Spanning-Trees nicht redundant ausgelegt werden, kann diese Vorgehensweise für einen Angriff ausgenutzt werden. Gelingt es einem Angreifer mittels einer DoS-Attacke einzelne Verbindungen des Spanning-Trees zu zerstören, so ist er danach in der Lage, privilegierte Rechte zu erhalten, obwohl er nicht der ursprüngliche Erzeuger des IRC-Channels ist. Besonders durch so genannte „Script-Kiddies" wird diese Art des Angriffs zur gezielten Übernahme von IRC-Channels eingesetzt [249].

Berühmt und berüchtigt wurde IRC in den letzten Jahren durch seine Verwendung für DDoS-Attacken (vgl. Abschnitt 2.5.7, S. 17). Dabei geht der Angriff nicht vom IRC-Protokoll direkt aus, sondern der Angreifer nutzt das Protokoll, um mit vorher kompromittierten Rechnern, so genannte *Bots*, zu kommunizieren und diese fernzusteuern. Dafür läuft auf jedem der kompromittierten Rechner ein IRC-Client, welcher in speziellen Channels auf Kommandos des Angreifers wartet. Der Angreifer tritt bei einer Attacke selbst nicht unmittelbar in Erscheinung, da er nur Kommandos an die Menge von ihm kontrollierter Bots verschickt. Er selbst versteckt sich möglicherweise hinter einer langen Kette von IRC-Servern und erschwert dadurch eine Rückverfolgung.

10.11.2 OSCAR/ICQ

Die erste erfolgreiche kommerzielle Messaging-Anwendung war ICQ (sprich: „I seek you") von Mirabilis [170], welche im November 1996 vorgestellt wurde. Durch die Übernahme von Mirabilis durch AOL im Jahre 1998 wurde ICQ mit der AOL-eigenen Messaging-Anwendung *AOL Instant Messenger* (AIM) zum

Open System for CommunicAtion in Realtime (OSCAR) zusammengeführt und danach mehrfach überarbeitet.

Auch wenn der Name anderes suggeriert, ist das Protokoll durch AOL nicht offen dokumentiert, ist jedoch dank einer Analyse des Protokolls [350] bekannt.

In Bezug auf die genannten Sicherheitskriterien haben ICQ/OSCAR folgende Eigenschaften:

- *Absicherung der direkten Kommunikation* — Das Protokoll stellt nur Mechanismen zur Authentifizierung des Clients gegenüber dem Server bereit. Verfahren zur Sicherung der Integrität oder Vertraulichkeit von Nachrichten sind im Protokoll nicht enthalten. Derzeit werden zwei unterschiedliche Authentifizierungsverfahren angeboten:

  Die erste Variante basiert auf einer einfachen XOR-Verschlüsselung des Passwortes P mit einem 16 Byte langen Schlüssel K, der jedoch allen Teilnehmern bekannt ist. Der Server macht die Verschlüsselung rückgängig und kann anschließend das empfangene Passwort mit dem vorhandenen vergleichen. Da der Schlüssel bekannt ist, kann jedoch auch ein Angreifer, der die Kommunikation belauscht, das Passwort ermitteln.

  Die zweite Variante nutzt das inzwischen als unsicher geltende Prüfsummenverfahren MD5 (s. Abschnitt 3.5.4, S. 61). Nachdem der Client eine Nachricht an den Server geschickt hat, in der er eine MD5-basierte Authentifizierung fordert, antwortet der Server mit einer Challenge (s. Abschnitt 4.1.2, S. 98). Diese verknüpft der Client mittels folgender Formel mit dem Passwort des Benutzers und sendet das Ergebnis zurück an den Server:

  MD5(Challenge+Passwort+„AOL Instant Messenger (SM)")

  Der Server führt die gleiche Verknüpfung mit dem gespeicherten Passwort und der übermittelten Challenge durch und vergleicht das Ergebnis mit der empfangenen Antwort des Clients.

  Bei der Verwendung der MD5-basierten Authentifizierungsmethode ist zwar auf den ersten Blick eine sichere Authentifizierung gewährleistet, jedoch können einfache Passwörter durch den Angreifer mittels Wörterbuch-Attacke ermittelt werden. Durch die Verwendung einer Challenge ist diese Art der Authentifizierung zumindest sicher vor Attacken durch Wiedereinspielen.

  Beide Verfahren können aufgrund der fehlenden Server-Authentifizierung leicht mittels Man-in-the-Middle-Angriff kompromittiert werden, wobei der Angreifer einen regulären Server vortäuscht.

- *Absicherung der Ende-zu-Ende-Kommunikation* — OSCAR sieht keine Absicherung der Ende-zu-Ende-Kommunikation vor.

- *Privatsphäre* — Das Protokoll sieht vor, dass viele Autorisierungsüberprüfungen erst im Client durchgeführt werden. So wird beispielsweise das Abfragen von fremden Nutzerinformationen nicht durch das Protokoll oder den Server geschützt. Mit einem entsprechend modifizierten Client können diese vertraulichen Daten ohne entsprechende Rechte abgerufen werden. Lediglich offizielle Clients unterbinden solche Abfragen, wenn die Gegenseite die Zustimmung nicht gegeben hat.

- *Zuverlässigkeit* — Durch die alleinige Bereitstellung der notwendigen Server durch AOL bzw. Mirabilis gibt es auf Server-Seite keine Alternative. Somit könnte durch einen gezielten Angriff auf die Infrastruktur der Betreiberunternehmen der gesamte Dienst lahmgelegt werden.

OSCAR weist somit wie IRC wesentliche Sicherheitsmängel auf.

10.11.3 XMPP/Jabber

Ein vollkommen anderer Weg wurde bei der Entwicklung von *Jabber* gegangen. Die Entwicklung erfolgte öffentlich und unter Mitarbeit zahlreicher Freiwilliger; insbesondere stand Sicherheit beim Protokollentwurf von Anfang an im Vordergrund.

Der erste Versuch einer Standardisierung erfolgte im Juni 2000 mit dem Einreichen eines Internet-Drafts, welcher jedoch aufgrund fehlender Mitarbeit nicht weitergeführt wurde. Ein erneuter Versuch im Februar 2002 führte zur Gründung der *IETF XMPP Working Group* im Oktober 2002, welche die weitere Standardisierung des *eXtensible Messaging and Presence Protocol* (XMPP) verfolgte, das die Basis von Jabber bildet. Die offizielle Standardisierung erfolgte 2004 durch die IETF in den RFCs 3920 und 3921 [326, 327].

Wie OSCAR/ICQ verwendet auch Jabber einen Client/Server-basierten Ansatz. Jeder Server verwaltet eine lokale Benutzerbasis und leitet Nachrichten an nicht lokale Benutzer an den entsprechenden Server weiter. Den zugehörigen Server ermittelt dieser dann aus der *Jabber-ID* des jeweiligen Benutzers, welche die Form `id@domain/resource` hat. Dabei ist `id` der eigentliche lokale Benutzer-Account, `domain` bezeichnet den jeweiligen Jabber-Server und `resource` dient zur Unterscheidung verschiedener Clients eines Benutzers.

Die Kommunikation zwischen Client und Server erfolgt per TCP. Für die Darstellung der zu übertragenden Daten wird eine im Standard enthaltene XML-Darstellung verwendet.

In Bezug auf die genannten Sicherheitskriterien haben Jabber/XMPP folgende Eigenschaften:

- *Absicherung der direkten Kommunikation* — Für die Authentifizierung setzt XMPP auf SASL (s. Abschnitt 10.4, S. 428) und kann somit auf zahlreiche Authentifizierungsmechanismen zurückgreifen. Die erreichbare Sicherheit der Authentifizierung hängt dabei stark vom eingesetzten SASL-Mechanismus ab.

  Zur Sicherung der Kommunikation zwischen Client und dem dazugehörigen Server oder zwischen zwei Servern kann TLS (s. Abschnitt 7.3, S. 276) eingesetzt werden. Dadurch wird jedoch nur der Schutz der Integrität oder der Vertraulichkeit zwischen den beiden beteiligten Kommunikationspartnern erbracht.

- *Absicherung der Ende-zu-Ende-Kommunikation* — Um die Authentizität, Integrität und die Vertraulichkeit von Nachrichten zwischen Benutzern erbringen zu können, ist es möglich, S/MIME (s. Abschnitt 10.9.5, S. 470) in XMPP [325] zu benutzen. Mit Hilfe dieser Erweiterung ist es möglich, Nachrichten zu signieren und damit die Authentizität und Integrität zu sichern. Zusätzlich können vertrauliche Nachrichten zwischen Benutzern verschlüsselt werden. Neben dem standardisierten Ansatz existieren auch Implementierungen, die zur Ende-zu-Ende-Sicherung PGP (vgl. Abschnitt 10.9.4, S. 465) einsetzen.

- *Privatsphäre* — In Bezug auf Benutzer- oder Statusinformationen wird durch die Server zugesichert, dass nur autorisierte Benutzer den Status eines Benutzers abrufen können. Diese Erlaubnis, den Status abzurufen, muss vom jeweiligen Benutzer für die jeweiligen Nutzer vorher erteilt worden sein.

- *Zuverlässigkeit* — Im Gegensatz zu OSCAR können Server von beliebigen Personen, Firmen und Institutionen bereitgestellt werden.

XMPP stellt insgesamt gesehen alle notwendigen Sicherheitsmechanismen zur Verfügung und ist daher auch für sicherheitskritische Anwendungen geeignet.

10.11.4 Bewertung

Sowohl IRC als auch ICQ/OSCAR verfügen nicht über effektive Sicherheitsmechanismen, die einen Schutz der Kommunikation gewährleisten können. Beide verfügen zwar über schwache Mechanismen zur Authentifizierung, besitzen aber keine Mechanismen zum Schutz von Vertraulichkeit und Integrität der Kommunikation zwischen den Komponenten. Beide sind in Bezug auf den Schutz der Privatsphäre und der Bereitstellung eines zuverlässigen Kommunikationsdienstes als nicht zufriedenstellend einzustufen.

Bei XMPP wurde bereits beim Protokollentwurf auf Sicherheit geachtet und es erfüllt alle Anforderungen in Bezug auf Sicherheit. Daher ist es auch für sicherheitskritische Anwendungen geeignet.

10.12 Malware

Obwohl in diesem Buch der Schwerpunkt zwar auf der Sicherheit der Netzwerkprotokolle liegt, soll dennoch hier kurz auf die im Englischen *Malware* genannten Programme eingegangen werden, da diese sich inzwischen größtenteils über Netzwerke verbreiten und somit eine Bedrohung in vernetzten Systemen darstellen. Als Beispiel sei hier die Einschleppung über Laptops von Mitarbeitern genannt. Malware ist ein Sammelbegriff für Viren, Würmer, trojanische Pferde, logische Bomben und andere unerwünschte Programme oder Programmteile.

Zuerst erfolgt eine Kategorisierung und Beschreibung der wichtigsten Verbreitungswege. Danach werden Maßnahmen beschrieben, welche die Verbreitung von Malware limitieren können.

10.12.1 Kategorisierung

Die Einteilung von Malware in verschiedene Kategorien ist nicht immer einheitlich. Zusätzlich existieren viele unerwünschte Programme, die nicht genau in eine der beschriebenen Kategorien fallen, zumal Übergänge häufig fließend sind.

Dennoch lassen sich folgende Kategorien grob erkennen:

- *Viren* sind Programm(-teile), die sich nicht selbständig verbreiten und auf Wirtsprogramme angewiesen sind. Viren enthalten Code, um neue Wirtsprogramme zu infizieren/modifizieren.

- *Würmer* haben die Möglichkeit, sich selbst aktiv von Rechner zu Rechner zu verbreiten. Sie sind selbstständige Programme, die ohne ein Wirtsprogramm auskommen können.

- *Trojanische Pferde* verstecken sich im Wirtsprogramm und enthalten keinen Verbreitungsmechanismus. Die Täuschung besteht darin, dass das Wirtsprogramm scheinbar ganz normal funktioniert, der schädliche Code aber trotzdem versteckt zur Ausführung kommt.

- *Logische Bomben* verhalten sich lange Zeit inaktiv. Wenn eine bestimmte äußere Bedingung erfüllt ist (z. B. bestimmtes Datum erreicht), dann startet die logische Bombe.

Wie bereits erwähnt, sind die Grenzen zwischen den Kategorien fließend, z. B. ist es denkbar, dass trojanische Pferde erst nach einer gewissen Zeit aktiv werden und danach Würmer aussetzen und verteilen.

10.12.2 Verbreitung von Malware

Da alle oben beschriebenen Varianten von Malware – mit Ausnahme der unten erwähnten Hoaxes – Programme sind, ist es notwendig, dass die Schadroutine von einem Rechner abgearbeitet wird. Malware kann nur aktiv werden, wenn sie in ausführbarer Form vorliegt. Es ist nicht möglich, dass sich Malware in Form reiner Daten verbreitet. Eine Text-Datei, die ausschließlich angezeigt wird, kann keinen Schaden anrichten. Häufig ist aber die Unterscheidung zwischen Daten und Programmen nicht möglich, z. B. bei Textverarbeitungsdokumenten mit Makrosprachen oder aktiven Inhalten im WWW.

Das Ziel der Malware-Programmierer besteht darin, Rechner und Benutzer dazu zu bewegen, ungewollt die böswilligen Programmteile auszuführen. Sind diese erstmal gestartet, kann auch der Verbreitungsmechanismus der Malware greifen. Es gibt mehrere Verbreitungsvarianten:

- *Bootsektorviren* fügen sich zu den Codeteilen hinzu, die für das Starten des Betriebssystems zuständig sind. Die Verbreitung erfolgt über Wechselmedien, die in verschiedenen Rechnern zum Starten benutzt werden. Da beschreibbare und bootfähige Wechselmedien (Disketten) seltener wurden, wurden es folglich auch die Bootsektorviren. Michelangelo [69] rief 1992 ein größeres Medienecho hervor.

- *Dateiviren* infizieren ausführbare Dateien. Die Verbreitung findet beim Start einer infizierten Datei statt. Der Virus erweitert andere ausführbare Dateien um sich selbst, wodurch andere Programmdateien auf dem Rechner infiziert werden. Dies geschieht entweder, indem der Virus sich an die Datei anhängt und die Startadresse des Programms verändert oder indem der Virus sich an den Anfang der ausführbaren Datei kopiert. Es gibt noch eine primitive Art von Viren, welche die ausführbare Datei schlicht mit dem Virus überschreibt. In beiden Fällen werden zuerst der Virus und seine Schad-/Verbreitungsroutinen ausgeführt und danach das infizierte Programm. Wenn ein solches infiziertes Programm auf andere Rechner übertragen wird, wird der Virus natürlich automatisch mitkopiert.

- *Makroviren* arbeiten nicht mit direkt ausführbaren Binärdateien, sondern sind in Makrosprachen geschrieben. Viele neuere Softwarepakete enthalten solche Makrosprachen (Microsoft Office sei als prominentes Beispiel genannt), um noch anpassbarer an Benutzerbedürfnisse zu sein. Wenn diese Makrosprachen den Zugriff auf andere Dateien erlauben und es Möglichkeiten zum automatischen Start von Makros (z. B. beim Öffnen von Dokumenten) gibt, sind die Voraussetzungen für die Verbreitung von Makroviren gegeben.

- *Würmer*, wie z. B. Slammer [261], nutzen meistens Implementierungsfehler von im Netz angebotenen Diensten aus, um z. B. einen Pufferüberlauf zu erreichen. Dies funktioniert üblicherweise, indem mehr Daten übermittelt werden als das Zielsystem erwartet und verarbeiten kann. Das führt dazu, dass Daten über das Ende des Empfangspuffers hinaus geschrieben werden. Wenn der Angreifer geschickt vorgeht, werden Rücksprungadressen überschrieben und fremder Programmcode wird auf der angegriffenen Maschine ausgeführt [279]. Dieser Programmcode enthält dann Routinen, um sich vom infizierten Rechner aus auf gleiche Weise weiter zu verbreiten.

- *E-Mail-Würmer* nutzen die Möglichkeit, beliebige Dateien via E-Mail zu transportieren. Auf dem Zielrechner gibt es mindestens drei Varianten, um den Virus-Code auszuführen. Zum einen enthalten einige E-Mail-Clients Design- oder Implementierungsfehler, die automatisch Teile von E-Mails zur Ausführung bringen bzw. in der E-Mail enthaltene Script- und Makrosprachenprogramme starten. Außerdem ist es möglich, dass zum Darstellen der gesendeten Daten Hilfsprogramme oder Bibliotheken aufgerufen werden, welche wiederum Fehler enthalten können, so erst kürzlich geschehen mit einer Programmbibliothek zum Anzeigen von Bildern im JPEG-Format [363]. Schließlich ist es auch möglich, dass die E-Mail zusätzlichen Text enthält, der den Benutzer dazu bringen soll, angehängte Programme auszuführen. Ist der Wurm-Code erst einmal gestartet, sucht dieser den infizierten Rechner nach neuen E-Mail-Adressen ab und verschickt sich selbst weiter.

10.12.3 Schutzmechanismen gegen Malware

Die Vielfalt der Verbreitungswege zeigt, dass auch die Verteidigung gegen Malware vielfältig sein muss. Zu möglichen Schutzmaßnahmen gehören:

- *Aus- und Weiterbildung der Benutzer* — Dieser Punkt ist am wirkungsvollsten, vermutlich aber auch am teuersten und am schwierigsten durchzusetzen. Der Umgang mit neuer Technik erfordert auch immer neue Fähigkeiten und Kenntnisse. Diese müssen durch Weiterbildung und/oder Schulungen erlernt werden. Als Beispiel: Wenn die Benutzer wirklich wissen, welche Kopfzeilen einer E-Mail vertrauenswürdig sind und was bei einem Mausklick auf einen Dateianhang genau passiert, können sie besser entscheiden, ob dieser Mausklick gefährlich sein wird oder nicht.

- *Separation von Privilegien* — Insbesondere gilt, dass die Privilegien für einen schreibenden Zugriff auf Konfigurations- und Programmdateien sehr sparsam sowohl an Programme als auch an Benutzer verteilt werden sollten. Wenn das Betriebssystem schreibende Zugriffe verhindert, kann sich Malware nicht ausbreiten. Auch die Unterschiede zwischen „normalen" und privilegierten Benutzerzugängen sollten ausgenutzt werden.

- *Sicherung eines jeden Rechners* (*Endsystemsicherheit*) — Die Annahme, dass z. B. eine vorhandene Firewall gegen sämtliche Gefahren schützt, kann

zum leichtsinnigen Umgang der Administratoren und der Anwender innerhalb des eigenen Netzwerks führen. Insbesondere Gefahren, die von mobilen Geräten wie Notebooks, Laptops und PDAs ausgehen, sind hier zu
beachten, da sie Viren und Würmer von außen in ein gesichertes Netzwerk
einschleppen können: Ein mit Laptop ausgestatteter Mitarbeiter besucht
eine Konferenz. Dort schließt der Mitarbeiter den Laptop an das Konfe-
renznetzwerk an und ein Virus kann auf den (jetzt ungeschützten) Laptop
gelangen. Nachdem der Mitarbeiter in sein Heimatnetzwerk zurückgekehrt
ist, kann sich der Virus trotz Firewall in diesem verbreiten.

- *Bewusstsein für die Gefahren der Monokultur* — Wie auch in der Biologie
  ist es für Schädlinge einfacher, sich in Monokulturen zu verbreiten. Wenn
  alle Rechner identisch sind, dann sind auch Sicherheitsschwachstellen auf
  allen Rechnern identisch ausnutzbar.

- *Minimierung der Dienste und Funktionalitäten* — Je weniger Dienste und
  Funktionen verfügbar sind, desto kleiner ist die Wahrscheinlichkeit der
  Existenz einer ausnutzbaren Schwachstelle. Auch sollte möglichst jeder
  Dienst nur einer Gruppe von Benutzern zur Verfügung gestellt werden,
  die so klein wie möglich ist.

- *Aktuelle Software* — Wenn Fehler in Programmen oder im Betriebssystem
  entdeckt werden, dann stellt der Hersteller im Allgemeinen schnell eine
  aktualisierte Version des Programms zur Verfügung. Diese Updates müssen dann so schnell wie möglich installiert werden. Leider wird ein Update
  seitens der Administration oftmals verzögert, weil (manchmal nicht ganz
  unberechtigt) neu hinzugekommene Funktionsfehler oder Inkompatibilitäten befürchtet werden, die dann schwerer wiegen als die Sicherheitslücken.

- *Einsatz von Scannern* — Virenscanner finden bekannte Schädlinge anhand
  von Signaturen. Eine Signatur ist ein Teil aus dem Code des Virus, der
  diesen eindeutig kennzeichnet und nur in diesem Virus vorkommt. Die Hersteller der Virenscanner analysieren bekannte und neu aufgetauchte Viren
  und stellen danach neue Signaturen bereit, welche anschließend an die
  Virenscanner im Einsatz verteilt werden müssen. Die Virenscanner suchen
  dann nach diesen Signaturen und melden Fundstellen. Die Verteilung neuer
  Signaturen kostet natürlich Zeit, was ein inhärenter Nachteil von Scannern
  ist. Nachdem ein neuer Virus im Umlauf ist, muss er erst entdeckt werden,
  um dann die Signaturen zu erstellen und zu verteilen. Während dieser Zeit
  kann sich der Virus von Scannern unbemerkt verbreiten. So erreichte z. B.
  Slammer nur wenige Minuten nach der ersten Freisetzung seine maximale
  Ausbreitungsgeschwindigkeit [261]. Diese Zeitspanne ist deutlich zu kurz
  um neue Signaturen zu erstellen, verbreiten und zu installieren.

Zudem gehen Würmer und Viren dazu über, zunächst die Scanner-Software
zu deaktivieren und selbstmodifizierenden Code zu verwenden, so dass Signaturen nicht leicht erstellt werden können. Zum besseren Schutz sollten

normale Benutzer nicht über Systemprivilegien verfügen und ein Zugriff auf das Netzwerk erst erlaubt werden, nachdem eine Überprüfung des Systems (möglichst von außen) stattgefunden hat.

- *Regelmäßige Datensicherung* (Backup) — Ein Befall mit Malware kann zu Schaden an Daten und Programmen führen, z. B. durch vollständiges Löschen oder Überschreiben von Teilinhalten. Daher ist es notwendig, noch unmodifizierte Versionen der Daten vorzuhalten. Ein zeitlich mehrstufiges Datensicherungskonzept ist dazu praktisch unerlässlich, denn die letzte Datensicherung muss noch vor der Infektion stattgefunden haben. Dabei ist zu bedenken, dass einige Zeit vergehen kann, ehe ein Befall bemerkt wird und so u. U. die Malware aus der Datensicherung mit restauriert wird.

Um eine bereits vorhandene Infektion festzustellen und zu bereinigen, sind Scanner allerdings ein sehr nützliches Werkzeug. Zu beachten ist, dass viele Viren aktiv versuchen, Scanner zu behindern. Eine Möglichkeit ist es, dass Viren die Programmdaten der Virenscanner modifizieren. Als Alternative modifizieren sie Teile des Betriebssystems. Die Virenscanner nutzen das Betriebssystem, um die zu scannenden Daten zu lesen. Auf diese Weise kann sich der Virus vor dem Scanner „verstecken". Daraus folgt, dass es wenig sinnvoll ist, dass ein Rechnersystem sich selbst nach Schädlingen durchsucht. Effektiver ist es, wenn der Virenscanner von einem bekanntermaßen nicht infizierten System gestartet wird und der potentiell vorhandene Virus keine Möglichkeit hat, in den Scanprozess einzugreifen. Ähnliches gilt nach der sicheren Feststellung einer Infektion. Da nie sicher ist, ob alle Folgeschäden beseitigt wurden, besteht die sicherste und aufwändigste Lösung in einer Neuinstallation des Systems und dem Wiedereinspielen eines bekanntermaßen „sauberen" Backups, d. h. das Backup muss noch vor der Infektion des Systems angefertigt worden sein.

10.12.4 Hoax

Eine Besonderheit stellen so genannte *Hoaxes* (zu Deutsch etwa: Scherz, Schabernack) dar. Dies sind falsche Warnmeldungen in reiner Textform, welche per E-Mail in Form eines Kettenbriefes verbreitet werden und die Existenz eines Virus vortäuschen. Obwohl diese aufgrund des fehlenden Programmcodes im Gegensatz zu echten Computerviren keinen direkten Schaden verursachen, verbrauchen sie doch aufgrund der unkontrollierten Massenverbreitung erhebliche Ressourcen im Netz.

Bekannte Vertreter solcher Warnmeldungen sind beispielsweise E-Mails mit Betreffzeilen wie „Penpal Greetings" oder „Good times". Auch bereits bekannte Hoaxes tauchen teilweise auch nach sehr langer Zeit immer mal wieder auf. Einen Hoax erkennt man meistens an den folgenden typischen Anzeichen:

- Eine Referenz auf mindestens eine namhafte Firma (z. B. Microsoft, AOL, IBM usw.), um die Glaubwürdigkeit der Meldung zu untermauern.

- Die Aufforderung an den Empfänger, die Nachricht möglichst schnell an alle ihm bekannten Personen zu verschicken.

- Die Behauptung, dass der Virus alleine schon durch Öffnen der Nachricht aktiv wird, was in der Regel falsch ist.

- Eine beeindruckend offiziell aussehende Absenderadresse am Schluss der Nachricht.

Dass viele Hoaxes diese Merkmale tragen, heißt natürlich nicht, dass E-Mails mit diesen Anzeichen per se harmlos sind. Bei jeder empfangenen E-Mail ist die gleiche Vorsicht angebracht.

Die Erzeuger eines Hoaxes richten mit der Nachricht zwar keinen unmittelbaren Schaden beim Empfänger an, finden es aber toll, wenn andere Leute ihre Zeit und Netzwerkressourcen verschwenden, um die angeblichen Warnmeldungen weiterzuleiten. Sollten Sie eine solche Nachricht erhalten, löschen Sie diese einfach und senden Sie sie nicht weiter. Warnungen über tatsächlich gefährliche Viren sind der Fachpresse, Tageszeitungen und diversen Webseiten von Antiviren-Zentren zu entnehmen. Geben Sie daher diese falschen Warnungen niemals an Kollegen oder Freunde weiter – sie verbrauchen damit nur unnötigerweise Netzwerkressourcen!

10.12.5 Bewertung

Viren, Würmer und andere Malware stellen eine ernstzunehmende Gefahr für heutige Rechnernetze dar. Die Kosten für die Beseitigung von Malware sind hoch, insbesondere wenn viele Maschinen infiziert sind. Die Verhinderung von Infektionen ist eine wichtige Aufgabe von Administratoren geworden. Deshalb ist es notwendig, dass sich die verantwortlichen Administratoren über die Funktionsweise von Malware im Klaren sind, wobei dieses Kapitel die häufigsten erläuterte. Auch die Benutzer müssen über die Funktionsweise des Rechners geschult werden. Wichtigstes Mittel gegen Infektion bleibt die Sicherung jedes einzelnen Rechners (Endsystemsicherheit) und der zusätzliche Grundschutz am Rand des Netzes durch Firewalls. Hierdurch sollte der Zugriff auf nicht verwendete oder potentiell gefährliche Dienste unterbunden werden, um die Angriffsfläche für Würmer zu verringern, die den Zugriff auf durch Implementierungsfehler verwundbare Dienste zu ihrer Verbreitung benötigen. Virenscanner erhöhen den Schutz weiter. Der alleinige Einsatz von Scannern ist kein ausreichendes Mittel gegen Malware.

Teil III

Einsatzszenarien

Einleitung zum Praxisbeispiel

Nach der Einführung kryptographischer Grundlagen und der Vorstellung und Bewertung einer Vielzahl von Protokollen und Architekturen veranschaulicht nun der dritte Teil dieses Buches, wie diese in der Praxis eingesetzt und kombiniert werden können.

Zur besseren Veranschaulichung der Umsetzung von Netzwerksicherheit soll die Beispielfirma *SINEKO* dienen. Anhand dieser Beispielfirma werden folgende recht typische Szenarien erläutert:

- *Hauptstandort* — Als mittelständisches Unternehmen unterhält die Firma *SINEKO* einen Hauptstandort, an dem die drei Abteilungen Entwicklung, Vertrieb und Verwaltung untergebracht sind (vgl. Abbildung 11.1). Alle Abteilungen werden von der unternehmensinternen IT-Gruppe betreut. Neben der Nutzung gemeinsamer interner Ressourcen sollen die Mitarbeiter auch Zugriff auf das Internet haben.

- *Nebenstandort* — Zusätzlich zum Hauptstandort eröffnet das Unternehmen noch einen Nebenstandort mit einer eigenständigen Internetanbindung. Dieser Standort soll über diese bestehende Internetanbindung an den Hauptstandort angebunden werden. Die Abteilungen am Nebenstandort sollen dabei in den Hauptstandort integriert werden.

- *Zulieferer* — An der Erstellung eines Produktes der Firma *SINEKO* ist ein externer Zulieferer beteiligt. Für die Kommunikation zwischen Mitarbeitern beider Unternehmen soll E-Mail verwendet werden können. Um während der Produktion auf Prozessdaten zugreifen zu können, benötigt der Zulieferer außerdem Zugriff auf bestimmte interne Ressourcen der Firma.

- *Außendienstmitarbeiter* — Außer den am Hauptsitz und Nebenstandort aktiven Mitarbeitern beschäftigt das Unternehmen eine Anzahl von Außendienstmitarbeitern. Diese sind bei Kunden unterwegs und benötigen

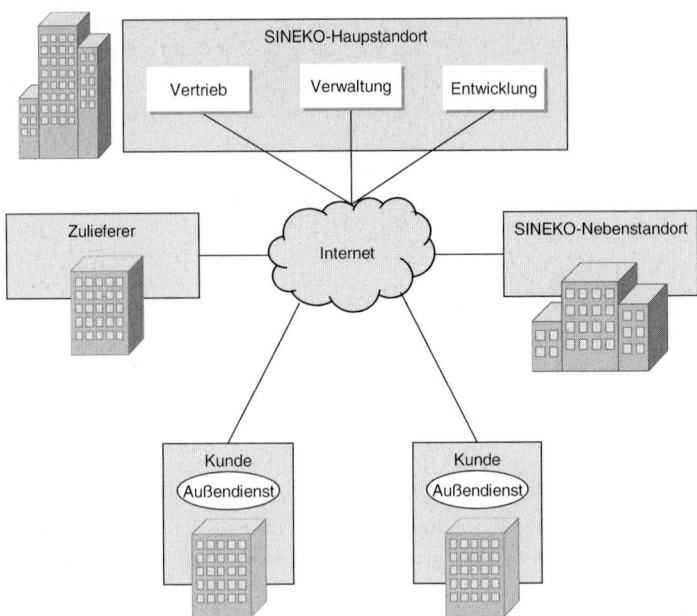

Abbildung 11.1. Übersicht des Szenarios

Zugriff auf Kunden- und Produktdaten. Zur Kommunikation mit dem Hauptstandort soll dabei auch die Internetanbindung des Gastunternehmens verwendet werden können.

- *Drahtlose Infrastruktur* — Zum Abschluss evaluiert die Firma am Hauptsitz den Ausbau einer drahtlosen Infrastruktur, die sowohl durch Mitarbeiter als auch durch Gäste nutzbar sein soll.

Zu jedem dieser Szenarien wird beschrieben, welche Bedrohungen existieren und welche Schutzziele daraus resultieren. Anschließend wird beschrieben, mit welchen in Teil II dieses Buches beschriebenen Protokollen und Architekturen bzw. aus welchen Kombinationen welches Schutzziel erreicht werden kann. Insbesondere wird auch beschrieben, welche Varianten mehr oder weniger sinnvoll sind und welche Fehler gemacht werden können.

Der Einsatz dieser Bausteine allein reicht jedoch nicht aus, um ein sicheres Netzwerk zu betreiben. Hierzu ist nicht nur der Einsatz von Sicherheitstechnologien notwendig, sondern es sind auch entsprechende Prozesse [334] notwendig, um die Sicherheit aufzubauen, zu messen und aufrecht zu erhalten. Es muss in Form von Audits immer wieder geprüft werden, ob präventive Sicherheitsmechanismen den Schutz tatsächlich gewährleisten bzw. reaktive Maßnahmen tatsächlich ergriffen werden. Gibt es trotz aller Sicherheitsbemühungen einen erfolgreichen Einbruch, so gilt es ihm Rahmen einer forensischen

Analyse die Schwachstelle zu finden und zu beseitigen. Nachfolgend gilt es wiederum zu überwachen, ob das neue Sicherheitsniveau ausreichend ist. Dieser Regelkreis muss permanent aktiv sein, um die bestmögliche Sicherheit zu erreichen.

Auf einen weiteren wichtigen Punkt möchten wir gleich zu Beginn der weiteren Betrachtungen hinweisen: Menschen – ob Entwickler von Software oder Hersteller bzw. Administratoren von Geräten – sind Teil dieser hier hauptsächlich von der technischen Seite beschriebenen Ansätze. Da Menschen nicht perfekt sind und früher oder später Fehler machen, ist es immer ratsam, ein Schutzziel nicht nur durch einen Mechanismus zu erreichen, sondern wenn möglich mehrstufig, d. h. durch mehrere Schutzwälle. Versagt ein Mechanismus, so gibt es noch weitere, welche die Sicherheit aufrecht erhalten.

Darüber hinaus ist eine Schulung der Mitarbeiter unabdingbar. Viele Sicherheitssysteme wurden geschwächt oder sogar überwunden, da Mitarbeiter überredet oder getäuscht werden konnten und Passwörter oder Zugangscodes herausgegeben haben. Diese ebenfalls unter *Social Engineering* einzuordnende Angriffsmethode ist sehr ernst zu nehmen; Beispiele für solche Angriffe können unter [253] nachgelesen werden.

Die letzten beiden Abschnitte sollten klar gemacht haben, dass Sicherheit eine facettenreiche und vielschichtige Sache ist. Mit den im Folgenden beschriebenen Szenarien und der Diskussion diverser Varianten bei der Anwendung von Schutzmechanismen soll nun zumindest durch Sensibilisierung für Probleme und Fehler vermieden werden, dass letztere schon initial bei der Wahl der Mechanismen gemacht werden.

Im Folgenden werden also die Sicherheitsbetrachtungen zum Netzwerk des Hauptstandorts (Kapitel 12), zur Anbindung eines Nebenstandorts (Kapitel 13), zur Einbindung externer Zulieferer (Kapitel 14), zur Integration der Außendienstmitarbeiter (Kapitel 15) sowie zur Bereitstellung einer drahtlosen Infrastruktur (Kapitel 16) beschrieben. Hierbei ist zu beachten, dass es sich insgesamt lediglich um ein Beispiel zur Verdeutlichung handelt, das sich nicht ohne weiteres auf die spezielle Situation realer Firmen übertragen lässt.

Hauptstandort

Nach Gründung der Firma *SINEKO* gilt es zunächst die Netzwerkinfrastruktur im Hauptstandort aufzubauen, um allen Mitarbeiter über ein kabelgebundenes Netzwerk (Ethernet) die Kommunikation untereinander, mit intern und extern (d. h. vom Internet aus) erreichbaren firmeneigenen Servern und mit sonstigen Zielsystemen im Internet zu ermöglichen.

Vorhanden ist eine für Fast-/Gigabit-Ethernet geeignete Verkabelungsinfrastruktur und eine Anbindung (z. B. via SDSL, E1 und andere Zugangstechniken) über einen ISP ins Internet. Hierbei werden statische IP-Adressen für die Anbindung genutzt; zusätzlich steht ein offizielles IP-Subnetz mit öffentlichen IP-Adressen zur Verfügung.

12.1 Bedrohungsanalyse

Mögliche Gefährdungen für das Netzwerk und die Kommunikation im Hauptstandort in Bezug auf Sicherheit sind:

- Ein Angreifer aus dem Internet greift unkontrolliert auf interne Rechner der Firma zu.

- Gefälschte Absende-IP-Adressen werden eingesetzt und somit wird eine falsche Identität vorgetäuscht.

- Ein Besucher benutzt unerlaubter Weise das Netzwerk.

- Ein Mitarbeiter kann Netzwerkverkehr belauschen, der sensitiven und für ihn nicht freigegebenen Inhalt hat, z. B. Bilanz- oder Mitarbeiterdaten.

- Ein Mitarbeiter kann Dienste nutzen, für die er keine Autorisierung hat.

- Mitarbeiterrechner oder Server werden durch Malware infiziert.

12.2 Schutzziele

Aus der Bedrohungsanalyse resultieren die folgenden Schutzziele (SZ):

- SZ1: Der Zugriff aus dem Internet auf die firmeninternen Rechner muss eingeschränkt und kontrolliert werden.

- SZ2: Es muss sichergestellt werden, dass sowohl aus dem eigenen Netz als auch aus dem Internet nur IP-Pakete mit topologisch korrekter Absender-IP-Adresse angenommen werden.

- SZ3: Vor Nutzung des LANs muss eine Autorisierungsprüfung des Rechners durchgeführt werden.

- SZ4: Rechner mit sensiblen Daten müssen von normalen Rechnern abgegrenzt werden, so dass ein Belauschen der Kommunikation durch „fremde" Systeme nicht möglich ist.

- SZ5: Vor der Nutzung von Diensten muss die Autorisierung des Nutzenden geprüft werden.

- SZ6: Alle Rechner müssen vor Malware geschützt werden.

12.3 Naiver Lösungsansatz

Ein naiver Ansatz wäre, mit einer minimalen Variante anzufangen. Diese könnte so aussehen, dass alle firmeneigenen Rechner – d. h. Arbeitsplätze wie Server – an einen zentral im Büro aufgestellten Switch angeschlossen und ihnen IP-Adressen aus einem privaten Subnetz (vgl. Abschnitt 6.5, S. 246) zugewiesen werden. Somit wäre die interne Kommunikation schnellstmöglichst und ohne den Einsatz eines Routers hergestellt.

Zur Bereitstellung eines E-Mail-Dienstes werden ein SMTP- und ein POP-/IMAP-Server betrieben. Ersterer ist für den Versand interner und externer E-Mails zuständig und führt keine Authentifikation durch; letzterer führt Authentifikation über Klartextpasswörter durch. Darüber hinaus ist ein DNS-Server für die Auflösung interner Domainnamen zuständig, für die öffentliche Zone „`sineko.de`" und für die Rückwärtsauflösung der vom Provider zugewiesenen offiziellen IP-Adressen. Ein WWW-Server wird für interne und externe Seiten genutzt und unterscheidet anhand des Domainnamens der angefragten Seite (Virtual Hosting) zwischen internen und externen Seitenanfragen.

Durch Anschließen eines Routers an den Switch und die Außenanbindung und durch Aktivierung von Masquerading (s. Abschnitt 6.5.2, S. 247) könnte auch der Zugriff von den Rechnern auf das Internet schnell hergestellt werden. Sogar

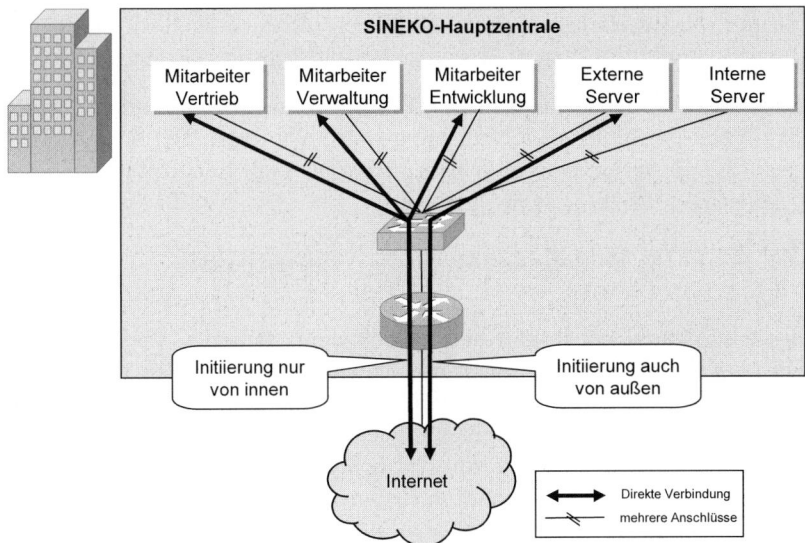

Abbildung 12.1. Naiver Netzaufbau

der Zugriff aus dem Internet auf interne Server über portabhängiges NAT, so genanntes *Port-Forwarding*, wird durch viele Router ermöglicht.

Der bisher beschriebene Ansatz ist in Abbildung 12.1 visualisiert. Sicherheitstechnisch wäre SZ1 damit teilweise erfüllt, weil ja nur Pakete für existierende Verbindungen bzw. für Port-Forwarding-Adressen weitergeleitet würden; SZ2 wäre auch teilweise umgesetzt, da interne Rechner nach außen keine falsche Adresse angeben können, weil erst der Router über NAT die offizielle Absendeadresse bestimmt. Von außen könnten jedoch noch Pakete mit der offiziellen IP-Adresse des Routers kommen und würden auch weitergeleitet werden, da der Router bisher noch kein Firewalling betreibt. Weiterhin wäre SZ3 definitiv nicht erfüllt, da der Switch keine Zugangskontrolle durchführt; SZ4 ist auch nicht erreicht, da alle Rechner sich im gleichen Schicht-2-Segment befinden. SZ5 ist grundsätzlich erreicht, weil alle Dienste vor Nutzung eine Authentifizierung des Benutzers durchführen. SZ6 ist bisher nicht erreicht.

Auf den ersten Blick sieht dieser Ansatz im Verhältnis zum Aufwand verlockend aus, da etliche Schutzziele bei minimalem Einsatz teilweise erfüllt werden. Da die Firma noch neu, die Anzahl der Mitarbeiter überschaubar ist und sich alle gegenseitig vertrauen, ist die Gefahr groß, dass Sicherheit zur Nebensache deklariert wird, der man sich „zu gegebener Zeit" noch widmen kann. Der wesentliche Punkt ist hier aber, dass zum einen Anfangsfehler im Design die Skalierbarkeit behindern und zum anderen das nachträgliche Beheben dieser Designfehler überproportional viel Aufwand bedeutet. Dies kann durchaus ein Grund sein, warum später die Erfüllung von Sicherheitszielen abgelehnt wird, weil das Kosten/Nutzen-Verhältnis nicht angemessen erscheint.

Im Folgenden werden die wesentlichen Fehler dieses Ansatzes identifiziert. Es werden jeweils verschiedene Lösungswege mit Hilfe der in Teil II dieses Buches vorgestellten Sicherheitsmechanismen aufgezeigt und bewertet.

12.3.1 Fehler 1: Fehlender Schutz der Infrastruktur

Auch wenn Switch und Router bisher noch wenig sicherheitstechnische Funktionen übernommen haben, so werden sie doch im Folgenden zu sicherheitskritischen Geräten. Für Geräte fast aller Art gilt, dass sie nicht mehr sicher sind – oder zumindest die Resistenz gegen Angriffe deutlich sinkt – wenn der Angreifer direkten Zugriff zur Hardware hat. Bei Rechnern lassen sich Festplatten ausbauen und an andere Rechner anschließen, um Zugriff auf die Daten zu bekommen. Bei Routern und Switches gibt es meistens so genannte *Password-Recovery*-Prozeduren, die es dem Administrator erlauben, bei Vergessen des Passwortes dieses neu zu setzen oder ohne Passwort dennoch auf die Konfiguration zuzugreifen. Für solche Prozeduren ist allerdings ein Zugang zur Hardware bzw. zum Konsolenport notwendig.

Daher ist es unbedingt notwendig, kritische Komponenten vor direktem physischem Zugriff zu schützen. Mögliche Optionen sind hier:

1. Ein dedizierter, abschließbarer Raum für sicherheitskritische Komponenten. Eventuell bietet sich direkt der Raum an, in dem die Abschlüsse einer strukturierten Büro-/Gebäudeverkabelung präsentiert werden.

2. Ein individuell sicherbarer Verteilerschrank.

Bei einem Zugangsschutz zu Räumen muss beachtet werden, dass ggf. Reinigungspersonal oder Hausmeister meistens uneingeschränkten Zugang zu allen Räumen besitzen, weshalb durchaus eine Kombination aus abschließbaren Schränken und zugangsgesicherten Räumen sinnvoll ist.

Neben dem physischen Schutz ist auch ein sicherer netzwerkseitiger Zugang zu den Geräten notwendig. Dieser ist z. B. erforderlich, um Konfigurationsdaten zu übertragen. Optionen sind hier:

1. *SSH* — Für Unix-Server ist SSH (s. Abschnitt 10.2, S. 400) der Standardweg für einen sicheren Zugriff. Bei Netzwerkgeräten wie Routern und Switches setzt sich ebenfalls SSH zunehmend durch.

2. *HTTP+TLS* — Bei Geräten, die nur über eine graphische Oberfläche oder ein Webfrontend konfigurierbar sind, ist HTTP+TLS (vgl. Abschnitt 7.3, S. 276) sinnvoll. Hier schreckt der Aufwand für die Initialisierung und den

Betrieb einer PKI (siehe Kapitel 9, S. 349) ab. Da diese jedoch vielseitig einsetzbar ist (IPsec, TLS, S/MIME u.a.) kann der Unterhalt einer PKI eine sinnvolle Investition sein.

3. *Telnet* — Telnet (s. Abschnitt 10.2.2, S. 401) ist der seit langer Zeit übliche Weg, auf Netzwerkkomponenten zuzugreifen, obwohl Telnet wenig Sicherheit bietet. Telnet führt zwar eine initiale Authentifikation durch, allerdings im Klartext. Darüber hinaus basiert es auf TCP, das gegen eine Entführung einer Session nicht ausreichend geschützt ist (s. Abschnitt 7.2.1, S. 272). Daher ist hier ein separates Out-of-band-Management-LAN notwendig, um die Kommunikation zu schützen.

4. *Konsole* — Aufgrund des Schutzbedarfs der Geräte und der räumlichen Trennung, ist der serielle Konsolenzugang eine aus Komfortgründen selten genutzte Variante. Andererseits bleibt der Konsolenzugang in einigen Notfällen der einzig noch funktionierende Zugang. Möglich ist hier noch die Nutzung eines *Terminalservers*, der über ein gesichertes LAN ansprechbar ist und netzwerkseitigen Zugriff auf Konsolen-Ports bietet.

Empfehlenswert sind hier die Varianten 1 und 2, da sie als sehr sicher gelten und offene, herstellerneutrale Protokolle nutzen. Diese Varianten sollten beim Kauf von Geräten berücksichtigt werden.

12.3.2 Fehler 2: Keine Trennung von Rechnergruppen

Eine Strukturierung in Rechnergruppen ist sinnvoll, wenn Rechner in Bezug auf Sicherheitsanforderungen und Schutzziele ähnlich sind. Beispielsweise kann es sein, dass zwischen Rechnern einer Gruppe besonders sensitive Daten ausgetauscht werden. In diesem Fall will man also erreichen, dass Rechner außerhalb der Gruppe möglichst keinen Datenverkehr mithören können, was ohne Anwendung von Kryptographie in Ethernet-Segmenten nie ausgeschlossen werden kann. Schutzziele können aber auch sein, dass der Zugriff auf eine Gruppe von Rechnern oder der Zugriff von einer Gruppe von Rechnern auf andere Ziele gebündelt eingeschränkt werden soll.

Der bisherige Ansatz sieht keinerlei Strukturierung vor und schränkt Kommunikation weder in Schicht 2 noch in Schicht 3 ein. Das hat zur Folge, dass alle Komponenten ungehindert und unkontrolliert miteinander kommunizieren können. Somit befinden sich Rechner von Software-Entwicklern im gleichen Broadcast-Bereich wie z.B. Rechner der Verwaltung, die in Bezug auf den Datenschutz sensitive Daten (beispielsweise Personaldaten) austauschen. Dies bringt aufgrund der schwachen Sicherheit im LAN (vgl. Abschnitt 5.2.1, S. 142) Risiken mit sich.

Auch in Bezug auf den Zugriff aus dem Internet auf interne Rechner ist die initiale Lösung ohne Trennung auf Schicht 2 und 3 höchst bedenklich. Rechner, auf die aus dem Internet zugegriffen wird, bringen aufgrund der großen

potentiellen Menge von Angreifern ein erhöhtes Risiko mit sich. Hat ein Angreifer Erfolg, so befindet sich der kompromittierte Rechner im gleichen LAN
wie Mitarbeiterrechner oder interne Server. Der Zugriff auf Netzwerkebene ist
somit nicht mehr einschränkbar und der Schutz dieser Rechner hängt allein
von rechnerseitigen Sicherheitsmechanismen ab. Aus diesem Grund ist die Abtrennung von Rechnern empfehlenswert, bei denen abzusehen ist, dass früher
oder später von außen auf sie zugegriffen werden muss.

Für die Gliederung der Rechner in Rechnergruppen bzw. zur Einschränkung
und Kontrolle der Kommunikation zwischen Rechnern unterschiedlicher Gruppen gibt es folgende Möglichkeiten:

1. *Filtern auf Ethernet-Ebene* — Auch wenn solche Funktionen nur langsam Einzug in die Hardware halten, ist auch auf Ethernet-Ebene das
   Filtern von Ethernet-Rahmen möglich. Dies geschieht meistens auf Basis der MAC-Adressen. Somit könnte pro Rechner die Menge der Ziel-
   MAC-Adressen eingeschränkt werden, mit denen er kommunizieren darf;
   eine Einschränkung auf Schicht 3 oder 4 ist hier ohne spezielle Zusatz-
   funktionen des Switches nicht möglich. Nachteilig an dieser Lösung ist,
   dass MAC-Adressen lediglich eine Netzwerkkarte global eindeutig identifizieren. Wird eine defekte Karte ausgetauscht, müssten hier die Regeln
   des eigenen und potentiell vieler anderer Ports angepasst werden. Hinzu kommt, dass die von der Netzwerkkarte verwendete MAC-Adresse oft
   konfigurierbar ist bzw. die Adressen des Ethernet-Rahmens vom Betriebssystem erstellt werden. Somit ist die MAC-Adresse nicht fälschungssicher
   (s. Abschnitt 5.2.1, S. 142).

2. *Anwendung von IPsec* — Theoretisch kann die Abgrenzung auch durch
   Anwendung von IPsec (s. Abschnitt 6.2, S. 210) umgesetzt werden: Der
   Administrator pflegt eine Matrix, welche die zulässigen Verkehrsbeziehun-
   gen auf Rechner und Port-Ebene widerspiegelt und konfiguriert diese in
   Form einer rechnerspezifischen IPsec-SPD (s. Abschnitt 6.2.6, S. 223) auf
   alle Rechner. Nicht geschützter Verkehr wird nicht zugelassen. Somit kön-
   nen zwei Rechner nur miteinander kommunizieren, wenn auch tatsächlich
   auf beiden Seiten ein passender SPD-Eintrag vorhanden ist. Auch dieser
   Ansatz ist aufwändig zu pflegen und bietet wie der vorherige Ansatz wenig
   Möglichkeiten zur Aggregation.

   Analog zur SPD könnte auch ein Firewall-Regelwerk auf allen Rechnern
   installiert werden, das nicht gewünschte Kommunikation unterbindet.

3. *LANs/VLANs* — Die praktikabelste Variante ist, Rechnergruppen über
   (V)LANs (vgl. Abschnitt 5.2.1, S. 142) voneinander zu trennen. Somit
   können nur Systeme des gleichen (V)LANs direkt miteinander kommunizieren; Systeme in unterschiedlichen (V)LANs müssen über einen Router
   kommunizieren, wodurch Firewalling (s. Abschnitt 6.6, S. 253) ermöglicht

wird. Vorteilhaft ist insbesondere, dass letzteres in aggregierter Form gültig für gesamte Rechnergruppen durchgeführt werden kann.

Zwischen VLANs und Hardware-seitig getrennten LANs wird im Folgenden nicht mehr unterschieden. Auf den ersten Blick mag eine Hardware-seitig getrennte LAN-Infrastruktur sicherer sein als VLANs, weil keine Software für die Abgrenzung zum Einsatz kommt. In Bezug auf Benutzerfehler, die im Alltag eher auftreten, unterscheiden sie sich jedoch nicht: Die Sicherheit ist beeinträchtigt, egal ob der Administrator einem Benutzer-Port ein falsches VLAN zuweist oder den Rechner eines Benutzers an einen falschen Switch anschließt. Es bleibt im Ermessen des Anwenders, mit welcher Variante er sich sicherer fühlt.

Um eine angemessene Sicherheit bei guter Verwaltbarkeit zu erreichen, ist es empfehlenswert, VLANs sowie Firewalling in den Schichten 3 und 4 einzusetzen.

Ein häufiger Designfehler ist in diesem Zusammenhang, bei der IP-Adressierung nicht voraus zu planen. Rechner, die sich in unterschiedlichen VLANs befinden, müssen netztopologisch getrennt adressierbar sein und können somit nicht Adressen aus einem gemeinsamen Subnetz haben. Später von einem nicht VLAN-fähigen Switch, d. h. einem einzigen Broadcast-Segment, auf mehrere VLANs umzusteigen, bedeutet somit nicht nur, Ports auf dem Switch bestimmten VLANs zuzuweisen, um sie voneinander abzugrenzen, sondern auch die Subnetzstruktur und die damit zusammenhängende IP-Adressierung anzupassen. Bei Arbeitsplatzrechnern ist ein Adressenwechsel u. U. via DHCP relativ einfach zu erreichen; bei Servern ist das jedoch oftmals nicht ohne weiteres möglich, da für sie häufiger statische IP-Adressen zum Einsatz kommen, um deren Abhängigkeit von DHCP (s. Abschnitt 6.1.4, S. 207) zu beseitigen.

Somit gestaltet sich eine nachträgliche Änderung der Subnetzstruktur allein aus Netzwerksicht als nichttrivial. Ignoriert wurden noch Probleme, die z. B. durch Änderungen von Nameservereinträgen und statisch in Anwendungen eingetragene IP-Adressen entstehen sowie viele andere Probleme, die im täglichen Leben bzw. Betrieb auftreten. Daher kann hier nur die Empfehlung gegeben werden: Von Anfang an sollten für unterschiedliche Rechner- und Benutzergruppen unterschiedliche VLANs und unterschiedliche IP-Subnetze benutzt werden. Dies ermöglicht es auch, grundsätzlich netzwerkseitig über Filterregeln Zugriffskontrolle und -einschränkungen in Form von Filterregeln zu realisieren.

Der um VLANs erweiterte naive Ansatz wird in Abbildung 12.2 gezeigt. Hier wurden nun im ersten Schritt die Rechner in 3 Gruppen unterteilt:

- *Mitarbeiterrechner* — Rechner von Mitarbeitern, gruppiert nach Abteilungen

- *Interne Server* — Das sind Server, auf die nur intern zugegriffen werden kann.

- *Externe Server* — Das sind Server, auf die auch von außen, d. h. insbesondere vom Internet aus zugegriffen werden kann.

Somit kann durch den Router die Kommunikation zwischen den Gruppen eingeschränkt werden (SZ4).

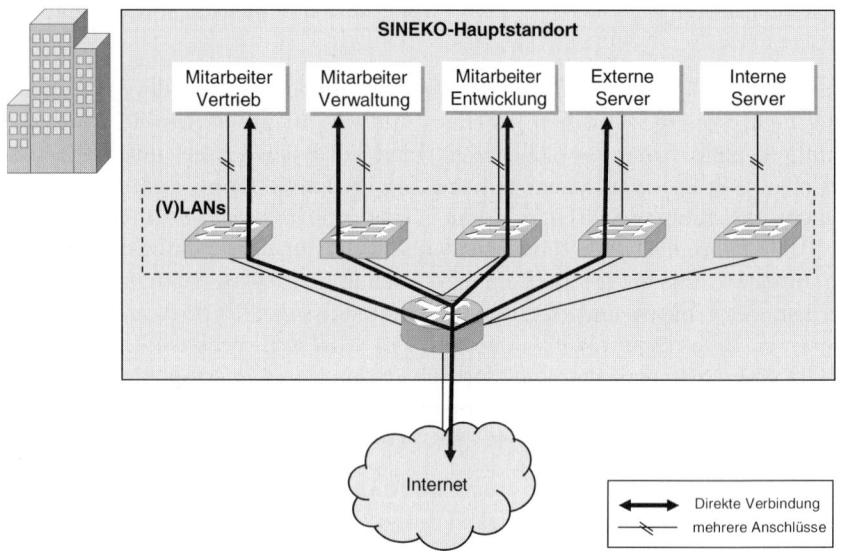

Abbildung 12.2. Netzaufbau mit VLANs

12.3.3 Fehler 3: Keine Zugangssicherung zum LAN

Die Nutzung von VLANs ist meistens mit Benutzergruppen mit unterschiedlichem Schutzbedarf und eventuell unterschiedlichen Privilegien verbunden. Um diese Unterscheidung zu schützen, ist eine Authentifikation des Benutzers gegenüber dem Switch notwendig, um ihm nur den Zugriff auf das ihm zugeordnete legitime VLAN zu gewähren. In Bezug auf Gäste ist eine Zugangskontrolle notwendig, um unerwünschten Zugriff auf das Netz grundsätzlich zu verhindern.

Zur Umsetzung einer Zugangskontrolle zum LAN existieren folgende Möglichkeiten:

1. *Aktivierung von Ports bei Bedarf* — Durch Freischalten eines Ports erst bei Beginn seiner Nutzung und Deaktivierung aller ungenutzten Ports ist ein Missbrauch letzterer ausgeschlossen. Ausgeschlossen ist allerdings nicht, dass ein Angreifer sich einen in Benutzung befindlichen Port „zweckentfremdet".

2. *Filtern auf Ethernet-Ebene* — Durch Filtern von MAC-Adressen ist es prinzipiell möglich, pro Port nur Rahmen mit einer statisch konfigurierten oder dynamisch gelernten MAC-Adresse zuzulassen. Somit kann keine andere Netzwerkkarte als die konfigurierte den Port nutzen. Wie bereits in Abschnitt 5.2.1 (S. 142) beschrieben wurde, ist an diesem Ansatz nachteilig, dass bei Austausch einer Netzwerkkarte auch die Zugangskontrolle angepasst werden muss und dass MAC-Adressen fälschbar sind. Kennt der Angreifer die autorisierte MAC-Adresse, so kann er diese lokal konfigurieren und den Port danach nutzen.

3. *Zugangskontrolle über 802.1x* — Mit Hilfe von 802.1x (s. Abschnitt 5.2.3, S. 151) ist die Erzwingung der Authentifikation des Rechners bei Anschluss an den Switch oder nach Ablauf eines gewissen Zeitintervalls möglich. Durch Auslagerung der Authentifikation auf einen RADIUS-Server (s. Abschnitt 8.3.1, S. 300) können die Zugangsdaten an einem zentralen Ort gespeichert und gepflegt werden. Notwendig ist jedoch ein Weg zur sicheren Kommunikation zwischen Switches und RADIUS-Server. Da RADIUS selbst nur schwache Schutzmechanismen nutzt und Switches meistens kein IPsec unterstützen, ist hier die Kommunikation über ein abgeschirmtes Management-VLAN die sicherste Variante.

Zur Erreichung von SZ3 ist die Variante mit 802.1x empfehlenswert, da sie weitreichenden Schutz bietet und vom Verwaltungsaufwand her vorteilhaft ist. Da der Standard noch relativ neu ist wird es noch einige Zeit in Anspruch nehmen, bis 802.1x zum Standardfunktionsumfang eines Switches gehört. Dennoch sind auch heute schon entsprechende Switches erhältlich bzw. es gibt Software-Upgrades durch manche Hersteller.

Beim praktischen Einsatz von 802.1x gibt es einige wichtige Punkte zu beachten:

1. Soll anfänglich kein über RADIUS anzusprechender Authentifikationsserver zum Einsatz kommen, so muss der Switch auch eine lokale Authentifikationsdatenbank unterstützen.

2. Bei dem Übergang von einem Switch zu einer verteilten Switch-Infrastruktur müssten bei Einsatz der lokalen Authentifikation die Authentifikationsdaten auf alle Switches repliziert werden, wenn eine flexible Nutzung der

Ports möglich sein soll. Spätestens hier ist also die Empfehlung offensichtlich, die Authentifikation auf einen Authentifikationsserver auszulagern. Somit muss nur noch eine Datenbasis gepflegt werden.

3. Bei einer verteilten Switch-Infrastruktur ist die Absicherung der Inter-Switch-Verbindungen, den so genannten *Trunks*-Ports, sehr wichtig. Gelingt es einem Angreifer, einen Port einer Inter-Switch-Verbindung zu nutzen, so hat er meistens Zugriff auf sämtliche VLANs (vgl. Abschnitt 5.2.1, S. 142).

12.3.4 Fehler 4: Implizites Filtern statt explizitem Filtern

Beim naiven Ansatz kommt bisher kein explizites Filtern zum Einsatz. Die Unterbindung der Kommunikation basiert auf der Tatsache, dass die meisten Rechner nicht erreichbar sind, da sie eine private Adresse (vgl. Abschnitt 6.5, S. 246) besitzen, die im Internet nicht geroutet wird. Wichtig zur generellen Erreichung von SZ1 und SZ2 ist, dass der Router zumindest eine Paketfilterfunktionalität besitzt. Diese ist nicht nur notwendig, um Ingress- und Egress-Filtern (s. Abschnitt 6.6.3, S. 256) umzusetzen, sondern z. B. auch, um den Router selbst zu schützen.

Mit Blick auf IP empfiehlt es sich auch, von Anfang an für Rechner, die aus dem Internet erreichbar sein sollen, offizielle und keine privaten IP-Adressen zu verwenden. Insbesondere bei Rechnern, die Dienste für das Internet anbieten oder auf die von außen über das Internet zugegriffen werden muss, sind Umadressierungen und DNS-seitige Umzüge besonders aufwändig. Hier erspart man sich durch umsichtige Planung zusätzlich zur sicherheitstechnischen Flexibilität unter Umständen viel Arbeit. Durch den Einsatz eines eigenen Subnetzes wird es vereinfacht, den Zugriff mit Hilfe von Firewalling (s. Abschnitt 6.6, S. 253) einzuschränken. Sinnvoll ist es hier, die Philosophie „Was nicht erlaubt ist, ist verboten" (s. Abschnitt 6.6.2, S. 254) anzuwenden und nur Pakete für explizit freigegebene Adressen und Ports durchzulassen.

Den Schutz interner Rechner allein auf die Verwendung von privaten IP-Adressen zu basieren, ist kurzsichtig, wie u. a. in Abschnitt 6.5 (S. 246) bereits erläutert wurde. Auch wenn der Einsatz privater Adressen einen gewissen automatischen Schutz darstellt, so kann dies gleichermaßen mit geringem Aufwand und offiziellen Adressen erreicht werden, indem der Router Pakete aus dem Internet entsprechend filtert. Grundsätzlich sind explizite Sicherheitsregeln und -mechanismen denen vorzuziehen, die implizit existieren und entsprechendes Wissen über ihre Existenz erfordern. Darüber hinaus gewinnt man durch die Verwendung offizieller Adressen anwendungsseitig eine größere Freiheit und muss sich bei bestimmten Protokollen, z. B. auch bei IPsec (s. Abschnitt 6.2, S. 210) und IKE (s. Abschnitt 6.3, S. 226), nicht darauf verlassen, dass Hersteller aufwändige Mechanismen für NAT-Traversal implementiert haben. Somit ist SZ1 sauberer und umfassender erreichbar als durch die Nutzung von privaten Adressen.

Mit Einführung von VLANs und der Nutzung von offiziellen Adressen ist es sinnvoll und notwendig, Ingress- und Egress-Filter einzusetzen, um die topologische Korrektheit von Absendeadressen in IP-Paketen zu prüfen und somit IP-Spoofing so weit wie möglich zu verhindern (SZ2). Jedes Default-Gateway eines Ethernet-Segments sollte nur Pakete akzeptieren, die eine zulässige Quelladresse besitzen. Auf der anderen Seite sollte der Router, der die Anbindung an das Internet realisiert, nur Pakete aus dem Internet akzeptieren, die nicht *SINEKO*-Adressen als Quelladresse besitzen und nur *SINEKO*-Adressen als Zieladressen haben. Hier sollten nach Möglichkeit Automatismen wie RPF (vgl. Abschnitt 6.6.3, S. 256) eingesetzt werden.

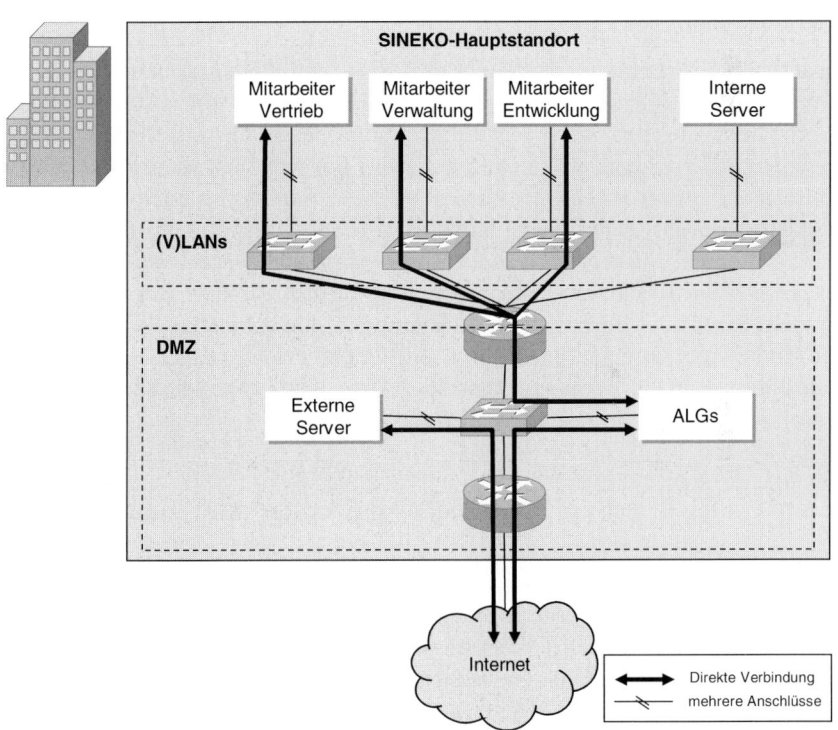

Abbildung 12.3. Netzaufbau mit DMZ

In Abbildung 12.1 wurden die externen Rechner noch wie andere Benutzergruppen an den Router angeschlossen. Dies ermöglicht grundsätzlich das Filtern von IP-Paketen und stellt einen Fortschritt gegenüber dem naiven Ansatz dar. Noch besser ist allerdings die Variante, aus dem Internet erreichbare

Server in eine DMZ (s. Abschnitt 6.6.7, S. 261) einzubinden. Dabei gibt es zwei Router, die das interne Netz schützen und das Versagen eines der beiden kompromittiert noch nicht die gesamte Sicherheit. Dies ist in Abbildung 12.3 gezeigt. Dieser Ansatz ermöglicht es auch, die Kommunikation zwischen den internen Rechnern und dem Internet über sich in der DMZ befindende ALGs (s. Abschnitt 6.6.1, S. 254) zu führen, die den Datenverkehr in der Anwendungsebene kontrollieren und hier zusätzliche Schutzmechanismen implementieren können.

Auf den ersten Blick schreckt der durch zwei Router entstehende erhöhte Hardwareaufwand ab. Da jedoch der Internet-Zugang immer mehr zu einem integralen Bestandteil jeder Firma wird, ist die präventive Beschaffung von Ersatz-Hardware für den Router Pflicht, um Hardware-Ausfälle möglichst schnell kompensieren zu können. Bei Nutzung des beschriebenen Aufbaus einer DMZ ist bei Ausfall eines Routers mit wenigen Änderungen ein weiterhin funktionierendes Netz realisierbar.

Zusätzlich sollte erwogen werden, Paketfilter oder Personal Firewalls (s. Abschnitt 6.6.8, S. 263) in den Endsystemen zu aktivieren, um auch einen Schutz der Rechner des Intranets gegenüber potentiell kompromittierten internen Systemen zu erreichen, was u. a. zur Erreichung von SZ6 dient. So kann beispielsweise ein Laptop eines Mitarbeiters nach Benutzung außerhalb des Firmennetzes durch einen Wurm infiziert worden sein, der sich dann u. U. im Intranet schnell ausbreitet, sobald das System wieder an das Intranet angeschlossen wird. Hiervor kann ein zentral administrierter Regelsatz für die Personal Firewall schützen, der den Zugang zu nicht benötigten Diensten auf dem Endsystem unterbindet. Ebenso sollten nicht benötigte Dienste möglichst deaktiviert oder gar nicht erst installiert sein. Dies gilt sowohl für Mitarbeiterrechner als auch in besonderem Maße für Server.

12.3.5 Fehler 5: Schwache Absicherung in der Anwendungsebene

Authentifikationsmechanismen, die auf Klartextpasswörtern basieren, sollten nicht mehr eingesetzt werden, selbst wenn die Vertraulichkeit der Kommunikation eigentlich gewährleistet ist. Daher sollte beim POP-/IMAP-Server zumindest ein auf dem Challenge-Response-Prinzip basierender Mechanismus eingesetzt werden, wie z. B. SASL mit dem CRAM-MD5-Mechanismus (s. Abschnitt 10.4.2, S. 428). Noch besser wäre allerdings der Einsatz von TLS oder IPsec, weil diese auch einen anschließenden Integritätsschutz und bei Bedarf auch einen Vertraulichkeitsschutz bieten können. Bei TLS ist die Authentifikation beim Client auch über Zertifikate möglich; bei IPsec muss sich der Benutzer zusätzlich zur Authentifikation über IKE auch der Anwendung gegenüber, z. B. über einen Challenge-Response-Mechanismus, authentifizieren, da diese kein Wissen über den Schutz durch IPsec hat. Zur Erreichung von SZ5 ist also TLS zusammen mit CRAM-MD5 der beste Mechanismus.

Bei den SMTP-Servern ist es sinnvoll, eine Trennung zwischen internem SMTP-Server und externem SMTP-Server vorzunehmen. Der externe SMTP-Server muss von außen erreichbar sein und sollte daher am besten in der DMZ stehen. Der interne Server hingegen muss nur intern erreichbar sein und sollte daher hinter dem zweiten (internen) Router stehen. Die Trennung hat den Vorteil, dass bei Kompromittierung des externen Mail-Servers nicht sofort der gesamte interne Mail-Verkehr abgehört werden kann. Gemäß dem Prinzip der Mehrfachabsicherung ist es jedoch grundsätzlich sinnvoll, Mails mit sensitivem Inhalt auf Anwendungsebene mit PGP (s. Abschnitt 10.9.4, S. 465) oder S/MIME (s. Abschnitt 10.9.5, S. 470) zu schützen. Auf beiden Mail-Servern sollte die automatische Überprüfung jeglicher E-Mails auf Malware durch einen Virenscanner selbstverständlich sein, was einen Teil von SZ6 darstellt.

Den Schutz der internen Web-Seiten auf der Geheimhaltung der internen Domain basieren zu lassen, ist ein sehr schwacher Schutz. Wenn der Angreifer den internen Namen erfährt, kann er ohne weitere Schutzbarrieren direkt auf interne Inhalte zugreifen. Zudem sind die dort gespeicherten internen und vertraulichen Inhalte für einen Angreifer zugreifbar, wenn der Web-Server kompromittiert wird. Hier sollte also der interne Bereich durch zusätzliche Mechanismen abgesichert werden. Eine Trennung in zwei Systeme wie beim Mail-Server ist auch hier aufgrund der unterschiedlichen optimalen topologischen Platzierung sinnvoll.

Zum Erreichen von SZ6 sollten in allen Mitarbeiterrechnern Virenscanner (s. Abschnitt 10.12, S. 484) aktiviert werden, die ständig aktualisiert werden. Zudem sollten automatische und regelmäßige Aktualisierungen der Betriebssystemsoftware erfolgen, damit existierende Sicherheitslücken möglichst rasch geschlossen werden.

12.4 Verbesserter Lösungsansatz

Es sollen nun noch einmal in einer kurzen Zusammenfassung die wesentlichen Punkte des gegenüber dem naiven Ansatz deutlich verbesserten Ansatzes wiederholt werden.

Um die Umsetzung von Schutzzielen langfristig sicherzustellen, sollten folgende Maßnahmen getroffen werden:

- Für sicherheitsrelevante Infrastrukturelemente sollte von vornherein ein physischer Schutz und ein netzwerkseitig sicherer Zugang vorgesehen werden.

- Rechner mit unterschiedlichen Schutzanforderungen sollten durch verschiedene (V)LANs und unterschiedliche IP-Subnetze getrennt werden. Dies ermöglicht die Einschränkung des Verkehrs via Firewalling.

- Zugangskontrolle nach 802.1x sollte zumindest für Verbindungen zwischen Switches und für sicherheitsrelevante Ports eingesetzt werden, wenn möglich auch von Anfang an mit Hilfe eines Authentifikationsservers.

- Es sollten Router eingesetzt werden, die Paketfilterfunktionalität besitzen.

- Mitarbeiterrechner sollten ebenfalls offizielle IP-Adressen erhalten, und die implizite Schutzfunktion von privaten IP-Adressen sollte stattdessen mit Hilfe von expliziten Paketfilterregeln auf dem Router umgesetzt werden.

- Nach Möglichkeit sollte eine DMZ mit einer klaren topologischen Abtrennung der von außen erreichbaren Systeme genutzt werden.

- Bei Authentifizierung auf Anwendungsebene sollen statt Klartextpasswörtern möglichst Challenge-Response-Verfahren genutzt werden. Noch besser wäre die Nutzung von TLS oder IPsec mit anschließendem Integritäts- und Vertraulichkeitsschutz.

Eine sinnvolle Ergänzung der bisher genannten Schutzmechanismen ist die Installation eines NIDS (s. Abschnitt 8.8, S. 345), um Angriffe oder Scans schneller entdecken zu können. Wichtig ist, dass ein solches NIDS sich in Bezug auf Angriffe regelmäßig auf den aktuellen Stand bringt. Ein NIDS ist besonders in dem Netzsegment wichtig, in dem die externen Server platziert sind.

Nebenstandort

Durch Expansion kommt zum Hauptstandort der Firma *SINEKO* ein weiterer Firmenstandort hinzu. Dort sollten Mitarbeiter in verschiedenen Abteilungen arbeiten, die den Abteilungen des Hauptstandorts entsprechen. Der Nebenstandort soll an den Hauptstandort so angebunden werden, dass beide Standorte auf interne Ressourcen des jeweils anderen Standorts zugreifen können; dies impliziert auch den Zugriff auf interne (u. U. private) Adressbereiche. Die Kommunikation soll über das Internet geschehen.

13.1 Bedrohungsanalyse

Grundsätzlich gelten alle Bedrohungen, die für den Hauptstandort identifiziert wurden, auch wieder für den Nebenstandort. Daher soll hier nur noch auf die zusätzlichen Bedrohungen eingegangen werden:

- Angriff der Kommunikation zwischen den Standorten
- Spoofing von IP-Adressen des jeweils anderen Standortes
- Angreifbarkeit des virtuellen Firmennetzes an zwei Stellen
- Verfügbarkeit der Verbindung zwischen den Standorten
- Analyse des Verkehrs zwischen den Standorten

13.2 Schutzziele

Aus der Bedrohungsanalyse ergeben sich folgende Schutzziele für die Anbindung des Nebenstandortes an den Hauptstandort:

- SZ1: Sicherer Datenaustausch zwischen Hauptstandort und Nebenstandort. Dies beinhaltet auch die Sicherstellung der Authentizität von Absender-IP-Adressen beider Standorte bei Kommunikation zwischen den Standorten.

- SZ2: Verhinderung einer detaillierten Verkehrsanalyse.

- SZ3: Sicherstellung einer ausreichenden Verfügbarkeit der Verbindung.

Der Austausch von internen Daten zwischen Nebenstandort und Hauptstandort muss so gesichert werden, dass kein unbefugter Dritter in der Lage ist, die Daten mitzulesen, zu modifizieren, wiedereinzuspielen oder eigene Daten einzuschleusen. Diese Sicherung muss alle verwendeten Kommunikationsprotokolle umfassen, die zwischen Hauptstandort und Nebenstandort verwendet werden.

Auch wenn der Verkehr zwischen den Standorten kryptographisch geschützt ist, kann anhand der Kommunikationspartner, der Häufigkeit und der Datenmenge gewisse Information gewonnen werden. Das Absichern gegen eine detaillierte Verkehrsanalyse (vgl. Abschnitt 2.5.1, S. 14) soll die zu gewinnende Information so gering wie möglich halten.

Die Forderung nach Verfügbarkeit einer Verbindung soll auch bei Ausfall des öffentlichen Netzes sicherstellen, dass eine Kommunikation zwischen Hauptstandort und Nebenstandort möglich ist.

13.3 Naiver Lösungsansatz

Grundsätzlich gelten alle Probleme des beim Hauptstandort diskutierten naiven Lösungsansatzes auch für den Nebenstandort.

Ein weiterer naiver Lösungsansatz ist es, allen Rechnern offizielle IP-Adressen zuzuweisen, diese jedoch durch den Router nicht über Filtermechanismen zu schützen.

Der Zugriff auf interne Ressourcen im Hauptstandort erfolgt durch den Aufbau eines virtuellen Netzes zwischen Hauptstandort und Nebenstandort (s. Abschnitt 4.10, S. 126). Die einfachste Lösung bildet ein IP-IP-Tunnel zwischen einem Router des Nebenstandortes und einem Router am Hauptstandort. Somit sind auch interne Adressen des jeweils anderen Standortes erreichbar.

13.3.1 Fehler 1: Direkter Zugriff auf Mitarbeiterrechner

Ein Sicherheitsproblem resultiert aus der Tatsache, dass die Mitarbeiterrechner am Nebenstandort aus dem Internet uneingeschränkt erreichbar sind. Dadurch ist ein Angreifer in der Lage, Mitarbeiterrechner ungehindert anzugreifen. Bei Erfolg könnte ein Angreifer dann Zugriff auf Netzbereiche im Hauptstandort erlangen, die nicht vom Internet aus erreichbar sind. Dem Angreifer wird also ermöglicht, den Hauptstandort über den Nebenstandort anzugreifen und somit die Sicherheitsmechanismen am Hauptstandort zum Internet zu umgehen.

Um dies zu verhindern, ist der Einsatz von Filterfunktionen auf dem Router des Nebenstandortes anzuraten. Diese beschränken den Zugriff auf das interne Netz des Nebenstandortes, so dass kein direkter Zugriff auf die einzelnen Mitarbeiterrechner mehr möglich ist.

13.3.2 Fehler 2: Ungeschützte Datenübertragung

Durch den Einsatz eines IP-IP-Tunnels zwischen Haupt- und Nebenstandort werden zwar die Anforderungen erfüllt, dass Mitarbeiter am Nebenstandort auf interne Ressourcen im Hauptstandort zugreifen können, jedoch wird dabei keines der genannten Schutzziele erreicht. Die Übertragung der Daten zwischen den beiden Standorten erfolgt ohne jegliche Sicherung, so dass ein Angreifer einfach in der Lage ist, die Kommunikation anzugreifen. Darüber hinaus ist eine detaillierte Verkehrsanalyse möglich, so dass ein Angreifer genau erfährt, wer mit wem wie oft und mit welchen Datenmengen kommuniziert.

Für das Schließen dieser Sicherheitslücke gibt es mehrere Optionen:

1. Nutzung eines VPNs: Statt eines IP-IP-Tunnels wird ein IPsec-VPN oder ein TLS-VPN eingesetzt.

2. Zugriff über ein ALG: Statt ein virtuelles Netz aufzubauen, greifen die Benutzer über Proxies oder ALGs auf die Ressourcen des jeweils anderen Standorts zu.

Diese Optionen werden im Folgenden detaillierter beschrieben.

Nutzung eines VPNs

Um die notwendigen Schutzziele zu erreichen, ist eine sinnvolle Variante der Aufbau eines VPNs. Dabei wird ein gesicherter Kanal für die Kommunikation zwischen den beiden Standorten über das Internet genutzt. Dieser stellt aus Anwendersicht die gleiche Funktionalität bereit wie der im naiven Lösungsansatz verwendete IP-IP-Tunnel, außer dass zusätzlich Mechanismen zur Sicherung der Authentizität, Integrität und wahlweise der Vertraulichkeit bereitgestellt werden. Vertraulichkeit kann interessant sein, um die transportierten

Daten zu schützen, ist aber auch wichtig, um Header-Daten der getunnelten Pakete zu schützen, die in Bezug auf Verkehrsanalyse interessant sind.

IPsec im Tunnel-Modus bietet den allgemeinsten Ansatz um ein VPN aufzubauen und ist dabei unabhängig von den Protokollen, die transportiert werden sollen. Designtechnisch muss entschieden werden, wo die IPsec-Gateways in den jeweiligen Netzen platziert werden. Die sinnvollste Variante ist die Platzierung eines IPsec-Gateways in der DMZ jedes Standortes (s. Abbildung 13.1). Hierbei muss für jede Kombination von Subnetzen, die über das VPN kommunizieren wollen, ein SPD-Eintrag auf beiden Seiten erstellt werden.

Die Firewall auf beiden Seiten muss so konfiguriert sein, dass der äußere Paketfilter IPsec-Verkehr von und zu den IPsec-Gateways durchlässt. Dadurch wird die Firewall nur wenig mehr geöffnet als in der Grundkonfiguration. Obwohl die äußere Firewall den durch IPsec geschützten Verkehr nicht kontrollieren oder einschränken kann, so kann die innere Firewall dies tun und nur zulässigen Verkehr in das interne Netz leiten.

Eine andere Variante ist die Platzierung von IPsec-Gateways in den jeweiligen Abteilungsnetzen (s. Abbildung 13.2). Dies bedeutet einerseits einen erhöhten Aufwand an Systemen und damit an Administration, andererseits erlaubt es eine einfachere Integration der externen Abteilungen in die Abteilung im Hauptsitz. Diese Variante ist jedoch aus Sicherheitssicht weniger empfehlenswert, weil hierbei Pakete beide Paketfilter der DMZ passieren müssen, was den Schutz der DMZ deutlich reduziert. Darüber hinaus kann keiner der beiden Paketfilter der DMZ die durch IPsec transportieren Pakete filtern, da diese erst im Abteilungsnetz enttunnelt werden. Sie müssen diesen Verkehr daher blind weiterleiten. Gelingt es einem Angreifer einen Fehler im IPsec-Gateway im Abteilungsnetz auszunutzen, so kann er eventuell auf interne Systeme zugreifen, ohne dass die Paketfilter der DMZ dies verhindern können.

Ebenfalls möglich ist, dass jeder Endrechner bei Bedarf zum IPsec-Gateway des anderen Standortes ein eigenes IPsec-VPN aufbaut. Hier ist jedoch der Aufwand für die Konfiguration und Wartung der Systeme sehr hoch. Durch den individuellen Schutz der Kommunikation jedes Systems können bei der Verkehrsanalyse auch mehr Informationen gewonnen werden.

Obwohl TLS und SSH Mechanismen zur Sicherung von Transportschicht- bzw. Anwendungsschichtdaten sind, kann jedoch auch mit beiden ein VPN aufgebaut werden (s. Abschnitte 7.3.12, S. 289 und 10.2.7, S. 415), in dem PPP-Rahmen über die geschützte Transportverbindung transportiert werden können. Über diese PPP-Verbindung können dann wiederum beliebige IP-Pakete transportiert werden. Dennoch haben beide das Problem, dass zwei TCP-Schichten im Einsatz sind (vgl. Abschnitt 10.2.7, S. 415) und der Zusatzaufwand durch die Schachtelung der Protokollköpfe relativ hoch ist.

OpenVPN hingegen (vgl. Abschnitt 7.3.13, S. 290) stellt eine Alternative zum IPsec-VPN dar, weil hier die Pakete über UDP transportiert werden. Der

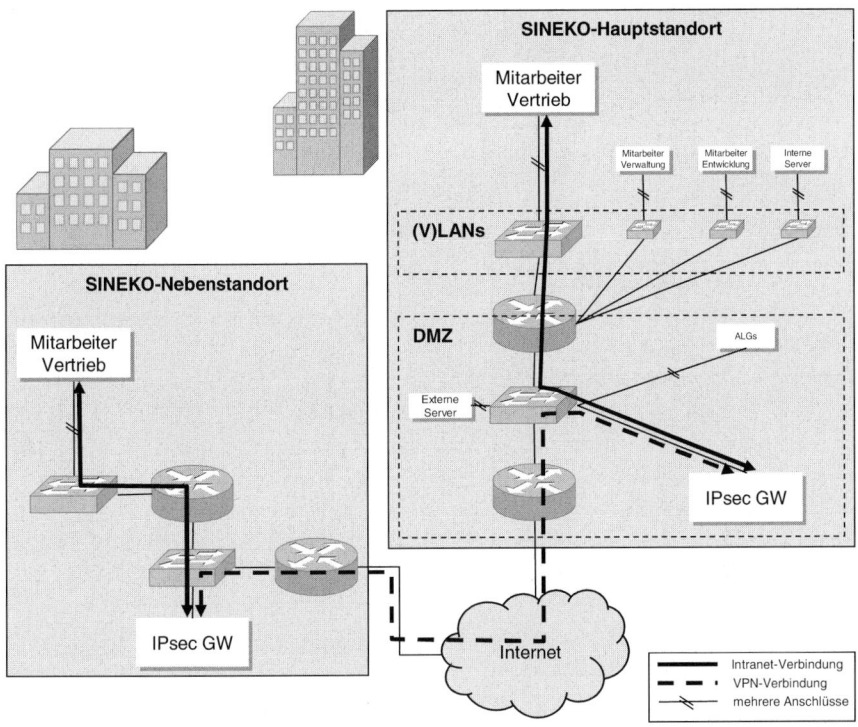

Abbildung 13.1. Site-to-Site-VPN durch IPsec

Schutz geschieht auf Kontrollebene über einen TLS-Kanal und nutzdatenseitig über einen ESP-ähnlichen Schutz. Der wesentlichste Unterschied hier ist, dass OpenVPN nicht über ein SPD-Äquivalent verfügt, d. h. es muss nicht für jede Kombination von Quell- und Zielnetzen einen SPD-Eintrag geben, sondern es gibt lediglich für jedes Ziel einen Routing-Eintrag. Dies kann in Situationen problematisch sein, in denen nicht alle Pakete nur abhängig von der Zieladresse per OpenVPN geschützt werden müssen. Die Routing-Tabelle hat hier ohne Policy-Routing-Mechanismen nicht die gleiche Flexibilität wie die SPD.

Zugriff über Proxy oder ALG

Neben dem Einsatz zu VPN-Zwecken könnte TLS auch für den Schutz der Verbindung zwischen einem Proxy an einem Standort und dem ALG am anderen Standort verwendet werden. Hier greift jeder Standort also nicht direkt auf interne IP-Adressen zu, sondern über ein ALG am Zielstandort, das offizielle Adressen hat. Generell ist zu beachten, dass der Proxy jedes einzelne zu schützende Anwendungsprotokoll unterstützen muss und somit ggf. für jede neu hinzukommende Anwendung erweitert werden muss. Außerdem muss

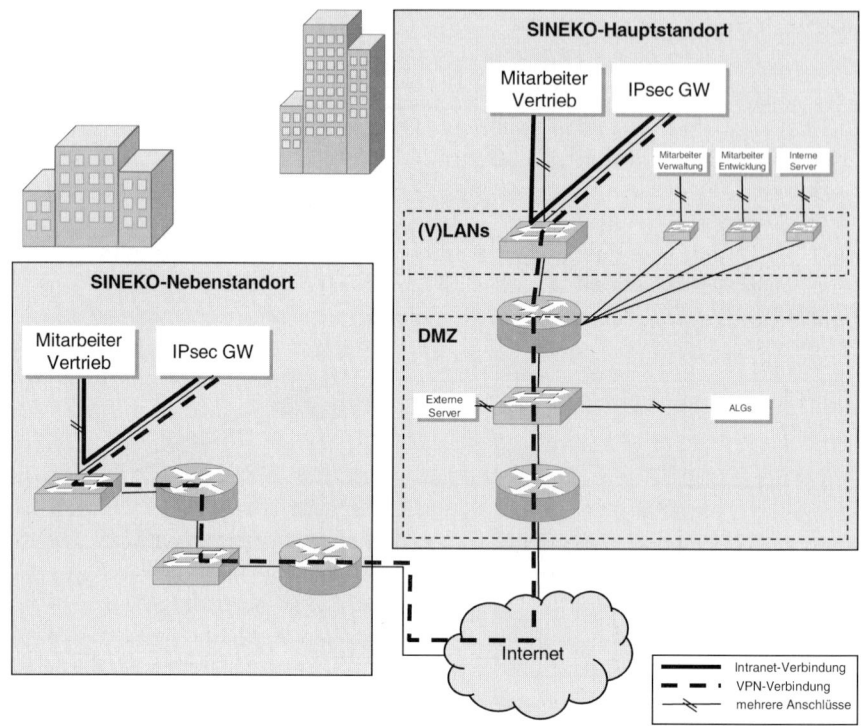

Abbildung 13.2. VPN auf Abteilungsebene durch IPsec

gewährleistet werden, dass jedes Endgerät am Nebenstandort den jeweiligen Proxy auch nutzt. Dies kann aber durch entsprechende Konfiguration der Firewall erreicht werden, die beispielsweise einen direkten Zugriff von Endgeräten auf den Hauptstandort verhindert und dadurch den Einsatz des Proxys erzwingt. Sollen auch UDP-Pakete geschützt werden, ist der Ansatz über TLS nicht mehr flexibel genug und es muss eine VPN-Variante zum Einsatz kommen.

Der Einsatz des Proxys ist in Bezug auf Verkehrsanalyse besser zu beurteilen als individuelle Verbindungen, weil die eigentlichen Verkehrsteilnehmer nicht identifizierbar sind. Es ist jedoch eine Trennung auf Protokollebene möglich, d. h. es kann unterschieden werden, ob viele Verbindungen zum Mail-System im Hauptstandort erfolgen oder zum internen Web-Server.

Die äußere Firewall muss in jedem Fall so konfiguriert werden, dass alle Protokolle durchgelassen werden, die für den Zugriff über einen solchen TLS-Kanal verwendet werden dürfen. Genau wie bei IPsec-VPNs kann dann die Firewall den Verkehr nicht mehr mit voller Funktionalität filtern.

Empfehlung

Insgesamt empfehlen wir, mit IPsec ein VPN zwischen den Firmenstandorten aufzubauen. Dies ermöglicht auch den Zugriff auf interne IP-Adressen am anderen Standort, schützt vor detaillierter Verkehrsanalyse (SZ2) und schützt die Daten während der Übertragung über das Internet (SZ1). Das Fälschen von IP-Adressen der Standorte wird für externe Angreifer unmöglich, da zwischen den Standorten nur noch IPsec-geschützter Verkehr ausgetauscht wird. Der Einsatz von OpenVPN ist ebenfalls denkbar, abhängig davon, ob die Flexibilität der Routing-Mechanismen ausreichend ist.

13.3.3 Fehler 3: Keine redundante Anbindung

Eine fehlende redundante Anbindung stellt nicht unbedingt auf den ersten Blick ein Sicherheitsproblem dar. Jedoch ist es für den täglichen Geschäftsablauf wichtig, dass die Mitarbeiter des Nebenstandortes zuverlässig auf die Ressourcen des Hauptstandorts zugreifen können. Bei der Verwendung von öffentlichen Netzen, wie dem Internet, kann die Situation eintreten, dass der Übertragungsweg überlastet ist oder ausfällt. Somit birgt eine nicht redundante Anbindung das Risiko, dass bei Ausfall der Verbindung gewisse Abläufe am Nebenstandort nicht mehr möglich sind.

Kommt es dann zu einem Ausfall der primären Anbindung, welcher kurzfristig nicht behoben werden kann, muss eine alternative Lösung für die Anbindung des Nebenstandorts an den Hauptstandort angeboten werden. Wird diese jedoch erst im Schadensfall erarbeitet, werden dabei meist alle Sicherheitsanforderungen außer Acht gelassen, so dass die Kommunikation dann ungeschützt erfolgt. Dies kann ein Angreifer ausnutzen, indem er zuerst die primäre Anbindung unterbricht und den eigentlichen Angriff später auf den temporär bereit gestellten und ungeschützten Übertragungskanal ausführt.

Um diesen Fall zu vermeiden und das Schutzziel SZ4 zu erfüllen, sollte eine gesicherte Ersatzverbindung vorgesehen werden, die dann zum Einsatz kommt, wenn die Kommunikation über das öffentliche Netz gestört oder sogar unmöglich ist.

Obwohl Telefonwählleitungen nicht über die gleiche Bandbreite wie heutige Internetanbindungen verfügen, eignen sie sich jedoch im Allgemeinen gut, wenn es darum geht, für geringe Datenmengen eine alternative Verbindung zwischen den verschiedenen Standorten bereitzustellen. Außerdem kann die Bandbreite solcher Verbindungen durch Kanalbündelung erhöht werden.

Als Übertragungsprotokoll über Telefonwählleitungen wird oft PPP (s. Abschnitt 5.1.1, S. 132) eingesetzt. Bei der Verwendung von PPP sollte jedoch darauf geachtet werden, dass nur Verfahren verwendet werden, die eine sichere Authentifizierung ermöglichen, bei der das Passwort nicht mitgelesen oder später wiedereingespielt werden kann. Wichtig ist auch, dass sich beide Parteien authentifizieren, weil sonst der Nebenstandort sich gegenüber einem Angreifer in der Mitte authentifizieren könnte. Darüber hinaus gelten für die Verbindungen über das Telefonnetz die gleichen Bedrohungen wie für Verbindungen über das Internet. Auch wenn die Anzahl der Angreifer stärker begrenzt ist, können Verbindungen über das Telefonnetz ebenso angegriffen werden. Eine Möglichkeit ist der direkte physische Zugang zur Telefonleitung. Eine andere Möglichkeit ist der Angriff über einen Mitarbeiter des Telefonnetzbetreibers.

Eine weitere, wenn auch unter Umständen etwas kostenintensivere Möglichkeit stellt die redundante Anbindung mittels mehrerer paralleler Internetverbindungen dar. Durch die Verwendung von mehr als einer Anbindung an das Internet soll verhindert werden, dass Ausfälle durch Geräte- oder Kabelschaden zur Abtrennung des jeweiligen Standortes vom Internet führen. Weil dabei in den meisten Fällen zwei Internetanbindungen – meistens über verschiedene ISPs – genutzt werden, wird diese Technik auch als *Dual Homing* bezeichnet.

13.4 Verbesserter Lösungsansatz

Durch Verbesserung des naiven Lösungsansatzes unter Verwendung der verschiedenen aufgezeigten Lösungsvorschläge lässt sich ein verbesserter Lösungsansatz aufstellen:

- Übertragung der Sicherheitsstandards des Hauptstandortes auch auf den Nebenstandort

- Sicherung der Kommunikation zwischen Nebenstandort und Hauptstandort über ein VPN mittels IPsec oder OpenVPN

- Bereitstellung einer redundanten Internetanbindung

14
Zulieferer

Die Firma *SINEKO* arbeitet bei der Entwicklung ihrer Produkte mit Lieferanten und Subunternehmen zusammen. Bisher lief die Zusammenarbeit mit diesen über die konventionellen Wege Brief, Telefon und Fax. Die Zulieferer sollen nun in die IT-Infrastruktur von *SINEKO* einbezogen werden, um ein effizienteres Arbeiten zu ermöglichen. Dazu gehören die Kommunikation via E-Mail und der Zugriff auf interne Ressourcen.

14.1 Bedrohungsanalyse

Mögliche Gefährdungen für die Kommunikation zwischen *SINEKO* und einem Zulieferer via E-Mail sind:

- *Spoofing von E-Mails durch einen Angreifer* — Dies kann z. B. bei Absagen oder Zusagen zu gewissen Angeboten gravierende und schwer auszuräumende Folgen haben.

- *Veränderung von E-Mails* — Möglich ist z. B. die Veränderung von Preisen oder Bestellmengen.

- *Belauschen von E-Mails* — Angreifer können in Mails ausgetauschte sensitive Daten wie z. B. Preise oder Bestellmengen abhören.

Um einem Zulieferer Zugriff auf interne Ressourcen zu geben, muss für eine externe Instanz der Zugriff auf interne Ressourcen ermöglicht werden. Dadurch ergeben sich neue Gefährdungen:

- *Angriff auf die Kommunikation* — Ein Angreifer greift aktiv oder passiv die Kommunikation zwischen *SINEKO* und dem Zulieferer an.

- *Spoofing der Identität* — Ein Angreifer könnte sich als Zulieferer ausgeben.

- *Unautorisierter Zugriff* — Neben dem Zulieferer kann ein Angreifer auf interne Ressourcen zugreifen.

- *Missbrauch des Zugangs durch den Zulieferer* — Der Zulieferer kann versuchen, auf nicht freigegebene Dienste und Daten zuzugreifen.

14.2 Schutzziele

Folgende Schutzziele wurden identifiziert:

- SZ1: Die Integrität, Authentizität und Vertraulichkeit von E-Mails muss sichergestellt werden.

- SZ2: Der Schutz des Zugriffs auf interne Daten muss gewährleistet werden.

- SZ3: Der Zulieferer muss sich vor dem Zugriff auf die Ressource authentifizieren. Außerdem muss vor der Nutzung eines Dienstes die Autorisierung des Nutzers geprüft werden.

- SZ4: Der Zugriff des Zulieferers auf das interne Netz soll vermieden werden.

14.3 Lösungsansätze für E-Mail-Sicherheit

Um die Integrität und Authentizität der E-Mails zu garantieren, bieten sich zwei Möglichkeiten an:

1. *Absicherung des Kanals* — Hierfür gibt es mehrere Möglichkeiten:

   - *Dedizierter Mail-Server* — Bei *SINEKO* wird ein dedizierter Mail-Server installiert, der durch Firewall-Regeln allerdings nur für die Zulieferer erreichbar ist. Somit wird das Fälschen von Mails des Zulieferers erschwert; ein aktiver oder passiver Angriff auf die Kommunikation zwischen Zulieferer und *SINEKO* wird jedoch nicht verhindert.

   - *TLS-Schutz zwischen Client und SMTP-Server* — Der existierende externe Mail-Server kann die *Einlieferung* von Mails des Zulieferers nur über TLS annehmen. Dazu ist es notwendig, dass der Mail-Server ein Zertifikat besitzt und der Client dieses über das zugehörige CA-Zertifikat prüfen kann. Der Client selbst kann sich ebenfalls über ein Zertifikat oder mit Hilfe eines Passwortes authentifizieren. Somit werden – wenn der ungeschützte Empfang von Mails des Zulieferers verhindert wird – Angriffe unterbunden. Nachteilig ist bei dieser Lösung, dass alle Clients speziell konfiguriert werden müssen. Außerdem kann bei einer Verkehrsanalyse detailliert festgestellt werden, welche Clients miteinander kommunizieren.

- *TLS-Schutz zwischen den SMTP-Servern* — Einfacher ist die Variante, dass alle Mails von Mitarbeitern auf beiden Seiten über die jeweiligen Mail-Server verschickt werden und diese die Mails über eine TLS-Verbindung austauschen. Somit müssen sich nur die Mail-Server gegenseitig authentifizieren. Bei dieser Variante sind die Mails vor aktiven und passiven Angriffen zwischen den beteiligten Firmen geschützt; auch eine Verkehrsanalyse kann nur die Häufigkeit der gesamten Kommunikation beobachten, nicht jedoch die Kommunikation zwischen einzelnen Personen.

2. *Absicherung der einzelnen Nachricht* — Die zweite Möglichkeit besteht darin, jede einzelne Nachricht zu schützen. Dies kann z. B. mit Hilfe von PGP (vgl. Abschnitt 10.9.4, S. 465) oder S/MIME (vgl. Abschnitt 10.9.5, S. 470) geschehen. Somit ist die Mail während des gesamten Transports inhaltlich geschützt; gewisse Header-Daten sind jedoch einsehbar. In Bezug auf Verkehrsanalyse bietet dieser Ansatz keinerlei Schutz. Zudem liegt die Verantwortung für die Einhaltung des Schutzes bei den Nutzern, d. h. schickt ein Nutzer aus Versehen eine Nachricht unverschlüsselt, ist diese einsehbar.

Beide Möglichkeiten lassen sich kombinieren, d. h. jede Nachricht wird selbst geschützt und trotzdem werden die E-Mails über sichere Kanäle transportiert.

Bei der zweiten Möglichkeit tauchen einige Detailprobleme auf:

- Werden Nachrichten mit Hilfe asymmetrischer Kryptographie (auch bei Verwendung hybrider Krypto-Systeme) verschlüsselt, kann diese nur noch der Empfänger entschlüsseln. Dies kann unerwünscht sein, einerseits zu Archivzwecken, andererseits können Mitarbeiter ausfallen und Kollegen müssen übernehmen und wollen natürlich Zugriff auf die vorangegangene Kommunikation haben. Auch kann die Geschäftsführung verlangen, die Nachrichten ihrer Mitarbeiter lesen zu können.

  Zwei Lösungsmöglichkeiten sind möglich:

  1. *Key Escrow* – Der geheime Schlüsselteil wird für oben genannte Zwecke bei einer vertrauenswürdigen Partei hinterlegt.

  2. *Zweitverschlüsselung* – Jede Nachricht wird nicht nur an den Empfänger verschlüsselt, sondern auch an eine weitere interne Partei.

- Die öffentlichen Schlüssel zur gegenseitigen Authentifikation müssen verteilt werden und vertrauenswürdig sein. Für sehr kleine bis kleine Firmen kann es sinnvoll sein, PGP einzusetzen. Dies ist möglich, da sich die kommunizierenden Mitarbeiter sehr wahrscheinlich persönlich kennen. Ist dies nicht der Fall, sollte eine CA nach X.509 zum Einsatz kommen.

- Wo genau soll ver- und entschlüsselt werden? Die zwei Varianten sind:

1. Es ist möglich, die Ver- und Entschlüsselung auf dem Mail-Gateway durchzuführen. Nachteilig ist dabei jedoch, dass es ungeschützte Teilstrecken gibt und dass ausgeschlossen werden muss, dass die geschützte Teilstrecke umgangen wird. Vorteilhaft dagegen ist, dass auf dem Gateway die Nachrichten in unverschlüsselter Form vorliegen und auf Viren usw. gescannt werden können.

2. Direkt auf dem Client zu verschlüsseln erfordert es, dass das Schlüsselmaterial bis zum Client transportiert wird. Auch müssen alle Nutzer geschult werden und passende Software auf allen Clients installiert werden. Ebenfalls sind keine Virenscanner auf Zwischensystemen mehr einsetzbar, weil die Nachrichten auf diesen Systemen nicht mehr lesbar sind.

Empfehlenswert als Gesamtlösung ist der Schutz der E-Mails auf Anwendungsebene zusammen mit dem Schutz zwischen den Mail-Servern auf Transportebene, da so maximaler Schutz geboten wird und die Daten auf der gefährdetsten Strecke über das Internet doppelt geschützt sind. Somit wird SZ1 erreicht.

14.4 Lösungsansätze für den Zugriff auf interne Ressourcen

Für den Zugriff auf interne Ressourcen durch den Zulieferer gibt es folgende Möglichkeiten:

- Integration des Netzwerks des Zulieferers über ein VPN in das Netzwerk der Firma *SINEKO*

- Zugriff auf interne Server über ALGs

14.4.1 VPN-Verbindung

Die einfachste Möglichkeit besteht darin, den Zulieferer wie einen Nebenstandort (s. Kapitel 13, S. 511) in das Firmen-VPN zu integrieren. Dabei werden die Mitarbeiter des Zulieferers wie eine eigene Abteilung der Firma behandelt und für diese Gruppe ein eigenes VPN aufgebaut (s. Abbildung 14.1). Der offensichtliche Vorteil dieses Ansatzes ist, dass die benötigte Software bereits etabliert ist, die Administratoren vertraut mit der Konfiguration sind und auch die Auswirkungen auf andere Sicherungen, wie z. B. die Firewall, bekannt sind. Durch den Einsatz von IPsec/IKE oder OpenVPN wird SZ2 somit erreicht. Positiv ist ebenfalls, dass durch den gebündelten Schutz der

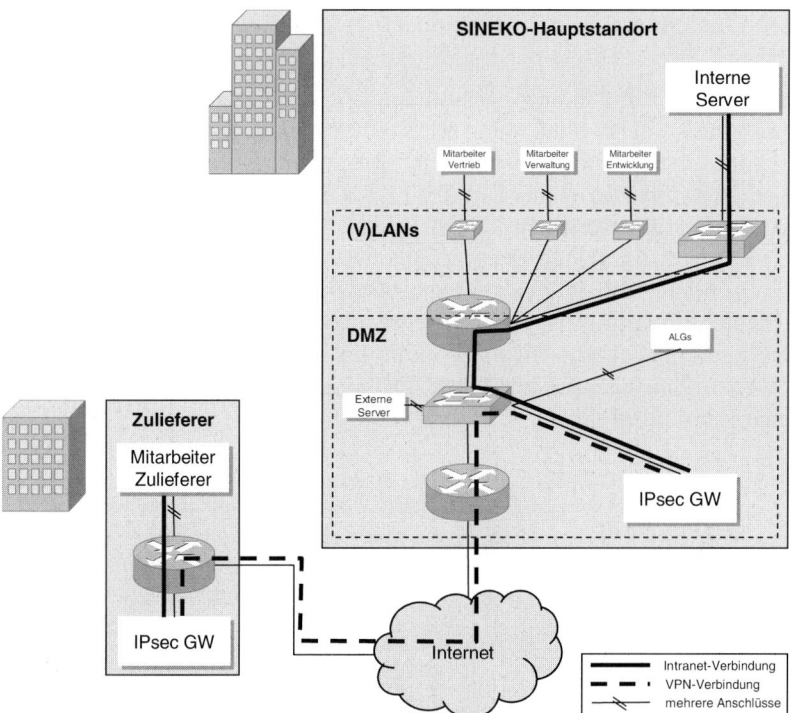

Abbildung 14.1. Anbindung des Zulieferer mittels IPsec

gesamten Kommunikation zwischen beiden Firmen eine Verkehrsanalyse erschwert wird.

Alternativ dazu kann jeder Mitarbeiter des Zulieferers selbst den Tunnel zum Gateway initiieren (s. Abbildung 14.2). Nachteilig an diesem Aufbau ist der hohe Aufwand beim Zulieferer. Jedes Endsystem eines Mitarbeiters, der auf die Ressource am Hauptstandort zugreifen können soll, muss um die IPsec-/IKE- bzw. OpenVPN-Funktionalität erweitert werden. Dennoch kann grundsätzlich SZ2 auf diesem Weg erfüllt werden. Allerdings ist hier kaum noch Schutz vor Verkehrsanalyse gegeben, weil nun individuelle Clients beobachtet werden können.

Grundsätzlich sollte bei allen VPN-Varianten dem Zulieferer im Gegensatz zum Nebenstandort kein direkter IP-seitiger Zugriff auf das interne Netz gewährt werden, weil nicht das gleiche Vertrauensverhältnis herrscht. Jegliche Kommunikation sollte über in der DMZ aufgestellte ALGs abgewickelt werden. Zur Erreichung von SZ4 sollte damit per Paketfilter auf dem internen Paketfilter der DMZ der Zugriff auf das interne Netz blockiert werden.

14.4.2 Gesicherte Verbindungen zu ALGs

Da beim Zugriff auf interne Ressourcen über ALGs kein Zugriff auf private IPs notwendig ist, ist auch keine VPN-Funktionalität notwendig und der Zugriff kann – sofern alle Dienste TCP-basiert sind – auch per TLS geschützt werden. Der Client baut hierfür eine TLS-Verbindung zum ALG auf, das sich per X.509-Zertifikat authentifiziert. Der Client muss sich ebenfalls entweder über ein X.509-Zertifikat oder per Benutzername/Passwort authentifizieren. Gegenüber dem Mitarbeiter tritt das ALG wie die interne Ressource selbst auf. Die Funktionalität der Ressource erbringt das ALG durch Weiterleiten der Daten an die eigentliche Ressource und das „Eintunneln" der Antworten der Ressource in den TLS-Tunnel. Diese Lösungsmöglichkeit ist in Abbildung 14.2 schematisch dargestellt.

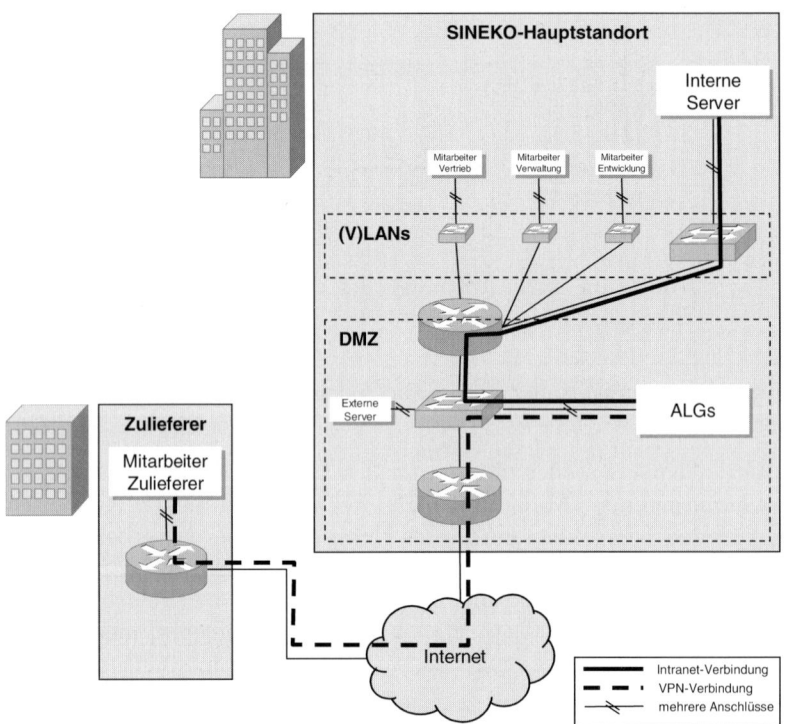

Abbildung 14.2. Anbindung des Zulieferers durch Client-zu-Gateway-Tunnel

Alternativ zu TLS kann auch IPsec, z. B. im Transport Mode, genutzt werden. Dies ermöglicht insbesondere auch den Zugriff auf UDP-basierte Dienste in ALGs. Nachteilig ist jedoch, dass im ersten Schritt eine Authentifikation auf IPsec-Ebene stattfindet und im zweiten Schritt noch einmal auf Anwendungsebene, da die Anwendung nicht in die IKE-Authentifizierung involviert ist.

Nachteilig ist bei beiden Ansätzen, dass alle Clients konfiguriert werden müssen und die Verbindungen aller Clients im Rahmen einer Verkehrsanalyse getrennt analysierbar sind. Von Vorteil ist, dass SZ4 ohne weiteres Zutun erreicht wird, da ohne ein VPN aufgrund der Konfiguration der beiden Paketfilter der DMZ kein Zugriff auf interne Dienste möglich ist.

14.4.3 Autorisierungsprüfung

Sowohl beim VPN-Ansatz als auch bei der TLS-Lösung muss sich der Mitarbeiter gegenüber dem ALG authentifizieren. Das ALG agiert dann als Proxy zur internen Ressource hin. Da das ALG maximalen Schutz bieten soll, ist es sinnvoll, die Authentifikation und die Autorisierungsprüfung direkt auf dem ALG und nicht auf dem internen Server zu realisieren. So kann das ALG nichtautorisierte Zugriffe sofort ablehnen.

Bei Nutzung von IPsec kann die Autorisierungsprüfung nicht ohne weiteres auf der Authentifikation von IKE basieren, weil diese für die Anwendung transparent abläuft. Somit muss die Autorisierung auf der Authentifikation in Anwendungsebene basieren.

14.5 Empfohlener Lösungsansatz

Zum Schutz von E-Mail-Verkehr ist S/MIME mit X.509-Zertifikaten eine verbreitete und sichere Variante. Zusätzlich ist es sinnvoll, den Kommunikationskanal zwischen den Mail-Servern via TLS abzusichern, um die Kommunikationspartner zu verdecken und eine Verkehrsanalyse so schwer wie möglich zu machen.

Für den Zugriff auf interne Dienste wird bei ausschließlicher Nutzung TCP-basierter Dienste die TLS-Variante empfohlen. Bei Bedenken in Bezug auf Verkehrsanalyse kann auch zwischen den Firmennetzen ein VPN aufgebaut werden. Dieses dient dann auch gleichzeitig als zweite Sicherungsschicht, falls eine Sicherheitslücke von TLS bekannt wird.

Es wird auf jeden Fall empfohlen, das interne Netz nicht für den direkten Zugriff durch den Zulieferer zu öffnen, sondern jegliche Kommunikation über ALGs zu führen.

15

Außendienstmitarbeiter

Eine immer typischer werdende Anforderung ist, dass mobile Mitarbeiter auf interne Rechner und Dienste von außen zugreifen können müssen. Ein Beispiel hierfür sind mobile Vertriebsmitarbeiter, die auf eine interne Datenbank zugreifen müssen, um Kunden- oder Produktdaten einzusehen.

Wurde früher für diesen Zweck meist das Telefonnetz genutzt, um sich ins interne Netz einzuwählen, so wird heute meistens aus Kostengründen der Zugriff über das Internet bevorzugt.

15.1 Analyse

Die wesentlichen Unterschiede eines mobilen Rechners im Vergleich zu einem statischen Rechner in der Firma sind:

- *Externe Umgebung* — Mobile Rechner verbinden sich nicht mehr ausschließlich mit dem Firmennetz. Somit gibt es keine rein „interne" Kommunikation mehr.

- *Kein Schutz durch die Netzwerkinfrastruktur* — Können statische Rechner durch Firewalls vor Zugriff von anderen Systemen geschützt werden, ist dies bei einem mobilen Rechner nicht möglich. Dieser verbindet sich mit fremden Firmennetzen, Netzen an Bahnhöfen, Flughäfen oder Hotels, die keine geschützte Umgebung darstellen.

- *Kein Zugriff durch Systemadministratoren* — Auf mobile Rechner können Systemadministratoren nicht mehr zeitnah zugreifen, sondern nur dann, wenn der Rechner sich mit dem Firmennetz verbindet.

Mögliche Gefährdungen in Bezug auf Sicherheit sind daher:

- Verkehr zwischen dem mobilen Mitarbeiter und dem internen Rechner kann passiv oder aktiv angegriffen werden.

- Interne Rechner (z. B. am Hauptstandort) müssen für den Zugriff aus dem Internet zugänglich gemacht werden.

- Mobile Rechner können sich mit einer Vielzahl von fremden Firmennetzen verbinden und sind somit in Bezug auf Angreifer, Viren und Würmer gefährdeter als durch Firewalls geschützte statische Rechner.

- Der mobile Rechner stellt eine zusätzliche Zugriffsmöglichkeit auf das interne Netz dar, die kontrolliert werden muss.

15.2 Schutzziele

Aus der Analyse resultieren folgende Anforderungen an die Sicherheit:

- SZ1: Der Verkehr zwischen dem Rechner des mobilen Mitarbeiters und dem internen Server muss gegen passive und aktive Angriffe geschützt werden.

- SZ2: Der Zugriff auf interne Rechner muss derart eingeschränkt werden, dass der Zugriff aus dem Internet nur firmeneigenen Mitarbeitern möglich ist.

- SZ3: Der Rechner des mobilen Mitarbeiters muss bestmöglichst vor Angriffen in fremden Netzen geschützt werden.

15.3 Schutz des Verkehrs

Grundsätzlich stellt sich die Frage, ob der Mitarbeiter IP-seitigen Zugriff auf das interne Netz benötigt oder ob der Zugriff auf interne Ressourcen über ALGs ausreichend ist.

15.3.1 Einsatz von TLS

Muss nur auf einen oder wenige interne Server zugegriffen werden, ist die Verwendung von TLS (vgl. Abschnitt 7.3, S. 276) sinnvoll, um die Verbindung zwischen dem mobilen Rechner und dem ALG in der DMZ zu schützen, das letztendlich mit dem internen System kommuniziert. Durch die Tatsache, dass nur anwendungsspezifischer Datenverkehr transportiert werden kann, ist die Menge der Angriffe selbst bei kompromittiertem mobilen Rechner eingeschränkt.

Es muss bei dieser Lösung also kein interner Rechner direkt für die Nutzung aus dem Internet freigegeben werden.

15.3.2 Einsatz eines VPNs

Benötigt der Benutzer Zugriff auf verschiedene Anwendungen bzw. auch Terminal-Zugriff auf bestimmte Rechner, so bietet sich eher der Einsatz eines VPNs (s. Abschnitt 4.10, S. 126) an. Hier gibt es beim mobilen Mitarbeiter jedoch Besonderheiten, die dagegen bei der Anbindung der Außenstelle über ein VPN nicht aufgetreten sind: Hat sich der Mitarbeiter mit Hilfe eines VPN-Mechanismus von außen mit dem internen Netz verbunden, so hat er grundsätzlich IP-seitigen Zugriff. Störend ist beim Einsatz von IP-Filtern auch innerhalb des internen Firmen-Netzes jedoch, dass der Mitarbeiter eine externe IP-Adresse als Quell-Adresse benutzt und diese sich immer ändert, wenn der mobile Mitarbeiter sich mit einem anderen Netzwerk verbindet. Konfigurationsseitig muss nach dem Aufbau des VPNs auch der firmeninterne DNS-Server genutzt werden, um interne Namen aufzulösen.

Viele dieser notwendigen Funktionen sind natürliche Bestandteile von PPP, weswegen hier ein PPP-basierter VPN-Mechanismus empfohlen werden kann. Durch den Einsatz von PPP ist es möglich, dem mobilen Benutzer trotz wechselndem Netzzugang für den VPN-Zugang eine statische IP-Adresse zuzuweisen, was das Firewalling innerhalb des Firmennetzes erleichtert. Die Aushandlung einer angepassten maximalen PPP-Rahmengröße und Zuweisung firmeninterner Nameserver lösen weitere Probleme.

Zur Auswahl stehen hier PPTP und L2TP+IPsec (siehe zu beiden Technologien Abschnitt 5.1.3). Auch wenn sich die Sicherheit von PPTP verbessert hat, raten wir von seinem Einsatz grundsätzlich ab, da L2TP+IPsec als sicherere Lösung gilt. Allerdings ist PPTP bei älteren Windows-OS-Versionen unter Umständen die einzig mögliche Variante. Auch wenn L2TP+IPsec sicherheitstechnisch zu bevorzugen ist, ist der Einsatz in manchen Umgebungen jedoch schwer bis unmöglich: Wenn der mobile Mitarbeiter eine private IP-Adresse zugewiesen bekommt und seine Pakete von einem NAT-Gateway maskiert werden, so muss sowohl Client- als auch Server-seitig NAT-Traversal unterstützt werden. Noch schwerer lösbar ist das Problem, dass manche Firewalls AH- und ESP-Pakete filtern. Somit kann es auch in nicht maskierten Umgebungen notwendig sein, die geschützten IP-Pakete wie bei maskierten Umgebungen in einem weiteren UDP-Tunnel zu transportieren, um die Firewall passieren zu können. Dies ist ein klassisches Beispiel dafür, wie eine nicht sinnvoll konfigurierte Firewall Gegenreaktionen bei Benutzern hervorruft, um einen Dienst dennoch nutzen zu können.

Eine weit verbreitete, da einfach einzurichtende, VPN-Variante ist eine per SSH (vgl. Abschnitt 10.2, S. 400) geschützte PPP-Verbindung. Auch wenn diese Variante sicherheitstechnisch unbedenklich ist, hat sie den wesentlichen Nachteil, dass bei TCP-basierten Anwendungen zwei TCP-Schichten zum Einsatz kommen (s. Abschnitt 10.2.7, S. 415). OpenVPN (vgl. Abschnitt 7.3.13, S. 290) hingegen hat dieses Problem nicht, da die geschützten Daten via UDP transportiert werden.

Beim Einsatz von VPNs sollten diese in der DMZ terminiert werden. Der Zugriff auf interne Systeme sollte so weit wie möglich wie beim Einsatz von TLS über ALGs erfolgen. Ist wirklich der netzwerkseitige Zugriff notwendig, z. B. auf Arbeitsplatzrechner, so sollte über die interne Firewall der Zugriff von der DMZ in das interne Netz so weit wie möglich eingeschränkt werden, um die Angriffsflächen im Falle eines kompromittierten mobilen Rechners so klein wie möglich zu halten. Jegliche Anomalien wie gefilterte Pakete oder durch einen mobilen Rechner ausgelöste Alarme durch ein NIDS sollten schnellstmöglich untersucht werden bzw. zum Abbruch der VPN-Verbindung führen.

15.4 Schutz des mobilen Rechners

Da mobile Rechner nicht den netzwerkseitigen Schutz von Firewalls des Firmennetzes genießen, müssen sie diesen Schutz selbsttätig realisieren. Dies ist durch Installation einer Personal Firewall möglich (s. Abschnitt 6.6.8, S. 263). Grundsätzlich sollten auf mobilen Rechnern keine Dienste (z. B. WWW-Dienst, Druck-Dienst) angeboten werden, die durch andere Netzteilnehmer genutzt werden können. Dennoch muss mit Konfigurationsfehlern oder Software-Fehlern immer gerechnet werden, weswegen Paketfilter einen sinnvollen zweiten Schutzwall darstellen. So ist es sinnvoll, keine Verbindungsaufbauten zum lokalen Rechner zuzulassen bzw. nur Pakete zu Diensten zuzulassen, die explizit freigegeben wurden.

Eine Software zum Schutz vor Würmern und Viren (vgl. Abschnitt 10.12, S. 484) ist sinnvoll, auch wenn der Rechner nur zum Mail-Lesen und Web-Surfen benutzt wird. Auch hier ist es wieder wichtig, dass die Software sich regelmäßig in Bezug auf neu erschienene Würmer- und Viren-Varianten aktualisiert.

Um den mobilen Rechner bestmöglich vor Angriffen in fremden Netzen (z. B. in Kundennetzen) zu schützen, ist es wichtig, dass besonders auch das Betriebssystem und die genutzten Anwendungen in Bezug auf Sicherheitspatches auf dem aktuellen Stand sind. Da mobile Rechner möglicherweise längere Zeit außerhalb des Einflussbereichs von Systemadministratoren sind, ist es sinnvoll, Automatismen zu nutzen, die inzwischen von den meisten Betriebssystemen bzw. Distributionen unterstützt werden.

15.5 Zusammenfassung

Über TLS und IPsec ist es mobilen Mitarbeitern möglich, mit *bestmöglichem* Schutz auf firmeninterne Dienste zuzugreifen. Durch den Einsatz von L2TP und IPsec lassen sich zusätzlich viele Probleme bei der Nutzung des VPN-Mechanismus lösen. Wichtig ist jedoch, dass die mobilen Rechner selbst zusätzlich bestmöglich geschützt werden, weil sie einen zusätzlichen Zugriffsweg ins interne Netz darstellen. Hier ist der Einsatz von Firewalling-Mechanismen und Anwendungen zum Schutz vor Viren und Würmern sinnvoll. Neben TLS und IPsec+L2TP ist auch OpenVPN eine sicherheitstechnisch bisher makellose VPN-Variante.

Drahtlose Infrastruktur

Angetrieben durch das mittlerweile vielfältige Angebot und die relativ geringen Kosten drahtloser Infrastruktur soll diese nun auch in der Firma *SINEKO* zum Einsatz kommen.

Drahtlose Infrastruktur eignet sich einerseits gut, um mobile Arbeitsplätze eigener Mitarbeiter in die Infrastruktur der Firma zu integrieren. Anderseits kann mit der Verwendung drahtloser Infrastruktur auch Gästen relativ einfach ermöglicht werden, bestimmte Ressourcen der Firma, wie beispielsweise der Zugriff auf das Internet, zu nutzen.

Außerdem ist denkbar, dass erst durch das Vorhandensein drahtloser Infrastruktur der Einsatz von Informationstechnologie in bestimmten Arbeitsbereichen ermöglicht wird. Ein Beispiel könnte der direkte Zugriff auf Bestandsinformationen mit einem mobilen Terminal sein. Selbst wenn vorher der Zugriff auf diese Informationen an einem stationären Gerät möglich war, ließe sich dieser Vorgang durch die Verwendung drahtloser Infrastruktur stark vereinfachen.

16.1 Bedrohungsanalyse

Der Einsatz drahtloser Infrastruktur zieht im Gegensatz zur klassischen drahtgebundenen Infrastruktur eine Reihe von Problemen nach sich. Folgende Bedrohungsszenarien ergeben sich aus der Nutzung drahtloser Infrastruktur:

- Ein Angreifer ist sehr einfach in der Lage, die Übertragung sensiver Daten über die drahtlose Infrastruktur (passiv) mitzulesen.

- Ein Angreifer kann Verbindungen aktiv angreifen und Daten einfügen.

- Ein Angreifer gibt sich selbst als Teil der drahtlosen Infrastruktur aus und leitet damit Datenübertragungen anderer Teilnehmer auf sich um.

- Ein Angreifer stört die drahtlose Infrastruktur gezielt.

- Ein Mitarbeiter oder Gast kann auf Dienste oder Ressourcen zugreifen, für die er keine Autorisierung besitzt.

- Ein Angreifer im Internet greift unkontrolliert auf Mitarbeiter- oder Gastrechner zu.

Das grundlegende Problem stellt die schlechte Eingrenzung des Übertragungsmediums dar, da sich die Ausbreitung der Funkwellen nicht exakt auf die Grenzen der Firma beschränken lässt. Somit muss davon ausgegangen werden, dass zumindest im (näheren) Umkreis der Firma auf die drahtlose Infrastruktur zugegriffen werden kann. Außerdem kann das Signal nicht nur vom eigentlichen Empfänger der Nachricht, sondern auch von allen anderen Teilnehmern, die sich im Sendebereich des Absenders der entsprechenden Nachricht befinden, gelesen werden.

16.2 Schutzziele

In diesem Szenario soll die Nutzung der drahtlosen Infrastruktur für Mitarbeiter und Gäste der Firma betrachtet werden. Da diese jedoch verschiedene Anforderungen hinsichtlich der Nutzung der drahtlosen Infrastruktur besitzen, ist es notwendig, jeweils eigene Anforderungen und Schutzziele zu definieren.

16.2.1 Mitarbeiter

Für firmeneigene Mitarbeiter bestehen folgende Schutzziele beim Einsatz drahtloser Infrastruktur:

- SZ1: Sichere Datenübertragung über die drahtlose Infrastruktur

- SZ2: Sicherer Zugriff auf Ressourcen innerhalb der Firmeninfrastruktur

- SZ3: Schutz des mobilen Arbeitsplatzes vor Angriffen aus dem Internet

Trotz der Verwendung drahtloser Übertragungstechniken muss ein sicherer Datentransport für Mitarbeiter gewährleistet werden, da ansonsten Angreifer sensitive Daten aufgrund des gemeinsamen Funkmediums einfach mitlesen können.

Soll ein mobiler Arbeitsplatz durch einen Mitarbeiter als vollwertiger Ersatz für seinen statischen Arbeitsplatzes genutzt werden können, muss gewährleistet werden, dass der Zugriff auf firmeninterne Ressourcen realisiert werden kann. Dabei muss einerseits sichergestellt werden, dass der Zugriff so gesichert wird, dass nicht andere Teilnehmer ohne die entsprechende Berechtigung den Zugriff auf eine Ressource erhalten können. Zusätzlich muss beachtet werden, dass der Zugriff auf Ressourcen innerhalb der Firma auch auf die Berechtigungen des einzelnen Mitarbeiters beschränkt wird.

Abschließend sollte die drahtlose Infrastruktur einen direkten Zugriff vom Internet auf den mobilen Arbeitsplatz unterbinden, so dass das Gerät nicht direkt angegriffen werden kann.

16.2.2 Gäste

Nachfolgend werden die Schutzziele aufgezählt, die an die drahtlose Infrastruktur bei der Nutzung durch Gäste gestellt werden:

- SZ4: Sicherer Zugriff auf bestimmte Ressourcen innerhalb der Firma
- SZ5: Schutz des Firmennetzes vor Zugriffen des Gastrechners
- SZ6: Schutz des Gastrechners vor Angriffen aus dem Internet

Die Nutzung der drahtlosen Infrastruktur soll für den einzelnen Gast mit so geringem Aufwand wie möglich realisiert werden. Manuelle Konfiguration ist zu vermeiden, das Installieren zusätzlicher Software auf dem Gastgerät nicht möglich.

Normalerweise wird die drahtlose Infrastruktur von Gästen zum Zugriff auf das Internet genutzt. Dabei soll die Internetverbindung der Firma verwendet werden. Manchmal ist es zusätzlich notwendig, dass bestimmte Gäste auf einzelne firmeninterne Ressourcen (z. B. Drucker) zugreifen sollen. Der Zugriff auf diese Ressourcen muss jedoch ausreichend geschützt sein und nur Gästen mit entsprechender Autorisierung ermöglicht werden.

Eine wichtige Anforderung aus Sicht der Firma ist der Schutz der Firmeninfrastruktur gegenüber Angriffen von Gastrechnern, die dafür die drahtlose Infrastruktur nutzen. So sollen direkte unkontrollierte Verbindungen zwischen Systemen aus dem drahtlosen Netzbereich und dem eigentlichen Firmennetz unterbunden werden.

Wie bei der Integration von mobilen Geräten firmeneigener Mitarbeiter sollte die drahtlose Infrastruktur einen direkten Zugriff vom Internet auf den Gastrechner unterbinden, so dass keine Angriffe auf das Gerät möglich sind.

16.3 Naiver Ansatz fürs Mitarbeiter-WLAN

Der einfachste Ansatz zur schnellen Bereitstellung einer drahtlosen Infrastruktur ist die Konfiguration eines vollständig offenen drahtlosen Netzes, auf das alle Teilnehmer Zugriff haben. Zusätzlich werden Mechanismen wie DHCP (s. Abschnitt 6.1.4, S. 207) angeboten, die eine automatische Netzwerkkonfiguration ermöglichen.

Die drahtlose Infrastruktur wird direkt in das zentrale Firmennetz integriert, somit erhalten alle drahtlosen Teilnehmer Zugriff auf Ressourcen oder Dienste innerhalb der Firma. Zusätzlich ist ein direkter Zugriff der drahtlosen Teilnehmer auf das Internet und umgekehrt möglich.

16.3.1 Fehler 1: Ungesicherter Zugriff

Bedingt durch die offene Konfiguration der drahtlosen Infrastruktur ist jeder Teilnehmer, unabhängig ob Mitarbeiter, Angreifer oder anderer Teilnehmer, in der Lage, die drahtlose Infrastruktur zu nutzen.

Möglichkeiten, die den Zugriff auf die drahtlose Infrastruktur durch Angreifer oder andere Teilnehmer erschweren, sind die Unterdrückung der Aussendung der SSID, der Einsatz von MAC-Filtern und der Verzicht auf automatische Netzwerkkonfigurationsmechanismen. Kann die Unterdrückung der SSID technisch nicht umgesetzt werden, so sollten zumindestens SSID-Bezeichnungen gewählt werden, die keinen direkten Rückschluss auf den Betreiber zulassen (z. B. „zy4k1953").

Durch Einsatz dieser Mechanismen kann noch keines der aufgezählten Schutzziele erreicht werden, jedoch wird der Aufwand für einen potentiellen Angreifer erhöht.

16.3.2 Fehler 2: Ungesicherte Datenübertragung

Eine lange verwendete Technik zur Sicherung der Datenübertragung in drahtlosen Infrastrukturen ist WEP (s. Abschnitt 5.3.3, S. 158). Dabei teilen alle autorisierten Teilnehmer ein gemeinsames Geheimnis, welches zur Verschlüsselung von Dateneinheiten während der Übertragung verwendet wird. Mittlerweile ist dieser Mechanismus jedoch nicht mehr als sicher anzusehen, da Analysen von WEP Schwachstellen aufgedeckt haben, die einem Angreifer eine Kompromittierung des gemeinsamen Geheimnisses erlauben.

Als sicherere Alternativen zu WEP existieren WPA und 802.11i (s. Abschnitt 5.3.3, S. 158), welche beide eine geschützte Datenübertragung in drahtlosen Netzen bereitstellen. Durch die Anwendung von WPA oder 802.11i kann das Schutzziel SZ1 erreicht werden, da gegenüber externen Teilnehmern oder Angreifern eine gesicherte Datenübertragung gewährleistet werden kann.

16.3.3 Fehler 3: Keine Zugriffskontrolle auf interne Ressourcen

Obwohl durch den Einsatz von WPA oder 802.11i Daten vor dem unberechtigten Zugriff externer Dritter geschützt werden können, kann damit noch nicht erreicht werden, dass nur Pakete von Mitarbeitern in den internen Netzbereich geleitet werden.

Um das Schutzziel SZ2 zu erreichen, muss eine jeweils einzeln pro Mitarbeiter gesicherte Datenübertragung gewährleistet werden können. Hier kann durch den Aufbau eines VPNs der gleiche Lösungsansatz wie beim mobilen Mitarbeiter (s. Abschnitt 15.3.2, S. 529) zum Einsatz kommen.

16.3.4 Fehler 4: Direkter Zugriff auf Teilnehmer

Durch die direkte Erreichbarkeit der Teilnehmerrechner vom Internet aus, kann ein Angreifer direkt auf einzelne Teilnehmerrechner zugreifen oder diese gezielt angreifen. Um das Schutzziel SZ3 zu erreichen, muss der Zugriff vom Internet auf einzelne Teilnehmer der drahtlosen Infrastruktur eingeschränkt oder unterbunden werden können.

Ein einfacher und zugleich wirkungsvoller Ansatz ist die Abtrennung der drahtlosen Infrastruktur in einen eigenständigen Netzbereich innerhalb der Firma, welcher durch eine Firewall mit der DMZ verbunden wird. Die Firewall kann so konfiguriert werden, dass nur der Zugriff zur VPN-Gegenstelle aus dem drahtlosen Netz zugelassen wird und alle anderen Verbinden abgewiesen werden. Durch den Einsatz eines VPNs werden die Sicherheitsrichtlinien der einzelnen Abteilungen auf das drahtlose Netzwerk übertragen. Dadurch ist keine gesonderte Rechteverwaltung (abgesehen vom Zugang) im drahtlosen Netz notwendig. Welcher Mitarbeiter auf welche Ressource (z. B. Internet) zugreifen kann, wird durch die Rechte der Mitarbeiter in ihrem Abteilungsnetz festgelegt.

16.4 Verbesserter Lösungsansatz fürs Mitarbeiter-WLAN

Ausgehend vom ersten Lösungsansatz läßt sich unter Beachtung der aufgedeckten Fehler und der dafür vorgeschlagenen Lösungen ein verbesserter Lösungsansatz aufstellen. Die wichtigsten Mechanismen und Techniken sind nochmals in der nachfolgenden Liste aufgezählt:

- Unterdrückung der SSID, Einsatz von MAC-Filtern
- Einsatz von WPA oder 802.11i

- Einsatz von VPNs
- Separierung der drahtlosen Infrastruktur und Einsatz einer Firewall

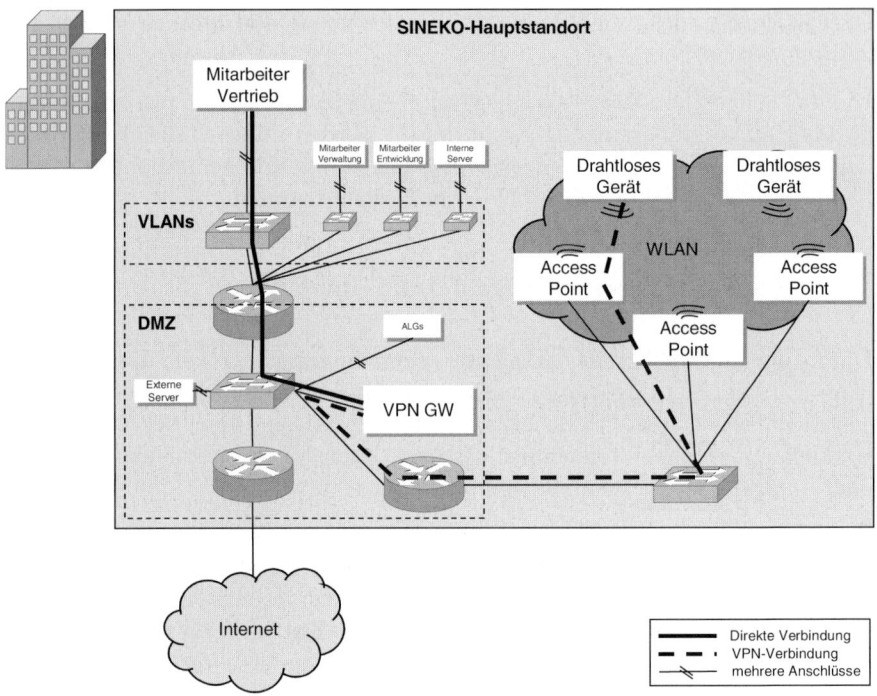

Abbildung 16.1. Netzwerkkonfiguration für Mitarbeiterzugang über drahtloses Netz

Die Abbildung 16.1 veranschaulicht schematisch die Integration der drahtlosen Infrastruktur.

16.5 Einfacher Ansatz fürs Gäste-WLAN

Ähnlich wie bei der Nutzung drahtloser Infrastruktur für Mitarbeiter stellt der Einsatz einer offenen drahtlosen Infrastruktur die einfachste Lösung dar. Die drahtlose Infrastruktur ist direkt im Firmennetz integriert und erlaubt den Zugriff auf firmeninterne Ressourcen und das Internet.

Im Gegensatz zur Integration von Mitarbeitern können natürlich nicht alle verfügbaren Mechanismen zur Absicherung der drahtlosen Infrastruktur eingesetzt werden. So sind feste Adresszuordnungen, Unterdrückung der SSID-Broadcasts, Filterung von MAC-Adressen und die Verschlüsselung mittels

WPA oder 802.11i ungeeignet, da diese entweder einen erheblichen Konfigurationsaufwand auf dem jeweiligen Gastrechner erfordern oder eine Nutzung der drahtlosen Infrastruktur durch Gäste von vornherein ausschließen.

Um also Gästen die Nutzung der drahtlosen Infrastruktur überhaupt zu ermöglichen, muss mindestens auf die Filterung von MAC-Adressen, die Unterdrückung des SSID-Broadcasts und die Verschlüsselung per WPA oder 802.11i verzichtet werden. Wird zudem für Gastrechner eine automatische Netzkonfiguration, beispielsweise per DHCP (s. Abschnitt 6.1.4, S. 207), angeboten, so können zumindest Gastrechner, die eine solche automatische Netzkonfiguration unterstützen, ohne großen Aufwand die drahtlose Infrastruktur nutzen.

16.5.1 Fehler 1: Unkontrollierte Nutzung

Durch die bereitgestellten Techniken kann jeder die drahtlose Infrastruktur nutzen, ohne dass eine entsprechende Überprüfung des Teilnehmers erfolgt. Eine Kontrolle kann jedoch durch die Verwendung so genannter *Visitor Based Networks* (VBN) erreicht werden.

Diese VBNs bestehen neben einer Reihe von Netzzugangspunkten aus einem *Public Access Controller* (PAC). Während die Netzzugangspunkte (*Access Points*) für die räumliche Abdeckung der drahtlosen Infrastruktur sorgen, ist es Aufgabe des PACs, die Konfiguration, Autorisation und Verwaltung der vorhandenen Gastrechner vorzunehmen. Abbildung 16.2 veranschaulicht die Integration des PACs in die bestehende Infrastruktur.

Wie in Abbildung 16.2 erkennbar ist, befindet sich der PAC zwischen den mobilen Endgeräten und der Firewall zur Koppelung der drahtlosen Infrastruktur an das Firmennetz.

Diese Stelle eignet sich besonders gut, um die Aufgaben des PACs zu erfüllen: Er muss dort die Autorisierung der verschiedenen Gastrechner prüfen und den Zugang zum Festnetz erst nach einer erfolgreichen Autorisierung freischalten.

Im Normalfall wird die Autorisierung des entsprechenden Benutzers beim ersten Zugriff auf eine der Ressourcen gefordert. Weit verbreitet ist der Ansatz, die erste HTTP-Anfrage des Gastrechners zu unterbrechen und diese auf eine auf dem PAC liegende Webseite umzuleiten. Der Zugriff wird meist zusätzlich per TLS gesichert, so dass es für andere Teilnehmer in der drahtlosen Umgebung keine Möglichkeit gibt, eine erfolgreiche Autorisierung mitzulesen. Dies ist daher notwendig, da keine anderen Schutzmechanismen eingesetzt werden, die eine sichere Datenübertragung über das öffentliche Medium ermöglichen. Der PAC sollte hierbei ein Zertifikat besitzen, das von einer von vielen Nutzern und Betriebssystemen akzeptierten CA ausgestellt wurde, damit nicht ein spezielles CA-Zertifikat geprüft und importiert werden muss.

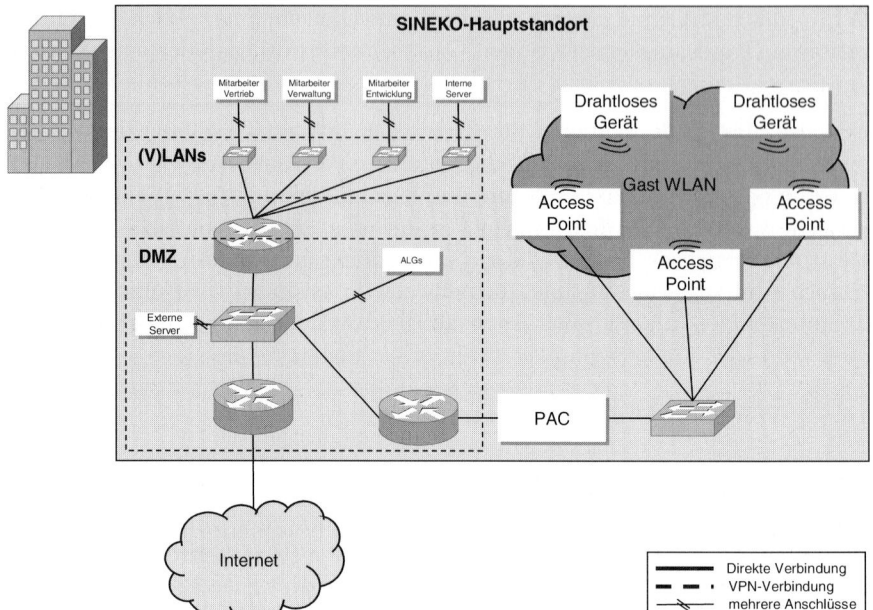

Abbildung 16.2. Aufbau Vistor Based Networks

Auf dieser Webseite muss der Gast eine entsprechende Autorisierung vorweisen, die es ihm erlaubt, die drahtlose Infrastruktur zu nutzen. Dies kann einerseits durch persönlich zugeordnete Benutzeraccounts und Passwörter realisiert werden, alternativ eignet sich in diesem Szenario auch die Ausgabe von Einmalpasswörtern.

Nach erfolgreicher Autorisierung schaltet der PAC für den jeweiligen Gastrechner vordefinierte Ressourcen, eventuell abhängig von der Art der Autorisierung, frei, die dann vom Gast genutzt werden können.

16.5.2 Fehler 2: Ungesicherter Zugriff auf Dienste

Um für bestimmte Gäste den Zugriff auf einzelne firmeninterne Ressourcen zu ermöglichen, muss sichergestellt werden, dass eine sichere Datenübertragung vom Gastrechner zum Firmennetz und umgekehrt eingesetzt wird, da ansonsten der Zugriff auf die Ressource einfach von anderen Teilnehmern mitgelesen werden kann. Zudem muss eine explizite Authentifizierung des Gastes erfolgen, da durch die drahtlose Infrastruktur die Identität des Benutzer nicht festgestellt werden kann.

Zur Sicherung der Datenübertragung in diesem Szenario eignet sich IPsec (s. Abschnitt 6.2, S. 210) nicht besonders gut, da einerseits ein hoher Konfigurationsaufwand auf der Gastrechnerseite notwendig ist, andererseits wird der Schutz der Datenübertragung vollständig losgelöst von der eigentlichen Anwendung realisiert.

Dagegen eignet sich TLS (s. Abschnitt 7.3, S. 276) eindeutig besser zur Absicherung des Zugriffes auf firmeninterne Ressourcen. Der Schutz der Datenübertragung ist direkt mit der Anwendung verknüpft. Wird die Möglichkeit der Client-seitigen Authentifizierung aufgrund nicht vorhandener Zertifikate auf der Benutzerseite nicht genutzt, muss zusätzlich eine explizite Authentifizierung des Gastbenutzers innerhalb der Anwendung erfolgen. Ein weiterer Grund für die Verwendung von TLS ist die breite Unterstützung in einer Vielzahl von Anwendungen. Dadurch ist normalerweise kein zusätzlicher Konfigurations- oder Installationsaufwand auf dem Gastrechner notwendig.

16.5.3 Fehler 3: Direkter Zugriff

Die Forderung nach Schutz des Firmennetzes vor Angriffen aus dem Gastnetz kann relativ einfach mit dem Einsatz einer Firewall zwischen dem Firmennetz und dem Netzbereich der drahtlosen Infrastruktur erfüllt werden. Diese kann beispielsweise direkte Verbindungen ins Firmennetz verhindern oder nur Verbindungen zu bestimmten Rechnern und/oder Anwendungen erlauben.

Um Gastrechner, welche die drahtlose Infrastruktur nutzen, vor Angriffen aus dem Internet zu schützen, muss die Firma gewährleisten, dass die Gastrechner nicht direkt aus dem Internet zugreifbar sind. Dies kann beispielsweise wieder durch den Einsatz einer Firewall geschehen, die nur Verbindungen zu Gastrechnern zulässt, wenn diese vom Gastrechner selbst initiiert wurden.

16.6 Verbesserter Lösungsansatz fürs Gäste-WLAN

Ähnlich wie bei der Integration mobiler Mitarbeiter, wird abschließend ein verbesserter Lösungsansatz vorgestellt, welcher die vorgeschlagenen Verbesserungen gegenüber dem ersten Ansatz zur Integration von Gästen in die drahtlose Infrastruktur enthält.

- Einsatz von VBN
- Einsatz von TLS beim Zugriff auf interne Ressourcen
- Separierung der drahtlosen Infrastruktur und Einsatz einer Firewall

Obwohl mit dem vorgestellten Lösungsansatz eine einfache Nutzung der drahtlosen Infrastruktur durch Gäste vorgestellt worden ist, darf nicht vergessen werden, dass diese erhebliche Sicherheitsmängel aufweist.

So ist die Anwendung verschiedener Techniken, wie MAC-Adressenfilterung und Verschlüsselung mittels WPA oder 802.11i nicht möglich, da sie eine aufwändige Konfiguration des Endsystems nach sich ziehen würde. Dadurch ist es jedoch möglich, dass ein Angreifer die Datenübertragungen der einzelnen Teilnehmer ohne große Anstrengungen mithören kann.

Der Einsatz von TLS und zusätzlicher anwendungsspezifischer Authentifizierung stellt dagegen eine einfache und zugleich sichere Möglichkeit dar, auch Gästen Zugriff auf bestimmte firmeninterne Ressourcen zu gewährleisten. Problematisch ist nur die Nutzung von Diensten, die einen der beiden Mechanismen nicht unterstützen.

Insgesamt gesehen, erscheint die drahtlose Infrastruktur für Gäste als ziemlich unsicher und leicht kompromittierbar. Jedoch hat dies beim Einsatz einer Firewall zwischen dem drahtlosen Netzbereich und dem eigentlichen Firmennetz kaum Auswirkungen, da ein direkter unkontrollierter Zugriff nicht zugelassen wird.

16.7 Gemeinsamer Lösungsansatz

Soll die drahtlose Infrastruktur gleichzeitig durch Mitarbeiter und Gäste verwendet werden können und dabei der Betrieb zweier drahtloser Infrastrukturen vermieden werden, müssen die vorgestellten Lösungsansätze daraufhin untersucht werden, ob sie so kombiniert werden können, dass trotzdem die Schutzziele beider Teilszenarien erreicht werden.

In beiden Lösungsansätzen weitgehend identisch ist die Abtrennung der drahtlosen Infrastruktur als eigenständiges Netz und die Verbindung zum Firmennetz mittels einer Firewall, welche in diesem Fall jedoch ein erweitertes Regelwerk beinhalten muss. Einerseits muss der Zugriff auf firmeninterne Ressourcen beschränkt werden, andererseits muss der Zugriff auf das Internet ermöglicht werden.

Für die Integration der Gastrechner muss, wie auch in den bereits vorgestellten Lösungsansätzen, auf den Einsatz von WPA oder 802.11i und das Filtern von MAC-Adressen verzichtet werden. Gleichzeitig ist es notwendig, dass das Verbreiten der SSID des drahtlosen Netzes und eine automatische Netzkonfiguration per DHCP möglich ist. Des Weiteren ist der Einsatz eines PAC zum Aufbau eines VBNs notwendig, da dieser die Netzintegration für Gastrechner mit statischer Konfiguration bereitstellt, ohne dass dafür manuelle Konfigurationseinstellungen auf dem Gastrechner vorgenommen werden müssen.

Die Integration der firmeneigenen Mitarbeiter erfolgt durch die Nutzung von VPN-Software. Dazu baut jeder Mitarbeiter einen VPN-Tunnel zum firmeneigenen VPN-Gateway, das die interne Kommunikation schützt. Der Einsatz von WPA oder 802.11i ist in diesem Fall nicht mehr notwendig, da alle benötigten Schutzmechanismen durch die VPN-Software erbracht werden.

Wenn jedoch in der drahtlosen Infrastruktur ein VBN für die Anbindung der Gäste verwendet wird, welches eine explizite Autorisierung der Nutzer verlangt, muss die Konfiguration des PACs angepasst werden. Dieser muss beispielsweise Verbindungen, die zum Aufbau des VPN-Tunnels von Mitarbeitern zum firmeneigenen VPN-Gateway benötigt werden, ohne vorhergehende Autorisierung erlauben, da eine Authentifikation des Mitarbeiters direkt am VPN-Gateway erfolgt.

Viele Lösungen, wie der sichere Zugriff von Gästen auf firmeninterne Ressourcen unter Verwendung von TLS, der Schutz des Firmennetzes durch den Einsatz einer Firewall zwischen der drahtlosen Infrastruktur und dem Firmennetz oder der Schutz von Mitarbeiter- und Gastrechnern vor Angriffen aus dem Internet wiederum durch den Einsatz einer Firewall, können ohne weitere Anpassungen aus den bereits vorgestellten Lösungsansätzen übernommen werden.

16.7.1 Zusammenfassung

Für die Kombination der Nutzung der drahtlosen Infrastruktur durch firmeneigene Mitarbeiter und Gäste wird zusammenfassend der Einsatz folgender Mechanismen vorgeschlagen:

- Einsatz von DHCP, keine Filterung auf MAC-Ebene

- Einsatz von VPN-Software für Mitarbeiter

- Autorisierung von Gästen mittels VBN

- Abtrennung der drahtlosen Infrastruktur in einen eigenen Netzbereich

- Einsatz einer Firewall zum Schutz vor Angriffen

Der Lösungsansatz, der eine gemeinsame Nutzung der drahtlosen Infrastruktur durch Mitarbeiter und Gäste bereitstellt, kann nur maximal das Sicherheitsniveau des aus sicherheitstechnischer Sicht schwächsten der verwendeten Lösungsansätze erreichen, da diese entsprechend kombiniert wurden.

Literatur

1. ABOBA, B., L. BLUNK, J. VOLLBRECHT, J. CARLSON und H. LEVKOWETZ: *Extensible Authentication Protocol (EAP)*. RFC 3748 (Proposed Standard), IETF, Juni 2004. URL: http://www.ietf.org/rfc/rfc3748.txt.
2. ABOBA, B. und W. DIXON: *IPsec-Network Address Translation (NAT) Compatibility Requirements*. RFC 3715 (Informational), IETF, März 2004. URL: http://www.ietf.org/rfc/rfc3715.txt.
3. ABOBA, B. und D. SIMON: *PPP EAP TLS Authentication Protocol*. RFC 2716 (Experimental), IETF, Oktober 1999. URL: http://www.ietf.org/rfc/rfc2716.txt.
4. ACCREDITED STANDARDS COMMITTEE X3: *American National Standard X3.92-1981: Data Encryption Algorithm DEA*, 1981.
5. ACCREDITED STANDARDS COMMITTEE X9: *American National Standard X9.17-1985: Financial Institution Key Management (Wholesale)*, 1985.
6. ACCREDITED STANDARDS COMMITTEE X9: *American National Standard X9.62-1998: Public Key Cryptography For the Financial Services Industry: Elliptic Curve Digital Signature Algorithm (ECDSA)*, 1998.
7. ADAMS, C.: *The CAST-128 Encryption Algorithm*. RFC 2144 (Informational), IETF, Mai 1997. URL: http://www.ietf.org/rfc/rfc2144.txt.
8. ALAETTINOGLU, C., C. VILLAMIZAR, E. GERICH, D. KESSENS, D. MEYER, T. BATES, D. KARRENBERG und M. TERPSTRA: *Routing Policy Specification Language (RPSL)*. RFC 2622 (Proposed Standard), IETF, Juni 1999. Aktualisiert durch RFC 4012. URL: http://www.ietf.org/rfc/rfc2622.txt.
9. ALTMAN, J.: *Telnet Encryption: CAST-128 64 bit Cipher Feedback*. RFC 2950 (Proposed Standard), IETF, September 2000. URL: http://www.ietf.org/rfc/rfc2950.txt.
10. ALTMAN, J.: *Telnet Encryption: CAST-128 64 bit Output Feedback*. RFC 2949 (Proposed Standard), IETF, September 2000. URL: http://www.ietf.org/rfc/rfc2949.txt.
11. ALTMAN, J.: *Telnet Encryption: DES3 64 bit Cipher Feedback*. RFC 2947 (Proposed Standard), IETF, September 2000. URL: http://www.ietf.org/rfc/rfc2947.txt.
12. ANDERSON, R., F. BERGADANO, B. CRISPO, J. LEE, C. MANIFAVAS und R. NEEDHAM: *A New Family of Authentication Protocols*. ACMOSR: ACM Operating Systems Review, 32, 1998.

13. ANDERSON, R., E. BIHAM und L. KNUDSEN: *Serpent: A New Block Cipher Proposal*. In: *Fifth International Workshop on Fast Software Encryption*, 1998.

14. ANDERSSON, L., P. DOOLAN, N. FELDMAN, A. FREDETTE und B. THOMAS: *LDP Specification*. RFC 3036 (Proposed Standard), IETF, Januar 2001. URL: http://www.ietf.org/rfc/rfc3036.txt.

15. ANDERSSON, L. und G. SWALLOW: *The Multiprotocol Label Switching (MPLS) Working Group decision on MPLS signaling protocols*. RFC 3468 (Informational), IETF, Februar 2003. URL: http://www.ietf.org/rfc/rfc3468.txt.

16. ARENDS, R., R. AUSTEIN, M. LARSON, D. MASSEY und S. ROSE: *DNS Security Introduction and Requirements*. RFC 4033 (Proposed Standard), IETF, März 2005. URL: http://www.ietf.org/rfc/rfc4033.txt.

17. ARENDS, R., R. AUSTEIN, M. LARSON, D. MASSEY und S. ROSE: *Protocol Modifications for the DNS Security Extensions*. RFC 4035 (Proposed Standard), IETF, März 2005. URL: http://www.ietf.org/rfc/rfc4035.txt.

18. ARENDS, R., R. AUSTEIN, M. LARSON, D. MASSEY und S. ROSE: *Resource Records for the DNS Security Extensions*. RFC 4034 (Proposed Standard), IETF, März 2005. URL: http://www.ietf.org/rfc/rfc4034.txt.

19. ARKKO, J., J. KEMPF, B. ZILL und P. NIKANDER: *SEcure Neighbor Discovery (SEND)*. RFC 3971 (Proposed Standard), IETF, März 2005. URL: http://www.ietf.org/rfc/rfc3971.txt.

20. ATKINS, D., W. STALLINGS und P. ZIMMERMANN: *PGP Message Exchange Formats*. RFC 1991 (Informational), IETF, August 1996. URL: http://www.ietf.org/rfc/rfc1991.txt.

21. AURA, T.: *Cryptographically Generated Addresses (CGA)*. RFC 3972 (Proposed Standard), IETF, März 2005. URL: http://www.ietf.org/rfc/rfc3972.txt.

22. AWDUCHE, D., L. BERGER, D. GAN, T. LI, V. SRINIVASAN und G. SWALLOW: *RSVP-TE: Extensions to RSVP for LSP Tunnels*. RFC 3209 (Proposed Standard), IETF, Dezember 2001. Aktualisiert durch RFC 3936. URL: http://www.ietf.org/rfc/rfc3209.txt.

23. AWDUCHE, D., J. MALCOLM, J. AGOGBUA, M. O'DELL und J. MCMANUS: *Requirements for Traffic Engineering Over MPLS*. RFC 2702 (Informational), IETF, September 1999. URL: http://www.ietf.org/rfc/rfc2702.txt.

24. BAKER, F.: *Requirements for IP Version 4 Routers*. RFC 1812 (Proposed Standard), IETF, Juni 1995. Aktualisiert durch RFC 2644. URL: http://www.ietf.org/rfc/rfc1812.txt.

25. BAKER, F. und R. ATKINSON: *RIP-2 MD5 Authentication*. RFC 2082 (Proposed Standard), IETF, Januar 1997. URL: http://www.ietf.org/rfc/rfc2082.txt.

26. BAKER, F., B. LINDELL und M. TALWAR: *RSVP Cryptographic Authentication*. RFC 2747 (Proposed Standard), IETF, Januar 2000. Aktualisiert durch RFC 3097. URL: http://www.ietf.org/rfc/rfc2747.txt.

27. BAKER, F. und P. SAVOLA: *Ingress Filtering for Multihomed Networks*. RFC 3704 (Best Current Practice), IETF, März 2004. URL: http://www.ietf.org/rfc/rfc3704.txt.

28. BALENSON, D.: *Privacy Enhancement for Internet Electronic Mail: Part III: Algorithms, Modes, and Identifiers*. RFC 1423 (Proposed Standard), IETF, Februar 1993. URL: http://www.ietf.org/rfc/rfc1423.txt.

29. BAUGHER, M., D. MCGREW, M. NASLUND, E. CARRARA und K. NORRMAN: *The Secure Real-time Transport Protocol (SRTP)*. RFC 3711 (Proposed Standard), IETF, März 2004. URL: http://www.ietf.org/rfc/rfc3711.txt.

30. BAYER, R. und J. K. METZGER: *On the Encipherment of Search Trees and Random Access Files*. ACM Transactions on Database Systems, 1976.

31. BEADLES, M. und D. MITTON: *Criteria for Evaluating Network Access Server Protocols*. RFC 3169 (Informational), IETF, September 2001.
URL: http://www.ietf.org/rfc/rfc3169.txt.

32. BELLARE, M., T. KOHNO und C. NAMPREMPRE: *Breaking and provably repairing the SSH authenticated encryption scheme: A case study of the Encode-then-Encrypt-and-MAC paradigm*. ACM Transactions on Information System Security, 7(2):206–241, 2004.

33. BERNERS-LEE, T., R. FIELDING und H. FRYSTYK: *Hypertext Transfer Protocol – HTTP/1.0*. RFC 1945 (Informational), IETF, Mai 1996.
URL: http://www.ietf.org/rfc/rfc1945.txt.

34. BERNERS-LEE, T., R. FIELDING und L. MASINTER: *Uniform Resource Identifier (URI): Generic Syntax*. RFC 3986 (Standard), IETF, Januar 2005.
URL: http://www.ietf.org/rfc/rfc3986.txt.

35. BERNSTEIN, D. J.: *What are SYN cookies?*, Februar 1997.
URL: http://cr.yp.to/syncookies.html.

36. BERRY, S. P.: *Shoki*, Dezember 2004. URL: http://shoki.sourceforge.net.

37. BIEGE, T. und F. GARRIGUES: *M-ICE: Modular Intrusion Coutermeasure Env.*, Dezember 2004. URL: http://sourceforge.net/projects/m-ice/.

38. BLAKE, S., D. BLACK, M. CARLSON, E. DAVIES, Z. WANG und W. WEISS: *An Architecture for Differentiated Service*. RFC 2475 (Informational), IETF, Dezember 1998. Aktualisiert durch RFC 3260.
URL: http://www.ietf.org/rfc/rfc2475.txt.

39. BLAKE-WILSON, S., M. NYSTROM, D. HOPWOOD, J. MIKKELSEN und T. WRIGHT: *Transport Layer Security (TLS) Extensions*. RFC 3546 (Proposed Standard), IETF, Juni 2003. URL: http://www.ietf.org/rfc/rfc3546.txt.

40. BLEICHENBACHER, D.: *Chosen Ciphertext Attacks Against Protocols Based on the RSA Encryption Standard PKCS #1*. In: *Advances in Cryptology – CRYPTO'98*, LNCS 1462, S. 1–12. Springer-Verlag, 1998.

41. BLUETOOTH SIG SECURITY EXPERT GROUP: *Bluetooth Security White Paper*. Technischer Bericht, Bluetooth SIG, April 2002.

42. BLUETOOTH SPECIAL INTEREST GROUP: *Specification of the Bluetooth System*, November 2003. Version 1.2. URL: http://www.bluetooth.com.

43. BLUETOOTH SPECIAL INTEREST GROUP: *The Official Bluetooth Wireless Info Site*, November 2004. URL: http://www.bluetooth.com.

44. BLUMENTHAL, U. und B. WIJNEN: *User-based Security Model (USM) for version 3 of the Simple Network Management Protocol (SNMPv3)*. RFC 3414 (Standard), IETF, Dezember 2002. URL: http://www.ietf.org/rfc/rfc3414.txt.

45. BLUNK, D. und A. GIRARDET: *WEPAttack Entwickler-Homepage bei Sourceforge*, Dezember 2004. URL: http://wepattack.sourceforge.net.

46. BOEYEN, S., T. HOWES und P. RICHARD: *Internet X.509 Public Key Infrastructure Operational Protocols - LDAPv2*. RFC 2559 (Historic), IETF, April 1999. Obsolet durch RFC 3494. URL: http://www.ietf.org/rfc/rfc2559.txt.

47. BOOR, F. und J. FERNQUIST: *PrismStumbler Entwickler-Homepage bei Sourceforge*, Dezember 2004. URL: http://prismstumbler.sourceforge.net.

48. BRADEN, R.: *Requirements for Internet Hosts - Communication Layers*. RFC 1122 (Standard), IETF, Oktober 1989. Aktualisiert durch RFC 1349.
URL: http://www.ietf.org/rfc/rfc1122.txt.

49. BRADEN, R. und L. ZHANG: *RSVP Cryptographic Authentication – Updated Message Type Value*. RFC 3097 (Proposed Standard), IETF, April 2001. URL: http://www.ietf.org/rfc/rfc3097.txt.

50. BRADEN, R., L. ZHANG, S. BERSON, S. HERZOG und S. JAMIN: *Resource ReSerVation Protocol (RSVP) – Version 1 Functional Specification*. RFC 2205 (Proposed Standard), IETF, September 1997. Aktualisiert durch RFCs 2750, 3936. URL: http://www.ietf.org/rfc/rfc2205.txt.

51. BRADNER, S. und V. PAXSON: *IANA Allocation Guidelines For Values In the Internet Protocol and Related Headers*. RFC 2780 (Best Current Practice), IETF, März 2000. URL: http://www.ietf.org/rfc/rfc2780.txt.

52. BUNDESAMT FÜR SICHERHEIT IN DER INFORMATIONSTECHNIK: *Bluetooth Gefährdungen und Sicherheitsmaßnahmen*. Technischer Bericht, BSI, 2003. URL: http://www.bsi.de.

53. BUNDESAMT FÜR SICHERHEIT IN DER INFORMATIONSTECHNIK: *IT-Grundschutzhandbuch*, 2004. URL: http://www.bsi.de.

54. BUNDESREPUBLIK DEUTSCHLAND: *Bürgerliches Gesetzbuch*, 2004. Abschnitt 3, §126: Schriftform.

55. BURWICK, C., D. COPPERSMITH, E. D'AVIGNON, R. GENNARO, S. HALEVI, C. JUTLA, S. M. M. JR., L. O. CONNOR, M. PEYRAVIAN, D. SAFFORD und N. ZUNIC: *MARS - a candidate cipher for AES*. First AES Conference, August 1998.

56. CALHOUN, P., J. LOUGHNEY, E. GUTTMAN, G. ZORN und J. ARKKO: *Diameter Base Protocol*. RFC 3588 (Proposed Standard), IETF, September 2003. URL: http://www.ietf.org/rfc/rfc3588.txt.

57. CALHOUN, P. R., G. ZORN, D. SPENCE und D. MITTON: *Diameter Network Access Server Application*. Internet-Draft – draft-ietf-aaa-diameter-nasreq-17.txt, IETF, Juli 2004. Arbeitsdokument der IETF.

58. CALLAGHAN, B., B. PAWLOWSKI und P. STAUBACH: *NFS Version 3 Protocol Specification*. RFC 1813 (Informational), IETF, Juni 1995. URL: http://www.ietf.org/rfc/rfc1813.txt.

59. CALLAS, J., L. DONNERHACKE, H. FINNEY und R. THAYER: *OpenPGP Message Format*. RFC 2440 (Proposed Standard), IETF, November 1998. URL: http://www.ietf.org/rfc/rfc2440.txt.

60. CALLON, R.: *Use of OSI IS-IS for routing in TCP/IP and dual environments*. RFC 1195 (Proposed Standard), IETF, Dezember 1990. Aktualisiert durch RFC 1349. URL: http://www.ietf.org/rfc/rfc1195.txt.

61. CAMPBELL, B. und R. SPARKS: *Control of Service Context using SIP Request-URI*. RFC 3087 (Informational), IETF, April 2001. URL: http://www.ietf.org/rfc/rfc3087.txt.

62. CARPENTER, B.: *Internet Transparency*. RFC 2775 (Informational), IETF, Februar 2000. URL: http://www.ietf.org/rfc/rfc2775.txt.

63. CARPENTER, B. und K. MOORE: *Connection of IPv6 Domains via IPv4 Clouds*. RFC 3056 (Proposed Standard), IETF, Februar 2001. URL: http://www.ietf.org/rfc/rfc3056.txt.

64. CASE, J., M. FEDOR, M. SCHOFFSTALL und J. DAVIN: *Simple Network Management Protocol (SNMP)*. RFC 1157 (Historic), IETF, Mai 1990. URL: http://www.ietf.org/rfc/rfc1157.txt.

65. CASE, J., D. HARRINGTON, R. PRESUHN und B. WIJNEN: *Message Processing and Dispatching for the Simple Network Management Protocol (SNMP)*. RFC

3412 (Standard), IETF, Dezember 2002.
URL: http://www.ietf.org/rfc/rfc3412.txt.

66. CASE, J., K. MCCLOGHRIE, M. ROSE und S. WALDBUSSER: *Introduction to version 2 of the Internet-standard Network Management Framework*. RFC 1441 (Historic), IETF, April 1993. URL: http://www.ietf.org/rfc/rfc1441.txt.

67. CASE, J., R. MUNDY, D. PARTAIN und B. STEWART: *Introduction and Applicability Statements for Internet-Standard Management Framework*. RFC 3410 (Informational), IETF, Dezember 2002.
URL: http://www.ietf.org/rfc/rfc3410.txt.

68. CASWELL, B. und M. ROESCH: *Snort: The Open Source Network Intrusion Detection System*, Januar 2005.
URL: http://www.snort.org/docs/snort_manual/.

69. CENTER, C. C.: *CERT Advisory CA-1992-02 Michelangelo PC Virus Warning*, Februar 1992. URL: http://www.cert.org/advisories/CA-1992-02.html.

70. CENTER, C. C.: *CERT Advisory CA-2002-03 Multiple Vulnerabilities in Many Implementations of the Simple Network Management Protocol (SNMP)*, Februar 2002. URL: http://www.cert.org/advisories/CA-2002-03.html.

71. CERF, V.: *IAB recommendations for the development of Internet network management standards*. RFC 1052, IETF, April 1988.
URL: http://www.ietf.org/rfc/rfc1052.txt.

72. CHAUM, D.: *Untraceable electronic mail, return addresses, and digital pseudonyms*. Communications of the ACM, 4(2), Februar 1981.

73. CHOKHANI, S., W. FORD, R. SABETT, C. MERRILL und S. WU: *Internet X.509 Public Key Infrastructure Certificate Policy and Certification Practices Framework*. RFC 3647 (Informational), IETF, November 2003.
URL: http://www.ietf.org/rfc/rfc3647.txt.

74. CID, D. B.: *Os-Hids*, Dezember 2004. URL: http://sourceforge.net/projects/oshids/.

75. CISCO: *TCP Intercept*, 1998. URL: http://www.cisco.com/univercd/cc/td/doc/product/software/ios112/intercpt.htm.

76. CLARK, D.: *IP datagram reassembly algorithms*. RFC 815, IETF, Juli 1982.
URL: http://www.ietf.org/rfc/rfc815.txt.

77. CLARKE, I.: *The FreeNet Project Homepage*, 2004.
URL: http://www.freenetproject.org.

78. COLTUN, R., D. FERGUSON und J. MOY: *OSPF for IPv6*. RFC 2740 (Proposed Standard), IETF, Dezember 1999. URL: http://www.ietf.org/rfc/rfc2740.txt.

79. CORA, G. und L. PURDIE: *Snare*, Dezember 2004.
URL: http://sourceforge.net/projects/snare/.

80. CORMEN, T. H., C. E. LEISERSON, R. L. RIVEST und C. STEIN: *Introduction to Algorithms, Second Edition*. The MIT Press, September 2001.

81. CORP., S. C. S.: *Setec Partners with SSH Communications Security*, 2002.
URL: http://www.ssh.com/company/newsroom/article/85/.

82. COURTOIS, N. T. und J. PIEPRZYK: *Cryptanalysis of Block Ciphers with Overdefined Systems of Equations*. Cryptology ePrint Archive: Report 2002/044, 2002. URL: http://eprint.iacr.org/2002/044.pdf.

83. CROCKER, D.: *Standard for the format of ARPA Internet text messages*. RFC 822 (Standard), IETF, August 1982. Obsolet durch RFC 2822, aktualisiert durch RFCs 1123, 1138, 1148, 1327, 2156.
URL: http://www.ietf.org/rfc/rfc822.txt.

84. DAEMEN, J. und V. RIJMEN: *The Design of Rijndael. The Wide Trail Strategy.* Springer-Verlag Berlin Heidelberg, 1. Auflage, Dezember 2001.

85. DAIGLE, L. und IAB: *IAB Considerations for UNilateral Self-Address Fixing (UNSAF) Across Network Address Translation.* RFC 3424 (Informational), IETF, November 2002. URL: http://www.ietf.org/rfc/rfc3424.txt.

86. DALAL, M.: *Transmission Control Protocol Security Considerations.* Internet-Draft draft-ietf-tcpm-tcpsecure-02.txt, November 2004. Arbeitsdokument der IETF.

87. DAVIES, D. W. und G. I. PARKIN: *The Average Size of the Key Stream in Output Feedback Encipherment.* In: *Proceedings of the Workshop on Cryptography 1982*, S. 263–279. Springer-Verlag, März 1982.

88. DAVIN, J., J. GALVIN und K. MCCLOGHRIE: *SNMP Administrative Model.* RFC 1351 (Historic), IETF, Juli 1992. URL: http://www.ietf.org/rfc/rfc1351.txt.

89. DAYAN, Y. und S. BITAN: *IKE Base Mode.* Internet-Draft – draft-ietf-ipsec-ike-base-mode-03.txt, IETF, Januar 2000. Arbeitsdokument der IETF.

90. DEERING, S.: *Host extensions for IP multicasting.* RFC 1112 (Standard), IETF, August 1989. Aktualisiert durch RFC 2236. URL: http://www.ietf.org/rfc/rfc1112.txt.

91. DEERING, S.: *ICMP Router Discovery Messages.* RFC 1256 (Proposed Standard), IETF, September 1991. URL: http://www.ietf.org/rfc/rfc1256.txt.

92. DEPARTMANT OF DEFENSE: *SKIPJACK and KEA Algorithm Specifications Version 2.0.* Technischer Bericht, Department of Defence, Mai 1998. URL: http://www.jya.com/skipjack-spec.htm.

93. DEUTSCH, P.: *DEFLATE Compressed Data Format Specification version 1.3.* RFC 1951 (Informational), IETF, Mai 1996. URL: http://www.ietf.org/rfc/rfc1951.txt.

94. DEUTSCH, P. und J.-L. GAILLY: *ZLIB Compressed Data Format Specification version 3.3.* RFC 1950 (Informational), IETF, Mai 1996. URL: http://www.ietf.org/rfc/rfc1950.txt.

95. DEVINE, C.: *Aircrack Documentation*, April 2005. URL: http://www.cr0.net:8040/code/network/aircrack/.

96. DIERKS, T. und C. ALLEN: *The TLS Protocol Version 1.0.* RFC 2246 (Proposed Standard), IETF, Januar 1999. Aktualisiert durch RFC 3546. URL: http://www.ietf.org/rfc/rfc2246.txt.

97. DIFFIE, W. und M. E. HELLMAN: *New Directions in Cryptography.* IEEE Transactions on Information Theory, IT-22(6):644–654, November 1976.

98. DIFFIE, W., P. C. V. OORSCHOT und M. J. WIENER: *Authentication and authenticated key exchanges.* Designs, Codes and Cryptography, 2(2):107–125, Juni 1992.

99. DIHAM, E. und A. SHAMIR: *Differential Cryptanalysis of the Data Encryption Standard.* Springer, 1993.

100. DISTRIBUTED.NET: *Projekt RC5*, November 2004. URL: http://www.distributed.net/rc5/.

101. DOBBERTIN, H.: *Cryptanalysis of MD4.* Journal of Cryptology, S. 253–274, 1998.

102. DROMS, R.: *Dynamic Host Configuration Protocol.* RFC 2131 (Draft Standard), IETF, März 1997. Aktualisiert durch RFC 3396. URL: http://www.ietf.org/rfc/rfc2131.txt.

103. DURHAM, D., J. BOYLE, R. COHEN, S. HERZOG, R. RAJAN und A. SASTRY: *The COPS (Common Open Policy Service) Protocol.* RFC 2748 (Proposed Standard), IETF, Januar 2000. URL: http://www.ietf.org/rfc/rfc2748.txt.

104. DWORKIN, M.: *Recommendation for Block Cipher Modes of Operation*, 2001. NIST Special Publication 800-38A.

105. EASTLAKE 3RD, D.: *Secure Domain Name System Dynamic Update.* RFC 2137 (Proposed Standard), IETF, April 1997. Obsolet durch RFC 3007. URL: http://www.ietf.org/rfc/rfc2137.txt.

106. EASTLAKE 3RD, D.: *Domain Name System Security Extensions.* RFC 2535 (Proposed Standard), IETF, März 1999. Obsolet durch RFCs 4033, 4034, 4035, aktualisiert durch RFCs 2931, 3007, 3008, 3090, 3226, 3445, 3597, 3655, 3658, 3755, 3757, 3845. URL: http://www.ietf.org/rfc/rfc2535.txt.

107. ELKINS, M., D. D. TORTO, R. LEVIEN und T. ROESSLER: *MIME Security with OpenPGP.* RFC 3156 (Proposed Standard), IETF, August 2001. URL: http://www.ietf.org/rfc/rfc3156.txt.

108. ELLISON, C., B. FRANTZ, B. LAMPSON, R. RIVEST, B. THOMAS und T. YLONEN: *SPKI Certificate Theory.* RFC 2693 (Experimental), IETF, September 1999. URL: http://www.ietf.org/rfc/rfc2693.txt.

109. ENDRES, J.: *Salto rückwärts – VPN mit den Mitteln der Trojaner.* C't – Magazin für Computertechnik, 22(7), 2004.

110. ERTEL, W. und E. SCHRECK: *Real Random Numbers produced by a Maxtor Disk Drive*, Oktober 2000. URL: http://erde.fbe.fh-weingarten.de/ertel/rrng/docu.pdf.

111. FARRELL, S. und R. HOUSLEY: *An Internet Attribute Certificate Profile for Authorization.* RFC 3281 (Proposed Standard), IETF, April 2002. URL: http://www.ietf.org/rfc/rfc3281.txt.

112. FARRELL, S., J. VOLLBRECHT, P. CALHOUN, L. GOMMANS, G. GROSS, B. DE BRUIJN, C. DE LAAT, M. HOLDREGE und D. SPENCE: *AAA Authorization Requirements.* RFC 2906 (Informational), IETF, August 2000. URL: http://www.ietf.org/rfc/rfc2906.txt.

113. FEISTEL, H.: *Cryptography and Computer Privacy.* Scientific American, S. 15–23, Mai 1973.

114. FERGUSON, N. und B. SCHNEIER: *A Cryptographic Evaluation of IPsec*, Februar 1999. URL: http://www.counterpane.com/ipsec.{pdf,ps,zip}.

115. FERGUSON, P. und D. SENIE: *Network Ingress Filtering: Defeating Denial of Service Attacks which employ IP Source Address Spoofing.* RFC 2827 (Best Current Practice), IETF, Mai 2000. Aktualisiert durch RFC 3704. URL: http://www.ietf.org/rfc/rfc2827.txt.

116. FIAT, A. und A. SHAMIR: *How to prove yourself: Practical solutions to identification and signature problems.* In: *Advances in Cryptology — Crypto '86*, 1987.

117. FIELDING, R., J. GETTYS, J. MOGUL, H. FRYSTYK, L. MASINTER, P. LEACH und T. BERNERS-LEE: *Hypertext Transfer Protocol – HTTP/1.1.* RFC 2616 (Draft Standard), IETF, Juni 1999. Aktualisiert durch RFC 2817. URL: http://www.ietf.org/rfc/rfc2616.txt.

118. FINSETH, C.: *An Access Control Protocol, Sometimes Called TACACS.* RFC 1492 (Informational), IETF, Juli 1993. URL: http://www.ietf.org/rfc/rfc1492.txt.

119. FLUHRER, S., I. MANTIN und A. SHAMIR: *Weaknesses in the Key Scheduling Algorithm of RC4.* Lecture Notes in Computer Science, 2259:1–24, 2001.

120. FLUHRER, S. R. und S. LUCKS: *Analysis of the E_0 Encryption System*. Advances in Cryptology: Proceedings of Crypto 82, S. 99–127, 1983.

121. FLUHRER, S. R. und S. LUCKS: *Analysis of the E_0 Encryption System*. Selected Areas in Cryptography, August 2001.

122. FORSBERG, D., Y. OHBA, B. PATIL, H. TSCHOFENIG und A. YEGIN: *Protocol for Carrying Authentication for Network Access (PANA)*. Internet-Draft – draft-ietf-pana-pana-07.txt, IETF, Dezember 2004. Arbeitsdokument der IETF.

123. FOUNDATION, E. F.: *Cracking DES: Secrets of Encryption Research, Wiretap Politics & Chip Design*. O'Reilly, 1. Auflage, Mai 1998.

124. FOX, A. und E. A. BREWER: *Harvest, Yield and Scalable Tolerant Systems*. In: *Workshop on Hot Topics in Operating Systems*, S. 174–178, 1999. URL: http://citeseer.ist.psu.edu/fox99harvest.html.

125. FOX, D.: *Bluetooth Security Secorvo White Paper*. Technischer Bericht, Securvo Security Consulting GmbH, September 2002.

126. FRANKEL, S., R. GLENN und S. KELLY: *The AES-CBC Cipher Algorithm and Its Use with IPsec*. RFC 3602 (Proposed Standard), IETF, September 2003. URL: http://www.ietf.org/rfc/rfc3602.txt.

127. FRANKS, J., P. HALLAM-BAKER, J. HOSTETLER, S. LAWRENCE, P. LEACH, A. LUOTONEN und L. STEWART: *HTTP Authentication: Basic and Digest Access Authentication*. RFC 2617 (Draft Standard), IETF, Juni 1999. URL: http://www.ietf.org/rfc/rfc2617.txt.

128. FRASER, B.: *Site Security Handbook*. RFC 2196 (Informational), IETF, September 1997. URL: http://www.ietf.org/rfc/rfc2196.txt.

129. FREED, N. und N. BORENSTEIN: *Multipurpose Internet Mail Extensions (MIME) Part Five: Conformance Criteria and Examples*. RFC 2049 (Draft Standard), IETF, November 1996. URL: http://www.ietf.org/rfc/rfc2049.txt.

130. FREED, N. und N. BORENSTEIN: *Multipurpose Internet Mail Extensions (MIME) Part One: Format of Internet Message Bodies*. RFC 2045 (Draft Standard), IETF, November 1996. Aktualisiert durch RFCs 2184, 2231. URL: http://www.ietf.org/rfc/rfc2045.txt.

131. FREED, N. und N. BORENSTEIN: *Multipurpose Internet Mail Extensions (MIME) Part Two: Media Types*. RFC 2046 (Draft Standard), IETF, November 1996. Aktualisiert durch RFCs 2646, 3798. URL: http://www.ietf.org/rfc/rfc2046.txt.

132. FRIEND, R.: *Transport Layer Security (TLS) Protocol Compression Using Lempel-Ziv-Stac (LZS)*. RFC 3943 (Informational), IETF, November 2004. URL: http://www.ietf.org/rfc/rfc3943.txt.

133. FUNK, P. und S. BLAKE-WILSON: *EAP Tunneled TLS Authentication Protocol (EAP-TTLS)*. Internet-Draft – draft-ietf-pppext-eap-ttls-05.txt, IETF, Juli 2004. Arbeitsdokument der IETF.

134. GAIT, J.: *A New Nonlinear Pseudorandom Number Generator*. In: *IEEE Transactions on Software Engineering*, Nr. 5 in *3*, S. 359–363. IEEE, September 1977.

135. GALVIN, J., K. MCCLOGHRIE und J. DAVIN: *SNMP Security Protocols*. RFC 1352 (Historic), IETF, Juli 1992. URL: http://www.ietf.org/rfc/rfc1352.txt.

136. GAMAL, T. E.: *A public key cryptosystem and a signature scheme based on discrete logarithms*. In: *Proceedings of CRYPTO 84 on Advances in cryptology*, Juli 1985.

137. GAMBETTA, D.: *Can we Trust Trust?*. In: *Trust: Making and Breaking Cooperative Relations*, S. 213–237, 1988.

138. GEISELMANN, W. und R. STEINWANDT: *Yet Another Sieving Device*. In: *CT-RSA 2004*, LNCS 2964, S. 278–291. Springer-Verlag, Februar 2004. URL: http://eprint.iacr.org/2003/202.pdf.

139. GOLDWASSER, S., S. MICALI und R. L. RIVEST: *A Digital Signature Scheme Secure Against Adaptive Chosen-Message Attacks*. SIAM Journal on Computing, 17(2), 1988.

140. GOODELL, G., W. AIELLO, T. GRIFFIN, J. IOANNIDIS, P. MCDANIEL und A. RUBIN: *Working Around BGP: An Incremental Approach to Improving Security and Accuracy of Interdomain Routing*. In: *Proceedings of Network and Distributed System Security Symposium*, San Diego, CA, Februar 2003.

141. GUTMANN, P.: *Linux's answer to MS-PPTP*, September 2003. URL: http://www.cs.auckland.ac.nz/~pgut001/pubs/linux_vpn.txt.

142. GUTTMAN, E., L. LEONG und G. MALKIN: *Users' Security Handbook*. RFC 2504 (Informational), IETF, Februar 1999. URL: http://www.ietf.org/rfc/rfc2504.txt.

143. GUTTMAN, E., C. PERKINS, J. VEIZADES und M. DAY: *Service Location Protocol, Version 2*. RFC 2608 (Proposed Standard), IETF, Juni 1999. Aktualisiert durch RFC 3224. URL: http://www.ietf.org/rfc/rfc2608.txt.

144. HAIN, T.: *Architectural Implications of NAT*. RFC 2993 (Informational), IETF, November 2000. URL: http://www.ietf.org/rfc/rfc2993.txt.

145. HALLER, N., C. METZ, P. NESSER und M. STRAW: *A One-Time Password System*. RFC 2289 (Standard), IETF, Februar 1998. URL: http://www.ietf.org/rfc/rfc2289.txt.

146. HAMZEH, K., G. PALL, W. VERTHEIN, J. TAARUD, W. LITTLE und G. ZORN: *Point-to-Point Tunneling Protocol*. RFC 2637 (Informational), IETF, Juli 1999. URL: http://www.ietf.org/rfc/rfc2637.txt.

147. HANDLEY, M. und V. JACOBSON: *SDP: Session Description Protocol*. RFC 2327 (Proposed Standard), IETF, April 1998. Aktualisiert durch RFC 3266. URL: http://www.ietf.org/rfc/rfc2327.txt.

148. HANKS, S., T. LI, D. FARINACCI und P. TRAINA: *Generic Routing Encapsulation (GRE)*. RFC 1701 (Informational), IETF, Oktober 1994. URL: http://www.ietf.org/rfc/rfc1701.txt.

149. HARKINS, D. und D. CARREL: *The Internet Key Exchange (IKE)*. RFC 2409 (Proposed Standard), IETF, November 1998. URL: http://www.ietf.org/rfc/rfc2409.txt.

150. HARRINGTON, D., R. PRESUHN und B. WIJNEN: *An Architecture for Describing Simple Network Management Protocol (SNMP) Management Frameworks*. RFC 3411 (Standard), IETF, Dezember 2002. URL: http://www.ietf.org/rfc/rfc3411.txt.

151. HEFFERNAN, A.: *Protection of BGP Sessions via the TCP MD5 Signature Option*. RFC 2385 (Proposed Standard), IETF, August 1998. URL: http://www.ietf.org/rfc/rfc2385.txt.

152. HEISE: *Sicherheitslücken gefährden Bluetooth-Handys*, November 2003. URL: http://www.heise.de/security/news/meldung/41980.

153. HEISE: *Terroristen verstecken Botschaften angeblich in IP-Headern*, März 2003. URL: http://www.heise.de/newsticker/meldung/35137.

154. HEISE: *Bagle.AF funktioniert Windows-PCs zu Spam-Relays um*, März 2004. URL: http://www.heise.de/security/news/meldung/49143.

155. HEISE: *Bluetooth-Handys ferngesteuert*, März 2004.
    URL: http://www.heise.de/newsticker/meldung/46097.
156. HEISE: *Weitere Bluetooth-Handys gegen Hacker-Angriffe anfällig*, Mai 2004.
    URL: http://www.heise.de/security/news/meldung/47285.
157. HERFURT, M., J. HERING, J. BURGESS, K. MAHAFFEY und M. OUTMESGUINE:
    Long Distance Snarf, 2004. URL: http://trifinite.org/trifinite_stuff.html.
158. HERZOG, S., J. BOYLE, R. COHEN, D. DURHAM, R. RAJAN und A. SASTRY:
    COPS usage for RSVP. RFC 2749 (Proposed Standard), IETF, Januar 2000.
    URL: http://www.ietf.org/rfc/rfc2749.txt.
159. HILL, J.: *An Analysis of the RADIUS Authentication Protocol*, November 2001.
    URL: http://www.untruth.org/~josh/security/radius/radius-auth.html.
160. HODGES, J. und R. MORGAN: *Lightweight Directory Access Protocol (v3):
    Technical Specification*. RFC 3377 (Proposed Standard), IETF, September
    2002. URL: http://www.ietf.org/rfc/rfc3377.txt.
161. HOLLENBECK, S.: *Transport Layer Security Protocol Compression Methods*.
    RFC 3749 (Proposed Standard), IETF, Mai 2004.
    URL: http://www.ietf.org/rfc/rfc3749.txt.
162. HOUSLEY, R.: *Cryptographic Message Syntax (CMS)*. RFC 3369 (Proposed
    Standard), IETF, August 2002. Obsolet durch RFC 3852.
    URL: http://www.ietf.org/rfc/rfc3369.txt.
163. HOUSLEY, R., W. FORD, W. POLK und D. SOLO: *Internet X.509 Public Key
    Infrastructure Certificate and CRL Profile*. RFC 2459 (Proposed Standard),
    IETF, Januar 1999. Obsolet durch RFC 3280.
    URL: http://www.ietf.org/rfc/rfc2459.txt.
164. HOUSLEY, R., W. POLK, W. FORD und D. SOLO: *Internet X.509 Public Key
    Infrastructure Certificate and Certificate Revocation List (CRL) Profile*. RFC
    3280 (Proposed Standard), IETF, April 2002.
    URL: http://www.ietf.org/rfc/rfc3280.txt.
165. HOVEY, R. und S. BRADNER: *The Organizations Involved in the IETF Stan-
    dards Process*. RFC 2028 (Best Current Practice), IETF, Oktober 1996. Ak-
    tualisiert durch RFCs 3668, 3979. URL: http://www.ietf.org/rfc/rfc2028.txt.
166. HUITEMA, C. und B. CARPENTER: *Deprecating Site Local Addresses*. RFC
    3879 (Proposed Standard), IETF, September 2004.
    URL: http://www.ietf.org/rfc/rfc3879.txt.
167. HUTTUNEN, A., B. SWANDER, V. VOLPE, L. DIBURRO und M. STENBERG:
    UDP Encapsulation of IPsec ESP Packets. RFC 3948 (Proposed Standard),
    IETF, Januar 2005. URL: http://www.ietf.org/rfc/rfc3948.txt.
168. IANA: *Well Known Port Numbers*, 2005.
    URL: http://www.iana.org/assignments/port-numbers.
169. IBM CORP.: *AFS User Guide*, April 2000.
    URL: http://www-306.ibm.com/software/stormgmt/afs/manuals/Library/
    unix/en_US/PDF/UserGd/auusg000.pdf.
170. ICQ.COM: *The ICQ Story*, Januar 2005.
    URL: http://company.icq.com/info/icqstory.html.
171. INSTITUTE OF ELECTRICAL AND ELECTRONICS ENGINEERS: *IEEE Standards
    for Local and Metropolitan Area Networks: Virtual Bridged Local Area Net-
    works*. IEEE Std 802.1Q-2003, Mai 2003.
    URL: http://standards.ieee.org/getieee802/download/802.1Q-2003.pdf.

172. INSTITUTE OF ELECTRICAL AND ELECTRONICS ENGINEERS: *IEEE Standards for Local and Metropolitan Area Networks: Media Access Control (MAC) Bridges*. IEEE Std 802.3D-2004, Juni 2004.
URL: http://standards.ieee.org/getieee802/download/802.3D-2004.pdf.

173. INTEL CORPORATION: *The Intel Random Number Generator*, 1999.
URL: http://citeseer.ist.psu.edu/435839.html.

174. INTERNATIONAL ORGANISATION FOR STANDARDIZATION: *Banking – Key Management (Wholesale)*, 1988. ISO 8732.

175. INTERNATIONAL TELECOMMUNICATION UNION – TELECOMMUNICATION STANDARDIZATION SECTOR (ITU-T) / INTERNATIONAL ORGANISATION FOR STANDARDIZATION: *Q.700: Introduction to CCITT Signalling System No. 7*, März 1993.

176. INTERNATIONAL TELECOMMUNICATION UNION – TELECOMMUNICATION STANDARDIZATION SECTOR (ITU-T) / INTERNATIONAL ORGANISATION FOR STANDARDIZATION: *Information technology – Open Systems Interconnection – Basic reference model: The basic model*, Juli 1994. Recommendation X.200, identisch mit ISO-Norm ISO/IEC 7498-1:1994.

177. INTERNATIONAL TELECOMMUNICATION UNION – TELECOMMUNICATION STANDARDIZATION SECTOR (ITU-T) / INTERNATIONAL ORGANISATION FOR STANDARDIZATION: *X.500: Overview of Concepts, Models, and Services, ITU-T Rec. X.500 (1993) | ISO/IEC 9594-1:1993*, Februar 2001.

178. INTERNATIONAL TELECOMMUNICATION UNION – TELECOMMUNICATION STANDARDIZATION SECTOR (ITU-T) / INTERNATIONAL ORGANISATION FOR STANDARDIZATION: *ITU-T Recommendation X.680: Information Technology - Abstract Syntax Notation One (ASN.1): Specification of Basic Notation*, Juli 2002. Recommendation X.680 (2002), identisch mit ISO-Norm ISO/IEC 8824-1:2002.

179. INTERNATIONAL TELECOMMUNICATION UNION – TELECOMMUNICATION STANDARDIZATION SECTOR (ITU-T) / INTERNATIONAL ORGANISATION FOR STANDARDIZATION: *ITU-T Recommendation X.690: Basic Encoding Rules (BER), Canonical Encoding Rules (CER) and Distinguished Encoding Rules (DER)*, Juli 2002. Recommendation X.680 (2002), identisch mit ISO-Norm ISO/IEC 8825-1.

180. INTERNATIONAL TELECOMMUNICATION UNION – TELECOMMUNICATION STANDARDIZATION SECTOR (ITU-T) / INTERNATIONAL ORGANISATION FOR STANDARDIZATION: *H.323: Packet based multimedia communication system.*, Juli 2003.

181. INTERNATIONAL TELECOMMUNICATION UNION – TELECOMMUNICATION STANDARDIZATION SECTOR (ITU-T) / INTERNATIONAL ORGANISATION FOR STANDARDIZATION: *X.509: Information technology - Open Systems Interconnection - The Directory: Public-key and attribute certificate frameworks*, März 2003.

182. JAMOUSSI, B., L. ANDERSSON, R. CALLON, R. DANTU, L. WU, P. DOOLAN, T. WORSTER, N. FELDMAN, A. FREDETTE, M. GIRISH, E. GRAY, J. HEINANEN, T. KILTY und A. MALIS: *Constraint-Based LSP Setup using LDP*. RFC 3212 (Proposed Standard), IETF, Januar 2002. Aktualisiert durch RFC 3468.
URL: http://www.ietf.org/rfc/rfc3212.txt.

183. JOHNS, M. S., G. HUSTON und IAB: *Considerations on the use of a Service Identifier in Packet Headers*. RFC 3639 (Informational), IETF, Oktober 2003.
URL: http://www.ietf.org/rfc/rfc3639.txt.

184. JOHNSON, D.: *ECC, Future Resiliency and High Security Systems*. Technischer Bericht, Certicom, 1999.

185. JOHNSON, D., C. PERKINS und J. ARKKO: *Mobility Support in IPv6*. RFC 3775 (Proposed Standard), IETF, Juni 2004. URL: http://www.ietf.org/rfc/rfc3775.txt.

186. JOHNSTON, P.: *Paj's Hom: JavaScript MD5*, Dezember 2004. URL: http://pajhome.org.uk/crypt/md5/.

187. JONCERAY, L.: *A Simple Active Attack Against TCP*, April 1995. URL: http://www.deter.com/unix/papers/tcp_attack.ps.gz.

188. JONES, G.: *Operational Security Requirements for Large Internet Service Provider (ISP) IP Network Infrastructure*. RFC 3871 (Informational), IETF, September 2004. URL: http://www.ietf.org/rfc/rfc3871.txt.

189. JOSEFSSON, S.: *DNSsec Walker*, 2004. URL: http://josefsson.org/walker/.

190. JOSEFSSON, S., A. PALEKAR, D. SIMON, G. ZORN und H. ANDERSSON: *Protected EAP Protocol (PEAP) Version 2*. Internet-Draft – draft-josefsson-pppext-eap-tls-eap-10.txt, IETF, Oktober 2004. Arbeitsdokument der IETF.

191. JUNGMAIER, A., E. RESCORLA und M. TUEXEN: *Transport Layer Security over Stream Control Transmission Protocol*. RFC 3436 (Proposed Standard), IETF, Dezember 2002. URL: http://www.ietf.org/rfc/rfc3436.txt.

192. KAHN, D.: *The Codebreakers: The Comprehensive History of Secret Communication from Ancient Times to the Internet*. Scribner, 2. Auflage, Dezember 1996.

193. KALISKI, B.: *Privacy Enhancement for Internet Electronic Mail: Part IV: Key Certification and Related Services*. RFC 1424 (Proposed Standard), IETF, Februar 1993. URL: http://www.ietf.org/rfc/rfc1424.txt.

194. KALT, C.: *Internet Relay Chat: Architecture*. RFC 2810 (Informational), IETF, April 2000. URL: http://www.ietf.org/rfc/rfc2810.txt.

195. KALT, C.: *Internet Relay Chat: Channel Management*. RFC 2811 (Informational), IETF, April 2000. URL: http://www.ietf.org/rfc/rfc2811.txt.

196. KALT, C.: *Internet Relay Chat: Client Protocol*. RFC 2812 (Informational), IETF, April 2000. URL: http://www.ietf.org/rfc/rfc2812.txt.

197. KALT, C.: *Internet Relay Chat: Server Protocol*. RFC 2813 (Informational), IETF, April 2000. URL: http://www.ietf.org/rfc/rfc2813.txt.

198. KARN, P. und W. SIMPSON: *Photuris: Session-Key Management Protocol*. RFC 2522 (Experimental), IETF, März 1999. URL: http://www.ietf.org/rfc/rfc2522.txt.

199. KASTENHOLZ, F.: *SNMP Communications Services*. RFC 1270 (Informational), IETF, Oktober 1991. URL: http://www.ietf.org/rfc/rfc1270.txt.

200. KAUFMAN (EDITOR), C.: *Internet Key Exchange (IKEv2) Protocol*. Internet-Draft – draft-ietf-ipsec-ikev2-17.txt, IETF, September 2004. Arbeitsdokument der IETF.

201. KENT, S.: *Privacy Enhancement for Internet Electronic Mail: Part II: Certificate-Based Key Management*. RFC 1422 (Proposed Standard), IETF, Februar 1993. URL: http://www.ietf.org/rfc/rfc1422.txt.

202. KENT, S. und R. ATKINSON: *IP Authentication Header*. RFC 2402 (Proposed Standard), IETF, November 1998. URL: http://www.ietf.org/rfc/rfc2402.txt.

203. KENT, S. und R. ATKINSON: *IP Encapsulating Security Payload (ESP)*. RFC 2406 (Proposed Standard), IETF, November 1998. URL: http://www.ietf.org/rfc/rfc2406.txt.

204. KENT, S. und R. ATKINSON: *Security Architecture for the Internet Protocol.* RFC 2401 (Proposed Standard), IETF, November 1998. Aktualisiert durch RFC 3168. URL: http://www.ietf.org/rfc/rfc2401.txt.

205. KENT, S., C. LYNN und K. SEO: *Secure Border Gateway Protocol (S-BGP).* IEEE Journal on Selected Areas in Communications, 18(4):582–592, 2000.

206. KERCKHOFFS, A.: *La cryptographie militaire.* Journal des Sciences Militaires, 9:5–38, 1883.

207. KOBLITZ, N.: *Elliptic curve cryptosystems.* Mathematics of Computation, Vol. 48, S. 203–209, 1987.

208. KOBLITZ, N.: *A Course in Number Theory and Cryptography.* Springer, 2. Auflage, Januar 1994.

209. KOCHER, P.: *Timing Attacks on Implementation of Diffie-Hellman, RSA, DSS, and other Systems.* In: *Advances in Cryptology – CRYPTO'96*, LNCS 1109, S. 104–113. Springer-Verlag, 1996.

210. KOHLER, E., M. HANDLEY und S. FLOYD: *Datagram Congestion Control Protocol (DCCP).* Internet-Draft draft-ietf-dccp-spec-11.txt, März 2005. Arbeitsdokument der IETF.

211. KRAWCZYK, H., M. BELLARE und R. CANETTI: *HMAC: Keyed-Hashing for Message Authentication.* RFC 2104 (Informational), IETF, Februar 1997. URL: http://www.ietf.org/rfc/rfc2104.txt.

212. KRZYWINSKI, M.: *Port Knocking: Network Authentication Across Closed Ports.* SysAdmin Magazine, 12(6):12–17, Juni 2003. URL: http://www.samag.com/articles/2003/0306/.

213. KRZYWINSKI, M.: *Port Knocking – A system for stealthy authentication across closed ports*, Januar 2005. URL: http://www.portknocking.org/.

214. KÜGLER, D.: Man in the Middle *Attacks on Bluetooth.* In: *Financial Cryptography 2003*, Januar 2003.

215. LAAT, C. DE, G. GROSS, L. GOMMANS, J. VOLLBRECHT und D. SPENCE: *Generic AAA Architecture.* RFC 2903 (Experimental), IETF, August 2000. URL: http://www.ietf.org/rfc/rfc2903.txt.

216. LAI, X.: *On the Design and Security of Block Ciphers.* ETH Series in Information Processing, 1, 1992.

217. LEACH, J. und G. TEDESCO: *Firestorm Network Intrusion Detection System*, Dezember 2004. URL: http://www.scaramanga.co.uk/firestrom/.

218. LEACH, P., C. NEWMAN und A. MELNIKOV: *Using Digest Authentication as a SASL Mechanism.* Internet-Draft – draft-ietf-sasl-rfc2831bis-04.txt, IETF, September 2004. Arbeitsdokument der IETF.

219. LEECH, M.: *Key Management Considerations for the TCP MD5 Signature Option.* RFC 3562 (Informational), IETF, Juli 2003. URL: http://www.ietf.org/rfc/rfc3562.txt.

220. LEECH, M., M. GANIS, Y. LEE, R. KURIS, D. KOBLAS und L. JONES: *SOCKS Protocol Version 5.* RFC 1928 (Proposed Standard), IETF, März 1996. URL: http://www.ietf.org/rfc/rfc1928.txt.

221. LENSTRA, A., X. WANG und B. DE WEGER: *Colliding X.509 Certificates.* Cryptology ePrint Archive: Report 2005/067, März 2005. URL: http://eprint.iacr.org/2005/067.

222. LENSTRA, A. K. und E. R. VERHEUL: *Selecting Cryptographic Key Sizes.* Journal of Cryptology: the journal of the International Association for Cryptologic Research, 14(4):255–293, 2001.

223. LEVI, D., P. MEYER und B. STEWART: *Simple Network Management Protocol (SNMP) Applications*. RFC 3413 (Standard), IETF, Dezember 2002. URL: http://www.ietf.org/rfc/rfc3413.txt.

224. LI, T. und R. ATKINSON: *Intermediate System to Intermediate System (IS-IS) Cryptographic Authentication*. RFC 3567 (Informational), IETF, Juli 2003. URL: http://www.ietf.org/rfc/rfc3567.txt.

225. LI, T., B. COLE, P. MORTON und D. LI: *Cisco Hot Standby Router Protocol (HSRP)*. RFC 2281 (Informational), IETF, März 1998. URL: http://www.ietf.org/rfc/rfc2281.txt.

226. LIM, C. H. und P. J. LEE: *A Key Recovery Attack on Discrete Log-Based Schemes Using a Prime Order Subgroup*. In: *Advances in Cryptology – CRYPTO'97*, LNCS 1294, S. 249–263, 1997.

227. LINN, J.: *Privacy Enhancement for Internet Electronic Mail: Part I: Message Encryption and Authentication Procedures*. RFC 1421 (Proposed Standard), IETF, Februar 1993. URL: http://www.ietf.org/rfc/rfc1421.txt.

228. LINN, J.: *Generic Security Service Application Program Interface Version 2, Update 1*. RFC 2743 (Proposed Standard), IETF, Januar 2000. URL: http://www.ietf.org/rfc/rfc2743.txt.

229. LLOYD, S.: *CA-CA Interoperability*. PKI Forum, März 2001.

230. LUCKS, S.: *Attacking Seven Rounds of Rijndael under 192-bit and 256-bit Keys*. In: *AES3: The Third Advanced Encryption Standard Candidate*, 2000.

231. MADSON, C. und N. DORASWAMY: *The ESP DES-CBC Cipher Algorithm With Explicit IV*. RFC 2405 (Proposed Standard), IETF, November 1998. URL: http://www.ietf.org/rfc/rfc2405.txt.

232. MADSON, C. und R. GLENN: *The Use of HMAC-MD5-96 within ESP and AH*. RFC 2403 (Proposed Standard), IETF, November 1998. URL: http://www.ietf.org/rfc/rfc2403.txt.

233. MADSON, C. und R. GLENN: *The Use of HMAC-SHA-1-96 within ESP and AH*. RFC 2404 (Proposed Standard), IETF, November 1998. URL: http://www.ietf.org/rfc/rfc2404.txt.

234. MALKIN, G.: *RIP Version 2*. RFC 2453 (Standard), IETF, November 1998. URL: http://www.ietf.org/rfc/rfc2453.txt.

235. MAMAKOS, L., K. LIDL, J. EVARTS, D. CARREL, D. SIMONE und R. WHEELER: *A Method for Transmitting PPP Over Ethernet (PPPoE)*. RFC 2516 (Informational), IETF, Februar 1999. URL: http://www.ietf.org/rfc/rfc2516.txt.

236. MARSAGLIA, G. und W. W. TSANG: *Some difficult-to-pass tests of randomness*. Journal of Statistical Software, 2002.

237. MATSUI, M.: *Linear Cryptanalysis Method for DES Cipher*. Advances in Cryptology – EUROCRYPT, 1993.

238. MAUGHAN, D., M. SCHERTLER, M. SCHNEIDER und J. TURNER: *Internet Security Association and Key Management Protocol (ISAKMP)*. RFC 2408 (Proposed Standard), IETF, November 1998. URL: http://www.ietf.org/rfc/rfc2408.txt.

239. MAURER, U. M. und S. WOLF: *The Relationship Between Breaking the Diffie-Hellman Protocol and Computing Discrete Logarithms*. SIAM Journal on Computing, 28(5):1689–1721, 1999.

240. MCCLOGHRIE, K. und M. ROSE: *Structure and identification of management information for TCP/IP-based internets*. RFC 1065 (Standard), IETF, August 1988. Obsolet durch RFC 1155. URL: http://www.ietf.org/rfc/rfc1065.txt.

241. McCloghrie, K. und M. Rose: *Management Information Base for network management of TCP/IP-based internets*. RFC 1156 (Historic), IETF, Mai 1990. URL: http://www.ietf.org/rfc/rfc1156.txt.

242. McDonald, D., C. Metz und B. Phan: *PF_KEY Key Management API, Version 2*. RFC 2367 (Informational), IETF, Juli 1998. URL: http://www.ietf.org/rfc/rfc2367.txt.

243. Medvinsky, A. und M. Hur: *Addition of Kerberos Cipher Suites to Transport Layer Security (TLS)*. RFC 2712 (Proposed Standard), IETF, Oktober 1999. URL: http://www.ietf.org/rfc/rfc2712.txt.

244. Melnikov, A.: *SASL GSSAPI mechanisms*. Internet-Draft – draft-ietf-sasl-gssapi-02.txt, IETF, März 2005. Arbeitsdokument der IETF.

245. Melnikov, A.: *Simple Authentication and Security Layer (SASL)*. Internet-Draft – draft-ietf-sasl-rfc2222bis-10.txt, IETF, Februar 2005. Arbeitsdokument der IETF.

246. Menezes, A., P. van Oorschot und S. Vanstone: *Handbook of Applied Cryptography*. CRC Press, Oktober 1996.

247. Merkle, R.: *Secure communication over insecure channels*. Communications of the ACM, April 1978.

248. Miller, I.: *Protection Against a Variant of the Tiny Fragment Attack (RFC 1858)*. RFC 3128 (Informational), IETF, Juni 2001. URL: http://www.ietf.org/rfc/rfc3128.txt.

249. Miller, R.: *A peek at script kiddie culture*, 2004. URL: http://software.newsforge.com/software/04/02/28/0130209.shtml.

250. Miller, V. S.: *Use of elliptic curves in cryptography*. In: *Advances in cryptology CRYPTO 85*, 1986.

251. Mills, D.: *Network Time Protocol (Version 3) Specification, Implementation*. RFC 1305 (Draft Standard), IETF, März 1992. URL: http://www.ietf.org/rfc/rfc1305.txt.

252. Milner, M.: *Netstumbler Entwickler-Homepage und Diskussionsforum*, Dezember 2004. URL: http://stumbler.net.

253. Mitnick, K. D., W. L. Simon und S. Wozniak: *The Art of Deception*. Wiley, 1. Auflage, Oktober 2002.

254. Mockapetris, P.: *Domain names - concepts and facilities*. RFC 1034 (Standard), IETF, November 1987. Aktualisiert durch RFCs 1101, 1183, 1348, 1876, 1982, 2065, 2181, 2308, 2535, 4033, 4034, 4035. URL: http://www.ietf.org/rfc/rfc1034.txt.

255. Mockapetris, P.: *Domain names - implementation and specification*. RFC 1035 (Standard), IETF, November 1987. Aktualisiert durch RFCs 1101, 1183, 1348, 1876, 1982, 1995, 1996, 2065, 2136, 2181, 2137, 2308, 2535, 2845, 3425, 3658, 4033, 4034, 4035. URL: http://www.ietf.org/rfc/rfc1035.txt.

256. Moeller, B.: *Export-PKC attacks on SSL 3.0/TLS 1.0*, 1998. URL: http://www.imc.org/ietf-tls/mail-archive/msg01671.html.

257. Moen, V., H.Raddum und K. Hole: *Weaknesses in the Temporal Key Hash of WPA*. Mobile Computing and Communication Review, 2004.

258. Mogul, J. und S. Deering: *Path MTU discovery*. RFC 1191 (Draft Standard), IETF, November 1990. URL: http://www.ietf.org/rfc/rfc1191.txt.

259. Mogul, J. C., R. Fielding, J. Gettys und H. Frystyk: *Use and Interpretation of HTTP Version Numbers*. RFC 2145 (Informational), IETF, Mai 1997. URL: http://www.ietf.org/rfc/rfc2145.txt.

260. MOOR, G. E.: *Cramming more components onto integrated circuits*. Electronics, 38(8), April 1965.

261. MOORE, D., V. PAXSON, S. SAVAGE, C. SHANNON, S. STANIFORD und N. WEAVER: *The Spread of the Sapphire/Slammer Worm*, 2003.
URL: http://www.caida.org/outreach/papers/2003/sapphire/sapphire.html.

262. MOORE, K.: *MIME (Multipurpose Internet Mail Extensions) Part Three: Message Header Extensions for Non-ASCII Text*. RFC 2047 (Draft Standard), IETF, November 1996. Aktualisiert durch RFCs 2184, 2231.
URL: http://www.ietf.org/rfc/rfc2047.txt.

263. MORGENSTERN, J.: *WaveMon Entwickler-Homepage bei Freshmeat*, Dezember 2004. URL: http://freshmeat.net/projects/wavemon.

264. MOY, J.: *OSPF Version 2*. RFC 2328 (Standard), IETF, April 1998.
URL: http://www.ietf.org/rfc/rfc2328.txt.

265. MYERS, J.: *Simple Authentication and Security Layer (SASL)*. RFC 2222 (Proposed Standard), IETF, Oktober 1997. Aktualisiert durch RFC 2444.
URL: http://www.ietf.org/rfc/rfc2222.txt.

266. MYERS, J. und M. ROSE: *Post Office Protocol - Version 3*. RFC 1939 (Standard), IETF, Mai 1996. Aktualisiert durch RFCs 1957, 2449.
URL: http://www.ietf.org/rfc/rfc1939.txt.

267. MYERS, M., R. ANKNEY, A. MALPANI, S. GALPERIN und C. ADAMS: *X.509 Internet Public Key Infrastructure Online Certificate Status Protocol - OCSP*. RFC 2560 (Proposed Standard), IETF, Juni 1999.
URL: http://www.ietf.org/rfc/rfc2560.txt.

268. NARTEN, T. und R. DRAVES: *Privacy Extensions for Stateless Address Autoconfiguration in IPv6*. RFC 3041 (Proposed Standard), IETF, Januar 2001.
URL: http://www.ietf.org/rfc/rfc3041.txt.

269. NARTEN, T., E. NORDMARK und W. SIMPSON: *Neighbor Discovery for IP Version 6 (IPv6)*. RFC 2461 (Draft Standard), IETF, Dezember 1998.
URL: http://www.ietf.org/rfc/rfc2461.txt.

270. NATIONAL INSTITUTE OF STANDARDS AND TECHNOLOGY: *Federal Information Processing Standards Publication 186 – Digital Signature Standard (DSS)*, Mai 1994.

271. NATIONAL INSTITUTE OF STANDARDS AND TECHNOLOGY: *Federal Information Processing Standards Publication 186 – Digital Signature Standard (DSS)*, Mai 1994.

272. NATIONAL INSTITUTE OF STANDARDS AND TECHNOLOGY: *Federal Information Processing Standards Publication 180-1 – Secure Hash Standard*, April 1995.

273. NATIONAL INSTITUTE OF STANDARDS AND TECHNOLOGY: *Federal Information Processing Standards Publication 197 – Advanced Encryption Standard (AES)*, November 2001.

274. NERENBERG, L.: *The CRAM-MD5 SASL Mechanism*. Internet-Draft – draft-ietf-sasl-crammd5-04.txt, IETF, Oktober 2004. Arbeitsdokument der IETF.

275. NEWMAN, C.: *The One-Time-Password SASL Mechanism*. RFC 2444 (Proposed Standard), IETF, Oktober 1998.
URL: http://www.ietf.org/rfc/rfc2444.txt.

276. NICHOLS, K., S. BLAKE, F. BAKER und D. BLACK: *Definition of the Differentiated Services Field (DS Field) in the IPv4 and IPv6 Headers*. RFC 2474 (Proposed Standard), IETF, Dezember 1998. Aktualisiert durch RFCs 3168, 3260. URL: http://www.ietf.org/rfc/rfc2474.txt.

277. OHTA, H. und M. MATSUI: *A Description of the MISTY1 Encryption Algorithm*. RFC 2994 (Informational), IETF, November 2000. URL: http://www.ietf.org/rfc/rfc2994.txt.

278. OMELLA, A. A. und D. BARROSO: *Yersinia Multi-attack Aetwork Tool*, April 2005. URL: http://sourceforge.net/projects/yersinia.

279. ONE, A.: *Smashing The Stack For Fun And Profit*. Phrack, 20(49), 1996. URL: http://www.phrack.org/show.php?p=49&a=14.

280. OPENBSD: *Project History and Credits*, 2005. URL: http://www.openssh.org/history.html.

281. ORMAN, H. und P. HOFFMAN: *Determining Strengths For Public Keys Used For Exchanging Symmetric Keys*. RFC 3766 (Best Current Practice), IETF, April 2004. URL: http://www.ietf.org/rfc/rfc3766.txt.

282. ORNAGHI, A. und M. VALLERI: *ettercap*, Dezember 2004. URL: http://ettercap.sourceforge.net.

283. PATEL, B., B. ABOBA, W. DIXON, G. ZORN und S. BOOTH: *Securing L2TP using IPsec*. RFC 3193 (Proposed Standard), IETF, November 2001. URL: http://www.ietf.org/rfc/rfc3193.txt.

284. PAXSON, V.: *An Analysis of Using Reflectors for Distributed Denial-of-Service Attacks*. Computer Communications Review, 31(3), Juli 2001. ISSN 0146-4833.

285. PAXSON, V.: *Bro Intrusion Detection System*, Dezember 2004. URL: http://www.bro-ids.org.

286. PERKINS, C.: *IP Encapsulation within IP*. RFC 2003 (Proposed Standard), IETF, Oktober 1996. URL: http://www.ietf.org/rfc/rfc2003.txt.

287. PERKINS, C.: *IP Mobility Support for IPv4*. RFC 3344 (Proposed Standard), IETF, August 2002. URL: http://www.ietf.org/rfc/rfc3344.txt.

288. PERLMAN, R.: *An Overview of PKI Trust Models*. IEEE Network, 13(6):38–43, Dezember 1999.

289. PETRACK, S. und L. CONROY: *The PINT Service Protocol: Extensions to SIP and SDP for IP Access to Telephone Call Services*. RFC 2848 (Proposed Standard), IETF, Juni 2000. URL: http://www.ietf.org/rfc/rfc2848.txt.

290. PIPER, D.: *The Internet IP Security Domain of Interpretation for ISAKMP*. RFC 2407 (Proposed Standard), IETF, November 1998. URL: http://www.ietf.org/rfc/rfc2407.txt.

291. PKIX WORKING GROUP: *Working Group Charter*, Dezember 2004. URL: http://www.ietf.org/html.charters/pkix-charter.html.

292. PLUMMER, D.: *Ethernet Address Resolution Protocol: Or converting network protocol addresses to 48.bit Ethernet address for transmission on Ethernet hardware*. RFC 826 (Standard), IETF, November 1982. URL: http://www.ietf.org/rfc/rfc826.txt.

293. POSTEL, J.: *User Datagram Protocol*. RFC 768 (Standard), IETF, August 1980. URL: http://www.ietf.org/rfc/rfc768.txt.

294. POSTEL, J.: *Internet Protocol*. RFC 791 (Standard), IETF, September 1981. Aktualisiert durch RFC 1349. URL: http://www.ietf.org/rfc/rfc791.txt.

295. POSTEL, J.: *Simple Mail Transfer Protocol*. RFC 788, IETF, November 1981. Obsolet durch RFC 821. URL: http://www.ietf.org/rfc/rfc788.txt.

296. POSTEL, J.: *Transmission Control Protocol*. RFC 793 (Standard), IETF, September 1981. Aktualisiert durch RFC 3168. URL: http://www.ietf.org/rfc/rfc793.txt.

297. POSTEL, J.: *Simple Mail Transfer Protocol*. RFC 821 (Standard), IETF, August 1982. Obsolet durch RFC 2821. URL: http://www.ietf.org/rfc/rfc821.txt.

298. POSTEL, J. und J. REYNOLDS: *Telnet Option Specifications*. RFC 855 (Standard), IETF, Mai 1983. URL: http://www.ietf.org/rfc/rfc855.txt.

299. POSTEL, J. und J. REYNOLDS: *Telnet Protocol Specification*. RFC 854 (Standard), IETF, Mai 1983. URL: http://www.ietf.org/rfc/rfc854.txt.

300. PRESUHN, R.: *Transport Mappings for the Simple Network Management Protocol (SNMP)*. RFC 3417 (Standard), IETF, Dezember 2002. URL: http://www.ietf.org/rfc/rfc3417.txt.

301. PRESUHN, R.: *Version 2 of the Protocol Operations for the Simple Network Management Protocol (SNMP)*. RFC 3416 (Standard), IETF, Dezember 2002. URL: http://www.ietf.org/rfc/rfc3416.txt.

302. RAGER, A.: *WEPCrack Entwickler-Homepage bei Sourceforge*, Dezember 2004. URL: http://wepcrack.sourceforge.net.

303. RAMSDELL, B.: *S/MIME Version 3 Message Specification*. RFC 2633 (Proposed Standard), IETF, Juni 1999. Obsolet durch RFC 3851. URL: http://www.ietf.org/rfc/rfc2633.txt.

304. REITER, M. K. und A. D. RUBIN: *Crowds: anonymity for Web transactions*. ACM Transactions on Information and System Security (TISSEC), S. 62–92, November 1998.

305. REKHTER, Y. und T. LI: *A Border Gateway Protocol 4 (BGP-4)*. RFC 1771 (Draft Standard), IETF, März 1995. URL: http://www.ietf.org/rfc/rfc1771.txt.

306. REKHTER, Y., B. MOSKOWITZ, D. KARRENBERG, G. J. DE GROOT und E. LEAR: *Address Allocation for Private Internets*. RFC 1918 (Best Current Practice), IETF, Februar 1996. URL: http://www.ietf.org/rfc/rfc1918.txt.

307. RESCORLA, E. und A. SCHIFFMAN: *The Secure HyperText Transfer Protocol*. RFC 2660 (Experimental), IETF, August 1999. URL: http://www.ietf.org/rfc/rfc2660.txt.

308. RESNICK, P.: *Internet Message Format*. RFC 2822 (Proposed Standard), IETF, April 2001. URL: http://www.ietf.org/rfc/rfc2822.txt.

309. RIGNEY, C., A. RUBENS, W. SIMPSON und S. WILLENS: *Remote Authentication Dial In User Service (RADIUS)*. RFC 2138 (Proposed Standard), IETF, April 1997. Obsolet durch RFC 2865. URL: http://www.ietf.org/rfc/rfc2138.txt.

310. RIGNEY, C., W. WILLATS und P. CALHOUN: *RADIUS Extensions*. RFC 2869 (Informational), IETF, Juni 2000. Aktualisiert durch RFC 3579. URL: http://www.ietf.org/rfc/rfc2869.txt.

311. RIGNEY, C., S. WILLENS, A. RUBENS und W. SIMPSON: *Remote Authentication Dial In User Service (RADIUS)*. RFC 2865 (Draft Standard), IETF, Juni 2000. Aktualisiert durch RFCs 2868, 3575. URL: http://www.ietf.org/rfc/rfc2865.txt.

312. RIVEST, R.: *MD4 Message Digest Algorithm*. RFC 1186 (Informational), IETF, Oktober 1990. Obsolet durch RFC 1320. URL: http://www.ietf.org/rfc/rfc1186.txt.

313. RIVEST, R.: *The MD5 Message-Digest Algorithm*. RFC 1321 (Informational), IETF, April 1992. URL: http://www.ietf.org/rfc/rfc1321.txt.

314. RIVEST, R. und B. KALISKI: *RSA Problem*. In: TILBORG, H. VAN (Herausgeber): *Encyclopedia of Cryptography and Security*. Springer, Mai 2005. ISBN 0-387-23473-X (noch nicht erschienen). URL: http://www.win.tue.nl/~henkvt/Content.html.

315. RIVEST, R., A. SHAMIR und L. ADLEMAN: *A Method for Obtaining Digital Signatures and Public-Key Cryptosystems*. Communications of the ACM, 1978.

316. RIVEST, R. L. und B. LAMPSON: *SDSI – A Simple Distributed Security Infrastructure*. Presented at CRYPTO'96 Rumpsession, April 1996.

317. ROMKEY, J.: *Nonstandard for transmission of IP datagrams over serial lines: SLIP*. RFC 1055 (Standard), IETF, Juni 1988.
URL: http://www.ietf.org/rfc/rfc1055.txt.

318. ROSE, M.: *The Blocks Extensible Exchange Protocol Core*. RFC 3080 (Proposed Standard), IETF, März 2001. URL: http://www.ietf.org/rfc/rfc3080.txt.

319. ROSE, M. und K. MCCLOGHRIE: *Structure and identification of management information for TCP/IP-based internets*. RFC 1155 (Standard), IETF, Mai 1990. URL: http://www.ietf.org/rfc/rfc1155.txt.

320. ROSEN, E., A. VISWANATHAN und R. CALLON: *Multiprotocol Label Switching Architecture*. RFC 3031 (Proposed Standard), IETF, Januar 2001.
URL: http://www.ietf.org/rfc/rfc3031.txt.

321. ROSENBERG, J., H. SCHULZRINNE, G. CAMARILLO, A. JOHNSTON, J. PETERSON, R. SPARKS, M. HANDLEY und E. SCHOOLER: *SIP: Session Initiation Protocol*. RFC 3261 (Proposed Standard), IETF, Juni 2002. Aktualisiert durch RFCs 3265, 3853. URL: http://www.ietf.org/rfc/rfc3261.txt.

322. ROSENBERG, J., J. WEINBERGER, C. HUITEMA und R. MAHY: *STUN - Simple Traversal of User Datagram Protocol (UDP) Through Network Address Translators (NATs)*. RFC 3489 (Proposed Standard), IETF, März 2003.
URL: http://www.ietf.org/rfc/rfc3489.txt.

323. RSA LABORATORIES: *Cryptographic Challenges – DES Challenge III*, Januar 1999. URL: http://www.rsasecurity.com/rsalabs/node.asp?id=2108.

324. RSA SECURITY: *RSA-576 is factored!*, Dezember 2003.
URL: http://www.rsasecurity.com/rsalabs/node.asp?id=2096.

325. SAINT-ANDRE, P.: *End-to-End Signing and Object Encryption for the Extensible Messaging and Presence Protocol (XMPP)*. RFC 3923 (Proposed Standard), IETF, Oktober 2004. URL: http://www.ietf.org/rfc/rfc3923.txt.

326. SAINT-ANDRE, P.: *Extensible Messaging and Presence Protocol (XMPP): Core*. RFC 3920 (Proposed Standard), IETF, Oktober 2004.
URL: http://www.ietf.org/rfc/rfc3920.txt.

327. SAINT-ANDRE, P.: *Extensible Messaging and Presence Protocol (XMPP): Instant Messaging and Presence*. RFC 3921 (Proposed Standard), IETF, Oktober 2004. URL: http://www.ietf.org/rfc/rfc3921.txt.

328. SAVOLA, P. und C. PATEL: *Security Considerations for 6to4*. RFC 3964 (Informational), IETF, Dezember 2004. URL: http://www.ietf.org/rfc/rfc3964.txt.

329. SCHLYTER, J.: *DNS Security (DNSSEC) NextSECure (NSEC) RDATA Format*. RFC 3845 (Proposed Standard), IETF, August 2004. Obsolet durch RFCs 4033, 4034, 4035. URL: http://www.ietf.org/rfc/rfc3845.txt.

330. SCHNEIER, B.: *Description of a New Variable-Length Key, 64-Bit Block Cipher (Blowfish)*. In: *First Fast Software Encryption Workshop*, 1994.

331. SCHNEIER, B.: *Applied Cryptography*. John Wiley & Son, 1996.

332. SCHNEIER, B.: *Twofish: A 128-Bit Block Cipher*. Selected Areas in Cryptography, 1998.

333. SCHNEIER, B.: *Snakeoil*. Crypto-Gram Newsletter, Februar 1999.
URL: http://www.schneier.com/crypto-gram-9902.html#snakeoil.

334. SCHNEIER, B.: *Secrets & Lies, Digital Security in a Networked World*. John Wiley & Sons, 2000.

335. SCHNEIER, B.: *Beyond Fear*. Copernicus Books, September 2003.

336. SCHNEIER, B.: *SHA-1 Broken*, Februar 2005.
URL: http://www.schneier.com/blog/archives/2005/02/sha1_broken.html.

337. SCHNEIER, B. und N. FERGUSON: *Practical Cryptography*. John Wiley & Sons, 1. Auflage, März 2003.

338. SCHNEIER, B. und MUDGE: *Cryptanalysis of Microsoft's Point-to-Point Tunneling Protocol (PPTP)*. Proceedings of the 5th ACM Conference on Communications and Computer Security, ACM Press, 1998.

339. SCHOEPF, K., M. MOSER, M. J. MUENCH, M. LAUER und R. ABATHIA: *Wellenreiter Entwickler-Homepage*, Dezember 2004.
URL: http://www.wellenreiter.net.

340. SCHOFFSTALL, M., J. DAVIN, M. FEDOR und J. CASE: *SNMP over Ethernet*. RFC 1089, IETF, Februar 1989. URL: http://www.ietf.org/rfc/rfc1089.txt.

341. SCHULZRINNE, H. und S. CASNER: *RTP Profile for Audio and Video Conferences with Minimal Control*. RFC 3551 (Standard), IETF, Juli 2003.
URL: http://www.ietf.org/rfc/rfc3551.txt.

342. SCHULZRINNE, H., S. CASNER, R. FREDERICK und V. JACOBSON: *RTP: A Transport Protocol for Real-Time Applications*. RFC 3550 (Standard), IETF, Juli 2003. URL: http://www.ietf.org/rfc/rfc3550.txt.

343. SEIFRIED, K.: *What's in a Name?*, 2001.
URL: http://www.seifried.org/security/articles/20020414-ssh-name.html.

344. SHAMIR, A.: *Factoring Large Numbers with the TWINKLE Device (Extended Abstract)*. In: *1st International Workshop on Cryptographic Hardware and Embedded Systems*, Oktober 1999.

345. SHAMIR, A. und E. TROMER: *Factoring Large Numbers with the TWIRL Device*. In: *Crypto 2003*, Februar 2003.

346. SHAMIR, A. und E. TROMER: *On the cost of factoring RSA-1024*. RSA CryptoBytes vol. 6, 2003.

347. SHEPLER, S., B. CALLAGHAN, D. ROBINSON, R. THURLOW, C. BEAME, M. EISLER und D. NOVECK: *Network File System (NFS) version 4 Protocol*. RFC 3530 (Proposed Standard), IETF, April 2003.
URL: http://www.ietf.org/rfc/rfc3530.txt.

348. SHIPLEY, P.: *Pete's Demo Wardriving Map*, Dezember 2004.
URL: http://www.dis.org/wl/maps/.

349. SHOR, P.: *Polynomial-Time Algorithms for Prime Factorization and Discrete Logarithms on a Quantum Computer*. In: *Proceedings of the 35th Annual Symposium on Foundations of Computer Science*, S. 124–134, Santa Fe, NM, USA, November 1994. IEEE Computer Society Press.

350. SHUTKO, A.: *OSCAR (ICQ v7/v8/v9) protocol documentation*, 2004.
URL: http://iserverd1.khstu.ru/oscar/.

351. SIMPSON, W.: *The Point-to-Point Protocol (PPP)*. RFC 1661 (Standard), IETF, Juli 1994. Aktualisiert durch RFC 2153.
URL: http://www.ietf.org/rfc/rfc1661.txt.

352. SINGH, S.: *The Code Book: The Science of Secrecy from Ancient Egypt to Quantum Cryptography*. Anchor, August 2000.

353. SINGH, S.: *Geheime Botschaften*. DTV, Dezember 2001.

354. *Skype: Free Internet telephony that just works*, Dezember 2004.
URL: http://www.skype.com.

355. SMIT, H. und T. LI: *Intermediate System to Intermediate System (IS-IS) Extensions for Traffic Engineering (TE)*. RFC 3784 (Informational), IETF, Juni 2004. URL: http://www.ietf.org/rfc/rfc3784.txt.

356. SNAX, S., J. BRUESTLE und B. HEGERLE: *AirSnort Homepage*, Dezember 2004. URL: http://airsnort.shmoo.com.

357. SOMMERFELD, B., R. HOUSLEY und S. BELLOVIN: *Secure Shell (secsh) Charter*, 2004. URL: http://www.ietf.org/html.charters/secsh-charter.html.

358. SRISURESH, P. und K. EGEVANG: *Traditional IP Network Address Translator (Traditional NAT)*. RFC 3022 (Informational), IETF, Januar 2001. URL: http://www.ietf.org/rfc/rfc3022.txt.

359. STEPHEN NORTHCUTT: *SHADOW Project*, Dezember 2004. URL: http://www.nswc.navy.mil/ISSEC/CID/.

360. STEWART, R., Q. XIE, K. MORNEAULT, C. SHARP, H. SCHWARZBAUER, T. TAYLOR, I. RYTINA, M. KALLA, L. ZHANG und V. PAXSON: *Stream Control Transmission Protocol*. RFC 2960 (Proposed Standard), IETF, Oktober 2000. Aktualisiert durch RFC 3309. URL: http://www.ietf.org/rfc/rfc2960.txt.

361. T. FREEMAN, R. H. und A. MALPANI: *Simple Certificate Validation Protocol (SCVP)*. Internet-Draft draft-ietf-pkix-scvp-18.txt, 2005. Arbeitsdokument der IETF.

362. TALWAR, V., K. NAHRSTEDT und S. K. NATH: *RSVP-SQOS : A Secure RSVP Protocol*. In: *Proceedings of IEEE International Conference on Multimedia and Expo*. IEEE, August 2001. ICME 2001, Tokyo, Japan. URL: http://cairo.cs.uiuc.edu/publications/paper-files/rsvp_ieeemm.ps.

363. TECHNET, M.: *Buffer Overrun in JPEG Processing (GDI+) Could Allow Code Execution*, 2004. URL: http://www.microsoft.com/technet/security/bulletin/MS04-028.mspx.

364. THE FREE DICTIONARY: *Enzyklopädie thefreedictionary.com*, 2004. URL: http://encyclopedia.thefreedictionary.com/block%20cipher%20modes%20of%20operation.

365. THE OPTICAL INTERNETWORKING FORUM: *Working Group Architecture, Contribution Number: OIF2000.125.7*, Oktober 2001. URL: http://citeseer.ist.psu.edu/665901.html.

366. THE THIRD GENERATION PARTNERSHIP PROJECT 2 (3GPP2): *Introduction to cdma2000 Standards for Spread Spectrum Systems*, 1999. URL: http://www.3gpp2.org.

367. THOMSON, S. und T. NARTEN: *IPv6 Stateless Address Autoconfiguration*. RFC 2462 (Draft Standard), IETF, Dezember 1998. URL: http://www.ietf.org/rfc/rfc2462.txt.

368. TITZ, O.: *Why TCP Over TCP Is A Bad Idea*, April 2001. URL: http://sites.inka.de/sites/bigred/devel/tcp-tcp.html.

369. TOOMEY, T.: *BENIDS (Network Intrusion Detection System)*, Dezember 2004. URL: http://www.duke.edu/~ttoomey/benids/.

370. TOWNSLEY, W., A. VALENCIA, A. RUBENS, G. PALL, G. ZORN und B. PALTER: *Layer Two Tunneling Protocol „L2TP"*. RFC 2661 (Proposed Standard), IETF, August 1999. URL: http://www.ietf.org/rfc/rfc2661.txt.

371. TS'O, T. und J. ALTMAN: *Telnet Authentication Option*. RFC 2941 (Proposed Standard), IETF, September 2000. URL: http://www.ietf.org/rfc/rfc2941.txt.

372. US-CERT: *Vulnerability Note VU#13877: Weak CRC allows packet injection into SSH sessions encrypted with block ciphers*, 2001. URL: http://www.kb.cert.org/vuls/id/13877.

373. VANSTONE, S.: *Why ECC Is The Wave Of The Future*, 2004. URL: http://www.wirelessweek.com/article/CA403405?spacedesc=Departments&stt=001.

374. VEIZADES, J., E. GUTTMAN, C. PERKINS und S. KAPLAN: *Service Location Protocol*. RFC 2165 (Proposed Standard), IETF, Juni 1997. Aktualisiert durch RFCs 2608, 2609. URL: http://www.ietf.org/rfc/rfc2165.txt.

375. VILLAMIZAR, C., C. ALAETTINOGLU, D. MEYER und S. MURPHY: *Routing Policy System Security*. RFC 2725 (Proposed Standard), IETF, Dezember 1999. Aktualisiert durch RFC 4012. URL: http://www.ietf.org/rfc/rfc2725.txt.

376. VIXIE, P., O. GUDMUNDSSON, D. EASTLAKE 3RD und B. WELLINGTON: *Secret Key Transaction Authentication for DNS (TSIG)*. RFC 2845 (Proposed Standard), IETF, Mai 2000. Aktualisiert durch RFC 3645. URL: http://www.ietf.org/rfc/rfc2845.txt.

377. VIXIE, P., S. THOMSON, Y. REKHTER und J. BOUND: *Dynamic Updates in the Domain Name System (DNS UPDATE)*. RFC 2136 (Proposed Standard), IETF, April 1997. Aktualisiert durch RFCs 3007, 4033, 4034, 4035. URL: http://www.ietf.org/rfc/rfc2136.txt.

378. VOLLBRECHT, J., P. CALHOUN, S. FARRELL, L. GOMMANS, G. GROSS, B. DE BRUIJN, C. DE LAAT, M. HOLDREGE und D. SPENCE: *AAA Authorization Application Examples*. RFC 2905 (Informational), IETF, August 2000. URL: http://www.ietf.org/rfc/rfc2905.txt.

379. VOLLBRECHT, J., P. CALHOUN, S. FARRELL, L. GOMMANS, G. GROSS, B. DE BRUIJN, C. DE LAAT, M. HOLDREGE und D. SPENCE: *AAA Authorization Framework*. RFC 2904 (Informational), IETF, August 2000. URL: http://www.ietf.org/rfc/rfc2904.txt.

380. WAHL, M., T. HOWES und S. KILLE: *Lightweight Directory Access Protocol (v3)*. RFC 2251 (Proposed Standard), IETF, Dezember 1997. Aktualisiert durch RFCs 3377, 3771. URL: http://www.ietf.org/rfc/rfc2251.txt.

381. WANG, X., D. FENG, X. LAI und H. YU: *Collisions for Hash Functions MD4, MD5, HAVAL-128 and RIPEMD*. Cryptology ePrint Archive, Report 2004/199, August 2004. URL: http://eprint.iacr.org/2004/199.

382. WANG, X. und H. YU: *How to Break MD5 and Other Hash Functions*. In: *Proceedings of EUROCRYPT 2005*, Mai 2005.

383. WARDEN, W.: *SSL VPN In Detail*, Dezember 2003. URL: http://securitypronews.com/securitypronews-24-20031201SSLVPNinDetail.html.

384. WATERS, B., A. JUELS, J. A. HALDERMAN und E. W. FELTEN: *New client puzzle outsourcing techniques for DoS resistance*. In: *Proceedings of the 11th ACM conference on Computer and communications security*, S. 246–256. ACM Press, 2004.

385. WHITE, R.: *Securing BGP through Secure Origin BGP (soBGP)*. URL: ftp://ftp-eng.cisco.com/sobgp/.

386. WIJNEN, B., R. PRESUHN und K. MCCLOGHRIE: *View-based Access Control Model (VACM) for the Simple Network Management Protocol (SNMP)*. RFC 3415 (Standard), IETF, Dezember 2002. URL: http://www.ietf.org/rfc/rfc3415.txt.

387. WU, T.-L., S. F. WU, Z. FU, H. HUANG und F.-M. GONG: *Securing QoS: Threats to RSVP messages and their countermeasures*. In: *Proceedings of 7th International Workshop on Quality of Service IWQoS'99*, Juni 1999. URL: http://arqos.csc.ncsu.edu/papers/1999_10_iwqos99.pdf.

388. YAVATKAR, R., D. PENDARAKIS und R. GUERIN: *A Framework for Policy-based Admission Control*. RFC 2753 (Informational), IETF, Januar 2000. URL: http://www.ietf.org/rfc/rfc2753.txt.

389. YEONG, W., T. HOWES und S. KILLE: *X.500 Lightweight Directory Access Protocol*. RFC 1487 (Historic), IETF, Juli 1993. Obsolet durch RFCs 1777, 3494. URL: http://www.ietf.org/rfc/rfc1487.txt.

390. YONAN, J.: *OpenVPN - An Open Source VPN Solution*, April 2005. URL: http://openvpn.net.

391. ZEILENGA, K. D.: *The Anonymous SASL Mechanism*. Internet-Draft – draft-ietf-sasl-anon-05.txt, IETF, Februar 2005. Arbeitsdokument der IETF.

392. ZEILENGA, K. D.: *The Plain SASL Mechanism*. Internet-Draft – draft-ietf-sasl-plain-08.txt, IETF, März 2005. Arbeitsdokument der IETF.

393. ZIEMBA, G., D. REED und P. TRAINA: *Security Considerations for IP Fragment Filtering*. RFC 1858 (Informational), IETF, Oktober 1995. Aktualisiert durch RFC 3128. URL: http://www.ietf.org/rfc/rfc1858.txt.

394. ZIMMERMANN, P. R.: *PGP Source Code and Internals*. MIT Press, 2005.

395. ZORN, G.: *Microsoft PPP CHAP Extensions, Version 2*. RFC 2759 (Informational), IETF, Januar 2000. URL: http://www.ietf.org/rfc/rfc2759.txt.

396. ZORN, G. und S. COBB: *Microsoft PPP CHAP Extensions*. RFC 2433 (Informational), IETF, Oktober 1998. URL: http://www.ietf.org/rfc/rfc2433.txt.

397. ZSAKO, J.: *PGP Authentication for RIPE Database Updates*. RFC 2726 (Proposed Standard), IETF, Dezember 1999. URL: http://www.ietf.org/rfc/rfc2726.txt.

Abkürzungsverzeichnis

DHCP .... Dynamic Host Configuration Protocol
DMZ .... De-Militarized Zone
DN .... Distinguished Name
DNS .... Domain Name System
DoS .... Denial-of-Service
DSA .... Digital Signature Algorithm
DSL .... Digital Subscribed Line
EAP .... Extensible Authentication Protocol
EGP .... Exterior Gateway Protocol
ESP .... Encypsulating Security Payload
FIB .... Forwarding Information Base
FTP .... File Transfer Protocol
GMK .... Group Master Key
GPG .... GNU-Privacy Guard
GRE .... Generic Routing Encapsulation
GSSAPI .... Generic Security Service Application Program Interface
GTK .... Group Transient Key
HMAC .... Hash-based MAC
HTTP .... Hypertext Transfer Protocol
IAB .... Internet Architecture Board
IANA .... Internet Assigned Numbers Authority
ICMP .... Internet Message Control Protoco
ICV .... Integrity Check Value
ID .... Identifier, Identity, Identifikationsnummer
IDS .... Intrusion Detection System
IEEE .... Institute of Electrical and Electronics Engineers
IETF .... Internet Engineering Task Force
IGP .... Interior Gateway Protocol
IKE .... Internet Key Exchange
IM .... Instant Messaging
IMAP .... Internet Message Access Protocol
IP .... Internet Protocol
IPP .... Internet Printing Protocol
IPsec .... Internet Protocol Security
IRC .... Internet Relay Chat
IRTF .... Internet Research Task Force
ISO .... International Organization for Standardization
ISP .... Internet Service Provider
ITU .... International Telecommunications Union
KDC .... Key Distribution Center
L2TP .... Layer-2 Tunneling Protocol
LAN .... Local Area Network
LCP .... Link Control Protocol
LDAP .... Lightweight Directory Access Protocol
LDP .... Label Distribution Protocol

LSP .... Label Switched Path
MAC .... Message Authentication Code, Medium Access Control
MIB .... Management Information Base
MIC .... Message Integrity Code
MIME .... Multipurpose Internet Mail Extensions
MPLS .... Multi Protocol Label Switching
MTA .... Mail Transfer Agent
MTU .... Maximum Transmission Unit
MUA .... Mail User Agent
NAPTR .... Naming Authority Pointer
NAS .... Network Access Server
NAT .... Network Address Translation
NAX .... Network Access Server
NFS .... Network File System
NIDS .... Network Intrusion Detection System
NIS .... Network Information Service
OSI .... Open Systems Interconnection
OSPF .... Open Shortest Path First
PANA .... Protocol for Carrying Authentication for Network Access
PAP .... Password Authentication Protocol
PDU .... Protocol Data Unit
PEAP .... Protected Extensible Authentication Protocol
PGP .... Pretty Good Privacy
PIN .... Personal Identification Number
PKI .... Public-Key Infrastructure
PMI .... Privilege Management Infrastructure
POP .... Post Office Protocol
PPP .... Point-to-Point Protocol
PPTP .... Point-to-Point Tunneling Protocol
PRF .... Pseudo Random Function
PTK .... Pairwise Transient Key
RADIUS .... Remote Authentication Dial In User Service
RFC .... Request for Comments
RIB .... Routing Information Base
RIP .... Rout Information Protocol
RPC .... Remote Procedure Call
RPF .... Reverse Path Forwarding
RPSL .... Routing Policy System Language
RR .... Resource Record
RSA .... Rivest Shamir Adleman
RTP .... Real-time Transport Protocol
SA .... Security Association
SAD .... Security Association Database
SASL .... Simple Authentication and Security Layer
SCTP .... Stream Control Transmission Protocol

SDP .... Session Description Protocol
SHA .... Secure Hash Algorithm
SIP .... Session Initiation Protocol
SLP .... Service Location Protocol
SMTP .... Simple Mail Transfer Protocol
SOA .... Source of Address
SPD .... Security Policy Database
SPI .... Security Parameter Index
SSH .... Secure Shell
SSID .... Service Set Identifier
SSL .... Secure Socket Layer
STP .... Spanning Tree Protocol
TCP .... Transmission Control Protocol
TE .... Traffic Engineering
TGS .... Ticket Granting Server
TGT .... Ticket Granting Ticket
TKIP .... Temporal Key Integrity Protocol
TLS .... Transport Layer Security
TSIG .... Transaction Signature
UBE .... Unsolicited Bulk E-Mail
UCE .... Unsolicited Commercial E-Mail
URI .... Uniform Resource Identifier
USM .... User-Based Security Model
UTF .... Unicode Character Set Transformation Format
VBN .... Visitor Based Networks
VoIP .... Voice over IP
VPN .... Virtual Private Network
VRRP .... Virtual Router Redundancy Protocol
WEP .... Wired Equivalent Privacy
Wi-Fi .... Wireless Fidelity
WLAN .... Wireless Local Area Network
WPA .... Wi-Fi Protected Access
WWW .... World Wide Web
XML .... Extensible Markup Language
XMPP .... eXtensible Messaging and Presence Protocol
XOR .... Exclusive OR

Index

Über die Autoren

Roland Bless studierte an der Universität Karlsruhe (TH) Diplom-Informatik mit den Schwerpunkten graphische Datenverarbeitung und Telematik und schloss das Studium 1996 ab. Anschließend arbeitete er als wissenschaftlicher Mitarbeiter am Institut für Telematik und schloss seine Promotion zum Dr.-Ing. Anfang 2002 über das Thema „Integriertes Management qualitätsbasierter Internetkommunikationsdienste" ab. Während dieser Zeit leitete er unter anderem langjährig Projekte zu Sicherheitsanalysen der Infrastruktur eines großen Telekommunikationsunternehmens. Derzeit arbeitet er als wissenschaftlicher Assistent am Institut für Telematik. Seine Forschungsinteressen umfassen Dienstgüte, Signalisierung, Routing und Mobilkommunikation im Internet sowie praktische Sicherheit in Netzen. Außerdem ist er im Internet-Standardisierungsgremium IETF aktiv. Privat widmet er seine Freizeit vor allem seiner Frau und den vier Kindern.

Stefan Mink studierte Informatik an der Universität Karlsruhe (TH) mit Schwerpunkten Telematik und Codierungstheorie. Seit 1999 arbeitet er für Schlund+Partner bzw. 1&1 Internet als Leiter des Bereichs „Wide Area Network". Nebenbei arbeitet er als freier Mitarbeiter am Institut für Telematik der Universität Karlsruhe (TH), betreut Studien-/Diplomarbeiten und hält seit 2003 zusammen mit Marcus Schöller die Vorlesung „Netzsicherheit: Protokolle und Architekturen". Sein Forschungsschwerpunkt liegt im Bereich Routing-Sicherheit im Internet.

Erik-Oliver Blaß, Jahrgang 1975, studierte an der Universität Karlsruhe Informatik mit den beiden Schwerpunkten Kryptographie und Betriebssysteme. Nach seiner Tätigkeit im Bereich Sicherheitsmanagement am Forschungszentrum Informatik im Jahre 2002 forscht und promoviert er seit 2003 über das Thema „Sicherheit in Sensornetzen" als wissenschaftlicher Mitarbeiter im Institut für Telematik an der Universität Karlsruhe (TH).

Michael Conrad studierte nach seiner Ausbildung zum Mathematisch-Technischen Assistenten am Kernforschungszentrum Karlsruhe Informatik an der Universität Karlsruhe (TH), wo er 2003 sein Studium mit den Schwerpunkten Telematik und Parallelverarbeitung abschloss. Seitdem arbeitet er als wissenschaftlicher Mitarbeiter am Institut für Telematik an der Universität Karlsruhe mit dem Fokus auf Sicherheit in elektronischen Märkten und P2P-Netzen.

Hans-Joachim Hof studierte Informatik an der Universität Karlsruhe (TH) mit den Studienschwerpunkten „Telematik" und „Sicherheit von Systemen". 2002 schloss er sein Studium mit dem Diplom ab. Industrieerfahrung sammelte er bei SAP Markets in den USA. Seit 2003 arbeitet Herr Hof als wissenschaftlicher Mitarbeiter am Institut für Telematik der Universität Karlsruhe (TH). Sein Forschungsgebiet schließt Sicherheit in Sensor- und Ad-hoc-Netzen ebenso ein wie die Sicherheit des Internets. Seit 2005 beteiligt sich Herr Hof an der Vorlesung „Netzsicherheit: Protokolle und Architekturen".

Kendy Kutzner studierte Elektrotechnik an der Technischen Universität Chemnitz und der University of South Australia in Adelaide. 2003 schloss er das Studium mit einer Diplomarbeit bei Fraunhofer Institut Fokus in Berlin ab. Seitdem arbeitet er als wissenschaftlicher Mitarbeiter an der Universität Karlsruhe (TH). Seine Forschungsgebiete liegen im Bereich Overlay- und P2P-Netze mit Schwerpunkten auf Skalierbarkeit und Sicherheit.

Marcus Schöller studierte Informatik an der Friedrich-Alexander-Universität Erlangen-Nürnberg, der Uppsala Unversitat, Schweden, und der Universität Karlsruhe (TH). Seine Schwerpunkte legte er auf die Bereiche „Telematik" und „Parallelverarbeitung" und schloss im Jahre 2000 sein Studium mit dem Diplom ab. Seitdem arbeitet er als wissenschaftlicher Mitarbeiter am Institut für Telematik der Universität Karlsruhe. Seine Forschungsaktivitäten umfassen die Bereiche Internet-Sicherheit, programmierbare Netze und elektronische Märkte. 2003 konzipierte er zusammen mit Stefan Mink die Vorlesung „Netzsicherheit: Protokolle und Architekturen" für das Vertiefungsfach Telematik.

Über dieses Buch

Das vollständige Manuskript dieses Buches wurde von den Autoren druckfertig mit dem Textsatzsystem LATEX 2$_\varepsilon$ unter Verwendung der von Springer bereitgestellten und leicht angepassten Klasse `svmono.cls` sowie Donald Knuths Schriftfamilie *Computer Modern* erstellt. Die Abbildungen wurden mit Powerpoint gezeichnet, die Encapsulated-Postscript-Dateien wurden mit dem Adobe-Druckertreiber für Windows und dem Programm ps2eps erzeugt.

Die Autoren arbeiteten verteilt und nutzten das Versionskontrollsystem CVS zur Koordination. Weitere Informationen über dieses Buch sind unter der Website www.sineko.de abrufbar.